Controcorrente

Die kruden Visionen von Ciprì und Maresco

d|u|p

Controcorrente

Die kruden Visionen von Ciprì und Maresco

Sieglinde Borvitz

d|u|p

Bibliografische Information der Deutschen Nationalbibliothek
Die Deutsche Nationalbibliothek verzeichnet diese Publikation in der
Deutschen Nationalbibliografie; detaillierte bibliografische Daten sind
im Internet über http://dnb.dnb.de abrufbar.

D 61
Inauguraldissertation an der Heinrich-Heine-Universität Düsseldorf und der Universität Palermo, gefördert durch ein einjähriges Promotionsstipendium des Deutschen Akademischen Austauschdiensts

Bei der vorliegenden Fassung handelt es sich um die überarbeitete und aktualisierte Version der Dissertation.

© düsseldorf university press, Düsseldorf 2014
http://www.dupress.de
Grafische Gestaltung und Umschlag: Sieglinde Borvitz, Giuseppe Capoano, Daniel Fliege, Domenico Guarascio
Layout und Satz: STÜTTGEN | Lektorat · Satz · Druck, Jüchen
Herstellung: docupoint, Barleben

Der Abdruck der Fotografien vom Set sowie der Screenshots erfolgt mit freundlicher Genehmigung von Daniele Ciprì, Stefano Fogato und Franco Maresco.

ISBN 978-3-940671-96-7

Inhalt

1	Einleitung und Forschungsstand	7

Krude Visionäre. Ciprì und Maresco im Kontext des zeitgenössischen italienischen Kinos · Forschungsstand · Zielsetzung der Arbeit

2	Eine Poetik im Zeichen der Krisis	25

Zynismus und groteske Ernüchterung · In den „Niederungen" der Immanenz · Profanierungen · Zusammenfassung des Kapitels

3	Biopolitik, Bioökonomie, Biopoetik	53

Zum Konzept der Biopolitik · Arbeitsbegriffe: Biopolitik, Biomacht, Gouvernementalität · Machtbegriff und Widerstand · Formen des Lebens und die Krise der Gouvernementalität · Der Tod des Sozialen und der Widerstand gegen die Bioökonomie · Biopoetik: Mésentente und Widerfahrnis · Zusammenfassung des Kapitels

4	Strategien der Biopoetik	83

Mediale Gouvernementalität · Entunterwerfung

4.1	Italia quo vadis?	89
4.1.1	Subalterner Süden	93

Viva Umberto · Sizilien als Stalag

4.1.2	Die Mafia und das kollektive Imaginäre	101

Thaumaturgen · Enzo, der Souverän · Eine verstrickte Sache · Cagliostro ist zurück · Cagliostros Rückkehr II: Die „Meisterwerke" des Giorgio Castellani · Absolute Biomacht

4.1.3	Berlusconi oder Ein auf Slogans reduziertes Weltbild	121

Ein auf Slogans reduziertes Weltbild · Videokratie und Commanagement: Der telereale Premier · Exkurs: Selbstinszenierung als gottgesalbter Ritter · Der Übervater · Heiliger Silvio

4.1.4	Zusammenfassung	139

4.2	Medienkritik: La banalissima televisione	141

Mediale Gouvernementalität in Italien: Berlusconismus und Videokratie · Exkurs: Narrative regieren – Medienkontrolle im Zeichen bipolaristischer Grabenkämpfe · Ubueske Macht und Real(ity)-Politik · Müllmänner des Äthers oder Die zynische Performanz des Vulgären · Satirisches Programm von Format · Das reduzierte Subjekt: Zur Problematisierung des Personenbegriffs · Zusammenfassung des Kapitels

4.3	Deviante Körper	175

Ein Hundeleben · Anders als die anderen? · Involution · Die Leiblichkeit und die Macht des Abjekten · Gorgoneion · Zum Antlitz oder Die Emergenz des ethischen Subjekts · Zusammenfassung des Kapitels

4.4	Treffende Bilder	207

Kino der Grausamkeit · Lo scarno che si fa carico. Überlegungen zur interstitialen Ästhetik · Schwer klassifizierbar: Lavierte Genrezuschreibungen als Politikum · Deformation und Wirklichkeitseffekt. Überlegungen zum (Anti-)Realismus · Zusammenfassung des Kapitels

5	Zur Ästhetik des Politischen bei Ciprì und Maresco	227
6	Die Regisseure und ihr Werk	235
6.1	Kurzbiografien der Regisseure	237
6.2	Werkübersicht	247
6.3	Im Gespräch mit Franco Maresco In dialogo con Franco Maresco	285
6.4	Im Gespräch mit Daniele Ciprì In dialogo con Daniele Ciprì	343
7	Literatur- und Abbildungsverzeichnis	383
8	Danksagung	411

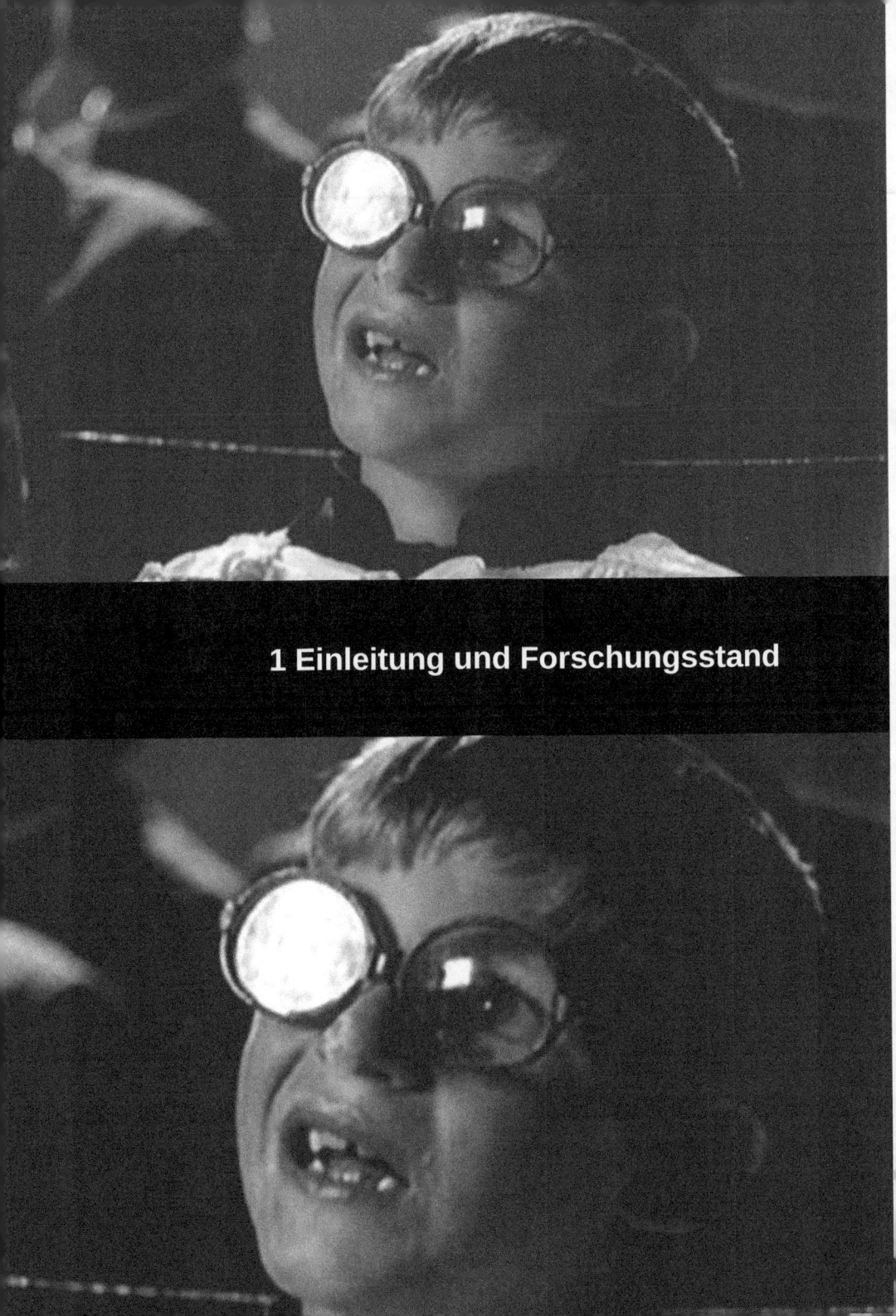

1 Einleitung und Forschungsstand

> Croire au monde, c'est ce qui nous manque le plus; nous avons tout à fait perdu le monde, on nous en a dépossédé. Croire au monde, c'est aussi bien susciter des événements même petits qui échappent au contrôle, ou faire naître de nouveaux espaces-temps, même de surface ou de volumes réduits. C'est ce que vous appelez *pietas*. C'est au niveau de chaque tentative que se jugent la capacité de résistance ou au contraire la soumission à un contrôle.
>
> *Gilles Deleuze* (Deleuze 1990a: 239)

> Nascere a Palermo è una condanna, ma non sono mai andato via perché mi sarebbe sembrato un tradimento. D'altra parte, non immagino *Cinico Tv* in nessun altro posto del mondo.
>
> *Franco Maresco* (Baglivi 2011b: 27)

Krude Visionäre.Ciprì und Maresco im Kontext des zeitgenössischen italienischen Kinos

Möchte man den italienischen Filmwissenschaftlern und Intellektuellen glauben, so ist es – bis auf einige die Regel bestätigende Ausnahmen – aktuell um das Kino des Belpaese schlecht bestellt. Das italienische Kino leide, so sehr wie nie zuvor, an einer politisch gewollten Marginalisierung und Delegitimisierung, so Gianni Canova (vgl. Canova 2010a). Beides seien Prozesse, die mit dem Aufkommen des kommerziellen Fernsehens ab Mitte der siebziger Jahre angestoßen worden seien, sich aber erst in den letzten zwanzig Jahren immer weiter verschärft hätten. So sei insbesondere in den letzten Jahren eine zunehmend stärkere Degradierung des Kinos zu verzeichnen: Ihm werde sowohl seine Fähigkeit abgesprochen, gesellschaftliche Wandlungsprozesse beeinflussen zu können – so wie sie beispielsweise Benjamin in seinem Kunstwerkaufsatz erkannte (vgl. Benjamin 1991) –, als auch sich den normativ-normalisierenden Tendenzen der Telekratie entgegenzustellen. Angesichts der herrschenden „uniformità dell'immaginario" (Menarini 2010: 17) habe das zeitgenössische Kino große Schwierigkeiten „di scorgere nella produzione popolare germi di novità, forme di irriverenza, elementi di tensione sotterranea, spunti di mutamento" (Menarini 2010: 19). Vielmehr herrsche heute in Italien eine „rimozione del visivo" (Canova 2010a: 4 f.)[1] und ein „diffuso e capillare anal-

---

[1] Ausführlich heißt es bei Menarini (2010: 19): „Quella che si cerca di far passare è l'idea che del cinema si possa ragionare, discutere, polemizzare anche senza aver visto i film. È l'idea che l'atto della visione sia superfluo. Che il visivo sia ininfluente dal punto di vista emozio-

fabetismo iconico" (Canova 2010a: 5), der politisch und kulturell gewollt sei, diene er doch als Instrument, um den nötigen Konsens in der Bevölkerung zu schaffen (vgl. Canova 2010a: 4). Den wirklichen Einsatz in der Partie um die Macht stellt dementsprechend die Repräsentation bzw. Inszenierung dar und die Kontrolle des Bildes, mittels dessen unsere Wahrnehmung und unser kollektives Imaginäres beeinflusst werden (vgl. Canova 2010a: 6)[2]. Das Bild der Welt, welches maßgeblich unser Weltbild beeinflusst, avanciert in einer Gesellschaft der medialen Gouvernementalität somit zum neuralgischen Punkt. Entsprechend sei „politisches" Kino Canova zufolge heute ein Kino, das fähig ist, Formen zu erschaffen, die diesen die Gesellschaft prägenden semiotisch-symbolischen Konflikt offenlegen – anstatt insbesondere von der italienischen Linken favorisierte sozialpolitische Fragen:

> [S]ono film importanti non perché rispecchiano la realtà, ma perché sono capaci di inventare una forma. Perché trovano il linguaggio giusto per innescare un conflitto semiotico-simbolico […]. Sono film „impegnati" […] perché linguisticamente attrezzati a competere con la complessività di uno scenario comunicativo multimediale qual è quello in cui tutti viviamo. (Canova 2010a: 6 f.)

---

nale, percettivo, politico, culturale. In questo modo la visione di un film […] diventa pleonastico. Opzionale. Facoltativo. Viene sostituito dalla spuma mediatica. Dal chiacchiericcio. […] L'idea che passa è che sia legittimo ridurre un film a ciò di cui il film parla. Al tema che affronta. Alla storia che racconta. […] E tuttavia […] a essere inquietante non è tanto l'atto censorio […] quanto […] la rimozione del visivo. L'idea che la potenziale carica sovversiva di un film sia tutta nella trama. Come se il visivo fosse un orpello. Un decoro. Un nulla. Ora: in un paese in cui otto abitanti su dieci hanno come unica fonte di informazione sul mondo un dispositivo audiovisivo come la televisione generalista, che è poi anche l'unico Paese dell'Occidente in cui – guarda caso – l'educazione alle immagini non è materia curriculare non dico nella scuola dell'obbligo ma neppure al liceo classico, l'idea che ci sia qualcuno che deliberatamente e lucidamente lavora per tenere gli italiani in uno stato di diffuso analfabetismo iconico fondato sull'idea che l'atto di visione sia superfluo e inessenziale è molto più che un sospetto malevolo. È piuttosto uno dei nodi politici e culturali centrali se vogliamo cercare di capire davvero i modi di costruzione del consenso nell'Italia di questi ultimi vent'anni."

[2] Und Canova (2010: 6) führt weiter aus: „E lo si fa nel segno del paradosso: quanto più nessuno (o quasi…) sa leggerle, le immagini, quanto più risulta inessenziale o superfluo vederle, tanto più si cementa l'orgoglio nazionale attorno all'idea che l'*immagine* (al singolar-quintessenziale) vada preservata da ogni tentativo di renderla impura. Berlusconi e la destra al potere l'hanno capito fin troppo bene: il conflitto si gioca ormai quasi tutto sul terreno della rappresentazione. La realtà non c'entra. La realtà non c'è. La realtà è un artefatto mediatico che va costruito giorno per giorno. Quel che conta non è la realtà (o quel che ne resta), ma il racconto della realtà, quel che si dice che sia la realtà. Benvenuti nel deserto del reale."

Gerade deshalb müsse ein engagiertes Qualitätskino heutzutage auf die kritische Auseinandersetzung mit massenmedialer Ästhetik und Telekratie setzen und sich durch das Hervorbringen einer spezifischen Materialität abgrenzen:

> [U]n film [è] „impegnato" non per i temi che tratta ma perché apre l'immaginazione, scardina le gerarchie etiche ed estetiche dominanti, offre nuove esperienze percettive, mette in discussione l'ordine emozionale imposto dall'egemonia televisiva. (Canova 2010a: 7)

Während die Mitte-Rechts-Regierung die Bedeutung des Bildes im Kampf um den gesellschaftlichen Konsens und die Macht nur zu gut begriffen habe (vgl. Canova 2010a: 6)[3], mangele es der Linken und ihrer Kulturpolitik an Innovationskraft. Anstatt adäquat auf diese Situation zu reagieren und neue Modelle zu entwerfen, erweist sie sich als unfähig und ideenlos und wende den Blick zurück auf die Vergangenheit, verbunden mit der Forderung, den Realismus wieder ins Kino zu holen:

> [R]ecupera il feticcio del realismo. Bisogna tornare a far vedere la realtà, dice a ogni convegno o tavola rotonda il nostalgico di turno di Rossellini, ancora convinto che la realtà sia qualcosa che sta lì, e che si tratti soltanto di rivelarla. Idea vecchia [...] e fuorviante. Basata sulla convinzione che il cinema sia uno specchio e che si tratti di disappannarlo per ridargli la capacità di riflettere il mondo. Come se il cinema fosse un dispositivo che sta fuori dal mondo, con il compito di rispecchiarlo in modo inerte dall'esterno, senza modificarlo. Il cinema non è uno specchio, è un simulacro. (Canova 2010a: 6)

Erneuerung und der nötige Dissens können nur vom Rande und aus Low-Budget-Produktionen kommen, da diese nicht von der italienischen Kinoindustrie kontaminiert seien, so Canova weiter. Denn die Produktions- und Diffusionsmechanismen des letzteren hätten sich seit den „goldenen" Sechzigern nicht geändert. Vielmehr sei das System festgefahren, mit der Politik verwoben und für kritische

---

[3] Canova gibt zwei Beispiele für den Umgang mit kritischen Filmen, so zum einen Paolo Sorrentinos *Il divo* (2007), der, trotz seiner internationalen Auszeichnungen beim Festival de Cannes 2008, nicht vom Fernsehen übertragen wurde und so, laut Canova, für acht von zehn Italienern nicht existiere. Zum anderen nennt er *Gomorra* (2008) von Matteo Garrone, der Roberto Savianos gleichnamigen Bestseller verfilmt hat. Im Gegensatz zu *Il divo* erfährt *Gomorra* ein derart starkes öffentliches Echo, sodass man Saviano und Garrone gar beschuldigt, dem Ansehen Italiens in der Welt zu schaden, eine Äußerung, die in bestimmten Teilen der italienischen Öffentlichkeit zustimmend aufgegriffen wurde. Zur inneritalienischen Polemik um *Gomorra* vgl. Dal Lago (2010).

Neuerungen unaufgeschlossen, so dass sich seither in der italienischen (Kino-)Öffentlichkeit der Kult um den Autorenfilm breitgemacht habe, der von einer Kritik gestützt wurde, die sich allenfalls verstand als

> giudice del gusto e gendarme dell'immaginario che quello di scouting della ricerca, dell'innovazione e della sperimentazione, il cinema italiano si è tutto raggrinzito intorno alla nozione di autore, avvolta in un'aura di sacralità tardoromantica, intangibile e apodittica, la cui fondatezza – anche storica, anche teorica – è tutta da dimostrare. Non si è capito o non si è voluto capire – che la libertà da difendere non era e non è quella degli autori di esprimersi […] ma quella del pubblico di avere a disposizione prodotti e consumi audiovisivi un po' più maturi, ricchi, e capaci di produrre senso […] di quanto accada con la maggior parte dei prodotti realizzati dal regime sostanzialmente monopolistico in cui versa oggi l'industria dell'*entertainment* in Italia. (Canova 2010a: 7)

In dieser Hinsicht sind Daniele Ciprì und Franco Maresco nicht die einzigen italienischen Filmemacher, die sich ästhetisch dem Kanon der Unterhaltungsindustrie widersetzen; sie zählen aber zweifellos zu den beißendsten, wartet doch das Gros der italienischen Filmindustrie, neben den ebenso unvermeidlichen wie zahlreichen selbstgenügenden oder sentimentalen Komödien, vorwiegend mit dem „*film medio d'autore*" (Menarini 2010: 42), dem mediokren Autorenfilm, auf, der – dies zeigen die Entwicklungen der letzten Jahre – ein nicht zu vernachlässigendes Marktsegment darstellt. Wollte man heute die Umrisse eines wie auch immer gearteten „alternativen" Kinos skizzieren, das, auch wenn es sich mit der Filmindustrie auf seine Weise arrangiert hat, gesellschaftskritische Fragen aufgreift, so wären zunächst mit Marco Bellocchio, Ermanno Olmi oder den Brüdern Taviani „traditionelle" affirmierte Autorenfilmer zu nennen. „[I]mpegno civile" (Menarini 2008: 14) ist auch in den Werken der darauffolgenden Generation von Nanni Moretti (vgl. Menarini 2008: 11 f.), Marco Tullio Giordana oder Mario Martone, bei jüngeren Cineasten mit einer neuen, ausdrucksstarken Ästhetik wie Matteo Garrone, Paolo Sorrentino, Pappi Corsicato oder Daniele Gaglianone (vgl. Menarini 2008: 14 ff.), in den Sozialkomödien Paolo Virzìs oder Daniele Lucchettis sowie nicht zuletzt im „militanten" Dokumentar- bzw. Mockumentarykino wie beispielsweise dem Sabina Guzzantis (vgl. Autelitano 2008, Menarini 2010: insb. 23–30) zu finden. Letzteres greift in gewisser Weise das Erbe des kritischen Dokumentarfilms der Sechziger und Siebziger eines Elio Petri oder Francesco Rosi auf, jedoch „scheint es sich heute auf vermintem Terrain zu bewegen" (vgl. Menarini 2010: 30), „fragile com'è di fronte alla stretta del conformismo produttivo e sempre più delegato a figure di comici-tribuni che cercano [...] di riempire il grande vuoto lasciato dai movimenti popolari di sinistra" (Menarini 2010: 30). Zur Liga dieses „alternativen" Kinos sind zudem Regisseure zu zählen, die zwar nicht explizit engagiert sind, aber ein anderes Imaginarium zeigen, mit dem sie in der Tradition eines *cinema di poesia* im Sinne Pasolinis oder Tarkovskijs stehen, so beispielsweise Michelangelo Frammartino, Alina Marazzi oder Giorgio Diritti. Selbstverständlich erhebt diese Auswahl keinen Anspruch auf Vollständigkeit.[4]

Das eben kurz angeschnittene Spektrum „alternativer", affirmierter Filmemacher lässt Zweifel daran aufkommen, ob es um das italienische Kino wirklich so schlecht bestellt sei, wie Canova behauptet. Befindet es sich tatsächlich in einer Krise? Sehr auffällig ist jedenfalls, dass eine Vielzahl der Veröffentlichungen und Studien zum italienischen Kino, neben hier auszuschließenden Darstellungen zu einzelnen Regisseuren oder thematischen Aspekten, das italienische Kino gern nach Dekaden einteilt und davon spricht, dass es sich dabei jeweils um ein neues italienisches Kino oder besser um dessen Renaissance und das Erwachen eines seit den siebziger Jahren andauernden Dornröschenschlafs handele – bereits ein bloßer Vergleich der Titel ist mehr als aufschlussreich.[5] Ist dieser Umstand eher als ein Zeichen eines vitalen Pluralismus oder eines profunden Kulturpessimismus zu lesen, als vielfältiger Reichtum oder als kurzatmige und besorgte Nabelschau? Auch wenn diese Frage im hiesigen Rahmen nicht beantwortet werden soll, hängt sie doch unweigerlich von der Position des Sprechers ab, also davon, ob dieser Vergleiche mit anderen Kino- und Kulturindustrien zulässt oder sich auf eine national-immanente Perspektive festlegt, in der nicht zuletzt eine gewisse *voluptas* an der Klage nachhallt. Verbleibt man in letzter Perspektive, so lässt sich das jahrzehntelange Heraufbeschwören ebenjenes neuen italienischen Kinos als ein durchaus nostalgischer Blick auf die goldenen Jahre deuten, aber auch als ein Symptom der Sorge

---

[4] Einen gelungenen und griffigen Überblick zum aktuellen italienischen Kino bietet Menarini (2010).
[5] Man vergleiche hierzu nur einige von vielen Titeln: *Cinema italiano: gli anni 60 e oltre* (Micciché 1995); *Il cinema del riflusso. Film e cineasti degli anni '70* (Micciché 1997); *I novissimi: gli esordienti nel cinema italiano degli anni 80* (Montini 1998); *La 'scuola' italiana. Storia, strutture e immaginario di un altro cinema (1988–1996)* (Sesti 1996); *Cinema della transizione. Scenari italiani degli anni novanta* (Zagarrio 2000); *Cine ma Tv: film, televisione, video nel nuovo millennio. Atti del convegno tenuto a Roma, Cinema Pasquino, 9–12 dicembre 2002* (Zagarrio 2005); *La meglio gioventù. Il nuovo cinema italiano 2000–2006* (Zagarrio 2006a); *Cent'anni di cinema italiano* (Brunetta 2004); *Italian cinema. New directions* (Hope 2005) u. v. m.

darüber, ob und inwiefern das engagierte Kino wieder an gesamtgesellschaftlicher Relevanz gewinnen kann – verbunden mit dem hoffnungsvollen Wunsch, dass dies bald eintreten möge.

Wenn es ein neues italienisches Kino gibt[6], so steht dieses angesichts des allgemein verkündeten Endes der Ideologien und der großen Narrationen im Zeichen eines ernüchterten Blicks auf die Gegenwart. Vito Zagarrio nennt es sogar ein „new new italian cinema" (Zagarrio 2006b: 11), ganz so, als wolle er sicher gehen, dass es dieses wirklich gebe:

> [...] una atipica „generazione" [...], „vergine" rispetto ai pre-giudizi ideologici di quelle precedenti, che pone il problema di un ulteriore ricambio. Una generazione [...] che proviene da un panorama desertificato, che è cresciuta nell'era della fine delle ideologie, che non ha complessi di colpa rispetto ai disastri delle generazioni precedenti, e che quindi si può candidare alla creazione di un cinema diverso. Una generazione di „non sconfitti", a differenza di quelle sessantottine e post, semmai „figli della sconfitta", „più moderni del postmoderno", liberati dai pesi storici. (Zagarrio 2006b: 12)

Auch Roy Menarini und Giulio Martini sehen eine neue Generation, sind jedoch weitaus skeptischer. Menarini attestiert ihr mangelnde Erneuerungskraft und spricht davon, dass sie angesichts der Uniformität des Imaginären lediglich „narra una crisi non dissimile a quella che coinvolge le aggregazioni civili e politiche in Italia: si evidenzia una perenne fibrillazione verso un mutamento [...] e l'altrettanto puntuale rinculo verso una condizione di immobilismo civile" (Menarini 2008: 18). Martini spricht hingegen gar von einer „no-generation":

> [...] i nuovi registi tentano anch'essi [...] di ri-vedere un grande patrimonio con gli occhi disillusi di una generazione comunque viziata, perché abituata a consumare e gettare. [...] Senza colossali sguardi prospettici sul futuro, senza slanci e utopie, senza radicati miti passatisti, si interrogano su un presente che è spesso indecifrabile e sconfortante. Non vanno quasi mai al di là della fenomenologia del quotidiano. Addirittura, questa generazione postmoderna alcuni vorrebbero chiamarla *no-generation*, perché, oltre ad aver rotto i legami di fiducia con quella dei genitori, sembra concepire a fatica sia progetti, sia figli unici. E senza bussole sicure tuttavia tenta un difficile riassemblaggio del reale. (Martini 1997: 19 f.)

---

[6] Lediglich über den Zeitpunkt seiner Entstehung scheint sich die Forschung uneinig. So sieht Bieberstein dieses ab Mitte der 1990er Jahre aufkommen, während Zagarrio dieses erst ab dem Jahr 2000 datiert (vgl. Bieberstein 2009; Zagarrio 2006b).

Der Kontext, aus dem diese Regisseure entspringen, ist der einer Desertifikation, wie wir sie in den Werken von Ciprì und Maresco antreffen, die beide als Vorbilder und visionäre Wegbereiter der Generation junger Regisseure betrachtet werden dürfen:

> Quando apprezziamo Garrone e Sorrentino perché stanno traghettando il nostro cinema dentro universi visivi inesplorati e forme di narrazione anti-classica, non ci dimentichiamo di due registi che, più di altri, hanno saputo anticipare gli spiazzamenti grotteschi dei registi più giovani con impeto ancor più devastante, ovvero Ciprì e Maresco. Ecco, se dovessimo scegliere – in questa galleria anni Duemila – i grandi assenti, i registi che – sopravvalutati o sottovalutati – ci sono davvero *mancati*, sono i due cineasti siciliani, autori sì di lavori spiazzanti e sospesi tra documentario e invenzione […], ma mai più tornati al respiro dei lungometraggi che li hanno resi celebri. (Menarini 2010: 76)

Dass der Höhepunkt ihres radikalen Schaffens in den neunziger Jahren liegt, bestätigt auch Franco Maresco mit der ihm eigenen Ironie, wenn er alles, was nach *Totò che visse due volte* kommt, als „eine Art verlängerte Agonie" (vgl. Kap. 6.3) bezeichnet. Eine Agonie, die wohlbemerkt ebenso wie die vorangegangenen Produktionen im Zeichen eines permanenten Ausnahmezustands stehen, den die beiden Regisseure einerseits durch einen gewissen, abstrakten „Dokumentarismus" sowie andererseits mittels einer „anamorphotischen Evasion" zu fassen trachten – Tendenzen, wie sie in der Folge jeweils bei Garrone oder Sorrentino mit einer ganz eigenen Filmsprache zu finden sind. Der Ausnahmezustand ist bei Ciprì und Maresco somit auch ein medialer, entheben sie doch Genre und Zuschreibungen, wie Menarini im obigen Zitat andeutet, ihrer eindimensionalen Gültigkeit. Insofern ist die ihre auch eine Agonie, welche an die Überlegungen zum Wesen des Kinos und zum Spannungsverhältnis von Wirklichkeit und Fiktion gebunden ist und denen hier zu einem späteren Zeitpunkt Aufmerksamkeit geschenkt werden soll, wenn von ihrer Arbeit am Bild die Rede sein wird. Werfen wir jedoch zunächst einen kurzen Blick auf die Darstellung Siziliens im Kino und danach auf die beiden hier besprochenen Regisseure selbst.

Als Kultregisseure des experimentellen Nischenkinos stehen Ciprì und Maresco für Sizilien. Und dass Sizilien Kino ist, weiß schon das mehrdeutige Bonmot des bekannten sizilianischen Schriftstellers Leonardo Sciascia. Als magische und vielfältige Insel ist Sizilien seit jeher ein bevorzugter Schauplatz und Set der erzählenden Künste, beginnend von der antiken Literatur bis hin zum Kino unserer Tage – so dass Sciascia seinen 1963 erschienenen Aufsatz *La Sicilia nel cinema* gar sarkastisch mit der Bemerkung schließt, dass man sich angesichts der unzähligen Filme, welche die sizilianische Wirklichkeit einzufangen vorgeben, im Umkehrschluss ja nur noch fragen könne, was Sizilien eigentlich *nicht* sei (vgl. Sciascia 1991: 1222). Gerade die Verbindung der Insel mit dem Kino genießt in der neueren Forschung durchaus Aufmerksamkeit.[7] Die Liste der Regisseure, die Sizilien auf Zelluloid gebannt haben, scheint schier endlos. Hierzu zählen beispielsweise nicht nur berühmte Regisseure der „goldenen Zeiten" wie Pietro Germi, Michelangelo Antonioni, Luchino Visconti, Vittorio De Seta oder die Gebrüder Taviani, sondern auch Zeitgenossen wie der Römer Emanuele Crialese mit seinen „magischen" Spielfilmen *Terraferma*, *Nuovomondo* oder *Respiro*. Auch die unzähligen Mafiafilme, selbst wenn sie von Francesco Rosi (*Salvatore Giuliano*, *Cadaveri eccellenti*), Damiano Damiani (*Il giorno della civetta*), Elio Petri (*A ciascuno il suo*) oder von Marco Tullio Giordana (*I cento passi*) stammen, bestimmen bis heute, und nicht erst seit Coppolas *Der Pate*, ausschlaggebend unser Bild der Insel. Im Hinblick auf die Mythisierung der Cosa Nostra sind zudem die zahlreichen Fernsehserien und -spielfilme zu nennen, von *La piovra* über *Ultimo* bis hin zu *Il capo dei capi*. Hinzu kommt ferner der Blick gegenwärtiger sizilianischer Filmemacher. Neben pittoresk-nostalgischen Filmen wie *Nuovo Cinema Paradiso* oder *Baarìa* des aus Bagheria stammenden Giuseppe Tornatore, die dazu beigetragen haben, dass Sizilien einen Platz im Herzen der – überwiegend weiblichen – Zuschauer erobert hat, sind hier unter anderem die Arbeiten von Roberta Torre, Salvo Cuccia, Pasquale Scimeca, Costanza Quatrifoglio oder dem Autorenkollektiv Cane capovolto aus Catania zu nennen. Sie alle präsentieren uns Vorstellungen dieser Insel, aber nie die „Wirklichkeit", und alimentieren so den vielfältig aufgeladenen Mythos Sizilien.

Diesen Mythos greifen auch Ciprì und Maresco auf. Ihr 1986 bis 2007 gewachsenes, umfangreiches Schaffen (vgl. Kap. 6) steht jedoch im Zeichen einer negativen Anthropologie, mittels derer sie nicht nur verschiedene Images der Insel, sondern ebenso aktuelle gesellschaftliche Entwicklungen in Italien thematisieren. Ihre Filme avancieren zu bitteren Parabeln. Sizilien wird zur Metapher, die im Sinne Sciascias über sich hinausweist (vgl. Sciascia 1979). Von Anbeginn an ist ihr Werk durchzogen von thematischen Konstanten, die allesamt unter dem Konzept der

---

[7] Neben Studien zu einzelnen Regisseuren wie z. B. Tornatore, die hier jedoch ausgeklammert werden sollen, ist diesbezüglich vor allem der Sammelband von Morreale zu nennen als aktuellste, umfassendste Darstellung zum Kino über und aus Sizilien (vgl. Morreale 2009a). Vgl. ferner Morreale (1996), Morreale (2009c), Beccastrini (2005), Gesù (1999, 2008), Brancati/Calì Cocuzza (2009) und Marrone (2010).

Auseinandersetzung mit einer verrohten, bürgerlich-kapitalistischen und willkürlichen Welt subsumiert werden dürften. Ihr Kino steht dabei im Zeichen des Abschieds. Nicht zufällig spricht Franco Maresco von einem „cinema del accomiato", wenn man ihn bittet, sein Schaffen prägnant zu definieren, um sodann vollmundig nachzulegen, dass es sich um nichts Geringeres als um eine anthropologische Wende handle, um den Abschied von einer spezifischen Kultur, ihrer Kunst und einer Art des Menschseins allgemein (vgl. Kap. 6.3), aber auch um eine Mutation, die sich nach wie vor *in actu* befinde.

Vor diesem Hintergrund verwundert es nicht, dass ihr Werk voller Verweise auf die letzten dreißig Jahre italienischer Geschichte ist. Gerade deswegen sind die gemeinhin als *enfants terribles* des zeitgenössischen italienischen Kinos gehandelten Regisseure mit ihrer Polemik schnell zwischen die politischen Fronten geraten. Ciprì und Maresco hatten das Talent, aber vielleicht auch die Ambition, sich unbeliebt zu machen. Ihr *cinecinismo* spart niemanden aus – auch die italienische Linke nicht, der die beiden Regisseure ihre Mitverantwortung für den moralischen Verfall des Landes vorhalten, so insbesondere ihr fehlendes Reaktionsvermögen, mangelndes vorausschauendes Denken sowie nicht zuletzt ihre Nähe und ihr osmotisches Verhältnis zum sog. Berlusconismus. Ihre – bisweilen vom Publikum falsch verstandene – ästhetische Kritik zielt dabei insbesondere auf die Amerikanisierung der Gesellschaft, auf die durch das Fernsehen promulgierten Modelle und deren Auswirkungen auf das zeitgenössische Imaginarium. Sie versteht sich als Enthüllung der zunehmend depravierenden Kommunikation der Massenmedien, wie Claudia Uzzo bestätigt:

> Il loro cinema mostra l'altra faccia della luna, cosa si nasconde sotto il trionfo del benessere, del sogno americano e delle sue imitazioni italiane, della spinta a dimenticare e far dimenticare *i limiti dell'umana condizione*. Che sia esploso dentro il trentennio craxi-berlusconiano, e in uno dei luoghi che ne sono stati l'avanguardia e ne hanno stabilito alcuni modelli-cardine di comunicazione come è stata l'esperienza di Raitre, mi pare un segno non da poco. Guglielmi e Ghezzi non sapevano che gli spettatori di *Quelli della notte* avrebbero letto quest'opera come una variante comica del trash cinematografico degli anni Settanta, come un'espressione più volgare e una variante più stramba del trash dominante e dilagante e non come una sua rivelazione, un suo disvelamento, e in definitiva una sorta, se così si può dire, di anti ma iperneorealismo. (Uzzo 2011: 45 f.)

Insofern darf es nicht verwundern, wenn die beiden unbequemen Sizilianer, die sich nicht scheuen, Probleme beim Namen zu nennen, wenig Rückhalt von Seiten der Kulturindustrie und ihren Entscheidungsträgern erhalten und bislang – und zumindest für Maresco dürfte dies wohl auch in Zukunft gelten – eine Nischenposition in der italienischen Kulturlandschaft einnehmen (vgl. Uzzo 2011: 46; Baglivi 2011b: 26). Ihre Marginalisierung dürfte dabei nicht zuletzt auch dem soziopolitischen Wandel im Laufe des letzten Jahrzehnts bzw. einer veränderten kulturellen Atmosphäre geschuldet sein, wie der Filmkritiker Goffredo Fofi mutmaßt:

> Il cambiamento di atteggiamento tra i critici e nel pubblico nei confronti di Ciprì e Maresco è nato, molto semplicemente, dal precipitare del paese tutto (e della Sicilia, persino all'avanguardia) nel berlusconismo (di destra, di centro, di sinistra). Non da altro. (Uzzo 2011: 48)

Forschungsstand

In Italien sind bislang zwei größere Studien zu Ciprì und Maresco erschienen. So existiert zum einen der Sammelband *El sentimiento cinico de la vida. Il cinema, i video, la televisione di Ciprì e Maresco da „Cinico Tv" a „Totò che visse due volte"*, der 1999 anlässlich einer Retrospektive im palermitanischen Kulturzentrum *Cantieri Culturali* veröffentlicht wurde und mit den Aufnahmen einer zu diesem Anlass veranstalteten großen Ausstellung von Szenenfotografien bebildert ist (vgl. Morreale/Valentini 1999).[8] Vier Jahre später erscheint die erste Monographie (vgl. Morreale 2003), in welcher der Filmkritiker Emiliano Morreale die Werke der beiden Palermitaner als „ultimi bagliori di un crepuscolo (il cinema)" (Morreale 2003: 7) bis 2003 chronologisch beschreibt, gefolgt von Passagen aus verschiedenen Interviews und von einer umfassenden Werkübersicht. Eine wichtige Ergänzung hierzu stellen die Booklets der drei DVD-Publikationen *Kind of cinico. Daniele Ciprì e Franco Maresco* (Curti/Ghezzi 2005), *Cinico Tv 1989–1992* (Ciprì/Maresco 2011a) und *Cinico Tv 1993–1996* (Ciprì/Maresco 2013) dar, in denen sich renommierte Kritiker wie Enrico Ghezzi, Goffredo Fofi oder Emiliano Morreale äußern. Ghezzi, der durchaus als Entdecker der beiden Cineasten gelten darf, hatte er doch dazu beigetragen, dass diese Anfang der Neunziger auf *Rai 3* ausgestrahlt wurden, und Fofi steuerten zuvor maßgeblich zu einem Band zu *Lo zio di Brooklyn* bei, der neben zahlreichen Fotografien aus Texten von Goffredo Fofi, Edoardo Bruno und Enrico Ghezzi sowie aus dem langen Interview *L'occhio perduto* mit den Regisseuren

---

[8] Es existieren noch weitere Beiträge, die in Katalogen enthalten sind, welche anlässlich verschiedener Retrospektiven herausgegeben wurden; sie können an dieser Stelle jedoch nicht aufgeführt werden.

besteht (vgl. Ciprì/Maresco 1995). Fofi reserviert ihnen in der Folgezeit sogar einen Platz zwischen den großen Filmemachern der Kinogeschichte (vgl. Fofi 2008), wie übrigens auch Morreale mit dem Kapitel „Maceria e memoria: la nostalgia dell'umano di Ciprì e Maresco" in seiner Publikation zur Beziehung des italienischen Kinos zur Nostalgie und umgekehrt (vgl. Morreale 2009c).

Darüber hinaus wurde das Schaffen des Regisseurduos vor allem in einschlägigen Kinozeitschriften und Zeitungen rezipiert,[9] wobei hier insbesondere das elfseitige Dossier *Il mondo perfetto di C & M* in der Zeitschrift *Cineforum* zu nennen ist, das durch gefällig verfasste, anspruchsvolle Essays und profunde Analysen überzeugt, wobei dort insbesondere die Notion der Sakralität und die intermedialen Bezüge besprochen werden (vgl. Fornara 1998; Morreale 1998).

Ferner werden Ciprì und Maresco im Kontext des Kinos aus und über Sizilien verortet, so in Morreales Monografie *Lampi sull'isola. Nuovo cinema siciliano (1988–1996)* (Morreale 1996: insb. 19–23) und den Sammelbänden *Idea di un'Isola. Viaggio nel cinema della e sulla Sicilia* (Morreale 2009a; vgl. dort insb. Lagioia 2009) sowie in *La Sicilia tra schermo e storia* (vgl. Gesù 2008, dort insb. Marchese 2008). Dass Ciprì und Maresco in Italien bereits schon früh Aufmerksamkeit geschenkt wurde, belegt auch die von Valentina Valentini kuratierte Publikation zum Autorenkino im Videoformat aus dem Jahr 1994, wo Bruno Roberti den *genius loci* verschiedener sizilianischer Filmemacher und deren Bildmächtigkeit analysiert und ein Interview mit Ciprì und Maresco führt (vgl. Roberti 1994a; Roberti 1994b). Zudem widmet sich Roberti (vgl. Roberti 2009) der ambivalenten Materialität des Körpers bei Ciprì und Maresco, die zwischen einer konkreten, im Verfall befindlichen Physis und einer gnostischen Immaterialität, einer sublimen „ultrafisicità" (Roberti 2009: 105), oszilliert. Oft wird hierbei die reziproke Bespiegelung von Raum und Körper in diesem apokalyptischen Szenario auf eine anthropologische Ebene übertragen (vgl. Canova 2001, Marchese 2008 sowie das hiesige Kapitel 2).

Die Auseinandersetzung mit ihrem Kino erfolgt auch im Rahmen verschiedener Monographien zum italienischen Kino. So widmet Gianni Canova Ciprì und Maresco ein Kapitel von *L'occhio che ride: commedia e anti-commedia nel cinema ita-*

---

[9] Diese Zeitungs- und Zeitschriftenartikel, inzwischen aber auch Beiträge auf Homepages und Blogs, berichten entweder von einem bestimmten Film oder geben einen kurzen Gesamtüberblick des Werkes von Ciprì und Maresco. Aufgrund der zahlreichen, schier unüberblickbaren Beispiele soll stellvertretend hierfür verwiesen werden auf Möller (2004) oder für die Buchform auf Canova (2010b). Gerade daher verfolgt die vorliegende Arbeit hinsichtlich der Quellenlage keinen Anspruch auf Vollständigkeit.

liano contemporaneo, wo er sie als „'messa in crisi' della forma-commedia", als „fuori dal comico 'all'italiana', ma non necessariamente dalla pratica del riso" (Canova 1999: 37) bezeichnet. In *L'alieno e il pipistrello* (Canova 2004) hingegen analysiert er ihr Kino als eines der Beispiele für die Krise der kinematografischen Form im Zeichen der Postmoderne. Eine kurze Übersicht zur Zensur von *Totò che visse due volte* und den Reaktionen der Öffentlichkeit darauf gibt hingegen Galimberti (vgl. Galimberti 2007).

Im englischsprachigen Bereich sind vor allem die Aufsätze von Ernest Hampson und Luana Babini zu nennen. Während sich Babini auf die Darstellungsformen der Mafia im italienischen Kino konzentriert und dort auch Ciprì und Maresco in einer Art Genealogie situiert (vgl. Babini 2005), widmet sich Hampson in zwei Beiträgen der Ästhetik der Apokalypse bei Ciprì und Maresco (vgl. Hampson 2005; Hampson 2000). Abele Longo dagegen analysiert die Poetik des Todes bei Ciprì und Maresco anhand der Landschaft (vgl. Longo 2004; Longo 2007); zudem versteht er ihre von Ruinösität und Depravation geprägte Ästhetik als kynische Form des Widerstands (vgl. Longo 2010).

Eine ergänzende Perspektive auf das Werk der beiden Regisseure möchte die vorliegende Arbeit liefern, die sich ihm von der Warte der Gouvernementalitätsstudien aus nähert und das Kino mit Roberto De Gaetano als „arte biopolitica" (De Gaetano 2006: 9) begreift, welche in Anlehnung an Rancière in der Lage ist, empfundenes gesellschaftliches Unbehagen zu artikulieren (vgl. Inzerillo 2010).

Zielsetzung der Arbeit

Das, was uns fehle, sei der Glaube an die Welt, welche uns, so Deleuze im eingangs vorangestellten Zitat, vollkommen abhanden gekommen sei. Man habe uns ihrer enteignet. Daher bedeute, an die Welt zu glauben, Ereignisse anzustoßen, die sich der Kontrolle entziehen, oder neue Zeit-Räume zu schaffen und so unsere Beziehung zur Macht neu auszuhandeln, lasse sich doch jeder Versuch als Akt des Widerstands oder aber umgekehrt auch als Unterwerfung unter ebenjene Kontrollmechanismen verstehen (vgl. Deleuze 1990a: 239). Die „Macht des modernen Kinos" sei, wenn es kein schlechtes ist, „uns den Glauben an die Welt zurückzugeben" (Deleuze 1997b: 224).

In ebendiesem Sinne eines Kinos als Akt des Widersetzens kann auch das Kino von Daniele Ciprì und Franco Maresco gesehen werden. Als akute Beobachter des italienischen Gegenwartsgeschehens haben sie mit ihrer Kritik an den aktuellen gesellschaftlichen Entwicklungen bislang oft meisterschützengleich ins Schwarze getroffen, wobei sich ihr beißender Zynismus als ernüchternd, grausam und zugleich visionär erwies. Ihre säkulare, blasphemische Schockästhetik, die durch ein defätistisches Spiel mit kulturellen Symbolen und Codes charakterisiert ist, zeichnet das Bild einer in der Krisis befindlichen, ja gar postapokalyptischen Welt (Kapitel 2). Getragen von einem fröhlich-verzweifelten Nihilismus zeugen ihre Filme vom Unbehagen an einer paradoxalen Welt, welche, einem beschlagenen Zerrspiegel gleich, nicht zuletzt unsere eigene reflektiert. Um diese sicht- und erfahrbar zu machen, bedienen sich die beiden Regisseure einer profanierenden und grotesken Parodie. Ihrer Kritik anheim fallen nicht zuletzt auch gesellschaftliche Homologationsprozesse und Machtmechanismen, die das Verhältnis des Einzelnen zur Macht beeinflussen und bestimmen. Diese Subjektivierungstechniken wiegen das Subjekt einerseits in dem Glauben, in seinen Entscheidungen und seinem Handeln autonom zu sein, unterwerfen es dabei jedoch implizit einer spezifischen Ordnung. Aus der Perspektive der Foucault'schen Gouvernementalitätsstudien (Kapitel 3) betrachtet, welche jene Mechanismen und informellen Praktiken beschreiben, die das Wissen und somit die Konstruktion und Wahrnehmung von Wirklichkeit beeinflussen und zur Reproduktion normalisierender Verhaltens- und Wahrnehmungsschemata anhalten, lässt sich das Schaffen von Ciprì und Maresco als eine dagegen opponierende Biopoetik verstehen, macht es doch gerade jene Mechanismen und Praktiken für den Zuschauer erfahrbar (Kapitel 4). Ganz so als handle es sich dabei, um mit Deleuze zu sprechen, um einen der Versuche, sich in einem nahezu umfassend besetzten Raum die Welt wieder anzueignen, um die man uns gebracht hat. Insofern erweisen sich die beiden Palermitaner, auch wenn es im ersten Moment nicht so scheinen mag, als höchst politische Regisseure. Sizilien dient ihnen dabei als Mikrokosmos, der über sich hinaus auf das Belpaese verweist. Bekanntlich bemerkte ja schon Goethe in seinem Bonmot: „Italien ohne Sizilien macht gar kein Bild in der Seele: hier ist erst der Schlüssel zu allem" (Goethe 1989: 328). Entsprechend dient Sizilien bei der Analyse ausgewählter biopolitischer Aspekte im hiesigen Kontext als gesellschaftlicher Spiegel.

Ausgehend von der Hypothese, dass die beiden Regisseure mit ihrer Radikalität eine Krise der Gouvernementalität herbeizuführen trachten, soll daher nach einer kurzen Einführung in die Gouvernementalitätsstudien das Hauptaugenmerk dieser Arbeit auf den biopoetischen Strategien von Ciprì und Maresco liegen. Um nach einem von der Biomacht dominierten Raum und der gouvernementalen Besetzung des kollektiven Imaginären zu fragen, befasst sich das Kapitel 4.1 „Italia quo vadis?" mit drei ausgewählten kulturspezifischen Phänomenen, auf die das Werk der beiden Sizilianer immer wieder Bezug nimmt: mit der *Questione meridionale*, mit dem symbolischen Kapital und kulturellen Repertoire der Mafia sowie mit dem Berlusconismus als kulturellem Phänomen vor einem stark bipolaren und als postdemokratisch empfundenen Gesellschaftshintergrund. Dabei interessiert uns insbesondere, wie es Ciprì und Maresco gelingen kann, das Unsichtbarkeitspostulat dieses biopolitischen Systems, das, um zu funktionieren, seine Mechanismen und auch Gewalt unsichtbar macht, außer Kraft zu setzen. Wie gelingt es ihnen, die Ordnung zu provozieren und brüchig werden zu lassen? Wie Kritik zu äußern?

Davon ausgehend thematisiert das sich anschließende Kapitel 4.2 mittels einer vehementen Medienkritik, die insbesondere dem italienischen Fernsehen gilt, die mediale Gouvernementalität in Italien. Widmet sich das Kapitel 4 eingangs zunächst der Definition des noch recht neuen Begriffs der „medialen Gouvernementalität", so wird nun anhand von Fallbeispielen zur Parodie von Medienformaten und -inhalten innerhalb eines spezifisch italienischen Kontextes aufgezeigt, inwiefern die beiden Regisseure das durch die Massenmedien verbreitete trivialisierende Vulgäre aufs Korn nehmen und als „Müllmänner des Äthers" (vgl. Grasso 2011: 50) ebenjene Vulgarität mit ihrem schwarzen Humor zynisch ausstellen. Dabei überschreiten sie nicht selten und durchaus willentlich die Grenzen des vermeintlich guten Geschmacks, indem sie mit ihren Figuren Sprecher einführen, die als deviant wahrgenommen werden. Inwiefern tragen diese dazu bei, Formen der Gouvernementalität sichtbar zu machen? Warum erscheinen sie uns monströs? Worin besteht die Macht ihrer Körperlichkeit? Zur Beantwortung dieser Fragen soll in Kapitel 4.3 die Annahme verfolgt werden, dass Ciprì und Maresco bewusst mit einer abjekten Leiblichkeit operieren, um ihre Figuren in eine Ununterscheidbarkeitszone abdriften zu lassen und eine Analogie zum Animalischen herzustellen, aus der dann aber dank des Antlitzes ein ethisches Subjekt hervortritt. Ihre devianten Körper lassen die biopolitischen Konstruktionsprinzipien des Seins brüchig werden. In diesem Sinne stehen sie für die heterogenen Formen des Lebens, für verschiedene als gleichwertig erachtete Existenzweisen. Die Unbestimmtheit der ciprimareskianischen Figuren ist also nicht zufällig, sondern Ausdruck einer Politik des Ästhetischen. Sie rührt als „Form der Erfahrung an die politische Aufteilung des Sinnlichen" (Rancière 2008a: 43), die sie uns als krisenhaft erleben lässt, um den materiellen und symbolischen Raum neu einzuteilen.

Der Wille der beiden Cineasten zur Distorsion und Devianz affiziert ebenso die Bildästhetik im engeren Sinne und bringt in doppeltem Sinne treffende Bilder hervor, so dass diese uns nicht nur treffen, sondern sich auch als treffend erweisen. Gekennzeichnet durch ein *scarno che si fa carico*, eine aufgeladene Leere bzw. ein sich entleerendes, depraviertes Bild, bricht diese durch verschiedene Bildstrategien mit den Wahrnehmungsmustern der Zuschauer und stellt sich so der gängigen Blick- und Werteordnung entgegen.[10] Widmete sich unsere Aufmerksamkeit in dem vorangehenden Kapitel 4.3 den ciprimareskianischen Protagonisten, die mittels eines unbestimmbaren Monströsen zu Schwellenfiguren avancieren, so soll im Kapitel 4.4 nun die Arbeit am Bild bzw. die Materialität des Bildes im Vordergrund der Betrachtungen stehen, scheint es doch, als wollten die Regisseure genau hierdurch die Krise der medialen Gouvernementalität befeuern und das Medium Film neu ausloten. Es soll untersucht werden, inwiefern Schwellensituationen geschaffen werden, in denen das Bild selbst in eine Unbestimmtheitszone abgleitet. Insbesondere interessieren uns die Fragen, inwieweit und auf welche Art und Weise ihre interstitiale Ästhetik dazu beiträgt und wie sich das Verhältnis von Deformation und Wirklichkeitseffekt angesichts eines problematisch gewordenen Realismusbegriffs verhält.

Indem Kapitel 5 nach der Politik des Ästhetischen bei Ciprì und Maresco fragt, führt es abschließend all die vorgenannten Aspekte zusammen. Sich in dieser Optik dem Werk der beiden Cineasten zu widmen, impliziert, dieses als ein spezifisches kulturelles Phänomen zu behandeln und, so eines der Ziele dieser Arbeit, ein Stück weit zu erklären.

In Deutschland hat das Werk von Daniele Ciprì und Franco Maresco jedoch bislang nur wenig Aufmerksamkeit erfahren, auch wenn ihre Filme *Lo zio di Brooklyn* 1996 in der Sektion *Forum* und *Totò che visse due volte* 1998 in der Sektion *Panorama* auf den Internationalen Filmfestspielen in Berlin liefen. Diesem Umstand möchte die vorliegende Arbeit abhelfen und das Werk der beiden italienischen Kultregisseure im deutschsprachigen Raum zugänglich machen. Nicht zuletzt soll dabei selbstverständlich auch ein Beitrag zur auf die Romania ausgerichteten Medien- und Kulturforschung in Deutschland geleistet werden. Mittels einer Analyse ihres vielschichtigen und radikalen Werks hofft die Verfasserin, die Tragweite dieser spezifischen Poetik aufzuzeigen und die Regisseure so ein Stück weit in der öffentlichen Wahrnehmung zu rehabilitieren.

---

[10] Genau in diesem doppelten Wortsinne soll der Ausdruck „si fa carico" begriffen werden: Zum einen als etwas, das sich auflädt bzw. aufgeladen wird („caricarsi"), zum anderen als etwas, das etwas auf sich nimmt, als Träger einer Bedeutung, Verantwortung etc. („farsi carico di qualcosa").

Dass dies nötig ist, mag zweifelsohne dem Umstand geschuldet sein, dass der Zugang zu ihren Filmen alles andere als leicht ist, sodass diese bisweilen sogar von den Italienern selbst falsch verstanden werden (vgl. Uzzo 2011: 46). Hinzu kommt der sizilianische Dialekt, der die Filme schwer verständlich macht; selbst das italienische Publikum benötigt Untertitel. Die dialektale Note ist zudem Ausdruck einer spezifischen Kultur und deren Humors. Entscheidend für die begrenzte Rezeption der Werke von Ciprì und Maresco dürfte aber vor allem die Erfahrung des Unerträglichen und somit dessen „Unkonsumierbarkeit" sein, stellen sie sich doch ganz gezielt gegen kommerzielle Ästhetik und somit gegen den Massenkonsum.

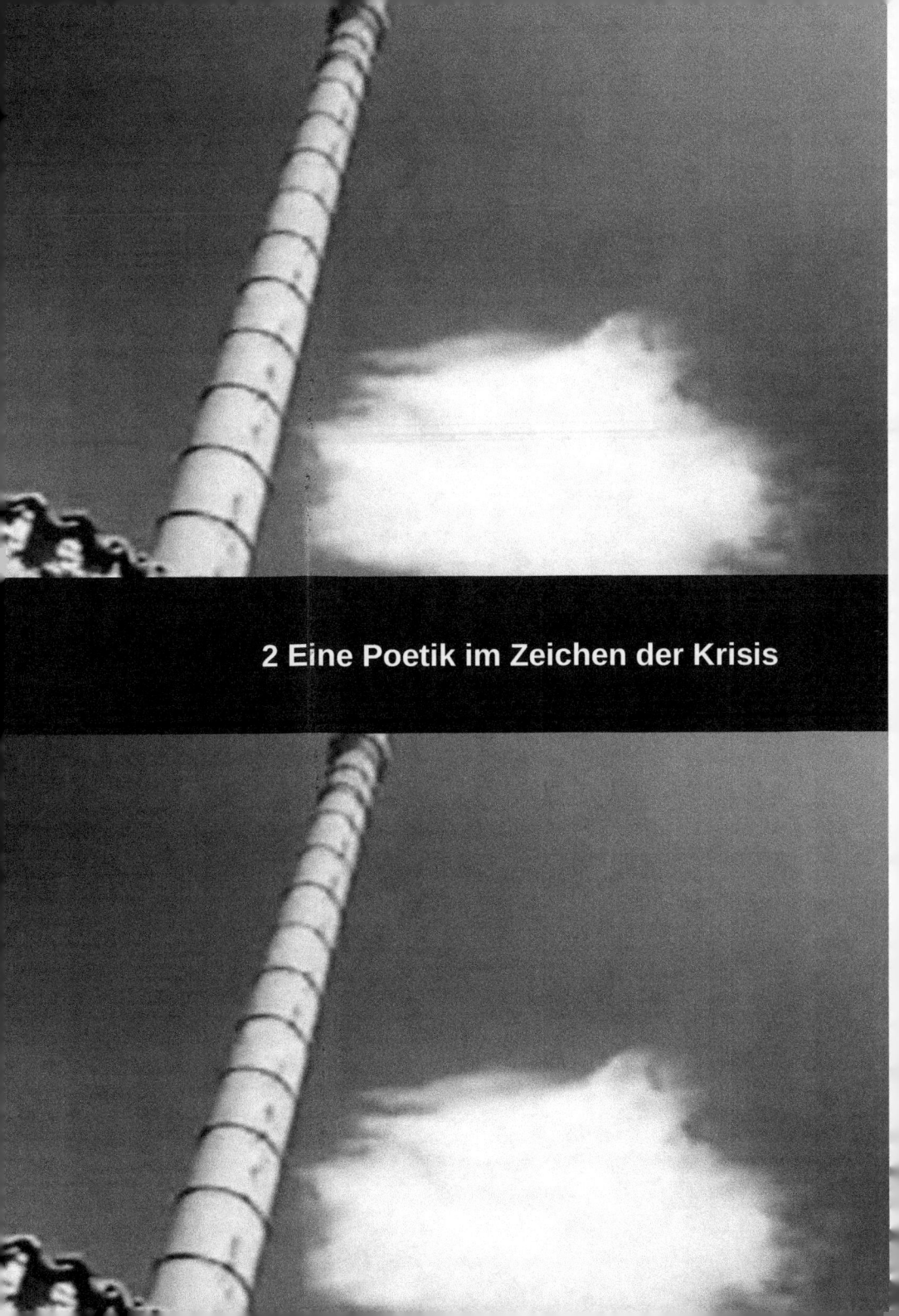

2 Eine Poetik im Zeichen der Krisis

Zynismus und groteske Ernüchterung

Wollte man Ciprì und Maresco verschlagworten, so wäre ‚zynisch' wohl genau der richtige Begriff, zumal ihn die Regisseure zur Charakterisierung ihres Werks selbst wählen. Im Gespräch mit Fulvio Baglivi grenzt sich Franco Maresco jedoch dezidiert von Interpretationen ab, die den Zynismus der beiden Cineasten in die Tradition der griechischen Kyniker stellen (vgl. z. B. Longo 2010). Vielmehr inspiriere sich ihr Konzept des Zynischen am amerikanischen Kino und seinen Antihelden, an Regisseuren wie Samuel Fuller, Howard Hawks, John Huston oder Don Siegel (vgl. Baglivi 2011b). Aus der italienischen Kinotradition greifen sie den bitteren Humor der *Commedia all'italiana* (vgl. Giacovelli 1995; Grande 1986) auf, wie sie ab 1959 mit Regisseuren wie Dino Risi oder Mario Monicelli in Italien aufkommt, und welche die beiden Palermitaner, so Maresco, mit *Cinico Tv* bis an ihr Äußerstes treiben. Dabei ersetzen ihre Figuren die einst bürgerlichen Protagonisten der italienischen Filmkomödien der sechziger Jahre und spitzen deren niedere Komik und Gehässigkeit zu:

> Mi piaceva, di quel cinema e dei suoi personaggi, la visione disincantata della vita, lo stare dalla parte degli sconfitti e la consapevolezza che in ogni uomo, anche nel migliore, si nasconde sempre un gran pezzo di merda. Un cinema sicuramente pessimista, ma pieno di un'ironia e un umorismo che a mio avviso non ha uguali. Poi è venuto il cinismo della commedia all'italiana, quello di Risi e Monicelli, che in parte ha ispirato *Cinico Tv*. In quel cinema [...], nei suoi personaggi osceni e mostruosi anche fisicamente, c'era già, cinquant'anni prima, tutto lo schifo dell'Italia di oggi raccontato con una comicità immediata e 'bassa', con una cattiveria che è stata un punto di riferimento per me e Ciprì [...]. Possiamo dire che *Cinico Tv* è una sorta di estremizzazione al quadrato della commedia all'italiana dove Giordano e tutti gli altri nostri personaggi hanno preso il posto dei più borghesi Sordi, Gassman e Tognazzi. (Baglivi 2011b: 22 f.)

Diese Zuspitzung betont den grotesken Charakter der Filme von Ciprì und Maresco. Das Lachen, welches sie hervorrufen, verleiht existentiellem Unbehagen und Verzweiflung Ausdruck: Es bestätigt diese und entlastet zugleich. Maresco selbst erkennt im Komischen eine tragische Herausforderung der Existenz und der dinghaften Welt und im Lachen eine Katharsis, bei der Traurigkeit auf eine andere Art und Weise kanalisiert wird: Man lache, um nicht zu weinen. Gerade deshalb sei das Komische das andere Extrem des Tragischen und als solches umso interessanter (vgl. Kap. 6.3). Insofern lässt sich die Komik bei Ciprì und Maresco nicht nur im

Sinne eines therapeutischen Lachens verstehen – Freud, auf den sich Maresco hier zu berufen scheint, erkennt im Lachen bekanntlich ein „Phänomen der Abfuhr seelischer Erregung" (Freud 1961: 163). Vielmehr lässt sich die vom Regisseur betonte existentielle Dimension zugleich in der Linie der modernistischen, nachromantischen Groteske der Avantgarden des 20. Jahrhunderts verorten (vgl. Bachtin 1990: 27 ff.), lässt sie doch „jene historische Bewusstseinshaltung des zynisch gewordenen Menschen [zu Tage treten], der das Innewerden über seinen späten Stellenwert im historischen Prozeß nur durch […] ‚Ironie über sich selbst' beantworten kann" (Bohrer 2000: 283).

Gerade die stets präsente Selbstironie in Verbindung mit der Tragikomik stellt Ciprì und Maresco in die Tradition eines anderen Sizilianers, Luigi Pirandello, welcher das januskopfige Wesen der Tragikomik in seiner bekannten Schrift *L'umorismo* ausführt. Ciprì und Maresco greifen die Lektion und das Erbe Pirandellos auf, kennzeichnen doch die Selbstreflexivität des Kunstwerks und die hierdurch hervorgerufene Empfindung des Gegenteils, welches einen erkenntnistheoretischen Relativismus und eine Entpersonalisierung als Form der Bewusstwerdung und Entmystifizierung nach sich zieht (vgl. Guglielmino 1992: XXII f.), sowohl die Poetik Pirandellos als auch die der beiden Palermitaner. Insbesondere die für Pirandello typische Infragestellung der durch den sozialen Kontext determinierten Identität, welche durch den Bruch mit habitualisierten Verhaltensmustern und der biopolitischen Matrix erfolgt und die Figuren eine Außenperspektive auf sich selbst einnehmen lässt, öffnet Letztere auch für philosophische Tiefe. Außenperspektive und konkrete Daseinserfahrung führen nicht zuletzt zur Erkenntnis des Absurden und überführen die Figuren in einen „Schwebezustand" des Enthobenseins, jenseits des so oft als existentiell einschränkend empfundenen Spannungsverhältnisses von identitärer Zuschreibung und Subjektivierung, welches Pirandello insbesondere in *I giganti della montagna*, seinem noch vom Sterbebett diktierten geistigem Vermächtnis, umschlagen lässt hin zur *follia*, einer als befreiend erlebten psychosozialen Devianz, im Sinne eines Ausbrechens aus der „Form" bzw. Normierung und der Bejahung eines nicht fixierbaren, da pluralen Lebens (vgl. z. B. Omar 2013).

Eine zweite Referenz für das Schaffen von Ciprì und Maresco ist zweifelsohne das Absurde Theater, die Lektion Samuel Becketts, in der – wie auch in Pirandellos *L'umorismo* theorisiert und generell in seinem Œuvre – Tragikomik und Pietas eine enge Verbindung eingehen, so in einer in der Ironie und im spöttischen Lachen kulminierenden Entmystifizierung, die zugleich von der Einsicht in die Unausweichlichkeit der Dinge und in die Absurdität des Seins getragen ist.

Mehr noch als mit Beckett, der hier als Scharnier fungieren mag, setzt sich das Werk von Daniele Ciprì und Franco Maresco mit dem palermitanischen Künstler und Theaterregisseur Franco Scaldati (vgl. Valentini 2003a; Valentini 2003b) auseinander – dem sie unter anderem mit der fünften Folge von *Ai confini della pietà* eine Hommage erbringen –, war es doch Scaldati, der Beckett adaptiert und zuerst auf das sizilianische „Lumpenproletariat" übertragen hat[11], wie Goffredo Fofi unterstreicht:

> All'inizio ci fu Scaldati, il primo a trasferire Beckett nel monezzaio, nelle discariche della Palermo-Gomorra. Ciprì e Maresco hanno certamente appreso dal suo sguardo poetico e morale qualcosa che era in loro represso dal loro gusto sottoproletario o infimo-borghese più 'perverso', cioè contrario a quello dominante, per il trash. (Uzzo 2011: 47)

Für seine Beckett-Transposition auf die Verhältnisse der palermitanischen Unterschicht lässt sich Scaldati unter anderem von Totò und Vicè inspirieren, zwei Obdachlosen, die sich in der Nachkriegszeit durch improvisiertes Stehgreiftheater den Lebensunterhalt verdienen. Später finden sie als sich ergänzendes, die jeweiligen Gegensätze des Anderen verkörperndes Figurenpaar Eingang in seine Werke (vgl. auch Valentini 2003a). Scaldatis im Zeichen der Tragikomik stehendes Œuvre operiert mit der Ambivalenz und Ununterscheidbarkeit von binären Kategorien wie Gut und Böse, setzt randständige Formen des Lebens in Szene, die sich zugleich als philosophischer Blick auf das Sein des Menschen ausnehmen. Über seine Figuren Totò und Vicè sagt Scaldati:

> Sono due personaggi che traggono linfa da una innocenza assoluta che consente loro di percepire un po' tutti i dubbi dell'esistenza. Non sono personaggi che soffrono, che si tormentano, si pongono continuamente delle domande e anche quando non sanno rispondere, va bene, la vita continua. Hanno un rapporto straordinario con la vita, anche se non si capisce, se sono vivi o morti, se sono reali o irreali. In ogni caso, credo che loro siano due scintille di vita. (Valentini 2003b: 206)

Hierin gleichen sie den Gestalten von Ciprì und Maresco, die ebenso wie die Scaldatis den „ventre dimenticato di Palermo" (Giambrone 2008a: 7) bewohnen und ein Teil des *genius loci* sind, den diese Künstler aufgreifen (vgl. Giambrone 2008b: 14) – nur dass ihnen Ciprì und Maresco die Leichtigkeit genommen haben ebenso wie die Hoffnungen und die Möglichkeit eine andere, nicht bioökonomisch

---

[11] Zu Scaldatis Äußerungen über seinen Bezug zu Beckett vgl. z. B. Valentini (2003b: 209) und Giambrone (2008b: 16).

determinierte Welt zu evozieren. Scaldati verfolgt mit seinem *Teatro all'Albergheria* einen „recupero del teatro del rito" (Giambrone 2008b: 15), das durch den Dialekt (vgl. z. B. Valentini 2003b: 210) und durch den Gebrauch eines doppelten Registers von theatraler Dialogizität und poetischem Ausdruck zu einer „drammaturgia di visioni" gedeiht, wo das Wort „zu einem entkörperlichten Körper wird, zu einem Bild ohne Umriss, zur Erscheinung" (vgl. Giambrone 2008a: 8). Die Thematisierung der menschlichen Seinskondition verbindet sich sowohl bei Scaldati als auch bei Ciprì und Maresco mit Verbitterung angesichts der gesellschaftlichen Entwicklung. So bemerkt er: „[C'è] un malessere che sta venendo fuori, dato dall'incapacità di vivere, una specie di perdita di sensibilità, di intelligenza molto diffusi. Poi uno continua perché c'è un po' di speranza, o continua per disperazione (credo che le due cose vadano avanti insieme)" (Valentini 2003b: 211). Dabei fungieren seine Texte, wie auch die Filme von Ciprì und Maresco, als

> [la] ricerca di un'umanità possibile, di un mondo possibile oltre l'orizzonte della distruzione. E questo mondo, per me, è l'universo della poesia, che attraverso il teatro si fa realtà. [...] In questo senso il teatro diventa politico, perché oppone una resistenza e un'alternativa alla barbarie del sistema. [...] [A]bbiamo voluto suggerire una risposta ai sintomi di una crisi profonda, una crisi del teatro che riflette in pieno la crisi del pensiero e della dialettica sociale. Abbiamo indicato un universo possibile, uno spazio e un tempo oltre la logica del profitto, dei quali l'uomo è stato depredato in questi anni di barbarie culturale. (Giambrone 2008b: 16)

Dass die beiden Sizilianer Samuel Beckett künstlerisch auch direkt beerben, mag ein Blick auf Becketts *Film* belegen.[12] Im Jahr 1965 mit Buster Keaton gedreht, kondensieren sich in Becketts siebzehnminütigem Streifen bereits fast alle Merkmale, die wir später auch bei Ciprì und Maresco finden: eine Schwarz-Weiß-Ästhetik mit leeren, aufs Nötigste reduzierten und einfachen Interieurs, ein tragikomisches Moment, keine Dialoge (nur ein „sch…" ist zu hören), die Verschachtelung und Bespiegelung von verschiedenen Blickebenen, unterfüttert durch das Spiel mit der kinematografischen Apparatur und der inszenierten Blicktheorie. Ein Spiel, welches ganz im Zeichen eines Spiels mit dem Sichtbaren und dem Nichtsichtbaren, mit dem skopischen Begehren, dem *suspens* und der Wahrnehmung des Zuschauers steht. *Film* thematisiert die kinematografische Vision, das Sehen und Gesehenwerden, aber auch ein Bild, das auf uns als Zuschauer selbst zurückfällt, indem es in bester metafilmischer und selbstreferentieller Manier die Apparatur und die

---

[12] Auch bekannt als *Samuel Beckett's Film*.

"vierte Wand", nämlich den Zuschauer selbst, thematisiert. Auf den Punkt bringt dies insbesondere eine der letzten Einstellungen des Films, welche die Hauptfigur, Buster Keaton, mit einer Augenbinde zeigt: Die beschnittene Vision ebenso wie die Obsession eines beobachtenden Menschen, der nicht gesehen werden möchte, der aber seinem Umfeld dennoch stets gewahr ist.

So spielerisch-tragikomisch wie Becketts *Film* und doch ungleich grausamer erweisen sich auch Ciprìs und Marescos Filme. Diese in die Nähe der Tragödie zu stellen, wie Alberto Farassino dies tut, reicht jedoch nicht. Denn es ist gerade ihre Grausamkeit, die die von Farassino konstatierte Verzweiflung und Sakralität, jenen ruinösen Verfall und jene Präsenz des Sublimen in seiner Entfaltung letzten Endes einschränkt und beschneidet:

> [...] il comico e il tragico. E che ciò avvenga in quel gran teatro greco, in rovina, che è la Sicilia, non è evidentemente casuale. Comico non tanto per le risate che le situazioni e le battute possono strappare, ma per il protagonismo di personaggi bassi che fanno spettacolo di sé e del loro fallimento [...]. Tragico non soltanto per la struttura drammaturgica, che mette in scena spesso attorno all'eroe un corpo, per quanto ridotto e silenzioso, ma per la presenza incombente del Destino, di leggi sovrumane che non rispettano il principio di realtà della commedia e alle quali tutti i personaggi devono obbedire, mendicanti o vermi, cantanti o intervistatori che siano. E tragedia significa insieme disperazione e sacralità, sfacelo o presenza del sublime. (Farassino 2011: 15)

Wollte man, wie Farassino, den Begriff des Sublimen ins Feld führen, so sollte dieser mit Lyotard und Burke verstanden werden als Gefühlsmomente[13],

> die mit dem Begriff des Schönen nicht zu erfassen [sind], die vielmehr mit der Wahrnehmung von Schmerz und Gefahr, Angst und Schrecken verbunden [sind], allerdings nicht unmittelbar, sondern aus einer gewissen sicheren Entfernung, so daß sich Unlust und Lust, Bedrängnis und Erleichterung eigentümlich vermischen. (Reese-Schäfer 1995: 57)

Doch gerade in diesen Momenten verbinden Ciprì und Maresco das Sublime mit dem Lachen, denn, so Lyotard: „Du sublime au ridicule il n'y a qu'un pas." (Lyotard zit. nach Reese-Schäfer 1995: 59). Ihr „Zerstörungshumor" (Artaud 1969: 97) lässt ihr Werk dabei zu einem zerebralen Kino der Grausamkeit avancieren. Ähnlich wie Artaud sehen sie in der Grausamkeit ein Mittel, um das Denken des Sub-

---

[13] Lyotard knüpft hier an Edmund Burkes *Philosophical Enquiry into the Origin of our Ideas of the Sublime and the Beautiful* von 1757 an, wie Reese-Schäfer erinnert.

jekts zu affizieren und diesem seine eigene Krise vorzuführen, wo die Bilder zu Instrumenten eines dissoziativen und negativen Prozesses werden:

> [L]e immagini dovranno essere una trascendenza del soggetto e un incontro con il suo oltre, ossia il pensiero. L'occhio interiore non sarà più assimilabile a un monologo interiore dal valore unificante e totalizzante, bensì a un occhio gettato nella scaturigine del pensiero, nella negatività, nella fessura o incrinatura, e quindi una forza che, nonostante un'apparente fuga davanti alla storicità e all'oggettività, innesca un meccanismo dissociativo nel cuore del reale, bucandolo, scoprendo [...] „da un lato la presenza di un impensabile nel pensiero, che sarebbe quasi la sua fonte e il suo sbarramento; dall'altro la presenza all'infinito di un altro pensatore nel pensatore, che spezza ogni monologo interiore nell'io pensante". Il cinema sarebbe dunque l'apertura a una crisi, il luogo trascendentale del conflitto fra forze opposte alle sorgenti prime, neuro-fisiologiche, del pensiero, e la sua forma sarà di una musicalità (una *musica intellettuale di fondo*) sempre scordata e piena di interruzioni: l'occhio-interiore sarà innanzitutto un occhio-bisturi: „Una certa agitazione di oggetti, di forme, di espressioni, si traduce ben solo nelle convulsioni e i soprassalti di una realtà che sembra distruggersi da sé con una ironia in cui si sentono gridare gli eccessi della psiche". (Ferrari 1998: 28)

Entsprechend beschwört das ciprimareskianische Spiel mit dem Informen und der Ununterscheidbarkeit gezielt ebenjenes bittere Lachen herauf, das uns sogleich im Halse stecken bleibt. Ihr ernüchternder Zynismus und ihre Ästhetik der Groteske erweisen sich als Spiel mit der Grenze und ihrem Kollaps sowie als Parodie im Sinne Agambens als deren Aufhebung (vgl. Agamben 2005b: 44).[14] So nennt Agamben für die gängige Definition

> [...] i due tratti canonici della parodia: la dipendenza da un modello preesistente, che da serio viene trasformato in comico, e la conservazione di elementi formali in cui vengono inseriti nuovi e incongrui contenuti. (Agamben 2005a: 41)

---

[14] Agamben spricht in diesem Zusammenhang von der Parabase, verstanden als dramaturgisches, metatheatralisches und selbstreflexives Verfahren, das die Unterscheidbarkeit sowohl von Fiktion und Wirklichkeit als auch der Rollen – Schauspieler und Zuschauer teilen den gleichen „Wirklichkeitsraum" und die gleiche Seinskondition (also die bereits in Bezug auf Pirandello und Beckett angesprochene Entmystifizierung, die von der Erkenntnis der Unausweichlichkeit der Dinge und der Absurdität des Seins getragen ist) – kollabieren lässt. Agamben (2005a: 55) schreibt diesbezüglich: „Nel gesto della parabasi, quando la rappresentazione si spezza e attori e spettatori, autore e pubblico si scambiano le parti, la tensione fra scena e realtà si allenta e la parodia conosce forse il suo unico scioglimento. La parabasi è una *Aufhebung* – una trasgressione e un compimento – della parodia."

Anschließend ergänzt er jedoch eine zweite Auslegung des Begriffs, die sich, als „dunkler Gesang" über den Verlust des natürlichen Orts, explizit auf eine musikalische Technik bezieht:

> Essa indica una separazione fra canto e parola, fra melos e logos. [...] Quando nella recitazione dei poemi omerici, questo nesso tradizionale si scioglie e i rapsodi cominciano a introdurre melodie che vengono percepite come discordanti, si dice che essi *cantano para ten oden*, contro il canto (o a fianco del canto) [...]; secondo questa più antica accezione del termine, la parodia designa la rottura del nesso "naturale" fra la musica e il linguaggio, lo sciogliersi del canto dalla parola. Ovvero, per converso, della parola dal canto. [...][L]o spezzarsi del vincolo libera un *parà*, uno spazio accanto, in cui si insedia la prosa. Ma ciò significa che la prosa letteraria porta in sé il segno della separazione dal canto. Il "canto oscuro" che secondo Cicerone si sente è in questo senso, un lamento per la musica perduta, per il venir meno del luogo naturale del canto. (Agamben 2005a: 42 f.)

Ebenjenes misstönende *para ten oden* der Parodie, jener Gesang gegen den Gesang, von dem Agamben berichtet, erzeugt eine duale Spaltung, die die Aporien und die Grenze von Sprache, Fiktion und Wirklichkeit – kurz: das Neben-sich-selbst-Sein jedes Seins und jedes Gesagten –, zu Tage treten lässt. Die Parodie bildet diesbezüglich den „symmetrischen Gegensatz" zur Fiktion:

> Poiché la parodia non mette in dubbio, come la finzione, la realtà del suo oggetto – questo è, anzi, così insopportabilmente reale, che si tratta, appunto, di tenerlo a distanza. Al "come se" della finzione, la parodia oppone il suo drastico "così è troppo" (o "come se non"). Per questo, se la finzione definisce l'essenza della letteratura, la parodia si tiene per così dire sulla soglia di questa, ostinatamente protesa fra realtà e finzione, fra la parola e la cosa. (Agamben 2005a: 52 f.)

Als Schwelle zwischen Wirklichkeit und Fiktion lässt sie Aporien zu Tage treten, bringt die Sprache zum Scheitern und stellt das ontologische Fundament in Frage, welche sie zugleich bestätigt:

> [L]a teoria – e la pratica – di ciò che sta a fianco della lingua e dell'essere – o dell'essere a fianco di se stesso di ogni essere e di ogni discorso. [...] [L]a parodia è un terreno notoriamente impraticabile, dove il viaggiatore si urta continuamente a limiti e aporie che non può nemmeno trovare una via d'uscita. Se l'ontologia è la relazione – più o meno felice – fra linguaggio e mondo, la parodia, in quanto paraontologia, esprime l'impossibilità della lingua di raggiungere la cosa e quella della cosa di trovare il suo nome. Il suo spazio [...] è dunque necessariamente e teologicamente segnato dal

> lutto e dallo sberleffo [...]. E tuttavia, in questo modo, essa testimonia di quella che sembra la sola possibile verità del linguaggio. (Agamben 2005a: 54)

Dass Agamben zufolge „die ganze Tradition der italienischen Literatur [in einem besonderen Sinne] unter dem Zeichen der Parodie" (Agamben 2005b: 38) steht, die durch eine Hassliebe zur eigenen Sprache gekennzeichnet ist, lässt uns im Hinblick auf Ciprì und Maresco aufhorchen, lassen sie doch die Unmöglichkeit und zugleich einzig mögliche Wahrheit der Sprache, sich des In-der-Welt-Seins des Menschen anzunehmen, zu Tage treten. Ihr Zynismus und ihre groteske Ästhetik sind ernüchternd, ganz so als ob wir als Zuschauer mit ihnen eine unvermittelt angetretene Reise ohne Rückfahrkarte unternähmen, die uns in einer Sackgasse, in den bisweilen sublimen „Niederungen" der Immanenz zurücklässt:

> Il n'y a d'être parce qu'il y a vie, l'expérience de la vie se donne comme la loi la plus générale des êtres. [...] L'ontologie dès lors dévoile moins ce qui fonde les êtres que ce qui les porte un instant à une forme précaire. (Foucault 1966: 291)

Hinsichtlich des Immanenzgedankens und des Zynismus der beiden Cineasten – ebenjenes prekären In-der-Welt-Seins des Subjekts, das im Zeichen einer radikalen Bewusstwerdung, *Ent*-täuschung und Endlichkeit steht –, versteht Franco Maresco die Kunst als Prothese einer Neurose, die es erlaubt, unser existentielles Unbehagen (vgl. Freud 2010) ans Licht zu holen. Indem sie dieses Unbehagen sublimiert, erlaubt sie zugleich, uns von seiner Last ein Stück weit zu befreien. Maresco selbst bezeichnet sich als Thaumaturg und Wünschelroutengänger, der mit *Cinico Tv* all das Negative hervorgeholt habe und dies auch mit den Zuschauern mache, da er Neurosen und Frustrationen zum Vorschein kommen lasse (vgl. Kap. 6.3).

Zugleich schwingt in dieser zynischen Ernüchterung das Bewusstsein um einen problematischen Doppelbezug zur Welt mit, der einerseits von Nihilismus und andererseits von einer notwendigen Bejahung der Fatalität des Seins getragen ist. Die Absenz Gottes als übergeordneter und letztbegründender Instanz und die Erkenntnis des Subjekts in seiner Diskontinuität auf sich selbst zurückgeworfen zu sein, pflanze, so Deleuze in Anlehnung an Nietzsche, den Tod in den Menschen selbst ein:

> Tant que Dieu existe, c'est-à-dire tant que la forme-Dieu fonctionne, l'homme n'existe pas encore. Mais, quand la forme-Homme apparaît, elle ne le fait qu'en comprenant déjà la mort de l'homme, de trois manières au moins. D'une part, où l'homme pourrait-il trouver le garant d'une identité, en l'absence de Dieu ? D'autre part, la forme-Homme ne s'est elle-même constituée que dans les plis de la finitude:

elle met la mort dans l'homme [...]. Enfin, les forces de finitude elles-mêmes font que l'homme n'existe qu'à travers la dissémination des plans d'organisation de vie, la dispersion des langues, la disparité des modes de production, qui impliquent que la „seule critique de la connaissance" est une „ontologie de l'anéantissement des êtres"[...]. (Deleuze 2004: 138)

Insofern wäre zu fragen, ob das nihilistische und anarchische Denken der beiden Cineasten – versteht man das Kino als Mittel der Philosophie – nicht gar in ebenjener Denktradition steht und sich in das einschreibt, was Vattimo als „Krise der Idee der Letztbegründung" bezeichnet (vgl. Vattimo 2009: 180; Vattimo/Rovatti 1983). Entsprechend ließe sich nicht zuletzt auch die Frage stellen, ob die anarchische Poetik von Ciprì und Maresco nicht gar als Versuch einer aktiven Neubegründung einer Ethik verstanden werden kann, die nach Auffassung Vattimos zugleich eine postmetaphysische Ethik ist (vgl. Vattimo 2009). Vattimo, der dabei den Begriff der Anarchie ins Feld führt, bezieht sich hier insbesondere auf Schürmanns Auseinandersetzung mit dem Denken Heideggers und bemerkt in einer Fußnote:

> Wenn aber [...] erst mit dem Ende der Metaphysik die An-archie, d.h. die Befreiung der Welt von den Archai, d.h. von den metaphysischen Prinzipien und der Idee des Grundes, möglich wird, geschieht dies auch, weil sich der Nihilismus als „Zeitalter der Weltbilder" durchzusetzen beginnt, das auch das Zeitalter zahlreicher miteinander konkurrierender Weltbilder ist. Der Nihilismus erweist sich so aber als Streit der Interpretationen, d.h. als keineswegs „objektives" Geschehen, dem das Dasein sich anzupassen und das es passiv zu akzeptieren hätte. Schürmann begreift das Ende der Metaphysik als Eintritt des „Ereignisses", das er als Stabilisierung eines an-archischen Zustandes fasst. (Vattimo 2009: 183)

In seinem Plädoyer für eine „Ethik der Endlichkeit", die nicht zuletzt „auch der Übermächtigung des Anderen jegliche Legitimationsmöglichkeit" (Vattimo 2009: 189) entzieht – also Gewalt gegenüber dem Anderen ausschließen möchte –, versteht er diese Ethik als Verantwortung gegenüber einem pluralistischem Anderen und als das „Ergebnis der verantwortlichen Interpretation unserer Überlieferung" (Vattimo 2009: 190):

> Eine Ethik der Endlichkeit ist eine Ethik, die versucht, der immer uneinholbaren Endlichkeit der eigenen Herkunft treu zu bleiben, ohne die pluralistischen Implikationen zu vergessen, die diese Endlichkeit bedingt. [...] Denn auch die Stimme des Anderen, unseres Zeitgenossen, ist Herkunft, der gegenüber wir Verantwortung tragen. Dieses Horchen auf die Herkunft impliziert natürlich [...] die Notwen-

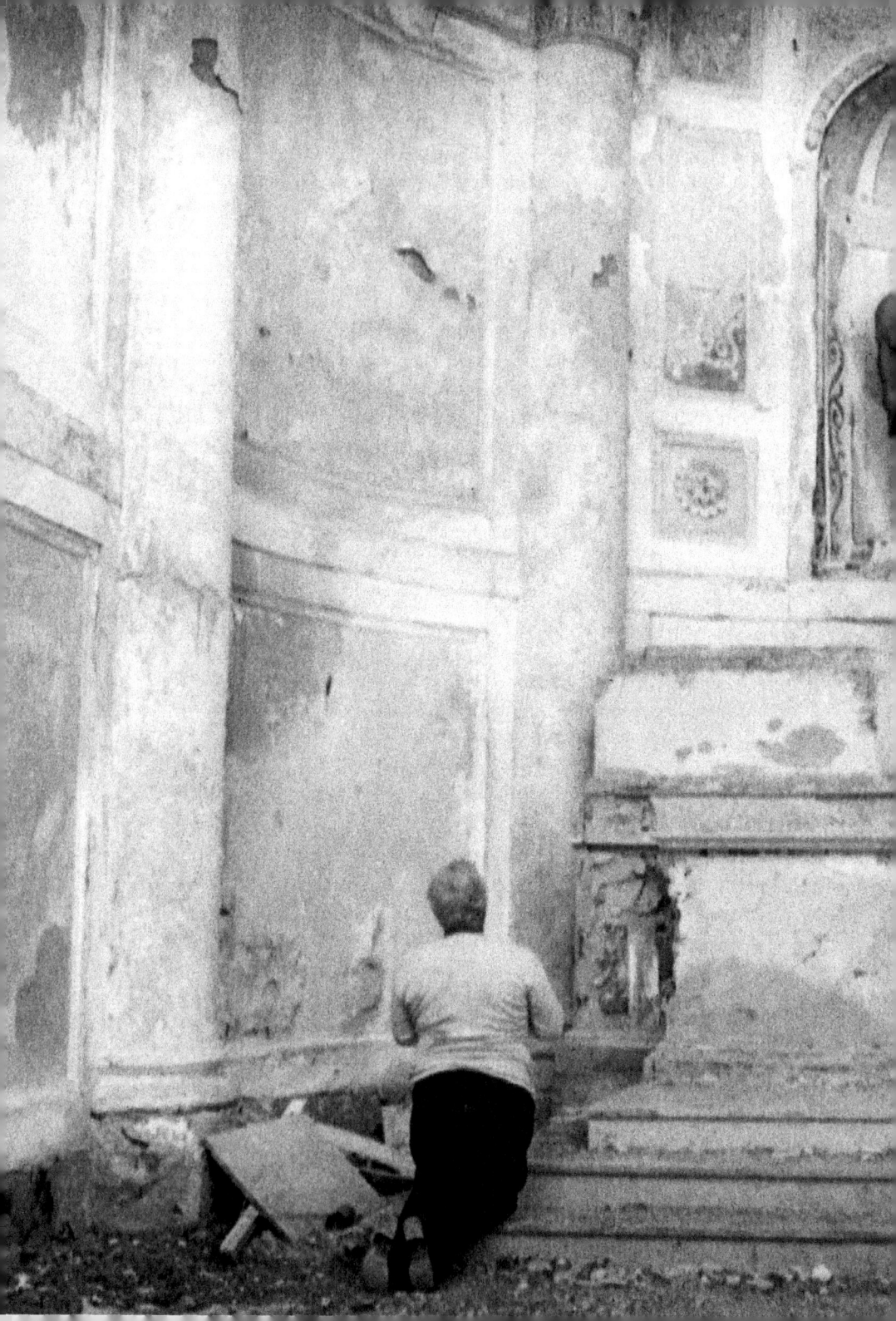

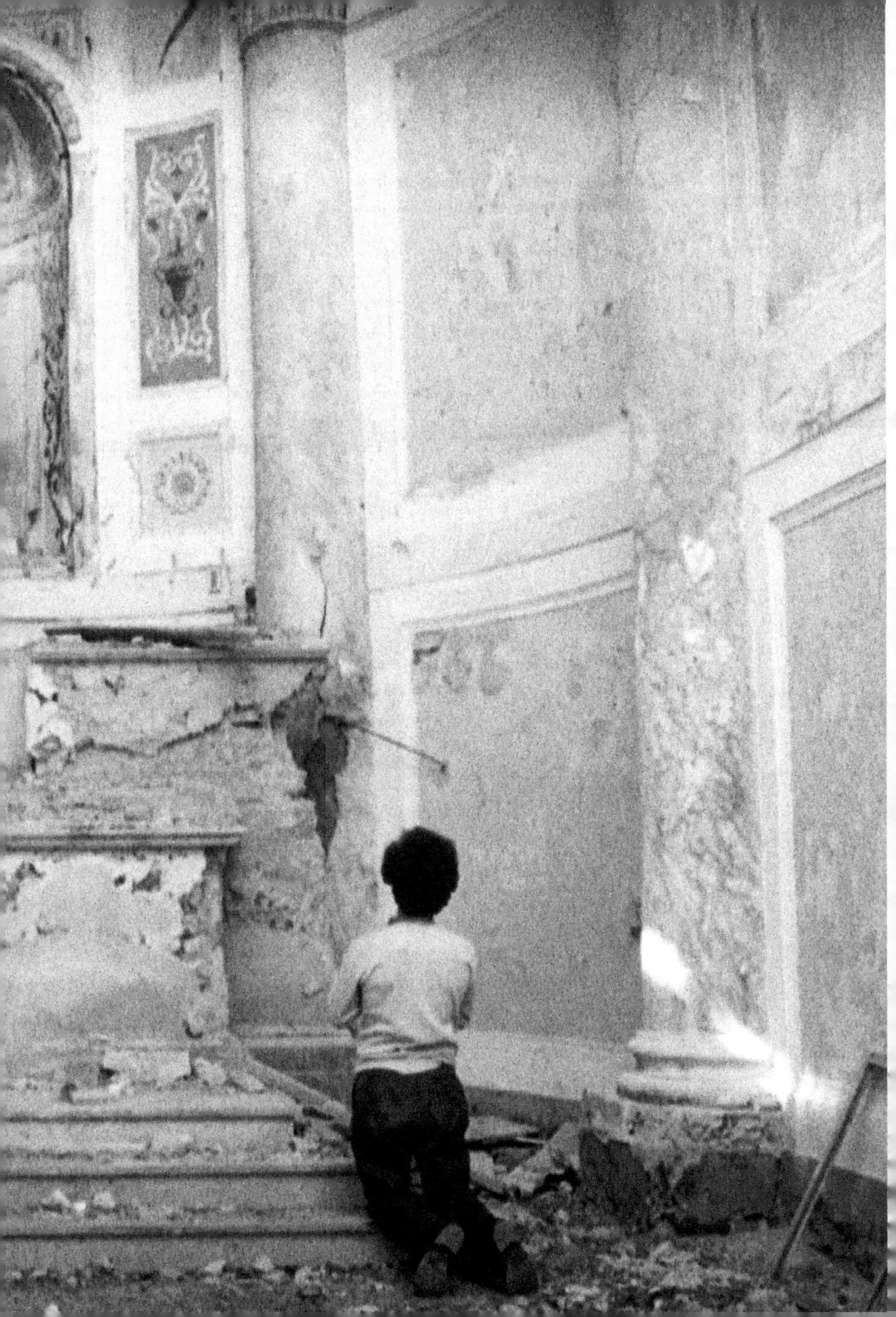

digkeit, [...] Entscheidungen zu treffen darüber, was man aktiv aus der Tradition wiederaufnehmen und was man von den Ideen, Werten und „Prinzipien", als deren Erben wir uns begreifen, hingegen über Bord werfen sollte. (Vattimo 2009: 186f.)

Insofern erweist sich die im Zeichen der Krisis stehende Poetik von Ciprì und Maresco als eine ästhetische und ethische Neuverhandlung, welche hier in den Kapiteln 4.3 und 4.4 diskutiert werden soll. Versteht man ihre Parodie im Sinne des von Agamben aufgezeigten *para ten oden*, also als Gesang gegen den Gesang, der die Aporien von Sprache, Fiktion und Wirklichkeit zu Tage treten lässt, so darf dieses Neben-sich-Sein nicht nur als Symptom eines existentiellen Unbehagens und der Bewusstwerdung einer unser Eigenstes konstituierenden Alterität, sondern zugleich als Mittel der Suche nach dem „rechten Platz" verstanden werden. Einer Suche, die sich als eine ästhetische und ethische Neuverhandlung und Artikulation von Dissens äußert und zu deren Methodik zweifelsohne die figurale Transgression und die Entsubjektivierung zählen.

In den „Niederungen" der Immanenz

> Violenza (ovvia, costante), sessualità (onanistica, deprivata e depravata) e sacro (scadente e scaduto, inutile) si scontrano, si strusciano, si trascinano reciprocamente sempre più verso il basso, si degradano insieme.
>
> *Bruno Fornara* (Fornara 1998: 4)

Der Ort, der diese Welt im Zeichen der Krisis und die Vergänglichkeit des Menschen par excellence verkörpert, ist Palermo; es ist ihre „cinicittà"(Ghezzi 2011: 6). Sein morbider Charme, seine ruinöse und zugleich sublime Schönheit, machen es zum bevorzugten Schauplatz und idealen Set ihrer philosophisch-künstlerischen Weltsicht. Nicht zufällig bemerkt Franco Maresco, dass er sein Leben in Palermo zwar stets als Strafe empfunden habe, sich aber ebensowenig vorstellen könne, seine Werke an einem anderen Ort zu ambientieren (vgl. Baglivi 2011b: 27). In den Filmen von Ciprì und Maresco avanciert Palermo zu einem abstrakten, gar außerzeitlichen, posthistorischen Ort, der nichts gemein hat mit den gängigen Bildern der Stadt. Dort finden wir nichts Tourismusförderndes, sondern Peripherien und zerstörte Stadtlandschaften. Eine Welt in Schwarz-weiß und in Trümmern, in der sich die Zivilgesellschaft weitestgehend aufgelöst hat und das Individuum sich in den Händen einer diffusen, schwer fass- und schwer identifizierbaren Macht befindet. Trotz seiner klaren Verortung in Sizilien scheint dieses Szenario dabei weit über die Insel und Italien hinauszureichen und in seiner Deterritorialisierung stellvertretend für die westliche Gesellschaft zu stehen (vgl. Hampson 2000, 2005; Longo 2004, 2007; Marchese 2008). In ihren postapokalyptischen Szenarien weht ein Wind, der sowohl von der Zerstörung als auch vom Ende der Geschichte selbst und von einer kulturellen Leere kündet:

> Il cinema di Ciprì e Maresco porta all'eccesso un processo architettonico, visivo e morale e propone la fine della Storia che combacia con l'arcaico e il primitivo: post-atomico e primitivo convivono in uno spazio totalizzante e brullo, decisamente la più completa e potente metafora del vuoto culturale del nostro paese. (Arcagni 2008: 72)

Ciprì und Maresco zeigen uns eine ruinöse Welt im permanenten Ausnahmezustand, in der selbst diejenigen handlungsohnmächtig sind, denen ein wie auch immer geartetes, geheimnisumwobenes Heilsversprechen angedichtet wird – so der ominöse Onkel aus Amerika in *Lo zio di Brooklyn* oder Totò, der christliche Erretter, in *Totò che visse due volte*. Umso mehr affiziert dieser Ausnahmezustand auch die Protagonisten der Filme. Sie sind allesamt Randfiguren in einer Gesellschaft der Grausamkeit und Indifferenz, in der jeder nur dem eigenen Vorteil nachstrebt und menschliche Werte nicht mehr zu existieren scheinen. Nomadengleich durchstreifen sie die verwaisten, ruinösen Stadtlandschaften, die den gesellschaftlichen Istzustand allegorisch reflektieren. Den Aggressionen ihrer sozialen Umwelt ausgeliefert, avancieren die Protagonisten zu *homines sacri*, zu ebenjenen von der Gemeinschaft Ausgeschlossenen, die getötet werden dürfen, da ihnen gegenüber „alle Menschen als Souveräne handeln" (Agamben 2002a: 94), bzw. deren Tod erst die Immunität der Gemeinschaft sichert, d. h. diese als geschlossenes System konstituiert (vgl. Borsò 2010a: 245). Dennoch bleibt zu fragen, ob es eine solche Form der Gemeinschaft in den Filmen von Ciprì und Maresco eigentlich überhaupt noch gibt. Vielmehr scheint diese zerstört zu sein, lediglich oberflächlich zusammengehalten durch automatisierte, referenzfreie Gesten und kulturell aufgeladene Praktiken. Routine statt gelebter Werte. In sich erstarrt, mit enttäuschtem Glauben, ernüchtert und skurril.

Nicht zufällig werden in *Totò che visse due volte* christliche Mytheme und ihr ikonographisches Arsenal aufgegriffen und subvertiert – Elemente, die konstitutiv für die süditalienische Kultur sind und mit denen die Regisseure, Bilderstürmern gleich, ironisch spielen. Lustvoll profanieren die Regisseure religiöse Symbole und parasakralisieren das Monströse. Die Welt scheint kopfzustehen und tut es doch nicht. Ihre Poetik der Immanenz und ihre ikonoklastische Geste im Spiel mit religiösen Codes erinnern dabei nicht zuletzt an den „tollen Menschen" in Nietzsches *Fröhlicher Wissenschaft*, der den Tod Gottes verkündet, seine Laterne zu Boden wirft und so symbolisch das Licht löscht. Dabei prangert er, als säkular-nihilistischer Messias und zugleich Visionär, die Süffisanz des modernen Menschen an, bleibt von seinen Zeitgenossen aber unverstanden, weil er zu früh kommt (vgl. Nietzsche 1988: 480 ff.). Die Figuren von Ciprì und Maresco scheinen diesbezüglich ganz und gar in der nihilistischen Tradition Nietzsches zu stehen. So auch wenn die Regisseure die Seinskondition des modernen Menschen zum Vorschein treten lassen, eines Menschen, der einer absoluten Biomacht unterliegt, als deren integraler Bestandteil sich auch die kirchliche Pastoralmacht erweist. In dem von ihnen gezeichneten Universum kann kein Glaube retten und das Dasein erträglich machen oder gar den gesellschaftlichen Verfall aufhalten. Ihr Spiel mit christlichen Mythemen unterstreicht diese Spaltung, das Abhandengekommensein von Glauben und Werten auf der einen Seite und einem kulturellen Ritual auf der anderen Seite. Es grassieren moralischer Verfall, ideelle Leere und Resignation, wie ihre Parodie der Bergpredigt nachfolgend belegt. So sehen wir in *Totò che visse due volte* den ohnmächtigen Messias Totò (abgeleitet von Salvatore, dem Erlöser), der die in ihn gesetzten Heilserwartungen enttäuscht: Er hat nichts zu verkünden und schickt die Menschen, die zur Bergpredigt gekommen sind, nach Hause. Die Kranken und Invaliden bleiben ungeheilt. Er kommt zu spät zum Abendmahl. Die Jünger haben bereits mit dem Essen begonnen, Maria Magdalena tanzt zu ihrer Unterhaltung und ist im Begriff, einen Striptease aufzuführen. Angeekelt schickt er sie weg. Der Erretter ist unter den Menschen, doch sein Tod hat keine Erlöserfunktion mehr für sie, sondern einzig für ihn selbst, als er schlussendlich von der Mafia im Säurebad aufgelöst wird. Statt seiner werden die drei in der Bildtradition des leidenden Christus stehenden Protagonisten des Films an das Kreuz geschlagen: der notgeile, immer masturbierende Paletta, der zahnlose, homosexuelle Fefè, der den Leichen die Grabbeigaben stiehlt, und der namenlose Erotomane, der sich an Menschen, Tieren und gar an der Madonnenstatue vergeht. Zu leiden scheinen sie nicht, sehen sie doch gleichgültig-grinsend ihrem Schicksal entgegen. Die vorbeilaufenden Passanten interessieren sich nicht für sie. Ciprì und Maresco zeigen so, dass „der Tod Gottes als Ursprung des Nihilismus einerseits die das Dasein verdüsternde Belastung, andererseits [aber] auch die große befreiende Entlastung des Daseins [ist], die eine neue, unbekannte Heiterkeit verheißt" (Ries 2009: 127). Als einziger Ausweg eröffnet sich diesbezüglich die *amor fati*, die Bejahung der Fatalität und Absurdität des Seins, so wie sie ihre monströsen Figuren vorleben, ergeben sich diese doch in ihr Schicksal und akzeptieren das „sich ewig wiederholende Sinnlose als radikalste Form des Nihilismus" (Ries 2009: 129).

Nichts trennt den Zuschauer mehr von diesem intradiegetischen Universum. Gekonnt heben die Regisseure die Rahmungen auf, die dieses von dem unseren abgrenzen könnten. Von daher ist die vom Zuschauer zunächst als monströs erfahrene *zoé* keine Ausnahme, sondern aufgrund der fehlenden Kadrierung zum Normalzustand geworden. Ausgehend von den griechischen Etyma *zoé* und *gráphein* ließen sich Ciprì und Maresco insofern als Lebensbildner, als *Zoographen*, verstehen, stellen sie doch in ihren Werken ebenjene *zoé* ostentativ aus. Mittels ihres „bestiario dei personaggi", allesamt „mostri di una bellezza imprigionata" (Valentini 1999: 21, 13), brüskieren sie durch bewusst ausgestellte Leiblichkeit und degradieren so kulturelle Codes und Symbole. Die niedere Materie des Leibes und das Obszöne dienen ihnen dabei als Mittel, eine philosophische Dimension einzuführen und das „hinter der Szene Liegende, das Undarstellbare [...] in den Lücken der darstellenden Textur (Sprache, Diskurs oder Erzählung) insistierend" (Wiechens 1995: 21) aufscheinen zu lassen. Ihr Thema ist kein geringeres als der „Tod" der westlichen Zivilisation und des Sozialen, ebenso wie das Aufkommen eines neuen, von der Technik bestimmten und zur Empathie unfähigen Menschen. Ihre monströsen Figuren ähneln uns dabei vielleicht mehr, als es zunächst scheinen mag.

Ciprì und Maresco erheben den beschädigten, abjekten und profanen Körper zur Monstranz. Dies sollen nicht nur die schon angeführten Beispiele belegen, in denen die beiden Regisseure die christliche Praktik und Ikonographie aufgreifen und subvertieren. Auch die Prozession von San Polifemo, dem einäugigen Heiligen, verdeutlicht dies, steht sie doch in bester katholischer Tradition, desakralisiert diese indes aber spielerisch, sei es durch den mythologischen Verweis auf Homers Polyphem, sei es durch „Erniedrigung" der sonst opulent und mit Kostbarkeiten geschmückten Heiligenfiguren, sei es durch die Betonung der Negativität und dem Absprechen eines wie auch immer gearteten Heilsversprechens. Die ausgestellte Reliquie – das Simulakrum des Heiligen – taugt nicht zur Verehrung und dem Heraufbeschwören eines besseren Morgen im Dies- oder gar im Jenseits, denn statt eines aufwendigen Gewandes und eines prunkvollen Karrens ist der schäbige und zudem „beschädigte" Polifemo lediglich in ein paar abgewetzte Lumpen gehüllt. Der Heilige ist zu Blut geworden; er teilt die Lebenswirklichkeit der Figuren. So steigt bei Ciprì und Maresco die Epiphanie hinab in die „Niederungen" des Seienden: Immanenz statt Transzendenz. Dies deutet bereits die Handlung an, die der

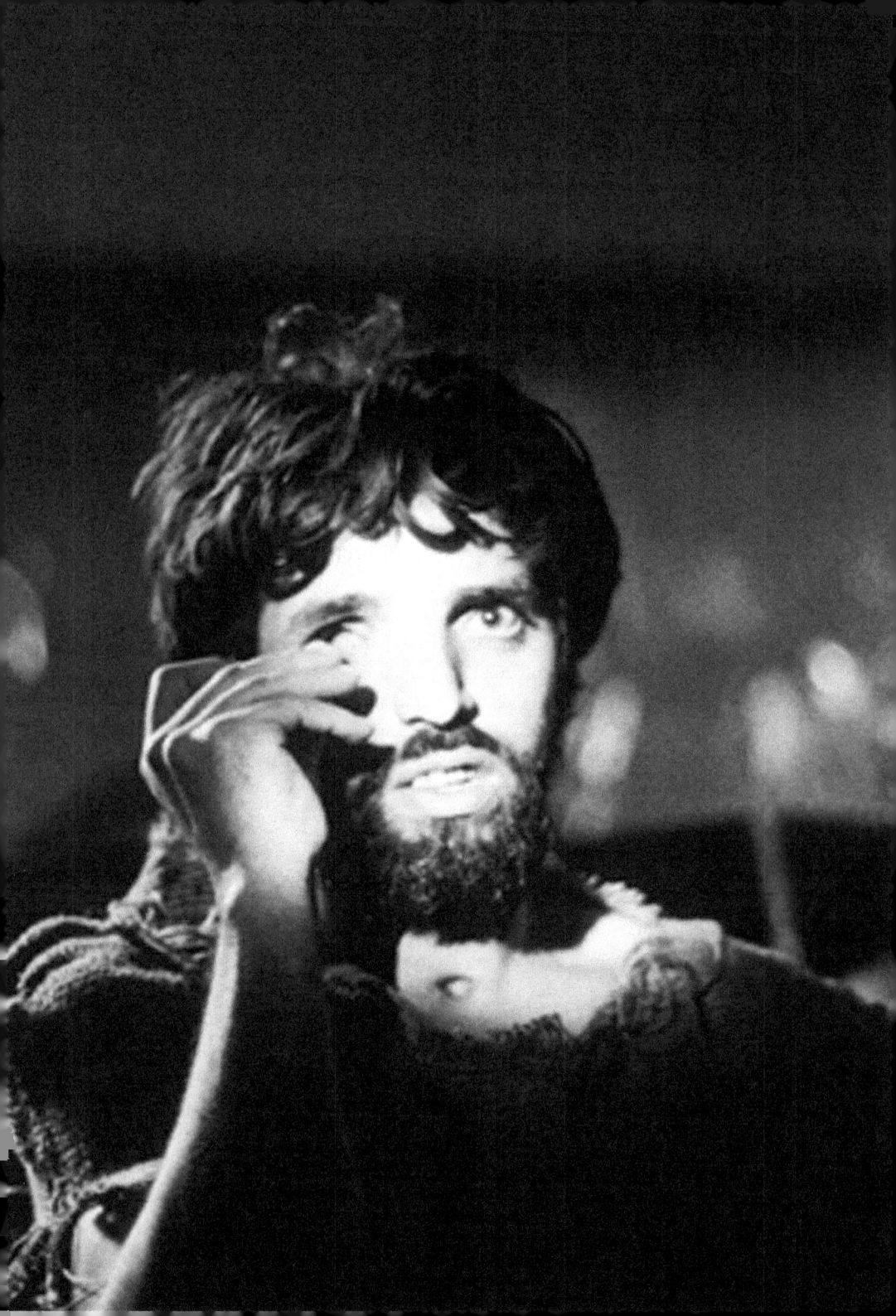

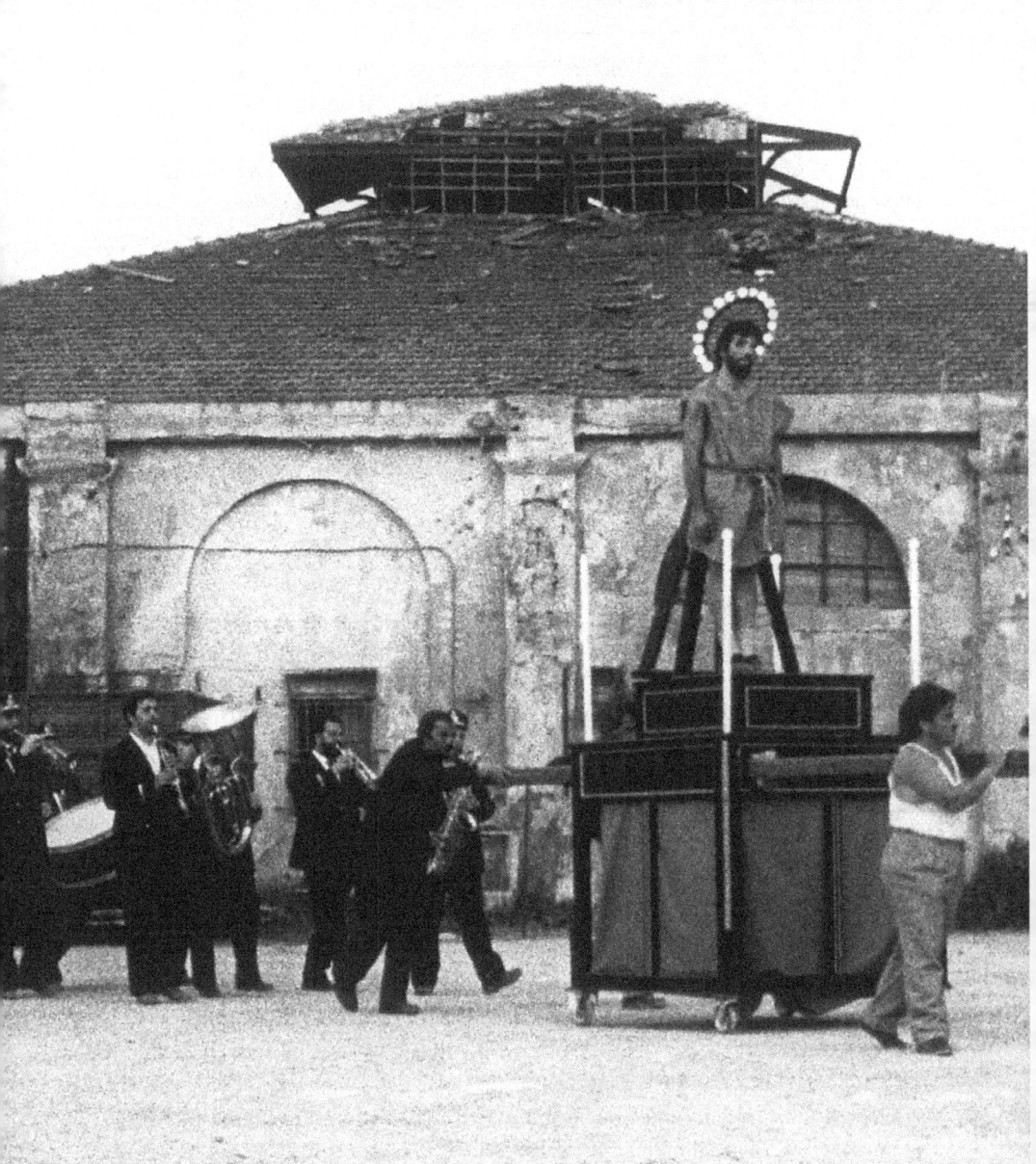

einäugige – und als vermeintliche Heilsfigur kodierte – Polifemo in der ersten Einstellung von *Lo zio di Brooklyn* vollzieht. Er sieht direkt in die Kamera, also *uns* an, und nimmt sich das Auge heraus. Wir blicken auf eine leere, dunkle, blutgeäderte Augenhöhle, die an das zerschnittene Auge bei Buñuel oder an das herausgerissene Auge bei Bataille erinnert. Das hohle Auge zeigt, dass hinter den Dingen nichts ist: keine objektive Wahrheit und keine verheißende Zukunft. Diese desillusionierende Geste kennzeichnet auch die Poetik von *Totò che visse due volte*, wie Maresco bestätigt:

> C'era il sentire, l'inquietudine di chi sa che tutto è finito. Quel film è questo: l'inquietudine che tutto è finito e non ci sono margini davanti. Non ci sono illusioni, neanche illusioni culturali, artistiche. E questo è la rabbia, è quella ferocia che c'è in quel film, che è comunque intervallata anche di compassione, di pietas. In quel film, c'è la consapevolezza di quel comiato. Sapevamo che in quel film mettevamo tutta la nostra vita, la nostra disperazione, tutta la nostra visione del mondo che ormai non ci dava più spazio, non c'erano più illusioni. E quando le illusioni muoiono, è finita. In quel film è questo. Il resto è stato una sorta di prolungata agonia. Fino ad oggi. (Vgl. Kap. 6.3)

Profanierungen

Diese Destruktion steht ganz im Zeichen einer spielerischen Profanierung, welche im Fall von *Totò che visse due volte* aufgrund ihrer provokanten Radikalität von der italienischen Öffentlichkeit wenig goutiert wurde. Dies hatte zur Folge, dass man sich eines Instruments erinnerte, das letztmalig dreiundzwanzig Jahre zuvor bei Pasolinis *Salò o le 120 giornate di Sodoma* eingesetzt worden war. Wegen Verunglimpfung der Staatsreligion wurde der Film zensiert, degradiere er doch die „Dignität des sizilianischen Volkes, Italiens und der Humanität", beleidige die „guten Sitten" mit einer „ausdrückliche[n] Verachtung des religiösen Gefühls" und „beinhalte blasphemische und gotteslästerliche Szenen, welche von moralischem Verfall durchdrungen seien" (vgl. Galimberti 2007: 107). Darüber hinaus mussten sich die Regisseure einem Prozess wegen angeblicher Veruntreuung öffentlicher Fördergelder stellen (vgl. Galimberti 2007: 106–109; Kap. 6.3). In der Tat „katapultiert" dieser „verstörende Film" mit seiner „verspottenden Religiosität und einer Menschheit am Rande des Abgrunds" den Zuschauer in eine „Welt der Verderbnis" – in der „Engel, die um ihre Flügel gebracht und vergewaltigt werden, Heere von Ratten, die die Straßen überfluten, in Säure aufgelöste oder gekreuzigte Körper" figurieren. Vielmehr als an „starke Mägen" richtet er sich jedoch an Menschen, „die gewillt sind, sich der Gewalt zu unterziehen, die wiederholt dem eigenen Imaginären angetan wird" (vgl. Galimberti 2007: 106). Ganz entgegen der öffentlichen Meinung, verteidigen die beiden Regisseure *Totò che visse due volte* dementsprechend vor der Zensurbehörde, indem sie dessen „ungewöhnliche, aber absolute Religiosität" (vgl. Galimberti 2007: 108) unterstreichen.

Angesichts ihrer nihilistischen Haltung, die eine willkürliche Welt ohne Gott und die Süffisanz des modernen Menschen anklagt, ist es daher gerade jene Randbemerkung, welche auf die bei Ciprì und Maresco vorhandene paradoxe Doppelbewegung verweist, die gestützt durch ihre postmetaphysische Ästhetik zugleich ein ethisches Moment aufscheinen lässt. Wenn die beiden Cineasten mit religiösen Codes, Mythemen und mit der Ikonographie spielen, die herkömmliche Darstellung subvertieren und entkräften, so entmystifizieren und kritisieren sie zunächst einmal die in Italien immer noch starke katholische Kirche als durchaus weltliche Machtinstanz, die unter Verquickung mit Staat und Ökonomie, um die Regierung des kollektiven Körpers ringt und es ganz im Sinne der Foucault'schen Pastoralmacht jahrhundertelang vermochte, sowohl die Seelen der Individuen als auch den kollektiven Körper zu unterwerfen. Kurz: Ciprì und Maresco verdeutlichen durch ihre Entmystifizierung die Kirche als eine im Zeichen der Gouvernementalität und Biopolitik stehende Institution. Mit Religiosität und der Frage nach dem genuinen Glauben und dem Heiligen hat diese wenig gemein.

Insofern erweist sich ihr *para ten oden* als politisch und „est-etico" (De Bernardinis 1998: 56), gehen in ihm doch Ästhetik und Ethik eine unauflösliche Verbindung ein (vgl. Kap. 4.3). Ciprìs und Marescos Spiel mit dem symbolisch-mythischen Reservoir, mit den Codes des Christentums, reaktualisiert und stellt die Frage nach dem Glauben, nach der Absenz oder Präsenz des Heiligen, neu. Angesichts dessen, was wir eingangs mit Vattimo als Ethik der Endlichkeit bezeichneten, treten ihre Figuren in einen an-archischen Zustand ein, der durch das Spiel gekennzeichnet ist. „Die dem Spiel innewohnende Profanierung des Heiligen [kann dabei als] der Übergang von einer *religio*, die schon als falsch und unterdrückend empfunden wird, zur Nachlässigkeit als *wahrer religio*" (Agamben 2005b: 73) verstanden werden. In diesem Sinne verweist insbesondere die profanatorische Geste bei Ciprì und Maresco laut Silio Bozzi auf eine apophatische, negative Theologie, welche sich der Sagbarkeit entzieht. In ihr gibt es keinen anrufbaren oder aneigenbaren Gott. Er hat weder Namen noch Bild noch Ähnlichkeit. Einzig Schweigen, Kontemplation und Schrecken bieten Zugang zu dem unnennbaren und mystischen Gott:

> Vidi sempre nell'arte di Ciprì e Maresco [...] la testimonianza di un profondo senso religioso. Là dove è bandita ogni forma di speranza, di senso, di anelito vitale, di appartenenza, di bellezza, di socialità, di destino, di ritorno, non c'è che spazio per la Teologia. Quella vera, che non fa sconti alla vita. Una Teologia apofatica, cioè negativa, una Teologia dell'inesprimibile, ove l'unico approccio al Dio sconosciuto prevede il silenzio, la contemplazione e l'orrore per una condizione di bisogno supremo e inalienabile. [...] Meister Eckart e Angelo Silesio avrebbero amato il loro cinema, ma anche Nicolò Cusano ed Erasmo, insomma i grandi. Non c'è dove andare, non c'è dove tornare, non c'è più cosa dire, questo il perenne responso del Dio Sconosciuto, al quale anche nell'antica Grecia era non a caso elevato un altare. Un Dio che non può essere detto, pregato, che non ha immagine né somiglianza. E se ce l'ha è mostruosa e silente. E Palermo, l'anti-Atene periclea, è l'unico Tempio maestosamente in sfacelo innalzato a questo Nume. (Bozzi 2011: 36)

Nach Ansicht Agambens sind das Heilige und das Spiel eng miteinander verknüpft, wobei das Spiel durchaus als Umkehrung des Heiligen (Agamben 2005b: 72 f.)[15] verstanden werden darf, da es „die Menschheit von der Sphäre des Heiligen befreit und ablenkt, aber ohne diese einfach abzuschaffen. Der Gebrauch, dem das Heilige zurückgegeben wird, ist ein besonderer Gebrauch, der nicht mit dem utilitaristischen Konsum zusammenfällt" (Agamben 2005b: 73). Agamben zufolge gehorcht die Unterscheidung von Heiligem und Menschlichem dem Kriterium der Absonderung, welches – wie auch die Profanation – zwischen Gebrauch und Verbrauch unterscheidet. Die Schwelle zwischen beiden Sphären kann in beide Richtungen durch den Ritus bzw. mittels der *contagio* überschritten werden. Das Spiel, verstanden als „Mittel ohne Zweck", entschärfe den entsprechenden alten, rituellen Gebrauch und öffne ihn so für einen neuen Usus:

> Il comportamento così liberato riproduce e mima ancora le forme dell'attività da cui si è emancipato, ma, svuotandole del loro senso e della relazione obbligata a un fine, le apre e dispone a un nuovo uso. (Agamben 2005a: 98)

---

[15] Ausgehend von einem Heiligen, das in Bezug auf das Spiel als konsubstantielle Einheit von Mythos und Ritus gedacht werden muss, schreibt Agamben (2005a: 86): „Analizzando questa relazione fra gioco e rito, Émile Benvéniste ha mostrato che il gioco non solo proviene dalla sfera del sacro, ma ne rappresenta in qualche modo il capovolgimento. La potenza dell'atto sacro – egli scrive – risiede nella congiunzione del mito che racconta la storia e il rito che la riproduce e mette in scena. Il gioco spezza questa unità: come *ludus*, o gioco di azione, esso lascia cadere il mito e conserva il rito; come *jocus*, o gioco di parole, esso cancella il rito e lascia sopravvivere il mito."

> Profanare significa: aprire la possibilità di una forma speciale di negligenza, che ignora la separazione o, piuttosto, ne fa un uso particolare. (Agamben 2005a: 85)

Die Profanation in Ciprì und Marescos *Lo zio di Brooklyn* und *Totò che visse due volte* muss unter genau diesem Vorzeichen gelesen werden. Insbesondere wenn man Agambens Feststellung hinzufügt, dass „das Spiel als Organ der Profanierung [allerorten] verfällt" (Agamben 2005b: 74). Der moderne Mensch verstehe nicht mehr zu spielen und suche verzweifelt

> la possibilità di riaccedere alla festa perduta, un ritorno al sacro e ai suoi riti, fosse anche nella forma delle insulse cerimonie della nuova religione spettacolare. (Agamben 2005a: 87)

Da Agamben in den „Fernsehspielen für die Massen" eine „neue Liturgie" zu erkennen glaubt, sieht er im Akt, das „Spiel zu seiner rein profanen Berufung zurückzuführen", eine vordergründig „politische Aufgabe" (Agamben 2005b: 74). Er trennt dabei scharf zwischen Säkularisierung und Profanierung. Erstere sei „eine Form von Verdrängung, welche die Kräfte weiterwirken läßt und sich auf deren Verschiebung von einem Ort zum anderen beschränkt" und so die Macht „unangetastet" lasse (Agamben 2005b: 74). Im Gegensatz dazu beinhalte die Profanierung

> una neutralizzazione di ciò che profana. Una volta profanato, ciò che era indisponibile e separato perde la sua aura e viene restituito all'uso. Entrambe sono operazioni politiche: ma la prima ha a che fare con l'esercizio del potere, che garantisce riportandolo a un modello sacro; la seconda disattiva i dispositivi del potere e restituisce all'uso comune gli spazi che esso aveva confiscato. (Agamben 2005a: 88)

Die in den Filmen von Ciprì und Maresco anzutreffenden Formen der Profanation eröffnen einen Zwischenraum bzw. eine Schwelle, die unter Außerkraftsetzung eines nunmehr entleerten Rituals (vgl. Warburg 1939)[16] die Frage nach der Notion des Heiligen und die Fragilität des menschlichen Seins und In-der-Welt-Seins an

---

[16] Bereits Aby Warburg beschreibt in seiner bekannten Abhandlung zum Schlangenritual der autochtonen Pueblo Indianer im Süden der Vereinigten Staaten, inwiefern es das Ritual als kulturelle Praxis erlaubt, die für das einzelne Individuum – den „schwachen Menschen" – unerklärlichen Kräfte der Natur zu domestizieren und als psychisch entlastendes Ritual einer logischen Erklärung zu unterwerfen. Die technische Moderne und das Aufkommen der Naturwissenschaften, die die Welt kausal zu erklären versuchten, haben Warburg zufolge im Menschen jedoch eine Leerstelle hinterlassen, die vorher der Mythos besetzte, um dessen existentielle Ängste zu binden.

eine abstrakte, archaische und existentielle Religiosität rückbindet, der ein nicht-aufgelöster Rest von Negativität innewohnt.[17]

Ihre Auseinandersetzung mit ebenjenem archaisch-existentiellen Heiligen und die religiöse Profanation situieren Ciprì und Maresco in der Linie Pasolinis. Als postpasolianische Regisseure, als die sie zuweilen bezeichnet werden, greifen sie Fragen auf, wie sie Pasolini zum Beispiel in *Teorema* aus dem Jahr 1968 stellt. Dort erschüttert der geheimnisvolle Gast zwar die herkömmliche Ordnung, dem vermeintlich befreienden Bruch mit den Konventionen wohnt aber nach der von allen Familienmitgliedern negativ erlebten Abfahrt des Gastes dennoch schlussendlich die Erkenntnis inne, dass das „entfremdete" Selbst um eine leere Mitte kreist. Selbst die Flucht aus der Zivilisation in die Wüste und der Verzicht auf jegliche materielle Güter, wie am Ende des Films, erweisen sich in diesem Sinne nicht als Befreiung: Das blinde Feld und das „akustische Drama" des Schreis können als Zeichen eines Denken des Außen und als eine für den Zuschauer nicht beantwortete Frage nach der An- oder Abwesenheit der *grazia divina* verstanden werden (vgl. Felten 2011: 58).

Ciprì und Maresco stellen das Kino in den Dienst des Denkens, sie machen es zu einem Instrument der Philosophie. Begreift man das Heilige, den Kontakt mit ihm bzw. die Suche danach als anthropologische Konstante, so steht das Werk

---

[17] Auch Bruno Fornara verweist auf ihr Spiel mit der Schwelle, wenn er das Wortspiel von „dio" und „zio" in *Lo zio di Brooklyn* oder die Doppelpräsenz der Figur Totò in der dritten Episode von *Totò che visse due volte* beleuchtet (vgl. Fornara 1998: 4 f.). Totò 1, der handlungsohnmächtige Messias ohne gute Nachricht, und Totò 2, der allmächtige Mafiaboss, werden gleichgesetzt. Nicht zufällig begegnen sie sich im Film; als einer der beiden fragt, ob sie sich nicht kennen würden, meint der andere, dass dies durchaus sein könne. Die Allmacht des Einen ist die Ohnmacht des Anderen. Fornara unterstreicht, dass jeder die jeweils andere Seite seines Gegenübers darstellt: „Il Male e Dio portano lo stesso nome di Totò, sono probabilmente la stessa persona in due incarnazioni. Siamo arrivati allo stadio del sacro più arcaico e primitivo che la nostra mente possa arrischiarsi a pensare e che la teologia riesca a immaginare" (Fornara 1998: 5). Fornara argumentiert hier im Anschluss an Luigi Pareysons *Ontologia della libertà. Il male e la sofferenza*: „È nel Dio prima di Dio che risiedono il nulla e il male come possibilità superate e vinte, ormai remote anzi immemorabili, respinte indietro dalla stessa originazione di Dio, ma tali da costituire l'accompagnamento oscuro della vittoria sul nulla e della scelta del bene, il risvolto opaco della sua positività, l'aspetto inquietante della sua affermazione stabile e sicura: quasi un'ombra in Dio, come per velare la sua luminosa apparizione […]. Il fatto che per esistere Dio abbia dovuto sconfiggere il male, cioè mettere da parte il negativo, lascia in lui una traccia, sia pure inefficace e inoperante, di negatività, quasi che fosse rimasto qualcosa di non risolto e di ancora pendente." (Fornara 1998: 5)

der beiden palermitanischen Cineasten implizit auch in der Nähe des Denkens von Georges Bataille. Dieser sieht in der Transgression (vgl. Foucault 1994a[18]) ein Mittel zur Überwindung der Diskontinuität des endlichen Subjekts. Als einem auf Gewalt und Begehren gründenden, profanierenden Spiel vereinigen sich in ihr Eros und Thanatos. Getragen von dem Wunsch, die Kontinuität wiederzufinden, versteht Bataille die Erotik als einen Todesimpuls, der in der Leerung des Subjekts, in einer Art Selbstauslöschung bzw. Selbstauflösung besteht – nicht von ungefähr spricht Bataille vom „kleinen Tod". Diese innere Erfahrung des Außer-sich-Seins gehorcht der Logik der Verschwendung (*dépense*), dem körperlichen Exzess und der Entäußerung. Er schreibt in *Les larmes d'Éros*:

> Par la violence du dépassement, je saisis, dans le désordre de mes rires et de mes sanglots, dans l'excès des transports qui me brisent, la similitude de l'horreur et d'une volupté qui m'excède, de la douleur finale et d'une insupportable joie! (Bataille 2006: 52)

> Le sens de l'érotisme échappe à quiconque n'en voit pas le sens *religieux*! Réciproquement, le sens des religions dans leur ensemble échappe à quiconque néglige le lien qu'il présente avec l'érotisme. [...] La religion est sans doute, elle est même la base subversive; elle détourne de l'observation des lois. Du moins, ce qu'elle commande est l'excès, c'est le sacrifice, c'est la fête, dont l'extase est le sommet. [...] Rejetant l'érotisme de la religion, les hommes ont réduit celle-ci à la morale utilitaire... L'érotisme, perdant son caractère sacré, devint immonde... (Bataille 2006: 94 ff.)

Eros und Transgression sind für Bataille an das Heilige und den Ritus geknüpft. Nicht von ungefähr verweist er auf die heiligen Rituale des antiken Griechenlands, in denen Außer-sich-Sein und Gewalt zusammenfallen. Anhand des Dionysos-Ritus, dem Gott der Trunkenheit, der Ekstase, der Zerstörung und der Fruchtbarkeit, beschreibt Bataille die enge Verwandtschaft von *sacré* und *sacrifice* (vgl. Bataille 2006: 92) und mutmaßt, dass hieraus die griechische Tragödie erwachsen sein könnte:

---

[18] Hinsichtlich der Verwendung des französischen Begriffs *transgression* existieren zwei deutsche Entsprechungen, die in der deutschen Übersetzung von Foucaults Kommentar zu Batailles Transgressionsbegriff verwendet werden: zum einen *Überschreitung*, zum anderen *Übertretung*. In Anlehnung an Nietzsche bemerkt Foucault dort, dass es in unserer heutigen Gesellschaft eigentlich nichts mehr zu überschreiten gebe. Insofern versteht er Transgression als eine Geste, die bis an die Grenze geht und diese ggf. verschiebt, ohne sie jedoch zu überschreiten (vgl. Foucault 1974; Foucault 2001).

> A l'origine, en Grèce, autant qu'il semble, la pratique des bacchanales au contraire eut le sens d'un dépassement de l'érotisme jouisseur. La pratique dionysiaque fut d'abord violemment religieuse [...]. Mais ce mouvement, dans l'ensemble, est si mal connu que les liens du théâtre grec et du culte de Dionysios sont difficiles à préciser. Nous nous ne pouvons étonner si, de quelque manière, l'origine de la tragédie semble liée à ce culte violent. Essentiellement le culte de Dionysos fut tragique. Il fut en même temps érotique, il le fut dans un désordre délirant [...]. [C'est] dans une horreur tragique [que] l'érotisme acheva de la faire entrer. (Bataille 2006: 90)

Batailles Heiliges muss als „Nicht-Identität mit sich selbst" (Borsò 1997: 56) gedacht werden, als Moment der *coincidentia oppositorum*, in dem Gegensätzliches eine paradoxe Einheit bildet und doch unweigerlich voneinander getrennt bleibt (vgl. Borsò 1997: 58). Insofern ließe sich mit Tzara sagen, dass die Erfahrung des Heiligen tragischerweise an das Gefühl der Abwesenheit Gottes geknüpft ist: „le sentiment du divin est tragiquement lié au sentiment de l'absence de Dieu" (Tzara zit. nach Borsò 1997: 58). Borsò beschreibt diese ambivalente Sakralität wie folgt:

> Die von Bataille konzipierte Anarchie, die transgressive Kraft, bleibt dagegen absolut. Daher kann Bataille abwägen, die Heterologie sowohl als Hagiologie, als Lehre des Heiligen, wie auch als Skatologie [zu] bezeichnen. Bataille weist in der Tat darauf hin, daß das Lateinische *sacer* (Synonym des griechischen *agios*) sowohl *heilig* als auch *verflucht* bedeutet. Oppositionen haben keinen Sinn. *Das Blau des Himmels* ist auch die Leere des Himmels in einem Friedhof, Sternenhimmel und zugleich das Licht der Gräber. (Borsò 1997: 59)

In Ciprìs und Marescos *Lo zio di Brooklyn* und *Totò che visse due volte* fällt so eine negative Ästhetik mit einer, wie die Regisseure betonen, ungewöhnlichen, absoluten Religiosität zusammen. Hinsichtlich der Verschränkung von einer im Zeichen der Krisis stehenden Welterfahrung und Welterkenntnis lassen sie uns im Anschluss an Nietzsche nicht nur das „Tragische als die erste ‚Grundformel' für die eigene Seinserfahrung" (Ries 2009: 25) bzw. den „tragisch-dionysischen Weltzustand" (Ries 2009: 27) erkennen, sondern zeigen zugleich, dass die Kunst das privilegierte Mittel der Philosophie ist, dass sie „die Verborgenheit des tragischen Wesens der Welt in seine Sichtbarkeit" (Ries 2009: 27) überführt. Die spielerische Profanation kultureller, christlich geprägter Codes und Mytheme lassen den Nihilismus und die spirituell-existentielle Leere des modernen Subjekts, sein In-der-Welt-Sein und sein existentielles Begehren nach dem Heiligen deutlich werden. In einem ganz speziellen Sinne gelingt es den beiden Cineasten mit Hilfe der Profanation, unseren spirituellen *horror vacui* der Moderne zu fassen und ihn zugleich zu sublimieren. Die ciprimareskianische Poetik erweist sich dabei als Ethik des im Zeichen der Krise stehenden modernen Subjekts:

> This is, in sum, a postmodernist, postnarrative, posthumanist vision of pain, a vision of the world in which the despair of the starving, the downtrodden, and the abject is so deep that it can't be expressed in any other form. This is what becomes of the individual dignity in a posteverything era when there's nothing more to say or to do and all that remains is base flesh and the hungry soul's dire need for something more. (Möller 2004: 13)

Die von ihnen induzierte Verschwendung des Sinns, das bewusste Ausstellen des Abjekten und der niederen Materie in dem von ihnen geschaffenen Universum führen nicht nur zu einem grotesken, bitteren Lachen, sondern öffnen die Notion von Sakralität auf gewisse Weise auch für einen neuen Gebrauch:

> Il mondo costruito da Ciprì e Maresco è a tal punto semplificato e scarnificato che le poche cose rimaste, quelle fondamentali, possono essere osservate mentre cozzano fra loro e si avviliscono a vicenda. Il sacro e la violenza si ritrovano, come tanto tempo fa, vicini e avvinghiati. Il sacro ridiventa sacro naturale, violento. E vuoto: in un esperimento per andare a vedere cosa c'è nell'aldilà. [...] Anche nel mondo di Ciprì e Maresco, gli uomini e gli uominidonna che lo abitano si sono foggiati dèi uguali identici a loro stessi. La riduzione del mondo all'essenziale sembra riportarci indietro nel tempo o tuffarci tanto profondamente nelle viscere del nostro stesso mondo attuale fino a farci raggiungere quanto del nostro mondo tende a restare nascosto. Per creare il loro mondo, Ciprì e Maresco ripercorrono all'indietro, filogeneticamente, la storia religiosa degli uomini fino ai suoi inizi, e insieme ritrovano, ontogeneticamente, al fondo del mondo d'oggi (sotto la crosta della cultura e della rispettabilità) quanto resta di un mondo passato e primordiale, non eliminato, soltanto nascosto. [...] [I]l motivo del sacro, del desiderio del sacro, della sua inarrestabile degradazione e della sua persistenza faceva da esplicito filo conduttore. (Fornara 1998: 4)

Zusammenfassung des Kapitels

Das in den Werken von Ciprì und Maresco entworfene Universum steht im Zeichen einer krisenhaften Welterfahrung. Durch Parodisierung, Zynismus und Groteske wird eine Empfindung des Gegenteils evoziert, das anfängliche Lachen wird durch eine philosophische Reflexion ersetzt. Insofern transportieren ihre Filme Einsichten in das als absurd empfundene In-der-Welt-Sein des modernen Subjekts, einer Welt, deren tragischer Seinszustand die Regisseure durch einen ludischen

Gestus herauskristallisieren. Dies gelingt ihnen insbesondere durch das Spiel mit der Sakralität, dem (religiösen) Ritual und der christlichen Ikonographie, welche sie mittels Profanierung entleeren. Dabei nehmen sie eine ambivalente Desakralisierung des Heiligen im Zeichen von Negativität und Immanenz vor. Die ciprimareskianische Parodierung nimmt sich dabei nicht allein als bloße Imitation eines vorgängigen Modells aus, sondern als ethische und ästhetische Neuverhandlung, indem sie Aporien existentieller Narrative zu Tage treten lässt. Insofern ist ihr *Gesang gegen den Gesang* nicht utilitaristisch, sondern für den Zuschauer reich an Erkenntnissen und Erfahrungen. Er lässt die Misstöne hervortreten und wirft, einem beschlagenen Zerrspiegel gleich, unser deformiertes Abbild auf uns zurück, in welchem wir uns letzten Endes selbst erkennen.

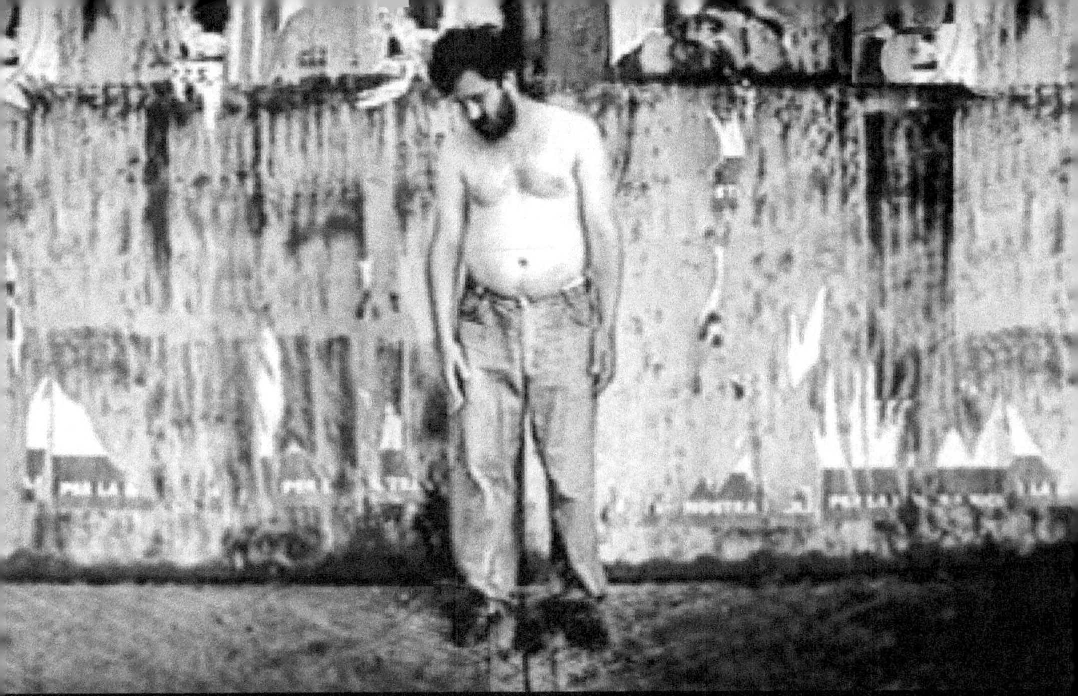

3 Biopolitik, Bioökonomie, Biopoetik

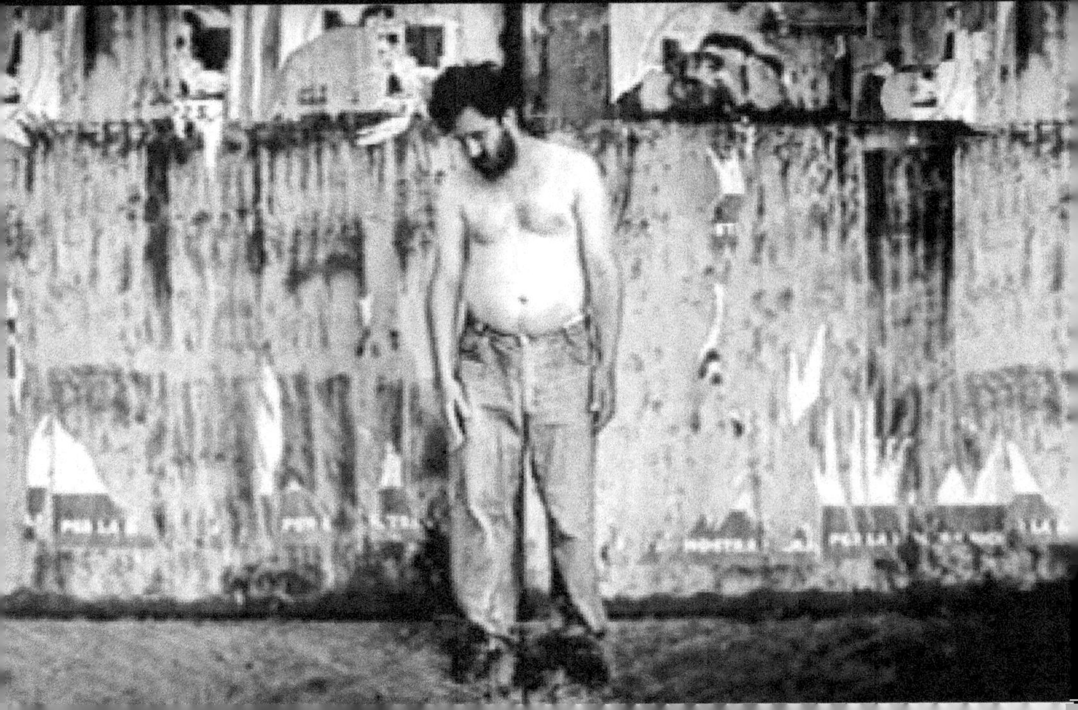

Zum Konzept der Biopolitik

Über die in Kapitel 2 angerissene, im Zeichen einer Krisenerfahrung stehende Poetik hinaus erweisen sich die Werke von Ciprì und Maresco in ihrer Vielschichtigkeit nicht zuletzt auch als gegenwartsdiagnostische Analyse soziopolitischer Umbrüche und Entwicklungen. Wie in der Folge im zentralen Kapitel 4 zu zeigen sein wird, kreisen ihre Reflexionen insbesondere um Formen von Biopolitik und medialer Gouvernementalität. Daher scheint es geboten, im hiesigen Kapitel zunächst die später zugrunde liegenden Konzepte wie Biopolitik, Biomacht und Gouvernementalität zu skizzieren, bevor wir uns der filmischen Analyse zuwenden. Hierbei soll jedoch keine übersichtsartige Einführung in vorherrschende, heterogene Positionen zum Gegenstand gegeben (vgl. etwa Lemke 2007b oder Bazzicalupo 2010), sondern vielmehr ausgehend von Foucault ein Theoriedesign für die anschließenden Betrachtungen entwickelt werden. Entsprechend erfolgt in einem ersten Schritt ein Abriss des biopolitischen Konzepts bei Foucault und eine Definition der Arbeitstermini, um sodann über die Begriffe Macht, Widerstand und Formen des Lebens bis hin zur „Krise der Gouvernementalität" (Foucault 2004a: 104), dem Sich-Widersetzen gegen ein bioökonomisches Denken und der durch die Ästhetik geäußerte *Mésentente* vorzustoßen.

Hierbei liegt dem vorliegenden Text ein relationales Verständnis des Begriffs Biopolitik zugrunde, wie es der französische Historiker und Philosoph Michel Foucault entwickelte, so insbesondere in seinen *Vorlesungen am Collège de France 1978–79* (vgl. Foucault 2004a) und in *Der Wille zum Wissen* (vgl. Foucault 1977). Entgegen einem essentialistischen Verständnis, das Leben und Politik als einander entgegengesetzte Pole begreift, markiert die Biopolitik vielmehr eine „Zäsur innerhalb einer Ordnung des Politischen: den ‚Eintritt der Phänomene, die dem Leben der menschlichen Gattung eigen sind, in die Ordnung des Wissens und der Macht, in das Feld der politischen Techniken'" (Foucault 1977: 137). Sie zeigt die „Instabilität der Grenze zwischen ‚Leben' und ‚Politik'" (Lemke 2007b: 12) auf, denn „[s]ie hat es eher mit Lebewesen als mit Rechtssubjekten zu tun – oder genauer: mit Rechtssubjekten, die zugleich Lebewesen sind" (Lemke 2007b: 13). Die biopolitische Dimension äußert sich in diesem Sinne nicht allein in spezifischen „Handlungen bzw. Handlungsfolgen [...], sondern [umfasst] auch Wissensformen, Kommunikationsstrukturen und Subjektivierungsweisen" (Lemke 2007b: 13).

Genau dies zeigt Foucault in seiner Analytik der Macht, die nachfolgend kurz umrissen werden soll. Indem er den genealogischen Wandel der Machtmechanismen im Abendland darlegt, kommt er zu dem Schluss, dass der abstrakte Begriff der Regierung nicht statisch, sondern vielmehr als eine historische Figur mit verschiedenen Ausprägungen gedacht werden muss, die epistemologische Veränderungen reflektiert. Ausgehend von der Antike bis hin zum westlichen, modernen Staat unterscheidet Foucault diesbezüglich zwischen einer sich sukzessive formenden Souveränitäts-, einer Disziplinierungs- und einer Sicherheitsmacht, welche er mit den Begriffen Staatsräson, Policey und Liberalismus verschlagwortet.

Die Souveränitätsmacht ist eng an die Figur des Souveräns geknüpft, der vom absoluten Recht des römischen *Pater familias* (*patria potestas*) bis hin zum Recht des mittelalterlichen Fürsten über Leben und Tod, der zum Schutz seiner Person und seines Territoriums über das Leben seiner Untertanen verfügen konnte (vgl. Foucault 1977: 131). Die vom Souverän ausgeübte „Abschöpfungsmacht mit Zugriffsrecht auf Dinge, Zeiten, Körper und Leben" (Foucault 1977: 132) erfährt in der Folge ab dem 17. Jahrhundert und insbesondere ab Mitte des 18. Jahrhunderts mit dem Aufkommen des modernen Staates einen grundlegenden Wandel. Als „eine spezifisch moderne Form der Machtausübung" (Lemke 2007b: 47) wird die Biopolitik im eigentlichen Sinne ‚geboren' und nimmt die Form einer Disziplinierungsmacht an, die vielmehr „an der Anreizung, Verstärkung, Kontrolle, Überwachung, Steigerung und Organisation der unterworfenen Kräfte arbeite[t]" und „dazu bestimmt [ist], Kräfte hervorzubringen, wachsen zu lassen und zu ordnen, anstatt sie zu hemmen, zu beugen oder zu vernichten" (Foucault 1977: 132).

In ihrem Bestreben, das Leben vollständig zu durchsetzen, ziele die Macht nunmehr auf „die sorgfältige Verwaltung des Körpers und die rechnerische Planung des Lebens" (Foucault 1977: 135) ab, sodass ab Mitte des 18. Jahrhunderts vom Anbrechen einer „Ära der Bio-Macht" (Foucault 1977: 135) gesprochen werden kann. Im Hinblick auf diese disziplinierende Machttechnologie macht Foucault zwei Hauptformen aus, die, so betont er, „keine Gegensätze bilden, sondern eher zwei durch ein Bündel an Zwischenbeziehungen verbundene Pole" (Foucault 1977: 134) darstellen. Den ersten Pol bildet dabei der Körper des einzelnen Menschen, der zunächst diszipliniert und in Termini der Verwertbarkeit zunehmend ökonomischen Prinzipien unterworfen wird:

> [S]on dressage, la majoration de ses aptitudes, l'extorsion de ses forces, la croissance parallèle de son utilité et de sa docilité, son intégration à des systèmes de contrôle efficaces et économiques, tout cela a été assuré par des procédures de pouvoir qui caractérisent les *disciplines: anatomo-politique du corps humain.* (Foucault 1976: 183)

Ergänzt wird diese Entwicklung wenig später durch das gesteigerte Interesse am Gesellschafts- bzw. Gattungskörper – als zweiten Pol –, der reguliert und in sozio-ökonomischer Hinsicht potenziert werden soll. Dabei ist er

> traversé par la mécanique du vivant et servant de support aux processus biologiques: la prolifération, les naissances et la mortalité, le niveau de santé, la durée de la vie, la longévité [...]; leur prise en charge s'opère par toute une série d'interventions et de contrôles régulateurs: *une bio-politique de la population*. (Foucault 1976: 183)

Konkret artikuliert sich die Disziplinartechnologie durch das Aufkommen von Institutionen wie der Schule, der Armee, dem Gefängnis oder dem Irrenhaus. Begleitet und fundiert wird dies durch die Herausbildung eines spezifischen (Macht-) Wissens, wie es sich in den Humanwissenschaften, neuen gesellschaftlich relevanten Disziplinen wie Demographie oder Statistik, der Medizin, der Psychiatrie und dem Hygienismus niederschlägt. All dies trägt zur Erforschung, Verwaltung und Formung sowohl des individuellen als auch des kollektiven Körpers bei. Durch die Abstraktion des Lebens auf „biologische Eigenschaften, die auf der Ebene von Bevölkerungen erhoben werden" (Lemke 2007b: 14), und die daraus gewonnenen Gesetzmäßigkeiten wird das Leben

> zu einer selbstständigen, objektivierbaren und messbaren Größe und zu einer kollektiven Realität, die von den konkreten Lebewesen und der Partikularität individueller Lebenserfahrung abgelöst werden kann. [...] [Dies erlaubt] Individuen und Kollektive mittels korrigierender, exkludierender, normalisierender, disziplinierender, therapierender oder optimierender Maßnahmen zu ‚regieren'. [...] Die Entdeckung einer ‚Natur' der Bevölkerung [...] ist die Bedingung der Möglichkeit ihrer gezielten Steuerung. (Lemke 2007b: 14f.)

Nicht zuletzt zeigt sie klar, inwiefern das über das Leben gewonnene, spezifische Wissen direkt in die politischen Techniken einfließt. Dabei stellt das Wissen „vielmehr bereits eine intellektuelle Bearbeitung der Realität dar, an der dann politische Techniken ansetzen können" (Bröckling et al. 2000: 20f.). Ereignet sich die Disziplinierung des Individualkörpers mittels der genannten Institutionen, so erfolgt die Regulierung und Kontrolle des Gesellschaftskörpers zunächst durch die Zentralinstanz des Staates (vgl. Lemke 2007b: 52). In der Folge wandelt sich die Disziplinarmacht, die „die Kräfte des Körpers zugleich zum Zwecke ihrer wirtschaftlichen Nutzung steiger[t] und zum Zwecke ihrer politischen Unterwerfung [schwächt]" (Lemke 2007b: 50f.), hin zu einer Sicherheitstechnologie, die diese Ziele weiterverfolgt, das System aber zudem auch vor seinen inneren Gefahren schützen soll (vgl. Lemke 2007b: 52), und die sich unter dem Deckmantel der für den Liberalismus notwendigen Freiheit als „gleichzeitige Totalisierungs- und Individualisierungstendenz des modernen Staats" (Bröckling et al. 2000: 11 f.) manifestiert. Es handelt sich dabei um eine Freiheit, die die Grenzen der „Macht" aufzeigt und zugleich doch die Grundbedingung für deren Existenz darstellt. Es ist zugleich aber auch eine Freiheit, die auf der Ebene des Subjekts selbst angesiedelt ist. Die Subjektkonstitution erfolgt nun insbesondere im Zeichen gouvernementaler Verhaltenstechniken, wie Foucault nicht zuletzt anhand des viel besprochenen Sexualitätsdispositivs[19] und des Paradigmas des Individuums als Unternehmer seiner selbst[20] illustriert (vgl. z. B. Révél 2009: 98 ff.). Im Falle der Sicherheitstechnologie handelt es sich also um eine zunehmend polymorphe – und abstraktere – „Machtform, die aus Individuen Subjekte macht" (Dreyfus/Rabinow 1987: 246) und sich dabei der paradoxalen, wechselseitigen Beziehung von *subjectivation* und *assujetissement*, individualisierender Selbsttechnologien und der freiwilligen Eingliederung des Einzelnen (*subiectum*) in bestehende Machtmechanismen bedient.

Bei seiner Untersuchung der verschiedenen Formen der Regierung (Staatsräson, Policey und Liberalismus) geht es Foucault, wie wir bereits gesehen haben, insbesondere um die „Differenz und Diskontinuität unterschiedlicher Technologien der Macht: Recht, Disziplin und Sicherheitstechniken" (Bröckling et al. 2000: 13). Im Hinblick darauf unterscheidet er in einem historisierenden Dreischritt zwischen der rechtlichen Norm, der disziplinären, hierarchisierenden und präskriptiven Normierung sowie der Normalisierung der Sicherheitstechnologie, die sich einem „(empirisch) Normalen" als einem „optimale[n] Mittel innerhalb einer Bandbreite von Variationen" orientiert, dabei aber „keine absoluten Grenzen zwischen dem Erlaubten und dem Verbotenen [zieht]" (Bröckling et al. 2000: 13 f.).

Die Normalisierung erfolgt also, indem die Macht den Körper, das Denken und die Wahrnehmung des Individuums besetzt und äußert sich im Hinblick auf seine (Selbst-)Konstitution als Subjekt. Sie vollzieht sich mittels einer „individualisieren-

---

[19] Inwiefern sich die von Foucault beschriebenen beiden Pole von individuellem und kollektivem Körper überlagern können, zeigt er anhand seiner Studien zur Sexualität, die er als „Scharnier" zwischen Mikro- und Makroebene versteht (vgl. Foucault 1977: 140 f.), und konstatiert die „Ironie dieses Dispositivs: es macht uns glauben, daß es darin um unsere 'Befreiung' geht" (Foucault 1977: 153). Vgl. zudem Foucaults auf vier Bände angelegte Studie *Sexualität und Wahrheit*, von der die ersten drei Bände *Der Wille zum Wissen*, *Der Gebrauch der Lüste* und *Die Sorge um sich* erschienen sind. Der geplante vierte Band *Die Geständnisse des Fleisches* existiert jedoch nur fragmentarisch.

[20] Vgl. hierzu Foucault (2004a), dort insb. die Vorlesung vom 28.03.1979.

den Macht" bzw. mittels einer „Individualisierungs-Matrix", die zugleich als „neue Form der Pastoralmacht" begriffen werden kann (Bröckling et al. 2000: 11 f.).[21] Insofern, bemerkt Foucault andernorts, ist die „Normalisierungsgesellschaft [...] der historische Effekt einer auf das Leben gerichteten Machttechnologie" (Foucault 1977: 139). Als Sicherheitstechnologie vermag die normalisierende Individualisierung mögliche Verantwortung, Produktivprozesse und Risiken von einem überindividuellen, staatlichen Kontext also auf den Menschen selbst zu übertragen. Vor dem Hintergrund verschiedener Verhaltenstechniken (vgl. Foucault 2004a: 370 ff.) erfolgt dies nicht zuletzt durch einen Prozess der Normalisierung im Sinne einer Ausrichtung der sozialen Akteure untereinander (vgl. Foucault 2004a: 382 ff.; dort argumentiert er mit dem Theorem der unsichtbaren Hand von Adam Smith). In seiner *Geschichte der Gouvernementalität* arbeitet Foucault heraus, dass der Wandel hin zu einer liberalen Gouvernementalität an die Entwicklung der bürgerlichen Gesellschaft als neuer Bezugsrahmen gekoppelt ist, als „eine neue Wirklichkeit, worin die [liberale] Regierungskunst ausgeübt werden kann"(Foucault 2004a: 405):

> L'*homo œconomicus* et la société civile sont donc deux éléments indis[soci]ables. L'*homo œconomicus* est, si vous voulez, le point abstrait, idéal et purement économique qui peuple la réalité dense, pleine et complexe de la société civile. Ou encore : la société, c'est l'ensemble concret à l'intérieur duquel il faut, pour pouvoir les gérer convenablement, replacer ces points idéaux que constituent les hommes économiques. Donc, l'*homo œconomicus* et société civile font partie du même ensemble, c'est l'ensemble de la technologie de la gouvernementalité libérale. (Foucault 2004b: 300)

Diesbezüglich stellt die bürgerliche Gesellschaft für ihn eine „Transaktionsrealität" (Foucault 2004a: 407) dar, die im Sinne eines Scharniers diese Machtform implementiert:

> La société civile, c'est quelque chose qui fait partie de la technologie gouvernementale moderne. [...][Elle], c'est comme la folie, c'est comme la sexualité. C'est que j'appellerai des réalités de transaction, c'est-à-dire que c'est dans le jeu précisément et des relations de pouvoir et de ce qui sans cesse leur échappe, c'est de cela que

---

[21] Foucault geht zunächst von der Pastoralmacht der Kirche aus, die das Geständnis zur Seelenführung und somit zur Ausübung von Souveränität nutzt. Sennelart bemerkt, dass die „Disziplinierung des Körpers und [die] Führung der Seelen als komplementäre Seiten eines gleichen Normalisierungsvorgangs" (Sennelart 2004: 480) zu verstehen sind. Zum abendländisch-christlichen Geständnisdiskurs und der Aktualisierung der Pastoralmacht vgl. u. a. Foucault (2005a), Foucault (1977: 24 ff., 40) sowie Sarasin (2005: 132 ff., 159 ff.).

naissent, en quelque sorte à l'interface des gouvernants et des gouvernés, ces figures transactionnelles et transitoires qui, pour n'avoir pas existé de tout temps, n'en sont pas moins réelles et que l'on peut appeler, en l'occurrence, la société civile, ailleurs la folie, etc. (Foucault 2004b: 300 f.)

Dank der Individualisierungsmatrix wird diese neue, bürgerlich-liberale Wirklichkeit nicht zuletzt durch den *homo œconomicus*, den ökonomischen Menschen, verkörpert, den Foucault „als Partner, als Gegenüber, als Basiselement der neuen gouvernementalen Vernunft, wie sie sich im 18. Jahrhundert herausbildet" (Foucault 2004a: 372), versteht:

> L'*homo œconomicus*, c'est celui qui obéit à son intérêt, c'est celui dont l'intérêt est tel que, spontanément, il va converger avec l'intérêt des autres. L'*homo œconomicus*, c'est, du point de vue d'une théorie du gouvernement, celui auquel il ne faut pas toucher. L'*homo œconomicus*, on le laisse faire. C'est le sujet ou l'objet du laissez-faire. C'est le partenaire, en tout cas, d'un gouvernement dont la règle est le laissez-faire. […], l'*homo œconomicus*, c'est-à-dire celui qui accepte la réalité ou qui répond systématiquement aux modifications dans les variables du milieu, cet *homo œconomicus* apparaît justement comme ce qui est maniable, celui qui va répondre systématiquement à des modifications systématiques que l'on introduira artificiellement dans le milieu. L'*homo œconomicus*, c'est celui qui est éminemment gouvernable. De partenaire intangible du laissez-faire, l'*homo œconomicus* apparaît maintenant comme le corrélatif d'une gouvernementalité qui va agir sur le milieu et modifier systématiquement les variables du milieu. (Foucault 2004b: 274)

Im Neoliberalismus dient also die Marktform als „Organisationsprinzip von Staat und Gesellschaft", wobei die „künstlich arrangierte Freiheit" als Grundbedingung für das im Sinne des Eigeninteresses verstandene „unternehmerische Verhalten der ökonomisch-rationalen Individuen" gilt (Bröckling et al. 2000: 15). Im Rahmen neoliberaler Gouvernementalität

> signalisieren Selbstbestimmung, Verantwortung und Wahlfreiheit nicht die Grenze des Regierungshandelns, sondern sind selbst ein Instrument und Vehikel, um das Verhältnis der Subjekte zu sich selbst und zu den anderen zu verändern. Wer es an Initiative, Anpassungsfähigkeit, Dynamik, Mobilität und Flexibilität fehlen lässt, zeigt objektiv seine oder ihre Unfähigkeit, ein freies oder rationales Subjekt zu sein. […] Entscheidend ist die Durchsetzung einer ‚autonomen' Subjektivität als gesellschaftliches Leitbild, wobei die eingeklagte Selbstverantwortung in der Ausrichtung des eigenen Lebens an betriebswirtschaftlichen Effizienzkriterien und unternehmerischen Kalkülen besteht. (Bröckling et al. 2000: 30)

In diesem Sinne lässt sich die beschriebene Normalisierung und die Proliferation der Macht auf der Mikroebene, ihre „spontane Vervielfachung" (Foucault 2004a: 400) auf Ebene des Subjekts selbst, im Anschluss an Luhmann als eine Autopoiesis des gesellschaftlichen „Mittels" verstehen, das in einer spezifischen Eigendynamik auf Impulse reagiert. Luhmann versteht den Menschen als Bestandteil der „Umwelt des sozialen Systems" (Luhmann 2008: 257) und postuliert die Selbstreferenzialität operativ geschlossener Systeme. Gesellschaft ist für ihn ein „sich autopoietisch reproduzierende[s] System aller anschlussfähigen Kommunikationen" (Reinfandt 2004: 409), in dem der Mensch „die Interferenz der sich wechselseitig als Umwelt voraussetzenden autopoietischen Systeme Organismus und Bewußtsein [darstellt], zu denen unter modernen Bedingungen als weiteres autopoietisches System die Gesellschaft hinzukommt" (Reinfandt 2004: 409). Im Hinblick auf die autopoietische Produktion von Normalität[22] konstatiert Link, im Zuge des gesellschaftlichen Wandels nach 1968 und 1989, insbesondere „im mediopolitischen und zeitgeschichtlichen Diskurs" gar eine Expansion des „Diskurskomplex[es] des Normalen" durch eine „Verallgemeinerung zu einer nahezu flächendeckenden kulturellen ‚Querschnittskategorie'" (Link 1999: 442). Im Anschluss an Foucault sieht auch er in der Normalisierung „einen grundlegend anderen Typ von Subjektivität und Subjektivierung als die Befolgung oder Verletzung binärer, sanktionsbewährter und imperativer Normen vom juristischen, ethischen bzw. allgemein handlungstraditionellen, kurz: normativen Typ (was die gleichzeitige Wirksamkeit beider Dispositive in dem gleichen Individuum selbstverständlich nicht im Geringsten ausschließt)" (Link 1999: 443).

Arbeitsbegriffe: Biopolitik, Biomacht, Gouvernementalität

Nach diesen kurzen, einführenden Betrachtungen zum Konzept der Biopolitik sollen nun die Arbeitstermini Biopolitik, Biomacht und Gouvernementalität und ihr Verständnis in der vorliegenden Arbeit definiert werden. Wie wir gesehen haben, differenziert Foucault bei seiner Analytik der Macht zwischen diesen drei Begriffen, wobei sowohl eine nicht trennscharfe, sondern zuweilen synonymische Verwendung der Begriffe (insbesondere Biopolitik und Biomacht) als auch eine uneinheitliche Verwendung des Regierungsbegriffs im Gesamtwerk zu verzeichnen sind (wie nicht selten moniert wurde, vgl. u. a. Lemke 2007b: 48 ff.; Bröckling et al. 2000: 17 ff.; Negri 2007: 267 ff.; Révèl 2009: 23 f.). Dies macht es notwendig, die Begrifflichkeiten zu umreißen, auch wenn sie sich nicht eindeutig voneinander abtrennen lassen.

---

[22] Hierzu vgl. auch Hardt/Negri (2002: 48).

In *Geburt der Biopolitik* (vgl. Foucault 2004a) beschreibt Foucault den Übergang von der Disziplinargesellschaft hin zu einer sich durch selbstgesetzte Regeln selbstbeschränkenden staatlichen Politik zu Gunsten eines liberalen Modells. Dies fasst er mit dem Begriff Biopolitik.

Biomacht bezeichnet in diesem Zusammenhang den (souveränen) Zugriff auf das von ihr verwaltete Leben; angesichts des abstrakten Machtbegriffs bei Foucault beschränkt sie sich nicht allein auf das Verständnis einer im weitesten Sinne institutionalisierten oder organisierten Struktur zur Regierung und Kontrolle menschlichen Lebens.

Die nun „optimierte" Verwaltung von Leben im Zeichen seiner (Selbst-)Disziplinierung und Ökonomisierung führt durch biopolitische Normalisierung zu einer Verinnerlichung und Reproduktion von Auffassungen und Normen bzw. zielt darauf ab. Die vorab institutionell veranlasste oder begleitende Disziplinierung des Individual- und Kollektivkörpers erfolgt nun sozusagen von selbst, da sie im Zuge von Subjektivierungsprozessen ins Selbstbild übernommen wird. Entsprechend verstehen wir unter Gouvernementalität „la rencontre entre les techniques de domination exercées sur les autres et les techniques de soi" (Foucault zit. nach Révél 2009: 65). Es handelt sich um „Praktiken, in deren Kontext Wahrnehmungs- und Beurteilungsstrategien generiert werden" und die sich jeweils relational ins Feld der Machtverhältnisse einschreiben (Bröckling et al. 2000: 20). Folglich bezeichnet Gouvernementalität eine Verschiebung hin zu informellen Praktiken, die das Wissen und somit die Konstruktion und Wahrnehmung von Wirklichkeit beeinflussen und auf der Ebene des Subjekts zur Reproduktion normalisierender Verhaltens- und Wahrnehmungsschemata anhalten. So avancieren diese Praktiken zu sich selbst reproduzierenden, informellen Formen des Regierens (vgl. Bröckling et al. 2000: 29), die zum einen die „Subjekte zu einem bestimmten Handeln bewegen" (Bröckling et al. 2000: 29) und zum anderen den Körper und das Denken politisch besetzen (vgl. Bröckling et al. 2000: 26). Das Subjekt steht somit im Spannungsverhältnis von subjektivierenden Selbsttechnologien (d.h. von individualisierenden Praktiken) und sich in ihnen reproduzierenden Machtstrukturen des Sozialen, die es als Teil der Gemeinschaft ausweisen. So wird das Subjekt selbst zum Ort, an dem dieses Spannungsverhältnis stets erneut ausgetragen und ausgehandelt wird. Im Folgenden wollen wir unter Gouvernementalität „das ‚strategische Feld beweglicher, veränderbarer und reversibler Machtverhältnisse' [verstehen], in dessen Innersten sich die Typen der Verhaltensführung oder der ‚Führung des Verhaltens' einrichten" (Sennelart 2004: 484).

Machtbegriff und Widerstand

In seinem Aufsatz „Subjekt und Macht" veranschaulicht Foucault das Problem des Widerstands, das aus dem Spannungsverhältnis beider Begriffe hervorgeht. Wie nachfolgend erklärt, versteht Foucault in seinem weit gefassten Machtbegriff[23] Macht als „auf Handeln ausgerichtetes Handeln" (Foucault 2005d: 256) – ein Konzept, das sich ohne Weiteres mit den bereits erwähnten Normalisierungsstrategien verknüpfen lässt und dieses ergänzt:

> L'exercice du pouvoir consiste à 'conduire la conduite des autres' et à aménager la probabilité. [...] Gouverner, en ce sens, c'est structurer le champ d'action éventuel des autres. [...] Quand on définit l'exercice du pouvoir comme un mode d'action sur les actions des autres [...] – au sens le plus étendu de ce mot –, on y inclut un élément important: celui de la liberté. Le pouvoir ne s'exerce que sur des 'sujets libres', et en tant qu'ils sont 'libres' – entendons par là des sujets individuels ou collectifs qui ont devant eux un champ de possibilité où plusieurs conduites, plusieurs réactions et divers modes de comportement peuvent prendre place. (Foucault 1994c: 237)

Wenn Foucault von einem mehr oder weniger offenen Handlungsspielraum spricht, innerhalb dessen die Macht mehrere Verhaltens-, Reaktions- oder Handlungsmöglichkeiten vorgibt, für die sich das individuelle oder kollektive Subjekt „frei" entscheiden kann und sich dies, vor dem Hintergrund eines normalisierenden Mittels, im Sinne einer „Lenkung der Führung" (Foucault 2005d: 256 f.) ereignet, so stellt sich in diesem Zusammenhang ebenso die Frage, wie Widerstand, der den Machtmechanismen inhärent ist, gedacht werden kann.

> [L]es forces qui résistent ont pris appui sur cela même qu'il [le pouvoir, d. Vf.] investit – c'est-à-dire sur la vie et l'homme en tant qu'il est vivant. [...] ce qui est revendiqué et sert d'objectif, c'est la vie, entendue comme besoins fondamentaux, essence concrète de l'homme, accomplissement de ses virtualités, plénitude du possible. Peu importe s'il s'agit ou non d'utopie; on a là un processus très réel de lutte; la vie comme objet politique a été en quelque sorte prise au mot et retournée contre le système qui entreprenait de la contrôler. (Foucault 1976: 190 f.)

Für den Widerstand arbeitet Foucault sechs Gemeinsamkeiten heraus, der sich für ihn in Form von transversalen, „unmittelbaren" und anarchischen Kämpfen äußert, die die „Auswirkungen der Macht als solche" (Foucault 2005d: 244) zum Ziel

---

[23] Zu Foucaults Machtbegriff siehe Foucault (2005a: 218 f.; 2005d); vgl. u. a. auch Lemke (2005) sowie Vaccaro (2006).

haben und die sich insbesondere gegen die Lenkung durch Individualisierung, gegen das Wissensregime und gegen die Festlegung von Identität richten. Sie stellen den Status des Individuums ebenso wie „die Art und Weise, wie Wissen zirkuliert und funktioniert" (Foucault 2005d: 244), in Frage:

> [...] le principal objectif de ces luttes n'est pas tant de s'attaquer à telle ou telle institution de pouvoir, ou groupe, ou classe, ou élite, qu'à une technique particulière, une forme de pouvoir. Cette forme de pouvoir s'exerce sur la vie quotidienne immédiate, qui classe les individus en catégories, les désigne par leur individualité propre, les attache à leur identité, leur impose une loi de vérité qu'il leur faut reconnaître et que les autres doivent reconnaître en eux. C'est une forme de pouvoir qui transforme les individus en sujets. Il y a deux sens au mot 'sujet': sujet soumis à l'autre par le contrôle et la dépendance, et sujet attaché à sa propre identité par la conscience ou la connaissance de soi. Dans les deux cas, ce mot suggère une forme de pouvoir qui subjugue et assujettit. (Foucault 1994c: 227)

Foucault denkt diesen Widerstand als Kampf gegen die Subjektivierung und als eine Suche nach neuen Formen von Subjektivität[24], als performatives Moment in der Schaffung neuer Lebensformen (vgl. Foucault 2005c: 302). Er begreift diese Spannung zwischen Macht und Freiheit als schöpferische Kraft[25], deren Dynamik aus einer permanenten Provokation gespeist wird:

> [M]ais elle apparaît aussi comme ce qui ne pourra que s'opposer à un exercice du pouvoir qui tend en fin de compte à la déterminer entièrement. La relation de pouvoir et l'insoumission de la liberté ne peuvent donc être séparées. [...] au cœur de la relation de pouvoir, la 'provoquant' sans cesse, il y a la rétivité du vouloir et l'intransivité de la liberté. Plutôt que d'un 'antagonisme' essentiel, il vaudrait mieux parler d'un 'agonisme' – d'un rapport qui est à la fois d'incitation réciproque et de lutte; moins d'une opposition terme à terme qui les bloque l'un en face de l'autre que d'une provocation permanente. (Foucault 1994c: 238)

Zugleich koppelt er den Widerstand an den Begriff der Erfahrung rück. Diese ist für ihn dabei vielmehr eine

---

[24] So schreibt Foucault (1994c: 232): „Il nous faut promouvoir de nouvelles formes de subjectivité en refusant le type d'individualité qu'on nous a imposé pendant plusieurs siècles."
[25] Foucault (1994d: 741): „[La résistance] est processus de création; créer et recréer, transformer la situation, participer activement au processus, c'est cela résister". Hierbei ist „la résistance [...] un élément de ce rapport stratégique en quoi consiste le pouvoir. La résistance prend toujours appui, en réalité, sur la situation qu'elle combat."

'Korrelation [...], die in einer Kultur zwischen Wissensbereichen, Normativitätstypen und Subjektivitätsformen besteht' – eine Beziehung, die historisch geworden und daher veränderbar ist. Erfahrung bezeichnet nun keinen Ausgangspunkt mehr, sondern verweist auf ein kollektives Projekt, das 'zu anderen Bejahungen zu gelangen' sucht. Sie erkundet einen offenen Möglichkeitsraum, in dem neue Rechtsansprüche und Subjektformen Gestalt annehmen. (Lemke 2005: 346)

Die Erkundung ebenjenes Möglichkeitsraums erfolgt mittels eines Gegen-Verhaltens (vgl. Sennelart 2004: 462, 485 ff.), das durchaus als Symptom einer „Krise der Gouvernementalität" (Foucault 2004a: 104, 113 f.)[26] und Form des Widerstands verstanden werden kann (vgl. Sennelart 2004: 485 f.). Es ereignet sich innerhalb des „Netzes", das „neben Knotenpunkten verdichteter Macht auch ‚Widerstandspunkte, -knoten und -herde [enthält], [die] mit größerer oder geringerer Dichte in Raum und Zeit verteilt' sind. [...] Widerstand funktioniert vielmehr als Versuch einer taktischen Umkehrung der lokalen Machtverhältnisse" (Sarasin 2005: 153). Dieses Verständnis eines transversalen Widerstands ist auch in *Tausend Plateaus* von Deleuze und Guattari in der Figur des Rhizoms zu finden[27], welches im Sinne eines ortlosen „Zwischen den Dingen" (Deleuze/Guattari 1992: 42) die Entstehung und Dynamik transversaler Kräfte begünstigt, die sich ihrerseits im performativen, ereignishaften Charakter eines abstrakten Widerstandsbegriffs und einer Krise gouvernementaler Mechanismen niederschlagen.

Wir wollen zu einem späteren Zeitpunkt auf dieses Verständnis des Widerstands zurückkommen und zeigen, inwiefern sich bei Ciprì und Maresco der Begriff des Lebens als Widerstand gegen biopolitische bzw. gouvernementale Praktiken begreifen lässt. Hierfür bedarf es jedoch zunächst eines weiteren, kurzen Blicks auf das Widerstandspotenzial von Formen des Lebens.

---

[26] Foucault führt dort seine Idee von einer Krise der Gouvernementalität im Zusammenhang mit einer Krise des Liberalismus aus, wobei der staatliche Interventionismus, der eine krisenbedingte Einschränkung bzw. Beschneidung der (wirtschaftlichen) Freiheit verhindern will, zu Formen der Staatsphobie führt.

[27] Rhizom als azentrisches und nicht hierarchisches Gefüge, das sich durch sechs Merkmale auszeichnet (Konnexion, Heterogenität, Mannigfaltigkeit, der asignifikante Bruch bzw. eine beliebige Anschließbarkeit, Kartographie und Abziehbild, ein beständiges Werden von Zuständen) und das, statt einer binären Logik des Entweder-Oder, der Logik des Und folgt. Mit ihrem rhizomorphen Werk *Tausend Plateaus* wollen die beiden Autoren hierfür ein Beispiel geben (vgl. Deleuze/Guattari 1992: insb. 11–42).

Formen des Lebens und die Krise der Gouvernementalität[28]

Michel Foucault kommt in *Der Wille zum Wissen* zu dem Schluss:

> [L]e 'seuil de modernité biologique' d'une société se situe au moment où l'espèce entre comme enjeu dans ses propres stratégies politiques. L'homme, pendant des millénaires, est resté ce qu'il était pour Aristote: un animal vivant et de plus capable d'une existence politique duquel sa vie d'être vivant est en question. (Foucault 1976: 188)

Genau an diesem Punkt setzt Giorgio Agamben an, wobei der Begriff der Biopolitik eine Akzentverschiebung erfährt. Ausgehend vom durch Foucault diagnostizierten *double bind* der Macht, d. h. der gleichzeitigen Individualisierung und Totalisierung der modernen Machtstrukturen (vgl. Agamben 2002a: 15), die sich im Körper des Subjekts kreuzen und überlagern, sodass dieser zum Scharnier und zu einer Zone der Ununterscheidbarkeit avanciert, formuliert Agamben seine radikale These von einer „innersten Solidarität zwischen Demokratie und Totalitarismus" (Agamben 2002a: 20), die er im „Eintreten der zoé in die Sphäre der pólis" (Agamben 2002a: 14) begründet sieht. In Auseinandersetzung mit Foucaults Konzept der Biopolitik betont er:

> l'ingresso della *zoé* nella sfera della *pólis*, la politicizzazione della nuda vita come tale costituisce l'evento decisivo della modernità, che segna una trasformazione radicale delle categorie politico-filosofiche del pensiero classico. (Agamben 2005c: 6f.)

> Ogni tentativo di ripensare lo spazio politico dell'occidente deve esordire dalla chiara consapevolezza che della distinzione classica fra *zoé* e *bíos*, fra vita privata ed esistenza politica, tra l'uomo come semplice vivente, che ha il suo luogo nella casa, e l'uomo come soggetto politico, che ha il suo luogo nella città, noi non sappiamo più nulla. [...] in essi, città e casa sono divenute indiscernibili e la possibilità di distinguere fra il nostro corpo biologico e il nostro corpo politico, tra ciò che è incomunicabile e muto e ciò che è comunicabile e dicibile, ci è stata tolta una volta per tutte. E noi non siamo soltanto, nelle parole di Foucault, degli animali nella cui politica è in questione la loro vita di esseri viventi, ma anche, inversamente, dei cittadini nel cui corpo naturale è in questione la loro stessa politica. (Agamben 2005c: 209f.)

---

[28] Für einen Überblick zur weiterführenden Diskussion zu Formen des Lebens, insbesondere im Sinne der Bioethik und der Biophilosophie – Themen, die im Rahmen dieser Arbeit nicht angesprochen werden können – siehe z. B. Köchy (2008), Wild (2008), Düwell/Steigleder (2003), Birnbacher (2006), Dossier Bioethik der Bundeszentrale für politische Bildung (2011).

Dabei bewertet Agamben Biopolitik vornehmlich als Praktik einer Souveränitätsmacht, die durch den Ausschluss des sogenannten „nackten Lebens" erst ihre Existenzberechtigung schafft und Machtausübung ermöglicht. Die Produktion eines biopolitischen Körpers ist somit der Macht vorgängig. Insofern unterscheidet Agamben in *Homo sacer* in Anlehnung an Aristoteles zwischen dem rein biologischen Leben auf der einen Seite und dem Menschen als Teil einer politischen Gemeinschaft auf der anderen Seite, zwischen *zoé* und *bíos*.[29] Er illustriert dies anhand des *homo sacer*, einer „obskure[n] Figur" (Agamben 2002a: 78) aus dem archaischen römischen Recht, und zeigt, dass die Unterscheidung zwischen privat und öffentlich nunmehr kollabiert und der Ausnahmezustand zur Regel erhoben worden ist. Der von Agamben ins Feld geführte Begriff des „nackten Lebens" bezeichnet dabei „la vita *uccidibile e insacrificabile* dell'*homo sacer*" (Agamben 2005c: 11). Vogelfrei „markiert [er zugleich] […] die andere Seite der Logik der Souveränität", da „man [ihn] straflos töten kann, da er aus der politisch-rechtlichen Gemeinschaft verbannt und auf den Status seiner physischen Existenz reduziert ist" (Lemke 2007b: 73). „Das ‚nackte Leben', das als randständig gilt und am weitesten von der Politik entfernt zu sein scheint, erweist sich [dabei] als die solide Basis eines politischen Körpers, der Leben und Sterben eines Menschen zum Gegenstand einer souveränen Entscheidung macht" (Lemke 2007b: 73).

> Protagonista di questo libro è la nuda vita, cioè la vita *uccidibile e insacrificabile* dell'*homo sacer* […]. Un'oscura figura del diritto romano arcaico, in cui la vita umana è inclusa nell'ordinamento unicamente nella forma della sua esclusione […]. […] decisivo è, piuttosto il fatto che, di pari passo al processo per cui l'eccezione diventa ovunque la regola, lo spazio della nuda vita, situato in origine al margine dell'ordinamento, viene progressivamente a coincidere con lo spazio politico, e esclusione e inclusione, esterno e interno, *bíos* e *zoé*, diritto e fatto entrano in una zona di irriducibile indistinzione. […] Tutto avviene come se, di pari passo al processo disciplinare attraverso il quale il potere statale fa dell'uomo in quanto vivente il proprio oggetto specifico, si fosse messo in movimento un altro processo, che coincide grosso modo colla nascita della democrazia moderna, in cui l'uomo come vivente si presenta non più come *oggetto*, ma come *soggetto* del potere politico. (Agamben 2005c: 11 ff.)

---

[29] So präzisiert Agamben (2005c: 3): „I Greci non avevano un unico termine per esprimere ciò che noi intendiamo con la parola vita. Essi si servivano di due termini, semanticamente e morfologicamente distinti, anche se riconducibili a un etimo comune: *zoé*, che esprimeva il semplice fatto di vivere comune a tutti gli esseri viventi (animali, uomini o dèi) e *bíos*, che indicava la forma o maniera di vivere propria di un singolo o di un gruppo."

Biopolitik ist für Agamben demzufolge Thanatopolitik und die souveräne Macht eine Todesmacht, insofern diese mit dem Tod eine (willkürliche) Grenze setzt (vgl. Agamben 2002a: 130 f.). Agamben schlussfolgert daraus: „In dieser Perspektive wird das Lager, dieser reine, absolute und unübertroffene biopolitische Raum (insofern er einzig im Ausnahmezustand gründet), als verborgenes Paradigma des politischen Raumes der Moderne erscheinen, dessen Metamorphosen und Maskierungen zu erkennen wir lernen müssen." (Agamben 2002a: 131) Zum Abschluss von *Homo sacer* fasst er seine Erkenntnisse in drei prägnanten Thesen zusammen:

1. La relazione politica originaria è il bando (lo stato di eccezioni come zona d'indistinzione fra esterno e interno, esclusione e inclusione).
2. La prestazione fondamentale del potere sovrano è la produzione della nuda vita come elemento politico originale e come soglia di articolazione fra natura e cultura, *zoé* e *bíos*.
3. Il campo e non la città è oggi il paradigma biopolitico dell'occidente. (Agamben 2005c: 202)

Indem „die Grenze, die einmal zwischen Individuen und sozialen Gruppen verlief, nun in die individuellen Körper hineingenommen und gewissermaßen ‚verinnerlicht'" (Lemke 2007b: 77) wurde, hat Agamben zufolge die Biopolitik in den modernen Demokratien eine „neue Schwelle passiert" (Agamben 2002a: 174)[30], sodass „in einem besonderen, aber sehr realen Sinn alle Bürger *homines sacri*" (Agamben 2002a: 121) geworden sind:

> È come se ogni valorizzazione e ogni 'politicizzazione' della vita [...] implicasse necessariamente una nuova decisione sulla soglia al di là della quale la vita cessa di essere politicamente rilevante, è ormai solo 'vita sacra' e, come tale, può essere impunemente eliminata. [...] Ogni società fissa questo limite, ogni società – anche la più moderna – decide quali siano i suoi 'uomini sacri'. È possibile, anzi, che questo limite [...] non abbia fatto che allargarsi [...] all'interno di ogni vita umana e di ogni cittadino. [...] La nuda vita non è più confinata in un luogo particolare o in una categoria definita, ma abita nel corpo biologico di ogni essere vivente. (Agamben 2005c: 154)

Daher schließt er seine Betrachtungen mit dem Vorschlag, dass die Formen des Lebens, um sie aus dem biopolitischen Paradigma zu befreien, neu gedacht werden müssen:

---

[30] Wie er am Beispiel der Herz- bzw. Hirntoten, dem sog. „*neomort*" bzw. „*faux vivant*" (Agamben 2002a: 173), zeigt.

> Occorrerà, piuttosto, fare dello stesso corpo biopolitico, della nuda vita stessa il luogo in cui si costituisce e s'insedia una forma di vita tutta versata nella nuda vita, un *bíos* che è solo la sua *zoé*. [...] Se chiamiamo forma-di-vita questo essere che è solo la sua nuda esistenza, questa vita che è la sua forma e resta inseparabile da essa, allora vedremo aprirsi un campo di ricerca che giace al di là di quello definito dall'intersezione politica e filosofia, scienze medico-biologiche e giurisprudenza. (Agamben 2005c: 210 f.)

Agambens extreme Position ist aufgrund einer mangelnden Differenzierung vielfach kritisiert worden, so insbesondere hinsichtlich der juristischen, staatszentrierten und quasi-ontologischen Fassung der Biopolitik.[31] Mit dem auf *Homo sacer* folgenden Werk *L'aperto* vertieft der italienische Philosoph seine Überlegungen zu Formen des Lebens und plädiert für eine „biopolitica minore" (Bazzicalupo 2010: 90). Gegenstand von *L'aperto* ist die Reflexion darüber, was Mensch und Tier unterscheidet. *L'aperto* lässt sich somit als eine Fortsetzung seiner Überlegungen zu *bíos* und *zoé* verstehen, legt er doch dar, dass der Mensch als Ergebnis einer Entkoppelung zu denken sei, die sein Inneres durchzieht:

> La divisione della vita in vegetale e di relazioni, organica e animale, animale e umana passa allora innanzi tutto all'interno del vivente uomo come una frontiera mobile e, senza quest'intima cesura, la stessa decisione di ciò che è umano e di ciò che non lo è non sarebbe probabilmente possibile. Solo perché qualcosa come una vita animale è stata separata all'interno dell'uomo, solo perché la distanza e la prossimità con l'animale sono state misurate e riconosciute innanzi tutto nel più intimo e vicino, è possibile opporre l'uomo agli altri viventi e, insieme, organizzare la complessa – e non sempre edificante – economia delle relazioni fra gli uomini e gli animali. Ma, se questo è vero, se la censura fra l'umano e l'animale passa innanzi tutto all'interno dell'uomo, allora è la questione stessa dell'uomo – e dell'umanesimo – che l'uomo è stato sempre pensato come l'articolazione e la congiunzione di un corpo e di un'anima, di un vivente e di un *logos*, di un elemento naturale (o animale) e di un elemento soprannaturale, sociale o divino. Dobbiamo invece imparare a pensare l'uomo come ciò che risulta dalla sconnessione di questi due elementi e investigare non il mistero metafisico della congiunzione, ma quello pratico e politico della separazione. (Agamben 2002b: 23 f.)

So erfolgt die Konstitution von Mensch und Tier ebenfalls durch Einschluss- bzw. Ausschlussmechanismen, ihre Unterscheidung avanciert zum Ergebnis einer ständig neu zu fällenden Entscheidung, ohne die sie in ihrer Unbestimmtheit lediglich nacktes Leben sind:

---

[31] Vgl. u. a. Lemke (2007b: 80 ff.), Bazzicalupo (2010: 88 ff.) oder Žižek (2004: 99 f.).

> In quanto in essa è in gioco la produzione dell'umano attraverso l'opposizione uomo/animale, umano/inumano, la macchina funziona necessariamente attraverso un'esclusione (che è anche e sempre già una cattura) e un'inclusione (che è anche e sempre già una esclusione). [...] Entrambe le macchine possono funzionare soltanto istituendo al loro centro una zona d'indifferenza, in cui deve avvenire [...] l'articolazione fra l'umano e l'animale, l'uomo e il non-uomo, il parlante e il vivente. Come ogni spazio di eccezione, questa zona è, in verità, perfettamente vuota, e il veramente umano che dovrebbe avvenirvi è soltanto il luogo di una decisione incessantemente aggiornata, in cui le cesure e la loro riarticolazione sono sempre di nuovo dis-locate e spostate. Ciò che dovrebbe così essere ottenuto non è comunque né una vita animale né una vita umana, ma solo una vita separata ed esclusa da se stessa – soltanto una *nuda vita*. (Agamben 2002b: 42 f.)

Die politische Trennung verläuft also durch den natürlichen Körper bzw. erschafft diesen durch die Idee, die wir von ihm haben und die ihm zugesprochenen Attribute und Fähigkeiten. Dabei wird das „natürliche Leben der Einsatz in jenem Spiel [...], das Foucault Biopolitik genannt hat" und von dem Agamben mutmaßt, dass vielleicht der Körper eben „jener uneingelöste Rest [ist], den der Idealismus dem Denken überläßt" und der vielleicht „die Aporien der heutigen Philosophie" zusammenfallen lässt „mit den Aporien dieses Körpers, der irreduzibel gespannt und geteilt ist zwischen Animalität und Humanität" (Agamben 2003: 22).[32] Gerade in diesen Aporien des Körpers residiert das Potenzial der von Foucault geforderten Entsubjektivierung als Instrument des Widerstands gegen die subjektivierenden und totalisierenden Machttechniken. Das widerständige Subjekt ist also zunächst ein Körper, der seine Unbestimmtheit aufs Spiel setzt, und von daher politisch wird – eine Schlussfolgerung, zu der auch Agamben in *L'aperto* gelangt:

> Nella nostra cultura l'uomo – lo abbiamo visto – è stato sempre il risultato di una divisione, e, insieme di una articolazione dell'animale e dell'umano, in cui uno dei due termini dell'operazione era anche la posta in gioco. Rendere inoperosa la macchina

---

[32] Zum Paradigma der Unbestimmtheit des Lebens siehe auch Niklas Rose (2009), einen Vertreter der Etho-Politics. Vor dem Hintergrund des Bestrebens, das an sich unbestimmte Leben auf vielfältige Art und Weise zu regulieren (z. B. durch Biomedizin, Molekularbiologie etc.) und den Bürger zur Legitimierung bestimmter Entscheidungsfindungsprozesse zu manipulieren, herrsche in der gegenwärtigen Gesellschaft eine moralphilosophische und somatische Ethik vor. Die zentrale Problematik jener Politik des Lebens besteht darin, eine „unterschiedliche Bewertung des (menschlichen und nichtmenschlichen) Lebens" vorzunehmen und „die Bedeutung und Konsequenzen dieser Bewertung" zu diskutieren (Rose 2009: 175).

che governa la nostra concezione dell'uomo significherà pertanto non già cercare nuove – più efficaci o più autentiche – articolazioni, quanto esibire il vuoto centrale, lo iato che separa – nell'uomo – l'uomo e l'animale, rischiarsi in questo vuoto: sospensione della sospensione, shabbat tanto dell'animale che dell'uomo. (Agamben 2002b: 94)

Nur einem solchen Körper mag es gelingen, eine Krise biopolitischer Techniken und der an sie gekoppelten Wissens- und Kommunikationsformen intelligibel und somit erfahrbar zu machen. Inwiefern ein solcher ambivalenter – und somit widerständiger, da unmittelbar politischer – Körper im Werk von Ciprì und Maresco zu finden ist, wird Gegenstand der folgenden Betrachtungen sein. Hierbei soll erörtert werden, ob und inwiefern die Figuren des ciprimareskianischen Universums als Schwellenfiguren verstanden werden können und worin ihre Funktion besteht. Das Potential der Schriften Agambens für die vorliegende Analyse liegt dabei insbesondere in seinem Verständnis des Lebens als einem offenen Raum, wie es Vittoria Borsò beschreibt:

[Es] geht auch Agamben darum, die Grenzen der Gewalt zum Vorschein zu bringen und den Katastrophen der Geschichte eine Ethik und eine Ästhetik entgegenzusetzen, in der Spuren von Leben zu finden sind. Leben ist der kontingente Raum der offenen Potentiale vor der Definition des *bíos* durch politische, technologische, biowissenschaftliche, philosophische Zugriffe. Damit ist Leben weder Natur noch Kultur oder eine technologisch zu sichernde Dimension [...]. Agambens Zugang zum Raum des Biologischen siedelt sich jedoch jenseits der Zwei-Kulturen-Opposition an [...]. Im Raum des Offenen stellt sich die Unbestimmtheit des Lebens der Zerstörungsarbeit der souveränen Gewalt entgegen. In diesem Raum ist also die Potenz der Geste zu finden, mit der das Leben [...] sich gegen die Politik und gegen die Katastrophe der Geschichte behauptet. Biopolitik und Leben müssen deshalb zusammen gedacht werden, so der implizite Vorschlag Agambens. (Borsò 2010c: 17)

Der Tod des Sozialen und der Widerstand gegen die Bioökonomie[33]

Foucault betont, dass bei der Unterordnung des Körpers unter die Ökonomie die Biomacht als unerlässliches Element bei der Entwicklung des Kapitalismus fungierte[34], die sich mit der Industrialisierung und dem (Neo-)Liberalismus in eine polymorphe Macht verwandelte, so insbesondere nach dem Zweiten Weltkrieg und der Krise des Fordismus. Ab diesem Zeitpunkt, so die These von Michael Hardt und Antonio Negri, befindet sich unsere Gesellschaft in einer neuen „Etappe kapitalistischer Vergesellschaftung, die durch die Auflösung der Grenzen zwischen Ökonomie und Politik, Reproduktion und Produktion gekennzeichnet ist" (Lemke 2007b: 87; vgl. Hardt/Negri 2002: 11). Mit dem Schlüsselwort Empire fassen sie neue Formen der Souveränität in der Postmoderne zusammen, wobei die gesamte Gesellschaft global unter das Kapital subsumiert wird. Letzteres hat dabei dank der Durchdringung trans- und supranationaler Institutionen und ihrer reziproken Interaktion die nationalstaatlichen Regelungsinstanzen und -politiken nachhaltig geschwächt (vgl. Hardt/Negri 2002: 10). Das Empire steht im Zeichen eines „ko-

---

[33] Hinsichtlich des Begriffs Bioökonomie lassen sich zwei verschiedene Lesarten ausmachen. Einerseits das Verständnis von Bioökonomie im Sinne der Nachhaltigkeitsstudien – ein Ansatz, der vor allem im deutschsprachigen und angloamerikanischen Raum verfolgt wird und dessen Augenmerk auf dem ökonomischen Gehalt lebendiger Systeme liegt. Andererseits die Auslegung des Begriffs als Verwaltung von lebenden Systemen in Abhängigkeit von ihrem ökonomischen Gehalt (d. h. im Sinne von Studien zur Biopolitik bzw. zu den heutigen Subjektivierungstechniken) – eine Linie, die insbesondere in Italien, Frankreich und der Schweiz vertreten ist und die auch in der vorliegenden Arbeit verfolgt werden soll. Vgl. hierzu Borsò (2013: 15–22).

[34] Der Züricher Historiker Philipp Sarasin legt mit *Reizbare Maschinen. Eine Geschichte des Körpers 1765–1914* (Sarasin 2001) eine Studie vor, die unter anderem die Transformation des Körpers im amerikanischen Taylorismus-Fordismus beschreibt. Prägnant illustriert diese Dynamik auch Charly Chaplins bekannter Film *Modern Times* von 1936. Karikierend zeigt Chaplin hier die Arbeit am getakteten Fließband, die Rationalisierung und Effizienzsteigerung des Produktionsprozesses, die Reduzierung der Arbeitskraft auf bestimmte, konkrete Handgriffe und ihre Ausrichtung an den Rhythmen der Maschine (und, wie Sarasin zeigt, auch die Ausrichtung der Maschine an der Physiologie des Arbeiters, um den optimalen Produktionsablauf zu erreichen). Die Logik des Fließbands impliziert zugleich eine Homogenisierung der Produkte sowie deren Massenproduktion, welche aufgrund der gesunkenen Produktionskosten zum Massenkonsum führen. Versinnbildlicht werden diese Mechanismen durch das bekannte Automodell der Tin Lizzy von Ford, mit dem das Auto als vormals exklusives Luxusgut für eine breitere Bevölkerungsschicht erschwinglich wurde.

gnitiven Kapitalismus"[35] (Negri 2007: 20), der durch „immaterielle Arbeit [als] die höchste Stufe abstrakter Arbeit" (Negri 2007: 30), die „Abschöpfung affektiver und intellektueller Arbeitsvermögen" und die „schrankenlose Mobilisierung aller individuellen und kollektiven Kräfte im Dienst der Mehrwertproduktion" (Lemke 2007b: 90) gekennzeichnet ist. In seinem treffenden Resümee zum kognitiven Kapitalismus schreibt Lemke:

> Dieser zeichne sich durch eine informatisierte, automatisierte, vernetzte und globalisierte Produktion aus und führe zu einer einschneidenden Änderung der Subjektivität im Arbeitsprozess. Innerhalb dieses neuen Regimes werden Wissen und Kreativität, Sprache und Affekt zu zentralen Momenten der gesellschaftlichen Produktion und Reproduktion. Die Informatisierung der Produktion und ihre Organisation in netzförmigen Strukturen mache es zunehmend schwieriger, die Trennung zwischen individueller und kollektiver, intellektueller und körperlicher Arbeit aufrechtzuerhalten. (Lemke 2007b: 89)[36]

Hierbei operiert die „[k]apitalistische Ausbeutung [...] unter den Auspizien von Demokratisierung, über die ‚Anrufung' autonomer Subjekte, die Abschöpfung kreativer und affektiver Potenziale und über ‚Kontrollformen mit freiheitlichem Aussehen'" (Atzert et al. 2007b: 8). Als autopoietisches, immanentes System der Biomacht wird das Empire dabei durch die Selbstregulierungsfähigkeiten der Subjekte und Subjektivierungsprozesse selbst hervorgerufen und reproduziert:

> Biopower is a form of power that regulates social life from its interior, following it, interpreting it, absorbing it, and rearticulating it. Power can achieve an effective command over the entire life of the population only when it becomes an integral, vital function that every individual embraces and reactivates of his or her own accord. (Hardt/Negri 2001: 23 f.)

Interessanterweise argumentieren Hardt und Negri, dass jenes totalitäre System paradoxerweise selbst ein neues politisches, widerständiges Subjekt hervorbringt: die Multitude. Hierunter verstehen sie die „heterogene und schöpferische Gesamtheit von Akteuren, die sich in der Immanenz der Machtverhältnisse bewegen, ohne

---

[35] Zur Verschränkung von Bioökonomie und kognitivem Kapitalismus als neuem Akkumulationsparadigma vgl. Fumagalli (2007).
[36] Hardt und Negri (2001:30) betonen dabei drei Aspekte der immateriellen Arbeit: „[...] the communicative labor of industrial production that has newly become linked in informational networks, the interactive labor of symbolic analysis and problem solving, and the labor of the production and manipulation of affects [...]".

sich auf eine übergeordnete Instanz oder eine zugrunde liegende Identität zu berufen" (Lemke 2007b: 94 f., vgl. Hardt/Negri 2004: 10 f.) und die als „lebendige Alternative [...] im Innern des Empire entsteht" (Hardt/Negri 2004: 9). Der von der Multitude geäußerte Widerstand gegen die ubiquitären Machtmechanismen des Empire – Negri und Hardt sprechen diesbezüglich vom „potential of insubordination and revolt through the entire set of laboring practices" (Hardt/Negri 2001: 29) – habe dabei nicht zuletzt die Lebensform selbst als Einsatz und artikuliere sich als produktive und kreative Opposition, welche „neue Formen sozialen Zusammenlebens und politischen Handelns", „neue öffentliche Räume und neue Formen der Gemeinschaft" erzeuge (vgl. Bazzicalupo 2010: 97).[37] Angesichts der beschriebenen janusköpfigen *agency* des Subjekts wird das Konzept des Lebens bei Hardt und Negri nicht als Form, sondern vielmehr als Potenz gedacht (vgl. Bazzicalupo 2010: 93), die Formen gesellschaftlicher „Subversion und Insubordination" (Atzert et al. 2007b: 9) zu erzeugen im Stande ist.

In Anschluss an Hardts und Negris durchaus produktive Denkfigur des Empire zeigt Christian Marazzi, inwiefern das ökonomische Prinzip im Postfordismus zu einem allumfassenden Prinzip avanciert, das die Produktionslogik in das Subjekt selbst hineinverlegt hat, indem es dieses dank seiner sozialen Funktion und Kompetenz zum unmittelbaren Produzenten von immateriellem Mehrwert erhebt (vgl. Marazzi 1999, 2008, 2013). Vor dem Hintergrund der Regierungsprozesse, die mittels der Individualisierung die gesellschaftlichen Sicherungsfunktionen dem Einzelnen überantworten und so der ökonomischen Logik des Wettbewerbs und des Markts unterwerfen, fragt Niklas Rose nach dem Tod des Sozialen (vgl. Rose 2000).

Angesichts des bioökonomischen Imperativs der zeitgenössischen Kontrollgesellschaft im Sinne Deleuzes[38] legt Rose dar, inwiefern die Community als neue

---

[37] Zur Kritik am Modell von Hardt und Negri vgl. z. B. Lemke (2007b: 97–100), Bazzicalupo (2010: 91–101), Atzert et al. (2007a). Gegenstand der Kritik ist insbesondere das Konzept des Lebens, welches Negri und Hardt im Gegensatz zu Foucault nicht als Konstrukt, sondern als ontologische Größe verstehen, sowie ferner die zu schematische Gegenüberstellung von Empire und einer verherrlichten Multitude, die sich angesichts der systemimmanenten (Re-)Produktionsmechanismen nicht vom Empire emanzipieren kann. Lemke bemerkt hierzu treffend: „Die Gegenüberstellung von Empire und Multitude, der Antagonismus zwischen einer produktiv-kreativen Biopolitik von unten und einer parasitär-abschöpfenden Biopolitik von oben führt in eine theoretische Sackgasse" (Lemke 2007b: 100).
[38] Rose (2000: 99 f.) schreibt im Hinblick auf die Kontrollgesellschaften: „[Sie] unterwerfen sämtliche Bereiche individueller Lebensführung ständiger Kontrolle und richten sie

Methode der Regierung des Subjekts über seine „Zugehörigkeit zu besonderen Überzeugungs-, Werte- und Identitätsgemeinschaften" (Rose 2000: 88) das Soziale als gemeinschaftskonstituierendes Prinzip abgelöst hat, woraus nicht zuletzt auch, so Rose, ein problematischer, diskursiver Gesellschaftsbegriff rührt (vgl. Rose 2000: 106). Er stellt fest, dass die Gouvernementalisierung der Community durch neue Formen der Subjektivität und eines so induzierten Selbstverständnisses (vgl. Rose 2000: 105) zu einer „Umformulierung der Strategien zur Steuerung des Wirtschaftslebens [...] [geführt hat], und zwar in der Weise, dass der früher bestehende Konnex zwischen gesellschaftlichem Wohlstand und Wirtschaftskraft eines Landes aufgelöst wird" (Rose 2000: 89). Diese De-Sozialisierung der Regierung des Ökonomischen – eine Verhaltenssteuerung, die zum Ziel hat, das unternehmerische Handeln des Individuums zu steigern (vgl. Rose 2000: 94) – führt ferner dazu, „dass diejenigen, die regiert werden sollen, neu definiert werden: Unter dem Gesichtspunkt einer Ethik des Handelns wird eine neue Trennlinie gezogen zwischen jenen, die man für verständige Bürger hält, und jenen, denen man diese Eigenschaft abspricht" (Rose 2000: 89). Es lässt sich daher mutmaßen, dass das Subjekt im Foucault'schen Sinne als Unternehmer seiner selbst – und damit die Community im Rose'schen Verständnis – lediglich als eine Multitude Normalität produzierender Subjekte verstanden werden darf (vgl. hierzu auch Marazzi 2013). Rose ruft durch die Beschreibung der Inklusions- und Exklusionsmechanismen das gesellschaftlich randständige Leben, d. h. die Marginalisierten auf den Plan, die als Widerstand gegen bioökonomische Verwaltungsprozesse des Lebens verstanden werden können. Denn die Marginalisierten erweisen sich angesichts bioökonomischer Dynamiken nicht nur als volkswirtschaftliches Hindernis, das der gesamtgesellschaftlichen Steigerung von Effizienz und Mehrwert entgegensteht, sondern auch als „Problemfälle in moralischen Kategorien" (Rose 2000: 101). Interessant

---

kontinuierlich entsprechend einer Logik zu, die ausnahmslos allen Praxiszusammenhängen inhärent ist. Die Stichworte lauten: 'lebenslanges Lernen', 'permanente Fort- und Weiterbildung', 'Flexibilität bei der Job-Suche', Konsum als Daueraktivität [...]. Allerdings kommen diese Prozesse kontinuierlicher Verhaltensmodulation in Bezug auf bestimmte Zonen und Personen nicht ohne eine Intensivierung unmittelbarer, auf Disziplinierung gerichteter Maßnahmen aus, oftmals handelt es sich dabei um Zwangsmittel und Methoden des Wegsperrens, [...]. Da 'anständiges' Verhalten mit der Integration qua Konsum zusammenfällt, werden erneut Separationsmechanismen in die Wege geleitet, um bestimmte 'verrufene' Personen, Sektoren und Orte als Objekte spezieller Fürsorge zu problematisieren: die Unterklasse, die Ausgeschlossenen und Randständigen." Rose zeigt dies am Beispiel des Wandels des Risikobegriffs und der Sozialversicherung.

an Roses Ausführung ist, wie sich der Begriff der „Unterklasse", „an dem das gesellschaftliche Modell quantitativer Abstufungen von ‚Anständigkeit' im Sinne einer qualitativen Unterscheidung rekodiert wurde" (Rose 2000: 100), Ende der 1970er Jahre in den USA und Großbritannien veränderte:

> Die Unterklasse war ein explosives Gemisch aus Langzeitsozialhilfeempfängern, aggressiven Straßenkriminellen, Kleinkriminellen aus einer alternativen Untergrundökonomie, traumatisierten Alkoholikern, Obdachlosen und psychisch Kranken ohne jede medizinische Betreuung, die auf den Ödflächen der verfallenden industriellen Kerngebiete der amerikanischen Städte hausten. [Beziehungsweise sind es] diejenigen, die letztlich durch die sozialen Sicherungssysteme selbst zur Abhängigkeit von öffentlicher Unterstützung verleitet wurden, die aus Gründen einer psychischen oder sonstigen in ihnen selbst liegenden Unfähigkeit nicht in der Lage sind, ihre bürgerlichen Pflichten anzuerkennen, oder [...] diejenigen, die möglicherweise unternehmerischen Geist besitzen, sich aber bewusst dem bürgerlichen Wertekanon [...] verweigern. (Rose 2000: 101)

Ist es möglich dem biopolitischen und bioökonomischen Imperativ zu widerstehen? An dieser Stelle ergeben sich aus der bisherigen Argumentationslinie zwei mögliche Aspekte: Zweifelsohne ließe sich der von Rose eingeführte, aus dem Bereich der Soziologie und Psychologie stammende Begriff der Devianz fruchtbar machen. Das Devianzkonzept, dessen sich diese Arbeit in der Tat an einigen Stellen bedienen wird, ist jedoch dem Versuch der Entsubjektivierung, so wie sie Deleuze und Rancière denken, untergeordnet. Devianz muss somit vielmehr als eine Strategie verstanden werden, um das Subjekt in ebenjene *dimensione minore*, jene Dimension des Minderen, abdriften zu lassen, von der Deleuze spricht (vgl. Deleuze/Guattari 1976). Wie an späterer Stelle zu sehen sein wird, finden wir beide Interpretationslinien im Werk von Ciprì und Maresco wieder, wo sie sich kreuzen und überlagern.

Kehren wir noch einmal zur Frage zurück, ob es möglich ist, dem biopolitischen und bioökonomischen Imperativ zu widerstehen? Wie bereits ausgeführt, zeigt Foucault, dass in unserer modernen Kultur der Befreiung das Subjekt der Macht unterworfen ist. Die Aporie unserer Gesellschaft residiert in dem Umstand, dass sich diese Unfreiheit aus der Masse an Regeln speist, die unsere Freiheit und gesellschaftliches Zusammenleben ordnen und zugleich ebenjene Freiheit verhindern, die das Subjekt anstrebt. Auch Laura Bazzicalupo äußert zu recht Skepsis, wenn sie danach fragt, ob Widerständiges nicht bereits im Mechanismus eingeschrieben ist (vgl. Bazzicalupo 2008: 230f.). In ihrer Argumentation zeigt sie jedoch einen Ausweg aus der theoretischen Sackgasse, indem sie mit Foucault über Foucault hinaus argumentiert. Unter Aufwertung des Deleuze'schen Konzepts der Potenz des Lebens und seiner irreduziblen Pluralität, die sich mittels eines ereignishaften Werdens manifestiert (vgl. Bazzicalupo 2010: 95) – ein Konzept, dessen sich unter anderem auch Hardt und Negri bedienen, um den produktiven Widerstand der Multitude zu erklären –, greift die italienische Politikwissenschaftlerin das Konzept der von Foucault in *Die Sorge um sich* (Foucault 2003) analysierten Selbstpraktiken auf. Diese erlauben dem Subjekt, sich der unmittelbaren, normierenden Macht – zumindest teilweise – zu entziehen. Bazzicalupo plädiert für einen transversalen Widerstand, der sich ausnimmt als

> fragile pratica lotta per allargare gli spazi interstiziali delle soggettivazioni istituzionali creando nuove collocazioni. Un pensiero post-foucaultiano non è disposto a sottovalutare il peso inconsapevole dei regimi di veridizione nei quali siamo inseriti. Ma è possibile, all'interno di queste costellazioni di verità e di potere, spostare le linee di definizione accettate passivamente, muovere i confini tra giusto e ingiusto, tra normale e anormale. [...] Fare questo è fare politica. (Bazzicalupo 2008: 237)

Dabei sollen Selbstpraktiken an Entsubjektivierungsprozesse rückgekoppelt werden, um gegen die von der Macht angestrebte Naturalisierung des Subjekts zu opponieren und um mittels des *divenire minore* die Porosität des Diskurses aufzuzeigen (vgl. Bazzicalupo 2008: 238).

> L'esito è sempre la naturalizzazione, la definizione di ciò che è umano. Le soggettivazioni politiche si determinano strategicamente? Dunque vanno usate come strategie. [...] [Bisogna] cerca[re] varchi discordanti dall'omologazione, 'punti di resistenza mobili e transitori, che introducono in una società separazioni che si spostano, rompendo unità e suscitando raggruppamenti, marcando gli individui stessi, smembrandoli e rimodellandoli, tracciando in loro, nel loro corpo e nella loro anima regioni irriducibili'. (Bazzicalupo 2008: 238 f.)

In jener Distanzierung, jener destruktiven Umkehrung, residiere die *mésentente* Rancières, das Unvernehmen von Politik, Leben und Ästhetik (vgl. Rancière 1995). Sich der Gouvernementalität zu widersetzen, bedeutet somit, Dissens, Diskontinuität und eine andere Ordnung der Sinne zu erzeugen, die nach Unbestimmtheiten sucht. Jenes „inserimento attivo" (Bazzicalupo 2008: 227) des philosophischen Subjekts entspricht einer anderen Form der sinnlichen Investition, welche zu Rahmenverschiebungen bzw. Entrahmungen führt, also nicht definierte Räume aufzeigt. Dabei kann eine solche Distanzierung, ein solches Entziehen des Subjekts nur im Sinne der Bartleby-Formel *I prefer not to* gedacht werden, die sowohl jedwede grammatische Sprachnorm als auch jedwede äußerliche Sinnzuschreibung subvertiert, in eine Zone der Ambiguität abgleiten lässt und jedwede Referenz aufhebt:

> On a remarqué que la formule, *I prefer not to*, n'était ni une affirmation ni une négation. Bartleby 'ne refuse pas, mais n'accepte pas non plus, il s'avance et se retire dans cette avancée, il s'expose un peu dans un léger retrait de la parole'. [...] [La formule] abolit le terme sur lequel elle porte, et qu'elle récuse, mais aussi l'autre terme qu'elle semblait préserver, et qui devient impossible. En fait, elle les rend indistincts: elle creuse une zone d'indiscernabilité, d'indétermination, qui ne cesse de croître entre des activités non-préférées et une activité préférable. Toute particularité, toute référence est abolie. [...] Peut-être est-ce elle qui creuse dans la langue une sorte de langue étrangère. [...] Il en est de même pour Bartleby, la règle serait dans cette logique de la préférence négative: négativisme au-delà de toute négation. (Deleuze 1993: 92 f.)

Hierbei fallen Subjekt und Objekt zusammen, verschmelzen, werden eins[39] und avancieren so zu Widerstandspunkten, die die Sprache und Vernunft an ihre Grenze führen, ins Stottern bringen und aufs Spiel setzen.[40] Bartlebys Formel des *I prefer not to* induziert eine Entsubjektivierung und ermöglicht dennoch zugleich sein Unvernehmen zu äußern.

---

[39] Deleuze (1975: 100): „I PREFER NOT TO est aussi un trait d'expression qui contamine tout, s'échappant de la forme linguistique, destituant le père de sa parole exemplaire, autant que le fils de sa possibilité de reproduire ou de copier. [...] En premier lieu, le *trait d'expression* informel s'oppose à l'image ou à la forme exprimée. En second lieu, il n'y a plus un sujet qui s'élève jusqu'à l'image, en réussissant ou en échouant. On dirait plutôt qu'une *zone d'indistinction, d'indiscernabilité, d'ambiguïté*, s'établit entre deux termes, comme s'ils avaient atteint le point qui précède immédiatement leur différenciation respective: non pas une similitude, mais un glissement, un voisinage extrême, une contiguïté absolue; non pas une filiation naturelle, mais une alliance contre-nature. [...] Ce n'est plus une question de Mimésis, mais de devenir: Achab n'imite pas la baleine, il devient Moby Dick, il passe dans la zone de voisinage où il ne peut plus se distinguer de Moby Dick, et se frappe lui-même en la frappant."

[40] Deleuze (1975: 105) resümiert dies prägnant in der Fußnote 14: „La comparaison, de Musil à Melville, porterait sur les quatre points suivants: la critique de la raison ('Principe de la raison insuffissante') la dénonciation de la psychologie ('ce grand trou qu'on appelle l'âme') la nouvelle logique ('l'autre état') la Zone hyperboréenne (le 'Possible')."

Biopoetik: Mésentente und Widerfahrnis

Ebenjenes Rancière'sche Unvernehmen erlaubt den Widerstand gegen die bereits beschriebenen biopolitischen und bioökonomischen Verwaltungsmechanismen des Lebens durch die Künste zu denken, ist es doch gerade die Ästhetik, die durch die Produktion einer spezifischen Materialität das Denken der Schwelle und einer Zone der Unbestimmtheit ermöglicht. Diese künstlerische Strategie der Infragestellung der Aufteilung des Sinnlichen soll im Anschluss an Borsò mit dem Begriff Bio-Poetik gefasst werden (vgl. Borsò 2010a: 235 f.).[41] Als Form der sinnlichen Erfahrung induziert diese Biopoetik eine ästhetische (Neu-)Einteilung des materiellen und des symbolischen Raums. Wie Rancière deutlich macht, wohnt der Aufteilung des Sinnlichen eine unmittelbar politische Bedeutung inne:

> J'appelle partage du sensible ce système d'évidences sensibles qui donne à voir en même temps l'existence d'un commun et les découpages qui y définissent les places et les parts respectives. Un partage du sensible fixe donc en même temps un commun partagé et des parts exclusives. Cette répartition des parts et des places se fonde sur un partage des espaces, des temps et des formes d'activité qui détermine la manière même dont un commun se prête à participation et dont les uns et les autres ont part à ce partage. (Rancière 2000: 12)

Als neue Praxis der Zeichen und Bilder vermag die Biopoetik gesellschaftliche Ein- und Ausschlussmechanismen sichtbar zu machen und als Widerstand und Sandkorn im Getriebe die Mechanismen der Verwaltung des Lebens offen zu legen. Dabei stehen Leben und Poetik, so betont Borsò bei ihrer Definition des Begriffs „Bio-Poetik" (Borsò 2010a: 229),

> nicht in einem akzidentiellen, sondern notwendigen Verhältnis zueinander [...]. [Denn] Literatur [generiert] ein Wissen über das Leben [...]. Dieses Wissen betrifft sowohl die Biopolitik, das heißt die sozialpolitischen, juristischen, kulturellen, ökonomischen und wissenschaftlichen Formen, die das Leben verwalten, als auch die Potentialität des Lebens zur ,Anarchie' gegenüber diesen Formen. (Borsò 2010a: 229)

Insofern verbindet Biopoetik bei seiner Infragestellung der Aufteilung des Sinnlichen also Wissensformen, Kommunikationsstrukturen und (Ent-)Subjektivierungsweisen. Wenn Borsò von der Potentialität des Lebens, hier verstanden im

---

[41] Zur Diskussion des Biopoetik-Begriffs in Italien vgl. u. a. Cometa (2011; 2013) und Pala (2011).

Sinne der Agamben'schen Formen des Lebens (*forme-di-vita*), und von Anarchie (*An*-archie) spricht, so weist sie dem Medium den Platz eines Schwellenraums zu. Dieser ermöglicht nicht nur die Unbestimmtheit der Form, sondern impliziert zudem, dass Medialität in primis als dispositivgebundene Erfahrung von Materialität verstanden werden muss, die den Blick bzw. die Wahrnehmung des Zuschauers und das Verhältnis von Medium und Wirklichkeit in ein produktives Spannungsverhältnis setzt, welches nicht zuletzt zu einer (Neu-)Verhandlung von Positionen (bzw. Identifikationsprozessen) beiträgt. Von daher ist es geradezu notwendig, ebenjene provozierende Unbestimmbarkeit der Form zu schaffen, die die Funktionsweise „der [biopolitischen] Maschine, wenn nicht zum Stoppen, so doch wenigstens zum Stottern bringt, also aufs Spiel setzt" (Borsò 2010b: 41), und das Medium mittels der „Umkehrung des Blickes" zur „Einlaßstelle des Subversiven" (Borsò 2010b: 40) und zu einem „immanente[n] Raum der Übergänge" (Borsò 2010b: 43) werden zu lassen. Rancières Unvernehmen wäre somit jene „Dialektik des ‚apolitisch politischen' Werks" (Rancière 2008a: 53), die als Form des gesellschaftlichen Widerstands den Film zu Bildern des Unbehagens und das Kino zu einer Denkfigur avancieren lässt. Denn „[d]as politische Potential des Werks ist seine radikale Trennung von den Formen der ästhetischen Ware und von der verwalteten Welt [...] [Es] ist die Reinheit des inneren Widerspruchs, der Dissonanz, durch die das Werk von einer nicht versöhnten Welt zeugt" (Rancière 2008a: 52).

Die Biopoetik steht dabei notwendigerweise im Zeichen eines „Widerfahrnis" (Waldenfels 2006: 53), d. h. von etwas, das ereignishaft „das vorhandene Sinnegewebe aufreißt" (Waldenfels 2006: 53), verstanden „als Beunruhigung, als Störung, als Getroffensein von etwas, das sich niemals dingfest und sinnfest machen lässt" (Waldenfels 2006: 54). Dabei ist es gerade das Widerfahrnis, das die Biopoetik zum Gegenstück dessen macht, was Pietro Montani mit dem Begriff Bioästhetik fasst. Hiermit bezeichnet er – in Anlehnung an das Benjamin'sche Konzept einer gefährlichen Ästhetisierung von Politik, mit dem dieser sein *Kunstwerk im Zeitalter der technischen Reproduzierbarkeit* schließt – eine Ästhetik, die im Dienste der Biomacht steht. Montani stellt fest

> che il modo in cui il sentimento estetico, inteso in senso fondativo, tende a iscriversi nel dispositivo tecnico globale consiste nel livellare, contrarre e canalizzare le prestazioni della sensibilità, indicando proprio in questa fondamentale an-estetizzazione uno dei fenomeni salienti del biopotere, che di quel dispositivo è dunque parte integrante: una vera e propria bioestetica. (Montani 2007: 92)

Wenn die systemstabilisierende Bioästhetik zwei grundsätzliche Anliegen verfolgt – zum einen das Schwinden des Gemeinsinns zu stimulieren, zum anderen die Manipulation und technische Verwaltung von sinnlicher Wahrnehmung im Sinne einer Kontingenzreduzierung[42] –, so muss die Biopoetik als ihr Gegenteil und als Ästhetik des Lebens folglich im Zeichen der Komplexitätssteigerung, der Differenzierung, der Ambivalenz, der Unbestimmtheit und der Öffnung stehen. Denn gegen die wahrnehmungssteuernden biopolitischen und gouvernementalen Mechanismen anzukämpfen und ihnen widerstehen zu wollen bzw. diese dem Zuschauer bewusst werden zu lassen, impliziert sowohl die Form (das Simulakrum) zum Realen zu öffnen als auch deren Bildstatus augenfällig werden zu lassen, zu vergegenwärtigen und das „naturalisierte" Bild zu dekonstruieren. Insofern wohnt der von Borsò als Bio-Poetik bezeichneten Ästhetik im Sinne von Montanis Intermedialitätsverständnis (vgl. Montani 2007: 109 ff.) eine „Ethik der Form" (vgl. Montani 2007: 109) inne.

Zusammenfassung des Kapitels

Die Machttechniken der Biopolitik sind durch eine Naturalisierung der Macht und durch eine autopoietische, gouvernementale Normalisierung gekennzeichnet, die im Zeichen von Selbstdisziplinierung und Ökonomisierung stehen. Die Trennlinie zwischen *bíos* und *zoé* ist nicht mehr nur allein ein gesellschaftliches „äußerliches" Phänomen, sondern verläuft innerhalb des Körpers eines jeden Einzelnen (Agamben). Somit avanciert jeder zu einer potentiellen Schwellenfigur. Eine Krise der Gouvernementalität kann nur durch transversalen Widerstand hervorgerufen werden, der sich aufgrund der (neo)liberalen und gouvernementalen Subjektivierung (das Individuum ist doppeltes *subiectum*: der Macht unterworfen *und* selbstermächtigt) nur in der Entsubjektivierung bzw. einer Suche nach neuen Formen von Subjektivität äußern kann und dazu bereit sein muss, die eigene Unbestimmtheit aufs Spiel zu setzen (Foucault). Innerhalb eines bioökonomischen und biokapitalistischen Kontexts sind Selbstpraktiken also an Praktiken der Entsubjektivierung rückgekoppelt. Im Sinne

---

[42] So schreibt Montani: „Compaiono qui numerose tecniche di concentrazione dell'*aisthesis* descrivibili essenzialmente in due modi: a) come riduzione del 'senso comune' (nell'accezione kantiana e arendtiana) a un *semplice giudizio dei sensi*, che tende non solo a farsi orientare e programmare in termini di gusto, ma anche a surrogare senza residui il giudizio politico; b) come manipolazione e amministrazione tecnica della sensibilità, volte a livellare e tendenzialmente a neutralizzare la sua esposizione al contingente impegnandola nella sistematica conversione del *sentimento* in *sensazione*." (Montani 2007: 93)

einer dekonstruktiven Umkehr und der *mésentente* (Rancière) lassen sie nämlich die Naturalisierung der Macht durch Devianz und das Mindere (Deleuze/Guattari) porös werden. Medien nehmen bei dieser Erzeugung von Dissonanz einen zentralen Stellenwert ein, erlauben doch ästhetische Strategien, Dissonanzen abzubilden und den naturalisierten, systemstabilisierenden Sinn zu subvertieren (Bio-Poetik nach Borsò). Daher ist der Biopoetik eine Ethik der Form inhärent.

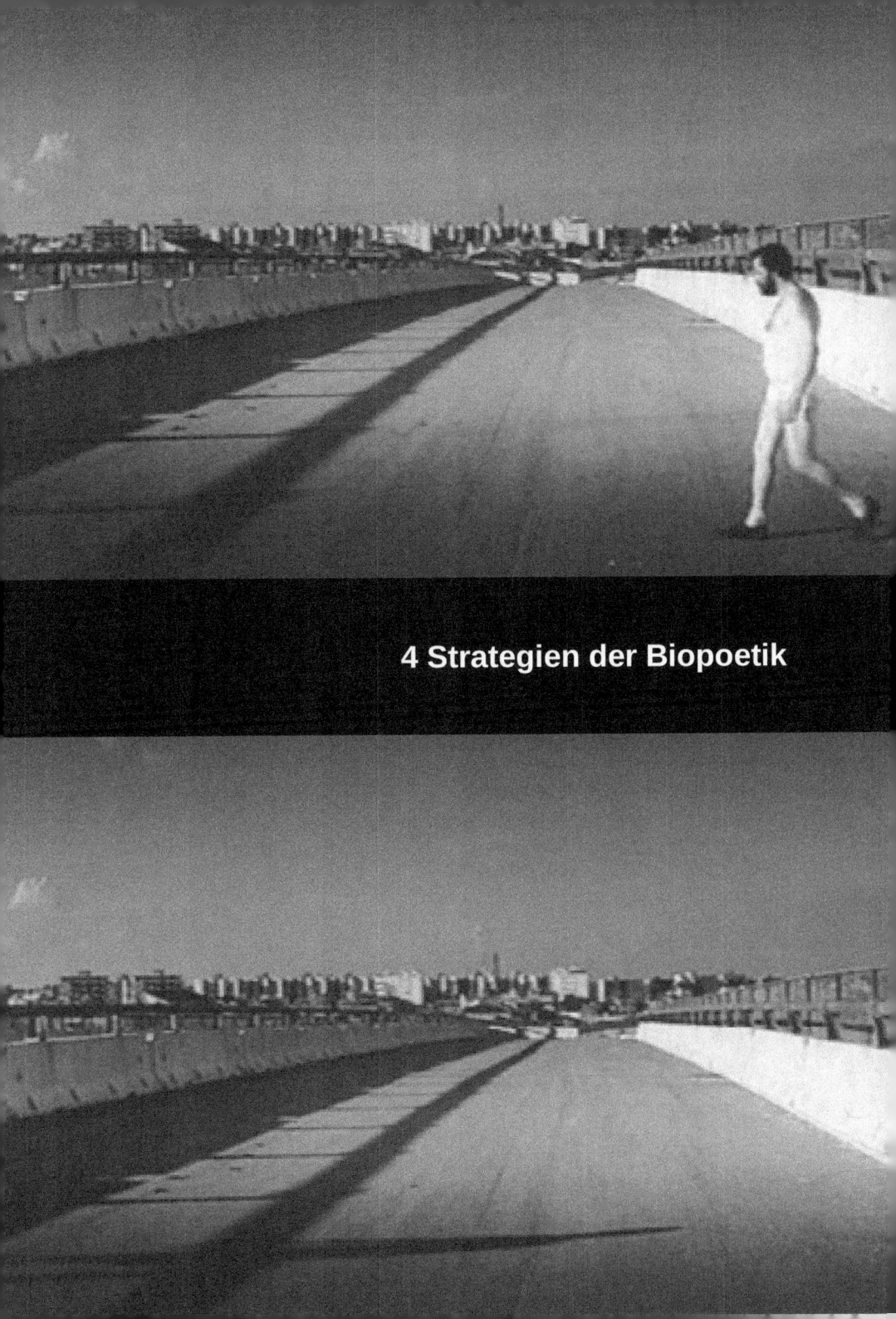

Mediale Gouvernementalität

Als Machtform entspricht Gouvernementalität, wie eingangs ausgeführt, sich reproduzierenden, informellen Formen des Regierens (vgl. Bröckling et al. 2000: 29), die „das ‚strategische Feld beweglicher, veränderbarer und reversibler Machtverhältnisse' [bilden], in dessen Innersten sich die Typen der Verhaltensführung oder der ‚Führung des Verhaltens' einrichten" (Sennelart 2004: 484). Gouvernementalität schafft demzufolge eine spezifische Form von gesellschaftlicher Gemeinschaft bzw. gemeinschaftlichem Verhalten, indem sie Machtstrategien anhand von informellen Praktiken auf die Subjektebene herunterdekliniert, welche in der Folge verinnerlicht werden und in die individualisierenden Selbsttechnologien einfließen. Kurz: Sie bewegt Individuen zu einem bestimmten Handeln und besetzt ihren Körper und ihr Denken politisch.

Ausgehend von Foucaults Regierungs- und Machtbegriff stellt Timo Skrandies Überlegungen zu einer Theorie der medialen Gouvernementalität an (vgl. Skrandies 2014). Zu Recht weist Skrandies auf einen in diesem Zusammenhang problematischen Medienbegriff hin, den er jedoch anhand von fünf Punkten auffächert und näher bestimmt. Medien sind diesbezüglich weniger als Apparatur, sondern vielmehr als „Effekte und Verdichtungen von zuvor offenen Möglichkeitsfeldern des Handelns" (Skrandies 2014: 296) zu verstehen, welche sich zu „erfahrbaren und wahrnehmbaren Handlungsformen und technologischen Praxen auf der Basis einer spezifischen Materialität [verfestigen]" (Skrandies 2014: 297) und sich in „verdichteten ästhetischen Erfahrungen, politisch-gouvernementalen Verhaltensweisen und kommunikativen Beziehungen" (Skrandies 2014: 297) äußern. In ihnen verbinden sich Macht-, Kommunikations- und Medienbeziehungen, die jedoch aufgrund ihrer ständigen Veränderbarkeit stets neu ausgehandelt werden (vgl. Skrandies 2014: 297). Insofern unterliegt auch die Art und Weise des Regiertwerdens, wie sie sich in der Mediennutzung als modernem Subjektivierungsmodus niederschlägt, einer ständigen Modifikation. Sie stellt somit eine spezifische Art der Beziehung her, die zum einen durch die diskursiven Qualitäten der Medien (Inhalte) und zum anderen durch das mediale Dispositiv selbst gekennzeichnet ist (vgl. Skrandies 2014: 298). Letzteres beeinflusst die Art der Beziehung, die wir zu den Medien unterhalten, produzieren diese doch eine irreduzible „Zäsur im Anthropologischen" (Skrandies 2014: 299), die „die Frage *nach* dem Ort des Menschen" (Tholen, zit. nach Skrandies 2014: 299) an die Frage nach den Kommunikationsbedingungen und -möglichkeiten rückkoppelt. Medialität, so Skrandies abschließend, müsse insofern im Sinne von „Mit-Teilbarkeit" gedacht werden, als „Eröffnungsbewegung des Phänomenalen und des Imaginären", innerhalb der Regierung bzw. mediale Gouvernementalität erfolgt (Skrandies 2014: 300).

„Medialität ist eine Matrix politischer Realität und stellt insofern schon ein Wie des Regierens zur Hervorbringung von Subjekten dar." (Skrandies 2014: 295) Dieses Wie ist in den Bildwissenschaften oft thematisiert worden. Tom Holert etwa fasst dies mit den Begriffen „Bildpolitiken" (Holert 2008: z. B. 93) oder „Politik des Visuellen" (Holert 2008: 17), wenn er die massenmedialen und inszenatorischen Strategien dieses „Regierens im Bildraum" (Holert 2008) treffend im Hinblick auf eine biopolitische Normalisierung und Wahrnehmungssteuerung analysiert.

Letztere bedienen sich der „sinnbildende[n] Materialität von Medien" (Srubar 2007: 299), ihrer immunisierenden diskursiven Sinnkonstitution und -selektion (vgl. Srubar 2007: 286, 293). Ebenjene umfassende „Macht der Semiosis" (Srubar 2007: 283) wurde von Seiten verschiedener italienischer Kritiker als „totalitär" bezeichnet (vgl. z. B. Calabrese 1998; Bartezzaghi 2011; Flores d'Arcais 2011; Seraphicus 2011; Solla 2011). Dieser scharfzüngig geäußerte Totalitätsverdacht schreibt sich in eine geistesgeschichtlich-medientheoretische Linie ein, deren ausgewählte Stationen beispielsweise von der Frankfurter Schule, von Marcuse über Habermas und Baudrillard bis hin zu den aktuellen Positionen der Gouvernementalitätsstudien reichen (vgl. z. B. Srubar 2007). Mediale Gouvernementalität fungiert in diesem Zusammenhang als Immunisierung, durch die „der öffentliche Raum mit einer Sinnstruktur belegt wird, die die Formulierung alternativer Sinnentwürfe" (Srubar 2007: 293) zu unterbinden versucht, wobei „die zur Verfügung stehenden Mittel der Semantikbildung, der medialen Wirklichkeitskonstruktion sowie der strukturellen Kommunikationskonditionierung [aktiviert werden]" (Srubar 2007: 293).

Entunterwerfung

Um die Strategien der Biopoetik von Daniele Ciprì und Franco Maresco zu betrachten, soll an Skrandies' Überlegungen zur medialen Gouvernementalität und den von ihm gewählten Medienbegriff[43] angeschlossen werden. Dabei schreibt sich ihre Kritik an der medialen Gouvernementalität jedoch in eine negative Medientheorie ein, denn die „medialen Reflexionen" der beiden Palermitaner „spalten das Medium, wenden es gegen sich selbst, verstricken es in Widersprüche, um die medialen Dispositive, die Strukturen der Narrativität und Sichtbarmachung zu de-

---

[43] Eine Übersicht zur Vielschichtigkeit des Medienbegriffs bietet z. B. Mersch (2006).

maskieren" (Mersch 2006: 227). Sie versuchen, „die Immanenz des Medialen aus seiner Immanenz" (Mersch 2006: 227) her zu sprengen. Die ciprimareskianische Biopoetik ist somit an eine mediale Emergenz (vgl. Mersch 2002a und 2002b) und Kritik geknüpft, die als Praxis und „Politik einer Entunterwerfung (*desubjugation*)" (Butler 2009: 224 f.) zu verstehen ist. Die kritische Haltung, in der Butler mit und bei Foucault die eigentliche Tugend erkennt, ist „ein Akt [des Nicht-regiert-werden-Wollens], der sich den Vorgehensweisen der Macht im Moment ihrer Erneuerung entgegenstellt und sie herausfordert" (Butler 2009: 234).[44] Wie Foucault selbst, mit Verweis auf Kants Aufklärungsbegriff, unterstreicht, bedeutet „Nicht regiert werden wollen", aus der eigenen Unmündigkeit herauszutreten. Kritik ist somit

> le mouvement par lequel le sujet se donne le droit d'interroger la vérité sur ses effets de pouvoir et le pouvoir sur ses discours de vérité; eh bien! la critique, cela sera l'art de l'inservitude volontaire, celui de l'indocilité réfléchie. La critique aurait essentiellement pour fonction le désassujettissement dans le jeu de ce qu'on pourrait appeler, d'un mot, la politique de la vérité. (Foucault 1990: 39)

Ciprì und Maresco sind unfügsam. Ihre – im Sinne Foucaults verstandene – Kritik kulminiert dabei in ihrem Bestreben, eine Krise der Gouvernementalität herbeizuführen und augenfällig werden zu lassen, nicht zuletzt, um so biopolitische und gouvernementale Mechanismen offenzulegen. Die Radikalität von Daniele Ciprì und Franco Maresco entspricht dabei einer „Ethik der Form" (vgl. Montani 2007: 109), denn sie dekonstruieren die Subjektivierungs- und Identifikationstechniken bis hin zur Zerstörung der Person. Ihre Entunterwerfung rechnet diesbezüglich auch mit unserer zeitgenössischen, technisierten westlichen Gesellschaft ab, deren Entwicklungen in Italien der Berlusconismus, aber nicht nur dieser, exemplarisch und besonders anschaulich vor Augen führt. Wenn wir uns also in den folgenden Abschnitten der Konstruktion der Biomacht durch das Imaginäre

---

[44] Butler führt hierzu aus: „Man könnte auch sagen, das Subjekt ist gezwungen, sich in Praktiken zu formen, die mehr oder weniger schon da sind. Vollzieht sich diese Selbst-Bildung jedoch im Ungehorsam gegenüber den Prinzipien, von denen man geformt ist, wird Tugend jene Praxis, durch welche das Selbst sich in der Entunterwerfung bildet, was bedeutet, dass es seine Deformation als Subjekt riskiert und jene ontologische unsichere Position einnimmt, die von Neuem die Frage aufwirft: Wer wird hier Subjekt sein, und was wird als Leben erzählt? Ein Moment des ethischen Fragens, welcher erfordert, dass wir mit den Gewohnheiten des Urteilens zugunsten einer riskanteren Praxis brechen, die versucht, den Zwängen eine künstlerische Leistung abzugewinnen?" (Butler 2009: 246)

(Kapitel 4.1), der vor allem dem Fernsehen geltenden Medienkritik (Kapitel 4.2), der Inszenierung von als deviant wahrgenommenen Körpern (Kapitel 4.3) und bildästhetischen Problemen (Kapitel 4.4) zuwenden, so geschieht dies im italienischen Kontext vor genau der Verschränkung von medialer Gouvernementalität und Berlusconismus als Formen des Regierens – die es zudem erschweren, einige der obigen thematischen Aspekte trennscharf voneinander abzugrenzen. Auch wenn der Blick im Folgenden auf Italien liegt, so darf dies nicht darüber hinweg täuschen, dass das Belpaese hier stellvertretend auf problematische Tendenzen des westlichen Modells verweist.

Hinsichtlich der biopolitischen Relevanz der Medien im Sinne einer Regelung und Transformation der Spannung von Regieren und Regiertwerden soll in den folgenden Kapiteln die These verfolgt werden, dass das Schaffen von Ciprì und Maresco die Normalisierungstendenzen der medialen Gouvernementalität und so den massenmedial induzierten Verlust von *agency* sichtbar macht. Diese Entschleierung wahrnehmungsleitender Diskurskonformationen macht die ciprimareskianische Biopoetik zur Praktik der Entunterwerfung und des Wahrsprechens, der *parrhesía* – erweist sich Letztere doch als „la trincea della dicibilità del vero, privilegiando la parola di un logos refrattario e liberato [...] da ogni ‚susseguirsi di processi di assoggettamento'" (Vaccaro 2007: 143).[45]

---

[45] Zu Foucaults Auseinandersetzung mit der Parrhesia vgl. Gehring/Gelhard (2012); zur Frage der visuellen Parrhesia vgl. Jay (2007).

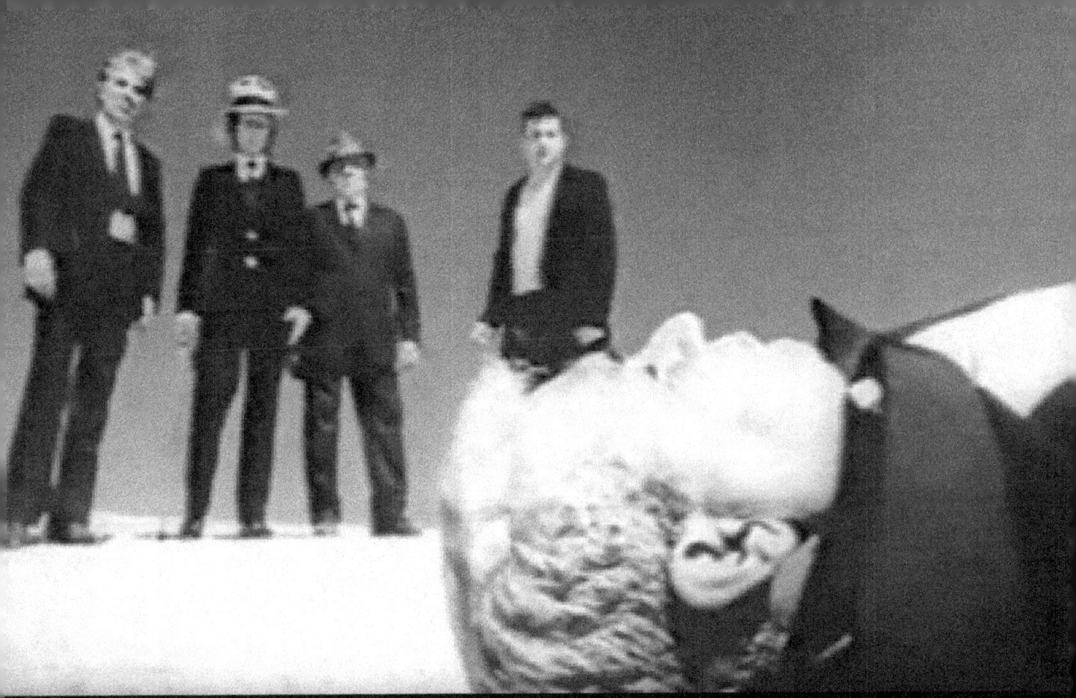

4.1 Italia quo vadis?

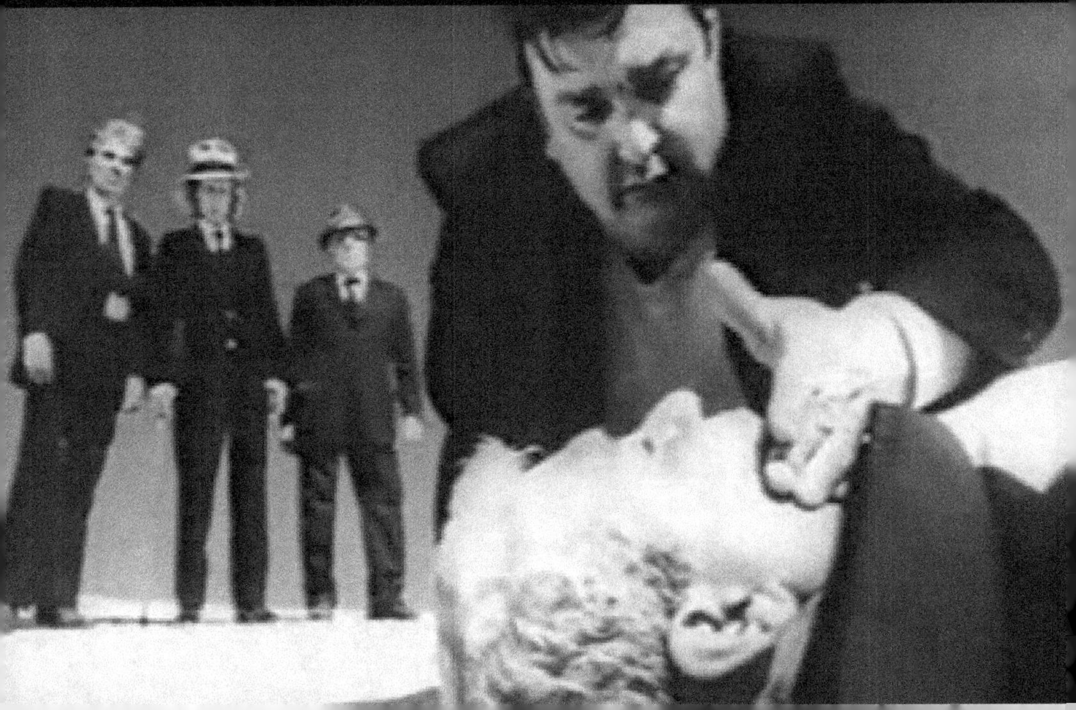

Italia quo vadis?

> Italien ohne Sizilien macht gar kein Bild in der Seele: hier ist erst der Schlüssel zu allem.
> *Johann Wolfgang von Goethe* (Goethe 1989: 328)

> L'Italia [...] non sta vivendo altro che un processo di adattamento alla propria degradazione, da cui cerca di liberarsi soltanto nominalmente.
> *Pier Paolo Pasolini* (Pasolini 1999a: 603)

Italien sei im Begriff, so das hier voranstehende Zitat Pasolinis, sich mit seinem eigenen Verfall abzufinden und versuche lediglich mit bloßen Lippenbekenntnissen, sich davon zu befreien. Diese Einschätzung deckt sich mit dem Empfinden vieler Italiener, auch heute. Pasolini, der zweifelsohne zu den Vorbildern von Ciprì und Maresco zählt, kritisiert das gutbürgerliche Italien seiner Zeit, welches er für den kulturell-moralischen Verfall und die Hypokrisie verantwortlich macht. Das kritische Bild, das die beiden sizilianischen Regisseure von der zeitgenössischen italienischen Gesellschaft zeichnen, aktualisiert Pasolinis Gesellschafts- und Medienkritik und stellt, wie später zu zeigen sein wird, zugleich eine Denkfigur gegen ihn dar.

Italia quo vadis? Fragt man Ciprì und Maresco danach, in welche Richtung sich Italien entwickele, so sollte man darauf gefasst sein, keine beschönigenden Antworten zu erhalten: „Penso che sarebbe un'espressione volgare: nella merda totale" (vgl. Kap. 6.3). Sizilien dient in diesem Zusammenhang ebenso als Spiegel gesamtgesellschaftlicher Entwicklungen wie gouvernementaler Mechanismen, über welche soziopolitische Einflussnahme erfolgt. In ihrer Auseinandersetzung mit dem kollektiven, ubiquitären Imaginären machen die beiden Gegenwartsdiagnostiker die Faktoren und Akteure jener Einflussnahme aus, die sie in der politischen Klasse, der organisierten Kriminalität, der Kirche und den Medien, aber auch in der gegenseitigen Verschränkung bzw. Kollusion dieser Sphären erkennen.[46] Anstatt diese einfach nur zu denunzieren und auf die Anklagebank zu verbannen, setzen die Regisseure auf eine weitaus wirkungsvollere Strategie: Mittels der Parodisierung

---

[46] Der Einfluss der Kirche kann nur teilweise angesprochen werden, wenn von ihrer Verflechtung mit der Politik und der Mafia die Rede sein wird. Ciprìs und Marescos Auseinandersetzung mit der Religion wurde bereits kurz im zweiten Kapitel erwähnt und soll daher hier ausgespart bleiben. Zweifelsohne sind alle vier Aspekte für die italienische Kultur grundlegend. Der begrenzte Umfang der vorliegenden Arbeit und die Konzentration auf das Werk der beiden Regisseure machen es jedoch unmöglich, sich diesen eingehend zu widmen. Vielmehr soll hier lediglich ein Rahmen gegeben werden, der erlaubt, diese Phänomene einzuordnen.

entmystifizieren sie diese und nehmen ihnen so ihre Kraft. Dabei legen Ciprì und Maresco verschiedene Einflüsse auf das kollektive Imaginäre und ebenso dessen Instrumentalisierung offen.

Im Zuge dessen setzen sie sich auch mit dem simplizistischen Bild auseinander, das man von Palermo, Sizilien oder Süditalien gemeinhin hat. Wenn es sich nicht um malerisch-unberührte Traumlandschaften oder ein ländlich-pastorales Idyll handelt, dann ist Sizilien diesen Vorstellungen zufolge von einer quasi ontologischen, kulturell-technischen Rückständigkeit geprägt oder steht im steten Kugelhagel einer gewalttätigen und blutrünstigen Mafia. Und was hier für Sizilien gilt, darf in den Augen des Auslands gleich für ganz Italien gelten, da Bestseller und Massenmedien ihr Übriges tun. Wie geht man also mit einem derartigen Repertoire klischeehafter Vorstellungen um? Der zweifellos effektivste Weg ist, sie als kulturelle Konstrukte offenzulegen. Den historischen Hintergrund, vor dem sich die beiden Regisseure bewegen, bringt Paul Ginsborg konzis auf den Punkt, wenn er in seiner aufschlussreichen Schrift *Salviamo l'Italia* auf die Frage, vor welchen Gefahren Italien gerettet werden müsse, antwortet: vor einer zu starken Kirche in einem zu schwachen Staat, vor der Ubiquität des Klientelismus, vor einer totalitären Tendenz und vor der schwachen Linken (vgl. Ginsborg 2010: 85). Diesen Aspekten begegnen wir direkt sowie indirekt auch bei Ciprì und Maresco.

Auf einen zu schwachen Staat und auf ein schwach ausgeprägtes Nationalgefühl machen uns die beiden Palermitaner durch ihre Parodie des rassistischen Diskurses der Lega Nord aufmerksam. Angesichts der inneritalienischen Spannungen und Sezessionsbestrebungen führen sie polemisch vor Augen, dass es sich im Falle des *meridione* um die Figur des subalternen Südens handelt. Aus ihrer radikalen Analyse des Diskurses der Lega, der die Sizilianer als „Untermenschen" in die Nähe zu den Juden im Dritten Reich stellt, geht das Bild einer zur Katastrophe gewordenen Biomacht hervor (vgl. Kap. 4.1.1).

Im Reigen der Klischees darf die Cosa Nostra natürlich nicht fehlen, denn was wäre Sizilien ohne sie? Auf der von unserer Vorstellungskraft gezeichneten Landkarte wäre es wahrscheinlich nur ein weißer Fleck. Doch ebenso mehrdimensional wie das kulturelle Phänomen Cosa Nostra in Wirklichkeit ist, ist auch Ciprìs und Marescos Auseinandersetzung mit den Strategien ihrer Darstellung. Hierzu zählt nicht nur die Entmystifizierung kollektiver Traumata, sondern auch die Enthüllung von Versuchen, sich gezielt der medialen Repräsentation zu bedienen, um das Wesen der Mafia zu verschleiern und von ihren Aktivitäten abzulenken. Das Frappierende an der Darstellung der Cosa Nostra bei Ciprì und Maresco ist weniger die ridikülisierende Respektlosigkeit, sondern eher die aufscheinende Tragweite des Phänomens selbst, d. h. inwiefern und wie sehr es in der Gesellschaft verankert ist und Rückhalt findet (vgl. Kap. 4.1.2).

Der dritte, im Folgenden zu behandelnde Aspekt ist der ehemalige italienische Ministerpräsident Silvio Berlusconi und der Berlusconismus als kulturelles Phänomen, welches das Imaginäre des Belpaese besetzt. Gekennzeichnet durch eine fundamentale Reduzierung von Komplexität, die sich mittels eines auf Slogans reduzierten Weltbildes und der Vereinnahmung von Sprache und Medien äußert, sind die transportierten, bildhaften Inhalte für jedermann leicht verständlich (vgl. Kap. 4.1.3). Der Normalisierungsdiskurs der Medien wird im sich anschließenden Kapitel 4.2 dargestellt.

Ob es sich im Fall von Ciprì und Maresco dabei um einen profunden Kulturpessimismus handelt oder aber um ein waches Auge, muss der Leser selbst beantworten. Hinsichtlich ihrer Analyse zeichnet sich jedoch ab, dass der eingangs zitierte Pasolini Recht behalten dürfte.

4.1.1 Subalterner Süden

„Bossi parla come un ubriaco al bar."
Silvio Berlusconi (Gomez/Travaglio 2009: 27)

Im Volksmund heißt es, Symbole seien nützlich, solange sie funktionierten (vgl. auch Belpoliti 2012: 50). Ende der achtziger Jahre vollzieht sich in Italien ein Wandel in der politischen Kommunikation, der mit dem Machtvakuum im Jahr 1992 neuen Akteuren den Weg ebnet. Leitfigur dieser neuen Bewegung, der Lega Nord, ist Umberto Bossi, dessen Kommunikationsmodell Berlusconi später nachahmen und transformieren wird (vgl. Rumiz 2001: 21 f.; Dematteo 2012: 247). Die aggressive Rhetorik, die populistische Neigung und die Erfindung eines dem politischen Programm entsprechendem Imaginären, das sich als Simulakrum langsam in Wirklichkeit wandelt (vgl. Dematteo 2012: 241; Belpoliti 2012: 48 f.), markieren den Übergang zu einer neuen Form von politischer Kommunikation, welche die *Seconda Repubblica* prägen wird.

Ciprì und Maresco sind aufmerksame Beobachter des soziopolitischen Zeitgeschehens. Schnell erkennen sie, dass bestimmte Positionen plötzlich salonfähig werden, wie Bossis aggressiv formulierte Sezessionsbestrebungen, die einem imaginierten Norden einen stereotypisierten Süden entgegenstellen, und die mit einer Wiederbelebung der nie aufgearbeiteten, sondern stets schwelenden *Questione meridionale* einhergehen. Den damit verbundenen expliziten Rassismus enttarnen Ciprì und Maresco als Form der Biopolitik (vgl. z. B. Foucault 1977: 163 ff.; Foucault 1999a: 290 ff.; Lemke 2004).

Sie nehmen die von der Lega Nord in ihrer rassistischen Haltung aktualisierte Idee des subalternen Südens auf und persiflieren diese, wenn sie mit stereotypen Zuschreibungen spielen.

Der Vorzug ihrer satirischen Auseinandersetzung mit den Diskursen der Lega Nord und der Selbstinszenierung Umberto Bossis liegt in der Verlachung von dessen Kommunikationsstil. Lynda Dematteo bemerkt zu recht, dass dieser einer Art karnevalesker Umkehrriten entspricht, die der Lega erlaubt hätten, transgressiv aufzutreten, sich als populistisches Sprachrohr zu inszenieren, aber in ihrer eigentlichen Gefährlichkeit unterschätzt zu werden, gerade weil man sie in ihrer Inszenierung als grobschlächtige Fanatiker nicht ernsthaft als realistische politische Alternative in Betracht ziehen könne (vgl. Dematteo 2012: 242 ff.). Dieser transgressive Kommunikationsstil, bei dem „il leader della Lega è il buffone che gli italiani condannano approvando tacitamente le sue provocazioni" (Dematteo 2012: 244) und der durch sein Spiel mit faschistischen Symbolen seinen Anhängern erlaube, „di comportarsi da fascisti senza esserlo davvero" (Dematteo 2012: 244), entspricht einer Parodie, die so wirksam ist, gerade weil sie keinen Gegenangriff erlaubt (vgl. Dematteo 2012: 245).

Ciprì und Maresco gehörten zu den Ersten, die dies begriffen. Dies zeigen sie 1992 in *Cinico Tv*. Ihre Provokation liegt dabei in der Imitation und Überspitzung dieser Diskurse, indem sie die Antwort eines Südens formulieren, der mit den Positionen der Lega konform geht. Dabei steht das von ihnen inszenierte Sizilien im Zeichen der Randständigkeit und Selbststigmatisierung. So wenn sie beispielsweise in ihren Parodien der mit der Mitleidsmasche spielenden Fernsehwerbespots karitativer Institutionen appellieren „Adotta anche tu un siciliano!", ein paar Figuren triste dreinblicken lassen, die Sizilianer in eine Reihe mit hungernden Waisen aus der Dritten Welt oder herrenlosen Tieren aus dem Tierheim stellen und sie so zu hilfsbedürftigen Aussätzigen stilisieren.

Dass Ciprì und Maresco aber auch schärfere, polemischere Töne beherrschen, zeigen sie andernorts in *Cinico Tv*, wenn sie klar das paramilitärische Gebaren der Lega persiflieren und die als subalterne „Untermenschen" gehandelten Sizilianer in die Nähe zu den Juden im Dritten Reich rücken. Die Spots aus dem Jahr 1992 greifen klar den Rassismus der Lega gegen die Süditaliener auf, der im Grunde schon mit der massiven Binnenmigration im Zuge des Wirtschaftsbooms in den sechziger

Jahren und den daraus resultierenden Überfremdungsängsten aufkommt und sich inzwischen zu einem beträchtlichen Teil auf Einwanderer aus Schwellen- und Entwicklungsländern verlagert hat. Ihre *mise en abyme* des rassistischen Diskurses der Lega tritt in besonderem Maße in den Episoden *Viva Umberto* und *Stalag* zutage.

Viva Umberto

Viva Umberto eröffnet mit einer mittleren Einstellung. Auf der Mauer hinter den drei, unter einem Bettlaken versteckten Personen, stehen Sprüche wie „Umberto ti aspettiamo" mit einem Pfeil auf Sizilien versehen, oder auch „Viva Umberto siamo legati" – ein Wortspiel, das sich als „wir sind Mitglieder der Lega", als „wir sind festgebunden" und als „wir sind emotional gebunden" verstehen lässt. Umberto Bossi selbst ist als Ritter mit Schwert dargestellt; was nicht zuletzt eine Parodie des legistischen Symbols von Alberto da Giussano ist, einer legendären Figur aus dem 12. Jahrhundert, dem Anführer der Lombarden in der Schlacht von Legnano gegen den Kaiser Barbarossa und das Heilige Römische Reich Deutscher Nation. Eine der Personen gibt ein irres Lachen von sich und imitiert Furzgeräusche. Auf die Frage der Off-Stimme hin, warum sie denn mit einem Bettlaken bedeckt seien, antwortet eine der Personen: aus Scham, denn sie seien die einzigen drei Süditaliener, die den Kampf der Lombardischen Lega unterstützten, einen Kampf, für den sie selbst ihr Leben aufs Spiel setzen würden. Sie fordern, dass der Kommandant Bossi ruhigen Gewissens nach Sizilien kommen könne, um für die Sache der Lega Lombarda zu kämpfen. Auf die Frage nach dem Unterschied zwischen Nord- und Süditalienern, erklärt die Figur:

> Noi meridionali siamo, come vede, piccoli, bruttini, anche le donne hanno i mustacci sotto il naso, alcuni pellettini. Mentre i settentrionali hanno la mente più sveglia di noi, sono decisi in tutti i sensi. […] I meridionali fanno schifo, mentre i nordici sono una razza pura come i tedeschi.

Weiter erklärt sie, General Bossi könne die *Questione meridionale* bzw. das Problem des Südens für Gesamtitalien, nur lösen, indem er Sizilien mit einem unter Hochspannung stehenden Stacheldraht umzäunen lasse, so dass alle Sizilianer, die fliehen wollen, entweder abgeschreckt werden oder dort ihr Leben lassen.

Die Episode endet mit dem Lied „O mia bella Madonnina che brilli da lontano tutta d'oro e piccolina, tu domini Milano" von Giovanni D'Anzi, in dem die Madonna über Mailand strahlt und die Lombardei als gastfreundlich und aufnahmebereit für Migranten stilisiert wird. Die besungene Madonnenfigur spielt dabei augenzwinkernd auch auf die von Umberto Bossi getragene Halskette an (vgl. Belpoliti 2012: insb. 58), die auf der damals in den Medien kursierenden Fotografie oft zu sehen war und mit der sich Bossi in Unterhemd und Badehose als politischer Rebell inszenierte, dabei im Grunde genommen aber, so Belpoliti, lediglich einem „vitellone postfelliniano" (Belpoliti 2012: 22) entspreche.

Wie bereits herausgestellt, kommt die hier vorgenommene parodierende Invokation Bossis als „uomo della Provvidenza" (Rumiz 2001: 21) einer derisorischen Entkräftung gleich. Ciprì und Maresco schlagen die Lega mit ihrem eigenen symbolischen Kapital, indem sie sich gerade nicht über den Populismus Bossis, die legistische Xenophobie und die Degradierung eines rhetorisch als minderwertig und subaltern stilisierten Süditaliens echauffieren, sondern diese spielerisch-affirmierend aufs Korn nehmen und der Lega so keine Angriffsfläche bieten.

Dabei mokieren sie sich über die von der Lega durch Mythen und Symbole konstruierte und klar abgrenzende imaginäre Gemeinschaft (vgl. Anderson 2005; Diamanti 1995 und 1996; Rumiz 2001; Biorcio 2010; Dematteo 2012; Aime 2012; Belpoliti 2012): eine als „rein" verstandene „nuova razza padana" (Rumiz 2001: 12). Ihre Stilisierung Bossis zum General unterstreichen dessen aggressive, sloganartige Sprüche gegen den italienischen Staat, die nicht nur in Angriffen auf die italienische Nationalflagge („Bruciare il tricolore", „Mettere il tricolore nel cesso") oder auf die Zentralregierung in Rom („Roma ladrona, la Lega non perdona", „Glielo metteremo nel culo") erkennbar werden, sondern ebenso in einer paramilitärischen Befreiungsrhetorik, die Bossi in die Nähe zu Mussolini stellt (vgl. Belpoliti 2012):

> La libertà non si può più conquistare in Parlamento, ma con uomini lanciati in una lotta di liberazione. Senza la devoluzione, da qui possono partire ordini di attacco dal Nord. Io sono certo di avere dieci milioni di lombardi e veneti pronti a lottare per la libertà. (Bossi, zit. nach Gomez/Travaglio 2009: 24)

> A Roma pensano: al Nord sono un po' pirla. Parlano ma poi pagano, quindi non diamogli niente. E finora gli è andata bene. Noi padani pagavamo e non abbiamo mai tirato fuori il fucile, ma c'è sempre una prima volta. (Bossi, zit. nach Gomez/Travaglio 2009: 24)

Ihre Forderungen nach politischer Autonomie fußen maßgeblich auf der Wirtschaftsstärke der Region und entsprechend auf der Ablehnung sowohl von Transferzahlungen an den wirtschaftlich schwächeren Süden als auch der für ein „Mehr an Staat" stehenden Linken. Auch in anderen Teilen Italiens hat politische Unzufriedenheit zur Aufwertung eines lokalen, kollektiven Imaginären und zu dessen Instrumentalisierung geführt. Insofern hat sich Italien in den letzten zwanzig Jahren ein Stück weit *lega*lisiert; dies belegt die im Zuge der 150-Jahr-Feier Italiens wiederentflammte Föderalismusdebatte, welche die *Questione meridionale*, die zugleich auch eine *Questione settentrionale* ist, im Gewand eines Steuerföderalismus und der Unterbindung von Transferzahlungen an schwächere Regionen aufgreift.

Diese kulturellen Transformationsprozesse und die Erstarkung bzw. „Rückbesinnung" auf das Lokale – oder dessen Erfindung eines kollektiven Imaginären, von Mythen und Ritualen – sind Glokalisierungsphänomene, die im Gegensatz zu wirtschaftlichen und kulturellen Homologationsprozessen Ankerpunkte für eine sich entziehende Identität bilden (vgl. Rumiz 2001: 5–25). Entsprechend baut das – psychologisch entlastende, da kontingenzreduzierende – kreierte Weltbild auf binären, polarisierenden Dichotomien auf.

Der dabei wiederbelebte Rassismus schreibt sich in die Diskurstradition der *Questione meridionale* ein. Dass Süditalien als subaltern und seine Bewohner als *terroni* (vgl. Aprile 2010) betrachtet wurden, zeigt schon Antonio Gramsci in *Alcuni temi della quistione meridionale* aus dem Jahr 1935, wo er die Beziehung von Nord- und Süditalien ab der Einigung 1861 analysiert (vgl. Gramsci 1970). Dabei bemerkt er, dass der Süden von seinen Zeitgenossen als „arretratezza frenante" oder auch als „palla di piombo che impedisce i più rapidi progressi allo sviluppo civile dell'Italia" wahrgenommen wird (Gramsci, zit. nach Curti 2006: 22 ff.). Die in *Viva Umberto* selbstdegradierende Beschreibung des Sizilianers als hässlich und minderwertig sowie die Deklarierung der Norditaliener zur überlegenen Rasse, greifen rassische Klischees auf, welche die Süditaliener als „biologicamente degli esseri inferiori, dei semibarbari o dei barbari completi", „poltroni incapaci, criminali, barbari" (Gramsci, zit. nach Curti 2006: 22 ff.) verstehen – Urteile, die während des Imperialismus von den Europäern auch für die Eingeborenen in den Kolonien verwendet wurden und die heute die Einwanderer etikettieren, wie Lidia Curti in Anlehnung an Edward Saids Orientalismus und die hegemonische Sicht des Abendlandes präzisiert (vgl. Curti 2006). Zugleich legt es aber auch offen, dass „i leghisti trasformano i loro complessi in ‚segni dell'aristocrazia nordista': sentendosi disprezzati, disprezzano a loro volta" (Belpoliti 2012: 76). In dieser Logik ist das systematisch zu einer beunruhigenden Alterität reduzierte Süditalien (vgl. Bevilacqua 1993: XII) Teil der imaginären Peripherie. Es zeigt, dass rassistische Positionen und Sezessionsforderungen wie die der Lega durch einen „Umbau der Erinnerungskultur" (Mattioli 2010: 146) salonfähig geworden sind.

Sizilien als Stalag

Ciprì und Maresco unterstreichen dies in der Episode *Stalag*, die an *Viva Umberto* anzuknüpfen scheint und die paramilitären Anklänge des legistischen Rassismus verdeutlicht. Parallelen zum Faschismus sind ganz offensichtlich gewollt. Doch schon die melancholische Melodie, die die Szene einleitet, eröffnet einen weiteren, zweiten Deutungshorizont, nämlich den einer Persiflage auf die wuchernden, kommerziell erfolgreichen Geschichtsmelodramen zum Faschismus und Dritten Reich, denen sie mit bewusster Geschmacklosigkeit beikommen.

In der besagten Episode befinden sich drei Personen hinter einem Stacheldraht, davor steht ein Mann mit Hitlerbart und einem Knüppel in der Hand. Er spricht mit diktatorischer Kadenz, kurz, laut und aggressiv; dabei imitiert er den deutschen Akzent und hängt an alle Wörter die Endung „-en" an.

„È risaputo che l'Italia fosse un paese lieto e felice se non ci fossero i siciliani", richtet sich die schon bekannte Off-Stimme an den Kommandanten, der erklärt, dass das mit Stacheldraht eingezäunte Straflager ein kleines Konzentrationslager sei, das die Sizilianer selbst erbaut haben, um ihre Schuld zu sühnen – die einzig und allein darin besteht, Sizilianer und als solcher nichts wert zu sein: „E infatti i siciliani hanno preso coscienza di essere lordi, fettenti e schifossissimi." Der Gefangene werde, so der Stalagleiter weiter, einhundert Tage lang isoliert – nicht zufällig spielen Ciprì und Maresco mit Verweisen auf Pasolinis *Salò o le 120 giornate di Sodoma* und de Sades *Les 120 Journées de Sodome* –, an denen er weder essen, noch auf die Toilette gehen dürfe. Verstößt er dagegen, werde er gnadenlos zu weiteren einhundert Tagen Einzelhaft verdonnert.

Die Sizilianer mit den Juden im Dritten Reich zu vergleichen und parodistisch als „Untermenschen" zu stilisieren, bedeutet in einem biopolitischen Kontext zweifelsohne eine zur Katastrophe gewordene Biomacht und die Stellung der Sizilianer im Diskurs der Lega als *homines sacri* aufzuzeigen. Zum einen enthüllen Ciprì und Maresco so den Rassismus der Lega als lächerliches ideologisches Konstrukt, zum anderen stellen sie die norditalienische Bewegung in die historische Tradition des Nationalsozialismus bzw. Faschismus. Dessen Blut-und-Boden-Politik bediente sich bekanntlich eines biologistisch-sozialen Diskurses, um, ausgehend von der Idee einer „prinzipiell homogen vorgestellten biologischen Einheit" (Lemke 2007b: 57) – kurz: der Rasse –, einerseits Einschnitte im Sozialen vorzunehmen und andererseits „die ideologische Grundlage [lieferte], um andere zu identifizieren, sie auszugrenzen, zu bekämpfen oder gar zu ermorden – im Namen der Lebensverbesserung" (Lemke 2007b: 58). Dem Anderen den Status eines Subalternen zuzusprechen, bedeutet somit „Lebenswertigkeiten" (Lemke 2007b: 58) zu hierarchisieren. Die von Ciprì und Maresco vorgenommene Überzeichnung lässt dabei ideologische Ein- und Ausschlussmechanismen sichtbar werden, wobei das Stalag aus *Cinico Tv* das Lager als biopolitisches Paradigma der Moderne und seine sizilianischen Häftlinge das von Agamben beschriebene nackte Leben ohne Rechte repräsentieren. Das von einem unter Hochspannung stehenden Stacheldraht umzäunte Sizilien – die Lokalisierung des für den Lombarden beunruhigenden Südens –, das die Figuren als Bossis Endlösung der Südfrage sehen, ist somit ein Ort des Ausnahmezustands, an dem jedoch die Ausnahme zum permanenten Zustand geworden ist. Ciprì und Maresco verdeutlichen anhand der Episode *Stalag* zugleich aber auch die Stigmatisierung der Sizilianer als Devianz von einer durchaus fraglichen Norm ebenso wie ihre Selbststigmatisierung („per espiare la loro colpa di essere siciliani"), d.h. die Übernahme äußerer Zuschreibungen in das Selbstbild. Indem sie ebenjene Zuschreibungen sichtbar machen und mit ihnen spielen, stellen sie sich somit – ganz im Sinne der Biopoetik – einer gewissen kolonialen Logik entgegen, rekonfigurieren und bekämpfen den „stereotipato ‚senso comune'" (Chambers 2006: 8).

Dies tun sie auch im Hinblick auf die organisierte Kriminalität, wenn sie sich vor dem Hintergrund eines zu schwachen Staates und eines ubiquitären Klientelismus mit einer Biomacht und ihren Strategien, des kollektiven Imaginären bemächtigen und nicht zuletzt mit gemeinschaftlichen Phantasmagorien abrechnen. So zeigen sie die Mafia nicht nur als *forma mentis* mit ihren konkreten Auswirkungen auf den Lebensalltag der Menschen, sondern stellen auch dar, inwiefern die Mafia als kulturelles Repertoire durch symbolische Gewalt ihre gesellschaftliche Verankerung stärkt. Ciprì und Maresco erweisen sich diesbezüglich als Thaumaturgen, die Hand an kollektive Traumata anlegen und entmystifizieren, vielleicht gerade, weil sie die gängigen Klischees überspitzen, provozieren und so die Leerstelle in der Konstruktion der Biomacht zum Vorschein kommen lassen.

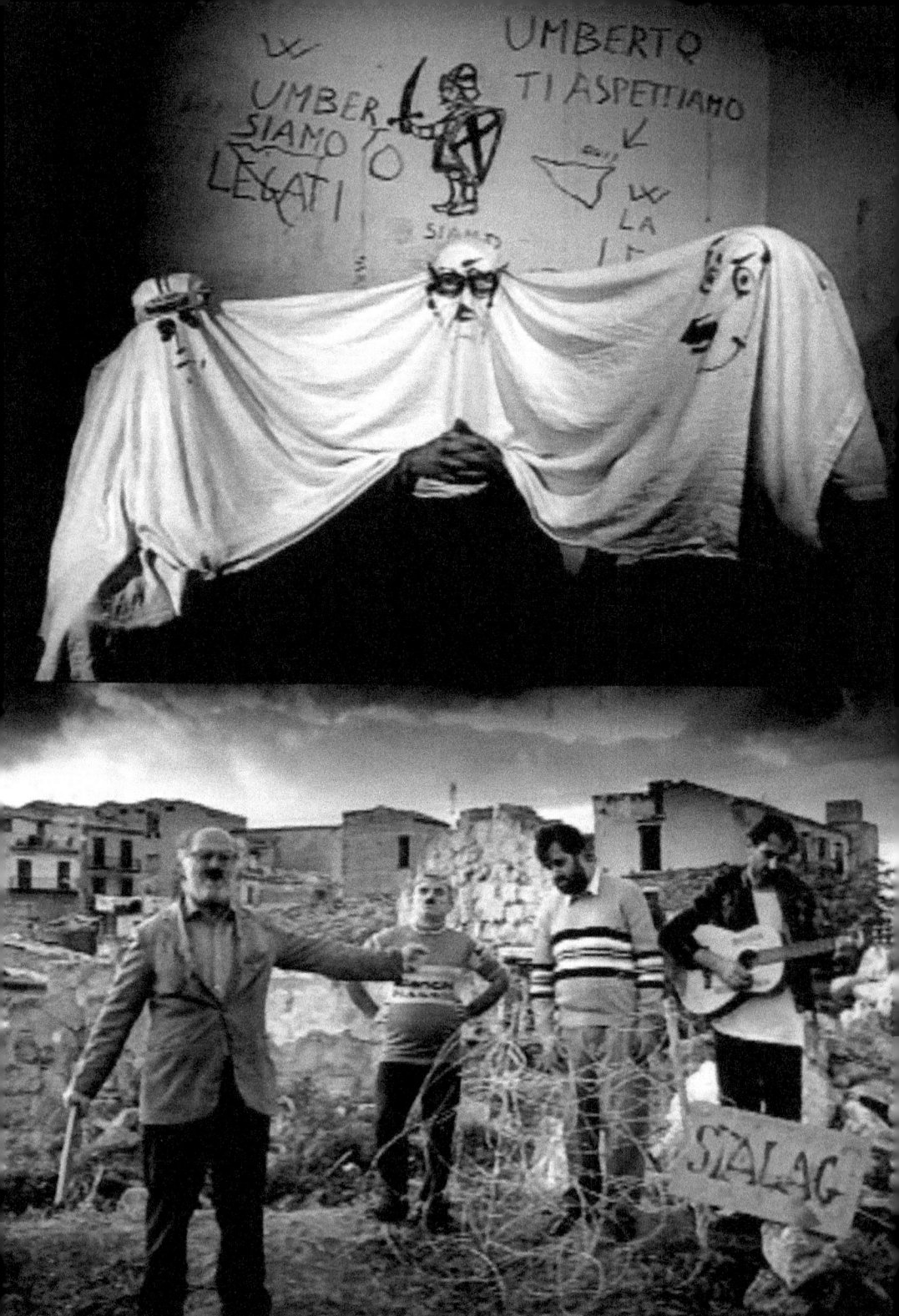

4.1.2 Die Mafia und das kollektive Imaginäre

> Non è mafia, è situazione di chiarimenti di opere di bene.
> Liggio e Greco sono persone oneste.
>
> *Francesco Tirone*

Thaumaturgen

Es ist der 23. Mai 1992, als zur Primetime eine weitere Folge von *Cinico Tv* auf dem Fernsehsender *Rai 3* ausgestrahlt wird. „Bumm, bumm, bumm", tönt Pietro Giordano in einem fort aus einem Loch heraus. Dieses Mal gibt er sich als potente Bombe aus, die vor zwei Stunden von der Mafia an dieser Stelle abgelegt worden sei und in zehn Minuten, zur Mittagszeit, detonieren werde. Wer das Opfer sei, könne er nicht verraten, aber das eine Kilo Sprengstoff werde sicherlich reichen. Sein Leben bislang als Bettler vor der Kathedrale fristend, habe er sich entschlossen, eine Bombe zu werden, um ein aufregenderes Leben zu führen, „per avere una vita più esplosiva, più vivace".

Ciprì und Maresco legen mit dieser Episode Hand an ein nationales Trauma, das sich erst am Vortag ereignete: *La strage di Capaci*, bei welcher der Richter Giovanni Falcone, seine Frau und seine achtköpfige Eskorte, die sich auf dem Weg vom Flughafen zurück nach Palermo befanden, unerwartet exekutiert wurden – und das in einem Moment, da man in Italien dachte, die Mafia im Zuge der Maxiprozesse in die Knie gezwungen zu haben. War das Attentat eine letzte Geste der Impotenz, des Aufbegehrens oder „nur" eine Warnung, dass noch Schlimmeres passieren könnte? Nur wenige Wochen später folgt die *Strage di Via Amelio*, das Attentat auf Falcones Richterkollegen Paolo Borsellino. Bis heute sind diese Ereignisse ein Trauma geblieben und die Ermittlungen noch nicht abgeschlossen, scheinen doch neuere Quellen zu belegen, dass neben der Mafia die italienischen Geheimdienste ihre Hände im Spiel gehabt haben, um die beiden unbequemen, zunehmend fürs Establishment gefährlich gewordenen Richter zu beseitigen (*Trattativa Stato-mafia*).

Auch wenn diese Episode mit Pietro Giordano als Bombe (vgl. Piccini 2011), als Nonsens und Blödelei daherzukommen scheint, so hat sie doch nicht zu unterschätzende Auswirkungen auf die Öffentlichkeit, so dass Giuseppe Lo Bianco in *Cinico Tv* gar „l'operazione più forte di smitizzazione della mafia mai compiuta in televisione" (Lo Bianco 2011: 30) sieht. Denn die unzähligen durch die Medien geisternden Bilder des Capaci-Attentats avancieren, ähnlich wie später die New Yorker Zwillingstürme, im Handumdrehen zu abrufbaren Bildern des kollektiven

Imaginären: Vor dem inneren Auge erscheinen der riesige, tiefe Krater, den die Bombe mitten in die Autobahn gerissen hat, einige verkohlte Autoteile, ein bestürztes Aufgebot von Polizei und Militär, erst Hilflosigkeit und dann die Massendemonstrationen der *lenzuola bianche*. Die Ikonographie des Falcone-Attentats, bemerkt Franco Maresco noch im selben Jahr, wird in der Folgezeit unantastbar und stärkt zugleich ungewollt den Mythos der Schlagkraft der Cosa Nostra:

> Ora i professionisti dell'anti-mafia hanno invaso le case di produzione, girano film e speciali Tg, tengono comizi. Intorno alla morte di Falcone è esplosa una retorica mostruosa. Ma se lo dici, passi per un fiancheggiatore della mafia. (Maltese 2011: 53)

Sind Ciprì und Maresco respekt- und pietätlos oder mutig, wenn sie sich schon am Folgetag über das Attentat mokieren? Vermutlich wohl beides. Sie sind Thaumaturgen, die künstlich Traumata schaffen, um vorhandene Traumata zu entmystifizieren.[47] Indem sie Pietro Giordano zur Bombe von Capaci werden lassen, greifen sie den Schock und die Auswirkungen auf das Imaginarium, die Transformation von punktueller, zerstörender Gewalt in symbolische, aber nicht minder wirksame, auf, verzerren und entmythisieren das Ereignis und die Darstellung der Mafia, wie auch der Richter Antonio Ingroia bestätigt:

> È una Palermo pesante, una Palermo di Cosa Nostra padrona al territorio, gli anni dell'attentato all'Addaura, gli anni poi dello stragismo nel 92, è, insomma, una Palermo dominata dalla mafia nella quale, i palermitani nella grande maggioranza, convivevano bene con la mafia. [...] Paradossalmente, in quegli anni, negli anni in cui peraltro questa realtà mafiosa pesante non trova rappresentazione, *Cinico Tv* diventò l'unico modo per rappresentarla con il tono del grottesco, questa forma, diciamo, di iperrealismo, ma fu il modo di far conoscere anche soprattutto all'altra Italia questa realtà pesante palermitana, di una Palermo cielo basso e controllata da Cosa Nostra. [...] Io non ho mai incontrato un mafioso siciliano col senso dell'umorismo. Credo per quel che io so dei mafiosi italo-americani, sono già diversi, sono un po' più gangster, il senso dell'umorismo ce l'hanno. Il senso del tragico, della tragedia del mafioso siciliano prevale, quindi senza umorismo, zero. [...] Io credo che il compito degli uomini di cultura, nel mondo della scrittura, nel mondo dell'immagine sia quello di non imbellettare la realtà ma di mettere, nel caso di Palermo, di

---

[47] Hierzu Franco Maresco in Kap. 6.3: „Io come un taumaturgo, come un rabdomante, anzi ho fatto venire fuori tutto il male e lo faccio con gli spettatori. Faccio venire fuori le nevrosi, le frustrazioni, una sorta di esorcista in qualche modo. [...] Quando tu fai un film dell'orrore, tu, lì, proietti le tue paure, le tue angosce. Per il pubblico invece è catartico, è una forma di sublimazione delle proprie angosce. E questa è la funzione dell'arte: liberare."

> *Cinico Tv*, i palermitani allo specchio, magari uno specchio intenzionalmente un po' deformante per evidenziare gli aspetti peggiori: credo che sia questo anche il modo in cui faceva Pasolini. [...] E io penso che questo si è perso un po' negli ultimi decenni, questo ruolo dello scrittore, dell'intellettuale che si impegna di mostrare i lati peggiori della società in cui vive per scuoterla. *Cinico Tv* forse per questo fece scandalo. (Ciprì/Maresco 2011b)

Die Mafia ist für die Regisseure von *Cinico Tv* ein fruchtbares Terrain; ihre Parodierung steht dabei ganz im Zeichen einer popkulturellen Überformung und äußert sich in Nonsens-Spots mit Slogans wie „Più liberi con la mafia", in der Werbung für eine Mafiatour oder in der Figur *M*, dem *Mafiaman* und Held der Cosa Nostra. Comichaft überzeichnet schwingt sich dieser, mit Zorromaske und Umhang versehen, den Schlagstock in der Hand gen Himmel gereckt, zum Incipit von Wagners *Also sprach Zarathustra* auf sein Fahrrad und eilt den Mafiosi bei Schwierigkeiten zu Hilfe. Diese wenigen Beispiele veranschaulichen: „*Cinico Tv* è il coraggio di far schifo" (Maltese, 2011: 52) und genau hierin liegt seine Subversionskraft. Insofern ist es ein „Nuovo Cinema Purgatorio" (Maltese 2011: 52).

Enzo, der Souverän

Enzo Castagna ist Bestattungsunternehmer, die Geschäfte laufen. In seinem Viertel kennt und schätzt man ihn. Enzo sei „una brava persona", ein anständiger Mensch. Dass er seine Haftstrafe wegen eines bewaffneten Raubüberfalls auf das palermitanische Hauptpostamt in Form von Hausarrest absitzen muss, schmälert seine Beliebtheit nicht. Von seiner Wohnung aus leitet Enzo die Geschäfte, empfängt Freunde und Bittsteller und beteiligt sich am gesellschaftlichen Leben seines Viertels, nicht zuletzt, indem er unter seinem Balkon ein Volksfest, die zweite Preisverleihung der sizilianischen Oscars, organisiert. Hinsichtlich seiner Beziehung zu den Menschen im Viertel versteht sich Castagna selbst als fürsorglicher Vater, der denen hilft, die zu ihm kommen, und ihnen Arbeit und Brot gibt. In seiner Selbstauskunft erklärt er stolz, im Laufe der Jahre über 400.000 Personen Arbeit gegeben zu haben. Nicht in seinem Bestattungsunternehmen, sondern in allen Bereichen der Filmproduktion, vom Schauspieler oder Techniker bis hin zum Komparsen. Denn Enzo ist auch Inhaber einer Agentur, die seit 1968 bei mehr als 160 Filmen mitgearbeitet hat, so unter anderem auch mit Vittorio de Sica, Pier Paolo Pasolini, Francis Ford Coppola, Giuseppe Tornatore, Elio Petri, Marco Bellocchio oder Damiano Damiani. Wer in Palermo drehen will, komme, so Enzo, nicht an ihm vorbei.

Mit dem Mockumentary *Enzo, domani a Palermo!* (vgl. u. a. Morreale 1999: 42) legen Ciprì und Maresco das Porträt eines Mafioso und Souveräns vor, das treffender kaum sein könnte. Enzo Castagna ist „l'amico del quartiere che ti risolve, grazie a canali tutti suoi, i problemi quotidiani" (Lo Bianco 2011: 31); er gehört zu der bereits in *Loro di Palermo* dargestellten Lebenswirklichkeit. Indem sich Castagna den Bedürfnissen der Menschen annimmt, erhält er im Gegenzug ihre Loyalität, denn hierin liegt die Kunst des Regierens, wie auch Foucault bemerkt:

> La population apparaît donc plutôt que comme la puissance du souverain, comme la fin et l'instrument du gouvernement. La population va apparaître comme sujet de besoins, d'aspirations, mais aussi comme objet entre les mains du gouvernement, consciente en face du gouvernement de ce qu'elle veut et inconsciente, aussi, de ce qu'on lui fait faire. L'intérêt, comme conscience de chacun des individus constituant la population, et l'intérêt comme intérêt de la population, quels que soient les intérêts et les aspirations individuels de ceux qui la composent, c'est cela qui va être la cible et l'instrument fondamental du gouvernement des populations. Naissance d'un art ou, en tous cas, de tactiques et de techniques absolument nouvelles. (Foucault 1994b: 652)

Die durch die Bedürfniserfüllung entstehenden Macht- und Abhängigkeitsverhältnisse weisen der Bevölkerung einen doppelbödigen Status zu: Zum einen ist sie Ziel der Maßnahmen, zum anderen aber auch das Instrument, um diese Macht überhaupt erst zu erreichen. Enzos Fürsorge verleiht ihm Macht. Es handelt sich um einen auf gegenseitigem Einverständnis basierenden Pakt, den der Begriff des Klientelismus wohl am treffendsten fasst:

> La relazione patrono-cliente [...] 'può essere definito come un caso speciale di rapporto diadico (fra due persone) che implica un'amicizia largamente strumentale e in virtù del quale un individuo di status socioeconomico più elevato (patrono) usa la sua influenza e le sue risorse per procurare protezione e benefici, o entrambe le cose, a una persona di status inferiore (cliente); questi, da parte sua, ricambia offrendo al patrono appoggio generale e assistenza, ivi compresi servizi personali'. (Scott, zit. nach Ginsborg 2010: 95)

Als guter „Souverän" folgt Castagna nicht nur dem Prinzip „divide et impera", sondern gibt dem Volk auch Brot und Spiele, wie es der Kommentar der Off-Stimme auf den Punkt bringt: „Palermo amava Castagna e Castagna la ricambiava portando allegria, spensieratezza e speranza in tutti quei quartieri popolari." Dass sein Engagement von der Bevölkerung entsprechend honoriert wird, unterstreichen die folgenden Aussagen auf die Frage, was Enzo Castagna dem jeweils Interviewten bedeute: „Enzo Castagna è tutto.", „È l'unico che dà lavoro, è una degna persona.", „È un amico, è amico di tutti." Dies zeigt auch das folgende Gespräch aus *Enzo, domani a Palermo!*:

> * Prollo: Questa festa è in onore di Enzo Castagna. Questa festa è dedicata a Enzo Castagna.
> - Maresco: Ma non è in onore di Santa Rosalia?
> * Prollo: Oltre che in onore di Enzo Castagna è anche di Santa Rosalia.
> - Maresco: Viva Enzo Castagna e poi Santa Rosalia.
> * Prollo: Sì, sì.
> - Maresco: Prollo, che cosa rappresenta Enzo Castagna per uno come Lei?
> * Prollo: Enzo Castagna per noi, per me, è come se fosse un padre, perché mi ha fatto fare tante comparse, tante sceneggiate. Mi ha dato lavoro. E sono arrivato a questo punto grazie a Enzo Castagna. [...]
> - Maresco: Prollo, ma è possibile che un benefattore come Castagna sia anche un mafioso?
> * Prollo: No! Mafioso? No, non è un mafioso. È un benefattore perché dà a mangiare a tutti nel quartiere, che non possono fare la spesa, ci dà pure i soldi.

Doch die Figur des Wohltäters will allein nicht so recht zu den Untersuchungen der Antimafiakommission von Palermo passen, die Anfang der neunziger Jahre durchgeführt wurden. Castagna, der 1990 bei den Kommunalwahlen als Kandidat der Unione popolare siciliana antrat, habe, so die Anklage, als Ausgleich für die Wählerstimmen eine Gegenleistung erbracht (*voto di scambio*). Dies würden die bei der polizeilichen Durchsuchung des Bestattungsinstituts gefundenen Fotokopien von Wahlzetteln belegen. Castagnas Version lautet natürlich anders – und ist dabei zugleich Ausdruck eines anderen Weltbildes:

> Le schede, la gente me le portava con tutto il cuore. Mi diceva: Signor Castagna, noi votiamo per Lei. Lei ci ha dato da mangiare a Palermo. Qua c'è la fotocopia. Me la buttavano sul tavolo e se ne andavano via. Ma io non avevo niente a che fare con la fotocopia.

Zwei unterschiedliche Auffassungen ein und desselben Umstands, der jedoch Castagnas Einfluss nicht schmälert, sondern sein Selbstverständnis als allmächtiger Organisator unterstreicht.[48] Ciprì und Marescos Film zeigt einen „Souve-

---

[48] Maresco fragt Castagna: „Enzo Castagna è un uomo onnipotente?" Dieser antwortet: „Sì. Ho la forza di portare un numero qualsiasi di persone sul set." Maresco resümiert: „Dunque, riassumiamo: Enzo Castagna è un organizzatore onnipotente", was ebendieser mit einem einfachen „sì" bestärkt.

rän", seine Armee ist ein Heer an Komparsen, das jederzeit bereitsteht. In ihrer Darstellung der Mafia entziehen sich die beiden Cineasten der herkömmlichen Schwarz-Weiß-Malerei und vorgefertigten Meinungen. Dabei driftet sie ab in eine Art Unbestimmtheitszone. Denn in *Enzo, domani a Palermo!* ist die Mafia weder pittoresk noch grausam. Mit Enzo Castagna bekommt sie ein Gesicht, das wir bisweilen sogar sympathisch finden. Maresco zufolge stellt Enzo Castagna den Humus der Mafia dar und steht zugleich für eine im Verschwinden begriffene gesellschaftliche Lebenswirklichkeit. *Enzo, domani a Palermo!* ließe sich sowohl als soziologisch-ethnologisches Dokument wie auch als ein vorzeitig (oder zur rechten Zeit?) angestimmtes Requiem lesen:

> [C]'è la paralisi di un mondo, l'antropologia di una realtà che sparisce. L'analisi psicologica di un uomo che più palermitano non potrebbe essere nei suoi aspetti più deteriori, cioè Enzo Castagna; ma anche di una passione che quest'uomo ha, per quanto malata e deviata rispetto al cinema, perfino più autentica di quella di tanti intellettuali. Al fatto che quest'uomo rappresenta una Palermo in via d'estinzione e che sta per scomparire, quindi in qualche modo vittima della propria ignoranza, io contrappongo un'antimafia. E qui torniamo ai professionisti dell'antimafia di Sciascia. Un'antimafia che invece è calcolatrice, è ambiziosa, è sciacalla, e che è pure strumentale. Quindi la vita è fatta di queste cose. Lo trovi in Orson Welles, in un film come *L'infernale Quinlan*. Enzo Castagna può essere letto anche in questo modo. Accostiamo *L'infernale Quinlan*, come ispettore Quinlan. Da una parte c'è l'ispettore messicano Vargas, Charlton Heston, onesto, integerrimo, pulito, all'interno della legge, e dall'altra c'è l'altro poliziotto, Quinlan, che invece è ambiguo e torbido. E lo spettatore per simpatia non va verso quello che non fa errori, quello che è pulito, che è bello, che ha la moglie bionda tutta pulita e profumata. Ma la simpatia va verso l'uomo finito, verso l'uomo losco, verso la canaglia che ha metodi forse non democratici ma che azzecca sempre rispetto ai criminali. Sa che cosa sono i criminali, sa chi sono i criminali, ne conosce l'anima. Io non penso che tutto stia sempre dalla parte della giustizia, della legge [...]. Quindi siccome vedo gli uomini non nettamente divisi da una parte e dall'altra, Enzo Castagna è anche così, diciamo che è l'humus della mafia, è un mondo, che anche tende a sparire. È già scomparso in parte. Però è anche la storia di un uomo, di un'umanità persino con i suoi lati nobili. E quindi quel film è anche la sfida a tutta quell'immagine e a un'idea di mafia che diamo per scontate. (Vgl. Kap. 6.3)

Eine verstrickte Sache

Ciprì und Maresco zeigen die am schwierigsten in Bildern zu erzählende und unbequemste Wahrheit über die Mafia, nämlich die mafiöse Subkultur und Alltagsorganisation, welche die gesamte Gesellschaft betrifft:

> La mafia mostrata da Ciprì e Maresco è quella più difficile da raccontare per immagini, e anche la più scomoda: è la subcultura mafiosa che tutti noi palermitani abbiamo respirato (e respiriamo tuttora) per le strade del centro e delle periferie, il terreno di coltura di virus mafioso, il contesto ambientale, la cattiva coscienza di una città che dopo un sussulto di indignazione durato lo spazio di un'estate ha rimesso nei cassetti le bandiere antimafia per cercare l'amico del quartiere che ti risolve, grazie a canali tutti suoi, i problemi quotidiani. (Lo Bianco 2011: 30 f.)

In *Loro di Palermo* und *Enzo, domani a Palermo!* lediglich eine Cosa Nostra[49] sehen zu wollen, die sich als Interessensvertreter der kleinen Leute in die gängige Konzeption als organisch gewachsene Sozialstruktur angesichts eines schlecht organisierten, unfähigen oder schlicht abwesenden Staates einschreibt, ist zu einfach, denn sie nimmt sich vielmehr als eine *forma mentis* aus.

Die Mafia ist eine verstrickte Sache, nicht nur diesbezüglich. So sparen Ciprì und Maresco etwa einen grundlegenden Aspekt der heutigen organisierten Kriminalität aus: Die unsichtbare „bürgerliche" Mafia, deren gut ausgebildeten Mitgliedern es gelungen ist, sie zu einer weltweit agierenden, exzellent vernetzten Wirtschaftsorganisation aufzuschwingen und welche die politischen Strukturen und Gesetzeslücken zu ihren Gunsten zu nutzen weiß (vgl. Scarpinato/Lodato 2008; Scarpinato 2009). Gerade ihre Vernetzung mit öffentlichen Institutionen (*colletti bianchi*) bzw. Regierungen führt dazu, dass oft nicht mehr zwischen legalen und illegalen Wirtschaftsaktivitäten unterschieden werden kann; es fehlen die juristischen Instrumente, um das Problem fassen oder gar bewältigen zu können (vgl. Scarpinato/Lodato 2008; Scarpinato 2009).[50]

Über die bereits erwähnte *forma mentis* hinaus zeigen Ciprì und Maresco in ihren Filmen vor allem die populäre, im kollektiven Imaginären besser verhaftete

---

[49] Zur Geschichte der organisierten Kriminalität in Italien, insbesondere zur Cosa Nostra, vgl. z. B. Lupo (2004) oder Dickie (2011).

[50] Der Umstand, dass sich die *Questione meridionale* zu Gunsten der *Questione settentrionale* und des Föderalismus verschoben hat, erleichtert die Aktivitäten der organisierten Kriminalität, schwächt den Staat weiter und stärkt inneritalienische Sezessionsbewegungen, wie Roberto Scarpinato im Gespräch mit Petra Reski am 20.05.2011 im Goethe Institut Palermo noch einmal unterstrich.

Seite der organisierten Kriminalität. Dieser Logik zufolge sind die „historischen" Figuren der sizilianischen Cosa Nostra, wie Totò Riina, Bernardo Provenzano oder Michele Greco, nur *ein* Gesicht der Cosa Nostra, nämlich das öffentliche. Sie verkörpern die „bäuerliche Komponente", welche die Verwobenheit und Allgewalt der Mafia als Wirtschaftsorganisation verschleiert, liegt doch ihre eigentliche Macht, die die Durchdringung des öffentlichen Lebens und des Staates ermöglicht, in ihrer ökonomischen Stärke und nicht allein in ein paar einschüchternden Auftragsmorden. Scarpinato zufolge seien die namentlich bekannten Mafiabosse vielmehr ausführende Handlanger dieser eigentlichen, unsichtbaren Macht (vgl. Scarpinato 2009).

In der Tat beschränken sich Ciprì und Maresco in ihren Darstellungen auf das Lokale. Was ihre Spielfilme betrifft, lassen sie in *Lo zio di Brooklyn* noch einen ominösen Onkel aus Amerika kommen – der zweifelsohne etwas mit der Cosa Nostra zu tun hat, aber über den man nichts erfährt, da er sich ausschweigt, ebenso wie diejenigen, die ihn bei den Gemellis einquartiert haben. Mit *Totò che visse due volte* zeichnen sie das Bild einer omnipräsenten und allmächtigen Mafia und der Fehden zwischen den Clans. In *Il ritorno di Cagliostro* besprechen sie die Instrumentalisierung der Unterhaltungsindustrie und des kollektiven Imaginären durch die Mafia. Zur konkreten Kritik an der (sizilianischen) Politik und ihrer Verstrickung mit der Cosa Nostra bedienen sie sich hingegen vorwiegend der Fernsehformate *Cinico Tv*, *I migliori nani della nostra vita* und *Ai confini della pietà*.

Eines der unzähligen Beispiele für die klientelistische Kollusion von Politik und organisierter Kriminalität ist in der achtzehnten Folge von *I migliori nani della nostra vita* anzutreffen, die ganz im Zeichen der Politsatire steht. Ihre bissige Parodie sizilianischer Politiker und deren Wahlwerbespots (vgl. Kap. 4.2) nimmt die Regionalwahlen zum Anlass. Der Spott der beiden Palermitaner gilt nicht dem mafianahen Kandidaten Salvatore Cuffaro allein, sondern auch Parteifreunden wie Gianfranco Micciché, dem Mitglied des proberlusconianischen Pdl Sicilia und Begründer von Forza del Sud. Bei Ciprì und Maresco zu Gianfranco Mistiché verunstaltet, wirbt dieser mit dem Slogan: „La forza di Mistiché per il Partito Sporca Italia." Dieses Bild eines abgründig-verstrickten Italiens bestärkt auch eine weitere Episode von *I migliori nani della nostra vita*, die zeigt, wie Bernardo Provenzano im Gefängnis, mit seinen Mithäftlingen *La Smorfia* spielend, die Zeit totschlägt. Statt des traditionellen neapolitanischen Brettspiels[51] handelt es sich jedoch um

---

[51] *Smorfia* ist ein in Süditalien beliebtes Gesellschaftsspiel. Das traditionelle, neapolitanische Spiel besteht aus 100 Zahlen. Der Zahlenwert ist auf dem Spielbrett durch ein Bild und

eine mafiös kodierte Variante, bei der die Bedeutungen der Zahlen neu kontextualisiert werden. So entspricht die Zahl 44 dem Begriff „lo stalliere", womit der in Berlusconis Anwesen infiltrierte Stallmeister Vincenzo Mangano gemeint ist. Die 77 ist „Ciancimino, la buona anima", der verstorbene Ex-Bürgermeister von Palermo, Vito Alfio Ciancimino. Die 191 ist Totò Cuffaro. Auf die Bemerkung der Off-Stimme hin, dass es in diesem Spiel die 191 doch gar nicht gebe, antwortet Provenzano, sie hätten die 191 selbst erfunden, weil Cuffaro ein hohes Tier sei: „Perché è un pezzo grosso, è un amico."

Ciprì und Maresco thematisieren verschiedene Aspekte des facettenreichen, vielschichtigen und nur schwer fassbaren Mafia-Phänomens. Dabei setzen sie sich auch mit den Strategien ihrer Darstellung auseinander. Sie entmystifizieren nicht nur kollektive Traumata wie das Attentat von Capaci, sondern stoßen zudem zu einem viel tiefer liegenden Punkt vor, wenn sie das symbolische Kapital der Mafia problematisieren, das ihr als kulturelles Repertoire entspringt, sich aus ihrer gezielten (massenmedialen) Selbstdarstellung speist und so letztendlich das kollektive Imaginäre besetzt. Dies ist umso problematischer, als dass es sich hierbei um ein vorwiegend populärkulturelles Phänomen handelt.

Dies betont auch Marco Santoro, wenn er in seiner Analyse des symbolischen Kapitals bzw. der Mafia als kulturellem Repertoire, in Anlehnung an Ann Swidler und Pierre Bourdieu, den Wert der Performanz dieses Repertoires herausstellt. Letzteres erweise sich ungewollt als doppelbödig, da dieses Repertoire keine „semplice negazione o opposizione al discorso democratico dello stato e della società civile" (Santoro 2007: 138) sei, sondern auch Gegensätzliches oder Paradoxes diskursiv einzubetten und zu legitimieren vermag (vgl. Santoro 2007: 138). Populärkulturelle Formate spielen bei der Festigung ihres recht prominenten Platzes im kollektiven Imaginären eine wichtige Rolle. Von vielen Romanen und Filmen über die Mafia zur exotischen Gegenkultur verklärt, werden mafiöse Symbole aus ihrem ursprünglichen Kontext entfremdet und mit einer anderen Bedeutung aufgeladen, die nicht zuletzt wieder in die Symbolik der Mafia einfließt und diese so stärkt (vgl. Santoro 2007: 140). Im Zuge dieser „produzione culturale della mafia stessa" (Santoro 2007: 140) schreiben sowohl die Kulturproduktion, ihre kommerzielle Vermarktung als auch deren Konsum den Zuschauer in einen machtstrukturellen Kontext ein, den dieser selbst stabilisiert. Die Symbole der Mafia seien dabei

---

einen neapolitanischen Ausdruck dargestellt, z. B. entspricht die Zahl 33 dem Ausdruck „gli anni di Cristo".

un patrimonio attraverso cui il potere e la violenza della mafia si trasformano in potere e violenza simbolica: potere […] che contribuisce alla stabilizzazione e legittimazione dei rapporti di dominio favorendo la 'coincidenza delle classificazioni soggettive con quelle oggettive', 'naturalizzando [così] la propria arbitrarietà'. […] Consumando (e talvolta producendo) testi letterari e canzoni che descrivono comportamenti mafiosi e ripropongono temi diffusi nell'universo culturale mafioso (l'onore, l'omertà, la vendetta), tutti – mafiosi affiliati, loro clienti e anche, certamente, non mafiosi – partecipano, ciascuno a modo suo, alla costituzione e continua ridefinizione dell'universo culturale mafioso. Ciò alimenta il potere simbolico della mafia, ma allo stesso tempo lo trasla e lo ritraduce continuamente, e quindi impone alle organizzazioni mafiose stesse e ai loro membri di fare i conti con nuove rappresentazioni di sé e del proprio posto nel mondo. (Santoro 2007: 143)

Die hieraus resultierende symbolische Macht erklärt die eminente Bedeutung der Medien für die organisierte Kriminalität selbst, welche diese Darstellungen im Sinne der Öffentlichkeitsarbeit nutzt. Zum einen, was die Selbstdarstellung und die Schaffung ihres kulturellen Kapitals betrifft, denn um Gewalt als ökonomische Ressource nutzen zu können, muss man diese zunächst als solche konzipieren und kognitive und moralische Modelle schaffen, die deren Gebrauch steuern (vgl. Santoro 2007: 139); zum anderen, um die eigentlichen Aktivitäten der Mafia zu verschleiern. Die organisierte Kriminalität bedient sich der Massenmedien, um Konsens zu schaffen und um negative Auswirkungen auf die öffentliche Meinung abzufedern bzw. zu neutralisieren, wie Alessandra Dino herausstellt:

[L]a mafia ha bisogno anche di un suo apparato di controllo culturale, che agisca da cerniera tra i diversi soggetti implicati nello scambio e da ammortizzatore nei confronti dell'opinione dei pubblici. […] [L]'organizzazione mafiosa ha sempre avuto bisogno di apparire e di essere presente; ha avuto bisogno di costruire consenso anche attraverso una sua visibilità e ha avuto bisogno di una strategia comunicativa che sapesse conciliare una visibilità della presenza – da sempre, espressione della sua potenza – con l'invisibilità delle sue attività. (Dino 2009a: 189 f.)

Dabei verpasst es Dino nicht, auf ein gesellschaftlich weit verbreitetes Unsicherheitsgefühl – das eines gefühlten permanenten Ausnahmezustands – hinzuweisen, aus dem die Politik und die Mafia Kapital schlagen. Dieses ist wahrnehmungsleitend und wird durch die Medien verstärkt (vgl. Dino 2009a: 181; Dino 2009b). Die filmische Wahrheits- und Wissensproduktion zur Cosa Nostra und deren bisweilen problematische Auswirkungen auf das Publikum untersucht Dino anhand des mehrteiligen, im Jahr 2007 auf *Canale 5* ausgestrahlten Spielfilms *Il capo dei capi*, der das Leben von Totò Riina nacherzählt (vgl. Dino 2009a: 191 ff.; Dino 2009b).⁵² Wie sie klar darstellt, dient der Film nicht nur als Identifikationsmoment für die Mafiosi selbst, sondern findet auch Konsens beim Publikum, einerseits durch seine „Exotik" und andererseits durch das Bild der Mafia als schlagkräftige Organisation mit einem charismatischen Führer – Totò Riina selbst soll begeistert gewesen sein. Dass die (fiktionale) Darstellung der Mafia eine kulturelle Herausforderung ist, unterstreicht nicht zuletzt Riinas Reaktion; zumal meist nur das populäre „Gesicht" der Mafia gezeigt wird (die sog. *mafia militare*), während die „mafia dei colletti bianchi" lediglich episodisch dargestellt wird (vgl. Dino 2009a: 194).⁵³

Auch Ciprì und Maresco beleuchten vorwiegend jenes „populäre Gesicht" der Mafia, wobei sie gerade in den neueren Folgen von *I migliori nani della nostra vita* und *Ai confini della pietà* scharf unter die Gürtellinie zielen; vulgärer geht es kaum. Ihr doppelbödiger Humor kann und muss dabei als gezielte Beleidigung der „ehrenwerten Gesellschaft" verstanden werden. Wenn Ciprì und Maresco in *I migliori nani della nostra vita* Bernardo Provenzano als senil und inkontinent darstellen, der von seiner dement-devoten Mutter sogar ins Gefängnis begleitet wird, welche er in einem fort beschimpft und schlecht behandelt, so entstellen sie ihn öffentlich. Sie beschädigen nicht nur sein öffentliches Ansehen, das er als enigmatische Führerfigur genießt, sondern ebenso das Image der Cosa Nostra. Weit davon entfernt, sich des herkömmlichen Gut-Böse-Schemas zu bedienen, ziehen sie ihn

---

⁵² Hinsichtlich der gekonnten, positiven Inszenierung Riinas führt Dino (2009a: 191 ff.) als Beispiel die Befragung von Grundschulkindern an, die in Riina die sympathischste Figur der Spielfilmsaga sahen. Ferner berichtet sie von Fanseiten bei Facebook, die sich dank der Fernsehspielfilme eines hohen Zulaufs erfreuen.

⁵³ Hinsichtlich der klaren Trennung zwischen „mafia militare" und „mafia dei colletti bianchi" schreibt Dino (2009a: 194): „[S]e della prima è semplice scrivere e discutere, la seconda invece viene trattata in maniera episodica, col beneficio del condizionale. Su questo filone, si colloca l'enorme successo conseguito da libri come *Gomorra*, a cavallo tra il romanzo e la cronaca giornalistica." Dabei kritisiert sie Savianos Stil als „un'occasione mancata, troppe affermazioni dai toni enfatici e talvolta semplicistici, troppe aporie legate a una frettolosa trattazione del tema, che se è cosa del tutto normale in un 'semplice' romanzo, finisce invece per avere effetti distorsivi, in un'opera che pretende di porsi nella dimensione *no-fiction*." Auch Marmo (2006: 214, zit. nach Dino 2009a: 195) übt Kritik an Saviano, wenn er sagt: „L'enfasi nuovista indebolisce anche la comprensione di altri nodi già canonici dell'agire camorrista, quali i classici intrecci nelle strategie del racket tra accaparramento di risorse e convenienze oligopoliste, degli uomini del Sistema come dei loro clienti dell'estorsione/protezione; aspetti che Saviano ovviamente incontra ma si limita ad affiancare alla mitologia liberista." Zur Polemik um Saviano vgl. auch Dal Lago (2010).

ins Lächerliche, strapazieren das Makabre bewusst über. Provenzano derart darzustellen, bedeutet, etwas zu zeigen, das nicht gezeigt werden darf. Aber nicht, weil die ciprimareskianische Inszenierung Provenzanos etwa der Wahrheit entspräche, sondern gerade weil das Makabre viel folgenreicher und verletzender ist, als es eine andere Darstellung je sein könnte. Ihre über den Bildschirm flimmernden Sketche sind dabei zigmal stärker als die öffentlichkeitswirksamen Versuche der medialen Einflussnahme der Mafia. Sie können durch nichts aufgewogen oder rückgängig gemacht werden, denn sie tun dem Imaginären selbst Gewalt an.

Damit stellen sich diese Repräsentationen natürlich auch der italienischen Unterhaltungsindustrie entgegen, die Cipri und Maresco in *I migliori nani della nostra vita* parodieren, wenn diese mit einem Film über das Leben des Bernardo Provenzano „l'ennesimo gioiello del cinema italiano" vorlegt, der – wie sollte es anders sein – ein Kassenschlager werden und später im Privatfernsehen laufen wird. Mit den Mafiadarstellungen der Unterhaltungsindustrie abzurechnen, bedeutet, sich mit dem Bild der Mafia im kollektiven Imaginären auseinanderzusetzen.[54] Die kruden Bilder von Cipri und Maresco überlagern die Erinnerungen an bekannte italienische Fernsehserien oder Spielfilme wie *La piovra*, *Centogiorni a Palermo*, *Pizza Connection* oder *Mery per sempre* ebenso wie Coppolas *Der Pate*. Bei der Entmystifizierung des von der (italienischen) Unterhaltungsindustrie geschaffenen Mafiabildes gipfelt ihr makabrer Zerstörungshumor in *Il ritorno di Cagliostro*, auch wenn er dort, im Vergleich zu Cipris und Marescos Fernsehformaten, zeitweise subtiler ausfällt.

Cagliostro ist zurück

Mit der Unterhaltungsindustrie – und, in einem zweiten Schritt, mit der Einflussnahme der organisierten Kriminalität auf sie – setzt sich auch der vielschichtige Film *Il ritorno di Cagliostro* auseinander. Bereits der Titel verweist auf die Diskrepanz von Täuschung und Wahrheit, indem er mit einem Verweis auf den berühmten Palermitaner Giuseppe Balsamo spielt, der als vermeintlich genialer Graf Cagliostro im 18. Jahrhundert den Adel in ganz Europa in seinen Bann zog (selbst Goethe soll Cagliostros Geburtshaus besucht haben wollen, als er in Palermo während seiner Italienreise Halt machte), sich aber letzten Endes als Hochstapler erwies.

---

[54] Vgl. hierzu z. B. Morreale (2009b) und Menarini (2009). Während sich Morreale (2009b) auf die Kinofilme ab den sechziger Jahren konzentriert und die Entwicklung des Subgenres *Mafia movie* bis heute nachzeichnet, widmet sich Menarini (2009) den Fernsehspielfilmen über die Mafia.

Ebenso wie Cagliostro das kollektive Imaginäre seiner Zeit besetzt und damit große Erfolge feiert, tue dies heute das italienische Kino, das sich selbst als Kunst ausgebe. Nicht zufällig äußert der Filmkritiker Gregorio Napoli, der im Film sich selbst spielt, zu Beginn von *Il ritorno di Cagliostro*, dass das italienische Kino einer Herde von verschreckten Schafen gleiche, die nur Dreck produzierten. Damit gibt Napoli eine implizite Leseanweisung für den Film, die der Zuschauer vorerst aber übersieht, da sie nicht zum Kontext zu passen scheint. Denn *Il ritorno di Cagliostro* ist zunächst einmal die Geschichte der imaginären palermitanischen Produktionsfirma Trinacria, die in den dreißiger Jahren einen Film über den Grafen Cagliostro, nämlich *Il ritorno di Cagliostro*, drehen und damit groß rauskommen möchte – leider ohne Erfolg, wie man am Ende des Films erfährt, da dieses Filmprojekt nie abgeschlossen werden konnte und das sizilianische Kino so in den Kinderschuhen stecken blieb.

Il ritorno di Cagliostro ist also ein Film über das Kino – und dies auf zweierlei Weise, wenn wir uns an den eingangs von Gregorio Napoli gegebenen Deutungshinweis erinnern. Denn Ciprìs und Marescos *Il ritorno di Cagliostro* (Film A), der den Dreh von *Il ritorno di Cagliostro* (Film B) zum Gegenstand hat, verweist als *mise en abyme* über sich hinaus. *Cagliostros Rückkehr* ist eine bittere Parodie auf die Kulturproduktion in Italien und insbesondere in Sizilien. Erweist sich Film B als reine Katastrophe und Dilettantentum der italienischen Filmindustrie, so ist Film A ein wahrliches Meisterwerk. Er zeigt, dass sich hinter den Apparenzen etwas Anderes verbirgt, das der Zuschauer früher oder später erkennt. So gibt sich *Cagliostros Rückkehr* (Film A) zunächst als Unterhaltungsfilm über den Dreh von Film B aus, zielt aber mit seiner derben Kritik am zeitgenössischen italienischen Kino und an der Kulturindustrie eigentlich in eine ganz andere Richtung. Mit Film B fliegt hingegen auf, dass die Gebrüder La Marca vom Kino keine Ahnung haben und in ihrem Bestreben, Palermo zum Hollywood Siziliens zu machen, nur Abfall produzieren, den selbst nicht einmal die Sizilianer sehen möchten – die Selbstironie von Daniele Ciprì und Franco Maresco ist nicht zu übersehen. Eingerahmt wird all dies in Film A durch diverse Fragmente, Experteninterviews und Ausschnitte von Fernsehnachrichten, die uns glauben machen wollen, dass es die Trinacria-Filmproduktion wirklich gegeben habe. Ciprì und Maresco tun dies so überzeugend, dass einen nur bisweilen ein leichter Zweifel beschleicht, sodass man in ihnen – nun mit Gewissheit – *imbroglioni ad arte* erkennen kann, wofür sie mit *Il ritorno di Cagliostro* einen weiteren plausiblen Beweis ablegen.

Imbroglioni sind im Film auch die Gebrüder La Marca, jedoch in ganz anderer Hinsicht, denn am Ende von Film A wird ihre Verbindung mit der Cosa Nostra, mit Lucky Luciano, enthüllt, der neben Kardinal Sucato und dem okkultistischen Baron als Hintermann an der Finanzierung der Filme beteiligt war. Insofern ist die filmische Verschachtelung von *Il ritorno di Cagliostro* auch in Hinsicht auf mediale Gouvernementalität interessant. Die fiktive Produktionsfirma Trinacria steht hier stellvertretend für das sizilianische und italienische Kino, das nicht nur der Kulturindustrie gehorcht, sondern bisweilen auch unter dem Einfluss der organisierten Kriminalität steht. Letztere nutzt, wie Ciprì und Maresco in den ersten beiden Folgen von *Ai confini della pietà* am Beispiel des Regisseurs Giuseppe Greco – *in arte* alias Giorgio Castellani – herausstellen, Filmproduktionen, um, wie bereits aufgezeigt, Konsens zu schaffen und ihren Platz im kollektiven Imaginären zu festigen.

Cagliostros Rückkehr II:
Die „Meisterwerke" des Giorgio Castellani

Die „Karriere" des bis heute weitgehend unbekannten Giuseppe Greco beginnt in den achtziger Jahren, mit der gern und zu Recht vergessenen „sentimentalen Komödie" *Crema, cioccolato e paprika* (1981), die zweifelsohne zu jenen damaligen B-Movies (oder besser Z-Movies) gehört, die mit seichter Unterhaltung und billiger Erotik nicht geizen. Grecos Erstlingswerk, in dem der Regisseur auch als Hauptdarsteller „brilliert", ist ein Flop und wird nur kurz in Palermo gezeigt; in *Ai confini della pietà* bezeichnet ihn gar einer der Darsteller selbst als einen „film abbastanza orrendo". Erst Mitte der Achtziger erinnert sich die Öffentlichkeit wieder an *Crema, cioccolato e paprika* – im Rahmen der Maxiprozesse gegen die Cosa Nostra. Dabei interessieren sich die Richter weniger für Giuseppe Grecos „ästhetische Gräueltaten", sondern vielmehr für seine Verstrickung mit der Mafia, denn er ist der Sohn von Michele Greco, dem Boss von Ciaculli (im Volksmund „der Papst"[55]). Über seinen Kontakt mit Cosa-Nostra-Mitglied Nino Salvo hinaus, wird

---

[55] Im Gegensatz zu anderen Clanführern liebte Michele Greco, der offiziell ein einfacher Bauer war, das öffentliche Leben und ging in der guten Gesellschaft von Palermo ein und aus. Von den Siebzigern bis in die frühen Achtziger gehörte er der *cupola* der Cosa Nostra an. Den Beinamen „Papst" erhielt er wegen seiner Religiosität und seiner Wohltätigkeit. Bei den Maxiprozessen 1986 streitet Michele Greco die ihm zur Last gelegten Verbrechen, deren reine Aufzählung gut zwanzig Minuten dauert, darunter zahlreiche Morde, mit den folgenden Worten ab: „La violenza non fa parte della mia dignità." Zu mehreren lebenslangen Freiheitsstrafen verurteilt, saß Michele Greco zuletzt im römischen Gefängnis Rebibbia ein,

Giuseppe Greco wegen Geldwäsche angeklagt, da sein Vater Michele den obigen Film komplett finanzierte; in beiden Fällen wird Giuseppe mangels Beweisen freigesprochen. In der Folgezeit wechselt Giuseppe Greco die Identität, nimmt den Nachnamen seiner Mutter an und gibt sich einen neuen Vornamen. Mit Erfolg. Giorgio Castellani wird kaum mit Greco in Verbindung gebracht, nicht einmal in Palermo. Erst Ciprì und Maresco leisten diesbezüglich mit *Ai confini della pietà* Aufklärungsarbeit. Castellani debütiert 1992 als Regisseur mit *Vite perdute*, das sich als eine Art Remake der Kassenschlager *Mery per sempre* und *Ragazzi fuori* ausnimmt, zumal er gar mit denselben Schauspielern dreht.[56] Im Gegensatz zu den Filmen von Marco Risi entziehe sich *Vite perdute* jedoch jedweder Bewertbarkeit, wie der Filmkritiker Paolo Mereghetti in *Ai confini della pietà* urteilt:

> *Vite perdute* è una specie di quintessenza del trash italiano. Con questa stranissima e abbastanza agghiacciante commistione tra storie di mafia con aspirazioni religiose, tra la madonna e i padrini, gli assassini, gli baci di giuda e l'ultima cena. Devo dire che va quasi aldilà di qualsiasi giudizio possibile. (Mereghetti, zit. nach *Ai confini della pietà*)

Wenn Maresco *Vite perdute* mit „Giorgio Castellani scende in campo per combattere il neocolonialismo del cinema romano" kommentiert, dann nur, um beißend ironisch zu formulieren, dass es sich bei diesem pro-mafiösen, mit zahlreichen Verweisen auf die katholische Ikonographie versehenen Film, um „Sozialkritik auf sizilianische Art" handele. *Vite perdute* ist ein Film über die Mafia, ohne dass diese explizit erwähnt wird. Enzo Castagna, der Castellani bei der Produktion behilflich war, und der selbst, so die Vermutungen, mit der Cosa Nostra verstrickt ist, preist *Vite perdute* in *Ai confini della libertà* als einen tollen, in Palermo gedrehten Actionfilm an. Doch das, was da als vermeintlicher Actionfilm daherkommt, affirmiert und stärkt die Position der Cosa Nostra ganz im Sinne medialer Gouvernementalität, insbesondere wenn man nicht nur die Gewaltdarstellungen, sondern auch den zeitgeschichtlichen Kontext in Betracht zieht. 1992 ist ein *annus horribilis* für Palermo und Italien. Man denke nur an die Attentate auf Falcone und Borsellino,

---

bis er 2008 starb. Giuseppe Greco wurde dreimal in Untersuchungshaft genommen, aber jeweils aus Mangel an Beweisen freigesprochen und entlassen.

[56] Sowohl *Mery per sempre* (1989) als auch *Ragazzi fuori* (1990) stammen vom Regisseur Marco Risi, Sohn des bekannten Regisseurs Dino Risi. Gedreht wurden beide Filme in Palermo mit von Enzo Castagna vermittelten Schauspielern, allesamt „Jungs von der Straße", die im Grunde genommen sich selbst spielen. Als „film di denuncia sociale" bergen sie ein hohes Identifikationspotential für Palermitaner aus den volksnahen, pro-mafiösen Vierteln.

die ihnen vorausgegangenen Mafiakriege und Maxiprozesse sowie nicht zuletzt die Operation *Mani Pulite*, die die Verstrickungen der Politik mit der organisierten Kriminalität und den Geheimdiensten ans Licht brachte. Italien ist erschüttert, das politische System am Boden, das Land ohne Führung. Sizilien ist *the far South* und was sich in jenem historischen Moment ereignet, ist ein Kampf um die Vorherrschaft und die Macht, der, ganz im Sinne von Dino, Santoro und Foucault, mit indirekten Mitteln geführt wird. Die Film- und Fernsehproduktionen dienen hierbei als Mittel der Beeinflussung, der Legitimation und der gouvernementalen Lenkung.

Auch Giorgio Castellanis zweiter Film, die Familiensaga *I Grimaldi* aus dem Jahr 1997, weist in diese Richtung, nimmt dieser sich doch als ein indirektes Porträt seines Vaters Michele Greco aus, das an Francis Ford Coppolas *Der Pate*[57] erinnert. Das Potential von *Der Pate* liegt in seiner Vereinfachung,

> che è risultato particolarmente gradito dai mafiosi americani, che ha prodotto interpretazioni apologetiche capaci di esercitare una formidabile forza di attrazione nell'*underworld* contiguo e che è riuscito per lungo tempo ad annacquare la dimensione criminale dell'organizzazione mafiosa nell'esaltazione di presunti valori familistici, finendo per diventare uno degli elementi di riferimento per la definizione stessa della stessa identità nazionale americana. (Dino 2009a: 190f. in Anlehnung an Moe 2009)

Giorgio Castellani greift mit *I Grimaldi* diese positive Mythologisierung der Mafia auf. In seiner Geschichte eines alten Patriarchs, der sich gegen Drogengeschäfte seines Enkels stellt, konfrontiert er traditionelle Werte mit der Brutalität der heutigen Welt und preist so die Traditionen der Cosa Nostra. Auch wenn sich Giorgio Castellani von solchen Interpretationen bewusst abgrenzt:

> Io preferirei un tipo di pubblicità diversa. Il film non parla di mafia. È una saga che si svolge all'interno di una fattoria in un vecchio casale, dove esplodono, in quel nucleo famigliare, dei sentimenti ma anche dei rancori e dissapori. (Castellani, zit. nach *Ai confini della pietà*)

Indem Castellani die Perspektive des alten Patriarchen wählt, der auf seinem Territorium für Recht und Ordnung kämpft, stilisiert er ihn, wie schon Coppola in *Der Pate* die Figuren Michael und Don Vito, zu einem Identifikationsmoment, das die Sympathie der Zuschauer gewinnt. Die Ausübung von Gewalt wird so an einen

---

[57] Zur Analyse dieses Films vgl. z. B. Martini (2009), Vorauer (1996) sowie Dietz (2008).

vermeintlich höheren Zusammenhang geknüpft – nämlich an das gesellschaftliche Wohlergehen, zu dessen Hüter und Verteidiger sich der alte Grimaldi aufschwingt, was wiederum das von ihm begangene Unrecht legitimiert.

Indem Ciprì und Maresco in *Ai confini della pietà* Giorgio Castellani ironisch als einen unzureichend gewürdigten Regisseur brandmarken, dessen Werk einer Neubetrachtung bedürfe, die sie zugleich auch vornehmen, dekonstruieren sie gewitzt Castellanis Identität. Zudem entmystifizieren sie die Gesellschaftsdarstellungen in seinen Filmen, holen die organisierte Kriminalität aus ihrer Unsichtbarkeit ans Licht, ebenso wie die Mechanismen zur Konstruktion von Konsens beim Publikum.

Absolute Biomacht

Von Beginn an durchzieht das Thema Mafia das Schaffen der beiden Palermitaner. Oft lassen sich Ciprì und Maresco dabei, wie sie im Interview mit Cristina Cilli berichten, von der sizilianischen Tagespresse, von den „fatti d[ella] cronaca siciliana: la mafia, l'acqua" (Cilli 1992: 193 f.) inspirieren, die sie als Ausgangspunkte für ihre grotesken Parodien wählen. Ihre Methode, gegen eine bestimmte Art von Imaginarium zu kämpfen, dessen sich die Mafia bemächtigt hat, ist deren Deformation und Ironisierung. Dabei brechen sie mit herkömmlichen Mafiadarstellungen. Es gelingt ihnen jedoch zugleich auch, das Phänomen in seiner gesellschaftlichen Vielschichtigkeit und kulturellen Bedeutung aufzuzeigen, die für Außenstehende, so Maresco, schwer fassbar sind. Was an Marescos Erklärung zunächst überrascht, ist, dass die Mafia gerade vor dem Hintergrund der Vermassung und Homogenisierung im Zuge der Globalisierung als identitärer Ankerpunkt fungiert. In dieser Dynamik darf sie durchaus als ein Phänomen der Glokalisierung, der Betonung und Aufwertung des Lokalen in einem globalem Spannungsfeld betrachtet werden: Sie stellt Identifikationspotential und -techniken. Gerade deshalb gehen Ciprì und Maresco in ihrer Radikalität bis hin zur Destruktion der Person, wie obiges Beispiel von Bernardo Provenzano wohl am deutlichsten illustriert:

> Abbiamo fatto molto sulla mafia. Però l'abbiamo fatto in un modo inedito [...]. Quindi in un modo che si dissocia, che è totalmente diverso da quello che siete abituati a vedere in Europa e nel mondo, cioè quella mafia o comunque una Sicilia raccontata da Tornatore, è una mafia dei film naturalmente classici che vanno da Rosi in poi. [...] [A]bbiamo fatto una riflessione sulla mafia. Noi, in quegli anni, vent'anni fa, dichiaravamo in maniera molto audace che paradossalmente la mafia in un mondo di globalizzazione, in un mondo di cancellazione di differenze e di

omologazione, restava garante di un'identità del popolo siciliano e comunque della Sicilia, criminale quanto vuoi, ma comunque garante. Quasi garante di tradizioni. Per quanto sembra paradossale è così. E il modo che noi abbiamo utilizzato non era di semplice denuncia […]. Noi invece abbiamo fatto un lavoro che ha rischiato e che ci ha fatto molto rischiare sul piano commerciale perché il tipo di lavoro che abbiamo fatto non è immediatamente comprensibile. (Vgl. Kap. 6.3)

In ihren Werken begegnet man einem vielfältigen Spektrum ambivalenter Mafiadarstellungen. Legen sie mit *Cinico Tv* noch einen fröhlich-sarkastischen Affront vor, der in den Spielfilmen *Lo zio di Brooklyn* und *Totò che visse due volte* einen bitter-resignierten Beigeschmack der Apokalypse und Unausweichlichkeit annimmt, verschiebt sich die Darstellung nach dem ironisierenden Porträt von Enzo Castagna, das Ciprì und Maresco augenzwinkernd als ethnologisches Dokument verstanden wissen wollen, zunehmend hin zur einer offenen Ridikülisierung der Cosa Nostra, die nicht zuletzt auch mit deren Bestrebungen der Einflussnahme auf ihre mediale Selbstdarstellung abrechnet. Gerade diese Akzentverschiebungen werfen die Vermutung auf, dass Ciprì und Maresco die organisierte Kriminalität mit ihren eigenen Mitteln und Kommunikationsstrategien entmystifizieren, dass sie einen Antimafia-Film mit den Mitteln der Mafia erschaffen (vgl. Kap. 6.3). Wie sollte man sich sonst sowohl ihre vielschichtige Ironie als auch eine brachiale und beleidigende Plumpheit erklären? Vielleicht spiegelt ja gerade dies nicht zuletzt auch die beiden Gesichter bzw. Kommunikationsweisen der organisierten Kriminalität selbst wider: zum einen die kodifizierte Kommunikation, die versteht, wer verstehen will (vgl. Di Piazza 2010), und zum anderen die Grobschlächtigkeit und rücksichtslose Anmaßung gewisser Mitglieder?

Auch wenn diese Frage hier aufgrund des gegebenen Rahmens weder beantwortet werden kann noch soll, wollen wir uns im Folgenden den verschiedenen Facetten der Darstellung der Cosa Nostra im Sinne einer Biomacht widmen. Besonders luzide bringen die Spielfilme von Ciprì und Maresco dies auf den Punkt. Wenn sie in ihren apokalyptischen Landschaften die Paralyse des öffentlichen Lebens, das Versagen des Staates als Garant der Bürger- und Menschenrechte, die Kontamination der Strukturen zeigen, so nehmen sie implizit auch eine biopolitische Analyse der Machtstrukturen vor. Ihr kritisch-karikierender Blick auf das soziopolitische Szenario Italiens äußert sich in den Filmen von Ciprì und Maresco in Form eines nicht existenten Staates. Repräsentanten einer eher diffusen Macht, die jedoch nicht klar fassbar scheint, sind der katholische Glaube und die Mafia, wobei sich Letztere in ihrer Inszenierung durchaus der katholischen Ikonographie bedient. Die Frage nach der Souveränität über Volk und Territorium wird nicht gestellt, vielleicht gerade weil es sich hier um eine Biomacht handelt, die nicht mehr sichtbar ist. Sie ist immanent und schließt den Betrachter mit ein. Er hat keine Möglichkeit mehr, eine distanzierte Außenperspektive einzunehmen oder sich zu entziehen. Vielmehr fällt die Biomacht in seinen Erfahrungsbereich. Aufgrund dieser Rahmenverschiebung bzw. Entgrenzung der fiktiven Wirklichkeit nimmt sich das ciprimareskianische Œuvre weit radikaler aus als Pasolinis *Salò o le 120 giornate di Sodoma*, das die Biomacht noch im spezifisch historischen Kontext des Faschismus und im abgeschlossenen Raum der Villa verortet. Indem die beiden Palermitaner über Pasolini hinausgehen, bieten sie zugleich eine alternative, aktualisierte Denkfigur an.

In ihren Szenarien scheinen die Menschen nur eine zu verwaltende, statistische Größe zu sein. Dass es in den Filmen keine Gerechtigkeit, keine Rechtsprechung gibt, und niemand die Figuren vor Unrecht schützt oder Delikte ahndet, mag diesbezüglich Bände sprechen. Die Biomacht ist absolut, die Verstrickung mit den klientelistisch-mafiösen Strukturen allgegenwärtig. Ganz ähnlich formuliert dies auch Franco Maresco, wenn er über die Situation des heutigen Italiens spricht. Die eigentliche Macht, so der Regisseur, liege heute nicht mehr in den Händen der Politik, sondern der organisierten Kriminalität, die überall in Italien Fuß gefasst habe und sich zweckgerichtet der politischen Klasse bediene. Der Schritt von der intradiegetischen, fiktiven Wirklichkeit hin zur Alltagsrealität ist minimal:

> [Il paese,] tra l'altro, si è sicilianizzato. Facciamo ben attenzione: oggi, Berlusconi è un uomo che praticamente domina con le sue proprietà, e il nord – ce lo dicono i giudici – è stato calabresizzato, sicilianizzato soprattutto: le mafie hanno attecchito. Il sistema Italia, non solo il governo ma anche la politica italiana, si basa no su meccanismi ormai mafiosi. [...] Berlusconi ha costruito un impero grazie al potere delle famiglie mafiose negli anni 80, o con dell'Utri e altri. [...] [C]redo che l'Italia attualmente vada verso una deriva totale, ma che è una deriva totale di tutto l'Occidente, e, se mi permettete, del mondo intero. (Kap. 6.3)

Indem Ciprì und Maresco jenes Abdriften der Gesellschaft zeigen, illustrieren sie – so ließe sich behaupten – das eingangs vorangestellte Zitat Pasolinis, dass Italien im Begriff sei, sich mit dem eigenen Verfall abzufinden und nur mit bloßen Lippenbekenntnissen versuche, sich dem entgegenzustellen. Ihre Auseinandersetzung mit der janusköpfigen Mafia konzentriert sich sowohl auf deren Implikationen als lokales Phänomen, als auch auf ihre Versuche das kollektive, ubiquitäre Imaginäre

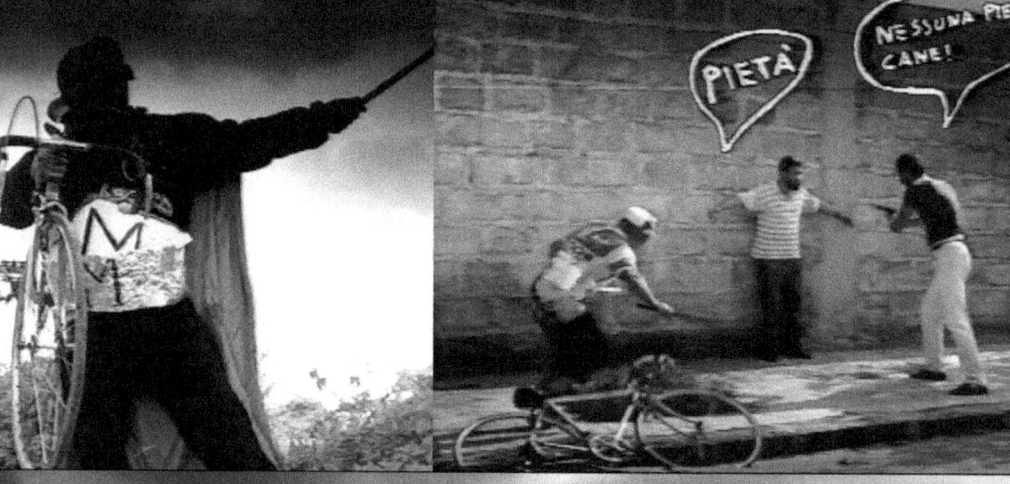

zu besetzen: Einerseits positiv als Garant von traditionellen Werten, von Recht und Ordnung, sowie andererseits als Biomacht, die mittels Gewaltdarstellungen ihr Kapital aus der Angst der Anderen zieht und sowohl ein Unsicherheitsgefühl in der Bevölkerung, als auch die entsprechenden Sicherheitsdispositive naturalisiert. Gerade letzterer Aspekt der Einflussnahme auf und der Steuerung von Wahrnehmung und Entscheidungsprozessen der Bevölkerung erweist sich als gouvernementale, informelle Praktik der Verhaltensführung, welche die Mafia als Biomacht stärkt. Indem Ciprì und Maresco dies offenlegen, erweisen sie sich als höchst politische Regisseure.

Ergänzt wird ihr biopolitischer Abriss zu Italien durch die Auseinandersetzung mit Silvio Berlusconi[58] und der immunisierenden Semiosis (vgl. Srubar 2007) eines paraontologisch anmutenden Berlusconismus – ein Aspekt, der im folgenden Kapitel besprochen werden soll.

4.1.3 Berlusconi oder Ein auf Slogans reduziertes Weltbild

> Se vogliamo che tutto rimanga come è,
> bisogna che tutto cambi.
> *Giuseppe Tomasi di Lampedusa* (1961: 42)

Eine zentrale Figur in ihrer Kritik des heutigen Italien ist zweifelsohne Silvio Berlusconi, medial omnipräsent und als mehrfacher Premierminister, Medienmagnat und Großindustrieller ein *pezzo grosso* des gesellschaftlichen Establishments (vgl. u. a. Stille 2006). Von Beginn an durchzieht seine Person ihr Schaffen und nimmt dabei ganz unterschiedliche Formen an: Vom allmächtigen Übervater, über den Heiligen Silvio, bis hin zum Premierminister, der von Alkoholikern aufgefordert wird, ihnen ein Bier vorbeizubringen. Dabei spielen die beiden palermitanischen Cineasten sowohl mit Berlusconis Selbstdarstellungen als auch mit Fragmenten eines semiotischen, kulturellen Zeichensystems, und nehmen die Dinge bisweilen wörtlich. Entsprechend skurril sind ihre Episoden.

Bei Ciprì und Maresco scheint Berlusconi den gemeinsamen Nenner für den inneritalienischen Gesellschaftswandel seit 1994 zu verkörpern. Es ist kein Ge-

---

[58] Wie zudem während des Dell'Utri-Prozesses bekannt wurde, verfügt Berlusconi über Verbindungen zur Cosa Nostra, die ihn, wie aus einem *spizzino* Provenzanos öffentlich wurde, in den frühen neunziger Jahren gar dazu veranlassen wollte, ihr einen seiner Fernsehsender zur Verfügung zu stellen (vgl. Dino 2009a: 197).

heimnis, dass diese sehr komplexen Entwicklungen in der Tat als „Berlusconismus" etikettiert werden. Dabei fällt diesem streitbaren und sehr kontrovers bewerteten Politiker zugleich die Rolle des Sündenbocks zu; in Italien und Europa scheiden sich die Geister bezüglich seiner Person. Die unter ihm vom konservativen Lager vorangetriebene liberalisierende *Laissez faire*-Politik hat sich nicht nur politisch und wirtschaftlich ausgewirkt, sondern ebenso tiefgreifend auch soziokulturell, bis hin ins gesellschaftliche Imaginäre und einem gewandelten Frauenbild, weshalb der Berlusconismus als Machtsystem begriffen wird (vgl. Ginsborg/Asquer 2011: VII), das mit Begriffen wie Patrimonialismus, Eigentümer-Diktatur, Klientelismus, Medienmacht oder „neotelevisione" charakterisiert wird (vgl. Ginsborg/Asquer 2011: IX ff.). All dies, so Ginsborg und Asquer, habe sich mit Wissen der linken Opposition entwickelt, die entweder den Kopf in den Sand gesteckt und gehofft habe, dass sich die Sache von allein erledige, oder die unter Berlusconi angestoßenen Dynamiken vollkommen unterschätzt habe (vgl. Ginsborg/Asquer 2011: VI f.). Gerade im Hinblick auf die in diesem Zusammenhang gewandelte politische Kommunikation erweist sich eine Überlegung Walter Benjamins zur inszenatorisch-politischen Auswirkung der „Apparatur" als treffend, die wir in der zwanzigsten Fußnote von *Das Kunstwerk im Zeitalter seiner technischen Reproduzierbarkeit* finden:

> Die hier konstatierbare Veränderung der Ausstellungsweise durch die Reproduktionstechnik macht sich auch in der Politik bemerkbar. Die heutige Krise der bürgerlichen Demokratien schließt eine Krise der Bedingungen ein, die für die Ausstellung der Regierenden maßgebend sind. Die Demokratien stellen den Regierenden unmittelbar in eigener Person und zwar vor Repräsentanten aus. Das Parlament ist sein Publikum! Mit den Neuerungen der Aufnahmeapparatur, die es erlauben, den Redenden, während der Rede unbegrenzt vielen vernehmbar und kurz darauf unbegrenzt vielen sichtbar zu machen, tritt die Ausstellung des politischen Menschen vor dieser Aufnahmeapparatur in den Vordergrund. Es veröden die Parlamente gleichzeitig mit den Theatern. Rundfunk und Film verändern nicht nur die Funktion des professionellen Darstellers, sondern genau so die Funktion dessen, der, wie es die Regierenden tun, sich selber vor ihnen darstellt. Die Richtung dieser Veränderung ist, unbeschadet ihrer verschiedenen Spezialaufgaben, die gleiche beim Filmdarsteller und beim Regierenden. Sie erstrebt die Aufstellung prüfbarer, ja übernehmbarer Leistungen unter bestimmten gesellschaftlichen Bedingungen. Das ergibt eine neue Auslese, eine Auslese vor der Apparatur aus der der Star und der Diktator als Sieger hervorgehen. (Benjamin 1991: 491 f.)

Obgleich Benjamin bekanntermaßen aus einer ganz anderen historischen Perspektive spricht, nämlich aus der des in den 1930er Jahren erstarkenden Faschismus und Nationalsozialismus, so scheinen seine Äußerungen zur Degradation des Parlaments zu einem (manipulierbaren und willfährigen) Publikum angesichts der vom italienischen Parlament verabschiedeten Gesetze *ad personam*[59], aber auch der geduldeten medialen Diffamierungen des Justizwesens oder der mit starken Budgetkürzungen behafteten Reformen des Justiz-, Kultur- und Bildungssektors seltsam aktuell. Dies verleitete Norberto Bobbio – und nicht nur ihn – gar dazu, von einem neuen Despotismus zu sprechen (vgl. Bobbio 2008).

Ciprìs und Marescos Auseinandersetzung mit dem Berlusconismus gilt insbesondere den von ihm hervorgerufenen Auswirkungen als paraontologischem, also welterschaffendem Prinzip, kurz: der medialen Gouvernementalität. Medial verbreitete Narrationen, also unsere Wirklichkeitskonstruktionen, werden bekanntlich derart selektiert, katalogisiert und manipuliert, dass man sich dieser Narration und dem damit einhergehenden schleichenden Einpflanzen eines die Wahrnehmung und das Denken affizierenden Weltbildes nur schwer entziehen kann (vgl. einleitende Bemerkungen zu Kap. 4). Entsprechend alimentiert das kulturelle Zeichensystem den Berlusconismus, wobei zwei wesentliche Aspekte zu verzeichnen sind: Zum einen die Kontamination der Sprache und deren Komplexitätsreduzierung (was zugleich auch immer eine Komplexitätsreduzierung und Beschneidung unserer Wirklichkeit nach sich zieht), beispielsweise in Form von Slogans; zum anderen – und eng mit Ersterem verbunden – die Einrichtung einer Werteordnung, die auf grundlegenden, positiv besetzten Begriffen basiert (vgl. Bartezzaghi 2011; Zagrebelsky 2011). All dies hat zu einer Uniformität der Sprache geführt, die „segno di una malattia degenerativa della vita pubblica" ist, „che si esprime in un linguaggio kitsch, forse proprio per questo largamente diffuso e bene accolto" (Zagrebelsky 2011: 223).

Ein auf Slogans reduziertes Weltbild

Die linguistische und konzeptuelle Vereinfachung stellt ein wesentliches Element des Berlusconismus dar. Ihre methodische Komplexitätsreduzierung scheint sich dabei, wie Stefano Bartezzaghi bemerkt, ganz an den Ratgebern für Marketing und

---

[59] Dass dies nicht nur für die Mitte-Rechts-Koalition um Berlusconi, sondern ebenso für die Linke gilt, zeigt Travaglio (2010). Flores d'Arcais bemerkt diesbezüglich, dass die so erworbene Straffreiheit mit Absolution gleichzusetzen ist, und dass so von Staatsangestellten (*colletti bianchi*) verübte Straftaten nicht mehr verfolgt werden können (vgl. Flores d'Arcais 2011: 11).

Unternehmenskommunikation zu orientieren (vgl. auch Krempl 1996; Wallisch 1997; Feustel 2007), handelt es sich doch um eine einfache und bildhafte Sprache, die Inhalte in Form von Slogans transportiert und dadurch, dass sie diese ad libitum wiederholt, ganz im Sinne einer Konsensschaffung dafür sorgt, dass diese haften bleiben (vgl. Bartezzaghi 2011: 218 f.). Das bevorzugte Sprachregister sei die italienische Standardsprache.

Diese vereinfachte Sprache steht im Gegensatz zum kryptischen, idealtypischen *Newspeak* in George Orwells Roman *1984*, das nur von Eingeweihten verstanden werden könne (nicht zufällig ist dem Roman ein Glossar beigefügt), oder zur durch Akronyme gekennzeichneten Sprache des Dritten Reichs, wie sie Victor Klemperers Tagebuchaufzeichnungen bezeugen (vgl. Bartezzaghi 2011; Zagrebelsky 2011; Ronchi 2007: 47 ff.). Ronchi – der in diesem Zusammenhang übrigens auch auf Don Siegels *Invasion der Körperfresser* verweist – bemerkt, dass der Idealtypus der sog. *neolingua*, des totalitarisierenden postideologischen Neusprech (vgl. Recalcati 2007: 15), das Logo sei, wie man es aus der Grafik und der Werbung kenne:

> Le parole della neolingua devono tendenzialmente diventare dei loghi, dei marchi, delle sigle. [...] Parole come 'sviluppo, crescita, produttività ecc.' sono oggi veri e propri loghi che attivano un flusso automatico. La loro oggettività, la loro necessità sono fuori discussione. Costituiscono le premesse assiomatiche della conversazione pubblica. E come accade ai principi primi di ogni dimostrazione, sono sottratti ab aeterno a ogni razionale discussione. Un logo permette infatti un riconoscimento immediato di qualcosa in qualcosa, senza che il pensiero si attardi nell'immaginazione del suo referente materiale. (Ronchi 2007: 57 f.)

Gemäß einer optimierten Aufmerksamkeitsökonomie sei die Sprache des Berlusconismus derart konzipiert, dass sie von jedem voll und ganz verstanden werden könne: „[I]l berlusconismo è elaborato in modo da essere pienamente compreso e accettato soprattutto da chi più è privo di strumenti culturali." (Bartezzaghi 2011: 221) Dabei verpasst es Bartezzaghi freilich nicht, das im Zeichen von Unterhaltung, Ablenkung, Trivialisierung und Kommerz stehende Referenzmedium Fernsehen für die kulturelle Verrohung und das sinkende Niveau verantwortlich zu machen, wobei der Berlusconismus sich selbst als Weltbild präsentiert:

> Spensieratezza, consumismo, nessun imbarazzo nel produrre una comicità fondata in gran parte su stereotipi sociali e sessuali: il berlusconismo si rappresentava già come mondo. La tv non era più una finestra sull'esistente [...]: l'inquadratura era diventata mondo stesso. (Bartezzaghi 2011: 212)

Dabei erweise sich dieses Weltbild nicht zuletzt als Instrument, um das eigentliche Ziel des Privatfernsehens zu erreichen, nämlich maximale Rendite beim Verkauf von Werbeplätzen für die Produktplatzierung zu erzielen (vgl. Bartezzaghi 2011: 212). Was hier verkauft wird, sind weniger die Werbeplätze selbst, sondern vielmehr das Fernsehpublikum als künftiger Konsument, das diese Spots zu sehen bekommen soll: „La tv commerciale berlusconiana ha segnato la possibilità di pubblicizzare, su base nazionale, prodotti prima esclusi dalla vera e propria censura moralistica della tv pubblica." (Bartezzaghi 2011: 213) Eine akzelerierte Abfolge von Programmsegmenten mit zahlreichen Werbeunterbrechungen, die allesamt nach dem größten Kapital des Zuschauers heischen, seiner Aufmerksamkeit, bleibt zweifelsfrei auch nicht ohne Auswirkungen auf die Sprache. Was sich in den Bildern und der Spektakularisierung von Information, dem sog. Infotainment (vgl. Kap. 4.2) – einer schier unerschöpflichen Abfolge von Superlativen, im positiven wie im negativen Sinne – äußert, manifestiert sich auf sprachlicher Ebene in immer knapperen und immer eingängigeren Formeln, deren Muster schleichend selbst unsere Wahrnehmung und unsere Art und Weise, Inhalte zu kommunizieren, besetzen (vgl. Bartezzaghi 2011: 221).

Bereits Pier Paolo Pasolini hat die Homologation von Sprache und Denken anhand seiner linguistischen Analyse zum Werbeslogan der *Jeans Jesus* ausgeführt (vgl. Pasolini 1999c). Mit „Non avrai altro jeans all'infuori di me" verkehrte der imperativische Slogan eines der Zehn Gebote für Werbezwecke. Pasolini sah in dem Slogan dabei nicht nur den beklagenswerten Verlust von kultureller und sprachlicher Vielfalt, sondern sowohl ein Indiz für den repressiven Teufelspakt von Kirche und Staat, als sich zu Machtzwecken gegenseitig legitimierende Instanzen, als auch ein Anzeichen des kulturellen Wandels zu Gunsten der kapitalistischen Konsumgesellschaft (vgl. Pasolini 1999c). Der Geist des Slogans, so Pasolini, sei der neue Geist der zweiten industriellen Revolution und des daraus folgenden Wertewandels (vgl. Pasolini 1999c: 283):

> C'è un solo caso di espressività – ma di espressività aberrante – nel linguaggio puramente comunicativo dell'industria: è il caso dello slogan. Lo slogan infatti deve essere espressivo, per impressionare e convincere. Ma la sua espressività è mostruosa perché diviene immediatamente stereotipa, e si fissa in una rigidità che è proprio il contrario dell'espressività [...]. La finta espressività dello slogan è così la punta massima della nuova lingua tecnica che sostituisce la lingua umanistica. Essa è il simbolo della vita linguistica del futuro, cioè di un mondo inespressivo, senza particolarismi e diversità di culture, perfettamente omologato e acculturato. (Pasolini 1999c: 278)

Ein Wertewandel also, bei dem der Slogan lediglich die Spitze des Eisbergs einer neuen technischen Sprache darstellt (vgl. Pasolini 1999c: 278). Verortet man den sog. Berlusconismus in diesem von Pasolini aufgezeigten Kontext, so ist eine Kontamination, Komplexitätsreduzierung und Verrohung der Sprache durch das Sloganhafte nicht von der Hand zu weisen. Nicht zuletzt ist dabei der von Berlusconis Partei Popolo della Libertà in Liedform herausgegebene Wahlwerbespot *Meno male che Silvio c'è* (2008) ein plakatives Beispiel für das, was Bartezzaghi als „neolingua", als biopolitisch-gouvernementalen Neusprech, etikettiert (vgl. Bartezzaghi 2011; Zagrebelsky 2011). Als offizielle Parteihymne für den Wahlkampf konzipiert, inszeniert der Spot den Rückhalt, den Berlusconi in der breiten Bevölkerung genießt. Nicht zufällig zeigt er hart arbeitende, rechtschaffende Menschen aller Bevölkerungsschichten, das „Italia perbene" der (Klein-)Unternehmer, Arbeiter und Angestellten, das auf den Werten Freiheit und Arbeit fußt und das, trotz allem, an ein besseres Morgen für Italien glaubt und sich im Zeichen der tonangebenden Figur des Parteivorsitzenden Silvio (hier durch die Verwendung des Personalpronomens „du" als *Primus inter pares* suggeriert) dafür einsetzt. Das Lied zeichnet sich aus durch eine einfache, eingängige Form mit einfachen Sätzen, die alle eine einzige klare, einfache Aussage haben: „Presidente siamo con te. Meno male che Silvio c'è." Zum Glück gibt's Silvio und wir stehen geschlossen hinter ihm. Dass der Zuschauer sich mitten unter den Unterstützern des Präsidenten befindet, suggerieren ihm nicht nur der im unteren Teil des Bildes eingeblendete Liedtext, so dass er jederzeit in den Chor der Berlusconifans miteinstimmen kann, sondern ebenso der bewusste Einsatz der Kameraperspektive.[60] In dieser Form der politischen Kommunikation ist der Körper zum „principale campo della battaglia ideologica" (Rangieri 2011: 128) geworden (vgl. auch Belpoliti 2011).

Videokratie und Commanagement: Der telereale Premier

Dass Berlusconismus und mediale Gouvernementalität eng miteinander verflochten sind, untermauern auch die Überlegungen von Pierre Musso zum Sarkoberlusconismus als übernationalem Phänomen. Als „eine erneuerte politische Form

---

[60] Dass sich das Lied und das dazugehörige medial verbreitete Video als erfolgreiches Werbeinstrument bewährt haben, zeigte der Wahlkampf für die italienischen Parlamentswahlen im Februar 2013. Während die Partei Popolo della Libertà mit dem Lied *Gente della Libertà*, den üblichen Einstellungen und dem üblichen Protagonisten nachlegte, debütierte Bersani vom Partito Democratico in einer ähnlichen Inszenierung zu Gianna Nanninis *Inno*. Das kreierte semiotische Universum ist jedoch das gleiche.

des Neoliberalismus" (Musso 2010: 42) bediene sich dieser einer „Neopolitik', die vom ‚Neo-Tv' und ‚Neomanagement' übernommene Regierungstechniken anwendet, um den Unternehmensstaat zu inszenieren" (Musso 2010: 42). Das „Kernstück" des Sarkoberlusconismus „besteh[e] in jenem symbolischen Synkretismus, den er verkörpern will: einem Gemisch aus Neoliberalismus, Hedonismus, Katholizismus und Unternehmenswerten, wie Effektivität, Effizienz, Leistung, Ergebniskultur und vor allem dem ‚Arbeitswert'" (Musso 2010: 42). Um diesen wirkungsvoll zu transportieren, bediene man sich einer „Verschmelzung von Managementtechniken des Unternehmens mit denen der Neo-TV-Szenarisierung" – Musso schlägt hierfür den Begriff „commanagement" vor –,

> um das Politische mit den Begriffen des Wettbewerbs (*compétition*), des Konsums (*consommation*) und des Mitgefühls (*compassion*) neu zu formulieren. *Commanagement* drückt die Tatsache aus, daß ausnahmslos alle Institutionen, ja der gesamten Gesellschaft das Managementdogma der *efficiency* und die Formen der medialen Dramatisierung aufgezwungen werden. […] Das *commanagement* besetzt den Raum, der durch die Krise der Repräsentation und infolge der Kritik am Sozialstaat frei wird, und schafft einen neuen, durch Vorschriften durchzogenen symbolischen Raum von Überzeugungen, die um die technisch-ökonomische Effektivität, den Hauptwert des neoliberalen Staates, herum strukturiert wird. (Musso 2010: 44)

Dabei gelte es, einerseits „die Unterstützung industrieller Hochleistungsunternehmen unter der Losung des ‚wirtschaftlichen Patriotismus'" (Musso 2010: 43) zu betreiben und andererseits den „Zusammenhalt durch eine verstärkte Überwachung von Körpern und Geist'" zu garantieren (Musso 2010: 43).

Exkurs: Selbstinszenierung als gottgesalbter Ritter

Teil der Strategie ist dabei Berlusconis Selbstinszenierung und seine, wenn auch durchaus umstrittene, Vorbildwirkung. Spätestens seit Beginn seiner politischen Karriere punktet Berlusconi mit einer geschickten Selbstpräsentation. So bereits 1994, im Vorfeld seiner politischen Karriere, mit dem über *L'Espresso* lancierten Gerücht, der Mailänder Unternehmer wolle in die Politik gehen, später, als er sich 2001 zum zweiten Mal zur Wahl stellt, mit *Una storia italiana* (vgl. Berlusconi 2001), einem an alle italienischen Haushalte verteilten Werbeheftchen, das Berlusconi als Privatmann, verantwortungsvollen Politiker und Unternehmer porträtiert.[61] Nach Art eines reich bebilderten Magazins (wie es zum Beispiel auch die

---

[61] Von Ton her ähnlich ist übrigens auch Vespa (2010).

von seiner Verlagsgruppe herausgegebene Zeitschrift *Chi?* ist, vgl. hierzu Asquer 2011) gestaltet, richtet sich *Una storia italiana*, als ein nach allen Regeln der Öffentlichkeitsarbeit geschaffenes Produkt, an eine Zielgruppe, die als Meinungsträger bzw. gar Multiplikator bislang oft ausgespart oder als nicht relevant betrachtet wurde: die Familien und insbesondere die Frauen. Berlusconis Marketingstrategie ist die sorgsam kontrollierte Selbstinszenierung (vgl. Belpoliti 2011), sein Kapital ist ein Teil seines Privatlebens, das zu vermarktende Produkt ist er selbst. Zum erfolgreichen Productplacement bedient er sich der Subjektivierung und verwischt die Grenze zwischen privater und öffentlicher Person. Der Privatmann Berlusconi und seine Familie werden zur Projektionsfläche für die Nation. Der (emotionale) Einbezug des Wahlvolks in sein Privatleben darf dabei ganz im Sinne Foucaults als gouvernementale Regierungstechnik zur – möglichst positiven, gar identifikatorischen – Meinungslenkung der Bevölkerung verstanden werden. *Una storia italiana* zeigt diesbezüglich exemplarisch, inwiefern gutes Marketing und Öffentlichkeitsarbeit imstande sind, die öffentliche Meinung zu beeinflussen und die Bevölkerung „gleichermaßen in der Tiefe, in der Feinheit und im Detail zu führen" (Foucault 2005b: 63), sodass Beppe Grillo mit der für ihn typischen Scharfzüngigkeit Italien 2009 als „Repubblica Pubblicitaria", als Werberepublik, etikettierte: „L'Italia è oggi invece figlia della pubblicità. Dei suoi meccanismi. La pubblicità al potere." (Grillo 2009) Die mediale Gouvernementalität erfüllt hier also ihren Zweck als Form der Regierung und der Vergemeinschaftung.

Ein kurzer Blick auf das semiotische Universum des *Cavaliere* erlaubt, die grundlegenden, positiv besetzten Begriffe auszumachen, auf denen das medial inszenierte, berlusconianische Weltbild und die ihm entsprechende Werteordnung basiert:

> Un assortimento di storie orientato su un sistema di valori elementari: il bene, l'amore, la ricchezza, la libertà, la vittoria. Questi valori semplici possono formarne dei più complessi. [...] L'iconologia simbolica in cui si incarnano tali valori elementari è a sua volta elementare: la mamma, i gioielli, la ragazza, il fiore, [...] [il] cielo e [il] sole. [...] Il sole è caldo, benessere, sorriso, umore, luce, vita, centro, irradiazione, cuore. (Bartezzaghi 2011: 218)

In diesem Bilduniversum figuriert Berlusconi anfangs als ein mit allen edlen Eigenschaften ausgestatteter Ritter, der, als Retter und Märtyrer stilisiert, für das Gemeinwohl und für das geliebte, sich in Schwierigkeiten befindende Italien eintritt. Nicht von ungefähr ließ er 1994 verlautbaren, dass er sich aufs Schlachtfeld begebe, um ein neues italienisches Wunder zu vollbringen: „[S]cendere in campo per creare un nuovo miracolo italiano" (Zagrebelsky 2011). Diese symbolische und narrative Aufladung der Person Berlusconi umreißt Bartezzaghi so:

> Berlusconi è divenuto, con il tempo, egli stesso un contenitore vuoto o meglio il contorno di un'icona, disponibile a successivi investimenti figurativi. All'epoca della sua prima presentazione all'elettorato, però, la storia di cui si dipingeva protagonista era univoca e di tipo direttamente fiabesco: un amante dell'Italia, caratterizzato da doti cavalleresche (cortesia, forza, nobiltà di lignaggio e d'animo), accorre in soccorso dell'amata in pericolo. (Bartezagghi 2011: 216)

Diese Selbststilisierung als von der Vorsehung auserkorener Retter transponiert theologische Begriffe in die politische Sphäre; zugleich reaktualisiert sie ein historisches Schema, demzufolge sich solch selbsternannte Retter insbesondere in schwierigen Zeiten in Erscheinung treten (vgl. Zagrebelsky 2011: 224). Seine Kommunikation mit dem Wahlvolk fußt auf semantisch generalisierbaren Leitbegriffen wie „scendere (in politica)", „contratto (con gli italiani)", „amore", „italiani", „assolutamente", „fare, lavorare, decidere" oder „le tasche degli italiani" (vgl. Zagrebelsky 2011). Dabei wird

> [di]e Akzeptanz der Semantik [...] durch die von ihr praktizierte verbale Inklusion der Rezipienten verstärkt, denen die einzelnen semantischen Konstrukte als ihre Konstrukte bzw. als auf ihre Bedürfnisse zugeschnittenen Lösungen präsentiert werden. Die so suggerierte Vertraulichkeit und ‚Fürsorge' erschwert die Ablehnung der Kommunikation [...]. (Srubar 2007: 295)

Während all dies Zagrebelsky verleitet, gar von einer symbolischen Diktatur zu sprechen (vgl. Zagrebelsky 2011: 234), konstatiert Srubar Folgendes:

> Politische Semantiken, insbesondere Semantiken politischer Selbstdarstellung, greifen auf das Populäre und seinen medialen Code zurück, und erzielen so eine dreifache immunisierende Wirkung: 1) Sie nutzen die in der simulierenden Konstruktion der Hyperrealität angelegte Kopplung medialer Ereignisse von außermedialer Wirklichkeit; 2) sie marginalisieren die in nichtalltäglichen Wissenssystemen entstehenden Wirklichkeitsentwürfe, indem sie sie durch den Filter des populären Codes präsentieren; 3) selbst die in populären Codes dargestellten Sinnentwürfe werden durch den mitgeführten ‚Spaßfaktor' noch einmal semantikkonform verharmlosend gerahmt. (Srubar 2007: 297)

Seit der Veröffentlichung von *Una storia italiana* hat sich Berlusconis Bild in der Öffentlichkeit zunehmend gewandelt. Vom einstigen Ritter mit nobler Gesinnung ist nach einer Vielzahl von Affären wenig geblieben, herrscht doch das Bild einer bis zur Lächerlichkeit verzogenen Figur eines betagten Mannes vor, der um jeden Preis noch einmal jung und vital sein möchte und der, aller Skandale und Fauxpas zum Trotz, aus Gründen des Machterhalts bei seiner Selbstinszenierung bemüht ist, etwas vom Bild des seriösen Staatsmannes und Volkstribuns zu retten. Inwiefern ihm dies gelingt, soll hier nicht Gegenstand sein, ebenso wenig wie die schier unerschöpfliche Serie von Begebenheiten, die zur Veränderung seines Images geführt haben.

Wesentlich für das bildliche oder kulturelle Repertoire, aus dem Berlusconi bei Scherzen in der Öffentlichkeit schöpft, sind neben chauvinistischen Äußerungen auch religiöse Allusionen, so wenn er sagt, ihn umgebe eine Aura der Heiligkeit („un'aura di santità) oder er sei von Gott gesalbt („unto dal Signore"). Sie reflektieren zweifelsohne einen Teil des aus einem Machtgefühl heraus gestärkten Selbstbildes.

Wenn wir diese Bemerkungen zu Berlusconi vorangestellt haben, so nur, um zu verstehen, in welchem semiotischen Universum sich Daniele Ciprì und Franco Maresco bewegen und wogegen sie mit ihren grotesken Sketchen und der depravierenden Materialität ihrer Figuren opponieren. Als „Bilderstürmer" stellen sie durch die von ihnen vorgenommene Defiguration die „devastazione civile", die gesellschaftliche Verwahrlosung, aus. Ihre Biopoetik als Strategie der Bewusstseinsschaffung unterbricht die gouvernementale Matrix, die auch über die Selbstinszenierung des Ex-Premiers transportiert wird.

Der Übervater

Die Auseinandersetzung der beiden palermitanischen Cineasten mit Silvio Berlusconi beginnt 1991. Wenn auch auf ihre ganz eigene skurrile Art, erweisen sie sich dabei als Visionäre, wenn Francesco Tirone (alias Franco Sbarbato) schon zum damaligen Zeitpunkt den Mailänder Unternehmer als reichen Medienzaren und gar diesseitigen Übervater darstellt, der mächtiger als der Papst sei und die Bürger per Radar kontrolliere. Die in der fünften, Berlusconi gewidmeten Folge von *I migliori nani della nostra vita* wieder aufgenommene Episode mit dem Leopardi karikierenden Titel *A Silvio* darf dabei durchaus als Auseinandersetzung mit der medialen Gouvernementalität und der heutigen Kontrollgesellschaft verstanden werden, in welcher Tirone zudem ein recht authentisches sizilianisches Lebensgefühl nachzeichnet. Mit dem im Hintergrund eingeblendeten Porträtfoto des jungen Berlusconi und dem davor in einem Ledersessel sitzenden Tirone erinnert die Szene von ihrer Inszenierung her an die Experten- oder Zeitzeugeninterviews, wie gewöhnlich sie in Dokumentarfilmen zu finden sind. Beeindruckend ist, dass Tirone bereits dort von Berlusconis „buon governo televisivo" spricht, womit er einen Grundpfeiler des Berlusconismus herausgreift.

Während Tirone Berlusconi noch ironisch-subtil zur „persona più che celeste, come un santo, secondo il mio parere", zum Übermenschen oder Heiligen erhebt, nimmt die Karikatur des Mailänders bei Ciprì und Maresco in den neunziger Jahren zunehmend die kulturell vorherrschende Form der Verrohung an. Die wohl bekanntesten und beim Publikum beliebtesten Episoden stellen diesbezüglich zweifelsohne das Ständchen *A Silvio* dar, das Giuseppe Paviglianti, in „metrica libera" (!), mit seinen Blähungen dem damaligen Premierminister bringt oder auch die von einer anderen Figur in ebensolcher Weise imitierte Parteihymne von *Forza Italia*.

Dass die kulturelle und sprachliche Verwahrlosung wörtlich zu nehmen ist, unterstreichen Ciprì und Maresco auch in *I migliori nani della nostra vita*, wenn zwei Alkoholiker an den Premier Berlusconi als wohltätigen Samariter appellieren, er möge ihnen doch bitte ein Bier vorbeibringen und möglichst einen kleinen Kredit einräumen, da sie arm seien und heute noch nichts gegessen hätten. Ciprì und Maresco scheinen sich hiermit nicht nur über Berlusconis „Io lavoro per voi!" (vgl. Zagrebelsky 2011) zu mokieren, sondern auch zeigen zu wollen, dass

> [l]unghi dall'aver dato vita a ,un polo della libertà che sia capace di attrare a sé il meglio di un paese pulito, ragionevole e moderno', l'esperienza politica di Berlusconi ha palesemente favorito sia sul piano nazionale che su quello internazionale un capitalismo amicale clientelare, privilegiando certi gruppi sociali a spese di altri e lasciando i poveri in uno stato di abbandono. (Ginsborg/Asquer 2011: VIII)

Dass trotz bitterer Not selbst gesellschaftlich Unterprivilegierte die kulturelle Verarmung nicht auszuhalten vermögen, klagt bereits *Cinico Tv* an. In der Parodie eines *Wetten, dass...?* ähnelnden Fernsehformats ist eine fünfköpfige, bereits seit mehreren Tagen hungernde Familie fest gewillt, ein Abendessen zu gewinnen, unter der Voraussetzung, dass sie für eine bestimmte Zeit dem Fernsehprogramm standhalte. Doch ein epileptischer Anfall und fehlende Stressresistenz führen dazu, dass sie vorzeitig die Wette aufgeben und aufs Neue mit leerem Magen schlafen gehen müssen. Ciprìs und Marescos Allusionen aus den neunziger Jahren parodieren den Wandel der Fernsehlandschaft und der sich aus Angst um Quote und

Werbeeinnahmen rasant nach unten nivellierenden Programmformate hin zu einer „dittatura del trash" (Rangieri 2011: 127) und zu einer ubiquitären „sottocultura di massa" (Rangieri 2011: 129), in der sich das Fernsehen in den „braccio mediatico di una deriva autoritaria del controllo totale, della morte della privacy, della società di sorveglianza" (Rangieri 2011: 130) verwandele. Dieser „golpe simbolico" (Rangieri 2011: 130) stehe dabei im Zeichen eines „populismo che identifica il cittadino con il telespettatore, la democrazia con il televoto" (Rangieri 2011: 130); die mediale Inszenierung des omnipräsenten, ubuesken politischen Körpers (vgl. Kap. 4.2) nimmt dabei Züge einer „contro-realtà" (Rangieri 2011: 128) an.

Ciprì und Maresco komplettieren die parodistische Stilisierung Berlusconis zum Übervater, indem sie zeigen, wer welche Hoffnungen in ihn als Heiligen Silvio setzt.

Heiliger Silvio

… vergib uns unsere Schuld, wie auch wir vergeben unseren Schuldigern, und führe uns nicht in Versuchung, sondern erlöse uns von dem Bösen, denn dein ist das Reich und die Kraft und die Herrlichkeit. In Ewigkeit?

Dies oder Ähnliches könnten sie murmeln, die Betenden, die wir in der zwölften Episode von *I migliori nani della nostra vita* sehen, die das Fragment zu *Santo Silvio* beinhaltet. In einem schwach, nur mit Kerzen beleuchteten und mit Devotionalien geschmückten Raum sitzen mehrere mit langen, schwarzen Kapuzen verhüllte Männer und in ihrer Mitte eine ältere Frau, die ein gerahmtes Bild von Silvio Berlusconi vor sich hält. Die uns bereits bekannte Off-Stimme informiert uns, im Dialog mit dem ortskundigen Spezialisten Professor di Gangi, dass wir uns in der Wallfahrtskapelle der seligen Maria von Boscogrande (sicherlich eine Persiflage auf die Grotte der Heiligen Rosalia) befinden, in der eine Gruppe von Gefangenen aus dem Ucciardone, dem bekannten palermitanischen Gefängnis, dafür betet, dass alles so bleiben möge, wie es ist. Auf die Frage, was denn geschehe, wenn sich das Gebet als wirkungslos erweisen sollte, antwortet Di Gangi: „Siamo pronti a partecipare, in tutti i sensi, e Lei che è uomo di mondo dovrebbe capire. [Grido] perché anche i sordi devono sentire." Dann wendet sich die Off-Stimme der seligen Maria von Boscogrande zu und fragt, wer denn der Heilige sei, den sie da mit so großer Hingabe in den Händen hält. „Totò Riina", murmelt sie. Doch sie hat sich geirrt: Es ist nicht der unter dem Spitznamen „die Bestie" bekannte Boss aus Corleone, sondern Berlusconi. Wie sich herausstellt, warten die neben ihr sitzenden, betenden Männer auf die Gnade des Heiligen Silvio, darauf, dass sie möglichst bald das Gefängnis verlassen und nach Hause zurückkehren können.[62] Berlusconi stehe ja im Ruf, „di essere in odore di santità", heißt es weiter. Um ihrer Bitte beim Heiligen Silvio mehr Nachdruck zu verleihen, rufen sie gemäß der rituellen Heiligenverehrung auch andere Seelen an, verbunden mit dem Wunsch, dass diese für sie beten mögen:

> Salvo Lima, ora pro nobis
> Leoluca Bagarella, ora pro nobis
> Vito Ciancimino, ora pro nobis
> Bernardo Provenzano, ora pro nobis
> Totuccio Contorno, ora pro nobis
> Salvatore Giuliano, ora pro nobis
> Totò Cuffaro, ora pro nobis
> Totò Riina, ora pro nobis
> Totò Schillaci, ora pro nobis.

Die Namen der Angerufenen zeigen, dass es sich hier um verstorbene oder lebende Mitglieder der Cosa Nostra, bei Cuffaro um den pro-mafiösen ehemaligen Präsidenten der Region Sizilien und bei Schillaci um den Torschützenkönig der Fußballweltmeisterschaft von 1990 handelt, der nun eine Fußballschule in Palermo betreibt. Auf diese Art und Weise greifen Ciprì und Maresco, mit ihrem schwarzen Humor, Berlusconis Verbindungen zur Cosa Nostra auf; in diesem Zusammenhang sei zudem nicht nur auf Berlusconis rechte Hand Marcello Dell'Utri verwiesen[63], sondern auch auf die Verhandlungen von Teilen des Staatsapparats mit

---

[62] In der Tat wurde 2006 eine Amnestie verabschiedet, nicht zuletzt, um die überfüllten italienischen Gefängnisse etwas zu leeren.

[63] Marcello Dell'Utri war 1993 Mitbegründer der Partei Forza Italia, Geschäftsführer von Fininvest und Teilhaber an Publitalia sowie Senator der Republik Italien. Wegen seiner Beziehungen zur Cosa Nostra bis 1992 wurde Dell'Utri zu sieben Jahren Haft verurteilt, deren Rechtskräftigkeit der Kassationsgerichtshof 2014 bestätigt hat; weitere Verfahren in Bezug auf Verstrickungen mit der Mafia laufen. Der unter anderem auch schon wegen Steuerbetrugs verurteilte Dell'Utri räumt in einem Interview mit *Il Fatto Quotidiano* ein, nur in die Politik gegangen zu sein, um sich der Gerichtsbarkeit zu entziehen: „Io sono un politico per legittima difesa. A me della politica non frega niente. Mi difendo con la politica, sono costretto. Quando nel 1994 si fondò Forza Italia e si fecero le prime elezioni, le candidature le feci io: non mi sono candidato perché non avevo interesse a fare il deputato." (Borromeo 2010: o. S.) Es war ferner Marcello Dell'Utri, der Vittorio Mangano, Mitglied und Mittelsmann der Cosa Nostra, als Stallmeister in Berlusconis Villa in Arcore unterbrachte. Darüber hinaus laufen in Italien aktuell Untersuchungen, ob und inwiefern die Cosa Nostra den

führenden Vertretern der Mafia (*trattativa stato-mafia*, vgl. Travaglio 2014) oder auf die vermutete Unterstützung der Cosa Nostra hinsichtlich der Parteigründung von Forza Italia (vgl. z. B. Flores d'Arcais 2011: 14 f.; Pipitone 2014).[64] Nicht zufällig verwenden die beiden Regisseure, wenn sie auf Berlusconi zu sprechen kommen und seine Selbstinszenierung in Vespas Talkshow *Porta a Porta*[65] parodieren, den Begriff „puzza" statt „odore", der aufgrund seiner kontextabhängigen Semantik mit dem Umstand spielt, dass da etwas nicht so recht stimmt. Mit dem berühmten Zitat aus *Il Gattopardo* (vgl. Tomasi di Lampedusa 1961: 42) spielen sie auf den *trasformismo* an. Die dabei einzuschlagende Richtung gibt die kryptische Äußerung des Professors di Gangi vor, ist sie doch nichts anderes als eine Drohung, die man zu deuten wissen sollte, und ein Beispiel für die typische „obliquità semantica" mafiöser Kommunikationscodes (vgl. Di Piazza 2010: 26 ff.). Zugleich greifen sie – neben gewissen Interessensverflechtungen von Kirche, Politik und organisierter Kriminalität[66] – mit der hier karikierten tiefen Religiosität nicht nur einen

---

Aufstieg Berlusconis gefördert und finanziell unterstützt hat. Vgl. z. B. Lodato/Travaglio (2005); Dossier Dell'Utri (2005); Langer (2010); Redazione Il Fatto Quotidiano (2014); Pipitone (2014).

[64] So schreibt Flores d'Arcais (2011: 14 f.): „Sotto il profilo storico e giornalistico è ormai assodato che la nascita di Forza Italia avviene sullo sfondo di una trattativa tra pezzi di apparati dello Stato e cupola mafiosa. Sotto il profilo giudiziario vi sono sentenze che sposano apertamente tale ipotesi ma in mancanza della prova 'al di là di ogni ragionevole dubbio' non comminano condanne. A parte la conferma anche nella sentenza d'appello del concorso in associazione mafiosa per il senatore Dell'Utri […] si accumulano in modo crescente indizi giganteschi sulle ragioni dell'assassinio di Borsellino (voleva opporsi proprio alla trattativa Stato-mafia-nascita di Forza Italia). Del resto, ben tre procure stanno indagando sui 'misteri' di quel biennio decisivo: 1992 con l'assassinio di Falcone e Borsellino e le loro scorte, 1993 con gli attenti-strage al patrimonio artistico di Roma e Firenze (e strage mancata – in extremis – allo stadio Olimpico)."

[65] Berlusconi hatte in der Fernsehtalkshow *Porta a Porta* über sich selbst gescherzt; er bat den Moderator Bruno Vespa, an seiner Hand zu riechen und kommentierte dann, er stehe im Geruch von Heiligkeit.

[66] Erinnert sei in diesem Zusammenhang beispielsweise an die mysteriösen Tode des Bankers Roberto Calvi, der 1982 an der Blackfriars Bridge in London erhängt gefunden wurde, und des Rechtsanwalts und Bankers Michele Sindona, der 1986 einer Zyanidvergiftung im Hochsicherheitsgefängnis in Voghera erlag, nachdem er zuvor einem amerikanischen Journalisten vier Interviews gegeben hatte. Calvi, den man aufgrund seiner Nähe zur Vatikanbank IOR auch den „Bankier Gottes" nannte, war nicht nur maßgeblich in die Geldwäsche von Erlösen aus Drogengeschäften verwickelt, sondern ebenso in weitere geheime Transaktionen für die Mafia, den Vatikan und die umstürzlerische Geheimloge P2 (Propanda Due), der nicht zuletzt Berlusconi selbst angehörte. Die von Licio Gelli geführte Freimaurerlo-

grundlegenden Aspekt der sizilianischen Kultur auf, sondern auch das Phänomen der „mafia devota" (Dino 2008). Religiosität ist Teil der mafiösen Kultur und Identität (vgl. auch Di Piazza 2010), der in der Selbstdarstellung und den Ritualen der Cosa Nostra ostentativ ausgestellt wird. Der Gott dieser „mafia devota" ist „un Dio conveniente" (Dino 2008: 225). Er ist

> un Dio con cui dialogare attraverso mediatori condiscendenti o complici, capaci di piegare le ragioni della fede a quelle di una religiosità strumentale e violenta. [...] [A]ll'interno del codice culturale mafioso esist[e] un continuo ricorso alla simbologia religiosa, a una teologia individualistica che opera un'incessante ridefinizione, strumentale e simbolica, del proprio spazio di valori, scegliendo quelli più prossimi e funzionali alle proprie esigenze e adattandoli ai propri canoni di vita. (Dino 2008: 225)

In diesem Zusammenhang fällt Teilen der katholischen Kirche in Sizilien offensichtlich eine – bisweilen ungewollte – zweifelhafte Rolle zu: weil sie einerseits als verharmlosende, konsensschaffende oder gar protegierende Pastoralmacht angesehen wird, andererseits aufgrund des von Dino diagnostizierten Reziprozitätsparadigmas, welches den gemeinsamen, volkskulturellen Humus von Kirchenvertretern und Mafia beschreibt (vgl. Dino 2008: 206 ff., 224 ff.)[67]:

> Anche i sacerdoti sono, infatti, immersi in un *humus* culturale condiviso socialmente, alimentato dal senso comune, da stereotipi costruiti e sedimentati nel tempo, luoghi comuni che hanno sostenuto rappresentazioni del fenomeno mafioso spesso indulgenti o, addirittura, compiacenti, consolidate anche grazie a precise strategie politiche e comunicative, complice l'ignoranza e processi di fascinazione di vario tipo. (Dino 2008: 206)

---

ge – Gelli war 1969 von der CIA zu deren Gründung ermächtigt worden – erwies sich als konspiratives Netzwerk, das führende Vertreter des Militärs, der organisierten Kriminalität, der Wirtschaft, der Polizei und der Geheimdienste einte, einen Staatsstreich plante und für die Terroranschläge in den 1970er Jahren mitverantwortlich war. Dass das Netzwerk, trotz der offiziellen Auflösung der Loge im Jahr 1982, weiterbesteht, zeigten nicht zuletzt die Untersuchungen zur Geheimloge P3. Sowohl der als Finanzjongleur bekannte Sindona als auch Calvi waren Teil dieses Netzwerks. Vgl. hierzu u. a. Tosches (1987); Petersen (1995); Guarino (2001); Lucarelli (2002); Almerighi (2002); *Dossier Sindona* (2005); *Dossier Delitto Calvi* (2008) sowie *Dossier P2* (2008); Pinotti (2005, 2007); Simoni/Turone (2009); Beccaria (2009) und Bachstein (2011). Warum Berlusconi von der Italienischen Bischofskonferenz gestützt wurde, untersucht Gibelli (2011); Kritik am Berlusconismus der Kirche äußert auch Sciuto (2011).

[67] Ähnliches berichtet auch die Journalistin Petra Reski (2008; 2010).

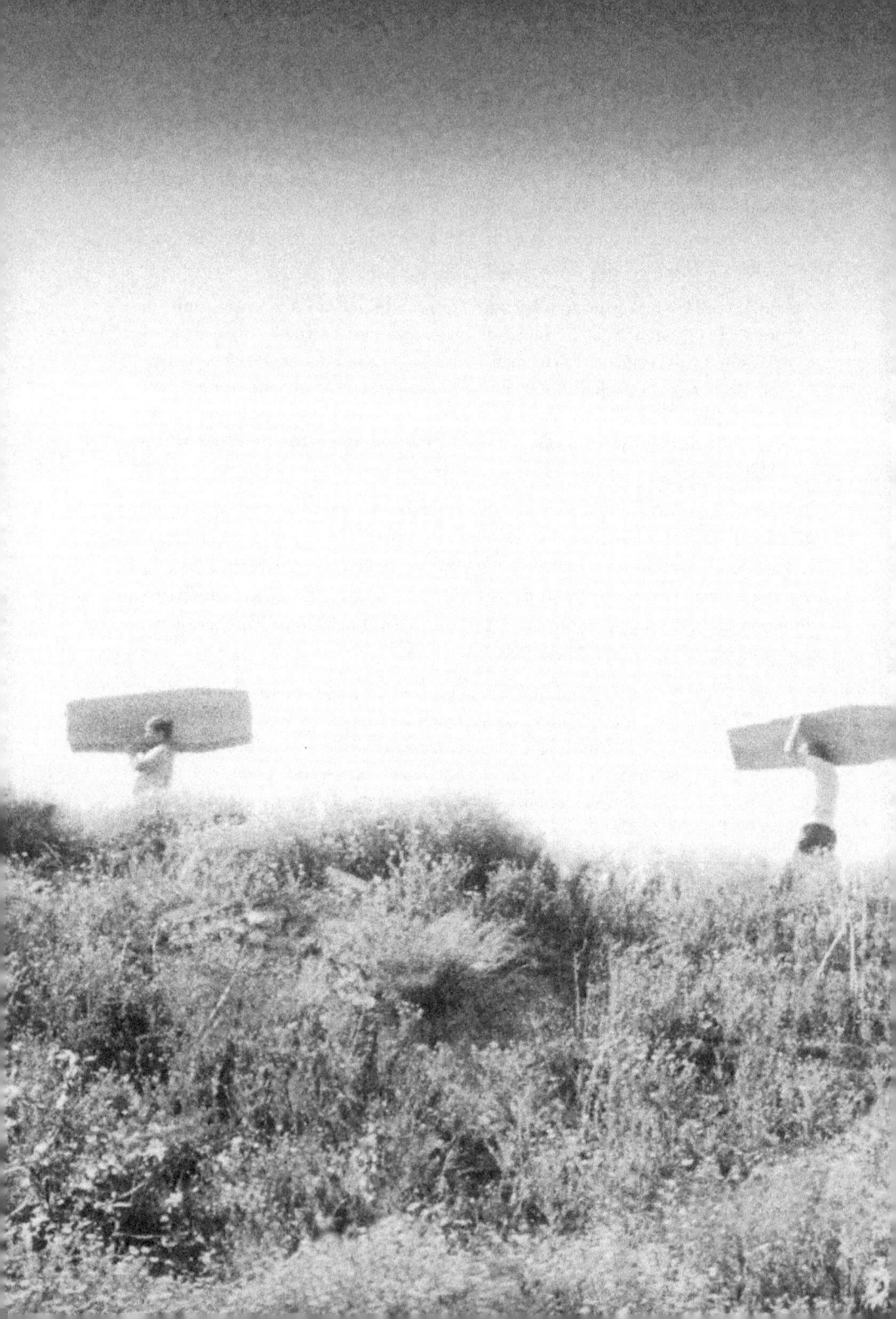

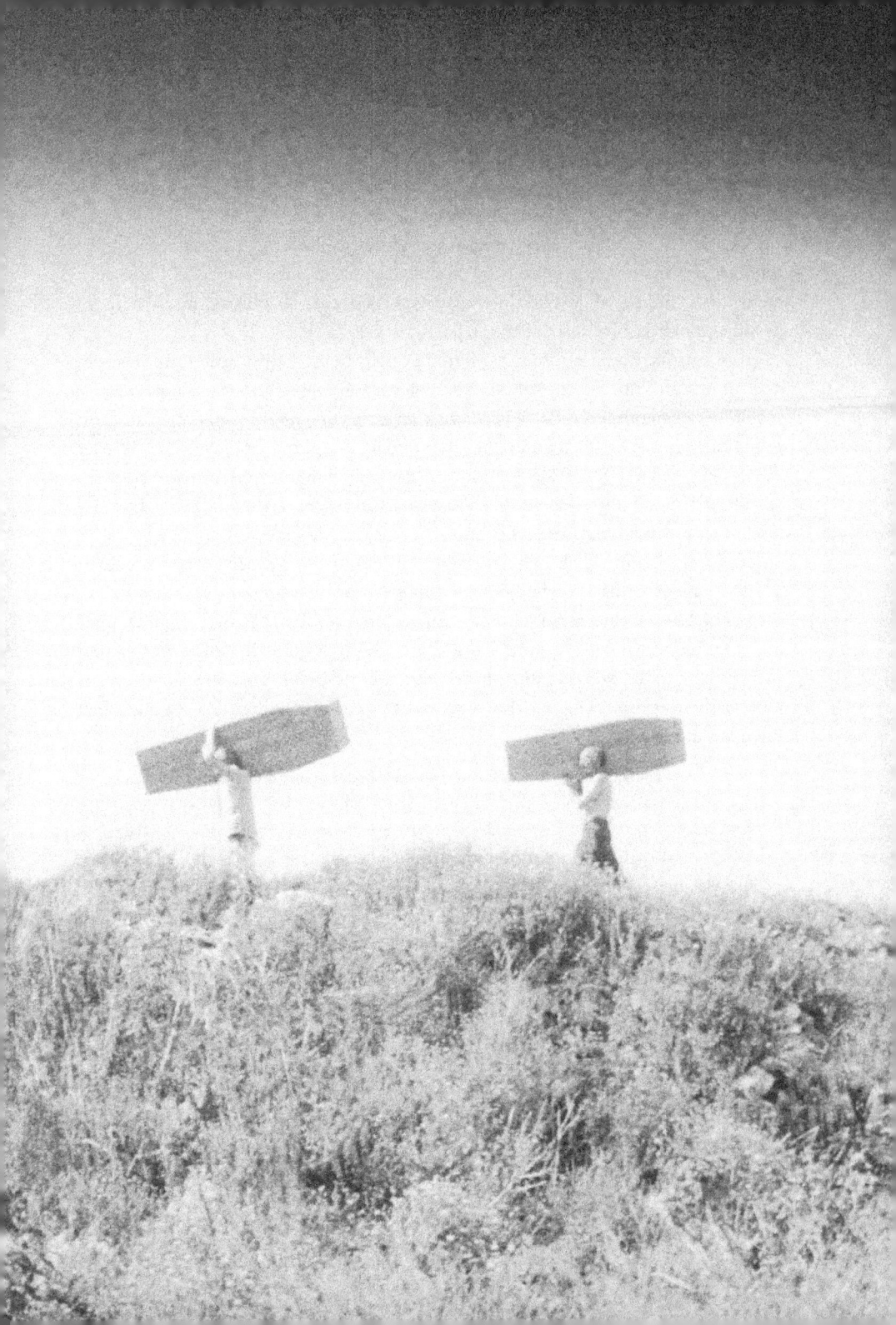

Wenn sich Ciprì und Maresco mit ihrer Episode des Heiligen Silvio auf vielschichtige Art und Weise über Berlusconi, die Mafia und nicht zuletzt die Kirche mokieren, dann bringen sie nicht nur die lokale Volkskultur auf den Punkt, die sich aus Religion und Fußball, aus Santa Rosalia und „Il Palermo" (*i rosanero*), speist, sondern zeichnen auch eine in ihrer Vernetzung ubiquitäre Biomacht. Berlusconi dient ihnen hierbei als willkommenes Beispiel für eine als klientelistisch wahrgenommene politische „Kaste" (vgl. Stella/Rizzo 2007).

Ihre Persiflage auf Berlusconis öffentliche Selbstinszenierung, die er immer wieder mit unkonventionellen Äußerungen befeuert, greifen Ciprì und Maresco etwas später, in der siebzehnten Folge von *I migliori nani della nostra vita,* erneut auf und setzen diese fort. Die Einstellung, mit der die Szene beginnt, ist die gleiche: Wieder ist die selige Maria von Boscogrande von kapuzenverhüllten Männern umgeben, auf ihren Knien ruht noch immer das Simulakrum des Heiligen Silvio. Die Betenden sind erneut zusammengekommen, um den Abgeordneten Berlusconi zu unterstützen. Nannte sich die Gruppe bei ihrem ersten, jedoch folgenlos gebliebenen Treffen noch P1, so hat sie nun ihren Namen konsequent geändert in P2, Preghiera Due – eine offensichtliche Anspielung auf Berlusconis Mitgliedschaft in der Geheimloge (vgl. Anm. 66), welche zugleich auf eine in den letzten Jahren zu verzeichnende „strategia di sommersione" (Dino 2012: 24), eine Tendenz zur Normalisierung und Tilgung der organisierten Kriminalität von der politischen Agenda, hinweist:

> Non è causuale, che attraverso un'azione congiunta sul piano della prassi e sul piano delle riflessioni, sul piano dei crimini e sul piano della legislazione (che si è aggiornata spesso seguendo le esigenze dei potenti), si sia allargata l'area grigia che separa l'illecito dal lecito, lasciando ampi spazi di tolleranza a rapporti di contiguità e di mal costume [...]. Quel che è accaduto è perfettamente funzionale a un clima politico e sociale sempre più possibilista, che ha fatto del lassismo etico una bandiera e del deficit di moralità una pubblica virtù. (Dino 2012: 30)

Ebenjener Grauzone hat sich auch Berlusconi bedient, nicht von ungefähr spricht Travaglio scharfzüngig von einem „[R]egime ‚à la carte'" (Travaglio 2011b; vgl. auch Travaglio 2010; 2011a). Dieses gesellschaftliche Szenario der *Seconda Repubblica* wurde durch eine veränderte politische Kommunikation begleitet, deren aufmerksamkeitsleitende und somit immunisierende Elemente unter anderem in der Videokratie, dem Commanagement und dem slogenhaften semiotischen Universum des Berlusconismus – kurz: der medialen Gouvernementalität – auszumachen sind.

4.1.4 Zusammenfassung

Als „Bestandsaufnahme", verbunden mit der Frage, wohin sich Italien entwickelt, tritt das zeitgenössische Italien im Werk von Daniele Ciprì und Franco Maresco als totalitärer Raum hervor. Vor dem Hintergrund eines schwachen Staates und des Klientelismus umreißen die beiden Regisseure dabei das Spektrum einer ubiquitären Biomacht, wobei die verschiedenen, das kollektive Imaginäre besetzenden Aspekte miteinander verschränkt sind. Im Gegensatz zu Pier Paolo Pasolinis bekanntem Film *Salò o le 120 giornate di Sodoma*, einem Sinnbild für die Mechanismen zur Regierung des Lebens, die sich dort, ebenso wie bei de Sade, jedoch einzig auf den abgeschlossenen Raum der Villa konzentrieren, entrahmen Ciprì und Maresco dieses Szenario. Der von ihnen dargestellte totalitäre Raum geht daher weit darüber hinaus. Gerade deshalb muss die Ausprägung der Biomacht hier in anderen Kategorien gedacht werden. Handelt es sich bei Pasolini um die Kritik einer historischen Totalitarismusform, so stehen wir bei Ciprì und Maresco einer anderen Art totalitärer Macht gegenüber, die nicht mehr mit tradierten Begrifflichkeiten gefasst werden kann. Zum einen, weil der herkömmliche, ideologiegeprägte Totalitarismusbegriff konkrete geschichtliche Phänomene des 20. Jahrhunderts bezeichnet (Nationalsozialismus, Faschismus, Stalinismus et cetera); zum anderen aber auch, weil er den alldurchdringenden, autopoietisch-gouvernementalen Aspekt, der diese neue Form der Macht und den damit einhergehenden epistemischen Wandel kennzeichnet, nicht berücksichtigt. Aus diesem Grund schlägt Massimo Recalcati für die liberal-demokratischen Systeme der Gegenwart den Begriff des postideologischen Totalitarismus vor, wobei er feststellt: „[L]a tendenza totalitaria immanente ai regimi liberal-democratici nell'epoca dell'affermazione incontrastata del discorso del capitalista, si manifesta a partire di una spinta alla *riduzione disincantata di ogni Ideologia*." (Recalcati 2007: 7)[68] In Anlehnung an Foucault diagnostiziert er:

> Da una parte esso prolunga una pratica orizzontale del controllo che mostra la capacità di azione del potere sulle forme stesse della vita, dall'altra, il tracollo dell'Ideale e della sua esaltazione ideologica genera uno scompaginamento del legame sociale e uno smarrimento generalizzato dove è la Legge stessa che sembra aver perduto ogni sua autorità simbolica. (Recalcati 2007: 12)

Dabei wird verständlich, dass hier nicht mehr von *der* Macht, als einer einzigen, exklusiven und souveränen Macht im herkömmlichen Sinne, gesprochen werden

---

[68] Zum Konzept des Totalitarismus vgl. auch Forti (2007).

kann, sondern von Machtbeziehungen gesprochen werden muss, die als Netz von Dispositiven (im Sinne Foucaults und Agambens) den öffentlichen und privaten Raum, den Gesellschafts- und den Individualkörper, durchziehen und bestimmen. Diese biopolitische Besetzung des Raums und des Imaginären verdeutlichen die im hiesigen Kapitel beleuchteten Aspekte: erstens die rassistischen Diskurse, zweitens die gegenstaatlichen, mafiösen Regierungslogiken, sowie drittens der paraontologische Wandel zur Sicherung des bioökonomischen, hegemonialen Narrativs. Während erstere sich gegen den subaltern stigmatisierten Süden und gegen den gesamtitalienischen Nationalstaat richten, unterminieren zweitere die Souveränität der Staatsmacht und die Zivilgesellschaft. Die bioökonomische Paraontologie des Berlusconismus zielt, drittens, auf die Vereinnahmung der Freiheit des Subjekts, indem sie diese paradoxalerweise „fördert". Diesbezüglich sei an Foucaults Aufsatz „Das Subjekt und die Macht" erinnert, worin er unterstreicht, dass nur freie Subjekte regiert werden können (vgl. Foucault 2005d). Wenn Ciprì und Maresco das Spektrum einer ubiquitären, da entrahmten Biomacht aufzeigen, so auch, um uns dessen Valenz als autopoietische Kontrollmacht vor Augen zu führen. Einer Macht, deren Mechanismen wir dank der Subjektivierungsweisen verinnerlicht haben, wie Rose es anhand des Selbstbildes der Community verdeutlicht (vgl. Rose 2000).

Die Filme der beiden unfügsamen Palermitaner legen diese Formen des Regiertwerdens offen, indem sie deren Krise herbeiführen. So gedeihen diese nicht nur zum widerständigen Medium, sondern zugleich auch zu dem Ort, an dem beide Seiten aufeinandertreffen und dieses Machtverhältnis ausgehandelt wird. Genau hieran knüpft das folgende Kapitel zur Medienkritik bei Ciprì und Maresco an. Ausgehend von der Prämisse der medialen Gouvernementalität soll untersucht werden, wie die beiden Regisseure die Rolle, die Formate und die Inhalte der italienischen Medien in diesem übergeordneten Zusammenhang bewerten.

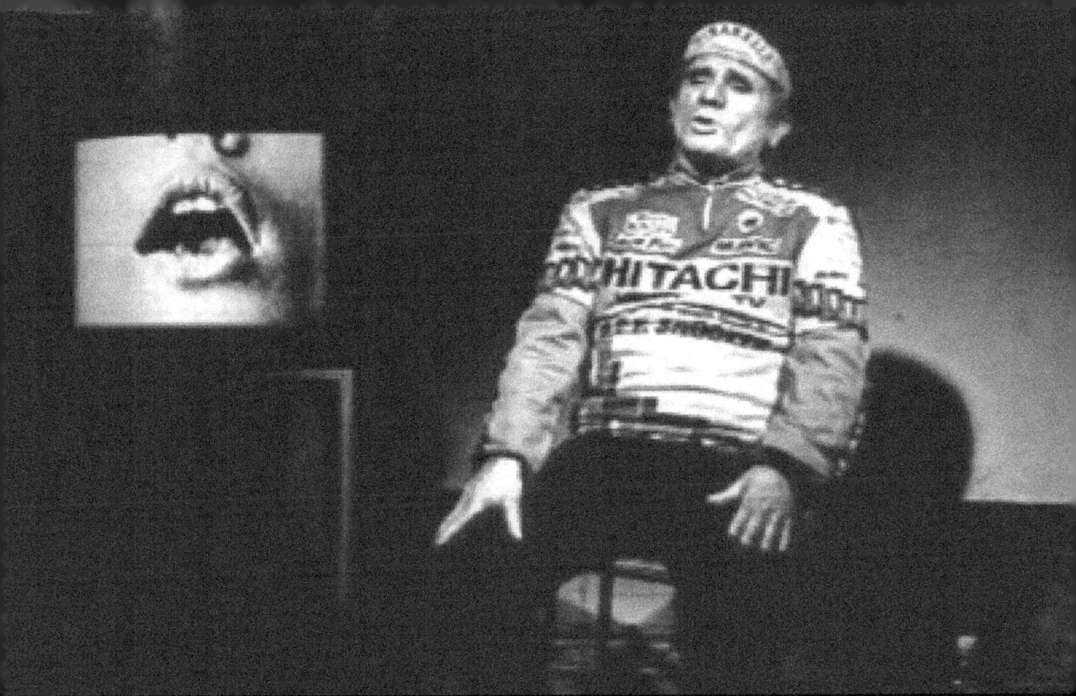

4.2 Medienkritik:
La banalissima televisione

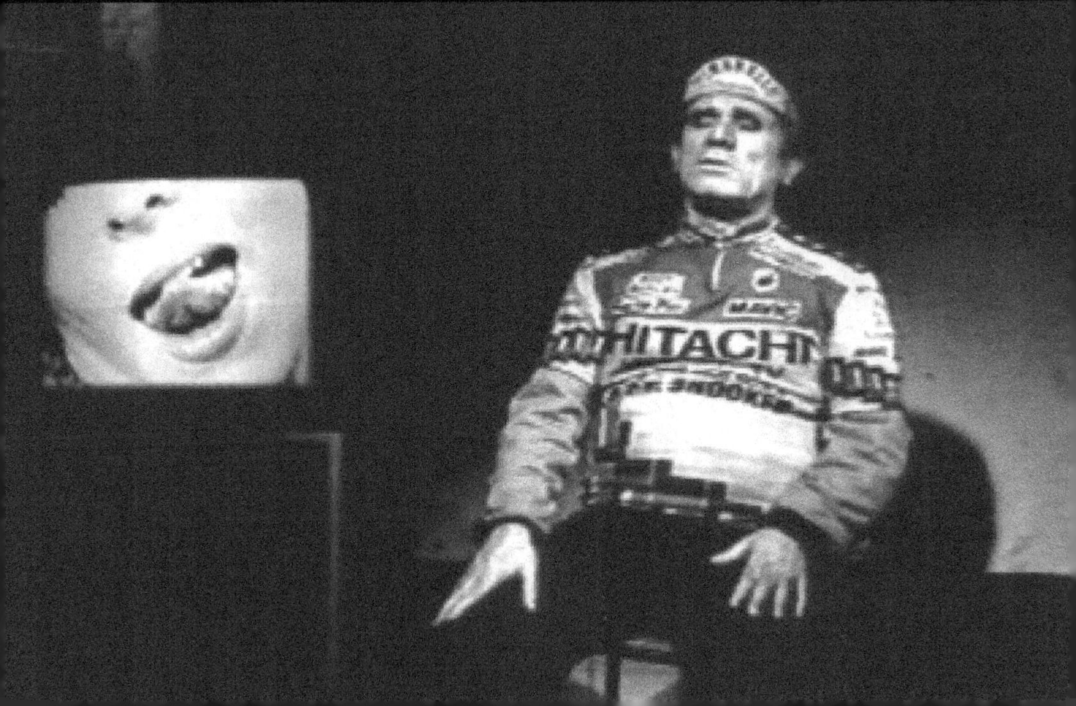

Trotz der massiv gestiegenen Bedeutung des Internets gilt das Fernsehen heutzutage immer noch als Referenzmedium, das unsere Wahrnehmungsmodi und -praktiken maßgeblich beeinflusst. Deshalb trägt das *cinema di contestazione*, das engagierte Kino von Daniele Ciprì und Franco Maresco, der medial transportierten Wirklichkeit und ihrer wiederum wirklichkeitsbeeinflussenden Inszenierung Rechnung. Nicht zufällig setzen sich die beiden Sizilianer schon von Beginn an mit ihm auseinander und äußern ihre Medien- und Gesellschaftskritik anhand einer überzeichneten Ästhetik, die sich als zynische Parodie und vermeintliche Negativfolie der Medieninhalte und -formate ausnimmt. Im Zentrum ihrer Kritik steht von Beginn an das, was erst gut zwanzig Jahre später als Videokratie (bzw. als Telekratie oder Medienkratie) bezeichnet und was hier unter dem eingangs definierten Begriff der medialen Gouvernementalität gefasst wird.

Mediale Gouvernementalität in Italien: Berlusconismus und Videokratie

Die Medienkritik von Ciprì und Maresco steht im Zeichen einer schonungslosen Parodie. Sie gilt insbesondere dem italienischen Fernsehen, wie es sich ab den 1980er Jahren unter dem Medienmogul Silvio Berlusconi herausgebildet und Form angenommen hat. Die Kritik an der medialen Gouvernementalität der Unterhaltungsmedien ist im Fall des palermitanischen Regisseurduos durchweg negativ. Die von ihnen angeprangerte Telekratie trägt die Zeichen einer gezielt induzierten Vermassung (bzw. Integration durch Vermassung), die nicht mit qualitativ hochwertigen, gut recherchierten und differenziert darstellenden Sendungen ihrem Bildungs- und Informationsauftrag nachkommt, sondern sich durch eine diffuse Überflutung von Boulevardnachrichten und durch passive Rezeption auszeichnet. Ihre Verweise auf das Fernsehen sind dabei nicht zufällig, bildet dieses doch als Referenzmedium schlechthin die Negativfolie für ihre biopolitischen Überlegungen und für ihre Auseinandersetzung mit Formen der medialen Gouvernementalität.

Das Fernsehen – die schon von Pasolini kritisierte „banalissima televisione" – setzt inhaltliche und ästhetische Maßstäbe, beeinflusst unser Wissen und steuert so auch unsere Wahrnehmung. Das eminent politische Moment dürfte in diesem Zusammenhang, um es mit einem Bonmot von Paul Valéry auf den Punkt zu bringen, wohl die Kunst sein, zu verhindern, dass die Menschen sich für die Dinge interessieren, die sie direkt betreffen. Auch der in der Tradition von Indro Montanelli stehende Journalist Marco Travaglio argumentiert in Begriffen der Aufmerksamkeitsökonomie, wenn er hinsichtlich der Nachrichtenberichterstattung konstatiert, dass heute die Präponderanz von Meinungen eine möglichst unparteiische, faktenbasierte Berichterstattung verdrängt habe – provokativ formuliert Travaglio seine These bereits im Titel *La scomparsa dei fatti. Si prega di abolire le notizie per non disturbare le opinioni* (Travaglio 2008). Gerade dies macht es für den Mediennutzer im Allgemeinen nicht einfacher, die ihm dargebotenen Informationen zu hinterfragen, sodass er sich in den meisten Fällen auf deren akritischen Konsum beschränkt. Bereits Foucault spricht diesbezüglich in seiner Analyse der Gouvernementalität von diskursiven Normalisierungsstrategien, die das Denken lenken und die Übernahme von homogenisierenden Konzepten in Subjektivierungsprozesse erleichtern (vgl. Link 1999: 133 f.). Diese Normalisierungstendenzen sind an die von den Medien „angebotene ‚Weltauslegung' mittels des [ihnen] eigenen semantischen [aber generalisierbaren] Codes" (Srubar 2007: 297) geknüpft. Medien, so die hier geltende Grundannahme, sind imstande, eine Immunisierung zu befördern, in dem Sinne, „dass der öffentliche Raum mit einer Sinnstruktur belegt wird, die die Formulierung alternativer Sinnentwürfe gar nicht erst zulässt" (Srubar 2007: 293). Hierbei wird „die Macht der Semiosis selbst als Immunisierungsstrategie ein[gesetzt], d. h. [sie aktiviert] die zur Verfügung stehenden Mittel der Semantikbildung, der medialen Wirklichkeitskonstruktion sowie der strukturellen Kommunikationskonditionierung" (Srubar 2007: 293).

Ciprì und Maresco stehen mit ihrer Kritik am Fernsehen in der Denktradition von Pier Paolo Pasolini, der in seinem bekannten Text *Contro la televisione* aus dem Jahr 1966 sehr treffend das Fernsehen als neues, immunisierendes Machtinstrument entlarvt und dessen homogenisierende Kraft provokativ mit dem faschistischen Totalitarismus gleichsetzt:

> Il video è una terribile gabbia che tiene prigioniera dell'Opinione Pubblica – servilmente servita per ottenerne il totale servilismo – l'intera classe dirigente italiana [...]. Tutto viene presentato come dentro un involucro protettore, col distacco e il tono didascalico con cui si discute di qualcosa già accaduta, da poco, magari, ma accaduta, che l'occhio del saggio – o chi per lui – contempla nella sua rassicurante oggettività, nel meccanismo che, quasi serenamente e senza difficoltà reali, l'ha prodotta. [...] In realtà nulla di sostanziale divide i „comunicati" della televisione da quelli dell'analoga comunicazione radiofonica fascista. L'importante è una sola cosa: che non trapeli nulla mai di men che rassicurante. [...] L'ideale piccolo-borghese di vita tranquilla e perbene (le famiglie giuste non devono avere disgrazie [...]) si proietta come una specie di Furia implacabile in tutti i programmi televisivi e in

ogni piega di essi. Tutto ciò esclude i telespettatori da ogni partecipazione politica [...]: c'è chi pensa per loro, e si tratta di uomini senza macchia, senza paura, e senza difficoltà neanche casuali e corporee. Da tutto ciò nasce un clima di Terrore. [...] [N]on va pronunciata una parola di scandalo [...] praticamente non può essere pronunciata alcuna parola in qualche modo vera. (Pasolini 1999b: 135 ff.)

Pasolinis luzide Kritik an der zeitgenössischen Kontrollgesellschaft und der medialen „Gleichschaltung" findet sich auch in der Studie des Historikers Paul Ginsborg zum Phänomen Berlusconi wieder. Der ehemalige italienische Ministerpräsident wisse gezielt, unter dem Deckmantel freiheitlicher, liberaler Werte (mit Schlagworten wie Freiheit, Demokratie, Gerechtigkeit und Wohlstand), mittels seines Medienimperiums die öffentliche Meinung nachhaltig zu seinen Gunsten zu beeinflussen und zu kontrollieren (vgl. Ginsborg 2003). Da im Falle Italiens, und nicht nur dort, sowohl die Medienkontrolle als auch die Kulturförderung vernachlässigt würden, könnten sich die positiven Auswirkungen der Massenmedien, so insbesondere des Fernsehens, zur Entfaltung und Garantie einer öffentlichen, freien und somit demokratischen Meinungs- und Willensbildung nicht entfalten:

I potenziali effetti positivi della televisione, tuttavia, dipendono in ampia misura da due fattori: il controllo del mezzo e la ricchezza culturale della società in cui esso opera. Se il controllo è troppo stretto e la cultura di massa manca di autonomia e di senso critico, i legami fra televisione e società civile diventano davvero deboli. È esattamente ciò che si verifica oggi. [...] Negli ultimi due decenni i mercati dei mezzi di comunicazione di massa hanno assistito a drammatici processi di concentrazione [...], tali da agevolare la *cross promotion*. (Ginsborg 2003: 25 f.)

Vielmehr dominiere der in den Augen des italienischen Wahlvolks selbstsichere Unternehmer und Selfmademan Berlusconi, so Ginsborg weiter, nicht zuletzt selbst das Imaginarium. Nicht von ungefähr betont Berlusconi in einem Interview mit Alexander Stille, er verkörpere den italienischen Traum (vgl. Stille 2006: 171; Bartezzaghi 2011: 217). Dabei dient er insbesondere denjenigen als Vorbild und Projektionsfläche von Wünschen, denen die Erfüllung dieser Aufstiegs- und Wohlstandswünsche wohl eher verwehrt bleiben dürfte, gerade weil sie eben nicht über die entsprechend nötigen finanziellen Mittel verfügen (vgl. Ginsborg 2003: 32).

Um dieses Image und Imaginarium zu stärken, bediene sich Berlusconi selbstredend der Massenmedien und eines ambivalenten Populismus, indem er folgende Aspekte betone: die zentrale Bedeutung des Wahlvolks und seiner Meinung, die Machenschaften der Elite sowie der traditionellen politischen Klasse und die

Notwendigkeit, diese durch eine neue und charismatische Führung zu ersetzen (vgl. Ginsborg 2003: 43). Nicht zuletzt stärke Berlusconi dies, indem er – nach Meinung Ginsborgs genuine – Aspekte der italienischen Kultur berücksichtige: Klientelbeziehungen, die Praxis des Schenkens, die Figur des *condottiere* und den Respekt für die katholische Kirche (vgl. Ginsborg 2003: 45–49). Seine Vorstellung vom Staatswesen unterliege der Idee einer Besitzmacht, in der Privates und Öffentliches zusammenfallen und ununterscheidbar werden (vgl. Ginsborg 2003: 40). Dies veranlasst Ginsborg letzten Endes gar dazu, im Anschluss an die Demokratiestudien von Diamond und Plattner[69], seinen Essay mit der polemischen Bemerkung zu schließen, Italien entspreche nicht mehr dem Modell einer liberalen Demokratie:

> Nel 2003, tuttavia, esistono motivi molto validi per affermare che non è più così. L'Italia di Berlusconi non riesce a soddisfare, in varia misura, il secondo, terzo e quarto criterio necessario per qualificarsi come democrazia liberale. Per quanto concerne il secondo, la legge in Italia non è uguale per tutti, non solo perché chi dispone di mezzi economici ingenti ha migliori opportunità di difesa di fronte ai tribunali, ma perché l'esecutivo e la maggioranza parlamentare stanno apertamente promuovendo e approvando misure che corrispondono agli interessi del Presidente del Consiglio e dei suoi amici. Con riferimento al terzo criterio, la magistratura è sempre meno autonoma e molte autorità e garanti italiani dispongono di poteri intenzionalmente limitati. Passando al quarto, il sistema mediatico italiano è semplicemente il meno libero d'Europa. La conclusione appare inevitabile: se esistesse un Moody's per la politica, l'Italia oggi sarebbe retrocessa tra le democrazie di 'serie B'. È sorprendente e persino sconvolgente che un dato di fatto tanto semplice e incontestabile non sia oggetto di intransigente denuncia da parte delle autorità democratiche del paese. (Ginsborg 2003: 83)

---

[69] Plattner und Diamond unterscheiden zwischen Wahldemokratien und liberalen Demokratien. Während es ausreichend sei, für die erste Kategorie ein Minimum an Kriterien zu erfüllen, nämlich, dass regelmäßig freie und faire Wahlen abgehalten werden, in denen sich verschiedene Parteien zur Wahl stellen, gelten überdies für liberale Demokratien fünf weitere Kriterien: Einhaltung und Garantie der Bürgerrechte (Glaubens-, Meinungs-, Versammlungsfreiheit etc.); die Gleichheit der Bürger vor dem Gesetz; die Unabhängigkeit und Neutralität der Rechtsprechung; unabhängige und mit eigener Entscheidungsgewalt versehene Institutionen, wie z. B. die Zentralbank oder die Aufsichtsbehörden über die Massenmedien; die Existenz einer offenen und pluralistischen Gesellschaft mit freien Medien; die Kontrolle der Armee durch eine demokratisch gewählte Regierung (vgl. Diamond/Plattner 2001; Ginsborg 2003: 81 ff.).

Dass sich in Italien dieser tiefgreifende Wandel der politischen Landschaft weit früher abzeichnete, befand der Semiologe Omar Calabrese bereits 1998. In seiner Analyse des Politikspektakels im italienischen Fernsehen stellt er heraus, dass sich insbesondere ab der Zweiten Republik ein „totalitärer" Virus eingeschlichen habe, der die Schwierigkeit, das Land zu regieren, welche sich nicht zuletzt in Stagnation äußere, verstärke und zur institutionellen Krise beigetragen habe (vgl. Calabrese 1998: 115 ff.). Als Hauptprobleme des italienischen Systems diagnostiziert er zum einen populistischen Präsidentialismus:

> Per quanto attiene al presidenzialismo, si ha la netta impressione che la figura per lo più immaginata (soprattutto dalle destre: [...]) sia davvero quella di un plenipotenziaro, che riceve mandato plebiscitario una sola volta, e poi governa come gli pare per tutto il periodo previsto. Questi tratti non sono caratteristici delle democrazie, ma provengono o dai regimi autoritari o da quelli a base populista. Il leader autoritario incarna il mito superomista ottocentesco dell'uomo del destino. Quello populista proviene dal peronismo o della rivoluzione messicana: ed è la manifestazione dell'uomo della provvidenza. Il primo agisce in virtù della forza, il secondo in virtù dei miracoli. Il leader democratico è invece per tradizione nient'altro e niente di più che un delegato. (Calabrese 1998: 117 f.)

Zum anderen attestiert Calabrese Italien einen „bipolarismo forzoso" zwischen den politischen Lagern, der „frutto di ingegneria istituzionale" sei (Calabrese 1998: 118 f.), und zu Unregierbarkeit, Korruption, Politikverdrossenheit und Vertrauensverlust führe (vgl. Calabrese 1998: 119). Der Kampf der politischen Interessengruppen werde vielmehr durch ein Regime an Allianzen ausgetragen, was die Zersplitterung des Systems in viele kleine, „janusköpfige" Gruppen nach sich zieht, die je nach Interessen- und politischer Großwetterlage koalieren. Die spezifische Verquickung von Politik und Medien habe zum „Paradox einer totalitären Demokratie" geführt:

> [L]a politica ha trasformato se stessa in scontro virtuale, povero di contenuti concreti. Lo scontro è, però, un modello di comunicazione ampiamente sperimentato nei media, soprattutto nel racconto della fiction e dello sport. La politica ha fatto proprio, più o meno consapevolmente, questo modello esasperandolo fino a rasentare il senso del ridicolo. Ma ci sta regalando, come corollario e come soluzione al problema, qualcosa che pochi finora hanno intravisto, e che forse i cittadini non desideravano per nulla: il paradosso di una democrazia totalitaria. (Calabrese 1998: 122)[70]

---

[70] Hinsichtlich der aktuellen Entwicklungen scheinen diesbezüglich Zweifel angebracht, wenn der Mailänder Soziologe Marino Livolsi in der „democrazia deliberativa", einer be-

Calabreses polemische Formulierung betont das grundlegende Merkmal medialer Gouvernementalität, nämlich die Bedeutung, Narrative zu regieren und so Wahrnehmung und Verhalten implizit zu lenken. Dass auch Fernsehnachrichten diesen Narrativen zuzurechnen sind, thematisiert Ginsborg anhand des ersten nationalen Kanals *Rai 1*. Trotz eines pluralistischen Gesamteindrucks der Sendung, den Ginsborg als rituellen Pluralismus (vgl. Ginsborg 2003: 36) abtut, verdeutlicht er, inwiefern Kontrolle über Fernsehprogramme ausgeübt werden kann, sodass Mediennutzung in Anlehnung an Skrandies durchaus als eine spezifische Art von Machtbeziehungen und als „Wie" des Regiertwerdens begriffen werden kann:

> Tuttavia, sotto questa superficie impeccabile [del pluralismo] emerge immediatamente una maggiore complessità. Prendiamo l'esempio dei notiziari di Rai 1. È pur vero che vi si realizza un pluralismo rituale, con una regolare sfilata di politici tra cui membri di spicco dell'opposizione. Tutti rilasciano brevi dichiarazioni di partito. Berlusconi, però, interviene spesso in prima persona ottenendo maggior spazio. Segue poi la cronaca con una deprimente sequela di tragedie familiari, incidenti e disastri di vario genere. Si prosegue con i minuti riservati, di rito, al Papa, e si finisce con il calcio e la Ferrari. Nel complesso il maggior telegiornale pubblico trasmette un senso di forte sconforto per come vanno le cose nel mondo e per la vacuità della politica, controbilanciato però dalla rassicurazione della Chiesa e dal buon senso del Presidente del Consiglio. Non è mai dato di sentire le voci dissidenti o alternative della società. (Ginsborg 2003: 36)

Ähnliche Strukturen sind ebenso heutzutage zu beobachten, auch wenn der italienische Premierminister inzwischen nicht mehr Silvio Berlusconi, sondern Matteo Renzi heißt. Auch Rangieri sieht in den „martellamenti tamburi dei Tg" (Rangieri

---

schließenden Demokratie, ein mögliches Zukunftsmodell sieht, das es vermag, die politikverdrossene, italienische Bevölkerung wieder stärker in die politisch-gesellschaftlichen Partizipationsmechanismen einzubinden. Livolsi zufolge könnte sich diese als Kontrolle der Politik in Form einer starken öffentlichen Meinung, einer aufmerksamen, kritischen Mediennutzung, einer „consapevole attenzione nei riguardi della politica come narrata dai media" (Livolsi 2006: 266), ebenso wie in Protesten oder Demonstrationen äußern. Ein Blick auf die gesellschaftspolitischen Entwicklungen in Italien, insbesondere die Protestmärsche, Streiks und Demonstrationen, hat jedoch gezeigt, dass sich die Kluft zwischen politischen Entscheidungsträgern und medialem Infotainment auf der einen Seite, und den Belangen und Forderungen der Bevölkerung auf der anderen Seite, vergrößert hat. Die von Livolsi noch 2006 geäußerte Hoffnung in die Wirksamkeit von Protestkundgebungen, um die öffentliche Meinung zu beeinflussen und die Dinge im Land zu ändern, scheint wenig realistisch (vgl. Livolsi 2006). Ein Plädoyer für die „democrazia deliberativa" im Vergleich zum Konzept der Governance hält Ferrara (2009: insb. 103 ff.).

2011: 125) die hauptsächliche Informationsquelle vieler Italiener und erkennt im aus den zunehmenden negativen Narrativen resultierenden Angstgefühl das nötige politisch-strategische Kapital zur Verhaltenslenkung (vgl. Rangieri 2011: 125 ff.)

Exkurs: Narrative regieren – Medienkontrolle im Zeichen bipolaristischer Grabenkämpfe

Was die im Hinblick auf die italienischen Medien kritischen Stimmen jederzeit beflügeln dürfte, sind sicherlich die anhaltenden Debatten und Skandale bezüglich der staatlichen Medienkontrolle. Hinsichtlich der Situation der Medien in Italien drängt sich der Eindruck auf, das Land habe sich in den Grabenkämpfen des Bipolarismus festgefahren. Richteten sich in der Ersten Republik die Massenmedien direkt nach der Politik bzw. nach entsprechenden Parteirichtungen aus, so ergab sich mit Auflösung der Ersten Republik und dem Übergang zur Zweiten Republik eine Öffnung, die die italienischen Medien zur Bildung eines dritten, unparteiischen Machtpols hätten nutzen können, aber letzten Endes verstreichen ließen (vgl. z. B. Mazzoleni 2012: 432 ff.). Insofern verwundert es nicht, wenn die italienische Medienlandschaft als „mediterranes Modell" (Mazzoleni 2012: 431), das sich durch einen „‚Kollateralismus' von Informationsorganen und politischen Akteuren" (Mazzoleni 2012: 432) sowie entsprechende „Meinungsmache und parteipolitische Polemik" (Mazzoleni 2012: 432) auszeichnet, gar als „Anomalie" (Mazzoleni 2012: 420) etikettiert wird. Insbesondere die Interessenkonflikte, die Tendenz zur Stärkung des „Duopols Rai-Mediaset" (Mazzoleni 2012: 427), die Bevorteilung des Fernsehsektors und eine diffuse, zumeist den Status quo bestätigende Gesetzeslage lassen Mazzoleni gar von einem „dürftigen Pluralismus, den man auch als Undurchdringlichkeit bezeichnen könnte" (Mazzoleni 2012: 423), Morcellini von einem italienischen Mittelalter (vgl. Rangieri 2011: 120) und Rangieri von einer „democrazia di bassa qualità" (Rangieri 2011: 121) sprechen – mit entsprechenden Auswirkungen auf die Breite der Informationsvielfalt und die Herausbildung der Medien als die (idealiter) vierte Säule der demokratischen Macht, welche Exekutive, Legislative und Judikative kontrolliert.[71] Bezüge zur medialen Gouvernementalität sind hier nur allzu offensichtlich.

---

[71] Ein deutsches Beispiel für die von Kontroll- und Aufsichtsräten der öffentlichen Sendeanstalten ausgeübte Macht ist beispielsweise der Fall des ZDF-Chefredakteurs Nikolaus Brender, dessen Vertrag trotz großer öffentlicher Empörung vom Kontrollrat nach 2010 nicht verlängert wurde, weil er sich kritisch gegenüber den Wahlen in Hessen geäußert hatte.

Eine solche Kontrollinstanz hätte zum Beispiel der öffentlich-rechtliche Rundfunk *Rai* sein können. Doch ein Blick auf aktuelle Diskussionen in der italienischen (Medien-)Öffentlichkeit zeigt, dass die *Rai* eher „die Kriegsbeute der jeweiligen Wahlsieger" (Mazzoleni 2012: 433) ist, die „wichtige Schaltstellen der Sendeanstalt mit ‚ihren Leuten' [besetzen]" (Mazzoleni 2012: 433)[72]. Entsprechend ist eines der Dauerthemen die Besetzung des Aufsichtsrats der *Rai*, einer Aktiengesellschaft, die zu über 99,56 Prozent dem italienischen Wirtschafts- und Finanzministerium und zu 0,44 Prozent der Behörde zur Verwaltung geistiger und medialer Autoren- und Besitzrechte *SIAE* unterstellt ist. Obgleich der Vorsitz des Aufsichtsrats der *Rai* gesetzlich auch für die Opposition vorgesehen ist, führten Machtkämpfe im Rahmen der „Neuverteilung", wie beispielsweise 2009, zur Auflösung des Kontrollrats und seiner Neubesetzung.[73]

Dass auch auf dem umkämpften Zeitungsmarkt unabhängige, kritische Berichterstattung schwieriger geworden ist, ist nicht nur dem hohen medialen Wettbewerbsdruck, der Verkleinerung und Prekarisierung von Redaktionen, dem Zusammenschluss verschiedener Anbieter oder geringeren staatlichen Zuwendungen geschuldet (vgl. z. B. Mazzoleni 2012), sondern auch eine Frage der journalistischen Kultur. Bekanntlich greift inzwischen selbst der politische Journalismus der

---

[72] Dies bezeichnet Mazzoleni (2012: 422 f.) als „lottizzazione".
[73] Unter der letzten Berlusconi-Regierung führte dies in der Tat zu einer beeindruckenden und zugleich problematischen Konzentration der Medienkontrolle. Vgl. u. a. Flores D'Arcais (2011: 9 f.): „Diamo perciò uno sguardo alla Costituzione materiale effettivamente vigente nell'Italia dominata da Berlusconi. Cominciamo dall'informazione. Dai due indicatori fondamentali, l'imparzialità (aderenza ai fatti) e la pluralità (canali tv e radio, agenzie giornalistiche, testate della carta stampata, e – da non dimenticare mai – concessionarie pubblicitarie). In Italia circa il 90 per cento della popolazione si informa esclusivamente attraverso i canali tv. Ora, se si toglie una piccola rete (La 7 [...]), Berlusconi controlla totalmente l'informazione televisiva. I sei canali nazionali sono per metà (quelli ‚commerciali') direttamente di sua proprietà, e per l'altra metà (quelli ‚pubblici') indirettamente controllati dalla maggioranza di governo che impone uomini e programmi. E, infatti, su decine di telegiornali e trasmissioni di approfondimento o discussione, sono rimasti due soli programmi (forse tre) dove i fatti scomodi per il governo trovano ancora spazio [...]. Il ‚giornalismo' tv non si limita più a manipolare ed edulcorare i fatti. Li abroga, direttamente e semplicemente, tutte le volte che possono mettere Berlusconi in cattiva luce. [...] La situazione è diversa per la carta stampata, ma solo il 10 per cento degli italiani legge un quotidiano (comprendendo in questa cifra quelli sportivi). I giornali parlano ormai solo ad una ristretta élite. E anche nella carta stampata Berlusconi possiede e controlla numerose testate, la più importante casa editrice (Mondadori), ha già tentato di conquistare il più importante quotidiano (il Corriere della Sera) e si prepara a tentare di nuovo [...]."

Massenmedien vermehrt auf offizielle Communiqués zurück und kommentiert diese. Entsprechend erfolgt Informationskontrolle schon an der Quelle, offizielle Pressemeldungen sind bereits gefilterte Neuigkeiten und ersetzen so die vormals konfidentielle Beziehung der Journalisten zu den Politikern. Dies bedeutet nicht, dass es dies nicht mehr gibt, sondern nur, dass innerhalb journalistischer Kreise eine stärkere Nivellierung erfolgt, die weiterhin an Exklusivinformationen und deren beschränkte Weitergabe gebunden ist, was nicht zuletzt belegt, dass die Schemata der Ersten Republik nicht überwunden worden sind, sondern weiterhin eine maßgebliche Rolle spielen. Einzig der aggressive Ton zwischen den politischen Lagern hat seit Beginn der Zweiten Republik zugenommen.

In der Mühle des Bipolarismus zerrieben, werden auch diejenigen, die sie antreiben: Die Journalisten, denen zwangsläufig – und bisweilen nicht zu Unrecht – Parteilichkeit unterstellt wird. Eines der bekanntesten Beispiele ist in diesem Zusammenhang das sog. „Bulgarische Edikt" vom 18. April 2002, das zur Entlassung von drei als zu kritisch empfundenen Journalisten (Enzo Biagi, Michele Santoro, Daniele Luttazzi) des öffentlichen Fernsehsenders *Rai 3* führte (vgl. z. B. Ginsborg 2003: 37; Gomez/Travaglio 2009: 18 ff.).[74] Ähnlich strittig erwies sich die von 2006 bis 2011 auf *Rai 2* ausgestrahlte Politiksendung *Anno Zero* von Michele Santoro – als eine Art medienpolitischer Nachwehen. Nachdem die sehr quotenstarke Sendung in beiderseitigem Einverständnis 2011 eingestellt wurde, wurde sie als durch Crowdfunding finanziertes Programm unter dem Namen *Servizio Pubblico* zunächst landesweit auf Lokalsendern ausgestrahlt und ab Oktober 2012 dann auf *La 7*. Gerade von linken Journalisten wird im Gegenzug polemisch darauf verwiesen, dass sich in einigen italienischen Medienredaktionen eine Art voreiliger Gehorsam oder Selbstzensur breitgemacht habe – eine Kritik, die insbesondere den zur Mediaset-Gruppe gehörenden Sendern und Zeitungen wie *Il Giornale* oder *Libero* gilt, die Berlusconi als Organ dienten und die sich für Schlammschlachten gegen seine politischen Kontrahenten hergäben (z. B. 2011 gegen Fini). Angesichts des herrschenden, bipolaren Meinungsjournalismus mit seinen entsprechenden

---

[74] Auf Staatsbesuch in Bulgarien sagt Berlusconi von Sofia aus: „Biagi, Santoro e Luttazzi hanno fatto un uso criminoso della televisione pubblica pagata con i soldi di tutti. Preciso dovere della nuova dirigenza Rai sarà di non permettere più che questo accada." Gomez und Travaglio mutmaßen einen Zusammenhang mit einer Aussage, die Berlusconi einige Monate zuvor, am 09. Februar 2002, auf dem internationalen Gipfeltreffen im spanischen Carceres gemacht hat: „Quello di Biagi, Santoro e della Rai di Zaccaria è stato un attentato alla democrazia: mi hanno fatto perdere 17 punti in campagna elettorale." (Gomez/Travaglio 2009: 18 ff.)

Implikationen scheut sich die italienische investigative Publizistik nicht, Kritik zu formulieren, so, wenn sie beispielsweise die Parlamentsabgeordneten und ihre Vorstrafenregister (vgl. Travaglio/Gomez 2008), die Partikularinteressen der Abgeordneten (vgl. Travaglio 2011) oder aber die zahlreichen Gesetzesmaßnahmen *ad personam* (vgl. Travaglio 2010) beleuchtet.

Im ewig skandalgeschüttelten Italien führen all diese Querelen und Skandale auf lange Sicht zu einer mentalen Ermüdung des Publikums. Der Eindruck genereller Korruption, bürgerferner Günstlingswirtschaft und der Parteienstaatlichkeit einer als Kaste begriffenen politischen Elite (vgl. Stella/Rizzo 2007) hat in den letzten Jahren vermehrten Zulauf zu populistischen Protestbewegungen wie dem Movimento 5 Stelle verzeichnen lassen (vgl. Greblo 2011), das bei der breiten Bevölkerung mit dem allzu einfachen Slogan der Anti-Politik und mit simplen Basta-Parolen punktet.

Es darf vermutet werden, dass der Bipolarismus vielleicht auch Wurzel der Verrohung der Umgangsformen in der medialen Öffentlichkeit ist, von erbitterten Stellungskämpfen und Schlammschlachten. Hinsichtlich eines als spärlich empfundenen Meinungs- und Medienpluralismus schieben sich ebenjene Schützen der beiden öffentlichen Lager gegenseitig oft und gern die Schuld zu. Dass diese Diskussionen dabei oft an die Frage nach der Postdemokratie (vgl. Crouch 2008; Schiffer 2011), an die zunehmende Bedeutung von Public Relation und an die Frage, wie nachprüfbare Informationen produziert werden, geknüpft sind, ist nicht verwunderlich.

Dennoch stellt sich die Frage, ob solche Debatten nicht auch als ein Zeichen gesehen werden könnten, dass es trotz der Konzentration der Medienkontrolle auf einige bestimmte Gruppen um den Meinungspluralismus doch nicht ganz so schlecht bestellt ist. Wie besonders kritische Stimmen allein in Begriffen des Totalitarismus zu argumentieren, erweist sich, wie schon in Kapitel 4.1.4 dargestellt, in der Tat als problematisch, ist doch dieser Begriff mit einem spezifischen historischen Kontext verbunden. Gerade deshalb scheint es fruchtbar, das Problem aus der Perspektive der Biopolitik und der Gouvernementalitätsstudien anzugehen. Diesen Ansatz in Bezug auf den Bipolarismus der italienischen Medienlandschaft, Politik und Gesellschaft konkret fortzuführen, wird jedoch Aufgabe eines anderen Forschungsvorhabens sein, denn es würde den Rahmen und die Themenstellung dieser Arbeit überschreiten.

Trotz dieses konkreten gesellschaftspolitischen Hintergrunds muss das Augenmerk einer kritischen Betrachtung medialer Kontexte und Ästhetiken auf dem Aspekt der Wahrnehmungspolitik liegen, also auf einem der politischen Landschaft übergeordneten Phänomen. Es gilt vielmehr, nach den Auswirkungen von medialen Narrativen und Inszenierungen auf die Wahrnehmung der Zuschauer zu fragen und in ihnen Strategien und Formen der Ausübung von Macht zu erkennen. Gerade deshalb soll die von verschiedenen Autoren geäußerte Bemerkung zu einer totalisierenden Macht der Medien ernst genommen und beleuchtet werden. Dem Fernsehen soll in diesem Zusammenhang unser besonderes Interesse gelten, da dieses als wichtigster produktiver Referenzpunkt für das Schaffen von Daniele Ciprì und Franco Maresco von ihnen als Immunisierungsinstrument entlarvt wird.

Ubueske Macht und Real(ity)-Politik

Hinsichtlich der Verschränkung von Politik und Medien bemerkt Rangieri, dass sich nunmehr eine „ideologia dell'antipolitica" (Rangieri 2011: 124) durchgesetzt habe, die einer „vera e propria eutanasia della politica e della democrazia" (Rangieri 2011: 124) gleichkomme, „alterando il linguaggio pubblico, allontanandolo da un piano razionale, informativo, verso un livello solo performativo, in cui non conta quello che si dice ma il modo in cui lo si dice, la performance" (Rangieri 2011: 124). Verstärkt werde diese Tendenz mittels einer Schwächung der Zivilgesellschaft durch Einschnitte in der Presse, im Bildungswesen und in der Kultur, die einem gezielten Angriff auf die postfordistische Wissensgesellschaft entsprechen (vgl. Rangieri 2011: 123). Wenn Paolo Flores d'Arcais in diesem Zusammenhang gar von einem „virus dell'antidemocrazia" (Flores d'Arcais 2011: 18) spricht, merkt er zudem an, dass, wenngleich Italien hier eine Vorreiterrolle einnimmt, es stellvertretend für aktuelle Entwicklungen in Europa steht (vgl. Flores d'Arcais 2011: 18 f.)

In einer Gesellschaft des Spektakels, wie sie hier noch auszuführen sein wird, nimmt die Inszenierung von Macht vor einem vermeintlich „antipolitischen" Hintergrund ambivalente Züge an. Gianluca Solla spricht diesbezüglich von einer totalisierenden, ubuesken Macht, die auf einem Paradoxon[75] beruhe. Obgleich sie denje-

---

[75] Auch Tarizzo (2007: 93) erkennt ein totalitäres Regime des Spektakels: „Propongo di definire totalitario, o spettacolare, un regime (anti)politico basato sul principio dell'assenso incondizionato, che non è consenso né libero né forzato, poiché non prevede più l'effettiva alternativa del dissenso." Dies macht er am Beispiel des Applauses fest, der als pure Form der Zustimmung oder der „assenso *qua* assenso" gelten kann (Tarizzo 2007: 93). Im Hinblick auf die ciprimareskanische Ästhetik und ihre die mediale Gouvernementalität unterminierende Arbeit am Bild ist an Tarizzos Gedanke interessant, dass der Sinn im Zeitalter des Spektakels vollkommen von der Sphäre der Zustimmung aufgesogen worden sei und somit Dissens nicht mehr möglich sei, außer in Form eines radikalen Nicht-Sinns, da jedwede

nigen, der die Macht innehat, ridikülisiert, stärkt sie zugleich dessen Position, indem sie diese naturalisiert, also als unausweichlich erscheinen lässt (Solla 2011: 129). Solla schreibt „nella 'massimizzazione degli effetti di potere a partire dalla squalificazione di colui che li produce', ossia di colui che detiene il potere" (Solla 2011: 129) und entlehnt hierbei den Begriff des Ubuesken vermutlich bei Foucault:

> La terreur ubuesque, la souveraineté grotesque ou, en d'autres termes plus austères, la maximalisation des effets de pouvoir à partir de la disqualification de celui qui les produit [...]. Il me semble que c'est l'un des rouages qui font partie inhérente des mécanismes de pouvoir. Le pouvoir politique, du moins dans certaines sociétés et, en tout cas, dans la nôtre, peut se donner, s'est donné effectivement la possibilité de faire transmettre ses effets, bien plus, de trouver l'origine de ses effets, dans un coin qui est manifestement, explicitement, volontairement disqualifié par l'odieux, l'infâme ou le ridicule. Après tout, cette mécanique grotesque du pouvoir, est fort ancien dans les structures, dans le fontionnement politique de nos sociétés. (Foucault 1999b: 12)

Durch eine ubiquitäre, medial gefestigte Macht avanciere die Gesellschaft zu einer „società immaginaria" (Solla 2011: 131): einer imaginären Gesellschaft und einer Gesellschaft des Imaginären. Dies bedeutet nicht nur, dass diese medial gesteuert werden kann, sondern ebenso, dass sie ebenjenes medial propagierte Imaginarium verinnerlicht und zur Wirklichkeit erhoben hat. Der Preis, den sie dafür bezahlt, ist – so Solla in Nähe zu Pasolini –, dass die politisch-gesellschaftliche Partizipation im Sinne der Agora zu Gunsten einer Logik des Konsums aufgegeben wird. Die Gesellschaft manövriert sich in die eigene Handlungsunfähigkeit, indem sie jedwede Form der Verantwortung von sich weist:

> È parte costitutiva di una società, qual è quella in cui noi viviamo, che l'immaginario arrivi a una potenza sinora mai raggiunta. Chiamiamo perciò tale società 'immaginaria'. A differenza di quelle arcaiche, in questa il ridicolo non serve più a limitare il potere, ma a consolidare la percezione di quanto tale potere sia inevitabile e inevitabili le sue regole, i suoi meccanismi, le sue decisioni. Il potere ubuesco crea nell'immaginario comune una sorta di sua naturalezza, un automatismo in base al quale appare impossibile, o quanto meno inutile, opporvisi. Esso trova il suo coronamento in questa sensazione d'ineluttabilità, nella rassegnazione di un Paese al peggio. (Solla 2011: 131)

---

andere Form der Logik des Spektakels unterliegt und diese alimentiert. Selbst wenn sich der Nicht-Sinn des Realen entbirgt, so wird versucht, ihn mit Sinn zu belegen und so in Zustimmung zum System des Spektakels zu verkehren (vgl. Tarizzo 2007).

Medienkritik: La banalissima televisione

Die Macht in dieser Gesellschaft des Imaginären folgt dem Prinzip des Obszönen, einem Mechanismus des Spektakels und der Sichtbarkeit, bei dem nicht mehr zwischen ubuesker, allumfassender Lächerlichkeit und Terror unterschieden werden kann:

> Chiamiamo 'osceno' esattamente questo punto d'indistinzione [...]. Classicamente, l'osceno sta in diretta contrapposizione con la scena: è ciò che avviene fuori scena, che non può essere mostrato. [...] Oggi questa relazione sembra essere terminata [...]: l'osceno invade la scena [...]. L'osceno è ciò che deve apparire in scena. È ovunque proprio perché ha cancellato l'esistenza stessa di qualsiasi cosa non sia scena. 'Osceno' non ha di per sé niente di morboso, né di piccante. È invece la constatazione che tutto è scena, e in questa forma implica la cancellazione degli eventi che l'iperpresenza mediatica impone, finendo per cancellare qualsiasi contenuto della vita pubblica e la possibilità stessa di una vita pubblica. [...] L'Osceno inaugura una nuova epoca che scaturisce dall'evoluzione di ciò che Guy Debord chiamava lo spettacolare integrato, ma che ne costituisce anche la fine: l'Osceno inizia quando non c'è più spettacolo né scena e tutto diviene *trasparente* a se stesso (o ridotto a coltivare tale illusione). [...] Oggi a essere in gioco è, invece, la iperrappresentazione di tutto, la mancanza assoluta di segreto e di nascondimento [...]. (Solla 2011: 134 f.)

Die von Solla scharf kritisierte mediale Hyperpräsenz und die damit einhergehende Gouvernementalität lässt somit Italien als ein Land zum Vorschein kommen, das im Zeichen der Videokratie steht. Diese Dynamiken der Steuerung und Auswirkungen der Medienmacht haben beispielsweise Dokumentarfilme wie *Videocracy. Basta apparire* (2009) von Erik Gandini, *Draquila. L'Italia che trema* (2010) von Sabina Guzzanti, *Silvio Forever* (2011) von Roberto Faenza und Filippo Macelloni oder die Sketche des Komikers Antonio Albanese (zur Figur des populistischen Politikers Cetto La Qualunque und seiner Partei Partito du Pilu als Parodie auf Berlusconi und seine Partei Popolo della Libertà) aufgegriffen.[76] Zuletzt inszenier-

---

[76] Während Gandini die Mechanismen und das Establishment des italienischen Medienbetriebs beleuchtet, ebenso den Traum vieler, vor allem junger Menschen berühmt zu werden, zeigt Guzzanti die Situation in der Stadt L'Aquila ein Jahr nach dem Erdbeben vom April 2009, wobei deutlich wird, wie weit die in den Medienberichten dargestellte Lage und Alltagswirklichkeit auseinander liegen. Faenza und Macelloni hingegen legen ein Porträt Berlusconis vor, das sie als die von Berlusconi nicht autorisierte Autobiografie vermarkten und die seine allgegenwärtige Darstellung in den Medien zum Thema hat. Zu der von Antonio Albanese kreierten Figur des populistischen Politikers vgl. www.partitodupilu.it [06.05.2011] ebenso wie, neben den zahlreichen Sketchen, den Spielfilm *Qualunquemente* (2011). Zur Politik als Spektakel siehe auch *Viva la libertà* (2013) von Roberto Andò.

ten Matteo Garrone mit *Reality* und Paolo Sorrentino mit *La Grande Bellezza* den Berlusconismus als geschlossenes System, ergo als Universum ohne Ausgang.

Mediale Gouvernementalität, verstanden als Intensivierung und Generalisierung normalisierender Dispositive, die sich in unseren Alltagspraktiken einnisten, ist also ein Ausdruck der zeitgenössischen Kontrollgesellschaft, wie sie Deleuze (vgl. Deleuze 1990b) und Negri sehen:

> La società del controllo (che si sviluppa agli estremi della modernità e inaugura la postmodernità), al contrario, è un tipo di società in cui i meccanismi di comando divengono sempre più 'democratici', sempre più immanenti al sociale, e vengono distribuiti attraverso i cervelli e i corpi degli individui. I comportamenti che producono integrazione ed esclusione sociale vengono quindi sempre più interiorizzati dai soggetti stessi. In questa società, il potere si esercita con le macchine che colonizzano direttamente i cervelli (nei sistemi della comunicazione, nelle reti informatiche ecc.) e i corpi (nei sistemi del *Welfare*, nel monitoraggio delle attività ecc.) verso uno stato sempre più grave di alienazione dal senso della vita e dal desiderio di creatività. La società del controllo può quindi essere definita come una intensificazione e una generalizzazione dei dispositivi normalizzatori della disciplina che agiscono all'interno delle nostre comuni pratiche quotidiane; a differenza della disciplina, però questo controllo si estende ben oltre i luoghi strutturati dalle istituzioni sociali, mediante una rete flessibile e fluttuante. L'opera di Foucault ci permette di riconoscere la natura biopolitica del nuovo paradigma di potere. (Negri, zit. nach Bazzicalupo 2010: 94)

Videokratie ist also ein integraler Bestandteil der eingangs bereits thematisierten Sicherheitsgesellschaft, in der sich Sicherheit und Kontrolle zuallererst mittels des Blicks ereignen. Insofern verwirklichen die Apparate der Bioüberwachung (*biosorveglianza*) dabei den großen Traum eines totalen, panoptischen Blicks, der alles sichtbar macht, ohne selbst gesehen zu werden, was, so Vaccaro, nicht zuletzt die Position der Macht stärkt:

> In un certo senso, registriamo una sorta di 'residuo di una concezione teologica dell'ordine' politico e sociale, come se l'anonimato e l'indeterminato che reggono i dispositivi di governo abbiano tramutato il 'necessario principio di invisibilità' da un dio onnipotente e onniveggente ma pur sempre invocabile con tal nome nella buona e imprecabile nella cattiva sorte, verso un sistema totalizzante non più coincidente, beninteso, con la governamentalità totalitaria del partito unico, bensì con un regime tecno-scopico di governo che rinvia autoreferenzialmente a se stesso, privo di attori che lo emanano, ma come se essi ne fossero emanazione post-umana

e quindi sottratta alla sfera della critica (politica). La democrazia del XXI secolo in chiave sicuritaria diviene pertanto l'inquietante indicibile da cui ricapitolare tutto ciò che è lecito e illecito, consentito e proibito, permesso e vietato, incentivato e scoraggiato, ammesso e denegato, possibile e impossibile dal punto di vista logico e non contingente, sulla base di maggioranze variabili. L'occhio del potere sicuritario si erge dopo la morte di Dio come nuova assiomatica della società, come grammatica delle forme di vita, come istanza di visibilità e trasparenza totale alla sua mercè. (Vaccaro 2008: 27 f.)

Mit der von ihm thematisierten technisch-skopischen Sicherheitsmacht, die selbstreferentiell und autopoietisch einem Unsichtbarkeitsregime unterliegt, liefert Vaccaro einen wichtigen Beitrag zur Definition eines postideologischen Totalitarismus (vgl. Kap. 4.1). Sich zu widersetzen impliziert somit, das Unsichtbarkeitspostulat der Macht zu beschädigen, jenes „inquietante indicibile" zu benennen und, wie Ciprì und Maresco es tun, seine gouvernementalen Mechanismen sichtbar werden zu lassen.

In der Sekundärliteratur wurde das Konzept der Videokratie im italienischen Kontext vielfach mit der Person des Medienzaren Silvio Berlusconi verbunden (vgl. z. B. Krempl 1996; Wallisch 1997; Chytraeus-Auerbach/Maag 2006; Feustel 2007; Rangieri 2011; Solla 2011), war dieser doch einer der Hauptprofiteure vom Wandel der italienischen Medienlandschaft seit Einführung des Privatfernsehens in den 1980er Jahren, und verfügt heute über ein Medienimperium, das weite Teile der öffentlichen Meinung prägt (vgl. z. B. Krempl 1996; Wallisch 1997; Stille 2006; Feustel 2007). Entsprechend wurde Videokratie als spezifische Form der Biopolitik und zugleich als „una biopolitica personale" (Seraphicus 2011: 205) verstanden. Dabei beschränkt sich mediale Gouvernementalität jedoch nicht auf Italien allein, auch wenn das Phänomen im Folgenden daran erläutert wird.

Videokratie führt nicht nur zu einer medialen Formung des Gesellschaftskörpers und der Generalisierung der (Vorbild-)Figur des Souveräns, sondern insbesondere zu einer grundlegenden Kontamination der Sprache und Veränderung der Wirklichkeit, da jedwedes Sprechen auf eine von der Macht besetzte Sprache rekurriert – diesen Mechanismen kann lediglich, wie am Beispiel von Ciprì und Maresco zu zeigen sein wird, durch eine funktionslos gewordene Sprache begegnet werden. Die Videokratie avanciert zur *„Real(ity) Politik"* (Seraphicus 2011: 191), in der sich Reality Show und Realpolitik überlagern:

> Il corpo del singolo diviene popolo, e il corpo elettorale, plasmato dalla tecnica pubblicitaria, diviene corpo mediatico. Se già il corpo del singolo è utilizzato mediatica-

> mente, il corpo collettivo rappresentato dalla cittadinanza diviene corpo mediatico sia in senso passivo che apparentemente attivo, oggetto dell'attenzione costante e totale dei meccanismi pubblicitari, e soggetto di azioni che rimangono ancora nella sfera giuridica della libertà, ma vengono di fatto svuotate dell'autentica sostanza dell'autodeterminazione e della responsabilità personale. (Seraphicus 2011: 206)

> Nelle piccole storie della vita post-moderna il racconto della storia italiana sembra divenire rimedio al vuoto lasciato dall'assenza delle grandi narrazioni. Nel sistema tecnico dei media trova il suo apice una biopolitica personale, in cui la vita biografica si fa politica e in cui si realizza un'equivalenza tra vita del singolo e vita del popolo. Il corpo sociale è il corpo proprio mentre il corpo proprio è lo Stato […]. Nella tecnica e nell'informazione, apparati che macinano il linguaggio, ogni possibile pensiero critico è spento, ma non tanto per una sorta di censura, bensì per un'impossibilità che un linguaggio diverso si associ al linguaggio dominante che plasma la realtà. La stessa opposizione speculare […] è soltanto l'altra faccia di tale confronto mediatico. (Seraphicus 2011: 205)

Die in Italien vielfach geäußerte Kritik am Berlusconismus thematisiert zwar die Ubiquität der Macht und den grundlegenden Einfluss der Massenmedien, verpasst es aber seltsamerweise, dieses Phänomen im Kontext von Biopolitik und Biomacht zu verorten. So auch wenn Stefano Bartezzaghi in seiner Analyse des semiotischen Universums des Berlusconismus das Erschaffen eines allumfassenden und ad libitum wiederholten und materialisierten Weltbildes (vgl. Kap. 4.1.3) als Methode des medialen Regiertwerdens beschreibt:

> Il berlusconismo comprende in definitiva una narrazione e un apparato di specchi. La narrazione avviene per segmenti – anche incoerenti e sovrapposti – che costruiscono l'immagine di un mondo. Gli specchi rifrangono tale immagine, la moltiplicano, continuano a nominarla, la confermano. La riproduzione e la ripetizione, la continua nominazione, il processo di articolazione e ostensione pubblica di tale immagine-mondo è ciò che nel sistema semiotico del berlusconismo prende il nome e il ruolo della verità. Tutto ciò che viene prodotto da questo sistema è verità; nessuna verità può intervenire dall'esterno, senza essere adattata a tale sistema. (Bartezzaghi 2011: 224)

Und er schlussfolgert – zweifelsohne in großer Nähe zum Denken Baudrillards, der die Agonie des Realen und das Fernsehen als perfektes Verbrechen zum Verschwinden der Wirklichkeit brandmarkt (vgl. Baudrillard 1978 und 1995) –, dass der Berlusconismus in seinem Bestreben, sich zur Ontologie zu erheben, die Existenz der Dinge selbst affiziert. Er beeinflusst so entscheidend, was Teil unseres Weltbildes und unserer Wirklichkeit ist und was nicht:

> Negli anni, alla televisione il berlusconismo stesso ha affiancato altri canali e generi comunicativi, che ne hanno integrato la capacità di penetrazione [...]. Il vero punctum dell'affermazione è quello che va direttamente all'esistenza della 'cosa'. Far esistere le cose o meno: questo è il potere, ovvero la posta in gioco del berlusconismo. Il berlusconismo vuole essere un'ontologia: catalogare il reale, selezionandolo, collocarlo sulla scena, manipolarne le proporzioni. Più del dizionario, riguarda l'enciclopedia; ma ancor prima dell'enciclopedia, riguarda il mondo. (Bartezzaghi 2011: 226)

Müllmänner des Äthers oder Die zynische Performanz des Vulgären

Das Schaffen von Ciprì und Maresco ist in diesem Kontext zwangsläufig auch als Medienkritik zu lesen, die sich gegen die Trivialisierung stellt und Kritik an einer Gesellschaft des Spektakels und ihrer Phantasmagorien übt. Wenn wir in diesem Zusammenhang von einer *performance du déchet* – also a) von der Inszenierung des medial und gesellschaftlich Ausgeschlossenen und b) von der zugleich erfolgenden Aufwertung und Verwertung von vermeintlich Wertlosem – sprechen, so muss auch daran erinnert werden, dass ihr Zynismus nicht zuletzt als Waffe zu verstehen ist, um sich im Universum der Simulakren und der Simulation gegen biopolitische und gouvernementale Mechanismen, die das Subjekt vereinnahmen, zu behaupten. Wenn Aldo Grasso bereits 1992 Ciprì und Maresco gar als Müllmänner des Äthers bezeichnet, so darf dies nicht darüber hinwegtäuschen, dass dies auch eine metamediale und ebenso ethische Position mit einschließt:

> Il loro compito di operatori ecologici dell'etere è quello di nullificare il cinismo di molte trasmissioni. Il loro nulla, il loro malinconico travaglio è ciò che ci preserva dall'esercito della salvezza televisiva. Ogni inquadratura, nella sua intollerabile bruttezza, ci dice che le turbe, i dolori, le vergogne, le paure da cui le terapie tv vogliono liberarci, costituiscono un patrimonio di cui a nessun prezzo dovremmo lasciarci defraudare. Ciprì e Maresco hanno tradotto in immagine la critica più radicale a un certo modo di far Tv, svergognano quei conduttori che, non sapendo cosa fare di sé, portano in Tv l'infelicità degli altri [...]. (Grasso 2011: 50)

Ihre Medienkritik, insbesondere ihre Kritik an den Inhalten des Fernsehens, äußern Daniele Ciprì und Franco Maresco mit der Sprengkraft der schonungslosen Parodie im Fernsehen selbst. *Cinico Tv*, mit dem die beiden Palermitaner ab Ende der achtziger Jahre auf Sendung gehen – erst beim palermitanischen Lokalsender *Tvm*, später dann, ab 1988, auf dem dritten, landesweiten Kanal *Rai 3* um 20.00 Uhr zur Primetime[77] –, rechnet ab mit der Vulgarität des *Tv del dolore* (Grasso 2011: 49), das pietätlos das Leiden und Unglück der Anderen auf den Bildschirm bringt und nach hohen Einschaltquoten giert. Ihre Videoclips reflektieren und karikieren populäre Fernsehformate. Zynismus ist hier Programm. Wie die Regisseure erklären, wurde *Cinico Tv* als Reaktion auf die mediale Trivialisierung geboren, mit dem Ziel, durch das Spiel mit Programmformaten die bestehende Stereotypisierung zu provozieren und zu brechen:

> *Cinico Tv* è un'immaginaria televisione che è una sorta di specchio al contrario di tutto quello che è la Tv, quindi il serial, l'inchiesta, gli intervalli. (Morreale 2003: 78)

> *Cinico Tv* è nato qui a Palermo, come divertimento. C'era la voglia, guardando la Tv, di provocare, di applicare certi nostri principi teorici sul tempo, di portare all'interno della televisione la nostra passione cinematografica [...]. La sfida era questa: è possibile in un mezzo dove c'è tale appiattimento estetico come in Tv, portare invece un discorso di qualità estetica, di ricerca, di sperimentazione anche applicata allo spettacolo di varietà, al quiz, agli intervalli, insomma a tutto quello che sono gli stereotipi televisivi? (Morreale 2003: 78)

> La televisione è il luogo dove c'è il collasso di tutto, e che per noi è allora un luogo privilegiato. Perché noi riteniamo che l'immagine, il racconto per immagini, sia arrivato al capolinea o quasi. Lo svuotamento di senso che produce la televisione per noi è il luogo ideale [...]. Noi abbiamo portato la nostra sensibilità di visionari, di cinefili in Tv. Perché non portare anche lì la ricerca dell'immagine, il senso dell'inquadratura, la composizione? Noi lavoriamo semplicemente sull'immagine. (Ciprì und Maresco, zit. nach Inzerillo 2010: 102)

Auch ihre späteren Fernsehproduktionen für *La 7* stehen im Zeichen dieses Denkens.[78] Als „primo programma anti-internazionale di controtelevisione", so die Regisseure sarkastisch, solle ihre Sendung *I migliori nani della nostra vita*, möglichst viele Zuschauer aus dem tiefen Koma reißen, in das sie durch den jahrzehntelangen Konsum haarsträubend schlechten Fernsehens gefallen seien: „Con questo programma intendiamo strappare quanti più italiani sarà possibile dalla melma

---

[77] In 49 Folgen werden die Clips von *Cinico Tv* von Juni bis Juli 1992 in der von Angelo Guglielmi geleiteten Sendung *Blob* auf *Rai 3* ausgestrahlt.
[78] So *I migliori nani della nostra vita* (2006, Sendezeit: Samstagabend um 20.30 Uhr) und *Ai confini della pietà* (2007, Sendezeit: Mitte der Woche um 24.00 Uhr).

catodica e dal coma profondo in cui sono stati precipitati da decenni di terrificanti programmi televisivi." (Ciprì und Maresco, zit. nach Cacace 2007) Die beiden Palermitaner knüpfen dabei implizit an Äußerungen Pier Paolo Pasolinis an, in dessen Denktradition sie zweifelsohne, wenn auch auf ihre ganz eigene Art und Weise, stehen. Dieser sah im Fernsehen eine „paternalistische" Macht, die eine Kontrollfunktion über die medial geformte Wirklichkeit ausübe, sich aber der Vulgarität der Programminhalte nicht bewusst sei:

> Ma in realtà la contemplazione televisiva è solo apparente, e non solo per superficialità, ma per cosciente menzogna e mistificazione. Nel terrore che regna prima del video e dentro il video, il terrore di pronunciare parole, di affrontare argomenti, di assumere semplicemente toni di voce, tale menzogna e tale mistificazione presiedono ogni operazione linguistica. [...] La televisione insomma è 'paternalista': questo ne può essere dunque lo slogan definitorio. I precetti del padre sono una rigida elencazione di ciò che si può e non si può dire e fare. C'è solo una cosa che sfugge alla sorveglianza [...] e non può non sfuggirgli, perché essa è in lui, è la sua stessa realtà: questa cosa è la volgarità. Tutto ciò che appare, dentro il video e prima del video, come preparazione e organizzazione dell'involucro protettivo dell'informazione – è volgare. (Pasolini 1999b: 138 f.)

Die zynische Performanz des Vulgären ihres Werks stellt dabei nur ebenjenes trivialisierende Vulgäre aus, gegen das schon Pasolini aufbegehrte. Ciprì und Maresco setzen, wie Pasolini mit *Salò o le 120 giornate di Sodoma*, dem Publikum unkonsumierbare Filme vor bzw. schwere Kost, die erst einmal goutiert und verdaut werden möchte. Stand bei Pasolini das Essen der Exkremente allegorisch für den tagtäglichen Medienkonsum (vgl. Greene 1994: 237), so schließen Ciprì und Maresco mit ihrer Inszenierung des Abjekten daran an. Ihre Kritik gilt einer abgeschmackten und kommerziell-absatzorientierten Medien- und Kinoindustrie. Sie beklagen das Verschwinden eines Qualitätskinos durch oberflächliche und illusionswirksame Kanons, die sich alternativ geben, es aber nicht sind. In ihrer Kritik machen sie augenzwinkernd auch nicht vor ihren eigenen Filmen oder Zuschauern halt. Ihre Filme seien ekelerregend, wie einer der Protagonisten aus *Lo zio di Brooklyn* selbst sagt. Dabei ist das Erzeugen von Ekel durchaus wörtlich zu nehmen, sondern doch die Figuren bisweilen ihre körperlichen Ausscheidungen gar auch auf die Kamera ab. Der hohe autoreferentielle Gestus und die ironische Provokation massenmedialer Inhalte und Formate verorten ihre Werke explizit in einem medialen Bezugsrahmen, mit dem die Regisseure bewusst brechen: „Il nostro film è la prova che del pubblico non ce ne frega niente: lo disprezziamo, perché è un'entità astratta fatta di incivili, ignoranti con gusti beceri." (Ciprì und Maresco, zit. nach Chiacchiari 1995: 60) Sie wollen, so die Regisseure weiter, vielmehr den Tod des Kinos und unserer Zivilisation nachzeichnen (vgl. Chiacchiari 1995: 61). Wie ernst sie es damit meinen, illustriert zum Beispiel die Anfangsszene von *Totò che visse due volte*. Dort greifen die Regisseure Fragmente aus *Lo zio di Brooklyn* auf und stellen diese, als Verschachtelung eines Films im Film, in einen metamedialen, selbstreflexiven Kontext. Wir sehen einen abgedunkelten, spärlich gefüllten Kinosaal. „Che bello", stöhnt der Mann auf der Kinoleinwand, der mit einem Esel kopuliert. „Che schifo", sagt einer der Zuschauer zu seinem Nachbarn. Doch anstatt zu gehen, bleiben beide sitzen und schauen weiter zu. Ein wenig stimulierender Sex, der den Voyeurismus bedient, danach – Szenenwechsel – folgt leichte Musik. Ein auf einem Trümmerhaufen stehender, junger Gitarrist tönt mit schiefer Stimme, er sei „un ragazzo romantico" und sein Publikum wippt mit. Doch romantisch ist da nichts, weder die Atmosphäre im Kino noch die Straßenmusik. Vielmehr lässt sich die selbstreflexive Szene als Sinnbild für das italienische Fernsehprogramm und kommerzielle Kinoproduktionen lesen (vgl. Cappabianca 1998: 228). Augenzwinkernd und zugleich polemisch bringen es die beiden palermitanischen Cineasten auf diese Formel.

Satirisches Programm von Format

Ciprìs und Marescos Auseinandersetzung mit dem italienischen Fernsehen ist durch die Parodie verschiedener populärer Formate des Programmfernsehens gekennzeichnet. Statt einem reinen Programmformat avanciert es zu einem unterhaltenden Programm von Format, in welchem gesellschaftspolitische Belange mitschwingen. Wie anhand der folgenden, ausgewählten Beispiele zu sehen sein wird, liegt ihr Hauptaugenmerk dabei auf der Kritik an der Spektakularisierung. Die beiden Regisseure greifen mit ihrem schwarzen Humor das schon erwähnte „Tv di dolore" (Morreale 2003: 8) auf, das sich seit den achtziger Jahren großer Popularität erfreut und dessen Spektakularisierung, auf steigende Zuschauerzahlen abzielend, sich immer weiter zugespitzt hat. Schon allein der Umstand, dass es sich dabei um etwas Spektakuläres handelt, impliziert eine exklusive, für den Zuschauer emotional stark aufgeladene Berichterstattung. Beispielhaft illustriert dies eine Sequenz aus *Cinico Tv* aus dem Jahr 1991, bei der während einer Livesendung ein Auto ins Bild fährt und die Geständnisse des Voyeurs Pietro Giordano unterbricht, der im Wald oft Paare bei Intimitäten beobachtet. Sofort schwenkt die Kamera auf den Wagen, in dem ein angeschossener Mann am Steuer sitzt und unentwegt um

Hilfe bittet. Der Fernsehreporter reagiert jedoch nicht, sondern ist bestrebt, die letzten Worte des Sterbenden als Exklusivinterview aufzuzeichnen. Danach wendet der Reporter sich wieder Giordano zu, der seine Beichte fortsetzt.

Dies ist bei Weitem nicht die einzige Episode, in welcher der televisive angebliche „Enthüllungsjournalismus", wie wir ihn auch vom deutschen Fernsehen aus Boulevardmagazinen wie *Brisant!* kennen, parodiert wird. Sowohl *Cinico Tv* als auch *I migliori nani della nostra vita* halten zahlreiche Beispiele bereit, in denen die groteske Persiflage auf die spektakuläre Exklusivberichterstattung gar noch weiter geht, wenn dort selbst Zombies, Geister und Leichen als unmittelbare Zeugen bzw. als hautnah dabei gewesene Wahrheitsberichterstatter interviewt werden. So schildert etwa der von einem hellen, mit Blut besprenkelten Betttuch bedeckte Leichnam von Pietro Giordano (Episode von 1991) den Tathergang und was danach geschah. Hautnah dabei sind die Fernsehzuschauer übrigens auch, als *Cinico Tv* mit vermeintlichen Suizidgefährdeten spricht, wie dem sprechbehinderten Marcello, der sich vor den Zug werfen will, oder mit einem gerade erst dreißigjährigen Mann, der sich auf die Gleise gelegt hat und nach mehreren gescheiterten Versuchen endlich vom Zug überfahren werden möchte. Der existentiellen Verzweiflung, wie wir sie auch in der Parodie der Werbepausen finden[79], stellen die beiden Sizilianer auch die Parodie des Gutmenschentums der italienischen Talkshows, wie zum Beispiel denjenigen von *Rai 1*, entgegen. So unter anderem in *I migliori nani della nostra vita*, wo Saverio D'Amico einen stark stotternden Sänger interviewt, den er dann als Wunder von Palermo und dessen Stimme als Gottesgabe bezeichnet. Hierbei ist nicht nur die Parodisierung des medialen Gutmenschentums der Nachmittagstalkshows oder von christlichen Fernsehsendern wie *TV2000* unübersehbar, sondern ebenso, dass der Showman in allem ein ironischer Abklatsch der von Umberto Eco beschriebenen *Fenomenologia di Mike Buongiorno* (vgl. Eco 1983) ist.

Nicht zuletzt erweisen sich ihre Sendungen auch als Spiegel und zynische Antwort auf das zeitgenössische Infotainment, so zum Beispiel wenn Francesco Tirone oder Carlo Giordano bereits zu Beginn der neunziger Jahre die Fernsehnachrichten parodieren und in Form von Nonsens das floskelhafte bzw. vollkommen leere Sprechen der Redakteure karikieren:

---

[79] Stellvertretend hierfür soll die Leere der Werbepausenspots von *Cinico Tv* angeführt werden, mit ihren Kamerafahrten vorbei an Müllbergen oder Asozialen, oder mit dem idyllischen Blick aufs Meer hinaus, in dem sich der Mann, der eben noch melancholisch am Ufer saß, ertränkt, aber seine Schuhe stehenlässt. Dass die Parodie der Werbespots aber auch heiterer ausfallen kann, verdeutlicht z. B. der Plattenverkäufer in *Enzo, domani a Palermo!*

> L'infotainment (l'informazione spettacolarizzata) è l'esempio più tipico di questo approccio perverso in termini sociali: discutere confusamente sul nulla, cercare ansiosamente di divertire anziché far riflettere induce chi asiste a questi programmi a pensare che il proprio impegno serve poco e può essere indirizzato altrove. È un modo per considerare il pubblico (sottolineiamo che stiamo parlando d'informazione e non di fiction) come un adolescente impreparato, sciocco e capriccioso. Un errore che la Tv italiana compie sistematicamente dalla sua nascita. I dibattiti politici „urlati" e gli articoli che non entrano in merito ai problemi limitandosi a riferire le opinioni e le posizioni dei diversi uomini politici non favoriscono un incremento dell'autoriflessività a livello individuale e della partecipazione a livello collettivo. (Livolsi 2006: 265)

Wie erwähnt, sparen Ciprì und Maresco als unbequeme Regisseure auch die soziopolitische Dimension von politischem Establishment und organisierter Kriminalität nicht aus, bieten doch beide Elemente einen fruchtbaren Humus für ihre parodistischen Überzeichnungen.

Hinsichtlich des Spiels mit Medienformaten dürfen daher auch ihre Wahlwerbespots nicht unerwähnt bleiben. Im Zuge der Kommunalwahlen im Jahr 2006 nehmen Ciprì und Maresco die lokalen Wahlwerbespots aufs Korn, indem sie Wahlwerbung für den imaginären, mafianahen Kandidaten Totò Cuddaro über den Äther schicken, und zwar gleich in mehreren Versionen: angefangen von zwei Knastbrüdern über einen „ehrenwerten Geschäftsmann" und vor zwei Leichen stehenden Polizisten bis hin zur Ehefrau eines Killers, die ihren Mann auf der Arbeit anruft, um zu fragen, wen sie denn am Sonntag wählen solle. Die Antwort ist ein Slogan und immer derselbe: „Vota Totò Cuddaro". Auf die Frage „Warum?" heißt es: „Weil er ein Freund ist"; „weil es mir mein Onkel Bernardo (gemeint ist Provenzano) gesagt hat"; „weil ich so entschieden habe"; „weil er der Freund der Sizilianer ist"; „weil er der Freund von Freunden ist". Die Spots enden oft mit folgender Aufforderung an den Fernsehzuschauer: „Vota anche tu Totò Cuddaro. Perché è un amico." Augenzwinkernd wird dabei nicht nur abgerechnet mit dem allumfassenden System an Klientelbeziehungen, die sich auch im Kauf von Wählerstimmen bzw. der Begleichung von Ehrenschulden und erwiesenen Gefälligkeiten widerspiegeln (*voto di scambio*), sondern auch mit Formen von mafiöser Einflussnahme und Erpressung. Auffällig – und von den Regisseuren sicherlich beabsichtigt – ist die enge Namensverwandtschaft der imaginären Figur mit Salvatore Cuffaro, dem Präsidenten der autonomen Region Sizilien (2001 bis 2008), Mitglied des Kontrollrats der *Rai* (2009) und Senator der italienischen Republik (2008 bis 2011). Das Mitglied der Unione Democratici Cristiani sowie später der Berlusconi-affinen Partei

Popolari di Italia Domani wurde wegen Amtsmissbrauchs zu Gunsten der Cosa Nostra und Weitergabe von Ermittlungsgeheimnissen mehrmals, und 2011 dann endgültig zu einer siebenjährigen Haftstrafe verurteilt, die er nun im römischen Gefängnis Rebibbia absitzt. Darüber hinaus ist es nur allzu offensichtlich, dass die Wahlwerbespots das Gebaren populistischer Politiker karikieren.

Auch beim italienischen, vor allem bei dem weiblichen, Publikum beliebte Sendungen wie der auf *Rai 3* ausgestrahlten *Chi l'ha visto?* (vergleichbar mit der deutschen Sendung *Bitte melde dich!*) fallen der Parodie anheim und erhalten einen neuen, gesellschaftspolitisch relevanten Touch, so beispielsweise in *I migliori nani della nostra vita*[80]. Die Szene eröffnet mit einer Totalen auf ein ärmliches Heim. Die allesamt recht heruntergekommen aussehenden Familienmitglieder sitzen inmitten von Heuballen, Tieren und spärlichen Einrichtungsgegenständen. Wir sehen die Familie Provenzano. Die Mutter und die Geschwister des Verschwundenen flehen ihren Bernardo an, doch endlich wieder nach Hause zu kommen. Er sei ja doch schon so lange verschwunden. Diese Lamenti kommentiert die Off-Stimme mit der Bemerkung, man könne wirklich nicht verstehen, warum Bernardo wieder zurück nach Hause kommen sollte. Wie es der Zufall wenige Tage nach Ausstrahlung der Sendung will, wird aus Spaß Ernst: Der seit gut vierzig Jahren flüchtige Mafia-

---

[80] Der Titel der Sendung spielt nicht nur mit dem gleichnamigen Filmklassiker von William Wyler aus dem Jahr 1946, sondern auch mit einer gehässigen Bezeichnung für Berlusconi, der oft als Zwerg („nano") bezeichnet wird. Interessanterweise wurde im Dezember 2010 auf *Rai 1* eine Sondersendung (des von Carlo Conti moderierten Programms *I migliori anni*) im Rahmen von *Porta a Porta* ausgestrahlt, die unter dem Titel *I migliori anni della nostra vita* eine Rückschau und Zeitreise durch die italienische Gesellschaft von den sechziger Jahren bis heute vornahm. Ciprìs und Marescos *I migliori nani della nostra vita* entpuppt als Wortspiel eindeutig die karikierende Absicht. Bruno Vespa und die von ihm seit 1996 geleitete Sendung *Porta a Porta* stehen dabei emblematisch für ebenjenes Fernseh-Italien und ebenjene mediale Manipulation, gegen die Ciprì und Maresco eintreten. Der für seine Nähe zu Regierungspositionen bekannte Journalist Bruno Vespa ist auch Autor zahlreicher Bücher, die mehr oder weniger direkt die Position des Cavaliere flankierten. So liest sich Vespas *Nel segno del Cavaliere. Silvio Berlusconi, una storia italiana* (Vespa 2010) stellenweise wie ein pathetisches Plädoyer für den Premier, das ebenso aus der Feder von Publitalia stammen könnte. Wie auch das Buch *Donne di cuori. Duemila anni di amore e potere. Da Cleopatra a Carla Bruni, da Giulio Cesare a Berlusconi* (Vespa 2009), das rechtzeitig zum Skandalaffäre mit Noemi Letizia, dem Fall des Callgirls Patrizia d'Addario und der Scheidung von seiner Ehefrau Veronica veröffentlicht, die Liebschaften der großen Männer der Geschichte nachzeichnet. Oder auch *Il cuore e la spada* (Vespa 2011), das im Zeichen der anstehenden Föderalismusreform zeigt, warum Italien seit über 150 Jahren ein geteiltes Land und keine vereinte Nation ist, und so Regierungsvorhaben euphemisiert.

boss wird 2006 von der Polizei aufgegriffen; doch statt zu seiner Familie geht es für ihn ins Gefängnis. Der seit den sechziger Jahren „verschwundene" Provenzano war lange Zeit die rechte Hand von Totò Riina und seit 1995 der *Capo dei capi* des corleonesischen Clans, der im Zuge der Mafiakriege in den achtziger Jahren, unter Leitung von Riina und Provenzano, zur führenden Familie der Cosa Nostra aufgestiegen war (vgl. z. B. Dickie 2011). Provenzano, dem unter anderem gut fünfzig Morde zur Last gelegt werden, kommunizierte aus seinem Versteck, zuletzt ein Viehverschlag (wie im Video von Ciprì und Maresco), mit der Außenwelt durch religiös-kryptische Zettelchen (*pizzini*).

Schon Anfang der neunziger Jahre, also kurz nach Einführung des Privatfernsehens, greifen Ciprì und Maresco auch den zunehmend kommerziellen Aspekt des Fernsehens auf. Ein Beispiel ist ihre Parodie von Dauerwerbesendungen bzw. Verkaufssendungen, wie die Episode aus *Cinico Tv* mit dem Titel *L'uomo in vendita* aus dem Jahr 1990 zeigt. Die Art und Weise, in der hier der dem Fernsehpublikum angepriesene Mann (gespielt von Marcello Miranda) ausgestellt wird, verweist dabei nicht nur auf Schemata von Partnervermittlungssendungen, sondern steht auch in der Tradition von Kuriositätenschauen oder den Vorführungen von exotischen bzw. anormalen Tieren und Menschen des 18. und 19. Jahrhunderts.[81] Es scheint fast überflüssig zu erwähnen, dass der den Blicken einer anonymen Masse ausgesetzte Mann dabei zum Objekt und Kuriosum degradiert wird. Zynisch preist der Moderator das Exemplar an (jung, melancholisch, keine nennenswerten Krankheiten, kauzig, eigentlich unvorzeigbar, konsumiert wenig, platzsparend, robust, ungefährlich) und zählt hypothetische Verwendungsmöglichkeiten auf (gut geeignet zur Pflege von älteren oder kranken Personen, zum Temperieren lebhafter Kinder, zur Abschreckung, als Partyspaß):

> Buonasera. Quest'uomo si è presentato ieri sera nella redazione di *Cinico Tv*, chiedendo di essere posto in vendita. Noi lo abbiamo naturalmente accontentato. La base d'asta è libera. Chi fosse interessato, può chiamare al numero che vedete in

---

[81] In diesem Zusammenhang ist auch eine andere Episode aus *Cinico Tv* von 1990 von Bedeutung: Pietro Giordano spielt dort den „gobbo di Palermo", den Buckligen von Palermo, der nicht nur Hugos *Der Glöckner von Notre-Dame* persifliert, sondern insbesondere die pietätlosen Partnervermittlungssendungen aufs Korn nimmt. Eine Off-Stimme, die sich als Mitarbeiter der Partnervermittlungsagentur *Agenzia Infame* herausstellt, interviewt Giordano bei seiner Suche nach einer Ehefrau: möglichst eine mittelgroße Sizilianerin, um die fünfzig und bucklig wie er. Von Beruf Glücksbringer, der von Almosen lebt, könne Giordano, so der Moderator, der Frau eine Zukunft garantieren. Die Vorstellung Giordanos schließt mit seinen Hobbys: Aus sexueller Verzweiflung sei er Voyeur.

> sovraimpressione. Si tratta di un uomo di circa 32 anni. L'aspetto è pietoso. Vedete, ha un'espressione triste e malinconica. E per questo può essere indicato per donne anziane, per la cura di malati ed anche per bambini piuttosto vivaci. È una bizzarra compagnia, divertente. A quanto sembra non ha avuto malattie notevoli. È un uomo che non sporca, occupa poco spazio. Malgrado la mole non mangia molto. Potete presentarlo agli amici durante i party, le feste, e provocare disgusto, autentico disgusto. Si ammala raramente. E come vedete, parla in questo momento. Sta bestemmiando. Ecco un'altra bestemmia. Non è pericoloso. Chi fosse interessato, ripetiamo, può chiamare al numero 1919 da questo momento. Ecco che porta le mani al naso. Ecco questo è tutto. *Cinico Tv* vi dà appuntamento a domani per un'altra proposta. Intanto potete continuare a telefonare.

Dieser satirische Mix von Partnervermittlungsshow und Dauerwerbefernsehen spielt mit dem Umstand, dass der Mann selbst darum gebeten habe, an den Meistbietenden verkauft zu werden, und damit sowohl mit dem verzweifelten Versuch als auch dem radikalen Wunsch, mit der sozialen Isolation in einer zunehmend atomisierten Gesellschaft zu brechen und Teil der (auch emotionalen) Gemeinschaft zu sein. Indem sie ihn als anormales Kuriosum und nützlichen Alltagsbegleiter stigmatisieren, persiflieren sie nicht nur Inszenierungsmechanismen der Fernsehwerbung, sondern machen zudem gesellschaftliche Inklusions- und Exklusionsmechanismen sichtbar, die der binären und herabsetzenden Logik von Zuschauer-wir-normal und Objekt-Mann-anormal folgen. Als medial angepriesener Körper steht Miranda im Gegensatz zum weiblichen Körper der *Veline*, der italienischen Showgirls, die Sendungen und die Präsentation von Produkten begleiten. Wie Miranda sind auch sie mundtot: Sie sprechen nicht, sondern huschen meist leicht bekleidet über Bühne und Bildschirm, um die Aufmerksamkeit der Fernsehzuschauer aufrechtzuerhalten. Dabei werden die jungen Frauen mit den makellosen Körpern zum anonymen, ergo austauschbaren Objekt, zur Projektionsfläche des skopophilen und erotischen Begehrens degradiert (vgl. Cavalieri 2011; Aspesi 2011; Signorelli 2011).

Das reduzierte Subjekt:
Zur Problematisierung des Personenbegriffs

Nicht zuletzt verdeutlicht *L'uomo in vendita* auch einen zentralen Aspekt der Poetik von Ciprì und Maresco. Es wird gezeigt, dass die so oft als Grundwert und abendländischer Kampfbegriff angeführte „Menschenwürde" etwas sehr Relatives ist und sich in unserer eigenen Alltagspraxis als obsolet, als abgedroschene und leere Floskel erweist – ganz so wie das leere Sprechen von Francesco Tirone und Giuseppe Filangieri in der Anfangsepisode von *Cinico Tv* aus dem Jahr 1990. Indem Ciprì und Maresco die Figuren ihrer Filme degradieren und durch das Wechselspiel von Stigmatisierung und Selbststigmatisierung als *non-persone* (vgl. Dal Lago 2005) konsequent zerstören, problematisieren sie den abendländischen Personenbegriff.

Dies ereignet sich vor einem philosophischen Hintergrund. Sahen wir bereits mit Agamben die Differenzierung von Formen des Lebens in *bíos* und *zoé*, so wollen wir uns mit Roberto Esposito noch einmal kurz dieser Problematik annehmen. In seinem Plädoyer für eine Philosophie des Impersonalen[82] skizziert Esposito die geistesgeschichtliche Entwicklung des Personenbegriffs ausgehend vom Beispiel des römischen Rechts, welches bekanntlich zwischen römischen Vollbürgern, den *patres,* und Rechtlosen, zum Objekt degradierten Menschen, zum Beispiel den Sklaven, unterscheidet. In Anlehnung an diese Tradition, die selbst die Philosophie der Person der Nachkriegszeit nicht vollständig zu überwinden im Stande war, identifiziert Esposito die Person als ein Dispositiv der Teilung und Hierarchisierung: Auf der einen Seite in *persona*, dem unverletzlichen Leben als Teil der Gemeinschaft und auch als Träger von zu verteidigenden bzw. einklagbaren Rechten, auf der anderen Seite in *homo*, dem Menschen in seiner natürlichen, körperlichen Dimension, der nicht aktiv-partizipierender Teil der Gemeinschaft, sondern weitgehend entpersonalisiert ist (vgl. Esposito 2010). Ganz ähnlich argumentiert auch Alessandro Dal Lago, der die in ihren Menschen- und Bürgerrechten verletzten, zu Nicht-Personen abgestempelten Einwanderer als Negativfolie und Korrelat zur Person als einem integralen und vollwertigen Mitglied der Gemeinschaft begreift (vgl. Dal Lago 2005: 214). Verstanden als „a person that usually for political or ideological reasons is removed from recognition or consideration" (Dal Lago 2005: 213 f.), impliziere die Zuschreibung als „nonperson", dass diese öffentlich so behandelt wird, als ob sie nicht existiere und unsichtbar sei.[83]

Bezieht Dal Lago den Begriff der *non-persone* in seiner Studie zum Status der illegalen Einwanderer in Italien vor allem auf einen juridischen Kontext, so soll dieser Terminus hier brauchbar gemacht werden, um die Reduktion der ciprima-

---

[82] Zu dem von Esposito verwendeten Begriff des Impersonalen vgl. Esposito (2007), der bislang in deutschen Übersetzungen oft mit dem nicht treffenden Ausdruck „das Unpersönliche" wiedergegeben wurde (vgl. Esposito 2010). Zur deutschen Verwendung des Terminus „das Impersonale" vgl. z. B. Borsò (2014).
[83] Zur Unsichtbarkeit sog. „nonpersons" im Zeichen der zeitgenössischen Mobilitätsgesellschaft vgl. Hohlert/Terkessidis (2006).

reskianischen Figuren auf den Status zwischen Menschlichen und Animalischen, ihre Marginalisierung und ihren Ausschluss aus einer imaginierten, im Zeichen der Normalisierung stehenden (Werte-)Gemeinschaft zu bezeichnen. Ihre als randständig stigmatisierten Figuren avancieren somit zum Inbegriff des nackten Lebens, dem *homo sacer*. Der Umgang mit Alterität ist in diesem Sinne in erster Linie ein moralisches Problem, das jedoch durch die Kategorisierung und die Zerstörung der Person mittels ihrer Degradation auf das rein Biologische neutralisiert werde. Eine Neutralisierung, die oft auch indirekte Formen annehmen kann:

> In sé, la giustificazione molto diffusa della distruzione delle persone (in una società che si vuole razionale e umanistica) in nome di superiori necessità sociali, o di altro tipo, è già un modo di neutralizzare i dilemmi morali. [...] Lo spostamento si realizza mediante pratiche di categorizzazione, astrazione, amplificazione, ristrutturazione cognitiva, che consentono non già di tacere dei processi di distruzione delle persone, ma di parlarne in termini letteralmente spersonalizzati. [...] La censura linguistica è una delle forme più comuni di annullamento delle persone. Essa corrisponde sul piano delle pratiche discorsive all'invisibilità sociale di alcune categorie di esseri umani trattati come non-persone. (Dal Lago 2005: 211)

Beispiele hierfür sind im Schaffen von Daniele Ciprì und Franco Maresco zahlreich gesät. Besonders prägnant bringen dies jedoch die Episoden mit Pietro Giordano auf den Punkt. Ciprì und Maresco inszenieren, was Giordano, der im privaten Alltagsleben vor der Kathedrale von Palermo bisweilen um Almosen bittet, oft an Beleidigungen, also an sprachlichen, stigmatisierenden und ausgrenzenden Herabsetzungen erfährt. Auffällig und ergreifend ist dabei, dass der von seinen Mitmenschen durchgehend im Bereich des Abjekten verortete Giordano dies in sein Selbstbild integriert und reproduziert. Seine Selbststigmatisierung zeigt somit die Übernahme und Verinnerlichung von Denkkategorien der Anderen (vgl. Goffman 1975). Insofern fungieren die Figuren von Ciprì und Maresco nicht nur als Spiegel, der auf gesellschaftlich herrschende Diskurse und ihre Sprecher verweist[84],

---

[84] Dal Lago (2005: 13) schreibt im Hinblick auf Migranten: „I migranti sarebbero coloro che, per il solo fatto di esistere tra noi, ci costringono a rivelare chi siamo: nei discorsi che facciamo, nel sapere che produciamo, nell'identità politica che rivendichiamo. 'Abitualmente si parla di 'funzione specchio' dell'immigrazione, cioè dell'occasione privilegiata che essa costituisce per rendere palese ciò che è latente nella costituzione e nel funzionamento dell'ordine sociale, per mascherare ciò che è mascherato, per rivelare ciò che si ha interesse a ignorare e lasciare in uno stato di 'innocenza' o ignoranza sociale, per portare alla luce o ingrandire (ecco l'effetto specchio) ciò che abitualmente è nascosto nell'inconscio sociale ed è perciò votato a rimanere nell'ombra, allo stato segreto e non pensato sociale.'"

sondern lassen, ganz im Sinne Goffmans, Stigmatisierung als kognitives Problem und kognitive Dimension deutlich werden (vgl. auch Dal Lago 2005: 13). Über ihre Funktion als gesellschaftlicher Spiegel können die Episoden von *Cinico Tv* zugleich auch als eine subjektive Verarbeitung durch Giordano verstanden werden, denn im übertragenen Sinne spielt Giordano ja nur sich selbst – Goffman bemerkt diesbezüglich, dass das schmerzhafte Moment in erster Linie darin bestehe, dass der Stigmatisierte nur zu gut wisse, wozu er geworden ist, und zunächst nicht in den unmittelbaren Auswirkungen auf seine Identität (vgl. Goffman 1975: 163 f.).

Wie skurril die Szenen auch scheinen mögen: Die Deformation verweist mittels des induzierten Wirklichkeitseffekts auf die Realität zurück. Die inszenatorische Wirksamkeit der Episoden resultiert daraus, dass Ciprì und Maresco die Schimpfwörter im wortwörtlichen Sinne aufgreifen, also das *tertium comparationis* der Metapher außer Kraft setzen. Folglich verkörpert Pietro Giordano in den Szenen einen „morto di fame", „stronzo", „pezzo di merda", „topo di fogna" oder „testa di cazzo" beziehungsweise einen „uccello di uno stupratore".[85] Dies macht nicht zuletzt die Heftigkeit dieser Ausdrücke deutlich, deren sich die Sprecher in den meisten Fällen nicht mehr bewusst sind. In der aktuellen, medial determinierten und verrohten Gesellschaft – deren treffendsten und zugleich niedersten Ausdruck das *Reality Tv* verkörpert – haben sich solch affektiv stark besetzte Ausdrücke verselbstständigt und naturalisiert. Giordanos Performanz stellt diesen Degradationsmechanismus klar heraus und reflektiert die Verletzlichkeit und Fragilität der *non-persone*. Wie andernorts Marcello Miranda, so stilisieren Ciprì und Maresco auch Pietro Giordano zu einem *Ecce homo*, der auch als Kanalratte seinen Namen beibehält, so dass sich verschiedene Dimensionen ambivalent überlagern und verschachteln.

Zusammenfassung des Kapitels

Wenn, wie hier angenommen, die Videokratie zur Real(ity)-Politik avanciert (vgl. Seraphicus 2011: 205), in der sich *Reality Show* und Realpolitik überlagern, dann bleibt zu fragen, was wir eigentlich bei Ciprì und Maresco sehen: das Fernsehen der Wirklichkeit oder die Wirklichkeit des Fernsehens? Getrost darf man wohl beides bejahen. Die Wirklichkeit des Fernsehens zeigen uns die beiden Palermi-

---

[85] Die verschiedenen Beispiele von *Cinico Tv* folgen immer der gleichen Frage-Antwort-Logik einer interviewenden Off-Stimme und des interviewten Giordano (der als imaginäre Figur seinen Namen beibehält), wobei das thematische Motiv nur geringfügig geändert wird und in seiner Repetitivität für Liebhaber von *Cinico Tv* voraussehbar wird, der behandelten Thematik dabei jedoch nichts von ihrer Schärfe nimmt.

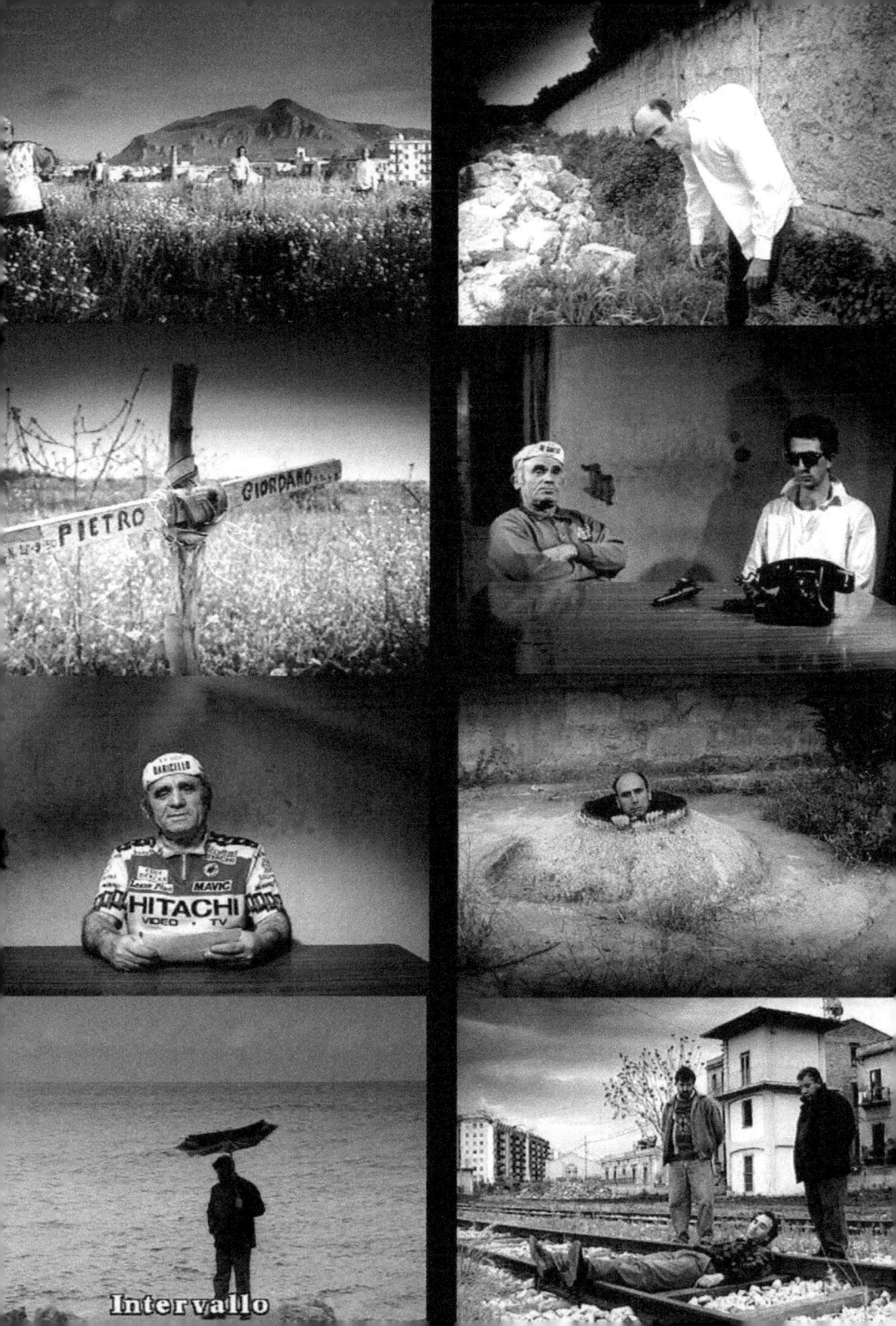

taner, wenn sie die Spektakularisierung und Trivialisierung, die Gehalt- und Geschmacklosigkeit des italienischen (Privat-)Fernsehens in den Blick nehmen. Es mag gewiss zu simplizistisch und pauschal klingen, aber billige Unterhaltung und zunehmende Kommerzialisierung beschränken und verdrängen durch den Trend zum Infotainment nicht nur die seriöse Informations- und demokratische Kontrollfunktion der Medien. Indem sie „den öffentlichen Raum mit einer Sinnstruktur beleg[en], die die Formulierung alternativer Sinnentwürfe gar nicht erst zulässt" (Srubar 2007: 293), kommt ihnen eine immunisierende Funktion zu (vgl. Srubar 2007). Vor einem aufmerksamkeitsökonomischen Hintergrund verhindern sie, dass Menschen sich für die gesellschaftlichen Belange interessieren, die sie eigentlich beträfen. Dies entspricht dem Konzept der medialen Gouvernementalität, verstanden als informelle Form des Regierens, die innerhalb eines Feldes „beweglicher, veränderbarer und reversibler Machtverhältnisse […] Typen der Verhaltensführung oder der ‚Führung des Verhaltens' einrichte[t]" (Sennelart 2004: 484). Unmerklich speist sie diskursive Normalisierungsstrategien in den Subjektivierungsprozess ein. In diesem Zusammenhang entpuppt sich die Videokratie als ein grundlegender Bestandteil des Berlusconismus und ebenso als eine spezifische Form der Biopolitik, die nicht nur zur medialen Formung des Gesellschaftskörpers beiträgt, sondern auch die Kommunikation besetzt. Sie steht für eine fundamentale Kontamination der Sprache und Transformation der Wirklichkeit, da jedwedes Sprechen auf eine von der Macht besetzte Sprache rekurriert (vgl. z. B. Marcuse 1974). Vor diesem Hintergrund ist der Einfluss der Massenmedien nicht zu unterschätzen. Insofern erweist sich die Medienkritik von Daniele Ciprì und Franco Maresco nicht nur als transversaler Widerstand gegen die mediale Wissens- und Wahrheitsproduktion einer totalisierenden und abstrakten Sicherungs- und Kontrollmacht, sondern steht ebenso notwendigerweise im Zeichen des Anti-Berlusconismus.

Der allgegenwärtigen Spektakularisierung, die nicht mehr zwischen Privatem und Öffentlichem unterscheidet, setzen Ciprì und Maresco sowohl eine funktionslos gewordene Sprache, als auch parodierte, ad absurdum geführte Programmformate entgegen. Ihre *Reality Show* ist, als Fernsehen der Wirklichkeit, wörtlich zu nehmen. Wenn sie statt des Schönheitsideals mit ihren Figuren den ungeschönten Körper in all seiner Leiblichkeit auf den Bildschirm bringen, legen sie Hand an einen weiteren neuralgischen Punkt: die Macht über den Körper und die Definition des Lebens. Die bereits hier, im Rahmen des von ihnen problematisierten Personenbegriffs, aufgezeigte Reduktion des Subjekts und die Zerstörung der Person verdeutlichen, dass es ihnen darum geht, die Grenzen von *bíos* und *zoé* und somit auch die Grenzen innerhalb einer medial beeinflussten Gesellschaft neu zu ziehen. Diesem Aspekt widmet sich das nächste Kapitel am Beispiel des vom Publikum als deviant und monströs erfahrenen Körpers.

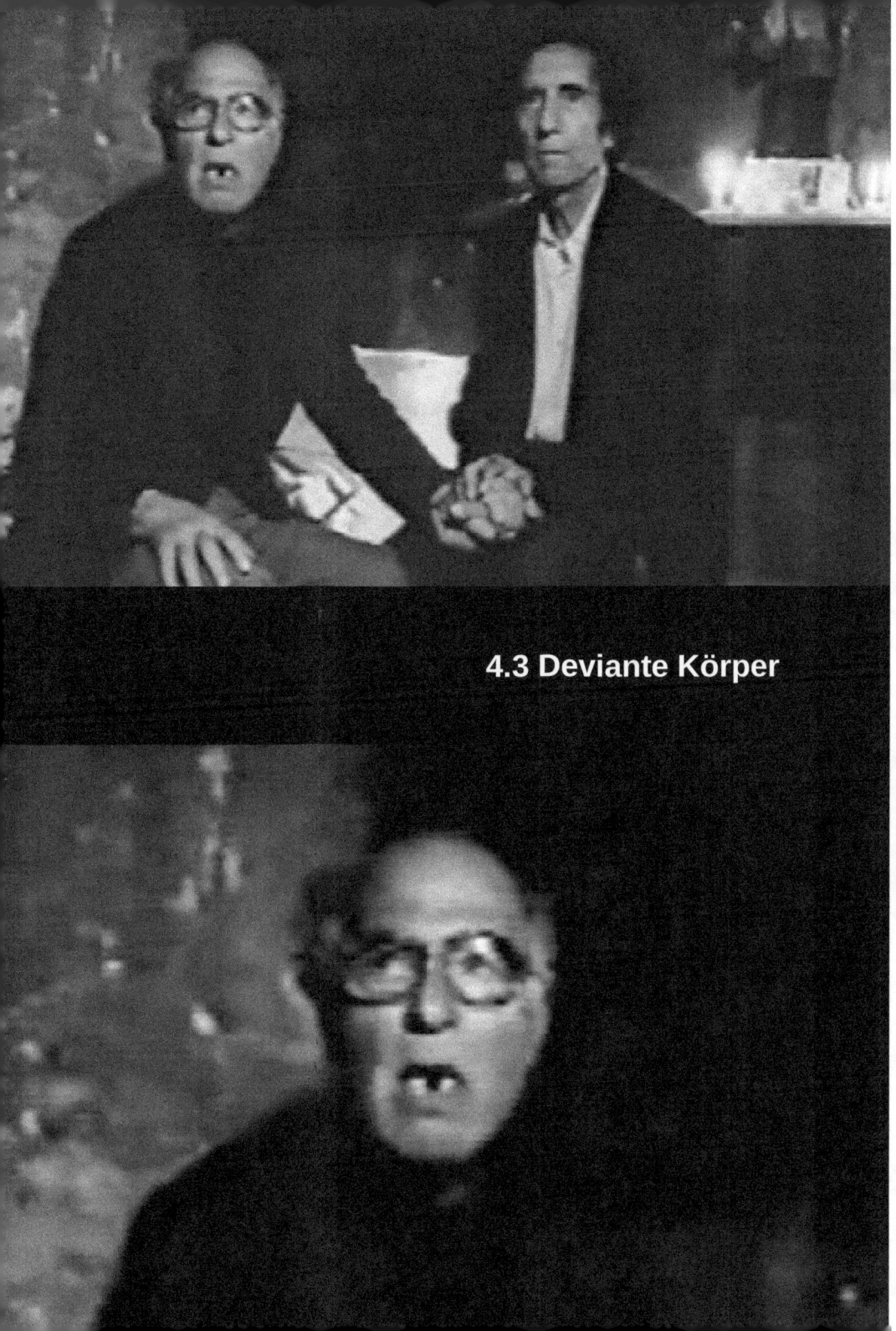

4.3 Deviante Körper

Ein Hundeleben

Die Figuren von Ciprì und Maresco führen, dies dürfte inzwischen durchgeschienen sein, ein Hundeleben. Wie die Köter, herrenlos und ausgehungert und doch ob ihrer Freiheit glücklich, streunen sie durch jene Räume am Rande der Zivilisation, verrichten ihre Notdurft zwischen Sträuchern, Müll und Ruinen und obwohl in ihrer Armut solidarisch geeint, geraten sie auf ihrer Suche nach Essbarem und der Befriedigung ihrer Triebe aneinander. Die Nähe der ciprimareskianischen *non-persone* zum Animalischen ebenso wie ihre niedere Körperlichkeit ist nicht zufällig, bilden sie doch so das Gegenteil zum biopolitisch-medial transportierten und normierten Körper. Dabei wird ihnen gar das Menschsein abgesprochen:

> In quanto uomo in senso sociale più che biologico, la 'persona' rimanda inevitabilmente a un significato morale. Al tempo stesso, se un uomo non è necessariamente una persona, questa, almeno nel linguaggio ordinario, deve essere un uomo. Un uomo ridotto a corpo puramente biologico [...] smette di essere persona [...]. [U]na persona esiste solo in quanto la sua 'umanità' non viene revocata o annullata. (Dal Lago 2005: 208)

Ihre Protagonisten sind *homines sacri*. Dies gilt umso mehr, als dass sie sich ganz im Sinne der von Rose beschriebenen Unterklasse einer bioökonomischen Verwertbarkeit bzw. Prozessen der Wertschaffung und der gouvernementalen, normalisierenden Steuerung entziehen.[86] Die Randständigkeit und ja gar gesellschaftliche Unsichtbarkeit[87] ihrer Figuren verdeutlicht die folgende Episode von *Cinico Tv*, die mit dem für die Regisseure typischen schwarzen Humor Pietro Giordano, der wie immer sich selbst spielt, auf die gleiche Stufe mit den eben genannten herrenlosen Hunden stellt. Zu erwähnen, dass hierbei die gleichen, bereits in Kapitel 4.2 geschilderten ästhetisch-ethischen Mechanismen greifen, scheint fast überflüssig.

---

[86] Diese Argumentation stützt z. B. auch Žižek, wenn er die Figur des heutigen *homo sacer* auch auf die Empfänger humanitärer Hilfe ausdehnt: „Der heutige *Homo sacer* ist der bevorzugte Gegenstand humanitärer Biopolitik: derjenige, der seiner vollen Menschlichkeit beraubt ist und dann auf bevormundende Weise um- und versorgt wird. Wir sollten das Paradox zur Kenntnis nehmen, dass Konzentrationslager und Flüchtlingslager der humanitären Hilfe als zwei Gesichter, das ‚humane' und das ‚inhumane', derselben soziologischen formalen Matrix erscheinen." (Žižek 2004: 96)

[87] Schon in Fritz Langs *M – Eine Stadt sucht ihren Mörder* sind es die Bettler, die, gerade weil sie für die Allgemeinheit unsichtbar sind, d. h. systematisch nicht beachtet und übersehen, zur Überwachung der Stadt eingesetzt werden und den Mörder ausfindig machen. Sie agieren für das System, indem sie helfen, die gesellschaftliche Normalität wieder herzustellen. Ciprìs und Marescos Figuren hingegen stören es, indem sie Verdrängtes sichtbar machen.

> Buona sera. Ci troviamo in un canile alla periferia di Palermo. Quelli che stiamo vivendo sono tempi duri, tempi difficili. Non c'è lavoro, non c'è denaro, pertanto bisogna arrangiarsi per riuscire a sopravvivere. Noi di *Cinico Tv* stiamo cercando dei testimoni che possono insegnarci come sopravvivere nelle circostanze più difficili,

kündet die Off-Stimme einer Sequenz von *Cinico Tv*. Aus diesem Grund befragt sie diesmal Pietro Giordano, der im Tierheim den Hunden das alte Brot vor der Schnauze wegstiehlt, das ihnen die wohlgesonnenen Damen aus gutem Hause mit einem Herz für Tiere gebracht haben. Giordano, der mit seinem vollgestopften Mund kaum sprechen kann, sodass ihm beständig Essensreste herausfallen, erklärt, dass er das harte Brot einspeichele und weich kaue, um später daraus kleine Fladen zu formen, die er auf dem Feuer zubereitet und dann mit seinen obdachlosen Freunden isst. Alle tragen zu diesem Festessen bei, indem sie, wie Giordano, Reste sammeln, verwerten, neue Speisen daraus zubereiten und diese später gemeinsam teilen. Dass das Prozedere langwierig ist und es dafür viel Geduld braucht, stört Giordano nicht, schließlich habe er ja sonst nichts zu tun. Die einzige Gefahr dabei sei, dass einer der Hunde ihn als Reaktion auf den Mundraub beißen könne oder Speisereste in den Zähnen hängen bleiben und so zu Entzündungen führen, die das fröhliche Zusammensein mit den Freunden trüben könnten. Aber zum Glück gebe es ja, so Giordano, den guten alten Zahnstocher. Not macht, bekanntermaßen, erfinderisch.

Wenn uns Ciprì und Maresco das Hundeleben ihrer Protagonisten vor Augen führen, so thematisieren sie als „Müllmänner des Äthers" nicht nur selbstironisch eine fragmentarische und prozessuale Ästhetik, die durch das Recycling vermeintlich wertloser Reste Neues schafft. Insbesondere verweisen sie auf die prekäre Lebenssituation der Marginalisierten und verdeutlichen, wie in Kapitel 4.2 erwähnt, auch die Konsequenzen der Produktion von Devianz im Sinne des sozialwissenschaftlichen Etikettierungsansatzes[88]. Dieser begreift Devianz als perspektivische Beurteilung und Ergebnis eines Prozesses gesellschaftlicher Aushandlung (vgl. Becker 1973: 8, 12) – nicht zufällig definiert Becker gleich zu Beginn seines Buches „alles als abweichend, was sich zu weit vom Durchschnitt entfernt" (Becker 1973: 4), die Grenzen zwischen normal und nicht normal sind dabei flexibel. Entsprechend diesem Ansatz beruhe Devianz auf Zuschreibung und Selbstzuschreibung, Stigmatisierung und Selbststigmatisierung (vgl. Becker 1973: 160; vgl.

---

[88] Als Teil der Devianzsoziologie auch als *Labeling Approach* bezeichnet. Eine gute Übersicht hierzu bieten z. B. Scarscelli/Vidoni Guidoni (2009), Peters (2009: 81–93) und Münch (2002).

auch Goffman 1975), wobei er alle Beteiligten als Handelnde auffasst (vgl. Becker 1973: 13, 163 ff.). Dieses Zusammenspiel von Fremd- und Selbstzuschreibungen könne dabei zur „selbsterfüllenden Prophezeiung" (Münch 2002: 347, 359) gedeihen, so einerseits durch eine Rollenannahme oder andererseits durch eine Erwartungshaltung und verzerrte Wahrnehmung der entsprechenden Person in der Öffentlichkeit, sodass ihr Profil in den Augen der Anderen besetzt ist (vgl. auch Goffman 1975):

> [A]bweichendes Verhalten [ist] keine Qualität der Handlung, die eine Person begeht, sondern vielmehr eine Konsequenz der Anwendung von Regeln durch andere und der Sanktionen gegenüber einem ‚Missetäter'. Der Mensch mit abweichendem Verhalten ist ein Mensch, auf den diese Bezeichnung erfolgreich angewandt worden ist; abweichendes Verhalten ist Verhalten, das Menschen so bezeichnen. (Becker 1973: 8)

Was die Sozialwissenschaften dabei bisweilen zu vernachlässigen scheinen, könnte der Bezug der Zuschreibung von Devianz und Normalisierung auf der Ebene des Diskurses bzw. die normalisierende Funktion von Kategorisierungen selbst sein. Denn „es gibt eine besondere Weise, mit dem Fremden fertig zu werden, die sich Normalisierung nennt. Was sich dem formalen Gang der Dinge einordnet, verliert den Charakter des Außergewöhnlichen" (Waldenfels 2008: 9). So beginnt Waldenfels' Studie, in der er die Grenzen der Normalisierung bzw. das Fremde als Devianz im Sinne eines Abweichens von der Norm untersucht, wobei er zu dem Schluss kommt: „Die Abweichung geschieht, indem sie bestehende Verhältnisse unterhöhlt, in Frage stellt, verändert, und sie vollzieht sich gleichzeitig als *Selbstabweichung*, da sie ein Doppelereignis darstellt, das sich selbst gegenüber verschoben ist." (Waldenfels 2008: 15) „[A]lle Anomalien, seien es Behinderungen, Pathologien, Absonderlichkeiten, aber auch Ironie, Fiktion oder Spiel" (Waldenfels 2008: 14) verweisen auf den Normalfall zurück. „Abweichungen [...] setzen etwas voraus, von dem sie abweichen, sei es eine Zielbestimmung, eine normative Regelung oder einfach der funktionsgerechte Ablauf." (Waldenfels 2008: 14) Abweichung sei dabei weniger ein „bloßes *code switching*, das von einer Normalität in die nächste überwechselt oder auch, wenn es sich ergibt, in die alte Normalität zurückkehrt" (Waldenfels 2008: 16). Vielmehr müsse Abweichung als ein Sich-Entziehen oder eine Abhebung gedacht werden, die die Unterscheidung von Normalem und Anormalem möglich macht. Fremdes, das für Waldenfels mit dem Anomalem gleichzusetzen ist, erscheine im Kontext der Normalisierung als Außer-ordentliches, das weder zu integrieren noch zu steuern, noch zu eliminieren ist und somit jede Normalisierung hinter sich lässt. Fremdes, das nirgends völlig am Platz ist, widersteht jenem Normalisierungsdruck, der von bloßer Vernunft- und Selbsterhaltung ausgeht. Fremdes ist weder anschluß- noch modellfähig. (Waldenfels 2008: 16)

„[A]us der Spannung zwischen Normalem und Anomalem erwächst", so Waldenfels weiter, „jene störende Unruhe", die all das betrifft, „was sich in dem Verstehen nicht von selbst versteht. Sie ist der Sand im Getriebe, der einen allzu glatten Ablauf verhindert". (Waldenfels 2008: 16) Jenes Sandkorn im Getriebe stellt im Falle von Ciprì und Maresco das kreative Potential der Devianz dar, deren Referenzpunkt, wie für jede Art der Abweichung, der Normalfall ist. Hinsichtlich der Inszenierung von Devianz bei Ciprì und Maresco liegt unser Fokus im Folgenden auf den vom Zuschauer als monströs erfahrenen Protagonisten ihrer Filme, die zwar durch das bewusste Ausstellen ihrer abjekten Leiblichkeit zunächst als anormal erfahren werden, sich aber letzten Endes der biopolitischen Aufteilung in *bíos* und *zoé* entziehen. Ein Beispiel hierfür lieferte bereits die eingangs beschriebene Episode, in der Pietro Giordano ein Hundeleben führt und im wortwörtlichen Sinne vor die Hunde geht, um ihnen das harte Brot vor dem Maul wegzuschnappen. Indem Giordano, trotz des Klamauks, unbestimmt und so auf der politischen Schwelle zwischen Menschlichem und Animalischem bleibt, schaffen die beiden Regisseure eine „Hohlform" (Waldenfels 2008: 15), mit der sie bewusst jene Klassifizierungsversuche ad absurdum führen, die unsere diskursive Ordnung begründen und stärken.

Gerade dies verstärkt den Eindruck einer „kynischen Parrhesia" (Gelhard 2012: 179), eines schamlosen Wahrsprechens (vgl. auch Longo 2010), selbst wenn Maresco sich von solch einer Lesart distanziert (vgl. Baglivi 2011b). Die niedere Leiblichkeit ihrer Figuren und ihre Ausgrenzung aus der Normgemeinschaft erinnern in der Tat an die griechischen Kyniker, allem voran an Diogenes von Sinope. Das in den ciprimareskianischen Werken recht präsente Motiv des Hundes untermauert dies, bezeichnete doch das griechische *kuôn* nicht nur das Tier, sondern galt ebenso als Schimpfwort für die Kyniker (vgl. Longo 2010: 104f.) und ihr „unverborgenes Leben" (Foucault 2010: 326), das „*bíos kynikos*" (Foucault 2010: 316), was sich dadurch auszeichnet „das[s man] in der Öffentlichkeit und in den Augen aller das tut, was allein die Hunde und Tiere zu tun wagen, während es die Menschen gewöhnlich verbergen" (Foucault 2010: 317). In ihrem Bestreben, ein wahres Leben zu führen, glichen sie den Hunden und stellten so ihre Gleichgültigkeit,

Unzucht, Armut und Demütigung ebenso wie ihren wachen und scharf urteilenden Verstand aus (vgl. Foucault 2010: 317 ff.). Gegenstand dieses „*bíos philosophikos* ist [...] die Tiernatur des Menschen, die als Herausforderung angenommen, als Aufgabe praktiziert und den anderen als Skandal entgegengeschleudert wird" (Foucault 2010: 346). Der „kalkulierte Tabubruch" (Gelhard 2012: 178) ist Teil dieses „philosophischen Lebens" (Foucault 2010: 332). Entsprechend lässt sich die zynische Ironie von Ciprì und Maresco im Sinne Sloterdijks als ein ent-täuschendes Wahrsprechen und als den bloßen Widerstand dieser offengelegten Wahrheit verstehen (vgl. Longo 2010: 105).

Anders als die anderen?

Das von Ciprì und Maresco kreierte Weltbild ebenso wie ihre Figuren lösen beim Zuschauer Befremden aus, erheitern und beunruhigen zugleich, oszillieren zwischen Komik und Horror. In ihrer Degradierung und Entmenschlichung erscheinen sie uns – verstärkt durch eine Schwarz-Weiß-Ästhetik mit ihren langanhaltenden Frontaleinstellungen und Großaufnahmen, die zu einem späteren Zeitpunkt noch anzusprechen sein werden – als monströs. Von der degradierten Landschaft mit all ihren Ruinen und Abfällen scheinen sie sich nur wenig zu unterscheiden: Sie sind vielmehr „Überreste des Menschlichen"[89]. Als anormal wahrgenommen, wäre somit die Versuchung groß, das Kino von Ciprì und Maresco unter dem zu subsumieren, was Beate Ochsner in Anlehnung an Hunter den Freakfilm nennt: „What is a Freak Film? The ultimate strain of bizzare cinema, a psycho-sexual fusion of the grotesque and the perverse, haunted by primal spectres of deformity and mutilation." (Hunter, zit. nach Ochsner 2010: 257) Gerade aufgrund der Ausstellung devianter und monströs erfahrener Körper wird die Abgrenzung oder Zurechnung des Freakfilms zum Horrorfilm[90] bzw. seine Nähe zum Avantgardefilm intensiv von Kritik und Wissenschaft diskutiert. Als Paradebeispiel für dieses Subgenre wird hierfür Tod Brownings *Freaks* (1932) angeführt. Mag man in einem ersten Moment auch geneigt sein, die Figuren von Ciprì und Maresco ebenso als Freaks abzutun, erweist sich dies bei näherer Betrachtung als voreiliger Kurzschluss. Denn Ciprì und Maresco sind anders als die anderen, vielleicht gerade weil sie auf

---

[89] So formuliert es Goffredo Fofi in *Incertamente! Cinico Tv 1991–1996* von Ciprì und Maresco. Es handelt sich hierbei um einen Zusammenschnitt verschiedener Episoden von *Cinico Tv*, die bisweilen von Goffredo Fofi unterbrochen und kommentiert werden.
[90] Auf die umfangreiche und facettierte Debatte verweist Ochsner (2010: 257 ff.).

die Inszenierung eines eindeutig teratologischen Monströsen verzichten und so die Lesart ihrer Filme ungleich komplexer und vielschichtiger werden lassen.

Insofern setzen sie sich bewusst von einer Funktionalisierung der Freaks ab, wie sie beispielsweise in der gängigen, aber zensierten Endfassung von Brownings *Freaks* zu finden ist. Mit moralisch-erhobenem Zeigefinger wird dort mahnend das Menschliche des Monströsen herausgestellt, auch wenn der Film, wie Ochsner zu Recht betont, eine unmittelbare Identifikation mit den Figuren unterbindet (vgl. Ochsner 2010: 284). Dabei bricht *Freaks* mit der Vorstellung des „objekthaften", spektakulären Monströsen des 19. und beginnenden 20. Jahrhunderts und bedient sie paradoxerweise doch. In *Freaks* ist das Monströse eine Zirkusattraktion, aber es wird auch hinter die Kulissen geblickt. Brownings zensierter Streifen operiert unter dem Deckmantel eines rhetorischen Gutmenschentums dennoch mit der Wir-sie-Dichotomie und folgt so der Logik des spektakulären Monströsen, indem er dessen Gefährlichkeit betont.[91] Schon der Vorspann des Films ruft diese Kategorien und die Idee des spektakulären, gefährlichen Anormalen auf. Als Rahmen verortet er *Freaks* in der Tradition der Exempla. Auch der weitaus ambivalentere Film von Werner Herzog *Auch Zwerge haben klein angefangen*[92] kann diesbezüglich als Abgrenzungsbeispiel dienen. Eingeführt durch eine „Rahmenhandlung" zeigt der Film als Flashback den sich steigernden Ausnahmezustand eines Lagers, dessen kleinwüchsige Insassen eine Rebellion anzetteln, die kein Ziel hat. Nur um des Aufbegehrens willen zerstören sie die Symbole der Ordnung und somit auch die (symbolische) Ordnung selbst. Indem Herzog das biopolitische Setting des Lagers wählt, das mit Foucault als heterotoper Nichtort und mit Agamben zugleich als Paradigma der Moderne verstanden werden kann, an dem das teratologische Monströse der Normalfall geworden ist, inszeniert er eine verkehrte Welt, die sich als Spiegelbild unserer eigenen entpuppt. Dabei funktionalisiert er seine Figuren, um durch die Groteske die Machtmechanismen einer – ob ihrer Willkürlichkeit – als naturalisiert erfahrenen Ordnung zu dekonstruieren.

---

[91] Genau in diesem Sinne sind die Sätze „One of us" und „Wer einen beleidigt, beleidigt alle" zu lesen. Im Film selbst wird dies exemplifiziert durch die Verstümmelung von Cleopatra. Sie hatte den Zwerg Hans getäuscht und seines Erbes wegen umbringen wollen, dafür wird sie von den „Monstern" bestraft.

[92] Der 1969 gedrehte Schwarz-Weiß-Film zeigt uns ein irgendwo im südamerikanischen Niemandsland gelegenes Erziehungslager, in dem Kleinwüchsige Landwirtschaftsarbeiten erledigen. In Abwesenheit des ominösen Direktors rebellieren die Lagerinsassen und entfachen eine sich steigernde Gewaltspirale, die sich gegen alles, Gegenstände, Tiere und auch die Schwächsten der Gruppe, richtet.

Die ciprimareskianischen Protagonisten hingegen rebellieren nicht, stoisch ertragen sie ihr Schicksal. Vielleicht weil es im Setting der absoluten Biomacht nichts gibt, wogegen man noch rebellieren könnte. Anders als die beiden vorangegangenen Beispiele zeigt sich das Monströse als kulturelle Einschreibung in ihren Filmen mit größerer Virulenz. Dabei stehen ihre Figuren als kultureller Körper (vgl. Marenko, zit. nach Ochsner 2010: 259) für das Monströse des Alltäglichen, auch wenn sie mit all ihren Ticks, der Korrekturbedürftigkeit ihres Verhaltens, der Onanie oder einer verzweifelt-aberranten Sexualität das gesamte von Foucault in *Die Anormalen* (vgl. Foucault 2007) aufgezeigte Spektrum konstruierter Anomalität zu bedienen scheinen.[93] Als korrekturbedürftige und als nicht normalisierbar wahrgenommene Individuen stellen sie eine irritierende Störung und einen Widerstand dar, der die Labilität des „Macht-Wissens-Apparats" (Foucault 2007: 427) offenlegt (vgl. hierzu auch Foucault 2005e). Sie sind „Abkömmling[e] jener an den Rändern der modernen ‚Zurichtungs'techniken aufgetauchten Unkorrigierbaren" (Foucault 2007: 425).

---

[93] Foucault analysiert die Anormalen als „unbestimmte und verworrene große Familie", die sich Ende des 19. Jahrhunderts „im Wechselspiel mit einem ganzen Komplex von Kontrolleinrichtungen mit einer ganzen Reihe von Überwachungs- und Verteilungsmechanismen herausgebildet" hat und die „fast gänzlich von der Kategorie der ‚Degeneration' verdeckt werden wird" (Foucault 2007: 421). Er identifiziert drei Figuren des Anormalen: das Menschenmonster, das korrekturbedürftige Individuum und den Onanisten. Für den hiesigen Kontext ist unter anderem die zweite Kategorie interessant: das korrekturbedürftige Individuum, das als Monster jüngeren Datums „zeitgleich mit der Einrichtung der Disziplinierungstechniken" (Foucault 2007: 424) auftaucht. „Die neuen Verfahren zur Zurichtung des Körpers, des Verhaltens und der Fähigkeiten werfen das Problem auf, was mit denjenigen ist, die sich dieser Normativität entziehen, die nicht mehr die Souveränität des Gesetzes ist." (Foucault 2007: 424) Also von devianten Personen, die zunächst als nicht normalisierbar wahrgenommen werden, dann aber mittels Entmündigung und Einsperrung, also durch ihre Disqualifizierung als (Rechts-)Subjekt, in entsprechenden (Umerziehungs-)Einrichtungen untergebracht werden. Letztere untersuchen ebenjene devianten Gruppen, die erst mit dem Entstehen der Institutionen als solche aufkommen. Foucault bezeichnet dies als die „[t]echnisch-institutionelle Entstehung der Blindheit und der Taubstummheit, der Schwachsinnigen, der Zurückgebliebenen, der Nervösen und der Unausgeglichenen. Als banalisiertes und blaß gewordenes Monster ist der Anormale des 19. Jahrhunderts auch ein Abkömmling jener an den Rändern der modernen ‚Zurichtungs'techniken aufgetauchten Unkorrigierbaren" (Foucault 2007: 425). Den Umgang mit dem sog. korrekturbedürftigen Individuum durch psychiatrische Machtstrategien und wesentlich labile Arzt-Patient-Beziehung hatte er zuvor in *Die Macht der Psychiatrie* vertieft (vgl. Foucault 2005e).

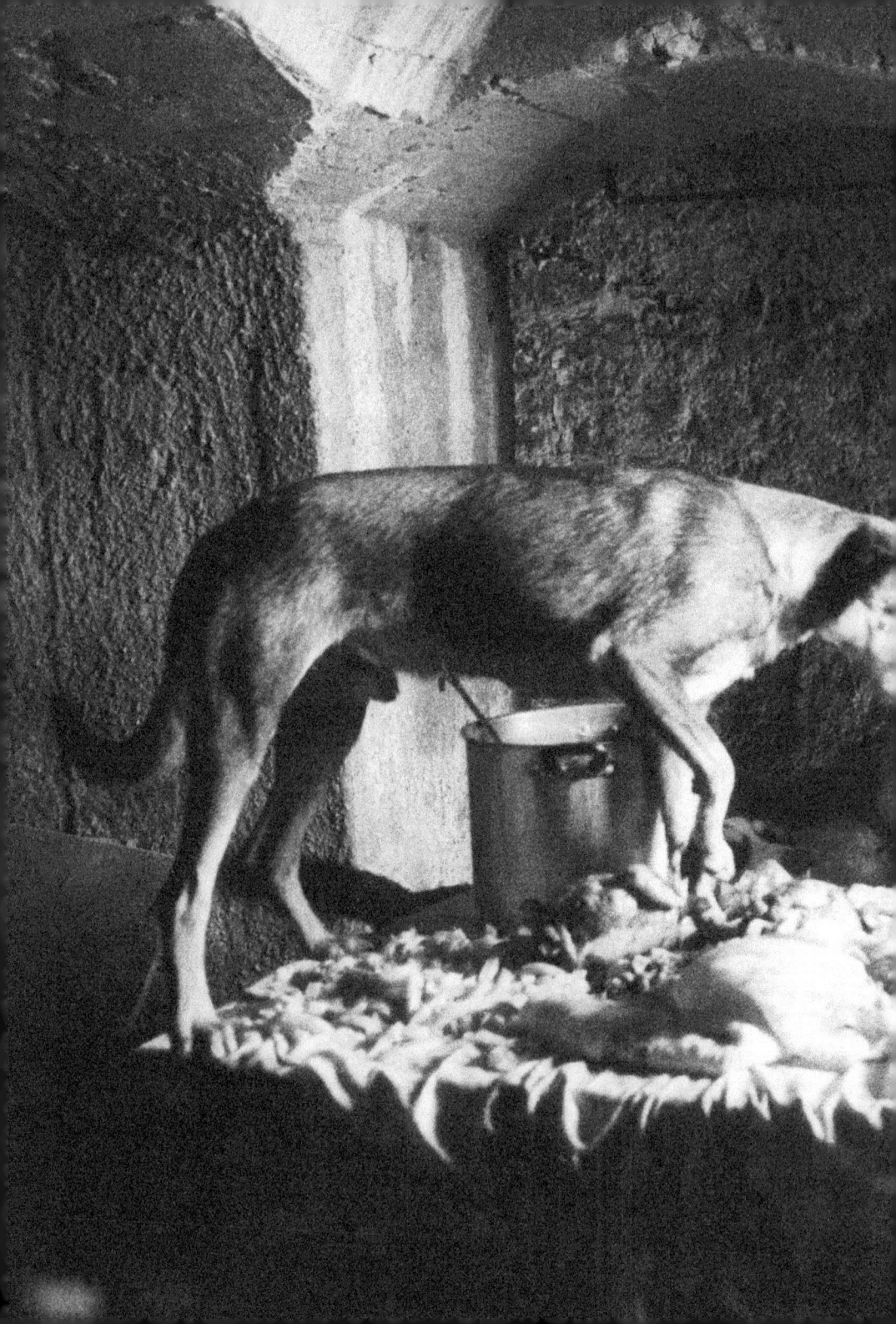

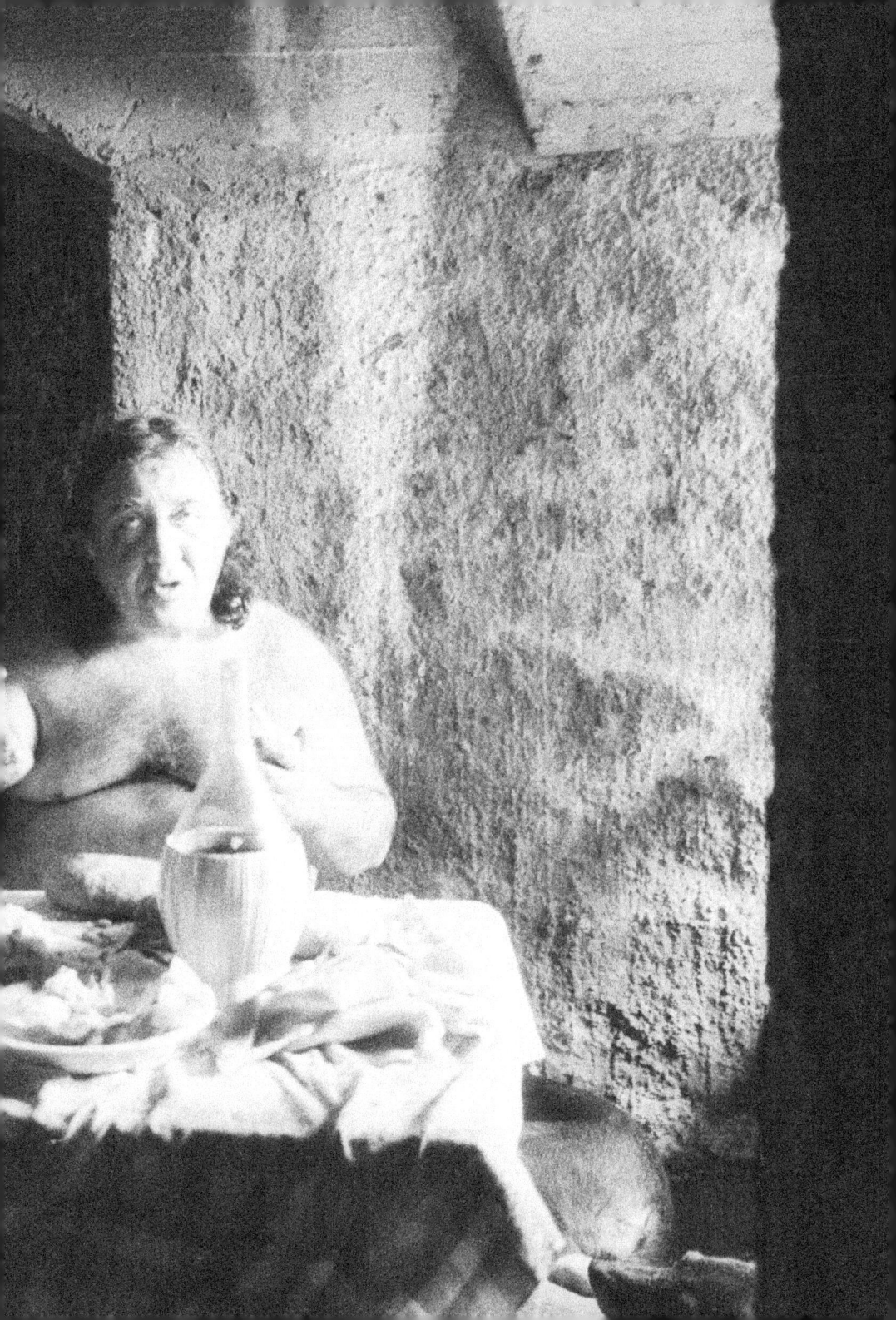

Im Unterschied zu den vorgenannten Beispielen entpuppt sich das ciprimareskianische Monströse vielschichtiger, spielt es doch bewusst mit dem Lachen, jenem *risus ridiculus*, das sich im ersten Moment einstellt und befreiend wirkt, dann aber angesichts der irreduziblen Ambivalenz der Figuren verstummt. Ihre Protagonisten erweisen sich als Schwellenfiguren, die anstatt der binären Logik („entweder… oder") der Logik des „weder…noch" bzw. „und…und" unterliegen. Insofern ist das von Ciprì und Maresco inszenierte Monströse nicht belehrend, sondern in seiner Uneindeutigkeit grausam und zerebral. Ebenjene Uneindeutigkeit setzt die Ordnungslogik außer Kraft, die das Anormale vom Normalen trennt, beide in zwei abgetrennten Bereichen ansiedelt und so die herrschende (Denk-)Ordnung konstituiert. Es erscheint uns als monströs, vielleicht gerade weil ihre Figuren als deviante Körper im Zeichen der Involution, eines beständigen Werdens, stehen. Dies eröffnet einen Raum jenseits der Parodie.

Involution

Die Degradierung der ciprimareskianischen Protagonisten zum Animalischen (zum Wurm, zur Kanalratte oder aufgrund ihrer starken Behaarung zum „Tarzan von Palermo") oder gar zum Ausgeschiedenen par excellence, dem Exkrement, wurde bereits in Kapitel 4.2 am Beispiel von Pietro Giordano festgestellt. All diese Konnotationen führen den Figuren den ihnen von ihren Mitmenschen eingeräumten sozialen Status und Platz im Gesellschaftskörper vor Augen.

Aber auch weit über die Parodie hinaus ist das Tierische bzw. Tierhafte in den Filmen von Ciprì und Maresco präsent. Es ließe sich an die Hundehorde in *Lo zio di Brooklyn* denken, die in *slow motion* gefilmt aus der Unterwelt emporkommen zu scheint, oder an die vielen Hunde, die den alles eilig in sich hinein schlingenden Paviglianiti hektisch umwimmeln, ganz so als sei er ein *primus inter pares*. Eine ähnliche Inszenierung findet sich auch in *Totò che visse due volte*, wo ein ganzes Heer von Ratten Fefès Behausung in Beschlag nimmt, den Fußboden fast ausnahmslos bedeckt, den Tisch vereinnahmt und der in seinem Bett schlafende Fefè gar unter ihnen verschwindet, sodass er Teil von ihnen geworden zu sein scheint. Indem die Protagonisten die Distanz zum Tierischen verlieren und sukzessiv selbst Teil der Meute zu werden scheinen, avancieren sie zum Anomalen und schreiben sich in die Deleuze'sche Logik der Involution ein, eines Tier-Werdens mit fließenden Übergängen:

> Devenir animal, c'est précisément faire le mouvement, tracer la ligne de fuite dans toute sa positivité, franchir un seuil, atteindre à un continuum d'intensités qui ne

> valent plus que pour elles-mêmes, trouver un monde d'intensités pures, où toutes les formes se défont, toutes les significations aussi, signifiants et signifiés, au profit d'une matière non formée, de flux déterritorialisés, de signes asignifiants. Les animaux de Kafka ne renvoient jamais à une mythologie, ni à des archétypes, mais correspondent seulement à des gradients franchis, à des zones d'intensités libérées où les contenus s'affranchissent de leurs formes, non moins que les expressions, du signifiant qui les formalisait elles-mêmes. (Deleuze/Guattari 1975: 24)

Dabei impliziert das Anomale nicht nur ein Abgleiten ins Unbestimmbare, trotz der gegebenen Formen[94], sondern ebenso ein Minderwerden. Als Produktion einer irreduziblen Differenz kann dieses *divenire minore* durchaus als Moment des Widerstands und einer Entsubjektivierung verstanden werden, die sich einer biopolitischen Vereinnahmung entziehen. Die fließenden Übergänge zwischen den verschiedenen Formen des Lebens stehen dabei im Zeichen einer „coesistenza caosmica" (Bazzicalupo 2010: 96). Diese ist „la condizione immanente nella quale le vite esperiscono ed esprimono il quid vivente, non organizzato e non normato dall'esterno, antirappresentativo, che ha la potenza di trasformarsi e ricrearsi." (Bazzicalupo 2010: 96) Dies bedeutet zudem das Leben, das „Ungedachte", dem Denken entgegenzustellen (vgl. Deleuze, 1997b: 245). Wenn Ciprì und Maresco ihren Figuren einen solch werdenden Körper geben, auch wenn es ein konkreter, leiblicher Körper ist, so schaffen sie durch ihre Ästhetik ein „Band zwischen Kino, Körper und Denken" (Deleuze 1997b: 245), in welchem die Darstellung von Formen des Lebens mit dem Problem der (Film-)Sprache zusammenfällt. Letztere stößt dabei eine Metamorphose an:

> Donner „un corps", monter une caméra sur le corps, prend un autre sens: il ne s'agit plus de suivre et traquer le corps quotidien, mais de le faire passer par une cérémonie, l'introduire dans une cage de verre ou un cristal, lui imposer un carnaval, une mascarade qui en fait un corps grotesque, mais aussi en extrait un corps gracieux ou glorieux, pour atteindre enfin à la disparition du corps visible. (Deleuze 1985: 247)

---

[94] Mit Verweis auf Canguilhelm begreifen Deleuze und Guattari (1980: 298) das Anomale wie folgt: „[T]out animal pris dans sa meute ou sa multiplicité a son anomal. On a pu remarquer que le mot 'anomal', adjectif tombé en désuétude, avait une origine très différente de 'anormal': a-nomal, adjectif latin sans substantif, qualifie ce qui n'a pas de règle ou ce qui contredit la règle, tandis que 'an-omalie', substantif grec qui a perdu son adjectif, désigne l'inégal, le rugueux, l'aspérité, la pointe de déterritorialisation. L'anomal ne peut se définir qu'en fonction de caractères, spécifiques ou génériques; mais l'anomal est une position ou un ensemble de positions par rapport à une multiplicité."

Jene Glorie des grotesken Körpers, die letztlich zu dessen Verschwinden führt, lässt die Figuren auch in dieser Hinsicht zu Schwellenfiguren avancieren. Im Zeitbild vermählen sich ihre Unbestimmtheit und Sublimation. Mittels der filmischen Darstellung wird der abjekte Körper seiner konkreten Leiblichkeit enthoben und transfiguriert.[95] In diesen rein visuellen Situationen werden sie zu Körpern von Gewicht.

Die Leiblichkeit und die Macht des Abjekten

Ihr Gewicht beziehen diese Körper somit aus der Leiblichkeit, die im Sinne des Agamben'schen Parodieverständnisses als Ergebnis der Involution ebenjenes *para ten oden*, den Gesang neben dem Gesang, durchscheinen lassen. Das Prekariat und die gesellschaftliche Marginalisierung der Figuren stellen eine Art „Katalysator" dar, der ebenjenes Gewicht der grotesken Leiber verstärkt. Denn wenn wir diese als deviant und monströs wahrnehmen, dann gerade aufgrund ihrer Materialität. Die Protagonisten von Ciprì und Maresco prägen sich uns in erster Linie als auf primäre Instinkte reduzierte und durch sie getriebene Figuren ein. So sehr reduziert, dass es nicht einmal mehr zum Antihelden der Moderne reicht, denn sie sind in erster Linie organische, profane Körper mit all ihren Leibesfunktionen und Ausscheidungen: Sie essen, trinken, rülpsen, furzen, defäkieren, kopulieren und masturbieren.

Trotz der Fülle an Organizität stehen diese Körper paradoxerweise im Zeichen eines Mangels, denn ihnen ist eine „erfüllte" Sexualität verwehrt, sodass ihr instinktives Begehren manifest und allgegenwärtig ist. Allein schon die Vorstellung peinigt *und* beflügelt sie. In einer Welt ohne Frauen – und somit auch ohne Fortpflanzung und Zukunft – greifen ihre Protagonisten zum Ausleben ihres sexuellen Begehrens auf Surrogate zurück. In *Totò che visse due volte* vergehen sie sich beispielsweise an der Madonnenstatue oder Tieren, vergewaltigen einen gefallenen Erzengel, masturbieren oder befriedigen sich, in Ermangelung von Alternativen, gegenseitig oral. Dass dies nicht salonfähig und ein derber Schlag ins Gesicht für das (patriarchale) Männlichkeitsbild ist und als gefühlter Verstoß gegen ein Tabu ausnimmt, versteht sich von selbst. Die empfundene Ablehnung oder Abscheu angesichts der grotesken und deviant erfahrenen Leiblichkeit, verdeutlicht dabei lediglich, inwiefern wir selbst als Zuschauer der Kraft eines verinnerlichten und normalisierten Normativen unterliegen. Die körperlichen Lüste der Figuren, seien es nun *gula* oder *luxuria*, stehen als Teil einer verschwenderischen Lustökonomie der rationalen, teleologischen und maßvollen Auffassung körperlicher Bedürfnisse entgegen,

---

[95] Zu dieser „Ultrafisicità" vgl. Roberti (2009).

die das Subjekt den regulierenden Mechanismen der Biopolitik unterwerfen und sich als „Mikro-Macht über den Körper" (Foucault 1977: 141) artikulieren.[96] Die Befriedigung der Lüste steht dort im Zeichen der Funktionalisierung zur Schaffung „gesellschaftlichen Mehrwerts", so zum Beispiel der Fortpflanzungsökonomie.

Die Leiblichkeit der ciprimareskianischen Figuren ist zudem Träger einer Devianz von der ästhetischen Norm, die sich als Element gesellschaftlicher Homogenisierung und Subsumtion begreifen lässt. Die von ihnen inszenierten Körper sind in einem doppelten Sinne monströs: zum einen aufgrund der prominent ausgestellten Leiblichkeit, zum anderen, weil sich ihre Figuren einer Verwertbarkeit entziehen. Dies ist insofern der Fall, als dass die Regisseure klar dem ‚zivilisatorisch beschnittenen' Körperbild – dem Ideal eines „dressierten", makellosen und quasi entkörperlichten Körpers – entgegen stellen. Sie bilden das Gegenstück zum bürgerlichen Körper und entsprechen dem karnevalesken, grotesken und offenen Körper mit all seinen Körper-Dramen (vgl. Bachtin 1990: insb. 15–23; Bachtin 1995):

> Non vedi quanti giovani arroganti ostentano i loro corpi abbronzati modellati in palestra? I loro corpi sono schifo che suda. L'erotismo e la sensualità sono da supermercato. I nostri personaggi – e i nostri attori – sono brutti, eccessivi, orribili per lo spettatore, non per noi. [...] Noi riprendiamo quello che abbiamo, non modifichiamo nulla. Per noi questi corpi che sembrano brutti sono, invece, un esempio profondissimo di umanità. Nei nostri corpi si vede una profonda verità umana. L'orrore non è nei nostri personaggi [...], bensì nei luoghi di villeggiatura [...] [che] celebrano il culto del corpo-schifo. [...] L'omologazione del corpo è imperante [...]. (Pioppo 1996: 11)

Durch die Fokussierung des Einzelkörpers stellen Ciprì und Maresco ebenso den Gesellschaftskörper in Frage. Wenn sie den ungeschönten Körper ausstellen und ihre Figuren bewusst in den Gegensatz zum sportlich trainierten, dem normativ „gleichgeschalteten" Körper treten lassen – die Regisseure sprechen diesbezüglich nicht zufällig von einem Körper „da supermercato" bzw. vom „culto del

---

[96] Zur politischen Bedeutung des Sexes schreibt Foucault (1976: 191 f.): „[Il] est à la charnière des deux axes le long desquels s'est développée toute la technologie politique de la vie. D'un côté il relève des disciplines du corps: dressage, intensification et distribution des forces, ajustement et économie des énergies. De l'autre, il relève de la régulation des populations, par tous les effets globaux qu'il induit. Il s'insère simultanément sur les deux registres; il donne lieu à des surveillance infinitésimales, à des contrôles de tous les instants, à des aménagements spatiaux d'une extrême méticulosité, à des examens médicaux ou psychologiques indéfinis, à tout un micro-pouvoir sur le corps."

corpo-schifo" (Pioppo 1996: 11) –, erheben sie ihre Figuren zum Außergewöhnlichen. Der Fokus der Kamera auf das Subjekt und nicht zuletzt auch dessen bildhafte Rahmung „schneiden" die Protagonisten aus der Wirklichkeit aus, lenken und absorbieren unsere Konzentration. Der privilegierte, examinierende Blick der Kamera, ihre subjektive Wahl des Sujets, die sich aufgrund der technischen, nicht sichtbaren Apparatur zugleich als objektiv ausgibt, ließe einen jeden von uns zu einer solchen de-normalisierten Figur avancieren. Die Isolation der Protagonisten durch die Kamera und die bewusste Betonung ihres vermeintlichen Andersseins schließt diese zugleich aus einer imaginierten Gemeinschaft aus. Erst ihre Sichtbarmachung, die visuelle Darstellung führt zur Entstehung der Monster selbst: „Les monstres [...] ne sont monstres que parce qu'on les exhibe." (Sabatier, zit. nach Ochsner 2010: 12) Entsprechend zu begreifen ist das Monster somit

> mithin als Effekt seiner Medialisierung, deren Spezifikum auf einer stets erhofften, gleichwohl nie realisierten kommunikativen Transparenz beruht, die dem Monster in gleichem Maße, wie sie grundlegend zu seiner Entstehung beiträgt, auch die Grenzen seiner selbst (und damit des Anderen) aufzeigt. So ermöglicht erst die im Kontext der Medialisierungen aufscheinende Differenz die Erkenntnis und die Benennbarkeit Monster, wobei die zahlreichen und vielfach wiederkehrenden Abbildungen stets auch dem Verdrängen der (eigenen) Monströsität Vorschub leisten und als Akt der Befreiung verstanden werden können. (Ochsner 2010: 13)

Die Leiblichkeit der Figuren erscheint monströs, gerade weil sie sich der Kontrolle entzieht, sich als antibürgerlicher Körper gegen die symbolische Ordnung stellt. Schon Bataille bemerkt in seinem Plädoyer für die Inszenierung der niederen Materie, dass einzig die Materialität des Leibes die Möglichkeit eröffne, die „monstruosité bestiale" (Bataille 1968: 170) und die „phénomènes bruts" (Bataille 1968: 183) des menschlichen Körpers auszustellen.[97] Der Leib ist dabei an sich schon immer mit dem Abjekten verbunden. Julia Kristeva zufolge ist das Abjekte das, was nicht

---

[97] Bataille (1968: 182 f.) schreibt: „La plupart des matérialistes, bien qu'ils aient voulu éliminer toute entité spirituelle, sont arrivés à décrire un ordre des choses que des rapports hiérarchiques caractérisent comme spécifiquement idéaliste. Ils ont situé la matière morte au sommet d'une hiérarchie conventionnelle des faits d'ordres divers, sans s'apercevoir qu'ils cédaient ainsi l'obsession d'une forme *idéale* de la matière d'une forme que se rapprocherait plus qu'aucune autre de ce que la matière devrait être. [...] Il est temps, lorsque le mot *matérialisme* est employé, de désigner l'interprétation directe, *excluant tout idéalisme*, des phénomènes bruts et non un système fondé sur les éléments fragmentaires d'une analyse idéologique élaborée sous le signe des rapports religieux."

assimiliert werden kann, das weder Objekt ist, noch sich als zum Subjekt zugehörig erweist.[98] Gerade weil es sich nicht klassifizieren lässt und den Sinn zum Kollabieren bringt, ist es unheimlich und beunruhigt uns:

> The abject is not an ob-ject facing me, which I name or imagine. Nor is it an ob-jest, an otherness ceaselessly fleeing in a systematic quest of desire. What is abject is not my correlative [...]. The abject has only one quality of the object – that of being opposed to *I*. If the object, however, through its opposition, settles me within the fragile texture of a desire for meaning, which [...] makes me ceaselessly and infinitely homologous to it, what is abject, on the contrary, the jettisoned object, is radically excluded and draws me toward the place where meaning collapses. (Kristeva 1982: 1 f.)

Ebenso uneindeutig wie die Erfahrung des Leibes, die zwischen Selbst- und Andersheit oszilliert[99], nimmt sich auch die Erfahrung des Abjekten aus. Obgleich grundlegend für die Subjektkonstitution wird das Abjekte, wie Kristeva anschaulich am Beispiel von Essensaufnahme und Körperausscheidungen illustriert, als nicht-eigen und abscheulich empfunden. Versteht man unter Essensaufnahme einen Akt der Verinnerlichung und der Assimilation (das Essen wird ein Teil meiner selbst), so entspricht seine Ausscheidung demzufolge einem Akt der Selbstkonstitution, bei dem man einen Teil des eigenen Selbst ausstößt und von sich weist: „But since food is not an ‚other' for ‚me', who am only in their desire, I expel *myself*, I spit *myself* out, I abject *myself* within the same motion through which ‚I' claim to establish *myself*." (Kristeva 1982: 3) Nicht fassbar und dennoch äußerst intim verdeutlicht das Abjekte, inwiefern sich der Körper dem Tod widersetzt, und schreibt ihn, trotz

---

[98] In ihrem Verständnis des Abjekten steht Kristeva zweifelsohne in der Nähe zu Georges Bataille, der in den *Documents* schreibt: „Le jeu de l'homme et de sa propre pourriture se continue dans les conditions les plus mornes sans que l'un ait jamais le courage d'affronter l'autre. Il semble que jamais nous ne pourrons nous trouver en face de l'image grandiose d'une décomposition dont le risque intervenant à chaque souffle est pourtant le sens même d'une vie que nous préférons [...] à celle d'un autre dont la respiration pourrait nous survivre. De cette image nous ne connaissons que la forme négative. [...] Je pense avec tout ce qu'il y a jamais eu jusqu'ici d'hommes écœurés d'une fuite assez veule, assez commune, devant les horreurs multiples qui composent le tableau de l'existence, que c'est seulement dans une obscurité complète qu'il est possible de rencontrer ce qu'on a toujours cherché." (Bataille 1968: 199 f.)

[99] Zur Subjektkonstitution und Wahrnehmung des Leibes vgl. Waldenfels (2006: 68–91; 1999: insb. 16–52).

seines beständigen Verfalls, dem Leben zu.[100] Dabei kristallisiert sich zugleich die paradoxe Ambiguität des Abjekten heraus, das als störendes Moment die Identität und die Ordnung allgemein verunsichert:

> The corpse, seen without God and outside of science, is the utmost of abjection. It is death infecting life. Abject. It is something rejected from which one does not part, from which one does not protect oneself as from an object. Imaginary uncanniness and real threat, it beckons to us and ends up engulfing us. It is thus not lack of cleanliness or health that causes abjection but what disturbs identity, system, order. What does not respect borders, positions, rules. The in-between, the ambiguous, the composite. (Kristeva 1982: 4)

Das Abjekte kulmimiert in der Begegnung mit dem Tod, führt dieser doch vor Augen, dass das Leben selbst von Beginn an mit dem Tod „infiziert" ist, unaufhaltsam voranschreitet und dass man sich vor diesem weder schützen noch verstecken kann, den er ist in das Leben eingeschrieben. Der Tod stellt dabei die letzte, extreme und absolute Geste des Ausschlusses dar, das Übertreten einer irreduziblen Grenze, die den während des Lebens im Verfall begriffenen Körper zum Objekt macht und nun vollends der Dekomposition übereignet. Diese Passage verdeutlicht der Leichnam, deshalb empfinden wir ihn als monströs und abjekt.

Gorgoneion

Doch das Unbestimmbare ist nicht nur verunsichernd oder abstoßend, es fasziniert auch. Etwas, das dieses Spannungsverhältnis beispielhaft darstellt, sind die entsetzlichen Gesichter der Gorgonen aus der griechischen Mythologie. Ein solches *gorgoneion* verkörpert auch Carlo Giordano, der in *Totò che visse due volte* Fefè spielt und dessen Fotografie diesem Kapitel vorangestellt ist. Auch wenn es sich bei Giordano nicht um einen Frauenkopf wie den der Medusa handelt, so ruft er dennoch Ausdruck und Pose ganz im Sinne des Warburg'schen und Huberman'schen Nachlebens der Bilder (vgl. Didi-Huberman 2002) die Figur und Pathosformel

---

[100] Kristeva (1982: 3) führt weiter aus: „[A]s in true theater, without makeup or masks, refuse and corpses *show me* what I permanently thrust aside in order to live. These body fluids, this defilement, this shit are what life withstands, hardly and with difficulty, on the part of death. There, I am at the border of my condition as a living being. My body extricates itself, as being alive, from that border. Such wastes drop so that I might live, until, from loss to loss, nothing remains in me and my entire body falls beyond the limit – *cadere*, cadaver. If dung signifies the other side of the border, the place where I am not and which permits me to be, the corpse, the most sickening of wastes, is a border that has encroached upon everything."

des *gorgoneion* auf. Mit seinem geöffneten Mund, den gut sichtbaren Zähnen, den seitlich wirren Haaren und den aufgerissenen Augen erinnert Giordano an die Darstellungen der Gorgonen in der abendländischen Kunst, zuallererst an Caravaggio. Der oft frontal gezeigte Giordano vereint dabei die archaische, groteske Darstellung des *gorgoneion* und die abendländische Bildtradition der Medusa. Von ihm geht etwas Monströses, Unheimliches aus. Jener vom Körper getrennte Kopf, der ganz entstelltes Gesicht ist, ist entsetzlich und entsetzt zugleich. Unterstützt durch die dunkle, bedrückende Stimmung des Films, lassen Ciprì und Maresco dort ein horrendes Gesicht und das Gesicht des Horrors zu Tage treten.[101] Medusa steht für den Blick als Gefahr, der das Gegenüber trifft und „versteinert" ebenso wie für das Gebot des Wegschauens in der christlich-abendländischen Kultur. Zugleich hat sie auch eine Spiegelfunktion inne. Der Blick als Waffe der Medusa sei, so Adriana Cavarero, ein „indice di una affinità fra orrore e visione, o se si vuole, fra una scena inguardabile e la ripugnanza che essa suscita" (Cavarero 2007: 15). Das, was wir sehen, flößt uns Angst ein, aber mehr noch stößt es uns ab. Konkret ist dies die Gewalt, die den Körper entzweit, beschädigt und entstellt, und so die eigene Verletzlichkeit vor Augen führt (vgl. Cavarero 2007: 15).[102] Die Frontalansicht von Medusas Gesicht dient dem Betrachter dabei als Spiegel:

> […] 'quando tu fissi Medusa, è lei che fa di te quello specchio dove, trasformandoti in pietra, ella guarda la sua orribile faccia e riconosce se stessa nel doppio.' Nel mito che racconta l'incontro di Medusa con Perseo, la sfera dell'occhio è, appunto, centrale: sia come reciprocità del vedere e dell'esser visto, sia, più specificamente, come raddoppiamento e specularità dello sguardo. C'è a quanto pare, nell'orrore, un faccia a faccia che non può essere evitato. Come se, nell'atto della sua inaudita

---

[101] Alimentiert wird diese Stimmung durch die Ambientierung der zweiten Episode von *Totò che visse due volte* allgemein: Nicht nur dass Fefès Wohnung einem Loch und dem Eingang zur Unterwelt gleicht, es treten auch zahlreiche Motive des Horrorfilms auf, wie zum Beispiel die Invasion von Ungeziefer oder das Wiedergängermotiv in der Szene auf dem Friedhof.

[102] Und Cavarero (2007: 24) führt weiter aus: „Orripilante, Medusa è infatti, al tempo stesso, orripilata. Essa incarna un orrore mostrato nei suoi effetti. La testa mozzata centripeta l'attenzione e condensa i significati del simbolo. Da un lato, allude a una violenza che, accanendosi sul corpo, più che a togliergli la vita lavora a disfarne l'unità figurale, a ferirlo e smembrarlo, staccarne la testa. Dall'altro, dato che si tratta della testa, sottolinea che a essere colpita è quell'unicità della persona che già i Greci collocavano in questa parte del corpo. Sempre raffigurata da una prospettiva frontale e mai di profilo, come vuole il gorgoneion, Medusa è per di più un volto, ossia, *il volto del vivo, nella singolarità dei suoi tratti*. […] [L']orrore riguarda sempre il volto."

> distruzione, la singolarità di ognuno si riconoscesse nella singolarità dell'altro, o, meglio, sapesse che a essere distrutto è qui precisamente il singolare. La ripugnanza è condivisa. Ripugna [...] il crimine ontologico che, concentrandosi sull'offesa all'essere umano in quanto essenzialmente vulnerabile, fa del ferire una disfigurazione e uno smembramento. [...] Medusa allude a un umano che, in quanto sconciato nel suo stesso essere, contempla l'atto inaudito della sua disumanizzazione. [...] In quanto corpi singolari, la ripugnanza ci riguarda tutti. Chi condivide la condizione umana, condivide anche il disgusto per un crimine ontologico che mira a colpirla per disumanizzarla. L'inguardabile, a uno a uno, ci riguarda. (Cavarero 2007: 24 f.)

Obgleich die ciprimareskianischen Figuren dem Zuschauer als monströs und horrend erscheinen, so erkennt er sich doch auch in ihnen wieder. Diese kruden Visionen entpuppen sich dabei als eine Tortur im zweifachen Sinne, die Gewalt am Wehrlosen ausübt. Für Cavarero ist diese „violenza sull'inerme"(Cavarero 2007)[103]:

> La speciale forma di orrorismo di cui è protagonista il torturatore preferisce infatti consumarsi sul corpo vivo, dilazionare la sofferenza inscritta nel *vulnus*, portare il vulnerabile alla soglia della sopportabilità del dolore e dell'offesa. Come sanno tutti gli aguzzini, il vulnerabile non è lo stesso dell'uccidibile. Questo sta nell'alternativa fra morte e vita, quello nell'alternativa fra ferita e cura. Che il vulnerabile sia anche inerme facilita l'impresa perché, rendendola unilaterale, lascia che la violenza si dia come irresistibile, anzi, persino illimitabile se non fosse che la morte del vulnerabi-

---

[103] Cavarero schlägt einen radikalen Perspektivenwechsel vor, indem sie, anstatt den Gewaltausübenden, die Verletzlichkeit desjenigen, auf den Gewalt ausgeübt wird, ins Zentrum ihrer Überlegungen stellt. Eine Verletzlichkeit, die einen grundlegenden Aspekt des menschlichen Seins darstellt, steht sie doch stets in Bezug zum Anderen, da sie von seiner Fürsorge abhängt ebenso wie von dessen Indifferenz und Vernachlässigung. Cavarero schlägt dabei einen Bogen von der Antike bis hin zu zeitgenössischen Phänomenen wie Abu Graib, Beslan oder den terroristischen „Gotteskriegerinnen", die sich selbst und ihr Umfeld gezielt mit Sprengstoffgürteln töten. Entscheidend für den Kontext der vorliegenden Arbeit ist dabei die dem *orrorismo* inhärente Strategie der *disumanizzazione*, der Entmenschlichung. Diese, so Cavarero, übertreffe die Tötung gar noch, da sie als besondere Form der Gewalt in erster Linie auf die Verletzlichkeit des wehrlosen Subjekts setzt, das im Zuge der Entmenschlichung zum Objekt avanciert. Während der Körper bei der Tötung ablebt, so setzt die Entmenschlichung, wie sie am Beispiel der Folter betont, auf „[il] consumarsi sul corpo vivo, [il] dilazionare la sofferenza inscritta nel vulnus, [il] portare il vulnerabile alla soglia della sopportazione del dolore e dell'offesa" (Cavarero 2007: 44). Das lateinische Etymon *torquere* verweise schon auf „torcere, distorcere il corpo, farne un corpo ridotto a bricciole dal *tormentum*" (Cavarero 2007: 44). Genau daraus resultiere „quel tratto di ripugnanza" (Cavarero 2007: 41) des *orrorismo* (zur Motivation dieses Neologismus grenzt Cavarero *terrore* und *orrore* eingangs scharf ab).

le – il suo venir meno – costituisce pur sempre un limite. Il quale è precisamente il limite su cui, non solo nel caso della tortura, l'orrore misura la peculiarità del suo crimine e, in concorrenza col terrore, fonda il suo dominio. (Cavarero 2007: 44)

Der von Cavarero angesprochene Konsum des lebenden Körpers durch die Tortur impliziert dabei zweierlei: *consumare* und *consumarsi*. Einerseits den visuellen Konsum durch denjenigen, der den Gefolterten betrachtet, sowie andererseits den Verschleiß des Körpers selbst, bis dass sich in einer ganz besonderen Art und Weise dessen Einheit auflöst. Aus jener Entmenschlichung zieht der Betrachter wiederum seinen auf dem Entsetzen gründenden Lustgewinn. Auch für ebenjene Entmenschlichung, die sich par excellence in der Dekomposition der Gesichtszüge verdeutlicht, steht Medusa (vgl. Cavarero 2007). Dabei erinnert sie vor allem daran, „daß das wirkliche Entsetzen für uns einen *Ursprung der Machtlosigkeit* bedeutet" (Didi-Huberman 2007: 250). Machtlosigkeit meint zuzusehen, aber nicht handeln zu können. Sie entfaltet sich bei Ciprì und Maresco im doppelten Sinne, wie im Hinblick auf den Konsum des lebenden Körpers sogleich festgestellt werden soll.

Will man bei dem von Cavarero aufgerufenen starken Bild der Folter bleiben, so muss man zunächst einräumen, dass hier eine chiastische Doppelung vorliegt, die den Betrachteten und den Betrachter auf eigentümliche Weise in ihrer Verletzlichkeit verbindet. Die langen Plansequenzen, die in Großaufnahme die Gesichter zeigen – denen wiederum nach und nach die Kontrolle über ihre Züge entgleitet, sie lassen Maske und Persona, Menschlichsein aufblitzen –, machen den Zuschauer mittels der Apparatur zum Folterer und zugleich Gefolterten. Ciprì und Maresco zeigen das *volto dell'inerme* ihrer Figuren, indem sie dieses durch die lange Blickdauer erst produzieren, wenn sie ihre Figuren wehrlos der Kamera aussetzen. Der Zuschauer konsumiert diese Bilder nicht nur, sondern ist zugleich – wenn wir so wollen, auf der anderen Seite der Apparatur – Adressat jener Blickgewalt, der er, wie auch die filmische Figur, ausgesetzt ist. Bei seiner Schaulust gepackt – die ihrerseits durch das Dispositiv des Kinos, die Frontalansicht, verstärkt wird –, wird dem Zuschauer selbst ein Stück weit Gewalt angetan. Die filmischen Figuren erweisen sich als unser Spiegel und als unsere Folterer die Regisseure selbst. Der einzige Punkt, an dem sie den Zuschauer verletzen können, ist seine Wahrnehmung. Das von ihnen erzeugte Entsetzen gründet auf dem Bruch mit unseren Seh- und Wahrnehmungsgewohnheiten.

Diese Verschränkung von Blick und Gewalt ist durchaus politisch, sie verunsichert die Ordnung. Im Hinblick auf das Gesicht bzw. das in *Tausend Plateaus* beschriebene Gesicht-Werden schreiben Deleuze und Guattari: „Wenn das Gesicht eine Politik ist, dann ist auch das Auflösen des Gesichts eine Politik, die wirkliches Werden nach sich zieht [...]." (Deleuze/Guattari 1992: 258) Die von Ciprì und Maresco oktroyierte Blickdauer zeigt ebenjenes Werden, bei dem „die Gesichtszüge sich endlich der Organisation des Gesichts entziehen" (Deleuze/Guattari 1992: 234). Ihre Figuren sind in diesem Sinne Maske *und* Gesicht, welche die Einstellungsdauer aufblitzen und unterscheidbar werden lässt, gerade in dem Moment, wenn sie, wie der immer wieder von Ticks heimgesuchte Pietro Giordano, versuchen, wieder über den ihnen entglittenen Ausdruck Kontrolle zu gewinnen:

> Qu'est-ce qu'un tic? C'est précisément la lutte toujours recommencée entre un trait de visagéité qui tente d'échapper à l'organisation souveraine du visage, et le visage lui-même qui se referme sur ce trait, le ressaisit, lui barre sa ligne de fuite, lui ré-impose son organisation. (Deleuze/Guattari 1980: 230)

Das Gesicht verkörpert nach Deleuze in diesem Sinne „Ökonomie und Organisation von Macht" (Deleuze/Guattari 1992: 241). Versteht man die ciprimareskianischen Plansequenzen ebenso wie die Provokationen der Off-Stimme als eine Form der symbolischen Gewalt und der Politik des Ästhetischen, weil sie die Figuren dazu veranlassen, die „Maske" abzulegen bzw. „das Gesicht werden zu lassen", so impliziert dies, dass sie sich diskurskonformen Arten der Darstellung widersetzen. Indem sie die gemeinhin normale Blickdauer – die immer mehr im Zeichen der Akzeleration und nicht der Entschleunigung steht – überschreiten, irritieren sie die Ordnung und stellen sie in Frage. Das Einfrieren des filmischen Bildes, sodass es uns bisweilen als Fotogramm, als stillstehend erscheint, gleicht dabei der Lähmung desjenigen, der vom Blick des *gorgoneion* getroffen ist. Er wie auch wir machen im Hinblick auf die Verschränkung von Blick und Gewalt eine entsetzliche, aber nicht weniger erkenntnisreiche Erfahrung, die so das Gesicht zu einer Horrorgeschichte werden lässt (vgl. Deleuze/Guattari 1992: 231).

Zum Antlitz oder Die Emergenz des ethischen Subjekts

Kommen wir noch einmal auf das *gorgoneion* im Sinne eines entsetzlichen und entsetzten Gesichtes zurück, welches sich in die Logik einerseits der Entmenschlichung und andererseits einer Spiegelfunktion einschreibt. Beide Blicke, sowohl der Blick, den die Gorgone Medusa auf uns richtet, als auch der Blick, den wir auf sie richten, sind gefährlich, besteht doch das Risiko affiziert und vom Entsetzen gelähmt zu werden. Zugleich aber beschleicht uns durch das Gebot, nicht direkt hinzuschauen, auch die Lust ebendieses Gebot zu überschreiten. Anders gesagt: Medusa soll, als Paradebeispiel für das Abendland, unsere Schaulust zügeln, wobei die Strafe für die Übertretung des Blickverbots in den Akt der Übertretung gleich mit eingeschrieben ist. Am Beispiel von Carlo Giordano waren wir zum Schluss gekommen, dass bei Ciprì und Maresco eine chiastische Verschränkung der Blickordnung vorliegt und dass wir als Zuschauer beim Betrachten des Leidens der Anderen sowohl unsere Schaulust, im Sinne eines „lasziven Interesses" (Sontag 2010: 111) an der Qual der Figuren, bedienen, als auch selbst Teil des Tableaus sind, in dem Sinne, als dass die beiden Regisseure mit einer gewissen sadistischen Ader die Effekte ihrer Visionen auf den Zuschauer gleich miteinkalkulieren. Ciprì und Maresco bedienen also die Schaulust, verpassen es aber nicht, die dem Menschen innewohnende „Neigung zu Grauenhafte[m]" (Sontag 2010: 113) auf doppelbödige Weise zu inszenieren. Die Anziehungskraft des Leidens der Anderen gründet, wie Susan Sontag in Anlehnung an Platon erinnert, auf unserem „Verlangen nach dem Anblick von Erniedrigung, Schmerz und Verstümmelung" (Sontag 2010: 113). Insofern darf vermutet werden, dass das Lachen somit nicht nur eine Reaktion auf und eine Äußerung unseres ambivalent besetzten Unbehagens ist, mit dem wir versuchen, uns davon zu distanzieren und zu befreien.

Ein anschauliches Beispiel für das ciprimareskianische Spiel mit der (Selbst-) Stigmatisierung ihrer Figuren und unserer Pulsion, das Leiden der Anderen zu betrachten, bietet zweifelsohne *Grazie Lia. Breve inchiesta su Santa Rosalia*. Hierin porträtieren die beiden Regisseure die Beziehung zur Schutzpatronin Palermos, die die Stadt vor der Pest gerettet haben soll, und die den Menschen bis heute als Identifikationsfigur dient. Viele beten zu ihr und bitten sie um ein Wunder. So auch der nur mit einer Unterhose bekleidete Mann, der zu Beginn des vermeintlichen Dokumentarfilms mit dem Rücken zur Kamera steht. Im Hintergrund sind der Berg Monte Pellegrino, das Meer und die verwaiste Strandlandschaft zu sehen. Auf ganz eigene Art und Weise erinnert die Szene des Schwarz-Weiß-Films an Kaspar David Friedrichs *Mönch am Meer*. Auf die interpellierende Stimme aus dem Off hin, dreht sich die Person zu uns. Wir erfahren, dass es sich um Pietro Giordano handelt, der Santa Rosalia um die Gnade bittet, anstatt „pezzo di merda" wieder bei seinem Namen genannt und als Mensch behandelt zu werden. In der Interaktion von Figur und Off-Stimme gerät der herabsetzende Rufname Giordanos zur Schleife. Bisweilen offenbart sich sein stiller Schmerz, durchbricht die Rezitation. Nimmt sich *Grazie Lia* im Großen und Ganzen eher als Stilübung aus, so wohnt doch insbesondere dieser Eröffnungsszene eine inkommensurable Ambivalenz inne, die sich zudem als zutiefst politisch erweist. Denn Pietro Giordano existiert wirklich. Er ist keine Kunstfigur.

Degradiert Gewalt, wie auch der Blick, den Anderen zum Objekt, so avanciert dieser zum Subjekt, wenn er zurückschaut. Sein Blick affiziert uns. Diesbezüglich soll an eine weitere Perspektive angeknüpft werden: Hinschauen bedeutet zugleich auch, dem Anderen ein Antlitz zu geben und ihn in seiner Verletzbarkeit wahrzunehmen. Das Hinschauen, so Emmanuel Lévinas, sei eine Reaktion auf ein vorgängiges Angesprochenwerden, auf die Anrufung, auf das prekäre Leben des Anderen Rücksicht zu nehmen und ihn nicht zu töten (vgl. Lévinas 1987). Die im Lévinas'schen Antlitz implizierte Responsivität und ethisch motivierte Selbstbegrenzung in Form eines Gewaltverzichts führt uns nicht nur die Fragilität des Lebens vor Augen, sondern erlaubt dem Anderen, ebenjenen Agamben'schen Formen des Lebens, zu sein. Das Antlitz steht somit für die Pluralität von Existenzweisen (vgl. Deleuze 1997b: 230 ff.).

Das Kino von Ciprì und Maresco ist ein solches Kino der Existenzweisen. Wie bereits hier an anderer Stelle erörtert, stehen ihre oft zu *non-persone* degradierten Figuren im Spannungsverhältnis von *bíos* und *zoé*, des politisch wertvollen und schützenswerten Lebens als vollwertige Mitglieder der *pólis* auf der einen Seite und als marginalisierte, deviante, auf ihre Leiblichkeit reduzierte Figuren auf der anderen Seite. Dabei ist es gerade das Antlitz, dass sie von der Nichtperson wieder zur Person werden lässt und die binomische, biopolitisch motivierte Trennung außer Kraft setzt. Es ist das Antlitz, das ihr Ausgeschlossensein und damit ihre Nichtsichtbarkeit suspendiert und aufhebt. Die Lévinas'sche Responsivität, die bedeutet, sich zu öffnen und sich auf den Anderen einzulassen, wird bei Ciprì und Maresco in *Grazie Lia. Breve inchiesta su Santa Rosalia* besonders deutlich. Hier konfrontieren die beiden Regisseure den Zuschauer mit einer Reihe von Großaufnahmen von Gesichtern, die jeweils als eine Art „Interview" in Form von Plansequenzen gedreht sind. Die minutenlange Fixierung des Gesichts und die Überschreitung der implizit normierten Blickdauer lässt hier „das Gesicht [zum Vorschein kommen], verstanden als menschliches Leiden, als Schrei menschlichen Leidens, der keine direkte Darstellung zulässt. Hier ist das ‚Gesicht' stets eine Figur für etwas, das buchstäblich genommen, kein Gesicht ist." (Butler 2005: 170) So führen Ciprì und Maresco ihrerseits die Stigmatisierung der Figuren vor Augen und ad absurdum. Ihre Beschädigung der Figur durch die langen Kameraeinstellungen und die provozierenden Kommentare lässt zugleich deren Antlitz, ihr Menschsein hervortreten und dessen Darstellung paradoxerweise zugleich auch scheitern, wie auch Judith Butler in ihrer Lévinaslektüre[104] betont:

> Für Lévinas wird das Menschliche also nicht vom Gesicht *dargestellt*. Das Menschliche wird vielmehr in genau der Disjunktion indirekt bejaht, welche die Darstellung unmöglich macht, und diese Disjunktion wird in der unmöglichen Darstellung vermittelt. Damit die Darstellung das Menschliche vermitteln kann, muß sie nicht nur scheitern, sondern sie muß ihr Scheitern zudem noch *zeigen*. Es gibt etwas Nichtdarstellbares, das wir dennoch darzustellen versuchen, und dieses Paradox muß in der Darstellung, die wir geben, beibehalten werden. [...] Das Gesicht wird bei diesem Scheitern der Darstellung nicht ausgelöscht, sondern wird eben in dieser Möglichkeit geschaffen. (Butler 2005: 171)

Ciprì und Maresco zeigen dieses Scheitern der Darstellung und verleihen so ihren Figuren jenes Antlitz, das den Zuschauer affiziert und das Kino der beiden Palermitaner als ein Kino der Existenzweisen kennzeichnet. Wenn sie also Leerstellen schaffen, die die Kommunikation unterbrechen und so erlauben, sich der Kontrol-

---

[104] Die Denkfigur des Lévinas'schen Antlitzes macht Judith Butler in *Gefährdetes Leben* fruchtbar, wo sie diese ihren Überlegungen zu den medialen Darstellungen des Irak- und Afghanistankriegs zugrunde legt. Im Hinblick auf das Gesicht differenziert sie hierbei zwischen den Strategien der Vermenschlichung und Entmenschlichung, die beide um ein Blickverbot kreisen bzw. um das, was gesehen, und das, was nicht gesehen werden darf. Einerseits sei das Gesicht „Bedingung für die Vermenschlichung", „[a]ndererseits wird das Gesicht in den Medien verwendet, um eine Entmenschlichung zu bewirken" (Butler 2005: 167). Bei der Frage, wie das eine vom anderen zu unterscheiden sei, verweist Butler auf „die verschiedenen Formen [...], in denen Gewalt entstehen kann: eine Form ist genau die *durch* die Herstellung des Gesichts" (Butler 2005: 168). Als Beispiel nennt sie sowohl die „mediengerechten Porträts" von Osama bin Laden oder Saddam Hussein, als auch die Fotos von afghanischen Mädchen, die ihre Burka ablegen und vermeintlich dankbar und befreit in die Kamera lächelten: Beide werden ideologisch, zur Legitimierung des Krieges instrumentalisiert (vgl. Butler 2005: 168). Hinsichtlich der normativen Macht der Darstellung, die sie später ausführlich betrachtet (vgl. Butler 2005: 173 ff.), bemerkt Butler: „Am wichtigsten ist allerdings, dass wir fragen müssen, welche Szenen des Schmerzes und der Trauer diese Bilder übertünchen und derealisieren. Offenbar heben alle Bilder die Gefährdetheit des Lebens auf; sie stellen Amerikas Triumph dar oder liefern gar einen Anreiz für zukünftige militärische Triumphe Amerikas. Und in diesem Sinne ist das Gesicht in jedem Fall verunstaltet, könnten wir sagen, und daß dies eine der repräsentationalen und philosophischen Konsequenzen des Krieges ist" (Butler 2005: 170). Es sei die „mediale Formatierung, die das Bild in Schach hält" (Butler 2005: 175). Ethische Verantwortung und das Erkennen des Menschlichen im Anderen seien, so Butler, nur über den Weg des Affiziertseins zu erreichen (Butler 2005: 178).

le zu entziehen, und wenn sie durch die Inszenierung der konkreten Materialität des Leibes sich gegen das medial transportierte, normalisierte Körperbild stellen, so höhlen sie zugleich die Sprache aus, brechen sie mit der Konstruktion des Seins und finden die Lücke in der Konstruktion der Macht. Als Gegenstrategie bedienen sie sich des *devenir minoritaire* und der Kraft des Entsetzens.[105] Sie verleihen dem Verdrängten, dem Randständigen und Minderen eine Stimme. Insofern lässt sich das Werk der beiden Regisseure als *littérature mineure*[106] im Sinne Deleuzes begreifen, als dessen Hauptmerkmale er die „Deterritorialisierung der Sprache, Koppelung des Individuellen als politische, kollektive Aussageverkettung" (Deleuze/Guattari 1976: 27) nennt: „So gefaßt, qualifiziert das Adjektiv ‚klein' nicht mehr bloß bestimmte Sonderliteraturen, sondern die revolutionären Bedingungen *jeder* Literatur, die sich innerhalb einer sogenannten ‚großen' (oder etablierten) Literatur befindet." (Deleuze/Guattari 1976: 27)

> Il n'y a de grand, et de révolutionnaire, que le mineur. Haïr toute littérature de maîtres. Fascination de Kafka pour les serviteurs et les employés [...]. Mais, ce qui est intéressant encore, c'est la possibilité de faire de sa propre langue, à supposer qu'elle soit unique [...] un usage mineur. Etre *dans* sa propre langue comme un étranger [...]. Même unique, une langue reste une bouillie, un mélange schizophrénique, un habit d'Arlequin à travers lequel s'exercent des fonctions de langage très différentes et des centres de pouvoir distincts, ventilant ce qui peut être dit et ce qui ne peut pas l'être: on jouera une fonction contre l'autre [...]. Se servir du polylinguisme dans sa propre langue, faire de celle-ci un usage mineur ou intensif, opposer le caractère opprimé, trouver les points de non-culture et de sous-développement, les zones de tiers monde linguistiques par où une langue s'échappe, un animal se greffe, un agencement se branche. (Deleuze/Guattari 1975: 48 ff.)

---

[105] Auf die von Toni Negri gestellte Frage „Comment le devenir minoritaire peut-il être puissant?" antwortet Gilles Deleuze: „Les minorités et les majorités ne se distinguent pas par le nombre. [...] Ce qui définit la majorité, c'est un modèle auquel il faut être conforme: [...]. Tandis qu'une minorité n'a pas de modèle, c'est un devenir, un processus. On peut ainsi dire que la majorité, ce n'est personne. Tout le monde, sous un aspect ou l'autre, est pris dans un devenir minoritaire qui l'entraînerait dans des voies inconnnues s'il se décidait à le suivre. [...] L'art, c'est ce qui résiste: il résiste à la mort, à la servitude, à l'infamie, à la honte." (Deleuze 1990a: 234 f.)
[106] Unter dem Begriff *littérature mineure* verstehen (Deleuze/Guattari 1975: 29): „Une littérature mineure n'est pas celle d'une langue mineure, plutôt celle qu'une minorité fait dans une langue majeure."

In ihrer Artikulation des Dissens versetzen uns Ciprì und Maresco mittels des Tier-Werdens ihrer Figuren scheinbar an einen „Ort der Nichtkultur", an „den Ort der eigenen Unterentwicklung" und in eine Art „sprachliche Dritte Welt" (Deleuze/Guattari 1976: 27), in der jedweder Versuch der Kommunikation leerläuft und der Sinn scheitert. Sie spielen die Sprache gegen sich selbst aus, deterritorialisieren sie[107], sodass diese *„ihr repräsentatives Dasein [aufgibt], um sich bis an ihre Extreme, ihre äußersten Grenzen zu spannen"* (Deleuze/Guattari 1976: 33). Nicht von ungefähr spricht Maresco von einer Rede, die kein Ziel hat, die abbricht und kollabiert (vgl. Kap. 6.3; vgl. auch Inzerillo 2010). Doch genau an jenem Punkt, an dem die herkömmliche Grammatik der Macht brüchig und ihrer Funktion beraubt wird, finden sie durch die Entsubjektivierung zu ihrer eigentlichen Sprache, zur Möglichkeit eines unmittelbaren Ausdrucks zurück. Insofern ist das Tier-Werden ihrer uneindeutigen Gestalten an das Problem der Sprache geknüpft, die an sich das Problem einer monströsen, totalisierenden Macht darstellt. Die eigentliche Relevanz des Schaffens der beiden palermitanischen Cineasten liegt genau hier: Indem sie die Sprache an ihre eignen Grenzen treiben und mit dem Informen spielen, lassen sie uns ebenjene Formen des Lebens entdecken, die ebenjene „Kehrseite eines anderen Buches [darstellen], das nur in der Seele geschrieben wird, mit Schweigen und mit Blut."[108] (Deleuze 1994: 17)

In ihrem Kino der Existenzweisen fällt die durch den devianten Körper unterstrichene Unbestimmtheit des Lebens mit der Emergenz eines ethischen Subjekts zusammen, das erst durch den Widerstand gegen die Prothesen der Macht, wie es auch die Sprache ist, und das Poröswerden ihrer Mechanismen zu Tage tritt, wie Giorgio Agamben mutmaßt:

---

[107] „On fera filer [la langue] sur une ligne de fuite; on se remplira de jeûne; on arrachera à l'allemand de Prague tous les points de sous-développement qu'il veut se cacher, on le fera crier d'un cri tellement sobre et rigoureux. On en extraiera l'aboiement du chien, la toux du singe et le bourdonnement du hanneton. On fera une syntaxe du cri, qui épousera la syntaxe rigide de cet allemand desséché. On le poussera jusqu'à une déterritorialisation qui ne sera plus compensée par la culture ou par le mythe, qui sera une déterritorialisation absolue, même si elle est lente, collante, coagulée. Emporter lentement, progressivement, la langue dans le désert. Se servir de la syntaxe pour crier, donner au cri une syntaxe." (Deleuze/Guattari 1975: 48)

[108] Deleuze (1993: 93 f.): „C'est comme si trois opérations s'enchaînaient: un certain traitement de la langue; le résultat de ce traitement, qui tend è constituer dans la langue une langue originale; et l'effet, qui constitue à entraîner tout le langage, à le faire fuir, à le pousser à sa limite propre pour en découvrir le Dehors, silence ou musique. Si bien qu'un grand livre est toujours l'envers d'un autre livre qui ne s'écrit que dans l'âme, avec du silence et du sang."

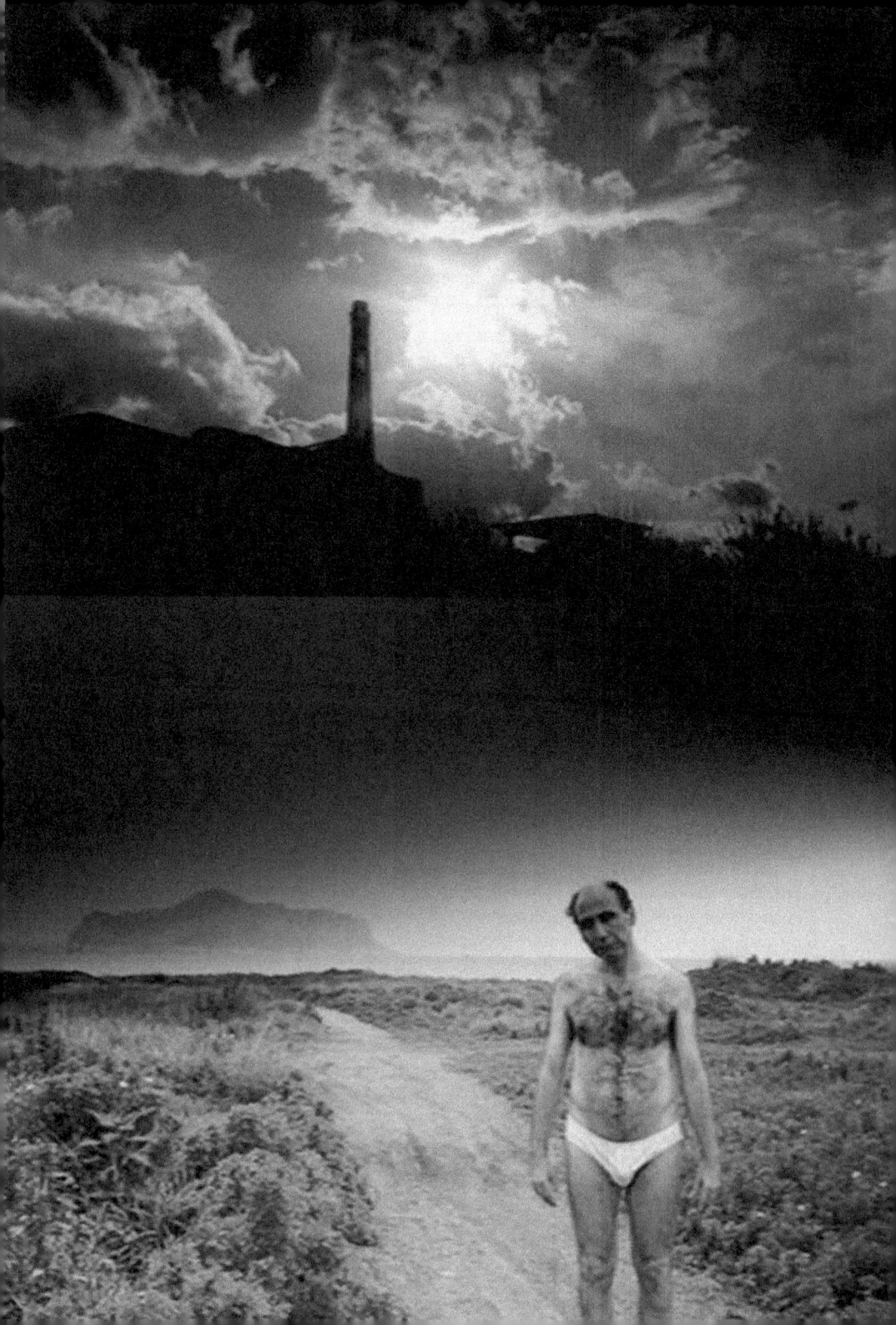

> [L]a storia degli uomini non è forse nient'altro che l'incessante corpo a corpo coi dispositivi che essi stessi hanno prodotto – prima di ogni altro, il linguaggio. E come l'autore deve restare inespresso nell'opera e, tuttavia, proprio in questo modo, attesta la propria irriducibile presenza, così la soggettività si mostra e resiste con più forza nel punto in cui i dispositivi la catturano e mettono in gioco. Una soggettività si produce dove il vivente, incontrando il linguaggio e mettendosi in gioco in esso senza riserve, esibisce in un gesto la propria irriducibilità ad esso. Tutto il resto è psicologia e da nessuna parte nella psicologia incontriamo qualcosa come un soggetto etico, una forma di vita. (Agamben 2005a: 80 f.)

Dies haben wir mithilfe des Antlitzes analysiert, das ihre vermeintlich devianten Protagonisten zu ethischen Subjekten adelt.

Zusammenfassung des Kapitels

Sie sind all das, was wir nicht sein wollen: Sie sind nicht schön, sie sind nicht begütert, sie sind nicht beliebt und Manieren haben sie auch keine. Das ciprimareskianische Dauerprekariat verkörpert par excellence den soziologischen Devianzbegriff und weicht von der bürgerlichen Vorstellung von Normalität ab, die ideell auf gesellschaftlicher Integration und ökonomischer Subsumtion beruht. Indem die beiden Regisseure ihre Figuren auf der politischen Schwelle zwischen Menschlichem und Animalischem ansiedeln und sie als monströse, abjekte Leiber präsentieren, entziehen sie diese einer normalisierenden Kategorisierung. Die Protagonisten unterliegen bei Ciprì und Maresco einer Doppelbewegung: Auf der einen Seite werden sie zum Animalischen oder gar zum Ausgeschiedenen par excellence, dem Exkrement, degradiert, auf der anderen Seite lassen die Regisseure hingegen ihr Antlitz und sie als ethisches Subjekt hervortreten. Dies nährt ihre Ambivalenz und Unbestimmtheit, die zugleich ihr politisches Potential und ihre Wirkung ausmachen. Als Ausgeschlossene und ja fast albtraumhafte Erscheinungen sind die Figuren von Ciprì und Maresco zugleich ein Symptom für das gesellschaftlich Verdrängte, für einen Mangel, für eine Leerstelle des Diskurses. Sie weisen auf ein Versäumnis hin, auf eine verpasste Gelegenheit, darauf, dass die Gesellschaft auch eine andere Form haben könnte (vgl. auch Žižek 2004: 31). Ihre ewig wiederkehrenden monströsen Figuren brechen sowohl mit dem Unsichtbarkeitspostulat als auch mit dem abendländisch-modernen Fortschrittsnarrativ, welches sich hinter den Phrasen von Freiheit, Liberalismus et cetera verbirgt. Gerade weil sie die naturalisierte Werteordnung in Frage stellen, sind sie uns unheimlich. Durch ihre Insistenz unterminieren und zerstören die Bilder von Ciprì und Maresco „die symbolischen

Koordinaten, die bestimmen, was wir als Realität erfahren". (Žižek 2004: 23) Sie machen so den Riss erfahrbar, welcher der Konstitution der symbolischen Ordnung vorgängig ist (vgl. Butler 2006: 165 ff.).

Deshalb korreliert ihre Darstellung deviant erfahrener Körper mit der Krise der medialen Gouvernementalität. Sie stellen nicht nur bürgerliche Körperkodierungen, den medial transportierten, makellosen und quasi entkörperlichten Körper, in Frage, sondern verweisen zudem auf die Wirklichkeit des Menschen, die Materialität seines ungeschönten Leibes, und auf eine Vielzahl von Existenzweisen, die sich der Homologation und Subsumtion entziehen. Das von ihnen auf den Plan gerufene Gorgoneion verkörpert ihre Bildgewalt. Unser Blick auf dieses ist insofern gefährlich, als dass wir in ihm nicht nur das Entsetzen und den Akt der Entmenschlichung sehen, sondern ebenso sowohl ein uns anrufendes, gleichwertiges Gegenüber als auch die Welt erkennen.

Die Arbeit der beiden Palermitaner an der Wahrnehmung steht insofern im Zeichen eines gesellschaftlich relevanten, ästhetischen Experiments: „A noi interessa quello che oggi, in Italia, non c'è: il cinema di ricerca. [...] [C]i interessa una funzione civile che può passare solo attraverso una sperimentazione e la contaminazione dei linguaggi." (Cilli 1992: 195) Dabei haben Ciprì und Maresco aber nichts Geringeres zum Ziel als das, was Siegfried Kracauer als die Errettung der physischen Wirklichkeit durch den Spiegel des Kinos bezeichnete.[109] Ganz im

---

[109] Auch Kracauer (1973: 395 f.) greift den Medusa-Mythos auf, wobei er das Kino mit dem Spiegelbild der Medusa auf Perseus' Schutzschild gleichsetzt: „Die Moral des Mythos ist natürlich, daß wir wirkliche Greuel nicht sehen und auch nicht sehen können, weil die Angst, die sie erregen, uns lähmt und blind macht; und daß wir nur dann erfahren werden, wie sie aussehen, wenn wir Bilder von ihnen betrachten, die ihre wahre Erscheinung produzieren. Diese Bilder sind nicht von der Art jener, in denen künstlerische Fantasie unsichtbares Grauen zu gestalten sucht, sondern haben den Charakter von Spiegelbildern. Unter allen existierenden Medien ist es allein das Kino, das in gewissem Sinne der Natur den Spiegel vorhält und damit die ‚Reflexion' von Ereignissen ermöglicht, die uns versteinern würden, träfen wir sie im wirklichen Leben an. Die Filmleinwand ist Athenes blanker Schild. [...] Der Mythos gibt außerdem zu verstehen, daß die Abbilder auf dem Schild oder der Leinwand Mittel zu einem Zweck sind; sie sollen den Zuschauer befähigen [...] das Grauen zu köpfen, das sie spiegeln. [...] Die Spiegelbilder des Grauens sind Selbstzweck. Und als Bilder, die um ihrer selbst willen erscheinen, locken sie den Zuschauer, sie in sich aufzunehmen, um seinem Gedächtnis das wahre Angesicht von Dingen einzuprägen, die furchtbar sind, als daß sie in der Realität wirklich gesehen werden könnten. [...] [Indem wir es erfahren], erlösen wir das Grauenhafte aus seiner Unsichtbarkeit hinter den Schleiern von Panik und Fantasie. Diese Erfahrung ist befreiend insofern, als sie eines der mächtigsten Tabus beseitigt". Vgl. auch Didi-Huberman (2007: 249 f.).

Sinne von Kracauers kritischem Realismus, auch wenn das Problem des Realismus im nächsten Kapitel noch zu diskutieren sein wird, lassen sie ebenjene Spuren des Realen im Bild aufblitzen und hervortreten. Ihre Bilder sind *images-trace* und doch Bilder trotz allem: „Das *lückenhafte Bild* ist eine *Bild-Spur* (*image-trace*) und zugleich ein *Bild im Verschwinden* (*image-disparition*). Etwas bleibt zurück, aber es ist nicht die Sache selbst, sondern ein Fetzen ihrer Ähnlichkeit." (Didi-Huberman 2007: 234) Wobei erst die von ihnen durch die Montage geschaffenen Leerstellen, d. h. das Zerbrechen von (narrativer) Kontinuität, eine Lesbarkeit der Wirklichkeit und einen Erkenntniseffekt erzeugen. Insofern ist das Kino von Ciprì und Maresco ästhetisch wie auch ethisch risikobehaftet, denn das ihm entspringende Befremden ist zugleich eine politische Stellungnahme.

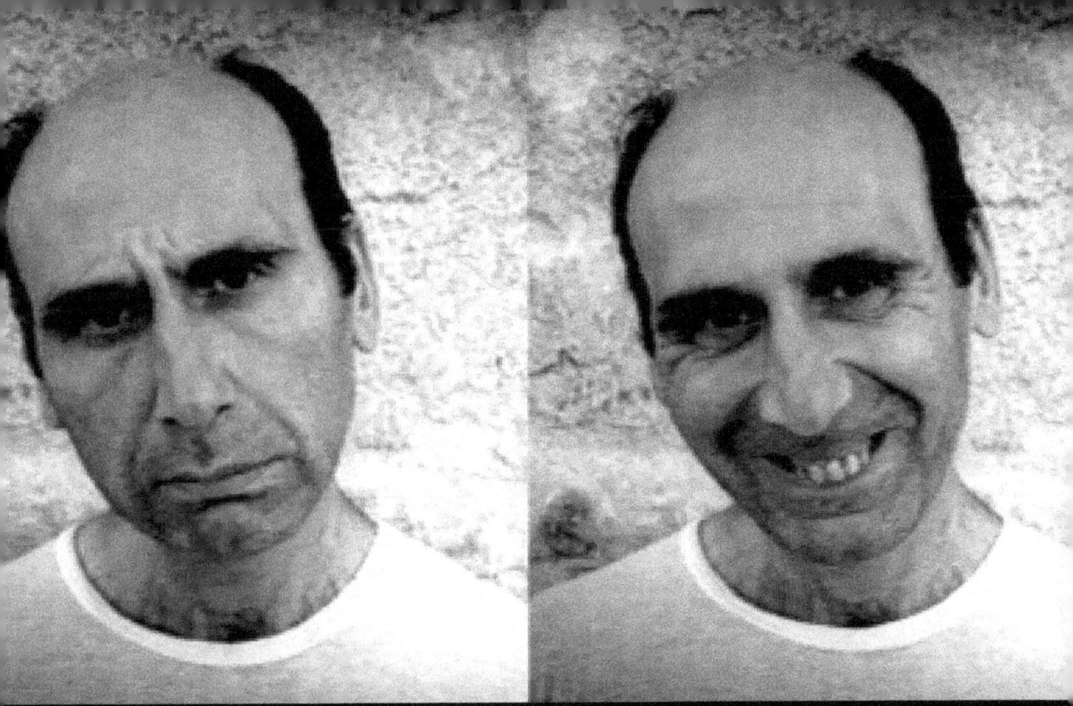

4.4 Treffende Bilder

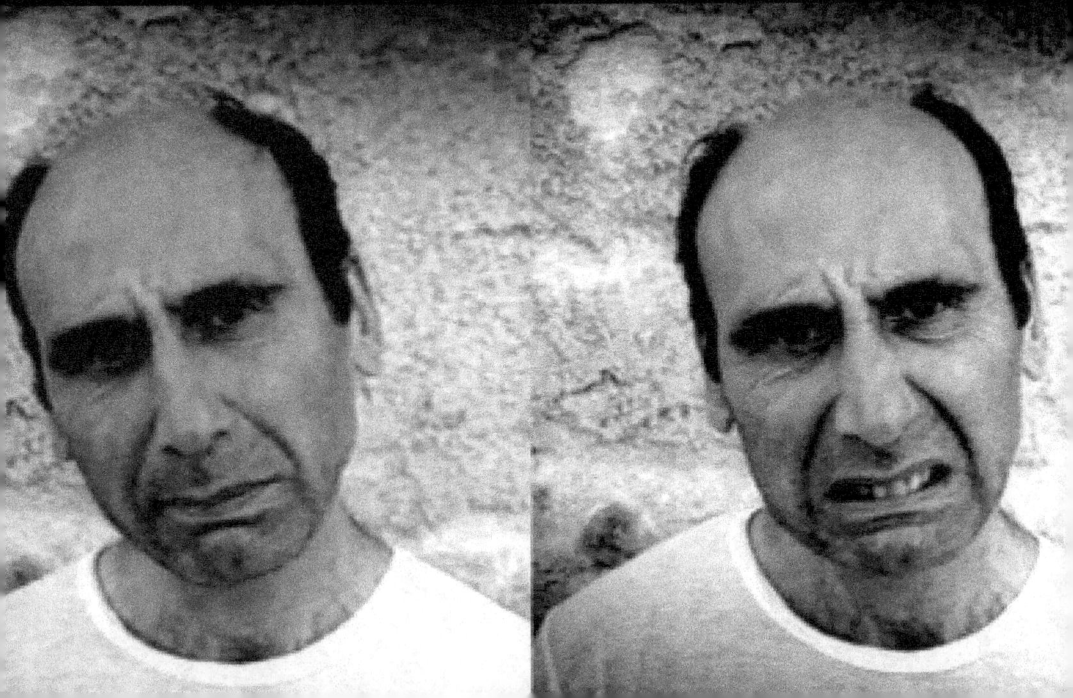

Treffende Bilder

> Le réel doit être fictionné pour être pensé.
>
> *Jacques Rancière* (2000: 61)

Ciprì und Maresco kreieren treffende Bilder, in dem Sinne, dass sie uns treffen und sich zugleich auch als treffend erweisen. Im Folgenden soll die Arbeit am Bild bzw. an der Materialität des Bildes im Vordergrund der Betrachtungen stehen, scheint es doch, als wollten die Regisseure genau hierdurch das Medium Film neu ausloten. Es soll untersucht werden, inwiefern Schwellensituationen geschaffen werden, in denen das Bild selbst in eine Unbestimmtheitszone abgleitet. Konkret soll dort nach zwei verschiedenen Aspekten gefragt werden: Erstens nach dem Stellenwert ihrer interstitialen Ästhetik und zweitens nach der Beziehung von Deformation und Wirklichkeitseffekt angesichts eines problematischen Antirealismus.

Kino der Grausamkeit

Die Bildgewalt von Daniele Ciprì und Franco Maresco kommt insbesondere in der Grausamkeit gegenüber den Darstellern und den Figuren zum Tragen. Eine ganz eigene Art diese sichtbar zu machen, sozusagen ein „Extremfall", dürfte die in der Silvesternacht 2005 im Rahmen von *Fuori orario* ausgestrahlte Folge *L'albero di Natale* sein. Eine einzige Plansequenz, fünfzehn Minuten lang, zeigt den halbnackten Pietro Giordano. Mit einer bunt blinkenden Lichterkette behangen steht dieser einfach nur da. Einzig die Beleuchtung wechselt und taucht Giordano mal in Rot, Blau oder Grün. Amerikanische Weihnachtslieder mit jazzigem Einschlag untermalen diese weihnachtliche Szene. Ähnlich radikal nimmt sich übrigens auch die Szene des *presepe vivente*, des lebenden Krippenspiels, aus, bei dem die ciprimareskianischen Figuren die heilige Familie nachstellen und als weit über zwanzigminütiges *tableau vivant* eine gefühlte Ewigkeit lang die Weihnachtsidylle der italienischen Haushalte bereichern.[110] Nicht nur diese Szenen aus *Cinico Tv* belegen den Sadismus des Regisseurduos, das den Zuschauer lustvoll provoziert und bewusst aggrediert, nicht nur durch das defätistische und abjekte Spiel mit kulturellen Symbolen und Codes, sondern auch in Form von Gewalt gegen den Zuschauer selbst.

Insofern ließe sich das Kino von Ciprì und Maresco, in Anlehnung an Artaud, durchaus als ein Kino der Grausamkeit[111] etikettieren, das wie das Artaud'sche The-

---

[110] *Presepe vivente* lief als Teil von *Cinico Tv* in der Sendung *Blob* am 31.12.1995 und als Wiederholung zu Weihnachten 1996 auf *Rai3*.

[111] Grausamkeit begreift Artaud (1964: 136f.) als „un sentiment détaché et pur, d'un véritable mouvement d'esprit, lequel serait calqué sur le geste de la vie même; et dans cette idée

ater mit seinem „Zerstörungshumor" (Artaud 1969: 97, vgl. auch Kap. 2) auf eine Bewusstwerdung setzt, die auf einer Ästhetik der Gewalt und einer Gewalt der Ästhetik gründet, die im Dienste des Denkens und einer „körperlichen Erkenntnis der Bilder" (Artaud 1969: 86) stehen. So schreibt dieser in *Le Théâtre et son double*, dass diese Bewusstseinswerdung lediglich durch die körperliche Provokation des Zuschauers zu erreichen sei, indem man mit ihnen wie mit zu beschwörenden Schlangen verfahre. Eine gewaltvolle Poetik, die auf „grobe", aufmerksamkeitsfesselnde Mittel rekurriert, welche die menschliche Physis und Psyche wie Nadelstiche der chinesischen Medizin zu reizen vermag und so die subtilsten Funktionen beherrscht (Artaud 1969: 86f.). Auf diese Art und Weise stellt sie die Gewalt „in den Dienst der Gewalt des Denkens" (Artaud 1969: 88). Gebrochen werden solle auf diese Weise mit dem herrschenden Missbrauch der Sensibilität durch die betäubenden, rein auf die Unterhaltung der Massen ausgerichteten Formen der Kunst. Hinsichtlich des Kinos schreibt Artaud 1933:

> Le cinéma à son tour, qui nous assassine de reflets, qui filtré par la machine ne peut plus *joindre* notre sensibilité, nous maintient depuis dix ans dans un engourdissement inefficace, où paraissent sombrer toutes nos facultés. (Artaud 1964: 101)

Erfahrbar werden solle eine Ekstase, Entgrenzung und Normüberschreitung, wie sie in der Liebe, im Verbrechen, im Krieg oder in der Ausgelassenheit zu finden sei, die uns zu den vitalen Kräften des Lebens zurückführe und uns mit all unseren Möglichkeiten konfrontiere (vgl. Artaud 1969: 90f.). Eine Sensibilität, die durch das Spannungsverhältnis von Form und Potenz, durch die Produktion von Materialität herausgefordert wird. Durch die Misshandlung, Subversion und Zerstörung tradierter Formen soll die Sprache, verstanden als künstlerische Form, ihrer „Austrocknung" und ihrer Begrenztheit entrissen sowie die Bahn frei gemacht werden „für die Geburt anderer Schatten, um die sich das wahre Schauspiel des Lebens gruppiert" (Artaud 1969: 15). Wenn Artaud also die Aufgabe der Kunst darin sieht, wie verurteilte Ketzer im Moment des gewaltsamen Todes „von ihrem Scheiterhaufen herab Zeichen zu machen" (Artaud 1969: 15), so ließe sich das Kino

---

que la vie, métaphysiquement parlant et parce qu'elle admet l'étendue, l'épaisseur, l'alourdissement et la matière, admet, par conséquence directe, le mal et tout ce qui est inhérent au mal, à l'espace, à l'étendue et à la matière. Tout ceci aboutissant à la conscience et au tourment, et à la conscience dans le tourment. Et quelque aveugle rigueur qu'apportent avec elles toutes les contingences, la vie ne peut manquer de s'exercer, sinon elle ne serait pas la vie; mais cette rigueur, et cette vie qui passe outre et s'exerce dans la torture et le piétinement de tout, ce sentiment implacable et pur, c'est cela qui est la cruauté."

der Grausamkeit als Arbeit am Spannungsverhältnis von Formen und Potenz des Lebens verstehen:

> Aussi bien, quand nous prononçons le mot de vie, faut-il entendre qu'il ne s'agit pas de la vie reconnue par le dehors des faits, mais de cette sorte de fragile et remuant foyer auquel ne touchent pas les formes. Et s'il est encore quelque chose d'infernal et de véritablement maudit dans ce temps, c'est de s'attarder artistiquement sur des formes, au lieu d'être comme des suppliciés que l'on brûle et qui font des signes de leurs bûchers. (Artaud 1964: 18, entkursiviert von der Vf.)

Insofern handelt es sich um eine Kunst – und hier im Besonderen um ein Kino – der Existenzweisen, dessen Augenmerk sowohl auf den Existenzweisen des Lebens als auch auf denen der künstlerischen Form liegt. Die Suspension und Zerstörung tradierter Formen hebt die „Scheidung zwischen Analyse und plastischer Welt" (Artaud 1969: 91) auf und erweist sich als magische Gratwanderung und Spiel mit dem Informen, einer Unbestimmtheitszone und einem Interstitium, die im Zeichen einer metaphysischen Sublimierung stehen. Diese erlauben es erst, dass „körperliche, gewaltsame Bilder die Sensibilität des Zuschauers, der im Theater wie in einem Wirbelsturm gefangen ist, zermalmen und hypnotisieren" (Artaud 1969: 88) und von einer „außerordentlichen Ableitungskraft" bewohnt sind, die uns ähnlich den Tänzen der Derwische in Trance versetzt (Artaud 1969: 88). Dies wirft nicht zuletzt das Problem der Ästhetik und der Bildstrategien bei Ciprì und Maresco auf. Insofern erzählt ihr Kino der Grausamkeit keine Geschichten, sondern entwickelt „eine Folge von Geisteszuständen, die sich voneinander ableiten, so wie sich ein Gedanke vom anderen ableitet" (Deleuze 1997b: 227).

Lo scarno che si fa carico.
Überlegungen zur interstitialen Ästhetik

Ebenjene Grausamkeit ihres Kinos versinnbildlicht eine Schlüsselszene zu Beginn von *Lo zio di Brooklyn*. Der Mann, der sich das Auge herausnimmt und zum Einäugigen wird (vgl. Kap. 2), verweist nicht nur auf den Zuschauer zurück und fungiert im Sinne des *gorgoneion* als unser Spiegel, sondern thematisiert zugleich das Sehen und den Blick selbst. Die leere Augenhöhle verdeutlicht dabei nur zu gut, dass der Blick tot, das Auge nur noch ein Simulakrum und das Kino zu einem „cinema *post-oculare*" (Canova 2004: 37, Herv. d. Vf.; vgl. auch Montani 1999, Roberti 2009) geworden ist. Das Auge wie auch das Kino „mantiene la forma di quel che è stato, ma non sa più (né, forse, lo vuole) captare i segni del mondo"

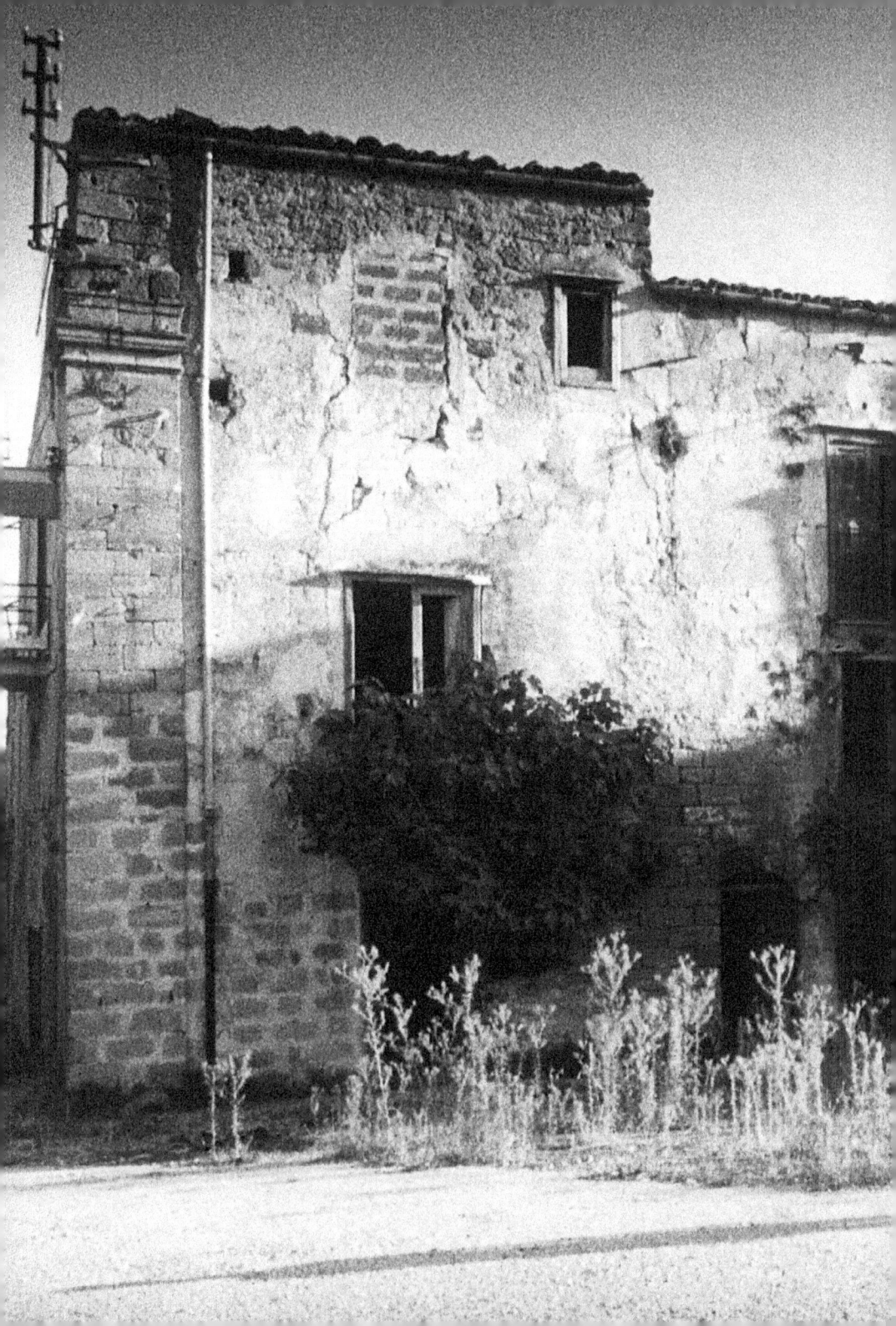

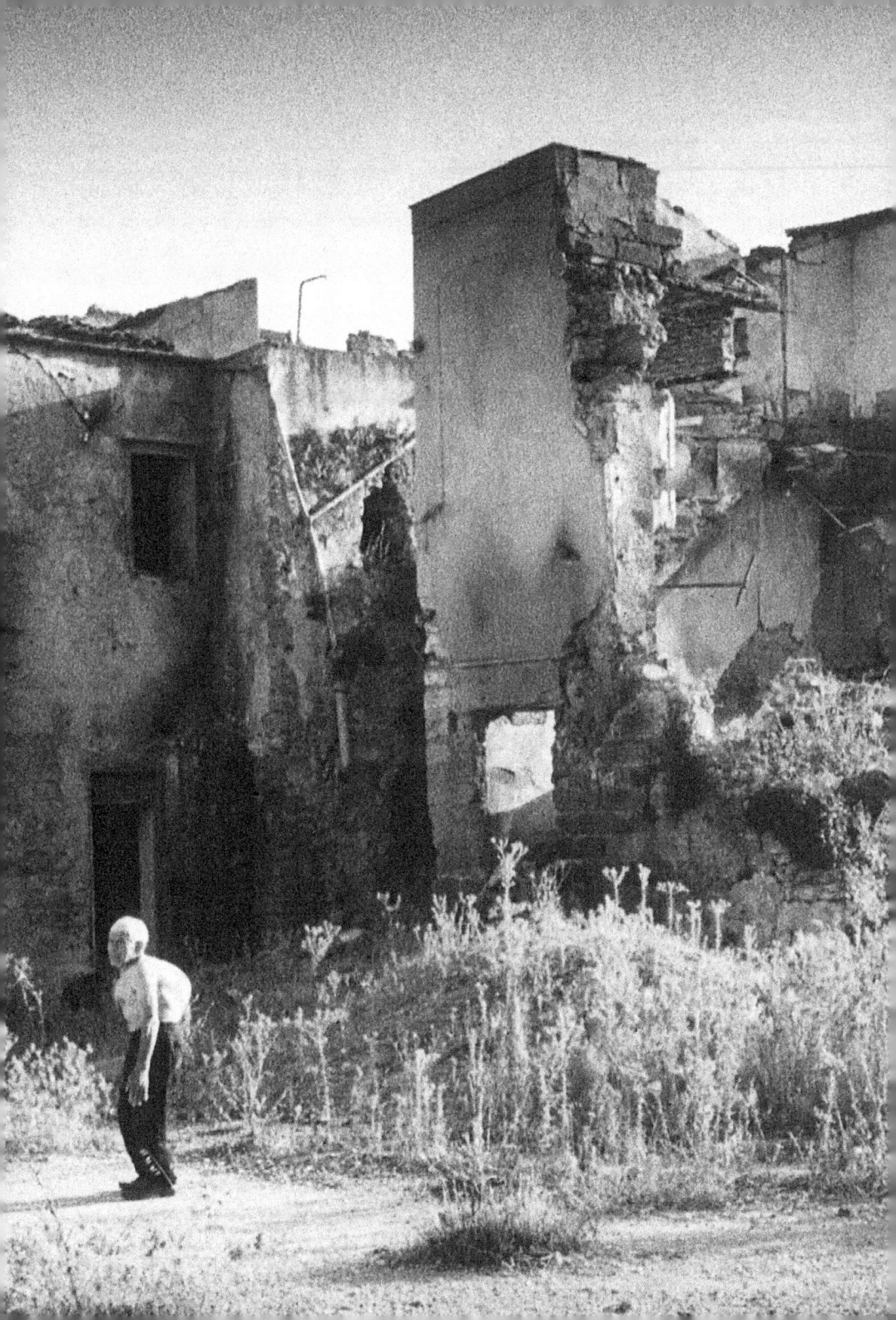

(Canova 2004: 37). Insofern scheinen im Werk von Daniele Ciprì und Franco Maresco die Krise des Sinns, die Krise der Form und die Krise der Wahrnehmung Hand in Hand zu gehen. Die zahlreichen *tableaux vivants*, die toten Zeiten und die Beharrlichkeit des Blicks machen uns den Riss in unserer Wahrnehmung deutlich, aber ebenso auch die Zerbrechlichkeit, die Subtilität des Sinns – der, wie uns Barthes erinnert, sobald er festgesetzt und aufgezwungen wird, ein Instrument und Streitobjekt der Macht ist (vgl. Barthes 2002: 904). Indem sie die Narration suspendieren, bremsen sie nicht nur den Erzählfluss – in *Lo zio di Brooklyn* vermag man schon gar nicht mehr von Narration im klassischen Sinne zu sprechen –, sondern konfrontieren uns zugleich mit der Medialität des Films selbst, nehmen sich bisweilen gar als Spiel mit der Film- und Blicktheorie aus; so etwa auch in *A memoria* als einem Beispiel ebenjenen postokularen Kinos, wo die Suche nach dem abhandengekommenen Auge zum erratischen und metafilmischen Leitmotiv erhoben wird. Ihre durch eine aufgeladene Leere gekennzeichneten Bilder führen uns zum Problem der Dauer und der *imagine plurale*.

So treffen wir beispielsweise in *Lo zio di Brooklyn* immer wieder auf jene Momente der Stasis, in denen die Bilder, allesamt Plansequenzen, egal ob Halbnahe, Totale oder Großaufnahme, wie „eingefroren" wirken. Alles steht still, nichts bewegt sich. Einzig die Wolken ziehen unmerklich weiter. Erst als ein herrenloser Hund plötzlich durchs Bild läuft, werden wir uns gewahr, dass es sich um einen Film und nicht um ein Standbild, dass es sich um eine Serie von Fotogrammen und nicht um eine Fotografie handelt: ein *trompe l'œil*. Diese unerwartete Arretierung des Bild- ebenso wie des narrativen Flusses, diese scheinbare Mortifizierung des filmischen Bildes lässt unser Sehen augenscheinlich keinen anderen als dessen Selbstzweck verfolgen. Wir werden uns dem Akt des Sehens gewahr. Die Stasis des Bildes verdichtet es zu kristallinen Visionen, in denen wir nicht nur die Zeit „in ihrem Reinzustand" erfahren (es sind Zeit-Bilder und Bilder der Zeit; erzählte und Erzählzeit sind hier identisch), sondern in denen das Wahrzunehmende neu, fremd und befremdend an uns herantritt. Schönheit ist erschütternd oder sie ist gar nichts, soll André Breton einmal gesagt haben. Ciprìs und Marescos kristalline Visionen sind erschütternd schön. Insbesondere wenn sich eine Diskrepanz zur Tonspur auftut, so wie in *Totò che visse due volte*, wo sich Gewalt und Grazie paaren. Auch wenn sich uns hier keine „eingefrorenen" Bilder wie in *Lo zio di Brooklyn* präsentieren und die Handlung an sich nicht suspendiert wird, affiziert der Verfremdungseffekt, der sich einerseits aus vergrisselten, sich verzögernden Bildern und andererseits aus der Tonspur nährt, unsere Wahrnehmung. So nicht nur in der Szene, in der der Erzengel misshandelt wird oder in jener, in der sich eine der Figuren an der Madonnenstatue, Simulakrum und Surrogat in einem, vergeht. Es dürfte Ciprì und Maresco hier weniger darum gehen, eine von der Bach'schen Musik getragene und kaschierte Transgression zu inszenieren, als vielmehr in ihrem Spiel mit Modellen und Codes „die Schwelle [zu verwischen], die das Heilige vom Profanen, die Liebe von der Sexualität, das Sublime vom Trivialen trennt" (Agamben 2005b: 36) und sie dauerhaft ununterscheidbar zu machen. Dabei wird „das Akustische selbst zum Gegenstand einer besonderen Kadrierung, die sich mit der visuellen Kadrierung nicht deckt: zwischen beiden entsteht ein Zwischenraum" (Deleuze 1997b: 235). Ihre depravierenden Bilder scheinen uns dank der Musik nicht nur als eine sublimierte und entrückte Form, in der das Echo der Pornographie nachhallt. Vielmehr tritt aus ihnen unter unserem kalten Blick sukzessive eine gewisse Unheimlichkeit hervor, die uns zugleich affiziert. Vielleicht, so ließe sich fragen, ist das, was uns dort widerfährt, die Wahrnehmung der Grenze selbst? Wenn Deleuze die Methode des Zwischen beschreibt, scheint er hierauf implizit eine Antwort zu geben:

> Le film cesse d'être 'des images à la chaîne… une chaîne ininterrompue d'images, esclaves les unes des autres', et dont nous sommes l'esclave [...]. C'est la méthode du ENTRE [...]. Entre deux actions, entre deux affections, entre deux perceptions, entre deux images visuelles, entre deux images sonores, entre le sonore et le visuel: faire voir l'indiscernable, c'est-à-dire la frontière [...]. (Deleuze 1985: 235)

Das Interstitium ist eine Schwelle, ein Dazwischen, das jedoch keine konkrete Form kennt, sondern dessen Wesen in der Unbestimmtheit besteht, die das Vorher und das Nachher miteinander verbindet. Wenn in ihm das Inkommensurable durchscheint oder hervortritt, dann nur um den Preis, nicht benennbar, aber dafür – diffus – erfahrbar zu sein. Das Interstitium ist der Bereich des Informen.

Wenn wir eingangs von einer aufgeladenen Leere sprachen, wie wir sie in den metaphysisch anmutenden Einstellungen der Filme von Ciprì und Maresco finden, so darf ein Verweis auf das Interstitium und das Spiel mit dem Bewegungsintervall nicht fehlen. Ciprì und Maresco scheinen hier die Visualität an ihren „dégré zero" zu führen, ganz so als ob es ihnen darum ginge, „die visuelle Potenzialität des Kinos vor der narrativen Überformung jenes bewegten Bildes zu fassen, das das Visuelle dem Diskursiven unterordnet" (Borsò 2008: 364). Wenn Ciprì und Maresco beispielsweise in *Lo zio di Brooklyn* mit dem medialen Intervall spielen – wir sprachen diesbezüglich vom Spiel mit Bewegung und Stillstand, mit sich unablässig sukzedierenden Fotogrammen und dem Eindruck der Fotografie durch das „Standbild" –, so lassen sie das Intervall als Zeitspalte sichtbar und erfahrbar werden und transformieren es augenfällig in einen Raum des Übergangs (vgl. Borsò 2008: 364). Indem sie die Beschaffenheit des filmischen Bildes offenlegen, verweisen sie ebenso auf dessen zu vereinnahmendes, „politisches" Potenzial.

Wenn Ciprì und Maresco also die Ambivalenz des Bildes vor Augen führen, so zeigen einmal mehr, dass sie gar meisterhaft auf der Klaviatur ebenjener „pratique méchante des biais du paradoxe" (Borsò 1997: 50) zu spielen vermögen, die dem heterologischen Denken eigen ist. Die beunruhigende Kraft ihrer Heterotopien[112] wird gestärkt durch eine scheiternde Darstellung, die nicht nur das Nichtdarstellbare durchscheinen, sondern ebenso die brüchige Grammatik des Seins augenfällig werden lässt. Zutage treten dank ihrer Arbeit an der Materialität des Bildes, die den inszenierten Leib mit dem Denken vermählt, die Ambivalenz, das Unterschwellige und Verdrängte, wie Borsò anhand des Informen erinnert:

> Dagegen haben die Objekte der Heterologie einen anderen Status; ihre *outrance*, ihr Überschuß, ihre Körperlichkeit übersteigen stets den Symbolsinn, ja irritieren diesen. Das Antidoton gegen das diskursive Denken sind die Gewalt des Begehrens und die Diskontinuität der *écriture*, konzipiert nach dem Modell einer informalen, das heißt paradoxalen Malerei. Nach Lyotard meint *écriture* der Moderne das In-Forme im doppelten Sinne: das Auftreten des Schrecklich-Erhabenen und damit der Zusammenbruch jener Form, die aus der Verbindung zwischen Imagination und Vernunft entsteht, und in-forma, das heißt jene Urszene, die in der Form aufbewahrt ist und nicht ans Licht geholt werden, das heißt nicht zum Objekt der Erkenntnis gemacht werden kann. (Borsò 1997: 56f.)

Diese Erkenntnis ist bei Ciprì und Maresco an das Moment des Widerfahrnis, des Affekts gekoppelt, das sich aus der Intensität dieser Aufnahmen speist. Das Bild in eine Unbestimmtheitszone abdriften zu lassen, bedeutet ebenso, es zur Einlassstelle des Realen werden zu lassen, ebenjenes Fremden, das die formale Sprache überschreitet und suspendiert. Dieses Widerfahrnis, das die Sinngewebe aufreißen lässt (vgl. Waldenfels 2006: 52), muss mit Waldenfels als Pathos gedacht werden, als

---

[112] So schreibt Foucault (1966: 9) in *Les mots et les choses*: „Les utopies consolent: c'est que si elles n'ont pas de lieu réel, elles s'épanouissent pourtant dans un espace merveilleux et lisse [...]. Les hétérotopies inquiètent, sans doute parce qu'elles minent secrètement le langage, [...] parce qu'elles ruinent d'avance la 'syntaxe', et pas seulement celle qui construit les phrases, – celle moins manifeste qui fait 'tenir ensemble' (à côté et en face les uns des autres) les mots et les choses."

ein „Ereignis im Spannungsfeld synästhetischer Erfahrung" (Paech zit. nach Roloff 2000: 390), das den Zuschauer affiziert:

> Das Pathos [...] tritt uns entgegen als nie völlig zu verwertender Überschuß, als etwas, das als sinn- und ziellos zu bezeichnen ist, sofern es die Sinnesnetze zerreißt, das Regelwerk unterbricht und auf diese Weise das Ereignis dekontextualisiert. Unmittelbar ist es nur, indem es Vermittlungen unterbricht. (Waldenfels 2006: 51)

Wenn wir an anderer Stelle in Verbindung mit der Großaufnahme von der Wirkung des Gesichts sprachen, so ist der Erklärungsversuch dafür genau hier zu suchen. Die Großaufnahme dekontextualisiert das Gesicht und suspendiert „das *principium individuationis*" bis zu dem Punkt, an dem es seine Geltung verliert (vgl. Deleuze 1997a: 139 f.), so dass „die Großaufnahme des Gesichts [zugleich] das Angesicht (*la face*) und seine Auslöschung (*effacement*)" ist (Deleuze 1997a: 140). Das Potenzial und die Intensität der Großaufnahme rühren aus diesem Paradox, welches das Bild mittels des ambivalenten Spiels mit der Dauer zu einem pluralen Bild macht.

All dies macht das Kino von Ciprì und Maresco zu einem *acinéma*, das, Lyotard zufolge, zwischen zwei Polen oszilliert: der absoluten Unbeweglichkeit, die er im *tableau vivant* gegeben sieht, und einer extremen Beweglichkeit, die sich in der lyrischen Abstraktion ereignet:

> Ces deux pôles sont l'immobilité et l'excès des mouvements. En se laissant attirer vers ces antipodes, le cinéma cesse insensiblement d'être une force de l'ordre; il produit de vrais, c'est-à-dire vains, simulacres [...] au lieu d'objets consommables-productifs. (Lyotard 1973: 360)

Beide Verfahren stellen sich gegen die *mise en scène*, die Lyotard als eine ausschließende *mise en ordre* und Normalisierung[113] versteht (vgl. Lyotard 1973: 360 ff.), und befreit die „forza sovversiva della surriflessione" (Dottorini 1995: 9). Entspre-

---

[113] Lyotard (1973: 364): „Cette normalisation, on le voit, consiste à exclure tout ce qui, sur scène, ne peut pas être rabattu sur le corps du film, et hors scène sur le corps social. Le film, cette étrange formation réputée normale, ne l'est pas plus que la *société* ou l'*organisme*. [...] Le film est le corps organique des mouvements cinématographiques. Il est l'*ekklesia* des images, comme le politique est celle des organes sociaux partiels. C'est pourquoi la mise en scène, technique d'exclusion et d'effacements, qui est activité politique par excellence, et celle-ci, qui est par excellence mise en scène, sont la religion de l'irréligion moderne, l'ecclésiastique de la laïcité. Le problème central n'étant pas, ici ni là, la disposition représentative et la question, qui lui est attachée, de savoir quoi représenter et comment, de définir une bonne ou vraie représentation, mais l'exclusion ou la forclusion de tout ce qui est jugé irreprésentable, parce que non-récurrent."

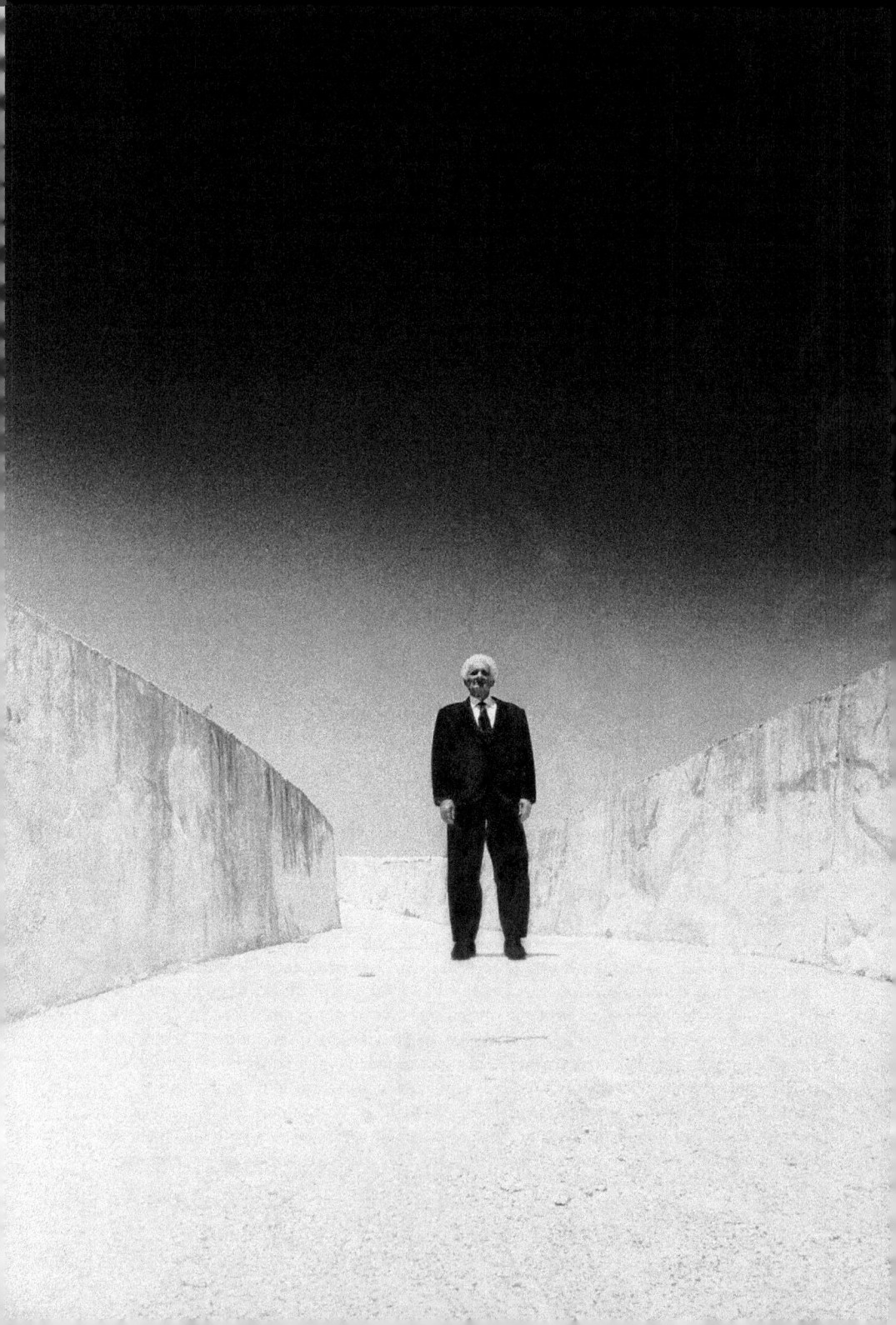

chend versteht er unter *acinéma* den Bruch mit den Regeln der filmischen „guten" Form der *mise en scène* und eine Verschiebung bzw. die bewusste Öffnung für das Ausgeschlossene und vermeintlich nicht Darstellbare (vgl. Lyotard 1973: 364; Dottorini 1995: 11). Im Film ereignet sich auf diese Weise das Figurale[114], das den (normalisierenden) Sinn aufs Spiel setzt, weil es über das bloße zu Sehende hinaus etwas sichtbar werden lässt. So ermöglicht das plurale Bild, dass Ethik und Ästhetik gegenseitig ineinander aufgehen. Dabei avanciert die Grausamkeit zum Wahrheitsprinzip der Kunst, da sie die Formen des Lebens und die Form aufeinandertreffen und so die Ethik der Grausamkeit hervortreten lässt:

> In questo contesto la crudeltà emerge inevitabilmente come principio veritativo dell'arte. L'opera è una messa in scena della crudeltà, essa stessa è considerata come una forze vitale. [...] Tali forze tendono contemporaneamente all'annullamento e alla salvaguardia dello scarto tra la „forza della vita" e la „vita delle forme". (Moroni 2012: 9)

Schwer klassifizierbar: Lavierte Genrezuschreibungen als Politikum

Durch ihre Arbeit am Bild gelingt es ihnen auch, herkömmliche Genrezuschreibungen außer Kraft zu setzen. Viele ihrer Filme sind, wie bereits angedeutet, weder klassische Spiel- noch Dokumentarfilme, sondern entziehen sich solch gängigen Zuordnungen. Schwer klassifizierbar, verharren sie in der Unbestimmtheit, was nicht zuletzt ihre Wirksamkeit potenziert. Sprachen wir andernorts bereits über die Ubiquität des Obszönen und dessen *Staging* bzw. über die Omnipräsenz der Bühne, so soll an dieser Stelle erneut daran angeknüpft werden, lässt sich doch die ciprimareskianische Ästhetik durchaus als Kritik an der bereits 1967 von Guy Debord beschriebenen Gesellschaft des Spektakels bzw. des integrierten Spektakulären deuten.[115] Debord zufolge ist das Spektakel „nicht eine Menge von Bildern, sondern ein gesellschaftliches Verhältnis zwischen Personen, das durch Bilder vermittelt ist. [...] Es ist die ‚materiell effektiv gewordene Weltanschauung'" (Finter 2000: 440). Dabei geht es ihnen weniger darum, die von Debord aufgezeigte Ent-

---

[114] In *Discours, figure* von 1971 versteht Lyotard unter dem Figuralen einen Raum, der die dialektische Versöhnung des *logos* verhindert, in den Diskurs eindringt und über diesen hinausgeht (vgl. Dottorini 1995: 7).

[115] In seinen *Commentaires sur la société du spectacle* (vgl. Debord 1992b) erweitert Debord die 1967 ausgeführten Notionen des *konzentrierten* und *diffusen* Spektakulären um die Kategorie des *integrierten* Spektakulären, welches allumfassend ist und sich durch die Vermischung von Realität und Spektakel auszeichnet.

fremdung durch die Medien auf den Punkt zu bringen, als vielmehr – hierin sind sie politisch – das Obszöne zu entlarven und ebenjene Weltanschauung sichtbar zu machen, die im Zeichen medialer Gouvernementalität steht. Dies scheint auch Goffredo Fofi zu meinen, wenn er in *Cinico Tv* eine „Entlarvung des dominierenden und sich weiter ausbreitenden Trashs" (vgl. Uzzo 2011: 46) sieht. Die von Debord und Baudrillard kritisierte medial erschaffene Welt des Scheins, welche die unmittelbare Wirklichkeitserfahrung des Subjekts überlagert und ersetzt, so dass die Welt und ihr artifizielles Abbild nicht mehr voneinander unterschieden werden können, reflektiert sich auch in ihren Filmen. Es handelt sich dabei jedoch um eine Perspektive, die selbstredend sowohl das Problem des Realismus im Spielfilm als auch im Dokumentarfilms betrifft. Wenn also Franco Maresco im Hinblick auf ihre „Dokumentarfilme" von „para-documentari", „pseudo-documentari" oder „parodie di documentari" (vgl. Kap. 6.3) spricht, so ließe sich daraus eine Lektüreanweisung ableiten, die mit Debord auf folgendes Motto gebracht werden kann: „Dans le monde réellement renversé, le vrai est un moment du faux." (Debord 1992a: 19)

Damit ist zweifelsohne noch nicht die Frage geklärt, ob es sich dabei um „klassische" Mockumentaries handelt. Zumal dies eine offene und nicht leicht zu beantwortende Frage ist, wenn man einen Blick auf die aktuelle Mockumentary-Forschung wirft. Kurz festgehalten werden soll diesbezüglich nur, dass es sich im Fall des Mockumentary um die spielerische Dekonstruktion des klassischen Dokumentarfilms handelt, indem man durch den Einsatz fiktiver Elemente dessen Authentizitätsanspruch kollabieren lässt, die Erwartungshaltung des Zuschauers enttäuscht und ihn an seinem Wesen als vermeintlicher Dokumentarfilm zweifeln lässt.[116]

Sicher ist hingegen, dass sich das Gesamtwerk von Ciprì und Maresco, auch die Spielfilme, durch ein Spiel mit den dokumentarischen Methoden, mit den stilistischen Komponenten und Codes des klassischen Dokumentarfilms auszeichnet. Dies reicht vom Off-Kommentar im Sinne eines allwissenden Erzählers, dem Einsatz von Archivmaterial und Experteninterviews des klassischen Erzähldokumentarismus über die langen Einstellungen des beobachtenden Modus des *Direct Cinema*, das von einer Unmittelbarkeit und einem „unverstellten, direkten und unverfälschten Zugang zur Realität [ausgeht], die man nur noch einfangen müsse" (Sextro 2009: 25), bis hin zum Interview des interaktiven Dokumentarfilms, bei dem „die meist aus sozialen Randgruppen stammenden Zeitzeugen ihre Ge-

---

[116] Zur Mockumentary-Forschung vgl. u. a. Sextro (2009), Austin/De Jong (2008), Hißnauer (2010; 2011), Roscoe/Hight (2001) sowie Rhodes (2006).

schichte vor der Kamera erzählen" (Sextro 2009: 27)[117]. Wenn auch innerhalb ihres Werks zwischen verschiedenen Ausprägungen dieses kontaminierenden Gestus, des Zusammenfalls von Stilistika des Spiel- und des Dokumentarfilms unterschieden werden muss – „echte" Dokumentarfilme über Jazzgrößen, Pseudo- oder Paradokumentarfilme (Mockumentaries) sowie Spielfilme, die mit *nonfiction*-Elementen spielen[118] –, so ist es dennoch gerade jene Kontamination, die ihr radikales Werk in die Nähe des Kinos der (historischen) Avantgarden, wie zum Beispiel Buñuels *Las Hurdes*[119] stellt, insbesondere aufgrund

> la loro siderale lontananza dal realismo, il loro apocalittico sadismo nei confronti dello spettatore e degli attori, la comicità carnevalesca e la tragedia senza scampo, e soprattutto la costruzione autoritaria del racconto, la chiusura angosciosa, blindata eppure collassata, nascono dall'assunzione completa del *tempo della nonfiction*, del conflitto tra una visione pittorica che inchioda o cancella ogni traccia di umano, e il caos, il silenzio, il disfarsi dell'immagine e del linguaggio che minacciano l'inquadratura e il racconto da ogni lato. (Morreale 2008b: 31)

In ebenjener Hybridisierung und ihrem Vermögen, das filmische Bild hinsichtlich seines Authentizitäts- bzw. Wahrheitsanspruchs (d. h. im Fall des Dokumentarfilms die Vorgabe, ein objektives und wahrheitsgetreues Bild zu liefern) in eine Ununterscheidbarkeitszone abdriften zu lassen, liegt eine der Stärken der ciprimareskianischen Poetik. Diese lässt sich nämlich durchaus im Zeichen einer biopoetischen Positionsnahme deuten, indem sie sich bewusst gegen das „Wahrheitsregime" des Diskurses stellt und dank der bewussten Inszenierung von Uneindeutigkeit dessen Konstruktionscharakter aufzeigt. Ganz in diesem Sinne darf zweifelsohne auch Franco Maresco verstanden werden, wenn er vom Kollaps der Sprache und der Interferenz des Bildes spricht:

---

[117] Vgl. hierzu auch Koebner (2002: 127) und Nichols (1991: 45), der diesbezüglich von „talking heads" spricht.

[118] Einen guten Überblick hierzu gibt Morreale (2008a: 158).

[119] Morreale versteht *Las Hurdes* diesbezüglich gar als „drittes Kapitel nach *Un chien andalou* und *L'âge d'or*" (vgl. Morreale 2008b: 31). Darüber hinaus ist auch in *Las Hurdes* die Konstruktion eines spektakulären Monströsen festzustellen, das sich bei genauerem Hinsehen als Normalität erweist und den Zuschauer sich selbst vorführt. Wenn Luis Buñuel in seinem vermeintlichen Dokumentarfilm dies ironisch demaskiert und sichtbar werden lässt, äußert er Kritik am Franco-Regime und seinen Wählern, doch er versteckt sie geschickt in einem beiläufigen Kommentar: Solch verzweifelte Leute, die er zuvor als ausgehungert, barbarisch und rudimentär stigmatisiert hat, hätten Franco gewählt. Aber es wird die Bürgerregierung sein, welche die im Film zu sehende Misere beseitigen werde, so der Abspann des Films.

Mi piace molto il contrasto tra un'immagine in cui c'è la nostalgia dell'immagine e la nostalgia dell'assoluto. La nostalgia del mondo finito, del mondo perduto, quindi anche di un cinema che non è possibile fare. Però dentro questo cinema ci sono delle interferenze, ci sono dei collassi improvvisi. Una cosa molto importante nel nostro lavoro è stata la colonna sonora, che invece collassa. Nel nostro cinema [...] i discorsi non arrivano mai da nessuna parte. Quindi si parte e si abortisce. Si collassa [...] perché – è abbastanza ovvio – non c'è più nessun discorso da fare. (Vgl. Kap. 6.3)

Deformation und Wirklichkeitseffekt. Überlegungen zum (Anti-)Realismus

Mit ihrer Ironie machen Ciprì und Maresco auch vor sich selbst nicht halt. So befinden wir uns in *Il ritorno di Cagliostro* in der Steinmetzwerkstatt der Gebrüder La Marca. Soeben hat Ginetto eine Statue der Gottesmutter fertiggestellt. Doch sein Chef zitiert ihn herbei: So etwas sei in den gesamten einhundert Jahren seit Bestehen des ehrwürdigen Familienunternehmens noch nicht vorgekommen. Was sei ihm, Ginetto, bloß durch den Kopf gegangen, als er dieses scheußliche Ding produziert hat? In seinem Ehrgefühl getroffen, setzt Gino zu seiner Verteidigung an. Er habe doch die Weisung des Chefs ausgeführt: Sollte er nicht eine leidende Madonna schaffen? Dies sei der neue Realismus. Der Bruder des Chefs habe ihm geraten, sich für den Ausdruck des Leidens an seiner Mutter zu orientieren, die seit zwei Jahren bettlägerig ist. Bitteschön. Und nun müsse er sich auch noch solche Beleidigungen gefallen lassen? Pater Camarda, der einwirft, dass die Kirche leer sei, seitdem man die Gottesmutter aufgestellt habe, gibt La Marca recht: „Aveva ragione Lei, padre. È proprio brutta. Non si può taliare." Ganz ähnlich ergeht es auch dem neuesten Film der La Marcas. Nach nur zwei Tagen wurde der von der Trinacria produzierte Film *Lo zio d'America* abgesetzt, denn es hatten sich lediglich fünf Zuschauer gefunden, wovon vier geladene Gäste waren und einer schlief. Die selbstironisch-bissigen Verweise auf das Kino von Ciprì und Maresco sind nicht zu übersehen, setzen sie sich doch in dieser *mise en abyme* mit der Rezeption ihrer Filme auseinander. Ihr Onkel aus Amerika kommt genauer gesagt aus Brooklyn und der neue Realismus ist der einer „Entästhetisierung", die im Zeichen einer Ästhetik des Hässlichen[120] steht,

---

[120] Gerade an diesem Beispiel aus *Il ritorno di Cagliostro* lässt sich Rosenkranz' Verständnis des Hässlichen anbringen. Rosenkranz begreift dies als stets zu ihrem Gegenteil, dem Schönen, stehende Kategorie, die wegen derselben zu Grunde liegenden Bestimmungen aus dem Schönen hervorgeht (vgl. Rosenkranz 1973: 7). Zum unauflösbaren Nexus der beiden Kategorien schreibt er: „Dieser innere Zusammenhang des Schönen mit dem Häßli-

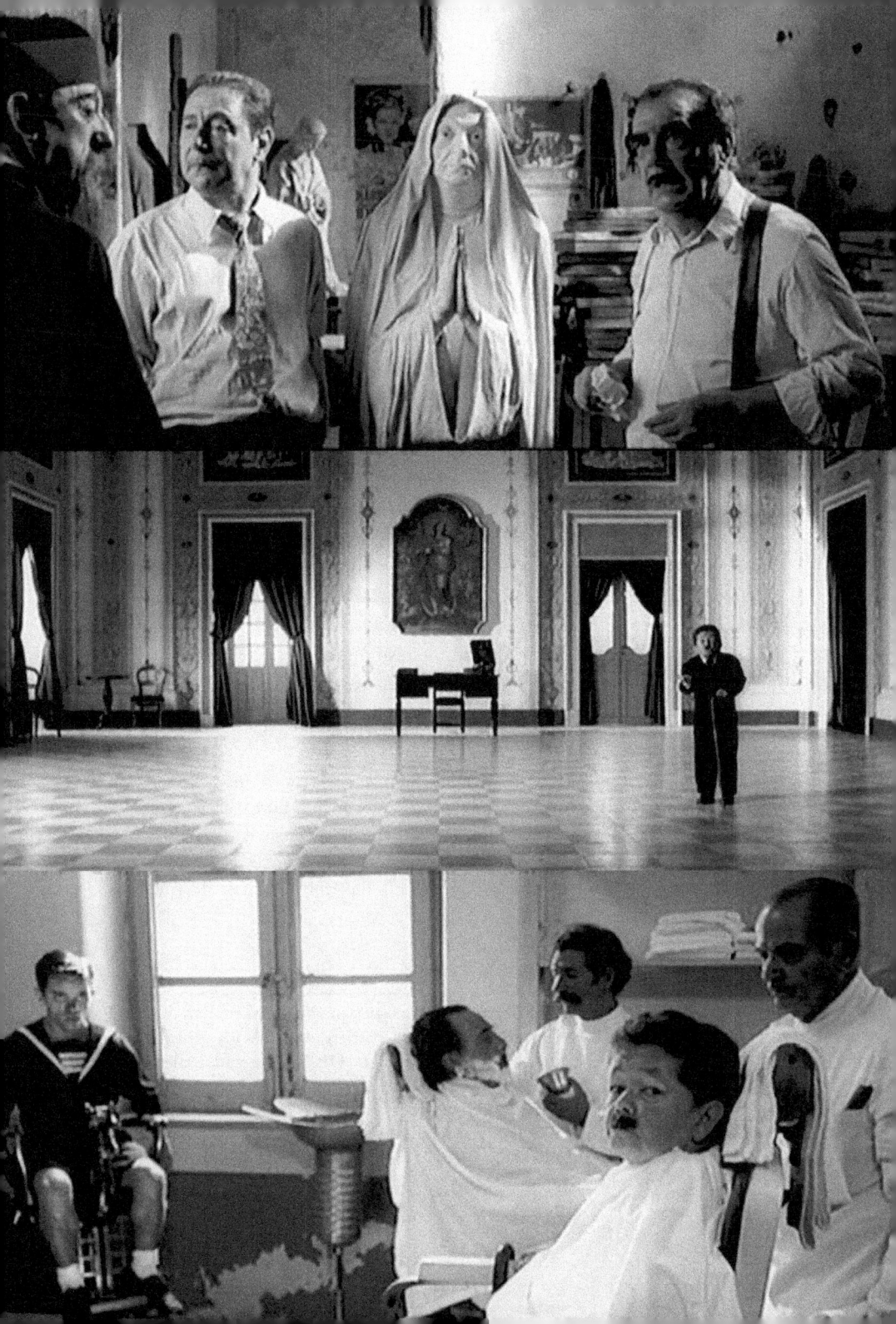

die genau das sichtbar macht, was, trotz seiner manifesten Präsenz, nicht gesehen werden soll.

Was die beiden Regisseure in *Il ritorno di Cagliostro* so selbstironisch auf den Punkt bringen, vermag man auch in den Filmkritiken unter dem Begriff „iperneorealismo" (Uzzo 2011: 46) wiederzufinden. Doch was begrifflich auf den ersten Blick so überzeugend wirkt, bedarf auf den zweiten dennoch einer Erklärung, denn es fällt durchaus schwer, sich etwas Konkretes darunter vorzustellen. Zunächst lässt sich hieraus lediglich ableiten, dass Goffredo Fofi damit etwas als „realistischer als den Realismus", als „über den Realismus hinausgehend" etikettiert und sich dabei auf die Tradition des italienischen Neorealismus (vgl. Bazin 2004) bezieht. Dabei dürfte es Fofi weniger um die „klassischen" Elemente des Neorealismus wie den Low-Budget-Dreh mit Laienschauspielern an Originalplätzen zur Darstellung einer konkreten, historischen Lebenswirklichkeit gehen, als vielleicht um die Konfrontation mit dem Unerträglichen, welche uns so die Realität zurückerstattet. Sie lässt das Kino von Ciprì und Maresco in einem doppelten Sinne zu einem *„cinéma du voyant"* (Deleuze 1997b: 13) avancieren und als *para ten oden* ebenjenes Unerträgliche im Zerreißen der Ähnlichkeit – der Prüfung und Erfahrung der Form, die sich zugleich als Form der Erfahrung ausnimmt – aufscheinen (Didi-Huberman 2010: 358 ff.). Der Riss, der hierbei vonstattengeht, erzeugt die von Georges Didi-Huberman beschriebene „formlose Ähnlichkeit", die für das Schaffen Batailles grundlegend ist:

> [E]lle donne certes forme et crée des liens dans la connaissance; mais elle sait aussi faire du contact une déchirure, rompre les liens et se construire dans la décomposition même des éléments qu'elle utilise: moyennant quoi elle devient cette paradoxale *ressemblance informe* que Bataille n'a cessé de convoquer et de produire, dans le jeu infernal – dans l'essentielle dialectique – du semblable et du dissemblable. (Didi-Huberman 1995: 381 f.)

---

chen als seiner Selbstvernichtung begründet daher auch die Möglichkeit, daß das Häßliche sich wieder aufhebt, daß es als das Negativschöne existiert, seinen Widerspruch gegen das Schöne auflöst und in die Einheit mit ihm zurückkehrt. Das Schöne wird in diesem Proceß als die Macht offenbar, welche die Empörung des Häßlichen seiner Herrschaft unterwirft." (Rosenkranz 1973: 7) Entsprechend könne „der Künstler […] das Häßliche nicht immer vermeiden. Oft sogar bedarf es seiner als eines Durchgangspunctes in der Erscheinung der Idee und als einer Folie." (Rosenkranz 1973: 6) Zur Ästhetik des Hässlichen vgl. z. B. auch Eco (2004), Ochsner (2010) und Gorsen (1972).

Diese „doppelte Funktionsweise des Bildes" (Didi-Huberman 2010: 358), die dieses für die „Wiederkehr des Verdrängten" (Didi-Huberman 2010: 372) und die Erfahrung des Unerträglichen öffnet, fasst Enrico Ghezzi für das Werk von Ciprì und Maresco wie folgt:

> Sviluppatasi dal letame della serra televisiva, la filmistica cinica non può avere che se stessa quale nemica all'altezza. La „bellezza" di essa, l'artisticità, il nesso istintivo con una maniera alta […], il rovesciamento di pesi e misure, ne preparano e già scontano in partenza l'aura insopportabile per molti, il lamento lacerante di giobbe e la scissione e tensione costante tra pianto e risata possono incrociarsi un istante a stento con le illusioni pubblicitarie della politica, ma non esistono compagni di strada, perché non c'è strada […], il finto orizzonte chapliniano è immagine rovesciata del cul de sac. Non c'è set per la speranza, i corpi e i personaggi non anelano all'alto al volo all'altromondo, sono resti (extraterrest(r)i ?), demonangeli appena atterrati, caduti sulla terra da mondi sublunari o da nuvole rosselliniane, sculture cui il bianconero che li ama regala un'inaccettabile e mai vista settima dimensione. (Ghezzi 2011: 8)

Was könnte also die Aufgabe des Kinos sein, wenn, wie Franco Maresco verkündet, es nichts mehr zu sagen gibt? Wahrscheinlich nichts anderes als in jener doppelten Bewegung, seiner Janusköpfigkeit, die sein Tod und sein Wiederauferstehen impliziert, das Sein und das Erkennen, kurz: die Erfahrung, und damit sich selbst aufs Spiel zu setzen bzw. ins Spiel zu bringen. Ciprì und Maresco fassen diesen Doppelcharakter des Kinos, denn sie

> conferma[no] con assolutezza geniale e devastante il segreto più oscuramente nascosto nell'evidenza del cinema. Il bovarismo. Il doppio movimento, doppiamente falso, che è lo svolazzo barocco decisivo di tutti i film. Narcisismo in due sensi opposti, sporgersi verso (sul)l'immagine di sé, e accogliere l'emanazione dell'altro sé 'nostro' (non meno nostro dei tanti riflessi nostri fluttuanti nel mondo e che lo fluttuano) proveniente da tutto quel che l'occhio ritiene, che vogliamo e temiamo nostro. ([…] pochissimi sono i cineasti e i film capaci o degni di essere all'altezza della sublime boutade 'madame bovary c'est moi', e di sopportare la condanna comica alla verità tragica di essa). (Ghezzi 2011: 6f.)

Wenn also ihre Kritiker versucht sind, ihnen eine im Zeichen der Deformation stehende Ästhetik zu attestieren, so vielleicht aufgrund des unauflösbaren Spannungsverhältnisses von Ähnlichkeit und Unähnlichkeit, das in seiner Ambivalenz und Vielschichtigkeit über sich hinausweist:

> [R]esistenza al moderno e all'omologazione che il mondo evocato nel film rivendica, nel suo muoversi quasi archeologicamente in un mondo di suoni, azioni e cause che paiono davvero fantascienza. [...] Fame di sesso, di cibo, un dialetto di musicalissima oscenità, ricostruito con modi di dire quasi scomparsi [...], e una religiosità carnale e sul filo della blasfemia. Il 'ritorno al classico' di questo film è anche consapevole, manierista regressione a forme di narrazione che possono ancora sostenere la verità di quelle facce, di quelle miserie. [...] Ciprì e Maresco sono davvero [...] 'i due grandi manieristi di Palermo'. Manieristi della verità, dell'orrore e del dolore, della vita e della morte, non dell'effetto, della sazietà d'immagine, del visto e del rivisto delibato e sopraffino, [...]. (Morreale 2003: 22)

Ihre Absage an den Realismus ist ihre Art, auf die Frage nach der Darstellbarkeit der Wirklichkeit zu antworten. Die Unmöglichkeit des Realismus unterstreichen sie, indem sie das Kino als realistisches Medium verneinen und den Mechanismus für die Lektüre der Wirklichkeit (und nicht diese an sich), die zugleich eine mediale und medial überformte ist, sichtbar machen.

Zusammenfassung des Kapitels

Die Bildästhetik von Ciprì und Maresco steht im Zeichen des Experiments. Als ein Kino der Grausamkeit provozieren ihre Filme nicht nur den Zuschauer mittels der Inhalte und der direkten Beschimpfungen, sondern ebenso durch die Form; so etwa, wenn sie das Bild selbst durch das Spiel mit dem Intervall, mit dem Interstitium, in eine Unbestimmtheitszone abdriften lassen und den Sinn aufheben. Dieser Bruch mit unseren herkömmlichen Seh- und Wahrnehmungsgewohnheiten darf als Geste der Dekonstruktion und der Rahmenverschiebung, als willentliches Herbeiführen einer Krise der Gouvernementalität verstanden werden, die Ausdruck eines profunden Unvernehmens ist. Ihre Arbeit an der Materialität des Bildes setzt dabei nicht nur tradierte mediale Kategorisierungen und Genrezuschreibungen außer Kraft, sondern vermag durch das Schaffen einer formlosen Ähnlichkeit den Film selbst für die Erfahrung des Unerträglichen zu öffnen, welches uns seinerseits – erfolgt dies auch mittels eines deformierenden und grotesken Antirealismus – ein Stück weit die Wirklichkeit durchscheinen und erfahren lässt. Zugleich antworten sie mit ihrer Absage an den Realismus auf die Frage nach der Darstellbarkeit der Wirklichkeit, die sie als medial überformt enthüllen.

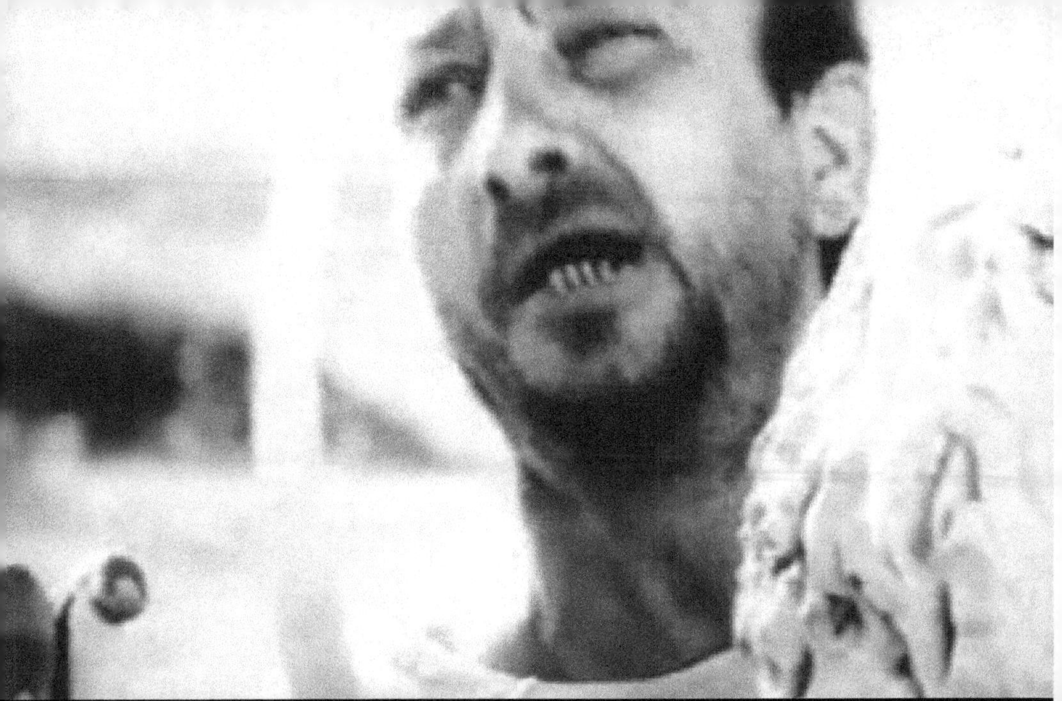

5 Zur Ästhetik des Politischen beiCiprì und Maresco

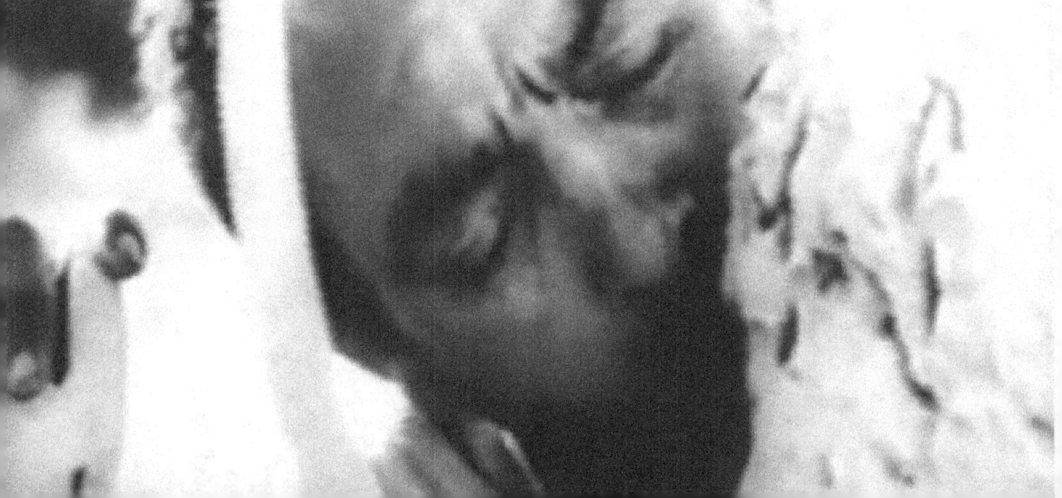

Zur Ästhetik des Politischen bei Ciprì und Maresco

Die beiden palermitanischen Regisseure Daniele Ciprì und Franco Maresco sind Bilderstürmer, denn sie lassen nicht nur einen semiotischen Konflikt, der zugleich ein Kampf um die Macht ist, offensichtlich werden. Mehr noch: Sie befeuern ihn auch. Seit mehr als fünfundzwanzig Jahren, getragen von der Lust an der Provokation, Infragestellung und Destruktion gesellschaftlicher Kategorien. Sie machen vor nichts halt, nicht einmal vor der Grenze des vermeintlich „guten Geschmacks", denn sie *wollen* Dissens erzeugen. Daher avanciert das Kino bei ihnen zur Denkfigur und deshalb ist ihr Kino politisch.

Wenn Ciprì und Maresco Dinge sichtbar machen, die vorher nicht sichtbar waren, setzen sie dem repräsentativen Regime (Ästhetik der Politik) das ästhetische Regime der Kunst (Politik der Ästhetik) entgegen. Es geht ihnen also darum, die herrschende diskursive Ordnung in Frage zu stellen und den gemeinsamen Nenner der Gemeinschaft neu auszuhandeln. Diese Dynamik verdeutlicht auch ein Passus aus Rancières *Le Malaise dans l'esthétique*:

> La politique consiste à reconfigurer le partage du sensible qui définit le commun d'une communauté, à y introduire des sujets et des objets nouveaux, à rendre visible ce qui ne l'était pas et à faire entendre comme parleurs ceux qui n'étaient perçus que comme animaux bruyants. Ce travail de création de dissensus constitue une esthétique de la politique qui n'a rien à voir avec les formes de mise en scène du pouvoir et de mobilisation des masses désignées par Benjamin comme 'esthétisation de la politique'. (Rancière 2004: 38 f.)

Ihr Kino rührt also als „Form der Erfahrung an die politische Aufteilung des Sinnlichen" (Rancière 2008a: 43). Es teilt den materiellen und symbolischen Raum neu ein und entpuppt sich dabei als eine Anordnung, die die ästhetisch-mediale Gouvernementalität sichtbar macht (vgl. Rancière 2008a: 33 ff.), indem sie das Verhältnis von Macht und Ästhetik thematisiert. Als „pensée iconoclaste de l'image" (Deleuze, zit. nach Renaud-Alain 1996: 68), als neue Praxis der Zeichen und Bilder, lassen sich die Filme von Ciprì und Maresco somit im Sinne einer Biopoetik (vgl. Borsò 2010a: 235 f.) lesen, als Widerstand und Sandkorn im Getriebe, welches die Mechanismen der Verwaltung des Lebens offenlegt.

Trassieren wir noch einmal die Entwicklung unserer Argumentationslinie und deren Ergebnisse. Ausgangspunkt war die Frage, wie die beiden Regisseure die Krise der medialen Gouvernementalität in einem umfassend biopolitisch besetzten Raum wirksam herbeiführen.

Mit Kapitel 2 wagten wir zunächst den Einstieg in das ciprimareskianische Universum. Ausgehend von einer säkulären und blasphemischen Schockästhetik bzw. negativen Ästhetik, die durch ein defätistisches und abjektes Spiel mit kulturellen Symbolen und Codes charakterisiert ist, sahen wir eingangs, wie Ciprì und Maresco das Bild einer in der Krisis befindlichen, ja gar postapokalyptischen Welt zeichnen. Getragen von einem fröhlich-verzweifelten Nihilismus zeugen ihre Filme vom Unbehagen an einer paradoxalen Welt, welche einem beschlagenen Zerrspiegel gleich, nicht zuletzt unsere eigene reflektiert. Um diese sicht- und erfahrbar zu machen, bedienen sich die beiden Regisseure einer profanierenden und grotesken Parodie, die auch die Biomacht zum Gegenstand hat.

Als „Bestandsaufnahme", verbunden mit der Frage, wohin sich Italien entwickelt, tritt in Kapitel 4.1 das zeitgenössische Italien im Werk von Daniele Ciprì und Franco Maresco als totalitärer Raum hervor. Vor dem Hintergrund eines schwachen Staates und des Klientelismus umreißen die beiden Regisseure dabei das Spektrum einer ubiquitären, da entgrenzten Biomacht, wobei die verschiedenen, das kollektive Imaginäre besetzenden Aspekte miteinander verschränkt sind. Diese biopolitische Besetzung des Raums und des Imaginären verdeutlichen die in Kapitel 4.1 beleuchteten Aspekte: erstens die rassistischen Diskurse, zweitens die gegenstaatlichen, mafiösen Regierungslogiken sowie drittens der paraontologische Wandel zur Sicherung des kapitalistisch-bioökonomischen, hegemonialen Narrativs, wobei Paraontologie eine sich als ontologisch darbietende Ideologie meint (Bartezzaghi).[121] Während erstere sich gegen den subaltern stigmatisierten Süden und gegen den gesamtitalienischen Nationalstaat richten, unterminieren zweitere die Souveränität der Staatsmacht und die Zivilgesellschaft. Die bioökonomische Paraontologie des sog. Berlusconismus zielt, drittens, auf die Vereinnahmung der Freiheit des Subjekts, indem sie diese paradoxerweise „fördert". Vor diesem von Subjektivierungstechniken geleiteten Hintergrund kristallisieren die Regisseure verschiedene Aspekte des Berlusconismus heraus. Dabei wird klar, wie der Berlusconismus mittels einer sprachlich-ideellen Komplexitätsreduzierung ein auf grundlegenden, positiv besetzten Werten basierendes Weltbild zu implementieren und entsprechende gesellschaftliche Homologationsprozesse zu leiten wusste. Dabei gilt ihre Kritik nicht Berlusconi allein, sondern diagnostiziert darin ein gesamtitalienisches, ja gar übernationales zeitgenössisches Phänomen. Die mediale Gouvernementalität, verstanden als informelle Form des Regierens, die innerhalb eines Feldes „beweglicher,

---

[121] Die explizite Betrachtung der Pastoralmacht der katholischen Kirche und deren prominente Einflussnahme im italienischen Kontext wurden hierbei ausgespart, allerdings ist die problematische Verschränkung der katholischen Kirche mit den drei genannten Aspekten sichtbar geworden.

veränderbarer und reversibler Machtverhältnisse [...] Typen der Verhaltensführung oder der ‚Führung des Verhaltens' einrichte[t]" (Sennelart 2004: 484) ist Teil dieses Settings der Macht. Denn sie speist unmerklich diskursive Normalisierungsstrategien in den Subjektivierungsprozess ein. In diesem Zusammenhang entpuppt sich die Videokratie nicht nur als ein grundlegender Bestandteil dieses Szenarios, sondern ebenso als eine spezifische Form der Biopolitik, die nicht nur zur medialen Formung des Gesellschaftskörpers beiträgt, sondern die Kommunikation besetzt. Sie steht für eine fundamentale Kontamination der Sprache und Veränderung der Wirklichkeit, da jedwedes Sprechen auf eine von der Macht besetzte Sprache rekurriert (Baudrillard, Marcuse, Foucault).

Die Filme der beiden unfügsamen Palermitaner legen diese Formen des Regiertwerdens offen, indem sie deren Krise herbeiführen. So gedeihen sie nicht nur zum widerständigen Medium, sondern zugleich auch zu dem Ort, an dem beide Seiten aufeinander treffen und dieses Machtverhältnis ausgehandelt wird. Genau hieran knüpft die Medienkritik von Ciprì und Maresco an, die insbesondere dem italienischen Leitmedium, dem Fernsehen, gilt (vgl. Kap. 4.2). Ihre Persiflage von Fernsehformaten und aktuellen politischen Ereignissen greift die „Obszönität" eines ubiquitären Spektakels auf, bei dem hinsichtlich einer ubuesken Macht nicht mehr zwischen Lächerlichkeit und Terror unterschieden werden kann (Foucault, Solla, Serpahicus). Als informelle Steuerungspraktik in der zeitgenössischen Kontrollgesellschaft zielt die Videokratie darauf ab, die Konstruktion und Wahrnehmung von Wirklichkeit zu beeinflussen und zur Reproduktion normalisierender Verhaltens- und Wahrnehmungsschemata anzuhalten (Foucault, Deleuze, Skrandies, Srubar). Insofern erweist sich die Medienkritik von Daniele Ciprì und Franco Maresco nicht nur als transversaler Widerstand gegen die mediale Wissens- und Wahrheitsproduktion einer totalisierenden und abstrakten Sicherungs- und Kontrollmacht, sondern steht ebenso notwendigerweise im Zeichen des Anti-Berlusconismus.

Einen Kontrapunkt bilden diesbezüglich auch die ihrem Werk innewohnenden Körperkodierungen, die an die Problematisierung des abendländischen Personenbegriffs und somit an die Definition des schützenswerten Lebens gebunden sind. Die in diesem Rahmen aufgezeigte Reduktion des Subjekts und seine Zerstörung der Person verdeutlicht, dass es ihnen darum geht, die Grenzen von *bíos* und *zoé* und somit auch die Grenzen innerhalb einer medial beeinflussten Gesellschaft neu zu ziehen. Dies illustrieren sie beispielhaft anhand der als deviant und monströs erfahrenen Körper ihrer Protagonisten (vgl. Kap. 4.3). Allesamt soziale Außenseiter, widersetzen sich ihre Figuren – absichtlich oder nicht – nicht nur den Homologationsversuchen und bioökonomischen Verwaltungsprozessen des Lebens, sondern reproduzieren auch gesellschaftliche Stigmatisierungen (Foucault, Agamben, Goffman). Die Inszenierung ihrer sozialen Devianz korreliert dabei mit einer als abweichend erfahrenen Körperlichkeit, die zugleich ihre Entsubjektivierung impliziert. Deshalb korreliert ihre Darstellung deviant erfahrener Körper mit der Krise der medialen Gouvernementalität. Sie stellen nicht nur bürgerliche Körperkodierungen, den medial transportierten, makellosen und quasi entkörperlichten Körper, in Frage, sondern verweisen zudem auf die Realität des Menschen, die Materialität seines ungeschönten Leibes, und auf eine Vielzahl von Existenzweisen, die sich bioökonomischer Homologation und Subsumtion entziehen (Bachtin, Deleuze, Guattari). Das von ihnen auf den Plan gerufene Gorgoneion verkörpert ihre Bildgewalt. Unser Blick auf dieses ist insofern gefährlich, als dass wir in ihm nicht nur das Entsetzen und den Akt der Entmenschlichung sehen, sondern ebenso in ihm sowohl ein uns anrufendes, gleichwertiges Gegenüber als auch die Welt erkennen (Cavarero, Butler, Lévinas). Das Monströse bzw. der Bruch mit dessen Unsichtbarkeitspostulat gedeiht dabei zum produktiven Vektor, der nicht zuletzt die Besetzung unseres Blickes und unseres Denkens vor Augen führt. Durch ihre Insistenz unterminieren und zerstören die Bilder von Ciprì und Maresco „die symbolischen Koordinaten, die bestimmen, was wir als Realität erfahren" (Žižek 2004: 23). Sie machen so den Riss erfahrbar, der der Konstitution der symbolischen Ordnung vorgängig ist (vgl. z. B. Butler 2006: 37). In genau diesem Punkt vermählt sich die Ästhetik mit der Ethik.

Die Arbeit der beiden Palermitaner an der Wahrnehmung steht, wie in Kapitel 4.4 aufgezeigt, im Zeichen eines Experiments, das die Errettung der Wirklichkeit durch den Spiegel des Kinos (Kracauer, Didi-Huberman) zum Ziel hat, wobei es aber den tradierten, unwirksam gewordenen Realismusbegriff problematisiert. Als ein Kino der Grausamkeit provozieren die Filme nicht nur den Zuschauer mittels der Inhalte und direkten Beschimpfungen, sondern ebenso durch die kinematographische Form, so etwa, wenn sie das Bild selbst durch das Spiel mit dem Intervall in eine Unbestimmtheitszone abdriften lassen und den Sinn aufheben (Deleuze, Guattari). Dieser Bruch mit unseren herkömmlichen Seh- und Wahrnehmungsgewohnheiten darf dabei durchaus als Geste der Dekonstruktion und der Rahmenverschiebung, als willentliches Herbeiführen einer Krise der medialen Gouvernementalität verstanden werden, die Ausdruck eines profunden Unvernehmens (Rancière) ist. Ihre Arbeit an der Materialität des Bildes setzt dabei nicht nur tradierte mediale Kategorisierungen und Genrezuschreibungen außer Kraft, sondern vermag durch das Schaffen einer „formlose[n] Ähnlichkeit" (Didi-Huberman 2010b) den Film selbst für die Erfahrung des Unerträglichen zu öffnen, welches uns seinerseits – erfolgt dies auch mittels eines deformierenden und grotesken Antirealismus – ein Stück weit die Wirklichkeit durchscheinen und erfahren lässt. Zugleich antworten sie mit ihrer Absage an den Realismus auf die Frage nach der Darstellbarkeit der Wirklichkeit. Die Unmöglichkeit des Realismus unterstreichen sie, indem sie das Kino als realistisches Medium verneinen und den Mechanismus für die Lektüre der Wirklichkeit (und nicht diese an sich), die zugleich eine mediale und medial überformte ist, sichtbar machen.

Bringen wir alles abschließend noch einmal auf den Punkt: Anhand der Biopoetik untersuchte diese Arbeit die Frage, wie die beiden Regisseure die Krise der medialen Gouvernementalität in einem umfassend biopolitisch besetzten Raum, dem Raum eines postideologischen (bzw. bioökonomischen) Totalitarismus (vgl. Recalcati 2007: 7), herbeiführen. In vier Unterkapiteln widmeten wir uns vier unterschiedlichen, sich ergänzenden Aspekten: erstens den Formen der Biomacht in Italien, zweitens den Medien als Instrumente der Einflussnahme und Steuerung, drittens der Subjektkonstitution und der subsequenten Problematisierung des abendländischen Personenbegriffs sowie viertens einer widerständigen Ästhetik, die das Gegenstück zur politisch instrumentalisierten Bioästhetik im Sinne Montanis (vgl. Montani 2007) bildet. Die von ihnen induzierte und vor Augen geführte Krisis der Gouvernementalität, verstanden als Einrichtung von Verhaltenstypen bzw. Führung des Verhaltens innerhalb eines Feldes changierender und reversibler Machtverhältnisse (Foucault, Sennelart), steht dabei im Zeichen des Foucault'schen Kritikverständnisses, eines Nicht-in-dieser-Art-regiert-werden-Wollens und der Entunterwerfung (Foucault, Butler). Ihr Widerstand nimmt sich dabei so radikal aus, dass sie selbst vor der Zerstörung der sozialen Konstruktions- und Identifikationsmechanismen bis hin zur Zerstörung der Person, des Subjekts als unantastbarem Hoheitswert des abendländischen Wertediskurses (Esposito), nicht halt machen. Ihre Ästhetik ist politisch, weil sie mit dem Unsichtbarkeitspostulat der Macht bricht, weil sie Formen des Regierens, die als naturalisiert verstanden werden wollen, in die Sichtbarkeit überführt und fragwürdig werden lässt. Das Kino von Daniele Ciprì und Franco Maresco ist ein *cinema di contestazione*, ein engagiertes, aufbegehrendes Kino, welches nicht nur im Zeichen des Anti-Berlusconismus steht, sondern als Widerstandspunkt innerhalb eines gouvernementalen Dispositivs dieses von innen heraus auszuhöhlen und zu sprengen trachtet. Es zielt dabei nicht nur auf Provokation ab, sondern auf eine Neuaushandlung von Machtverhältnissen, auf die Entkopplung und Rückerstattung der Kunst und des Lebens an den allgemeinen Gebrauch (Rancière).

Insofern ist das Kino von Ciprì und Maresco ästhetisch wie auch ethisch risikobehaftet, denn das ihm entspringende Befremden ist zugleich eine politische Stellungnahme. Vielleicht besteht gerade hierin die gesellschaftliche Aufgabe der Kunst, mittels des ästhetischen Experiments eine Suche nach Formen des gesellschaftlichen Widerstands zu anzustreben, bei der die „Dialektik des ‚apolitisch politischen' Werks" (Rancière 2008a: 53) den Film zu Bildern des Unbehagens und das Kino zu einer Denkfigur avancieren lässt. Denn „[d]as politische Potential des Werks ist seine radikale Trennung von den Formen der ästhetischen Ware und von der verwalteten Welt [...]. [Es] ist die Reinheit des inneren Widerspruchs, der Dissonanz, durch die das Werk von einer nicht versöhnten Welt zeugt" (Rancière 2008a: 52). Doch vielleicht ist es gerade das, was Ciprì und Maresco, willentlich oder nicht, zu politischen Regisseuren werden lässt. Mit ihren kruden Visionen schwimmen sie dabei gegen den Strom, *contro la corrente,* und bilden eine wichtige und irreduzible Gegenbewegung, die dem hiesigen Buch seinen Titel gibt. *Controcorrente.*

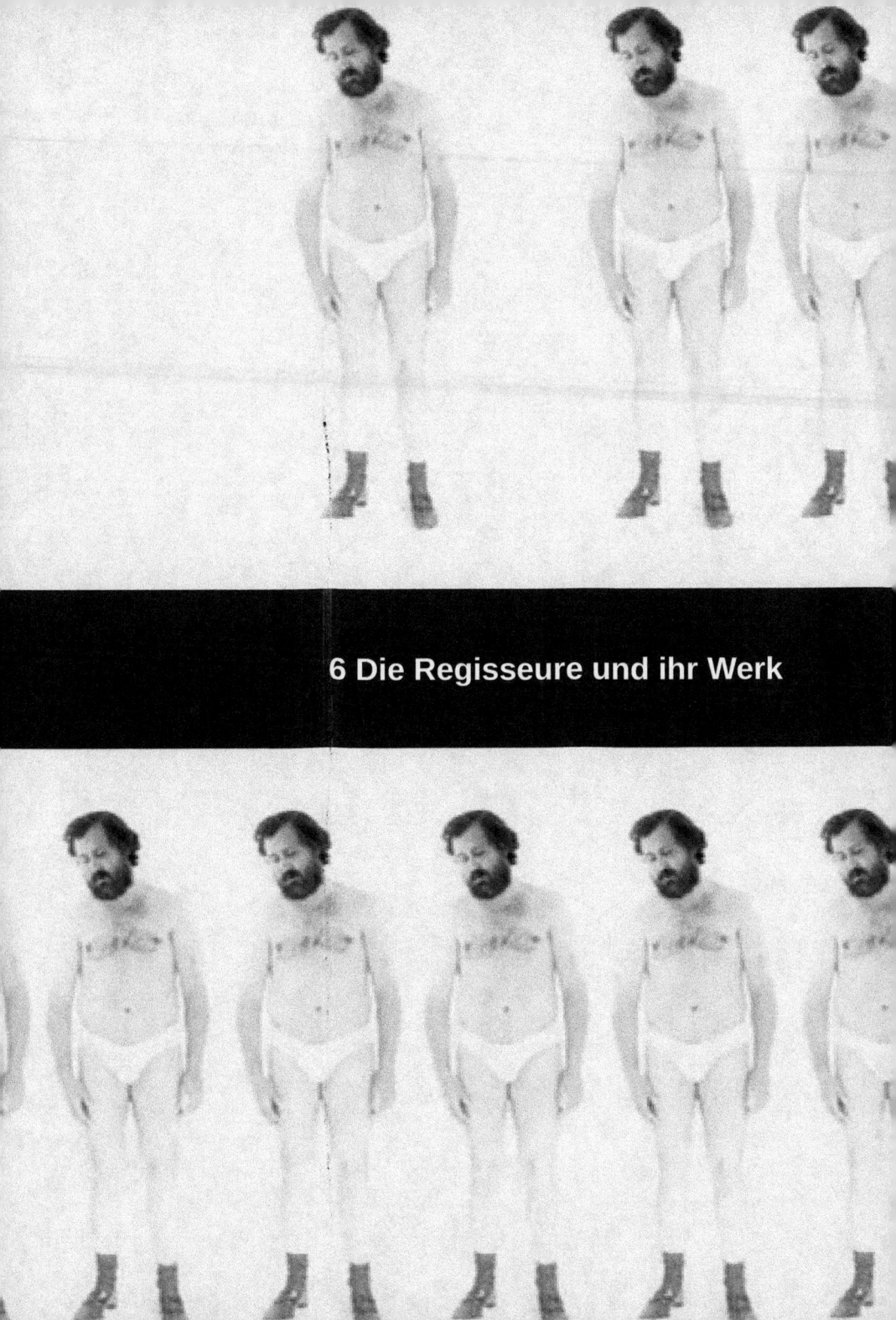

6 Die Regisseure und ihr Werk

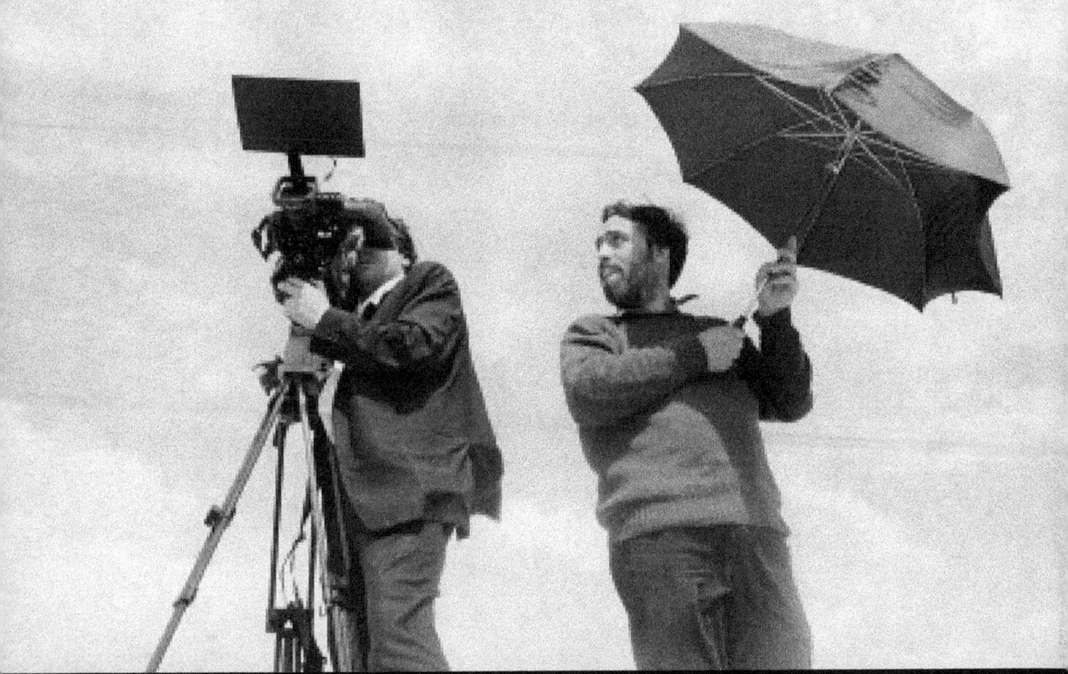

6.1 Kurzbiografien der Regisseure

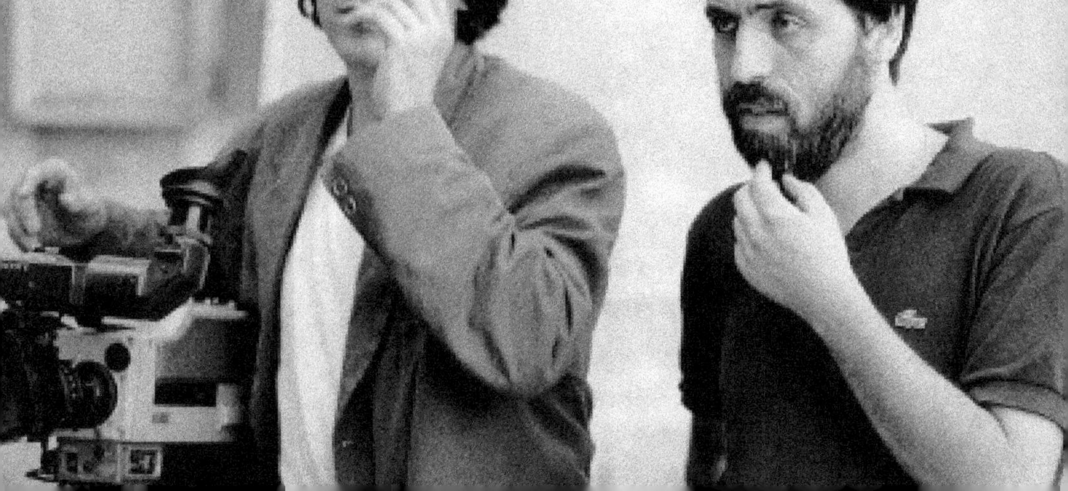

Kurzbiografien der Regisseure

In ihrer mehr als zwanzigjährigen Zusammenarbeit wurden Daniele Ciprì (*1962, Palermo) und Franco Maresco (*1958, Palermo) von der Öffentlichkeit zu Recht oft als Provokateure und Bilderstürmer wahrgenommen. Was die beiden von 1986 bis 2007 in ihrer künstlerischen Zusammenarbeit einte, war nicht nur die Liebe zum Kino, sondern ebenso das Bedürfnis, der als schwierig empfundenen gesellschaftlichen Situation und Lebenswirklichkeit in Sizilien und Italien durch Satire Ausdruck zu verleihen. Dabei entstanden ihre Projekte nicht am Reißbrett, sondern entwickelten sich eher im täglichen Miteinander und aus der spontanen Verwirklichung von Ideen. Die rigorose und sture Umsetzung von Drehbüchern sucht man bei ihnen vergeblich.

Im Zeichen ebenjener Spontaneität steht bereits ihr erstes Treffen, denn kennengelernt haben sich beide in einer Videothek. Ciprì, der nach Abschluss der Mittelstufe als ein auf Hochzeiten spezialisierter Fotograf den Beruf seines Vaters ergreift, arbeitet ab Anfang der achtziger Jahre als Kameramann mit der Kooperative CLCT zusammen, die Dokumentarfilme für die *Rai* der Region Sizilien produziert. In diese Zeit fällt seine erste Begegnung mit Franco Maresco, der in der Via Sammartino ebenjenen Videoverleih betreibt, in dem man von allem etwas findet, vom Porno bis zum Autorenkino, und in den Ciprì von einem seiner Cousins mitgenommen wird. Der vier Jahre ältere Maresco war zuvor, nach dem Abitur und dem abgeleistetem Wehrdienst, als Moderator für *Radio Palermo Centrale* tätig gewesen. Schon in seiner Zeit als Radiosprecher manifestieren sich Marescos thematische Leidenschaften in Sendungen zu Jazz und Kino. Dieses Interesse gewinnt in der Folgezeit immer mehr an Raum, auch durch den Beitritt zu verschiedenen kulturellen Initiativen, darunter zu dem von Paolo Greco und Franco Machì gegründeten, linken *Cineclub Nuovo Brancaccio*, der Filmklassiker und Autorenkino zeigt. Dass der Filmklub nur wenige Zuschauer zu verzeichnen hatte (und aufgrund der Schulden bald geschlossen werden musste), mag vielleicht auch damit zu tun haben, dass das Viertel Brancaccio, in dem sich damals der zweite Mafiakrieg der Cosa Nostra ereignete, vom Rest der Stadt mehr oder weniger abgeschnitten war: „era considerata zona ‚morta' della città, abitata dai rifiuti, i deliquenti, i ‚malacarne', secondo la definizione dei palermitani per bene" (Maresco zit. nach Valentini 1999: 8). Gekennzeichnet ist diese für ihn prägende Erfahrung einerseits von einer kruden Alltagswirklichkeit, in welcher der Mafiakrieg mit den Händen zu fassen ist und in der sich sozialer Aktivismus gegen die Mafia, wie ihn der – 1993 ermordete und 2013 aufgrund seines Engagements selig gesprochene – Priester Don Puglisi führt, als unzulänglich erweist, gerade weil das organisierte Verbrechen mit Entscheidungsträgern der öffentlichen Verwaltung und der Politik verstrickt ist und es an politischem Willen zu seiner Bekämpfung fehlt. Den Gegenpol hierzu – und implizit eine Form kulturellen Eskapismus – bildet für ihn das Kino in Brancaccio, so Maresco:

> [C]apii veramente che cos'è la mafia. Eravamo nei primi anni Ottanta, quelli della seconda guerra di mafia nel corso della quale la cosiddetta 'mafia moderata' sarebbe stata decimata dai viddani di Totò Riina. A Brancaccio questa guerra la toccavi con la mano, era il quartiere di Don Puglisi, di Totuccio Contorno e della famiglia Graviano. Ricordo quel periodo come qualcosa di surreale e terribile. Mentre in via Brancaccio si proiettavano i film di Ford, Griffith e del Nuovo cinema tedesco, il quotidiano *L'Ora* titolava le sue prime pagine con il solo numero dei morti ammazzati nelle strade del quartiere. [...] [I]l pubblico che ci seguiva, soprattutto da altre parti della città, doveva ogni volta superare un numero di posti di blocco. Ma quell'esperienza mi fece anche capire che la politica non avrebbe mai cambiato Palermo, perché in gran parte fondata su un sistema clientelare mafioso gigantesco, contro il quale anche la sinistra si è sempre rivelata impotente. (Baglivi 2011b: 22)

Gerade Marescos obige Darstellung von Brancaccio, das in den Augen des gutbürgerlichen, bigotten Palermos als tote, lediglich von Müll, Verbrechern und Mafiosi bevölkerte Zone betrachtet wird (vgl. Valentini 1999: 8), scheint dabei schon das ästhetische Programm seines künftigen Schaffens vorwegzunehmen, welches sich konkretisiert, als Ciprì zur unter anderem von Maresco, Umberto Cantone und Roberto Giambrone gegründeten Kooperative *Rosebud* stößt. Neben der Organisation verschiedener kultureller Veranstaltungen drehen und produzieren sie zu dieser Zeit erste Sketche und Kurzfilme im Videoformat. Den ersten selbst produzierten Kurzfilmen von *Cinico Video* folgt die Phase von *Cinico Tv*, das allabendlich in der Sendung *Interno Notte* beim palermitanischen Fernsehsender *Tvm* gezeigt wird. Landesweit ausgestrahlt werden ihre Videos erstmals 1990 auf dem Privatsender *Italia 1* in der Sendung *Isole comprese*; infolge eines Beitrags zu Berlusconi endet die Zusammenarbeit jedoch relativ rasch. Im Anschluss wechseln sie zu *Rai 3*, dem dritten öffentlichen Fernsehkanal, zu Enrico Ghezzi mit *Fuori orario* und zu Angelo Gugliemi mit *Blob* sowie später zu Sendungen wie *Avanzi*, *Cielito Lindo* und *Pubblimania*. Zeitgleich erzielen ihre Kurzfilme erste Auszeichnungen. Nach der Prämierung von *Illuminati* beim Festival di Bellaria 1990 (vgl. Maresco 2008), gewinnen sie 1992 im italienischen Saint Vincent den *Premio Aristofane* für das beste satirische Fernsehprogramm und 1994 im toskanischen Forte dei Marmi den Preis für das beste Programm für Politsatire. Neben neunundvierzig Folgen von

Cinico Tv, welche bis 1996 auf *Rai 3* laufen, beginnen Ciprì und Maresco nun sich größeren Filmprojekten zu widmen. Mit *Lo zio di Brooklyn* legen sie 1995 ihren ersten Spielfilm vor, der schon wie ihre vorangegangenen Arbeiten mit der gängigen Darstellung Süditaliens bricht und das zeigt, was vom Fernsehen, von der Politik und der Geschichtsschreibung zumeist ausgeschlossen wird. Parallel dazu drehen sie verschiedene Dokumentarfilme, die allesamt keine klassischen Dokumentarfilme sind, da sie, wenn auch mit unterschiedlicher Intensität, nicht selten den Spagat zwischen Dokumentarfilm und Mockumentary wagen, so zum Beispiel *Grazie Lia. Breve inchiesta su Santa Rosalia* aus dem Jahr 1996. Bereits zwei Jahre später, 1998, folgt ihr zweiter Spielfilm, *Totò che visse due volte*, der sie endgültig über Italien hinaus bekannt macht; vielleicht auch, weil dieser Film für öffentliche Furore sorgt und der Zensur anheimfällt. Es folgen verschiedene Prozesse – Anklagepunkte: Verunglimpfung der Religion und Veruntreuung staatlicher Fördermittel –, die allesamt mit Freispruch enden. Erst elf Jahre nach Erscheinen des Films kommt der Chefankläger, Staatsanwalt Silverio Piro, 2009 zu dem Schluss, dass *Totò che visse due volte* ein Kunstwerk sei.

Der Skandalerfolg von *Totò che visse due volte* zieht erneut einen Bruch nach sich, einen Wechsel vom experimentalen Spielfilm hin zum Dokumentarfilm und zum Mockumentary. 1999 eröffnen Ciprì und Maresco zudem das *Cinema Lubitsch* im Stadtteil Bonagia. Da sie zwischenzeitlich die staatlichen Finanzierungen verloren haben, produzieren sie eine Reihe von Dokumentarfilmen für das Fernsehen, so zur Kinogeschichte (Scorsese, Fuller, Gitai, De Seta, De Santis, Martone, Moscato, Monicelli) und zum Jazz (Steve Lacy, Duke Ellington, Louis Armstrong, Miles Davis). In dieser Zeit laufen ihre Filme auf wichtigen internationalen Festivals wie Berlin, Tokyo, Turin oder San Francisco. Die internationale Anerkennung – nemo profeta in patria – dürfte nicht zuletzt ihre Filmproduktion stimuliert haben, so dass sie noch 1999 *Enzo, domani a Palermo!* vorlegen, einen „Dokumentarfilm" bzw. Mockumentary über Enzo Castagna, den Leichenbestatter und mafiösen Inhaber einer Castingagentur, der bei fast jeder Filmproduktion in Sizilien mitwirkte. 2002 wagen sich Ciprì und Maresco an ein neues Genre: Zur Biennale in Venedig debütieren sie mit dem Theaterstück *Palermo può attendere*. Schon im darauffolgenden Jahr kehren sie nach Venedig zurück; diesmal präsentieren sie auf dem Filmfestival ihren neuen Spielfilm *Il ritorno di Cagliostro* in der Sektion *Controcorrente*. Bereits 2004 folgt *Come inguaiammo il cinema italiano*, eine Hommage an das in den sechziger und siebziger Jahren beim italienischen Publikum sehr beliebte und ursprünglich aus Palermo stammende Komikerduo Franco Franchi und Ciccio Ingrassia, dessen Premiere auf dem Filmfestival in Venedig stattfindet. In dieser ungemein produktiven Phase nähern sich Ciprì und Maresco wieder einem größeren Publikum an. Zwei Jahre später finden sie mit *I migliori nani della nostra vita* sogar den Weg zurück ins Fernsehen, wo ihre zwanzigteilige Serie auf dem Sender *La7* 2006 ausgestrahlt und 2007 mit dem siebenteiligen *Ai confini della pietà*, als der letzten gemeinsamen Arbeit der beiden Regisseure, fortgesetzt wird.

Aber 2007 ist auch das Jahr, in dem sich die Wege von Daniele Ciprì und Franco Maresco nach über zwanzigjähriger Zusammenarbeit trennen. Während Maresco sich zu den Gründen der Trennung bedeckt hält, führt Ciprì neben einer zunehmend schwierigen und als ausweglos empfundenen Arbeitsatmosphäre den Wunsch an, sich künstlerisch weiterentwickeln zu wollen:

> [A] un certo punto è subentrata anche una certa stanchezza, nonché problemi nelle nostre vite private e all'interno del gruppo di lavoro. Personalmente non vedevo sbocchi a quella situazione [...] e poi non avevo voglia di continuare a fare documentari. Per me un documentario non è un film, nel senso che non puoi inventare e dare emozioni; è informazione con una forma, ma difficilmente in un documentario si possono creare emozioni attraverso musica, immagine e suono, ovvero attraverso ciò che è per me il cinema. [...] Invece credo sia il momento che Ciprì faccia qualcosa di suo e Maresco altrettanto. Sto lavorando a un film che girerò in Sicilia ma sarà diverso dai lavori fatto con Maresco, anche se sicuramente si porterà dietro le esperienze passate. Il mio passato lo considero bellissimo ma ho voluto rimettermi in gioco. Ora sento il bisogno di confrontarmi con una storia, una sala, un pubblico. (Baglivi 2011a: 21)

Während Maresco weiterhin seiner Vorstellung eines unabhängigen Autorenkinos treu bleibt, zieht es Ciprì ins Zentrum des italienischen Kinos, in die Cinecittà nach Rom, wo er fortan als fotografisch-künstlerischer Aufnahmeleiter und Kameramann (eigentlich „direttore della fotografia") bei verschiedenen italienischen Kinoproduktionen wirkt. Die Regisseure, für die er arbeitet, sind oft keine unbekannten, sondern unter anderem wahre Referenzen in Showgeschäft und Kinoindustrie, so Marco Bellocchio (*Vincere*, 2009 und *La Bella addormentata*, 2012) oder Ascanio Celestini (*La pecora nera*, 2010). Damit knüpft er an Erfahrungen an, die er bereits bei seiner Zusammenarbeit mit der Regisseurin Roberta Torre sammelte, so in den Filmen *Tano da morire* (1997), *Sud Side Stori* (2000), *Angela* (2002) und *Mare nero* (2006). Ciprìs Wunsch, sich einem großen Publikum stellen zu wollen, scheint aufzugehen, wird seine Arbeit doch von der Kritik gewürdigt. Für die „Beste Kamera" in Bellocchios *Vincere* wird er 2009 unter anderem mit dem *Golden*

Globe Italy, dem italienischen Kritikerpreis *Nastro d'Argento*, dem *L'Esposimetro d'oro* beim *Premio Gianni Di Venanzo* und 2010 mit dem *David di Donatello* ausgezeichnet. 2012 legte Daniele Ciprì mit *È stato il figlio* auch seinen ersten eigenen Spielfilm vor. Der Plot des neunzigminütigen Streifens ist schnell umrissen: Eine heruntergekommene Plattenbausiedlung am Rande von Palermo, spielende Kinder im Hof, zwei Killer eines rivalisierenden Clans schießen. Doch die für Masino gedachte Kugel verirrt sich und trifft die kleine Serenella Ciraulo. Danach ist für die Ciraulos nichts mehr, wie es war. Vater Nicola ist tief getroffen und hat keine Kraft mehr, die in prekären Verhältnissen lebende Familie weiter durch die Demontage alter Schiffswracks und den Verkauf von Schrott zu versorgen. Sein Sohn Tancredi macht keine Anstalten, Nicolas Platz als Ernährer der Familie einzunehmen. Eine staatliche Entschädigung für Opfer der Mafia verspricht, die finanzielle Situation der Ciraulos aufzubessern. Doch die Auszahlung des Geldes verzögert sich, während die Ciraulos über ihre Verhältnisse leben und sich beim Wucherer Signor Pino verschulden. Die einst so stolze Summe reicht letzten Endes nur noch für ein neues Auto: einen Mercedes, einen Luxuswagen als Symbol für Wohlstand und Respekt, welches sich jedoch in ein Zeichen für das Elend des Reichtums verkehrt, stürzt doch ein Kratzer am Lack des teuren Wagens die Familie Ciraulo endgültig ins Unglück. Mit seinem Spielfilm *È stato il figlio*, der sich am gleichnamigen Roman des palermitanischen Schriftstellers Roberto Alajmo orientiert, knüpft Daniele Ciprì an den Erfolg von *Vincere* an. 2012 erhielt er beim Filmfestival in Venedig den Preis für die „Beste Kamera" sowie den Unicef-Preis und wurde für den *Goldenen Löwen* nominiert, beim London Film Festival wurde er als „Bester Film" und 2013 mit dem *Golden Globe Italy* in der Kategorie „Beste Regie" prämiert. Nur wenig später, im September 2014, kommt Ciprìs zweiter Spielfilm *La buca* ins Kino, der sich am Buch *Un calcio in bocca fa miracoli* von Marco Presta, aber auch an der Commedia all'italiana von Scola, Risi oder Monicelli, den amerikanischen Filmkömodien à la Capra oder Wilder inspiriert. Die Geschichte des kauzigen Paars Armando, der nach 27 Jahren unschuldig aus der Haft entlassen wird, und Oscar, einem gerissenen Winkeladvokaten, der nun eine Abfindung in Millionenhöhe herausschlagen will, erinnert zudem an Donald Petries *Ein verrücktes Paar* mit Jack Lemmon und Walter Mattau.

Franco Maresco hingegen ist in Palermo geblieben. Auf dem Filmfestival von Locarno veröffentlicht er 2010 nach dreijähriger Arbeit den Dokumentarfilm *Io sono Tony Scott, ovvero come l'Italia fece fuori il più grande clarinettista del jazz*, eine bittere Parabel auf die künstlerische und intellektuelle Situation im heutigen Italien, der unter anderem Material beinhaltet, das die beiden Regisseure über den Zeitraum von zehn Jahren gesammelt haben, darunter verschiedene Interviews mit Tony Scott, seinen Verwandten, Weggefährten und Zeitgenossen. Neben seiner Leidenschaft für den Jazz verbindet Maresco mit seinem Vorbild Tony Scott das Sein als freier Künstler, der mit seiner Meinung nicht hinter dem Berg hält. Insofern avanciert der Film implizit zu einer Art Nabelschau, welche die Isolation unbequemer, radikaler Künstler, wie Tony Scott und Franco Maresco es sind, reflektiert:

> Con *Io sono Tony Scott* ho voluto raccontare un uomo che non solo è stato un genio del jazz, ma ha anche incarnato ai miei occhi l'idea stessa di Artista. Tony è stato un artista come pochi, scevro da qualunque tipo di compromesso, che per la sua libertà è stato emarginato, soprattutto in Italia. Diceva a chiunque in faccia quello che pensava e sosteneva che la musica e i soldi non vanno d'accordo. [...] Nel mio piccolo, fin dai tempi di *Cinico Tv*, ho sempre guardato, come modello, a questo tipo di artista. (Baglivi 2011b: 27)

Dass der Jazz[122], und im Besonderen die Jazzlegende Tony Scott, den Filmemacher Maresco schon lange beschäftigt, zeigt nicht zuletzt auch der von Maresco herausgegebene Band *Boogiemovie. Cinema & Musica da Armstrong ai Beatles* (Maresco/Lanfranca 2000). In seinem Beitrag „Tony Scott. Un siciliano alla corte di Rebop" zeichnet er die Entwicklung des Klarinettisten und dessen Bedeutung für den US-amerikanischen Be-bop nach:

> Tony Scott viene raccontato dalle varie storie del jazz come un protagonista del be-bop, uno dei pochi bianchi a godere dell'ammirazione e della stima dei grandi 'jazzmen' afroamericani, che loro hanno sempre considerato come 'uno di loro': a dimostrare che del fatto che, dopo i neri, il maggior contributo all'evoluzione del jazz l'hanno dato i musicisti siculo-americani. (Maresco 2000: 17)

Auch *Io sono Tony Scott, ovvero come l'Italia fece fuori il più grande clarinettista del jazz* wurde von der Kritik gewürdigt und befand sich 2011 unter den Finalisten des Wettbewerbs um das *Nastro d'Argento* in der Kategorie „Bester Dokumentarfilm". 2011 erhielt der Film auf dem Festival de Tremblay den Jurypreis in der Kategorie „Bester Film".

In der Zwischen- und Folgezeit erscheinen zwei Fernsehproduktionen *Testamento di Mario Monicelli* (2010) und *Viva Palermo, viva Santa Rosalia* (2012), wel-

---

[122] Ihre Jazzdokumentarfilme *Miles Gloriosus* und *Tutti for Louis* wurden zudem von Veröffentlichungen begleitet, vgl. Maresco/Michelone/Zenni (2001) und Maresco/Michelone (2000).

che im Wesentlichen aus Archivmaterial bestehen, weshalb sowohl Ciprì als auch Maresco hier als Regisseure firmieren. Während das im Dezember 2010 auf *La7* ausgestrahlte *Il testamento di Mario Monicelli* verschiedene Interviews mit dem „Vater der Commedia all'italiana" aufgreift, worin Monicelli über seinen Tod spricht und sich dabei eine Art moralisches Testament schafft, porträtiert die Fernsehdokumentation *Viva Palermo, viva Santa Rosalia* eine Bänkelsängerin und einen Lumpensammler, die ausgehend von der Kapelle der Heiligen Rosalia durch Palermo ziehen und sich dabei streiten und verspotten. Im Juli 2013 folgt die Fernsehproduktion *Io e... Franco*, welche in mehreren Sequenzen Interviews zwischen Franco Maresco und dem am 1. Juni 2013 verstorbenen Franco Scaldati zeigt. Maresco würdigt damit das Lebenswerk seines langjährigen Freundes Scaldati und zeichnet dessen künstlerischen Werdegang in Sizilien nach (vgl. Maresco 2013). Zudem inszeniert er im Frühjahr 2014 Scaldatis poetisches Manifest, *Lucio*.

Um Sizilien kreist auch Marescos letzte Docufiction *Belluscone, una storia siciliana*, welche mittels Crowdfunding finanziert wurde. Parodierend wird hier der Titel des Wahlheftes *Berlusconi, una storia italiana* aufgegriffen, mit welchem dieser 2001 für das Amt des Ministerpräsidenten kandidierte. Der schon im Titel erklärte Fokus auf die Insel, seit jeher Hochburg für Wählerstimmen im Mitte-Rechts-Lager, will Siziliens Beitrag zum wirtschaftlichen und politischen Aufstieg Berlusconis in den Blick nehmen: „Noi non dobbiamo chiederci cosa ha fatto Berlusconi per la Sicilia, ma cosa sarebbe Berlusconi senza questa terra. E la risposta è niente." (Zaccariello/Turrini 2012: o. S.) Zunächst als eine Art fiktive Reportage à la Santoro konzipiert, was er dann aber verwirft, untersucht Maresco Berlusconis Beziehungen zur Mafia und lässt in Interviews unter anderem Marcello dell'Utri, den Richter Antonio Ingroia, aber auch mafiaaffine Sizilianer selbst zu Wort kommen: „Più che a un docufiction mi piace pensare che assomigli a un B-movie di fantascienza, una sorta di *Invasione degli ultracorpi*, dove tra i replicanti non c'è solo Berlusconi ma anche tutti coloro che gli stanno intorno, a partire dai rappresentanti di una sinistra inetta e rivoltante". (Zaccariello/Turrini 2012: o. S.) Zu erwarten ist auch hier das Bild eines desolaten und surrealen Siziliens und Italiens, das ganz im Zeichen einer anthropologischen Veränderung steht und einer Kritik, die niemanden verschont, denn, so Maresco: „Il peggio deve ancora arrivare. Berlusconi lascia dietro di sé una generazione indifferente a tutto, composta da persone che si comportano come zombie. [...] Siamo stati complici di uno schifo per 20 anni, troppo semplice ora rimuovere e cancellare tutto." (Zaccariello/Turrini 2012: o. S.) In der Tat hat auch Maresco in *Belluscone* keine Antwort, wie es nun mit Italien weitergehen mag, denn der selbstreflexive Film kreist vor allem um das Scheitern, nicht allein um das einiger Figuren wie beispielsweise Ciccio Mira, sondern auch das des innerfilmischen Regisseurs selbst, der sich am Ende eingesteht, in einer vom Berlusconismus durchdrungenen Kultur gegen Windmühlen zu kämpfen.

Ein anderes, aktuell jedoch zurückgestelltes Projekt von Franco Maresco trägt den provisorischen Titel *Giuliano che muore due volte* und befasst sich mit dem sizilianischen Banditen Salvatore Giuliano. Der Leichnam des 1950 offiziell verstorbenen Giuliano wurde im Herbst 2010 exhumiert, um gerichtsmedizinisch mögliche Zweifel über die wahre Identität des Mannes zu klären. Grund hierfür sind Aussagen von Zeitzeugen und Familienmitgliedern, die öffentlich verlautbaren ließen, Giuliano sei erst 2006 im Alter von 84 Jahren gestorben. Daraufhin eröffnete die Staatsanwaltschaft Palermo unter Antonio Ingroia ein Verfahren zur Feststellung der Identität des Leichnams. Sollte sich der Verdacht bewahrheiten, dass es sich bei dem Leichnam um einen Doppelgänger handelt, so dürften, auch im Hinblick auf Giulianos Scharnierfunktion und Instrumentalisierung durch den US-Geheimdienst, die Cosa Nostra und Politiker des italienischen Mitte-Rechts-Lagers, sechzig Jahre der italienischen Gegenwartsgeschichte neu zu schreiben sein. Genau an diesem Punkt setzt Marescos Filmprojekt an. Ausgehend vom Tag nach seiner Beisetzung soll die Geschichte des untoten Giulianos ironisch, ähnlich den Filmen Pietro Germis, weitererzählt werden, wobei ein Sizilien zu Tage tritt, in dem Lüge und Wahrheit vom Ende des Zweiten Weltkriegs bis auf den heutigen Tag ununterscheidbar geworden sind. Das Drehbuch hierzu schreiben, neben Maresco, Giuseppe Casarubbea, Mario Cereghino und Claudia Uzzo.

6.2 Werkübersicht

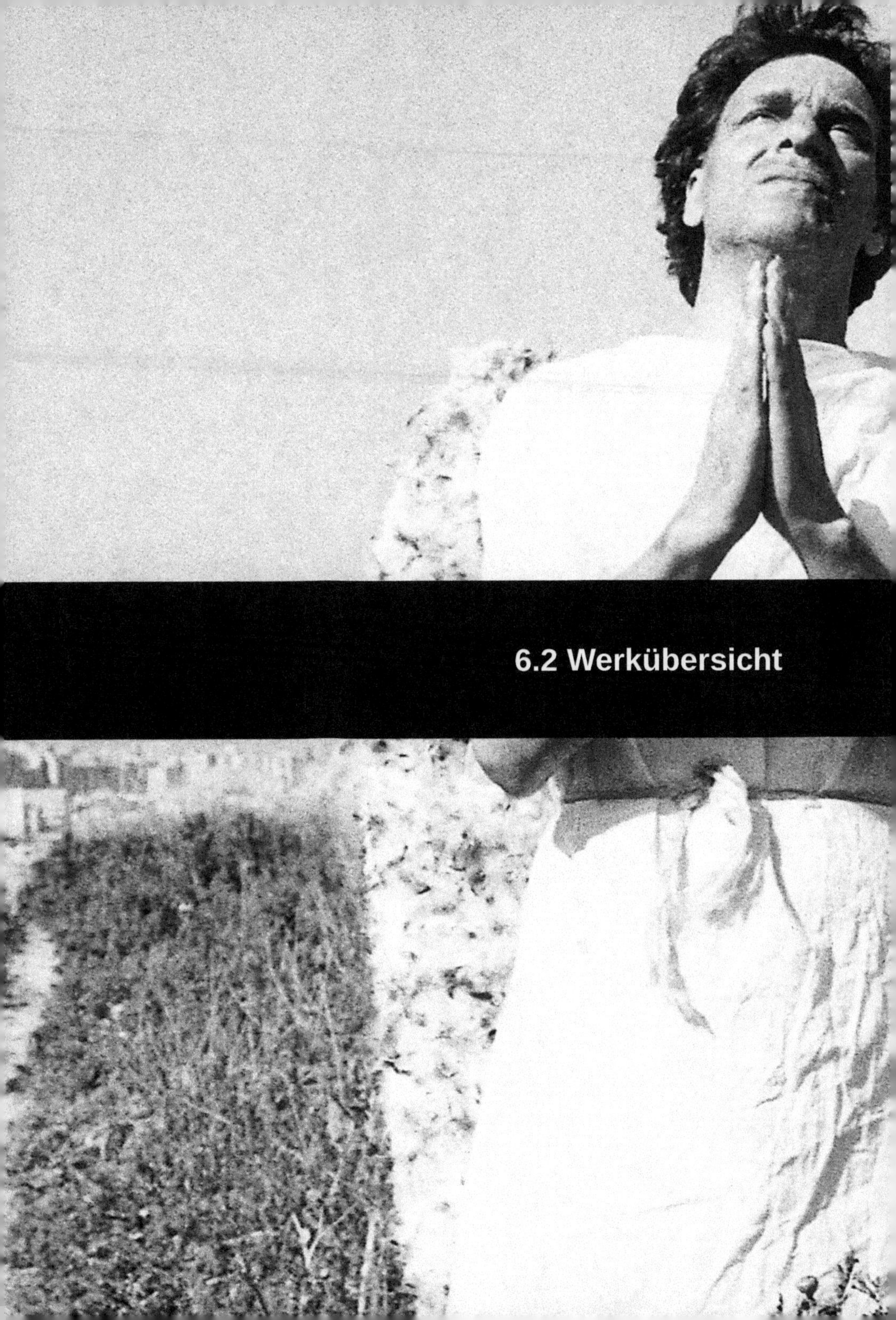

Regie: Daniele Ciprì, Franco Maresco
Drehbuch: Daniele Ciprì, Franco Maresco
Kamera: Daniele Ciprì
Schnitt: Daniele Ciprì, Franco Maresco
Besetzung: Franco Abbate, Rosolino Abbate, Angelo Balistreri, Rocco Cane, Fortunato Cirrincione, Giuseppe Filangeri, Goffredo Fofi, Carlo Giordano, Pietro Giordano, Bernardo Greco, Natale Lauria, Giovanni Lo Giudice, Gaetano Lo Nano, Marcello Miranda, Giuseppe Paviglianiti, Francesco Tirone
Produktion: Cinico Video für Tvm

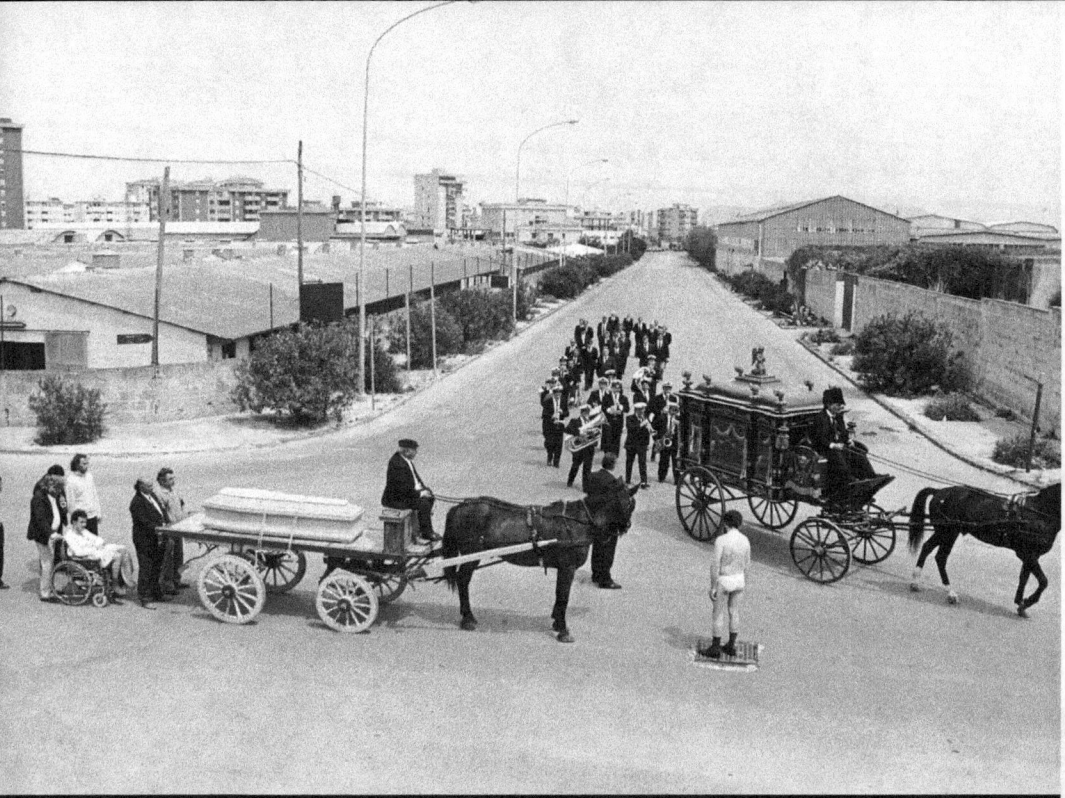

Lo zio di Brooklyn

Der Onkel aus Brooklyn

Spielfilm, I 1995, 95 min, 35 mm, schwarz-weiß

Die Gebrüder Gemelli werden von zwei Mafiosi verpflichtet, einen namenlosen und schweigsamen Gast zu beherbergen. Dieser gibt dem Film seinen Namen, denn er wird einfach „der Onkel aus Amerika" genannt. Während die Mafiosi wegen des Attentats einen langen Hausarrest absitzen, verschwindet der „Onkel" auf mysteriöse Art und Weise. Die vier Gemelli-Brüder begeben sich auf die Suche. Dabei geraten sie an einen paradiesischen Ort, an dem es weder menschliches Leid noch gesellschaftliche Unterschiede zwischen Mächtigen und Armen mehr zu geben scheint. Dort treffen sie auch die beiden Mafiosi, den „Onkel" und ihren zwischenzeitlich verstorbenen Großvater wieder. Zahlreiche, sequenzielle Nebenhandlungen ergänzen diesen narrativen Hauptstrang. Das Experimentieren mit der filmischen Formensprache steht insgesamt im Vordergrund, dies betonen alogische Anschlüsse und die Unterbrechung des Erzählflusses.

Regie: Daniele Ciprì, Franco Maresco
Regieassistenz: Lilo Iacolino
Drehbuch: Daniele Ciprì, Franco Maresco
Kamera: Luca Bigazzi
Schnitt: Jacopo Quadri, Cesar Augusto Meneghetti, Giancarlo Balmas
Musik: Joseph Vitale
Szenenbild: Enzo Venezia, Walter Faitanini, Fabio Marasà, Donato Montanaro
Produktionsmanagement: Umberto Castagna
Kostüme: Enzo Venezia
Ton: Paolo Amici, Piero Fondi, Fabio Nunziata, Riccardo Palmieri, Paolo Pucci, Daniele Quadroli, David Quadroli, Francesco Vallocchia
Technik: Sergio Ciprì, Maurizio Cremisini, Arnaldo Da Carte, Claudio Fabbriani, Sandro Fabbriani, Alessandro Saulini, Alessandro Spinelli, Massimo Valgarenghi, Alfonso Vicari
Besetzung: Pippo Agusta, Francesco Arnao, Antonino Bruno, Rosario Carollo, Luigi Cinà, Camillo Conti, Bruno Di Benedetto, Giuseppe Di Stefano, Salvatore Farina, Umberto Florulli, Ernesto Gattuso, Salvatore Gattuso, Pietro Giordano, Giovanni Gucciardi, Natale Lauria, Giovanni Lo Giudice, Gaspare Marchione, Marcello Miranda, Giuseppe Paviglianiti, Angelo Prollo, Pietro Rizzo, Mario Salmeri, Massimo Salmeri, Salvatore Schiera, Vincenzo Serio, Mariano Spataro, Francesco Tirone
Produktion: Galliano Juso, Rean Mazzone für Digital Film

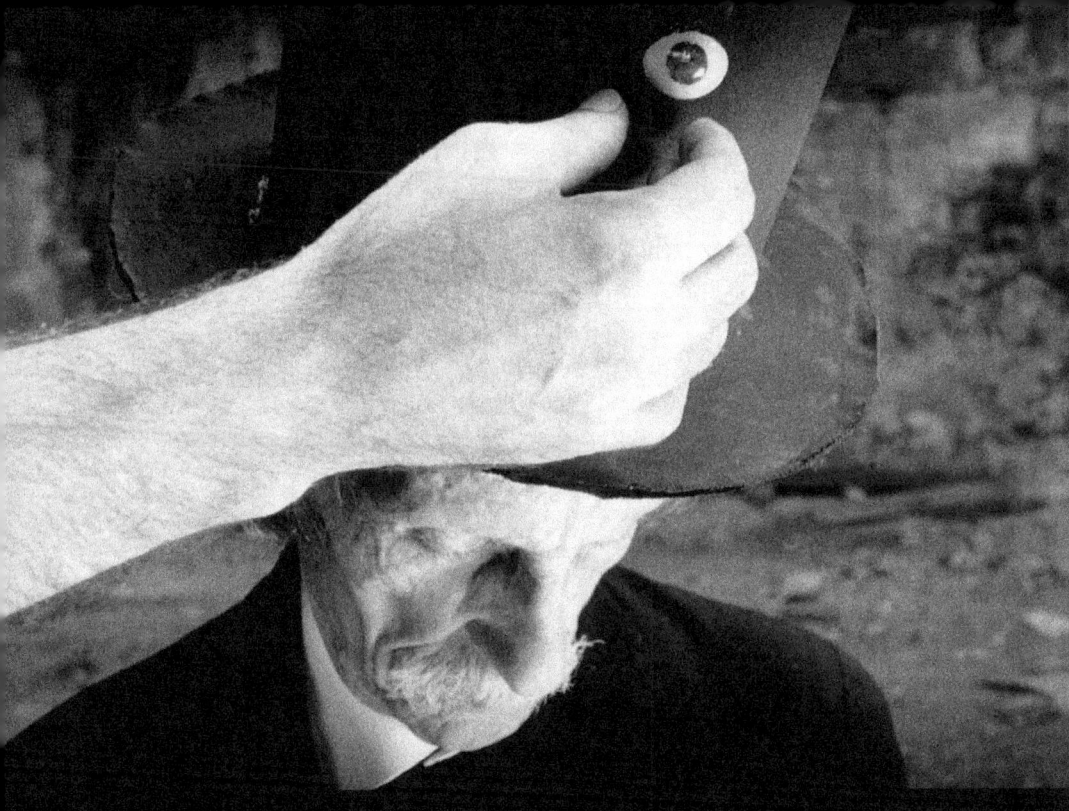

A memoria

Auswendig

Spielfilm, I 1996, 38 min, 35 mm, stumm, schwarz-weiß

In einer heruntergekommenen Kirche stiehlt ein Tagedieb der Heiligenstatue des San Polifemo ein Auge. Daraufhin begibt sich der nun einäugige Heilige auf dessen Suche und durchquert Sizilien; das Auge hingegen wechselt unterdessen mehrmals den Besitzer und wird zum metafilmischen Leitmotiv.

Regie: Daniele Ciprì, Franco Maresco
Regieassistenz: Lillo Iacolino
Drehbuch: Daniele Ciprì, Franco Maresco
Kamera: Massimiliano Trevis, Stefano Fenocchi (Assistenz)
Schnitt: Daniele Ciprì, Franco Maresco
Musik: Steve Lacy
Besetzung: Francesco Arnao, Camillo Conti, Pino Cortese, Andrea Di Bartolo, Salvatore Gattuso, Pietro Giordano, Giovanni Lo Giudice, Marcello Miranda, Gaetano Lo Nano, Angelo Prollo, Giovanni Rotolo, Salvatore Schiera, Francesco Tirone, Marco Vitale
Produktion: Cinico Video, Rean Mazzone für Tea Nova

Regie: Daniele Ciprì, Franco Maresco
Kamera: Daniele Ciprì
Schnitt: Daniele Ciprì, Franco Maresco
Besetzung: Fortunato Cirricione, Giuseppe Filangeri, Pietro Giordano, Bernardo Greco, Mario Salmeri, Francesco Tirone, Eliseo Verso
Produktion: Cinico Video und Tea Nova

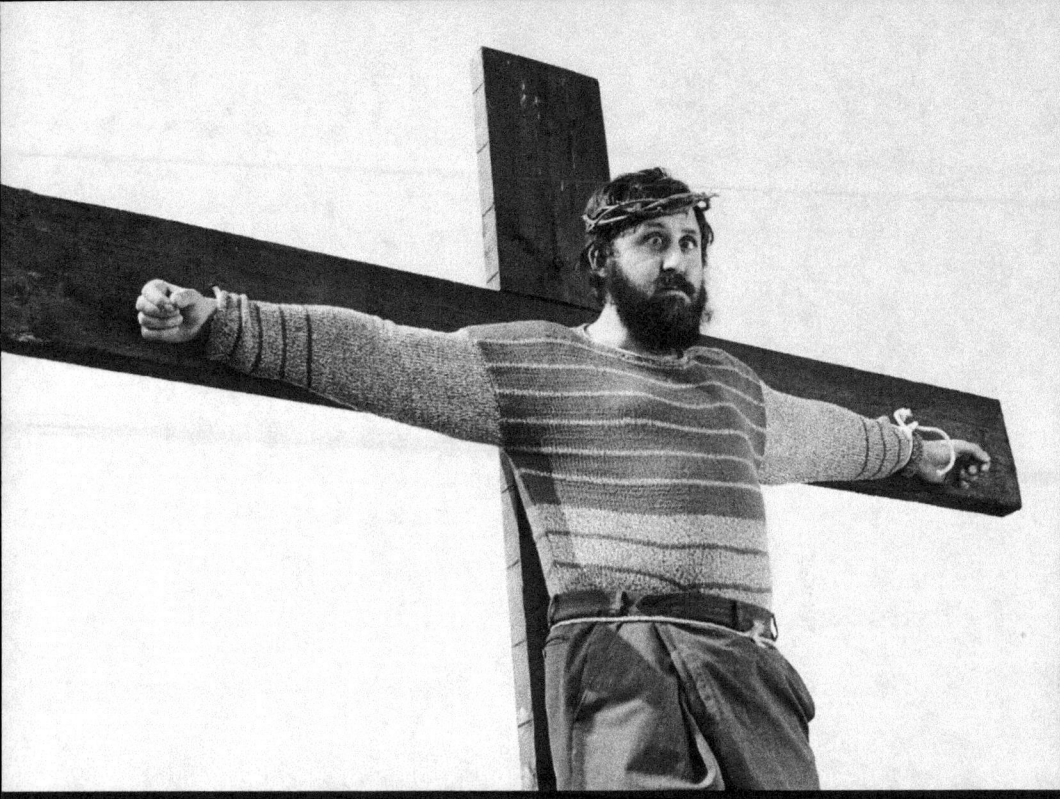

Totò che visse due volte
Totò, der zweimal lebte

Spielfilm, I 1998, 97 min, 35 mm, schwarz-weiß

Der Film besteht aus drei Episoden. In der ersten plündert der stets notgeile Dorftrottel Paletta den Heiligenschrein, der unter dem Schutz des Mafiabosses steht, um die Prostituierte Tremmotori zu bezahlen, und wird dann seinerseits bestohlen. In der zweiten erinnert Fefè bei der Totenwache für Pitrinu an glücklichen Momente ihrer Liebe, doch nachts gräbt er die Leiche aus und raubt dem Toten einen wertvollen Ring, woraufhin eine Rattenplage die Stadt heimsucht. In der dritten Episode wandert der Messias Totò durch das von der Mafia kontrollierte Gebiet; begleitet wird er von dem zornigen Buckligen Judas. Der bei einer Fehde getötete Mafioso namens Lazarus wird auf Befehl des Bosses Don Totò in Säure aufgelöst, doch der Messias lässt ihn auferstehen. Am Ende des Films werden Paletta und Fefè als Diebe an Kreuz geschlagen, in ihrer Mitte befindet sich der Messias.

Regie: Daniele Ciprì, Franco Maresco
Drehbuch: Daniele Ciprì, Lillo Iacolino, Franco Maresco
Kamera: Luca Bigazzi
Szenenbild: Fabio Sciortino
Schnitt: Daniele Ciprì, Franco Maresco, Cesar Augusto Meneghetti
Ton: Gianluca Basili, Sergio Basili, Claudio Chiossi, Luigi Melchionda, Silvia Moraes, Antonio Tirinelli
Technik: Francesco Galli, Alessandro Saulini
Öffentlichkeitsarbeit: Daniela Bendoni, Cristina Casati, Alessandra Thiele
Besetzung: Salvatore Gattuso, Marcello Miranda, Carlo Giordano, Pietro Arciadicaono, Camillo Conti, Angelo Prollo, Antonino Carollo, Leonardo Aiello, Antonino Cirrincione, Giuseppe Pedalino, Michele Lunardo, Aurelio Mirino, Rosolino Spatola, Vincenzo Girgenti, Antonino Accomando, Niccolò Villafranca, Giuseppe Mulè, Michele Dia, Baldassare Catanzaro, Giuseppe Pepe, Antonino Aliotta, Vincenzo Cacciarelli, Giuseppe Empoli, Giovanni Rotolo, Salvatore Schiera, Salvatore Farina, Gaspare Marchione, Salvatore Puccio, Francesco Anitra, Fortunato Cirrincione, Gioacchino Lo Piccolo, Paolo Alaimo, Antonello Pensati, Giacomo Casisa, Rosario Caporrimo, Salvatore Santoro, Salvatore Lo Verso, Rosolino Landolino, Antonino Ribaudo, Michele Rubino, Claudio Gnoffo, Antonino Zuccaro, Francesco Arnao, Francesco Tirone, Giovanni Lo Giudice
Produktion: Rean Mazzone für Tea Nova – Ila Palma

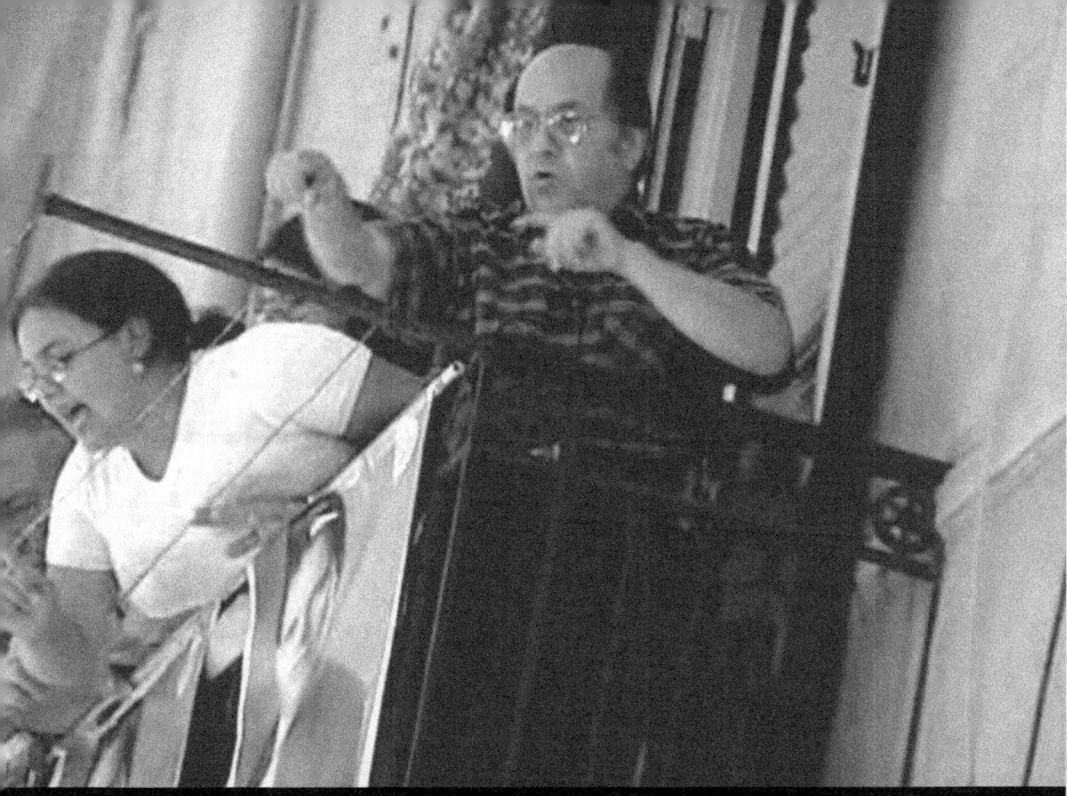

Enzo, domani a Palermo!

Enzo, morgen in Palermo!

Dokumentarfilm, I 1999, 69 min, Video, schwarz-weiß

In Form von Interviews porträtiert der Film Enzo Castagna, den Inhaber eines Bestattungsunternehmens und einer Castingagentur in Palermo. Er arbeitete unter anderem mit bekannten Regisseuren wie Vittorio de Sica, Pier Pasolini, Francis Ford Coppola oder Giuseppe Tornatore zusammen. Dank der Aussagen eines Kronzeugen ist Castagna wegen eines von der Mafia organisierten bewaffneten Raubüberfalls auf das palermitanische Hauptpostamt zu einer Haftstrafe in Form von Hausarrest verurteilt. Von seiner Wohnung aus leitet er die Firma und die Geschicke seines Stadtviertels.

Regie: Daniele Ciprì, Franco Maresco
Assistenz: Alessandro Aronadio
Kamera: Daniele Ciprì, Pippo Ficano, Giovanni D'Angelo
Schnitt: Daniele Ciprì, Franco Maresco
Organisation: Tommaso Caporimo, Claudia Uzzo
Besetzung: Francesco Arnao, Ottaviano Dell'Acqua (Stunts), Enzo Castagna, Salvatore Cascio, Filippo Cosentino, Saverio D'Amico, Tony Sperandeo, Salvatore Termini, Ignanzio Trevi
Produktion: Cinico Video, Il Genio, Rean Mazzone für Tea Nova

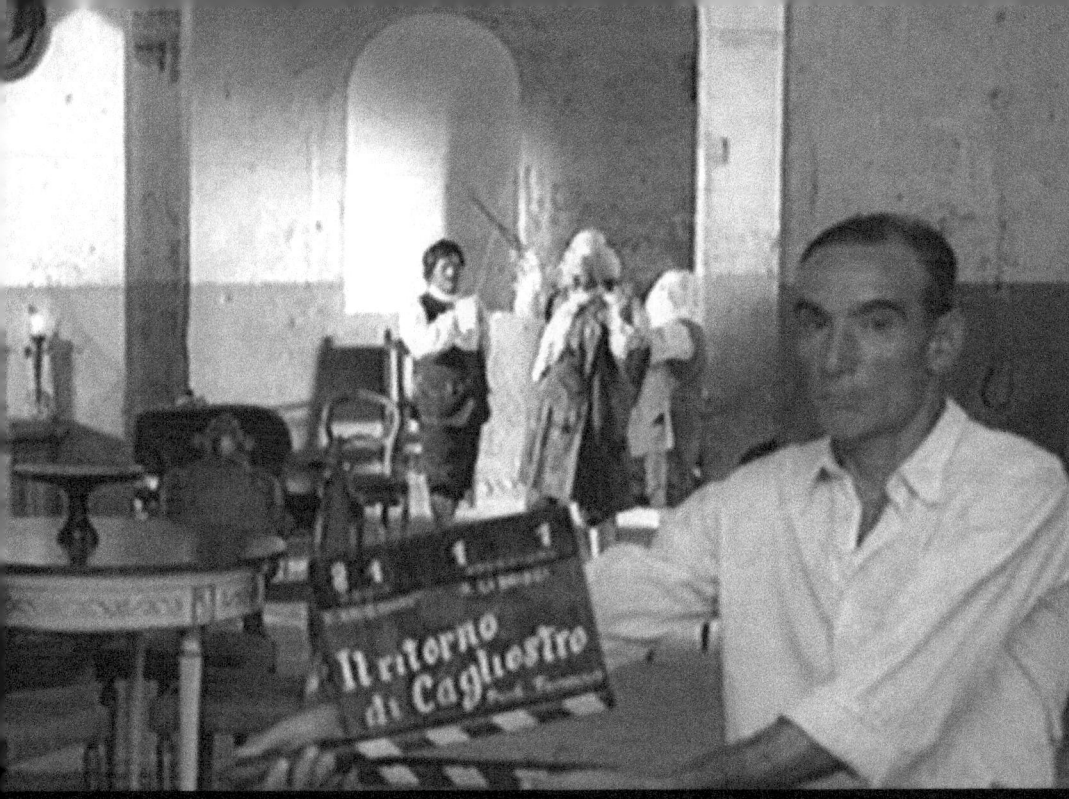

Il ritorno di Cagliostro

Cagliostros Rückkehr

Spielfilm, I 2003, 95 min, 35 mm, schwarz-weiß und Farbe

Nach dem Zweiten Weltkrieg gründen die Gebrüder La Marca, eigentlich Steinmetze für Heiligenfiguren, mit dem Placet des Erzbischofs von Palermo ein Filmstudio. Die Trinacria soll zum „Hollywood von Sizilien" werden, doch die ersten, mit Laienschauspielern gedrehten Filme erweisen sich als desaströs. Ein Film über das Leben des berühmten Cagliostro soll aus dem Starttief helfen, ein okkultistischer Baron finanziert das Projekt. Die La Marcas engagieren den erfolglosen Regisseur Pino Grisanti und den Hollywoodstar Errol Douglas. Nach einem Unfall werden die Dreharbeiten unterbrochen. Nicht nur der Film über Cagliostro, sondern auch die Trinacria der La Marcas scheitert. Die Hintergründe deckt ein kleinwüchsiger Erzähler am Ende des Films auf.

Regie: Daniele Ciprì, Franco Maresco, Claudio Uzzo (Assistenz)
Drehbuch: Daniele Ciprì, Franco Maresco
Kamera: Daniele Ciprì
Schnitt: Fabio Nunziata
Musik: Salvatore Bonafede
Szenenbild: Fabio Nunziata, Cesare Inzerillo, Nicola Sferruzza
Kostüme: Patrizia Quaranta
Ton: Silvia Moraes, Paolo Pucci, Luca Bertolin, Michele Tarantola
Besetzung: Toni Bruno, Luigi Maria Burruano, Gino Carista, Giacomo Civiletti, Robert Englund, Franco Vito Gaiezza, Carlo Giordano, Pietro Giordano, Maurizio Laudicina, Gasparre Marchione, Davide Marotta, Gregorio Napoli, Pietro Restivo, Tatti Sanguineti, Franco Scaldati, Mauro Spitaleri, Margareth Woodhouse
Produktion: Giuseppe Bisso, Loris Curci, Mario Mazzarotto für Cinico Cinema, Istituto Luce, Rai Cinema, Tele+

Come inguaiammo il cinema italiano.
La vera storia di Franco e Ciccio

Wie wir das italienische Kino in Schwierigkeiten brachten. Die wahre Geschichte von Franco und Ciccio

Dokumentarfilm, I 2004, 97 min, 35 mm und Video, schwarz-weiß und Farbe

Mit *Come inguaiammo il cinema italiano* legen Ciprì und Maresco eine Hommage an das ursprünglich aus Palermo stammende Komikerduo Franco Franchi und Ciccio Ingrassia vor. Anhand einer Assemblage von Ausschnitten aus Interviews (so unter anderem von Familienangehörigen und Weggefährten), Fernsehaufzeichnungen und Spielfilmen porträtieren sie die beiden berühmten und populären Komiker, die seit 1954 zusammenarbeiteten und in Italien in den 1960er und 1970er Jahren besonders beliebt waren. Gemeinsam realisierten sie mehr als hundert Filme, darunter viele Kassenschlager. Obgleich oft als B-Movies abgetan, endet mit dem Tod von Franco Franchi und Ciccio Ingrassia nach einer, mit Unterbrechungen, über fünfunddreißigjähriger Kooperation ein wichtiges Kapitel der italienischen Kinogeschichte.

Regie: Daniele Ciprì, Franco Maresco
Drehbuch: Daniele Ciprì, Franco Maresco, Tatti Sanguineti, Claudia Uzzo
Kamera: Daniele Ciprì
Schnitt: Daniele Ciprì, Franco Maresco, Claudia Uzzo
Musik: Salvatore Bonafede
Szenenbild und Kostüme: Cesare Inzerillo, Nicola Sferruzza
Ton: Michele Tarantola, Luca Bertolin
Besetzung: Franco Franchi, Ciccio Ingrassia, Giulio Andreotti, Lino Banfi, Pippo Baudo, Bernado Bertolucci, Laura Betti, Mike Bongiorno, Lando Buzzanca, Alberto Caltellano, Pino Caruso, Giuseppe Ciprì, Nino D'Angelo, Ninetto Davoli, Vittorio De Sica, Silvia Dionisio, Goffredo Fofi, Buster Keaton, Tullio Kezich, Mario Merola, Domenico Modugno, Mario Monicelli, Gregorio Napoli, Francesco Puma, Tatti Sanguineti, Antonietta Scalisi Bonetti, Alberto Sordi, Michele Massimo Tarantini, Little Tony, Totò, Paolo Villaggio, Lina Wertmüller
Produktion: Giuseppe Bisso, Andrea Occhipinti für Lucky Red, Cinico Cinema, Istituto Luce und Rai Cinema

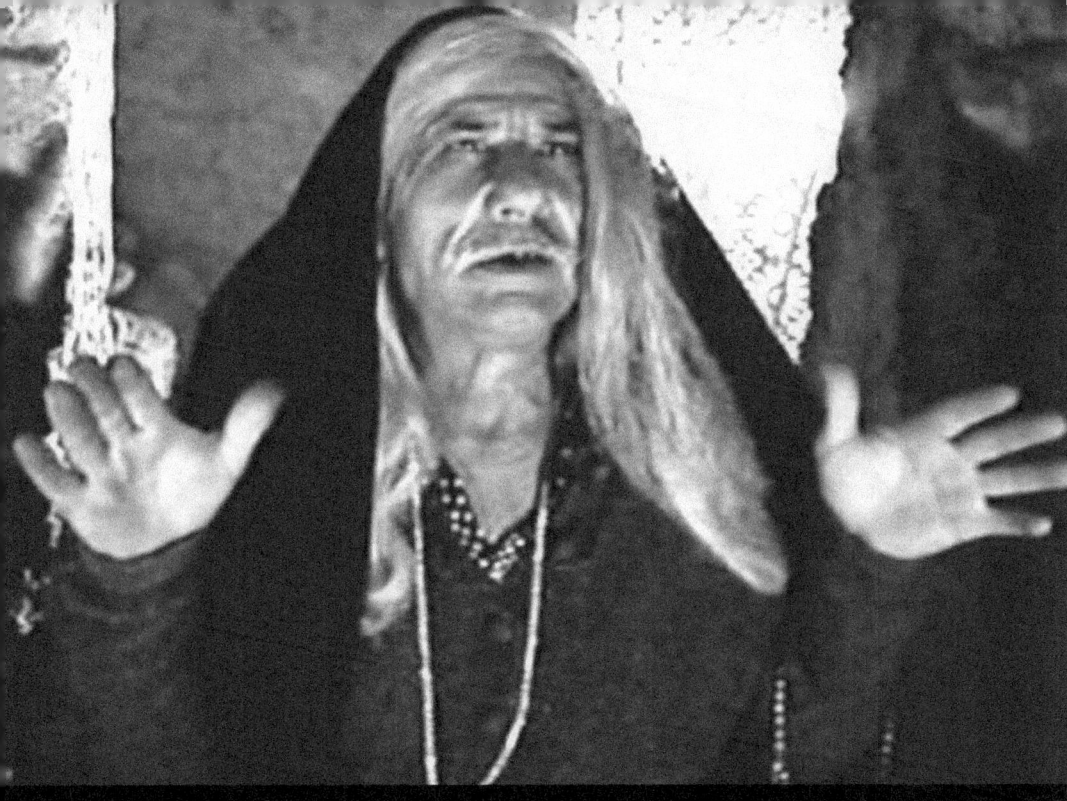

I migliori nani della nostra vita

Die besten Zwerge unseres Lebens

Fernsehserie, I 2006, 24 min pro Episode, Video, schwarz-weiß

Die zwanzigteilige, im Jahr 2006 auf *La7* ausgestrahlte Fernsehserie bietet ein buntes Potpourri an grotesken Gags und Situationskomik, das in Anlehnung an *Cinico Tv* und mit Fokus auf Sizilien Kritik an Gesellschaft und Politik übt.

Regie: Daniele Ciprì, Franco Maresco
Regieassistenz: Claudio Uzzo
Assistenz: Federico Maresco, Francesco Guttuso
Drehbuch: Daniele Ciprì, Franco Maresco
Kamera: Daniele Ciprì
Schnitt: Daniele Ciprì, Franco Maresco, Claudia Uzzo
Musik: Salvatore Bonafede
Szenenbild und Kostüme: Cesare Inzerillo, Nicola Sferruzza; Giuseppe Colletti, Vincenzo Troia (Assistenz)
Ton: Luca Bertolin, Federico Maresco
Besetzung: u. a. Franco Abbate, Rosolino Abbate, Paolo Alaimo, Giuseppe Azzarra, Pippo Baudo, Carmelo Billitteri, Toni Bruno, Gaetano Burgio, Rocco Cane, Enzo Castagna, Salvatore Castelbuono, Giovanni Ciprì, Fortunato Cirrincione, Mariano Ciulla, Camillo Conti, Pino Cortese, Bruno Di Benedetto, Franco Di Dia, Michele Ferrara, Giuseppe Filangeri, Franco Fiorentino, Ernesto Gattuso, Filippo Genzardi, Pietro Giordano, Anna La Rizza, Maurizio Laudicina Rossi, Natale Lauria, Giovanni Lo Giudice, Antonio Macaluso, Vincenzo Minnelli, Marcello Miranda, Maria Pasqualina Morbini, Gregorio Napoli, Giuseppe Paviglianiti, Giuseppe Pepe, Angelo Prollo, Maurizio Prollo, Francesco Puma, Giovanni Rizzo, Antonino Salamone, Francesco Sammarco, Salvatore Sutera, Salvatore Termini, Francesco Tirone, Maurizio Zagra
Produktion: Cinico Cinema, Giuseppe Bisso für La 7

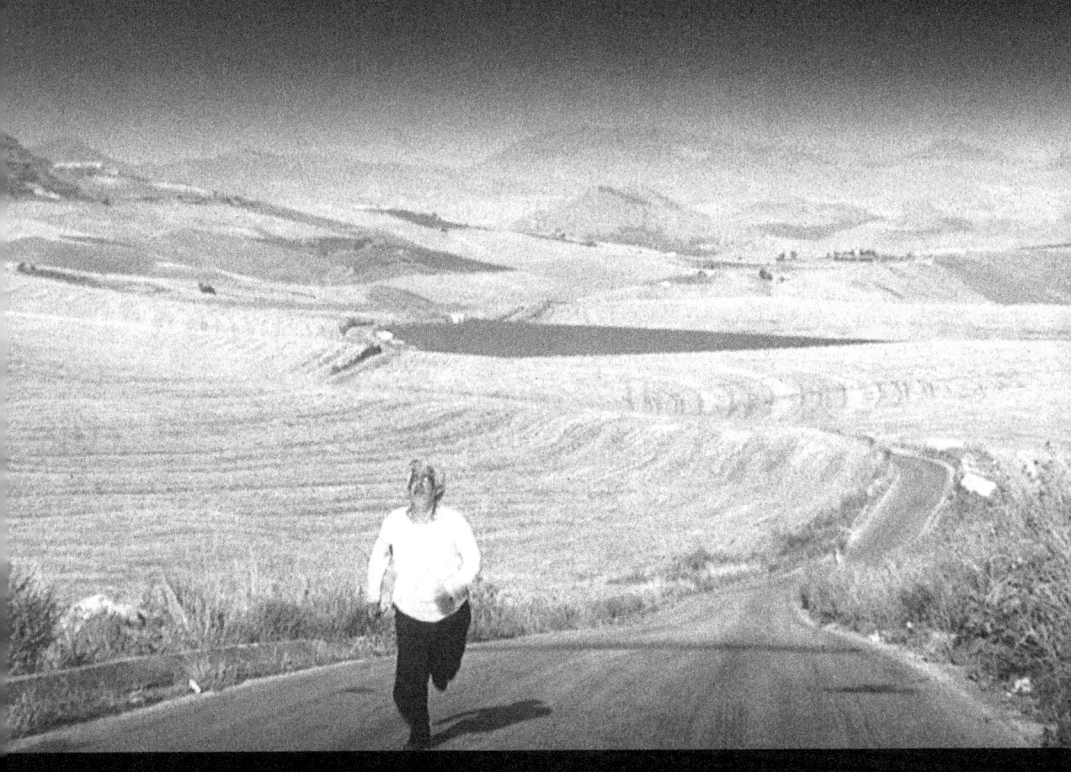

Ai confini della pietà

An den Grenzen des Erbarmens

Fernsehserie, I 2007, 240 min, Video, schwarz-weiß und Farbe

Das siebenteilige, im Jahr 2007 auf dem Fernsehsender *La7* ausgestrahlte Programm greift verschiedene Aspekte und Themen des Schaffens von Ciprì und Maresco auf: den Jazz, die B-Movies des mafianahen Regisseurs Sergio Castellani, ihre monströsen Protagonisten, das sizilianische Theater und den Dialekt. Für einzelne Episoden bedienen sich die Regisseure unter anderem auch schon veröffentlichten Materials wie *Arruso* oder *Grazie Lia*.

Regie: Daniele Ciprì, Franco Maresco
Regieassistenz: Francesco di Cara, Claudia Uzzo
Drehbuch: Daniele Ciprì, Franco Maresco
Kamera: Daniele Ciprì, Vincenzo Navarra (Assistenz)
Schnitt: Daniele Ciprì, Franco Maresco, Claudia Uzzo
Musik: Salvatore Bonafede
Szenenbild und Kostüme: Cesare Inzerillo, Nicola Sferruzza; Giuseppe Colletti, Vincenzo Troia (Assistenz)
Ton: Luca Bertolin, Federico Maresco
Besetzung: u.a. Franco Abbate, Rosolino Abbate, Paolo Alaimo, Salvatore Bonafede, Rocco Cane, Domenico Carmucco, Giuseppe Casarubbea, Enzo Castagna, Salvatore Castelbuono, Giovanni Ciprì, Fortunato Cirrincione, Saverio D'Amico, Stefano D'Anna, Bruno Di Benedetto, Filippo Di Forti, Giuseppe Filangeri, Emilio Galluzzo, Carlo Giordano, Pietro Giordano, Claudio Gnoffo, Bernardo Greco, Natale Lauria, Vincenzo Lavardera, Gaetano Lo Nano, Marcello Miranda, Gregorio Napoli, Giuseppe Paviglianiti, Giuseppe Pepe, Salvatore Pitti, Mario Salmeri, Francesco Tirone, Eliseo Verso, Maurizio Zagra
Produktion: Cinico Cinema, Giuseppe Bisso für La 7

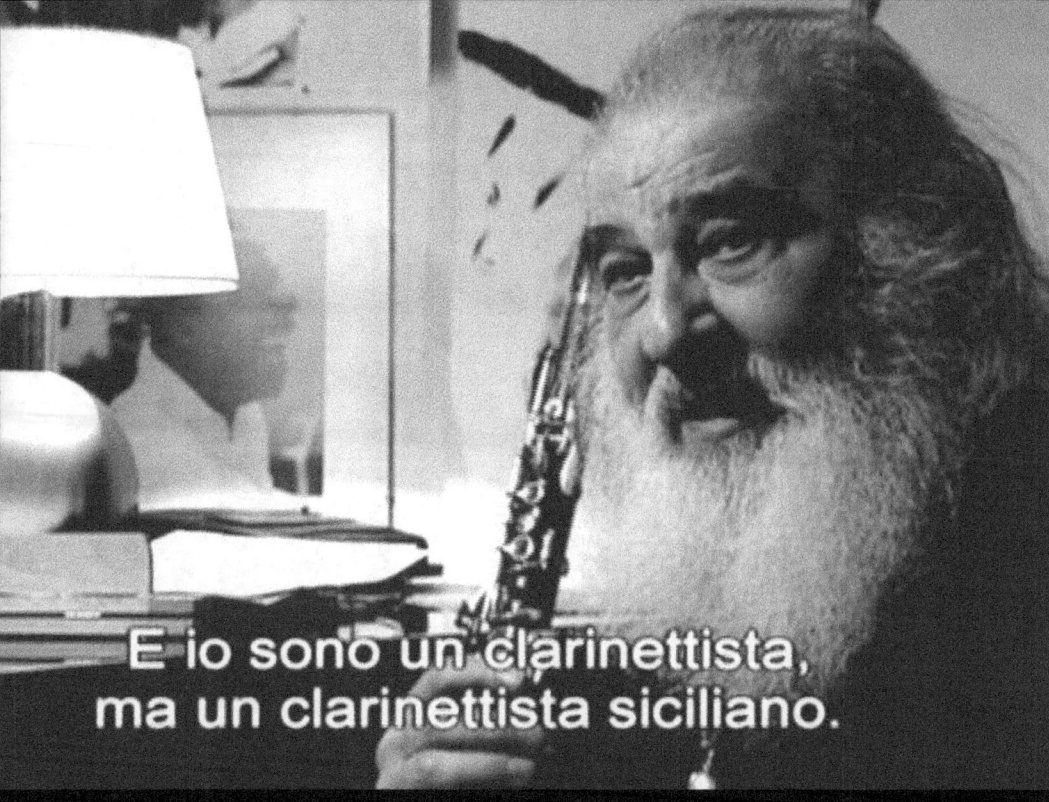

Io sono Tony Scott, ovvero come l'Italia fece fuori il più grande clarinettista del jazz

Ich bin Tony Scott oder Wie Italien den größten Jazzklarinettisten abservierte

Dokumentarfilm, I 2010, 128 min, 35 mm und Video, schwarz-weiß und Farbe

Io sono Tony Scott zeichnet das Leben und Schaffen des gleichnamigen US-amerikanischen Jazzklarinettisten nach. Nachdem Scott in Amerika zum bekannten Musiker aufgestiegen ist und mit allen Größen des Bebop und des Jazz gespielt hat, macht er eine mehrjährige Welttournee. Zurück in Amerika, beschließt er mit seiner Familie nach Italien auszuwandern. Dort findet er jedoch weder Anschluss noch Achtung. Dem radikalen Künstler, der einzig für den Jazz zu leben scheint, gelingt es bis zu seinem Tod nicht, in Italien Fuß zu fassen. Er endet so in einer Spirale, die ihn immer weiter nach unten bis in die Obdachlosigkeit führt und dem Spott aussetzt. Beigesetzt im sizilianischen Salemi, der Stadt seiner Vorfahren, scheint Tony Scott selbst nach seinem Tod keine Ruhe zu finden: Sein Grab soll geräumt werden, nur man weiß nicht so recht, wohin mit den Überresten des nunmehr zum Ehrenbürger erhobenen Scott.

Regie: Franco Maresco
Drehbuch: Franco Maresco, Claudia Uzzo
Kamera: Alessandro Abate
Schnitt: Franco Maresco, Edoardo Morabito
Technik: Giuseppe Malpasso
Ton: Luca Bertolin
Besetzung: Tony Scott
Produktion: Cinico Cinema, Giuseppe Bisso für Rai Cinema

Videoproduktionen

1986
   Il lato estremo del visibile (mit Umberto Cantone). Videomontage.
1988
   Così
1989
   Pasta e Patate
   Trinidad
1990
   Illuminati
   Loro di Palermo
   Omaggio a E.
1991
   Addio o Arrivederci
   Home
   Santa Maria
   Seicortosei
   Stanley's Room n. 1
   Stanley's Room n. 2
1992
   Keller
   Martin a Little… (mit Martin Scorsese)
   Variazioni (mit Amos Gitai)
   Venerdì Santo – Sabato Santo – Domenica di Pasqua
1993
   La Tombola di Ligeia
   Lontane
   Pasta e Fagioli
   Senza Titolo 1, 2, 3
   Tre Visioni
1994
   Intervista a Giuseppe De Sanctis
1995
   Il Gattoparve (mit dem Photographen Nicola Scafidi)
   Vittorio De Seta: lo sguardo in ascolto

Controcorrente

1996
> *Aspettando Totò – Conversazione con Mario Martone e Enzo Moscato*
> *Grazie Lia: Breve inchiesta su Santa Rosalia*
> *Il Manocchio*
> *k*

1998
> *Conversazione con Mario Monicelli e Goffredo Fofi*

1999
> *Enzo, domani a Palermo!* (mit Enzo Castagna)
> *F.* (mit Peter Bogdanovich)
> *Noi e il Duca: quando Duke Ellington suonò a Palermo*
> *Steve Plays Duke*

2000
> *Arruso* (Hommage an Pasolini)

2001
> *Dieci minuti dalla fine*
> *Miles Gloriosus: tributo a Miles Davis*
> *Tutti for Louis: tribute to Armstrong*

2004
> *L'Opè incantenato*

2007
> *Countdown* (Hommage an John Coltrane)

2013
> *Venezia 70: Future Reloaded* (Segment *L'ultimo leone,* Regie: Franco Maresco)

Filme

1991
> *Verso Vertov: frammenti necropolitani* (10')

1992
> *Cani* (5')
> *Il corridore della paura* (mit Samuel Fuller, 10')

1994
> *Ai rotoli* (6')

1995
  Lo zio di Brooklyn (95')
1996
  A memoria (Musik von Steve Lacy, 41')
1998
  Totò che visse due volte (97')
2003
  Il ritorno di Cagliostro (95')
2004
  Come inguaiammo il cinema italiano (90')
2010
  *Io sono Tony Scott, ovvero come l'Italia fece fuori il più grande clari-
  nettista del jazz* (Regie: Franco Maresco, 128')
2012
  È stato il figlio (Regie: Daniele Ciprì, 90')
2014
  Belluscone, una storia siciliana (Regie: Franco Maresco, 95')
  La buca (Regie: Daniele Ciprì, 90')

Theaterinszenierungen

2002
  Palermo può attendere. Festival di Venezia
2005
  Viva Palermo e Santa Rosalia. Piazza Maggiore Bologna
2014
  Lucio. Teatro Biondo Palermo (Regie: Franco Maresco)

Fernsehproduktionen

1990
  Blob (Raitre)
  Fuori orario (Raitre)
  Isole comprese (Italia 1)
1991
  Avanzi – Prima serie (Raitre)

1992
   Avanzi – Seconda serie (Raitre)
   Blob (Raitre)
1993
   Cielito Lindo (Raitre)
1994
   Pubblimania (Raitre)
2006
   I migliori nani della nostra vita (La7)
2007
   Ai confini della pietà (La7)
2009
   La musica più comica del mondo (Raitre, *Fuori orario*). Videomontage. Regie: Franco Maresco.
2010
   Il testamento di Mario Monicelli (La7)
2012
   Viva Palermo, viva Santa Rosalia (Raitre)
2013
   Io e... Franco (Raitre). Regie: Franco Maresco

Auszeichnungen und Festivals

Dass das filmische Schaffen von Daniele Ciprì und Franco Maresco an der Filmkritik nicht unbemerkt vorbeigegangen ist, sondern durchaus Würdigung erfahren hat, zeigen die zahlreichen Nominierungen, Auszeichnungen und Preise, die sie erhalten haben, darunter auch verschiedene Nominierungen für den *Nastro d'Argento*, den Preis der italienischen Filmkritik, die älteste kinematografische Auszeichnung Italiens und nach den amerikanischen Oscars die zweitälteste weltweit. Zudem wurde Franco Maresco 2008 im Rahmen des Festival Valdarno Cinema Ferdic gar der *Premio Marco Melani* als Preis für sein Lebenswerk persönlich zuerkannt.

Auszeichnungen/Preise

1990, Bellaria Filmfestival, ausgezeichnet mit dem Preis in der Kategorie *Concorso Tre minuti a tema fisso* für die Episode *Illuminati* aus *Cinico Tv*
1991, Bellaria Filmfestival, ausgezeichnet mit dem *Gabbiano d'oro*
1992, Saint Vincent, ausgezeichnet mit dem *Premio Aristofane* für das beste satirische Fernsehprogramm
1994, Forte dei Marmi, ausgezeichnet mit dem Preis für das beste Programm für Politsatire
1999, Biennale von Venedig, ausgezeichnet mit dem *FEDIC Award – Special Mention* (Daniele Ciprì, Franco Maresco)
2003, Nastri d'Argento, Daniele Ciprì ausgezeichnet mit dem *Nastro d'Argento* in der Kategorie *Migliore Fotografia* für *Angela*

Lo zio di Brooklyn

1996, nominert für den *Nastro d'Argento*, den Preis der italienischen Filmkritik
1996, nominiert für den Preis in der Kategorie *Bester Film* beim internationalen Filmfestival von Katalonien – Sitges

Totò che visse due volte

1998, Sitges – Internationales Filmfestival von Katalonien, nominiert in der Rubrik *Bester Film*
1998, Sitges – Internationales Filmfestival von Katalonien, ausgezeichnet in der Rubrik *Beste Kinematografie*
1999, nominiert für den *Nastro d'Argento,* den Preis der italienischen Filmkritik

Il ritorno di Cagliostro

2003, Biennale von Venedig, ausgezeichnet mit dem *Pasinetti Award – Special Mention* (Luigi Maria Burruano)
2003, Incontri del Cinema d'Essai, ausgezeichnet mit dem *Premio FICE Migliore Attore*
2004, Bellaria Film Festival, ausgezeichnet mit dem *Premio Migliore Attore Casa Rossa*

Controcorrente

2004, Internationales Fantasy Filmfestival Neuchâtel, nominiert für den *Narcisse Award* (Daniele Ciprì, Franco Maresco)
2004, Nominierungen für die *Nastri d'Argento* in den Kategorien *Migliore Fotografia* (Daniele Ciprì), *Migliore Montaggio* (Fabio Nunziata), *Migliore Musica* (Salvatore Bonafede), *Migliore Regia* (Franco Maresco), *Migliore Regia* (Daniele Ciprì), *Migliore Soggetto* (Lillo Iacolino)
2004, Sannio Film Festival, ausgezeichnet mit dem *Premio Migliore Scenografia*

Come inguaiammo il cinema italiano. La vera storia di Franco e Ciccio

2004, Biennale von Venedig, ausgezeichnet mit dem *Premio Francesco Pasinetti* (Daniele Ciprì, Franco Maresco)
2004, Festival Cinema e Musica, nominiert
2005, Nominierung für den *Nastro d'Argento* in der Kategorie *Migliore Montaggio* (Daniele Ciprì, Franco Maresco, Claudia Uzzo)

Tony Scott, ovvero come l'Italia fece fuori il più grande clarinettista del Jazz

2011, Nastri d'Argento, nominiert in der Kategorie *Miglior Documentario*
2011, Terra di Cinema – Filmfestival von Tremblay-en-France, ausgezeichnet mit dem *Grand Prix du Jury* für den besten Film

Vincere

2009, Chicago International Film Festival, Daniele Ciprì ausgezeichnet mit dem *Gold Plaque* in der Kategorie *Best Cinematography*
2009, Globi d'Oro, Daniele Ciprì ausgezeichnet mit dem *Globo d'Oro* in der Kategorie *Migliore Fotografia*
2009, Nastri d'Argento, Daniele Ciprì ausgezeichnet mit dem *Nastro d'Argento* in der Kategorie *Migliore Fotografia*
2009, Premio Gianni Di Venanzo, Daniele Ciprì ausgezeichnet mit dem *L'Esposimetro d'oro*
2010, David di Donatello, Daniele Ciprì ausgezeichnet mit dem *David* in der Kategorie *Migliore Fotografia*

È stato il figlio

2012, Biennale von Venedig, ausgezeichnet mit dem *Premio per il Migliore contributo tecnico* (Daniele Ciprì), *Premio Speciale „400 colpi"* VVFilmF (Toni Servillo), *Premio „Marcello Mastroianni"* (Fabrizio Falco) und dem *Premio „Cinema for Unicef"*

2012, Roma VideoClip – Il Cinema Incontra la Musica, ausgezeichnet mit dem *Premio Speciale* (Carlo Crivelli)

2013, ausgezeichnet mit dem *Nastro d'Argento Straordinario* (Toni Sevillo), nominiert für die *Nastri d'Argento* in den Kategorien *Miglior Attore Non Protagonista* (Fabrizio Falco), *Miglior Scenografia* (Marco Dentici), *Migliori Costumi* (Grazia Colombini)

2013, Backstage Film Festival, ausgezeichnet mit dem *Premio Migliore Backstage* (Paola Crescenzo)

2013, Ciak d'Orio, nominiert für *Migliore Attore Non Protagonista* (Fabrizio Falco), *Migliore Scenografia* (Marco Dentici), *Migliore Sonoro in Presa Diretta* (Angelo Bonanni), *Migliore Sonoro in Presa Diretta* (Davide D'Onofrio), *Migliori Costumi* (Grazia Colombini)

2013, CliCiak Festival, ausgezeichnet mit den *Premio „Bianco e Nero"* und *Premio Speciale „Ciak Ritratto d'Attore sul Set"*

2013, David di Donatello, nominiert in den Kategorien *Migliore Scenografia* (Marco Dentici) und *Migliori Costumi* (Grazia Colombini)

2013, Globi d'Oro, ausgezeichnet mit dem *Premio Migliore Regista* (Daniele Ciprì)

2013, IOMA – Italian Online Movie Awards, nominiert in der Kategorie *Migliore Film Italiano*

2013, Italian Directing Award – IDA, nominiert in der Kategorie *Miglior Regia Italiana* (Daniele Ciprì)

2013, Premio „La Pellicola d'Oro", nominiert in der Kategorie *Miglior Operatore di Macchina* (Luigi Andrei)

2013, Trailers Film Fest, nominiert für den *Migliore Locandina*

Belluscone. Una storia siciliana

2014, Biennale von Venedig: Spezialpreis der Jury
2014, Biennale von Venedig: Premio Arca Cinema Giovani
2014, Biennale von Venedig, nominiert für „Film della Critica" des Sindacato Nazionale Critici Cinematografici Italiani

Controcorrente

Filmfestivals

Ihre Filme liefen, soweit rekonstruierbar, auf folgenden Festivals:

Lo zio di Brooklyn

1996, Internationale Filmfestspiele Berlin: Panorama
1996, Sitges – Internationales Filmfestival von Katalonien: nominiert als bester Film
1999, Internationales Filmfestival Rotterdam: Retrospektive Ciprì & Maresco
2007, Milano Film Festival: Tribute to Ciprì and Maresco
2011, L'étrange festival: Panorama
2011, Locarno Filmfestival: Panorama

Totò che visse due volte

1998, Internationale Filmfestspiele Berlin: Panorama
1998, Sitges – Internationales Filmfestival von Katalonien: nominiert in der Rubrik *Bester Film* und ausgezeichnet in der Rubrik *Beste Kinematografie*
1999, Internationales Fimfestival Rotterdam: Retrospektive Ciprì & Maresco
1999, Filmfestival Moskau
1999, Filmfestival Buenos Aires
1999, Filmfestival Stockholm
1999, Filmfestival Annecy
2000, Festival de cinéma de Douarnenez: Panorama
2000, Pesaro Filmfestival: Panorama
2007, Milano Film Festival: Tribute to Ciprì and Maresco

L'opè incatenato

2004, Torino Film Festival: Detours
2011, Palermo Controluce: Panorama

Il ritorno di Cagliostro

2000, Torino Film Festival: Sopralluoghi Italiani
2003, BFI Film Festival London: Cinema Europa
2003, Biennale von Venedig: Controcorrente
2003, Cinéma Italien Annecy: im Wettbewerb
2003, Costa Iblea Film Festival: Panorama Sicilia
2003, Internationales Festival des neuen lateinamerikanischen Kinos: Muestra de cine italiano
2003, Internationales Filmfestival Vancouver: Cinema of Our Time
2003, Ragusa Film Festival: im Wettbewerb
2004, Bellaria Film Festival: im Wettbewerb Casa Rossa
2004, Festival des italienischen Kinos Tokyo: Panorama
2004, Festival du Film Fantastique de Neuchâtel: im Wettbewerb
2004, Filmfestival Göteborg: Cinemania
2004, Incontri del Cinema d'Essai: 14° Classificato Voto del Pubblico
2004, Internationales Filmfestival Rotterdam: Panorama
2004, Martedì al Sociale: Panorama
2004, Paris Cinéma: im Wettbewerb
2004, Sannio Film Festival: im Wettbewerb
2005, Festival des italienischen Kinos Tokyo: Panorama
2005, Festival International à Voiron: Panorama
2005, Internationales Filmfestival Philadelphia: World Focus
2005, Rencontres du Cinéma Italien à Toulouse: im Wettbewerb
2007, Milano Film Festival: Rassegna Ciprì e Maresco
2008, Milazzo Film Festival: Panorama
2009, Donna Fugata Film Fest: Panorama
2012, La meglio Gioventù: Novísimos Cineastas Italianos: Panorama

Come inguaiammo il cinema italiano. La vera storia di Franco e Ciccio

2004, Biennale von Venedig: außerhalb des Wettbewerbs; besondere Auszeichnung *Premio Francesco Pasinetti*
2004, DOC Filmfestival – Premio Libero Bizzari: Cine DOC
2004, Festival del Cinema Indipendente di Foggia: im Wettbewerb
2005, Festival Internazionale del Cinema di Frontiera: Panorama
2005, Internationales Filmfestival Jerusalem: Panorama

2005, Internationales Filmfestival Rotterdam: Cinema Regained
2005, Lavazza Italian Film Festival: Contemporary Selection
2005, Lincoln Center – Open Roads: Panorama
2005, Martedì al Sociale: Panorama
2005, Piemonte Movie gLocal Film Festival: Panorama
2005, Tirana International Film Festival: Special Program
2006, Cathay Pacific Italian Film Festival: Panorama
2006, Italienisches Filmfestival Neuseeland
2006, Sicilian Film Festival: Panorama
2007, Milano Film Festival: Tribute to Ciprì and Maresco
2007, Salina DOC Fest: Panorama
2008, Ischia Film Festival: Focus Sicilia
2010, Cinerassegna dell'Associazione „I Zanni": Panorama
2010, Sciacca Film Fest: Omaggio a Gregorio Napoli
2011, Sotto le Stelle del Cinema: Panorama

Tony Scott, ovvero come l'Italia fece fuori il più grande clarinettista del Jazz

2012, Filmfestival Lucca: Panorama
2010, Filmfestival des italienischen Kinos Madrid: Dokumentarfilme
2010, Internationales Filmfestival Locarno: außerhalb des Wettbewerbs
2010, Internationales Filmfestival Vancouver: Nonfiction Features: Arts and Letters
2010, Lisbon e Estoril Film Festival: im Wettbewerb
2010, Filmmaker Doc Film Festival: außerhalb des Wettbewerbs
2010, Visioni di Fata Morgana: Sicilia Memorandum
2011, Festival „Histoires d'It. Le Nouveau Documentaire Italien": Panorama
2011, Sotto le Stelle del Cinema: Panorama
2011, Festival von Tremblay: Grand Prix du Jury Meilleur Film toute catégories confondues
2011, Sciacca Film Fest: Spazio Arena
2011, L'Arte di Sognare – Provincia in Festa: Panorama
2011, Giro di Cinema Italiano: Panorama
2012, Per non Morire di Televisione: Panorama
2012, Filmfestival Lucca: Evento Speciale

È stato il figlio

2012, Abu Dhabi International Film Festival: Narrative Competition
2012, Anteprima Cin&Città: Panorama
2012, Bella Basilicata Film Festival: Panorama
2012, Campo e controcampo – Filmfestival Siena: Panorama
2012, Chieti Film Festival: Scrittura e Immagini
2012, Cinéalma – Festival Transméditerranée: Panorama
2012, Cinéma Européen de Les Arcs: Compétition Officielle
2012, Cinéma Italien Annecy: Panorama
2012, Corto Dorico: Omaggio al Cinema di Daniele Ciprì
2012, Da Venezia a Roma: Concorso
2012, Elimo Film Fest: Trailer e Backstage
2012, Festival Cinema Mediterranéen – Brüssel: im Wettbewerb
2012, Festival do Rio: Panorama do Cinema Mundial
2012, Festival du Film Italien de Villerupt: im Wettbewerb
2012, I Giovedì del Kursaal: Panorama
2012, Internationales Filmfestival Braunschweig: Neues Internationales Kino
2012, İstanbul'da İtalyan Sinemasi Festivali: Panorama
2012, Le Vie del Cinema – Milano: Concorso Venezia 69
2012, Magna Graecia Filmfestival: Panorama
2012, Mostra de Cinema Italià Barcelona: Panorama
2012, Mostra Internazionale d'Arte Cinematografica di Venezia: Concorso Internazionale
2012, Rencontres du Cinéma Italien à Toulouse: Avant-Première
2012, Rencontres du Cinéma Italien de Grenoble: Panorama
2012, Reykjavík International Film Festival: Open Seas
2012, Saison Culturelle: Panorama
2012, Sfogliando un Film: Panorama
2012, The Times BFI London Film Festival: Official Competition
2012, Tirana International Film Festival: Special Screening
2012, Toronto International Film Festival: Special Presentation
2012, Tuscia Film Fest Autunno: Panorama
2012, Venezia a Napoli: Il Cinema Esteso Venezia 69: Preis in der Kategorie *Miglior Contributo Tecnico* an Daniele Ciprì

Controcorrente

2012, Venice in Seoul: Venezia 69
2013, 8 e 1/2 Festa Do Cinema Italiano: Panorama
2013, Arene di Marte: Panorama
2013, Backstage Film Festival: Il Pubblico Premia il Dietro le Quinte del Cinema
2013, Bari International Film&Tv Festival: im Wettbewerb
2013, Chicago Italian Film Festival: Panorama
2013, Cinema Italia Oggi: Panorama
2013, Denver Italian Film Festival: Panorama
2013, Detroit Italian Film Festival: Panorama
2013, Festival del Cinema Italiano: da Venezia a Mosca: Panorama
2013, Festival del Cinema Italiano: da Venezia a San Pietroburgo: Panorama
2013, Festival del Cinema Mediterraneo „Verso Sud": Panorama
2013, Festival des italienischen Kinos Tokyo: Panorama
2013, Festival du Cinéma Italien de Brest: Panorama
2013, ICFF Italian Contemporary Film Festival: Panorama
2013, Il Cinema Italiano – Festival a Como: Panorama
2013, Il Cinema Italiano Visto da Milano: Panorama
2013, Indianapolis Italian Film Festival: Panorama
2013, Internationales Filmfestival Hong Kong: Global Vision
2013, Italian Film Festival in Scotland: Spectrum
2013, Italian Film Festival UK: Panorama
2013, Miami International Film Festival: Cinema 360°
2013, Minneapolis Italian Film Festival: Panorama
2013, Nonantola Film Festival: Panorama
2013, Notte Bianca del Cinema Italiano: Panorama
2013, Notte del Cinema: Panorama
2013, Notti di Cinema a Piazza Vittorio: Panorama
2013, OPEN ROADS: New Italian Cinema
2013, Pittsburgh Italian Film Festival: Panorama
2013, Rencontres Cinématographiques Salon de Provence: Panorama
2013, Shanghai International Film Festival: Focus Italy
2013, St. Louis Italian Film Festival: Panorama
2013, Toni il Grande: Panorama
2013, Univerciné Cinéma Italien: Panorama

Belluscone, una storia siciliana

2014, Biennale von Venedig: Orizzonti
2014, Filmmaker Festival
2014, SalinaDocFest
2014, Doc Lisboa: Investigations
2014, Mar del Plata International Film Festival: Altered Italy: 7 ½
2014, Porto/Post/Doc
2014, Panorama International Coisa de Cinema Salvador
2014, Film Cup Brasil São Paulo
2014, Sulmona Cinema Film Festival

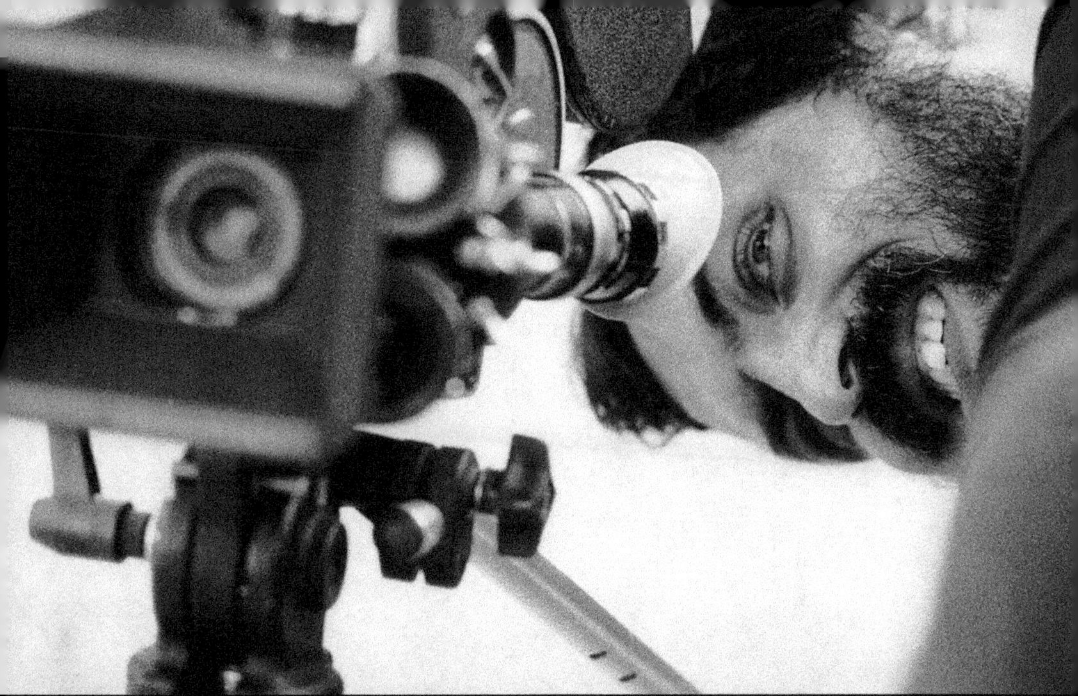

6.3 Im Gespräch mit Franco Maresco
In dialogo con Franco Maresco

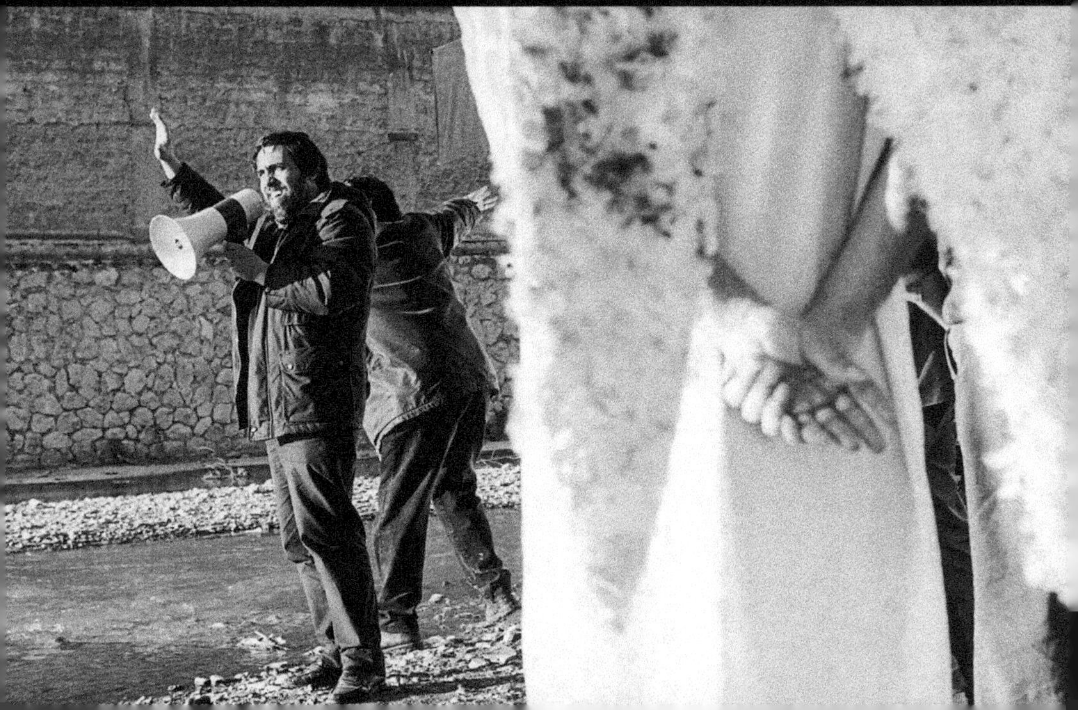

Im Gespräch mit Franco Maresco

Palermo, 17. April 2011

Welche Konstanten, welche Veränderungen sehen Sie in Ihrem Werk der letzten zwanzig, fünfundzwanzig Jahre?

Wir haben vor fünfundzwanzig Jahren mit unserer Arbeit angefangen. Ob es eine Wende, Veränderungen oder gar Kehrtwenden gegeben hat? Ästhetisch oder thematisch? Ich würde sagen, dass es in unserem Werk, das in den achtziger Jahren beginnt und die ganzen Neunziger durchzieht, eigentlich keine Wende, keine wirkliche Veränderung gegeben hat. Die Themen sind immer die gleichen. Es gibt einige Erweiterungen und natürlich Vertiefungen, einige inhaltliche Variationen, aber die Ausgangspunkte sind im Grunde immer die gleichen. Anfangs haben wir ein Jahr, eineinhalb, maximal zwei Jahre gebraucht, um das zu kreieren, was später *Cinico Tv* wurde, und natürlich das, was wir in unseren Langfilmen entwickelt haben. Die ganzen neunziger Jahre über existierte eine Art Entwicklung, ausgehend von einigen konstanten Themen: unser Weltbild und vor allem unsere Beziehung zu Sizilien, wobei Palermo immer unsere bevorzugte Bühne und unser Idealschauplatz war. In Wirklichkeit ändert sich etwas mit der Jahrtausendwende. Den Grund hierfür stellt teilweise der Prozess zu *Totò che visse due volte* dar, der 1998 begann und bis 2009 andauerte, als wir dann von der Anklage wegen Verunglimpfung der Staatsreligion und sogar von versuchtem Subventionsbetrug unter Schädigung des Staates komplett freigesprochen wurden – mit allem, was dazu gehört. Diese drei Jahre waren für uns sehr schwierig, denn vielen waren wir natürlich suspekt. Andere hingegen profitierten von diesem Umstand, denn so hatten sie einen guten Grund, um uns keine Aufträge zu geben, schließlich wollten sie ja auch schon vorher nicht mit uns zusammenarbeiten. In dieser Zeit haben wir Dokumentarfilme zum Thema Musik gedreht. Zudem haben wir ein Theaterstück auf der Biennale von Venedig aufgeführt; auch wenn die Themen mehr oder weniger immer die gleichen waren, so doch auch mit neuen Elementen. *Il ritorno di Cagliostro* und *Come inguaiammo il cinema italiano* stellen zweifelsohne zwei neue Ansätze dar – ganz so, als ob wir in den Neunzigern schon alles gesagt hätten, nur radikaler, aber in den folgenden Jahren passierten dann andere Dinge und Ereignisse.

Angenommen, Sie wollten Ihre Kinofilme mit drei Adjektiven beschreiben: Welche wären das?

Solche Fragen können nur von Deutschen kommen. Nun ja, vor Jahren habe ich meine Filme als ein Kino des Abschieds bezeichnet, nämlich eines Abschieds von einem bestimmten Zivilisationsverständnis, von einer Auffassung der Kunst und von einer spezifischen Art des Menschseins. Adieu, einen letzten Gruß entrichten, sich verabschieden.

Um sich von welchem Typ Kunst zu verabschieden?

Von einer Art Kunst, die von einem bestimmten Typ Mensch hervorgebracht wird, von einer menschlichen Spezies, die im Begriff ist auszusterben. Ich bin der Meinung, dass die Geschichte der Menschheit schon längst ihr Endstadium erreicht hat.

Schon längst? Seit wann denn? War es nicht schon immer so?

Nein. Sagen wir mal im 20. Jahrhundert, nach der großen Katastrophe des Zweiten Weltkriegs. So wie es ebenjene lustigen Kerle prophezeien, die sich da Posthumanisten bzw. Transhumanisten nennen, so denke auch ich, dass die hypertechnologische und wissenschaftliche Entwicklung in ganz kurzer Zeit, ja gar in wenigen Jahrzehnten, dazu führt, dass der Menschen aufhört, ein *Homo sapiens sapiens* zu sein; also das zu sein, was er tausende Jahre lang war, seit er sich bei Euch im Neandertal und auch bei uns angesiedelt hatte [sic]. Ich denke, dass jener Typ Mensch, auch körperlich, dass die vom *Sapiens sapiens* hervorgebrachte Kunst, seine Beziehung mit dem Tod und seine Beziehung mit dem Körper über Jahrhunderte und Jahrtausende eine natürliche Beziehung gewesen ist. Genau deswegen war die Kunst ein Ersatz für die Ewigkeit: Der Mensch muss sterben und die Kunst ist eine Art, eine Methode, um sich auf irgendeine Weise zu verewigen. Jetzt haben wir einen Menschen, der im Zeichen des Fortschritts steht, der natürlich erst vor zwei Jahrhunderten begonnen hat, mit der Erfindung der Fachdisziplinen Biologie und Physik und so weiter. Der Mensch schickt sich an, etwas Anderes zu werden: halb künstlich, ein hybrides Wesen, und halb biologisch-natürlich. Sie wissen ja nur zu gut, was Einzigartigkeit ist; darüber sprechen die Neurobiologen, die Wissenschaftler und ebenjene Ingenieure, die sich mit Robotern beschäftigen, mit künstlicher Intelligenz, mit ebenjener Phase, in der die mit künstlicher Intelligenz ausgestattete Maschine nicht mehr des Menschen bedarf. Diese Maschine wird eigenständig sein, sie wird also ein eigenes Bewusstsein entwickelt haben. Und das wär's dann mit uns. Da haben wir dann eine Welt, in der sich das Verhältnis zum Tod verändert. Theoretisch könnten wir unsterblich sein. Die Nanotechnologie repariert alle Organe und alles Erdenkliche. Es ist sonnenklar, dass ein bestimmter Typ Mensch am Ende angelangt ist. Und mit ihm hat auch eine bestimmte Form von Geschichte, von Kino, Malerei und Musik, so wie wir sie über Jahrhunderte kannten, ihr Ende erreicht. Was uns im Besonderen ruiniert hat, ist das romantische Kulturverständnis.

Wenn Sie von einem Kino des Abschieds sprechen, verstehen Sie dann Ihre Filme vielleicht auch als ein Kino, das andere Lebensformen, alternative Modelle vorschlägt, oder das heute eher im Verschwinden begriffene Lebensformen herauskehrt? Man spricht ja oft auch vom menschlichen Antlitz.

Ich persönlich gehöre nicht zu der Sorte von Künstlern, wenn man überhaupt von Künstlern sprechen kann, mich inbegriffen, die sehen, denken und sich vorstellen, dass man etwas ändern könne. Ich denke nicht, dass es eine Alternative oder eine Lösung gibt. Das ist nicht möglich. Ein Künstler hat die Aufgabe, Fragen zu stellen, Zwietracht, Zweifel und Kontroversen zu säen. Die Aufgabe des Künstlers ist, weder Antworten noch Lösungen vorzugeben. Ich persönlich bin ein Kind des 20. Jahrhunderts. Ich bin Mitte des 20. Jahrhunderts geboren und mit den Autoren des 20. Jahrhunderts aufgewachsen. Meine Vorbilder, meine großen Bezüge liegen im 19. und 20. Jahrhundert. Für mich ist ein Typ Geschichte, eine bestimmte Vorstellung von der Kunst an einem Endpunkt angelangt, ist zu Ende gegangen und abgeschlossen. Ich sage ja nicht, dass die Kunst generell enden wird. Das weiß ich nicht, wahrscheinlich schon. Aber ein gewisser Typ Kunst, ein spezifisches Kunstverständnis und eine bestimmte Vorstellung von der Kunst sind sicherlich im Untergang begriffen. Wir haben mit unserer Arbeit ein bestimmtes Kino geschaffen, das Bilder der peinigenden Sehnsucht, der Zerstörung und der Nostalgie auch ins Fernsehen brachte. Diese Nostalgie – nicht pathetisch, ohne Pathos, aber grotesk, sarkastisch, komisch – ist eine Reaktion. Es gibt nämlich ebenjenes Bewusstsein einer Welt, die im Aussterben begriffen ist, auch einer materiellen Welt, die aus Menschen besteht, die Körper und Vergänglichkeit ist. Der Mensch ist gefallen – der sterbliche, fehlerhafte Mensch.

Verstehen Sie sich als jemand, der Dissens sät?

Nun ja, ein Friedensstifter bin ich sicherlich nicht. Andererseits, ich weiß ja nicht, ob Sie religiös sind. Mir gefällt die reine Grausamkeit. Warum sollte jemand grausam sein, wenn er nicht gläubig ist? Ich liebe eine Passage aus dem Evangelium. Jesus ist ein Dissident und sagt: Wenn ihr denkt, ich sei gekommen, den Frieden zu bringen, ich bin gekommen, um Krieg zu bringen, den Vater gegen den Sohn zu richten … Jetzt muss diese sehr interessante Stelle des Evangeliums natürlich interpretiert werden. Ich glaube, dass die Künstler nichts wagen – und das ist es doch, was aktuell passiert, in Eurem Europa, verdammt nochmal, in diesem Europa, das aus piekfeinen Jugendlichen besteht, aus Austauschprogrammen im Rahmen von Universitätspartnerschaften, Erasmusaufenthalten, d.h. dieses Europa, was einem Schaufenster gleicht, wo alles Museum ist, wo alles beschaut und bestaunt wird, fassen wir uns bei der Hand, lass uns Sex vor einem Bild von Picasso machen, vor dem Museum: Das ekelt mich an. Im Gegensatz dazu denke ich in Wirklichkeit, dass die Kultur früher Konflikte ausgetragen hat. Konflikte sind nötig und nützlich. Aus Konflikten werden neue Ideen und Leidenschaften geboren. Ihr hingegen macht nichts. Ihr Deutschen, Franzosen habt Europa in einen jener langen Spaziergänge verwandelt, bei denen man mit seiner Verlobten müßig herumspaziert und herumalbert … Damit haben wir gebrochen. Ich glaube, dass Künstler Unruhe säen und beunruhigen müssen. Stellen Sie mir die Frage: Warum ist das nicht mehr möglich?

Aber warum ist das nicht mehr möglich?

Ganz einfach, früher gab es nur wenige Künstler und die Welt funktionierte so: Die Masse ging ins Kino, um einen Film zu sehen, den einige verinnerlichten, andere ignorierten und wieder andere dachten wochenlang darüber nach. Ein Buch leistete einem einen ganzen Winter lang Gesellschaft. Alles war viel langsamer. Man dachte nach. Jetzt aber ist das nicht mehr möglich. Wie soll ich sagen, wir entwickeln uns nicht mehr, sondern befinden uns in einer Art Horizontale. Wir sind alle präsent, zeitgleich da, simultan. Es existieren mehr Schriftsteller als Leser. Alles verliert sich in diesem Netz aus Müll, diesem Netz, wo jeder seinen Müll ablädt, was ihr alle Internet nennt. Und somit hört man sich nicht mehr gegenseitig zu, keiner. Nur eine interessante Sache inmitten von eineinhalb Millionen Menschen, die mit dem Fingerchen klicken. Früher hingegen musste man sich in Chemie und Physik auskennen, um ein Foto zu machen, denn das war ein sehr schwieriger Vorgang, der Geschick erforderte. Für das Kino musstest du dich mit den Filmrollen auskennen, mit der Emulsionslösung, der Lichtempfindlichkeit des Films und dann auch noch mit dem Ton. Es war höllisch. Da gab es eine natürliche Auslese: Nur die, die sich den Arsch aufrissen, erreichten ihr Ziel. Heute hingegen hat die Leichtigkeit, mit der man Zugang zur Technik hat, alles banalisiert. Und folglich sagen alle alles. Am Ende existiert kein Sinn mehr und ebenso kein Bezugspunkt. Jeder ist davon überzeugt, ein Gott zu sein: Aber warum soll ich denn auf den Arsch Maresco hören, wenn ich es selbst mache? Warum soll ich auf Orson Welles hören? Aber nein, ich mache das sogar viel besser. Am Ende existiert keine hierarchische Abstufung mehr – nicht dass ich gegen die Demokratie wäre, aber gerade die Hierarchie ist nötig, denn man muss doch ein Vorbild haben, etwas, zu dem man aufschaut.

Sie üben gerade Kritik an der Postmoderne. Im Hinblick auf die Kategorien Moderne und Postmoderne: Was denken Sie, wenn die Kritik Ihr Werk in solch containerhaften Begriffen verortet?

Ich habe diese Begriffe nie für voll genommen. Schon damals sprach man von der Postmoderne. Es war unser Glück, dass wir in einer Stadt geboren sind, die ihr Deutsche schön findet, aber, sagen wir es ruhig, auch unkultiviert und etwas primitiv. Als wir mit unseren Arbeiten anfingen, da war Palermo eine Stadt in einem Süden, der in den achtziger Jahren im Gegensatz zum restlichen Europa noch sehr heterogen war; die kulturelle Vereinheitlichung griff dann nach dem Fall der Berliner Mauer und mit diesem ganzen Globalisierungsmist weiter um sich. Hier in Palermo gab es noch, auch materiell, einige architektonische Überreste des Krieges. Die Mafia war viel gegenwärtiger, auf traditionelle Art und Weise, gewalttätig, einschließlich der Kriege zwischen den Clans. Palermo war eine Stadt, die sich an einem Nicht-Ort zu befinden schien, wo nichts vereinheitlicht war. Nicht wie in Mailand, wo zum Beispiel bereits alle die gleiche Mode trugen. Hier waren wir noch – und das sieht man auch jetzt noch – Kinder einer anderen Welt. Und das hat uns geholfen, denn es hat uns ja praktisch alle charakteristischen Züge geliefert: graphische, schauspielerische, menschliche, erzählerische, sagen wir mal die Atmosphäre und das Klima generell betreffende, die im restlichen Europa offensichtlich im Verschwinden begriffen waren. Überlegen Sie mal: Was produzieren denn Schweden und

Holland schon? Nichts. Maximal Pornografie und geile Weiber, aber kein interessantes Theater. Was die Organisation des Showgeschäfts angeht, da sind sie sehr gut: große Orchester, große Theater, große kulturelle Ereignisse, aber den Gesellschaften dieser Staaten gelingt es nicht, ihrem Gefühl, wie sehr sie am Leben leiden, Ausdruck zu verleihen. Seien wir doch mal ehrlich: Das sind Länder voller Zombies, voller Toter.

Sie sind absolut gleichgeschaltet, gouvernementalisiert?

Genau. Und dort, wo es somit Spannungen und Konflikte gibt, ist klar, dass es dort noch einen Überrest von Kunst gibt. Dies stimmt insofern, als dass alles, was künstlerisch interessant ist, in Italien aus dem Süden kommt, d.h. aus ebenjenen Gegenden, die mit Schwierigkeiten zu kämpfen haben. Saviano – nicht dass er mich vom Hocker reißen würde, ganz im Gegenteil – profitiert davon, dass er aus der Welt der Camorra, aus dem Süden kommt. All jenes Theater, all jene Musik kommt also aus einem Süden, dem es gelingt, aufgrund seines Wesens interessant zu sein. Aber auch dieses Flämmchen ist im Erlöschen begriffen.

Um auf meine Frage zur Moderne und zur Postmoderne zurückzukommen. Teilen Sie die Kritik?

Ich stelle mir nicht mal die Frage. Mein und Ciprìs Glück war es, dass wir das nicht mitbekommen haben, dass wir nicht an dieser Debatte teilgenommen haben. Wir haben uns ihrer nicht angenommen. Und als wir dann begannen, uns damit auseinanderzusetzen, haben wir im Hinblick auf diese vergnügsamen Interpretationsansätze, die uns zum Lachen bringen, eine sehr ironische Haltung eingenommen. Aber wenn Sie wollen, verrate ich Ihnen etwas. Soll ich? *Cinico Tv* liegt keine theoretische Analyse zugrunde, sonst wäre Enrico Ghezzi ja Michelangelo. All das, dem eine theoretische Analyse zugrunde liegt, ist zum Scheitern bestimmt. Der Punkt ist ein anderer. Man geht immer – in diesem Punkt stehe ich der deutschen, italienischen und französischen Romantik sehr nahe – von der Identifikation von Kunst und Leben aus, wie das auch bei einem bestimmten Typ Jazz der Fall ist. Ich glaube, dass die Kunst das Ergebnis dessen ist, was man denkt und lebt. Gerade deshalb gefallen mir zum Beispiel einige von Freuds Interpretationen zur Kunst und zur Literatur. Mir gefällt, wenn Freud über Dostojewski spricht, über den Vatermord. Ich finde, das ist immer noch sehr aktuell: Vielleicht ist dies das Interessanteste von Freud. Ich finde, dass es eine Identifikation und eine grundlegende Überlagerung gibt. Ich sage nicht, dass der Mensch den Künstler nicht auch ignorieren könnte und umgekehrt. Die Geschichte von *Cinico Tv* war und ist eine Form der neurotischen Prothese im klinischen Sinne, insbesondere meine, aber auch von Ciprì, der davon angesteckt wurde. Als Thaumaturg und Wünschelrutengänger habe ich all das Negative hervorgeholt und das mache ich auch mit den Zuschauern. Ich lasse Neurosen, Frustrationen zum Vorschein kommen. Ich bin eine Art Exorzist. Denn *Cinico Tv* ist für uns aus einer Krankheit heraus entstanden, nennen wir die Dinge doch beim Namen. Edgar Alan Poe schrieb Horrorgeschichten. Wenn man einen Horrorfilm macht, dann projiziert man seine Ängste und Furcht dort hinein. Für das Publikum hingegen ist das kathartisch; es ist eine Form, die eigenen Ängste zu sublimieren. Und das ist die Funktion der Kunst: befreien. In unserem Fall war *Cinico Tv* – und das sage ich nur ganz selten – der klinische Fall eines Mannes, nämlich mir, und somit eine sehr ernste, sehr schwere Form der Neurose mit all jenem Ballast an Tod, Sex, Perversionen, Angst, Beunruhigung, die den Neurotikern eben eigen sind: Ödipus. Ich gebe Ihnen einen Rat: Interpretieren Sie *Cinico Tv* und all unsere Werke anhand von zwei Schlüsselbegriffen: Schuldgefühl und Ödipuskomplex. Nein, ich scherze. Aber das Schuldgefühl, ja. Jaja, die Schuld.

Aber worauf bezieht sich diese Schuld?

Naja, auf die Ursünde, allein der Umstand, dass es uns gibt. Finden Sie nicht, dass es eine ganz schöne Sünde ist, geboren zu werden?

Betrachten Sie Ihr Kino als ein deviantes oder als ein transgressives Kino? Und in welchem Maße?

Zuerst einmal müsste man die beiden Begriffe definieren. Devianz hat eher etwas mit dem klinischen Fall zu tun.

Man könnte es aber auch etwas abstrakter sehen.

Genau deswegen müsste man sie definieren. Ich frage mich: Ist es überhaupt noch möglich, Normen zu überschreiten? Ich würde sagen, dass einer der Gründe für die Verzweiflung nicht nur meiner, sondern vor allem Ihrer Generation, der ist, dass es nichts mehr gibt, mit dem man brechen kann. Dies ist ein großes Problem. Das merke ich, wenn ich mit jungen Menschen spreche, die Filme machen wollen. Bei diesen Treffen bemerke ich manchmal eine gewisse Niedergeschlagenheit an ihnen, ein gewisses Unbehagen, in einer Zeit geboren worden zu sein, in der es kein provokatorisch-transgressives Verhalten mehr gibt und in der es nicht mehr möglich ist, mit Tabus zu brechen. Sie haben kein Recht auf Asyl, kein Recht auf Heimat, keinen Lebenssinn mehr. Meinem Erachten nach ist dies das Schrecklichste für einen jungen Menschen. Ich erkläre das mal. Vor einiger Zeit habe ich etwas gedacht, das später eins zu eins von einem großen, neunzigjährigen Intellektuellen wiederholt worden ist. Wer so alt ist wie ich oder noch älter – ich bin schon über fünfzig –, beneidet zum ersten Mal die jungen Menschen nicht mehr. Dies bedeutet: Immer schon gab es das Problem, dass die Älteren die Jüngeren beneideten, weil diese das Leben, die Kontinuität, den Sex und die Liebe verkörpern. Nun aber ist einer Generation von Alten erstmalig die Lust vergangen, die Jüngeren zu beneiden. Dies darf nicht in Begriffen von Ewigkeit oder Sterblichkeit verstanden werden, sondern weil den Jüngeren etwas entzogen worden ist, was die vorhergehenden Generationen gehabt haben. Der Gegensatz, der Konflikt, die Normüberschreitung, all das, was die Menschen jahrhundertelang antrieb und was im Generationenkonflikt seinen Ausdruck fand, hat große Literatur und große Politik hervorgebracht. Dies fehlt nun. Diese Ohnmacht der jungen Menschen ist eine schreckliche Sache. Ein alter Mensch spürt noch immer Begehren, er kann es aber nicht ausdrücken, nicht ausleben, weil die Natur und die Biologie ihn daran hindern. Der junge Mensch hingegen erlebt die gleiche Form von Potenz und Impotenz: Er kann nicht, weil es nichts mehr gibt, gegen das er seine Kräfte richten könnte. Das ist schrecklich.

Ihre Filme werden als komisch gewertet. Das hat mich anfangs verwundert, denn ich empfand sie als viel tragischer. War es von Anfang an Ihr Vorhaben, komische Filme zu machen? Wen wollten sie belustigen?

In Wirklichkeit wird nicht nur in Italien gelacht, wo man die Sprache versteht. Ich habe das Komische schon immer als eine Art Katharsis betrachtet. Für mich waren der komische Schauspieler, Autor, Schriftsteller und der komische Regisseur immer das Größte. Die Komik liegt mir im Blut. Als ich als Junge begann, die ersten Sachen zu schreiben, da dachte ich an die naheliegendsten Sachen, die am einfachsten umzusetzen sind. Das, was ich schrieb, war eine unvergleichliche Sauerei. Aber ich stellte fest, dass ich zum Grotesken, zum Komischen tendierte.

Im Gespräch mit Franco Maresco

Warum tendierten Sie zum Komischen?

Das Komische ist das Gegenstück zum Tragischen, es ist interessanter, das ist offensichtlich. Deshalb lebt der wahre Komiker – nicht der Kabarettist wie ihn heutzutage die Hollywoodkomödie versteht – die tragische Herausforderung der Existenz und der dinghaften Welt.

Unser Lachen wäre somit die implizite Bestätigung eines Unbehagens, einer tiefen existentiellen Verzweiflung?

In Palermo sagen wir: Lache statt zu weinen.

Nicht vor Freude, sondern aus Pein singt der Vogel im Käfig.

Richtig, das Lachen entspricht praktisch genau dem. Das Lachen besteht aus Tränen, die auf andere Art und Weise ihren Ausdruck finden. Für uns aber ist es ein großes Ergebnis und eine große Freude, Menschen zum Lachen zu bringen.

Viele Ihrer Filme werden in den Datenbanken, zum Beispiel in der Internet Movie Database, als Dokumentarfilme gelistet. Ist diese Kategorisierung Ihrer Meinung nach gerechtfertigt? In welchem Verhältnis stehen Fiktion und Dokumentarisches zueinander? Sind Ihre Filme eine Art Mockumentary?

Daniele teilt diese Ansicht sehr. Er unterscheidet klar zwischen Fiktion und Nicht-Fiktion. Wir haben über Jahre hinweg Dokumentarfilme gedreht, natürlich auf unsere Weise. Das waren somit Para-Dokus, Pseudo-Dokus, Parodien von Dokumentarfilmen. Während des Prozesses zu *Totò che visse due volte* haben wir aus finanziellen Gründen Dokumentarfilme zum Jazz gemacht, oft waren sie sehr ernst. Um einer recht schwierigen Situation die Stirn zu bieten. Diese Dokumentarfilme sind kanonisch, man kann sie sogar als lehrmeisterhaft bezeichnen; einzig und allein um über die Runden zu kommen, wie man so schön sagt.

Hebt die Definition des Mockumentary oder des Para-Dokumentarfilms, der ja den Dokumentarfilm ironisiert, den Unterschied von Fiktion und Nicht-Fiktion auf?

Definitionen stürzen mich immer in eine Krise, da sie voraussetzen, dass es Regeln oder Grenzen gäbe. Ciprì und ich haben *Il ritorno di Cagliostro* gedreht, in unseren Filmen hat es schon immer diese Hybridisierung gegeben. Wir haben nie streng getrennt, außer bei ein oder zwei kleineren Sachen. Die komische Komponente, die der Fantasie, gab es immer. *Arruso* ist zum Beispiel praktisch eine Verarschung. Außer man hat es mit einem Dokumentarfilm zu tun, wenn man ihn so nennen möchte, der sich klar innerhalb der didaktischen und pädagogischen Grenzen bewegt. Ansonsten ist alles, was wir ab dem Ende der Achtziger und die ganzen Neunziger über gemacht haben, streng anarchisch. Danach haben wir mit der Unterscheidung von Dokumentar- und Spielfilm gespielt, wir haben uns darüber lustig gemacht.

Wo würden Sie Tony Scott *einordnen?*

Ich glaube nicht, dass *Tony Scott* ein Film ist, den man einfach einordnen kann. Er lässt sich überhaupt nicht einordnen. Er ist ein Ufo, ein anomales Objekt. Wenn er eingeordnet wird, dann ist das nur dem Umstand geschuldet, dass die Menschen, die Intellektuellen faul sind. Manchmal ist es einfacher, Dinge zu klassifizieren, in Kategorien zu stecken. Das ist das klassische Problem: Man schaut in die Zeitung und sieht Komödie, Tragödie usw. Offensichtlich gibt es Elemente, die verhindern, dass ein Film weder in die eine Kategorie noch in die andere passt. Bei einem komischen, nicht identifizierten und nicht identifizierbaren Objekt wie *Tony* ist es noch schwieriger. Dieser Film ist ein einzigartiger Fall, denn er spiegelt das Wesen der Person wider, einer Person, die sich im Laufe der Zeit vollkommen verändert. Einer Person, die schizophren und widersprüchlich war. Auf seine Weise hat sich der Film an diesen Charakter angepasst. Ich habe mich daran angepasst, ohne große Schwierigkeiten.

Wenn wir sagen, dass Ihre Arbeiten schwer klassifizierbar sind, sprechen wir dann von einem schizophrenen Kino?

Ich glaube, dass es nicht klassifizierbar ist, weil es ein anarchisches Kino ist. Deshalb passt es nicht in die Grenzen, die andere auf der Grundlage von wer weiß was für Kriterien errichtet haben. In der Geschichte gibt es große Filme oder große literarische Werke. Was ist *Moby Dick*? Eine Abhandlung über den Walfang? Ein Roman? Fiktion? Eine dokumentarische Beschreibung? Es gibt Filme von John Ford, die sogar Elemente des Dokumentarfilms aufweisen. Jedwede Sache kann, wenn man sie im Nachhinein betrachtet, wenn man den Blick auf die Vergangenheit richtet, einen dokumentarischen Wert haben. Was das betrifft, so müsste man Fragen akademischer Natur erörtern, die ich euch Akademikern, Philologen, Kritikern usw. überlasse. Ich würde sagen, dass das nicht unsere Aufgabe ist. Das, was die Kunst ruiniert hat – oder eben das, von dem wir dachten, es sei Kunst –, sind die Überlegungen, die die Künstler und

Regisseure selbst anstellen, über das, was sie tun: eine Art Metalektüre. Das Schöne hingegen, wenn man Hitchcock oder Buster Keaton anschaut, ist, dass sie Außerordentliches gemacht haben in einem so kurzen Jahrhundert, wie es das 20. Jahrhundert war, ohne sich ihrer Intellektualität bewusst zu sein. Genau darin liegt die Größe jener Kunst.

Teilen Sie die Ansichten der Kritik, die das Kino von Ciprì und Maresco als ein manieristisches Kino etikettiert?

Ob ich die Kritik eines manieristischen Kinos teile? Ich habe noch nie gelesen, dass unser Kino manieristisch sei. Lediglich Bernardo Bertolucci hat das gesagt. Es scheint, dass diese Bemerkung bei einem Gespräch im Zug gefallen ist in Bezug auf die großen sizilianischen, palermitanischen Manieristen. Hier müsste man beim Begriff des Manierismus anfangen und was man unter manieristisch versteht. Jetzt haben Sie mich also doch dazu gebracht, den Part desjenigen zu spielen, der von Definitionen ausgehen muss.

Dann einigen wir uns darauf, Manierismus im Sinne eines Kontorsionseffekts, einer Deformation zu verstehen.

Der Ausdruck „manieristisch" ruft mir einige italienische und sizilianische Künstler in Erinnerung, die Manieristen des Barock. Diesbezüglich erinnere ich mich auch an Goffredo Fofi. Er sieht ja in unseren Arbeiten einige grundlegende Elemente, die er auch im Barock sieht, in einigen Heiligenviten, die von visionären spanischen Künstlern gemalt worden sind. In Bezug auf die *maniera*, auf die Manier, hätte ich aber doch den ein oder anderen Zweifel. Außer wenn man unter Manier und somit unter Manierismus nicht doch einen andere Form versteht, um von Parodie zu sprechen. Versteht man die Manier als eine parodistische Form von etwas anderem, dann trifft sie zu. Ich glaube, dass es wahrscheinlich auch in der klassischen Manier Ironie, also eine parodistische Komponente, gegeben hat. Aber in unserem Fall bedeutet Manierismus mit anderen Worten Parodie, ja.

Eine Frage zur Filmsprache. Was einen sehr trifft, ist Ihre Arbeit am Bild, auch als Arbeit an der Filmsprache verstanden, ganz so, als ob Sie das Bild aporetisch lassen werden wollten. Woher rührt die radikale Konfrontation, nicht nur des Bildes, sondern auch der zugrunde liegenden Sprache? Rührt dies im Wesentlichen von einem Kino des Todes her, das den Kollaps der Sprache zum Gegenstand hat, da wir nunmehr das

Ende erreicht haben? In welcher Beziehung steht dies zur künstlerischen Methode des Zitierens und Zerstörens? Der Kollaps des Wortes, des Diskurses und der Kommunikation, warum ist die Sprache derart kontaminiert, dass es unmöglich ist, sich authentisch auszudrücken, und warum fällt man zwangsläufig in ebenjene Sprache zurück? Geht es darum, durch den Kollaps der Sprache der Macht zu widerstehen? Ist es überhaupt möglich zu widerstehen?

Haben Sie *Totò che visse due volte* gesehen? In Wirklichkeit ist das eine Frage, die uns immer gestellt wird. Edoardo Sanguineti, der mit uns befreundet ist, sagte einmal etwas, in dem ich mich wiedererkenne: Ciprì und Maresco stellen den Schlusspunkt eines Diskurses dar, der im 20. Jahrhundert begann. Dies sieht man auch an *Totò che visse due volte*, der ja – nur wenige haben das verstanden, um ehrlich zu sein – ein zutiefst verzweifelter Film ist. *Totò* stellt bewusst – wie auch *Lo zio*, aber weitaus mehr noch *Totò* –, einen Abschied vom 20. Jahrhundert und von einer bestimmten Vorstellung des Künstlers dar ebenso wie auch von einer ganzen Reihe von Problemen, die sich angesichts des Untergangs der Zivilisation stellen. In *Totò* gibt es diese Verzweiflung, es wird all das rekapituliert, was vor uns kam, sogar noch vor dem Ersten und Zweiten Weltkrieg, einige Philosophen und Schriftsteller hatten dies entweder geahnt oder ganz klar vorausgesehen: nämlich das Ende. Wenn wir von Transhumanismus sprechen, von hybriden Wesen und von künstlicher Intelligenz, dann reden wir von Dingen, die einer unausweichlichen Fatalität unterliegen. Das Gefühl, welches wir in *Totò* legten, war das eines Abschieds von einer bestimmten Weise des Menschseins, *Sapiens sapiens* zu sein, der Autor des Todes. Sie fragten mich nach dem Bild und der Schönheit und somit auch nach dem Kollabieren des Tons und des Bildes. Der Kontrast eines Bildes, in dem die Nostalgie des Bildes und die Nostalgie des Absoluten nachhallt, gefällt mir sehr. Die Nostalgie der Welt, die zu Ende gegangen ist, der verlorenen Welt und somit auch eines Kinos, das nicht realisierbar ist. Aber innerhalb dieses Kinos existieren Interferenzen, plötzlich kollabiert es. Etwas, das für unsere Arbeit sehr wichtig ist, war die Tonspur, die ebenfalls kollabiert. Wie Sie sicherlich auch als Nichtmuttersprachlerin bemerkt haben, sind die Gespräche in unseren Filmen ziel- und gegenstandslos. Man beginnt und bricht ab. Alles kollabiert, die diaphasischen Stilbrüche, die Stotterer usw., denn – das ist ja recht offensichtlich – es gibt nichts mehr zu sagen.

Im Gespräch mit Franco Maresco

Mit Totò *haben Sie diese Formulierungen auf die Spitze getrieben. Hatten Sie beide danach noch etwas zu sagen oder handelt es sich lediglich um Variationen?*

Ich bin der Ansicht, dass das eine sehr schwere Zeit in unserem Leben war, für mich, aber auch für Daniele. Damals war es verdammt hart. Aber ich muss sagen, dass es jetzt noch schlimmer ist. Wie schon gesagt, litten wir an einer sehr heftigen Neurose, aber auch unsere Verwandten, insbesondere meine. Manche drohten mit Selbstmord, andere sind tödlich verunglückt, es wimmelte nur so von Problemen. Wir waren vom Gefühl und von der Beunruhigung desjenigen beherrscht, der weiß, dass alles vorbei ist. *Totò* ist genau das: die Beunruhigung, dass alles vorbei ist und dass es keine Zukunft mehr gibt. Es gibt keine Illusionen, nicht mal kulturelle oder künstlerische Illusionen. Und das ist die Wut, ebenjene Grausamkeit, die *Totò* innewohnt, auch wenn sie durch das Mitgefühl, durch die *Pietas* unterbrochen wird. In diesem Film existiert das Bewusstsein ebenjenes Abschieds. Wir wussten, dass wir unser Leben, unsere Verzweiflung, unsere ganze, hoffnungs- und illusionslose Weltsicht in diesen Film legten. Und wenn selbst die Illusionen sterben, dann ist es vorbei. Hierfür steht *Totò*. Alles, was danach kam, war eine Art verlängerte Agonie, bis heute.

Die zwiespältige Beziehung zu Palermo, Sizilien und Italien. Warum diese Hassliebe zu Palermo und Italien?

Und ich dachte, es sei nur Hass. Über die Dinge hinaus, die ich Ihnen gesagt habe, steht das Kunstwerk für sich. Es ist dennoch wahr, dass uns das durchaus voll bewusst war. Beginnen wir mit Palermo, das ich ja als Stadt in verschiedener Hinsicht geliebt habe. Meine Beziehung zu Palermo ist voller Konflikte. *Cinico Tv* wie auch eine ganze Reihe anderer Sachen konnten nur in Palermo entstehen, denn hier gab es ja, wie wir bereits erwähnten, die Psychoanalyse, gewisse Wurzeln, die Identifikation mit einigen bestimmten Orten, die nun jedoch radikal verschwunden sind. Vor allem für mich, weit mehr als für Daniele. Palermo ist eine Stadt, die wundervolle Seiten hat, wo man aber auch auf eine schier unvergleichliche Brutalität, Gewalt und eine Bösartigkeit stößt. Diese Stadt hat eine sehr starke Geschichte, eine Bösartigkeit und Grausamkeit, die zur Entstehung der Mafia und zu den uns bekannten Dingen führten. Es ist klar, dass die Mafia auch aus einer historischen Situation heraus entstanden ist, die nun im Rahmen des 150-jährigen Jubiläums gefeiert werden soll. Nämlich: die *Questione meridionale*, die Südfrage, und der Umstand, dass diese Region vom restlichen Italien sich selbst überlassen wurde. Palermo zeichnet sich durch einen unglaublichen Individualismus und durch eine unglaubliche Intelligenz aus. Die Sizilianer sind zu Großem bestimmt, wenn sie in Sizilien geboren werden. Das ist paradox. Sie vollbringen unglaubliche Dinge, sie sind derart fähig und scharfsinnig, wie es nur wenige Völker sind. Man braucht ja zum Beispiel nur an Pirandello zu denken. Wie nur wenige Völker, verfügen sie über außergewöhnliche Fähigkeiten und über einen Sinn für den Tod, für die Leere der Dinge.

Was würden Sie antworten, wenn man Ihnen die Frage stellen würde: Italia quo vadis?

Ich denke, es wäre ein vulgärer Ausdruck: in die absolute Scheiße. Ich denke, dass euer Poet Johann Wolfgang Goethe wunderbare Seiten über seine Reise nach Sizilien schrieb, als er sagte, dass der Schlüssel, um Italien zu verstehen, hier in dieser Region liege. Als großer Geist und von großer Intelligenz hatte er in der Tat begriffen, dass der Schlüssel hier liegt, um den Rest des Landes zu verstehen. Italien hat sich sizilianisiert. Aufgepasst: Heute ist Berlusconi ein Mann, der praktisch durch seinen Besitz regiert und der Norden – das wissen wir von der Justiz – ist kalabresiert und vor allem sizilianisiert worden. Das organisierte Verbrechen hat Fuß gefasst. Das System Italien, nicht nur die Regierung sondern auch die italienische Politik, basiert nunmehr auf mafiösen Mechanismen. Und nicht nur hier, auch in Amerika und anderswo; in Deutschland gibt es starke Ableger. In Italien ist Folgendes geschehen: Berlusconi hat in den achtziger Jahren sein Imperium dank der Macht der Mafiaclans, dank dell'Utri und anderen errichten können. Im Hinblick auf diese Sizilianisierung hat der Poet recht gehabt. Aber es gab auch einen positiven Beitrag, der von Sizilien ausgeht: die Literatur, gewisse Filme, viele andere Dinge, eine scharfgeistige Analyse von Italien von Seiten der Sizilianer. Ich glaube, dass Italien aktuell vollkommen abdriftet, aber dies betrifft den gesamten Westen, und, wenn Sie mir erlauben, die ganze Welt. Ich denke nicht, dass Deutschland, Frankreich oder Großbritannien heute noch Modelle darstellen, denen man folgen sollte.

Der traditionelle Jazz ist die Musik des Südens. Im übertragenen Sinne kann dies auch für Süditalien gelten, wenn man den Jazz als Klage und Leid des Südens versteht, der mit einem Begehren nach Widerstand einhergeht und der wie die Musik dennoch seinen Weg geht. Oder anders gefragt: Wenn Ihr Kino ein Kino des Jazz ist, inwiefern trifft dies zu?

Ja, sicher trifft dies zu. In meinem Leben habe ich denen, die Jazz nicht mögen, immer misstraut. Es gibt Menschen, denen misstraue ich aus verschiedenen Gründen. Einer dieser Gründe ist, wenn man mir sagt: „Ich mag keinen Jazz." Denn Jazz mögen bedeutet meiner Meinung nach, das Leben zu lieben, einen unmittelbaren, direkten und starken Bezug zum Leben zu haben. Und der Jazz, auf den ich mich beziehe, oder wenn ich von einem jazzgetragenen Kino spreche, meine ich genau diese Art und Weise, Kunst zu machen. Denn der Jazz, ebenso wie das Kino, ist eine Kunstform des 20. Jahrhunderts. Im Jazz von Ellington, von Armstrong und von Coltrane gibt es nämlich genau eine Art von Parallellektüre, die man auch im Kino wiederfindet. Alles liegt in den drei Minuten von Ellington aus den dreißiger und vierziger Jahren; dort finde ich das, was für mich den Künstler ausmacht, was man auch in Coltrane findet. Hier findet man auch die Intelligenz der Suche und des Experiments, die Leidenschaft, das unmittelbare Leben, aber auch eine durchdachte Struktur. Jazz ist Pulsion, Unmittelbarkeit, Liebe.

Er drückt aber auch ein gewisses Leid aus?

Es entsteht auch der Ausdruck eines gewissen Leidens. Als ich über den Süden sprach, so darf man nicht vergessen, dass der große Beitrag zur Geschichte des Jazz, den die Sizilianer und Italiener, aber insbesondere die Sizilianer geleistet haben, beinahe monströs ist. Sicherlich hat die Interaktion von zwei Ethnien, jene der Afroamerikaner und der Sizilianer, die beide in New Orleans Ausgeschlossene waren, einen großen Beitrag geleistet. Die Schwarzen brachten die Rhythmen, ihre Polyrhythmik. Wir brachten die Musik der Bands. Viele Sizilianer brachten den Schwarzen die Notenlehre bei, denn sie verfügten über das nötige Wissen zur Musik. Sie steuerten also die Melodien der Bands bei. Aus der Paarung beider Musiktraditionen rührten dann Musiker, wie Nico La Rocca, Louis Prima und der gesamte archaische ursprüngliche Jazz, der zu großen Teilen Leute hervorgebracht hat wie Santo Pecora oder La Rocca, Sciacca, Cacioppo. All diese komischen Namen wurden dann bisweilen auch amerikanisiert, weil sie schwierig auszusprechen waren oder weil man diskriminiert wurde. Ich habe nicht übertrieben, als ich sagte, dass der Jazz von den Sizilianern beeinflusst worden ist. Um nicht von Frank Sinatra zu sprechen oder all den Sängern der so verbreiteten legeren amerikanischen Musik wie Dean Martin, Frank Sinatra, Tony Benett oder Frank Lane, der aus Monreale kam. Denk nur mal, wie paradox das ist: Frank Lane, der die Westernepen sang, kam aus Monreale, er war der Sohn des Frisörs von Al Capone. Wie wunderbar, was für ein Abenteuer! Das sind die Paradoxa, die mir gefallen, jene Süditaliens und des Südens allgemein. So ist das.

Sprechen wir über die Zensur. Was wurde zensiert und warum? Nicht nur, was Totò che visse due volte *betrifft, sondern auch andere Fälle.*

Fälle dieser Art gab es vorher nicht. Man hatte uns zwar im Auge, aber nie derart radikal. *Totò che visse due volte* ist ein exemplarischer Fall, ich würde sagen, er ist paradigmatisch für ein bestimmtes Italien. Und es ist kein Zufall, dass sich dies zu einem bestimmten Zeitpunkt ereignet. Um es kurz zu machen, die Hauptanklagepunkte waren zwei: Verunglimpfung der Staatsreligion und zudem, als ob das nicht schon genug wäre, versuchter Subventionsbetrug unter Schädigung des Staats. Die hatten sich praktisch eine ganze Reihe von Dingen ausgedacht. Sie werden mir sagen: Wer hat sich das ausgedacht und warum? Da sprechen wir in diesem Fall von den Richtern. Zudem gab es ein Missverständnis mit der Staatsanwaltschaft, das unserer Meinung nach von der Politik ausging. Wir sind instrumentalisiert worden. Denn damals wurde ein politischer Kampf geführt, der eher gemein, eher feige zu werden begann, wenig regelkonform. Wir wurden von einem Teil der Rechten angegriffen, die Ciprì und Maresco für Regisseure der Linken, für Anhänger Veltronis hielten. Das Paradoxe ist, dass wir 2009 freigesprochen wurden. Und viele Jahre später hat der Staatsanwalt Piro, der im Prozess die Anklage vertrat, *Totò che visse due volte* einen Kunstfilm genannt, auch in der Bologneser Ausgabe von *La Repubblica*. Man fragt sich: Aber warum das alles, wenn es doch Kunst ist? Es muss gesagt werden, dass wir für alles aufgekommen sind. Wenn man dann solche Sachen liest, denkt man „Ach, so werden also die öffentlichen Mittel ausgegeben". Die Rechten sollten besser umfassend informieren, denn wir haben von diesem Geld nichts gesehen, keine einzige Lira. Das liegt auch daran, dass in der Zwischenzeit die Frist abgelaufen war. Zudem haben wir schon am nächsten Tag, als wir davon erfuhren, dass der Film wegen Verunglimpfung der Staatsreligion einfach zensiert worden war, öffentlich auf die öffentliche Finanzierung verzichtet. Dieses Land hat uns richtig angeekelt. Das war eines der letzten Beispiele dieser Art. Der ganze Rest kommt dann später. Auch diesbezüglich endet heute eine Epoche, die Epoche Pasolinis, Bertoluccis, eines Kinos und eines Typ Kinos, wenn man so will, eines Intellektuellen, eines Künstlers, der Angst machte. Auch in diesem Sinne gehören wir zu jener anderen Welt;

heute ist das übrigens noch immer so. Es scheint, als seien einhundert Jahre vergangen und nicht vierzehn.

Hatte die Zensur Auswirkungen auf spätere Filme? Zensierten Sie sich selbst?

Nein, das ist nie passiert. Wenn schon, dann waren wir uns bewusst, wie Sie vorher sagten, dass all das, was es zu sagen gab, gesagt worden war. Für uns war es eine intensive Zeit, die uns geprägt hat. Denn wenn man *Cinico Tv* als eine Fernsehsendung mit Streifen von fünf Minuten Länge betrachtet, dann ist das eine Sache. Für mich hingegen ist *Cinico Tv* ein einziges Werk, eine Welt, ein Film, der viele Stunden dauert. All das, was wir vom Ende der achtziger Jahre bis 1999 gemacht haben, eingeschlossen *Enzo, domani a Palermo!*, muss als ein einziger Film betrachtet werden, als eine einzige Reise in eine Welt, in eine Weltanschauung und Auffassung des Menschen, die länger als zehn Jahre gedauert hat. Das, was wir danach gemacht haben, sind Variationen. Aber wir waren eigentlich, wie bereits erwähnt, schon am Ende. Wir waren uns, oder zumindest ich, schon bewusst, dass das Kunstwerk unnütz, ineffizient ist. Jetzt gibt es nur noch das Business, jetzt gibt es diese Maschine namens Kulturindustrie. Und das ist auch das Paradox: Die Kulturindustrie behauptet, dass alle Welt alles in Frage stelle. Ihr Deutschen, Franzosen, wir alle machen aber weiterhin Kunst, Bilder. Denn wenn wir uns eingeständen, dass jedwede Form künstlerischen Ausdrucks unnütz ist, nur weil schon alles gemacht worden ist, die Musik, das Kino usw., dann müssten wir aufhören, aber die Kulturindustrie würde stillstehen. Und so kommen dann die Soziologen und Psychologen und sagen, dass Erzählen notwendig ist und so erzählen wir eben zwangsläufig. Keiner könnte darauf verzichten. Also warum erzählen wir? Weil wir die Erzählung brauchen, weil wir Höhlen brauchen, …

… um zu überleben …

… machen wir immer weiter. Aber ich glaube nicht, dass wir all dies auf künstlerischem Niveau tun können. Letzten Endes schreibt jeder seine eigene Erzählung und stellt sie ins Internet. Insofern reicht jeder sich selbst. Die tradierte Beziehung von Künstler und Publikum ist ganz und gar vorbei. Genau das meinte ich vorhin: Diesen Typus von Künstler, dieses Verständnis gibt es nicht mehr. Dieses Bewusstsein hat uns auf eine gewisse Art und Weise abgeklärt, hat bewirkt, dass wir uns noch mehr von den Dingen entfernen.

Controcorrente

Die Mafia, die Sie zudem ironisieren, kommt in Ihrem Werk oft vor. Ich denke da an Enzo Castagna, der ja ein kleiner Souverän ist, aber zum Beispiel auch an die Wahlwerbespots für Totò Cuddaro. Stellt dieses Motiv Sozialkritik dar, auch wenn es nicht den typischen, stereotypen Formen von Kritik entspricht? Kämpfen Sie gegen ein bestimmtes Imaginäres, dessen sich die Mafia bemächtigt hat?

Wir haben viel zur Mafia gemacht, aber auf eine neue Art und Weise, auch in Filmen wie *Lo Zio di Brooklyn*. Nämlich auf eine Art und Weise, die ganz anders ist als das, was ihr in Europa und in der Welt gewöhnlich seht, d. h. die Mafia oder ein Sizilien wie bei Tornatore, eine Mafia, wie sie natürlich in den Klassikern von Rosi zu finden ist. Aber es gibt die Camorra von Matteo Garrones *Gomorrha, Reise in das Reich der Camorra*, es gibt Sorrentino. Wenn man Sorrentinos *Der Göttliche* sieht, dann ist klar, dass er bewusst oder unbewusst bei uns Anleihen genommen hat. Wir sind vielleicht unter den Ersten, wenn nicht gar die Ersten, die Allerersten gewesen, die Palermo von dieser Warte aus auf eine ungewöhnliche Art erzählt haben. Die Amerikaner, Scorsese, Coppola, haben dem Ganzen die Dimension der Komödie und der Metaphysik gegeben. Aber mit dem Ursprungsland, d. h. mit Sizilien, haben's nur wir gemacht. Wir haben also ein absolut ungewöhnliches Bild geschaffen, weil wir über die Mafia nachgedacht haben. Damals, vor zwanzig Jahren, haben wir auf sehr gewagte Art und Weise verlauten lassen, dass die Mafia in der globalisierten Welt, einer Welt, in der die Unterschiede ausgelöscht und alle gleichgeschaltet werden, paradoxerweise als Identitätsgarant fungiert. Für die Sizilianer und Sizilien. Auch wenn sie kriminell ist, so ist sie doch ein Garant, fast ein Garant der Tradition. Es klingt komisch, aber so ist es nun mal. Wir haben nicht einfach angeklagt. Aber darüber hinaus steckt noch viel mehr in unseren Filmen, wie in den bekannten chinesischen Schachteln. Es handelt sich also um eine eher komplizierte Interpretation und wer sich ihrer annimmt, wenn denn überhaupt, wird vielleicht all denjenigen, die keine Sizilianer oder keine Italiener sind, verstehen helfen, was unsere Arbeit auszeichnet und was unser Kino im Hinblick auf die Vorstellung von Sizilien von anderen Filmen unterscheidet. Als Moravia Tornatores Film *Nuovo cinema Paradiso* in *L'Espresso* kritisierte, hat er etwas gesagt, das ich natürlich teile. Warum hat Tornatore einen Oscar gewonnen? Weil er den Amerikanern die Vorstellung und das Bild eines Sizilien geliefert hat, so wie sie es kennen und erwarten. Kitschig. Es ist klar, dass all das, was sich außerhalb des Kanons ansiedelt, natürlich anstrengend ist. Auch ihr seid faul. Es fällt euch schwer, das Sizilien zu verstehen, was man in Vergas oder Pirandellos Texten findet. Wir aber haben mit unserer Arbeit viel riskiert, auch in kommerzieller Hinsicht. Denn das, was wir gemacht haben, ist nicht gleich verständlich.

Sie beide arbeiten mit einem spezifischen Konzept, einer gewissen eingeplanten Unbestimmtheitszone, d. h. dass sie sich einer dichotomischen Ordnung entzieht.

Genau. Es müssen aber noch andere Varianten hinzugefügt werden: die Figur Enzo Castagna, die über den komischen und erheiternden Rahmen hinausgeht, über ebenjene Aspekte, die sofort als eine Art Anklage der mafiösen Macht verstanden werden; der Umstand, sich, wie Sie es vorher formulierten, das Imaginäre anzueignen, nicht nur das Komplizentum von Kino und der lokalen Mafia. Hinzu kommt das Paradox, dass ich einen Film gegen die Mafia mit einem Team und Strukturen mache, die ihrerseits aber auf der Mafia basieren. Das ist paradox, aber so ist es. Aber mehr noch: Da ist der Stillstand einer Welt, einer Lebenswirklichkeit, die im Begriff ist auszusterben. Die psychologische Analyse eines Mannes, der trotz all seiner schlechten Seiten, nicht palermitanischer sein könnte; kurz: Enzo Castagna. Zugleich besitzt dieser Mann aber auch eine Leidenschaft, die, selbst wenn sie das Kino betrifft, krank und abwegig ist. Dafür ist sie aber viel authentischer als die vieler Intellektueller. Der Umstand, dass dieser Mann für ein Palermo steht, das im Begriff ist auszusterben und zu verschwinden droht, macht ihn in einer gewissen Art und Weise auch zum Opfer seiner eigenen Unwissenheit. Dem stelle ich die Antimafia-Bewegung gegenüber. Und hier kommen wir zu den Antimafiaprofis von Sciascia, einer Antimafia, die im Gegensatz zu Castagna berechnend, ehrgeizig, verleumdend und zweckmäßig ist. Im Leben ist nicht alles immer so fein säuberlich getrennt. Das findet man zum Beispiel bei Orson Welles, in Filmen wie *Im Zeichen des Bösen*. Enzo Castagna kann auch so wie Quinlan interpretiert werden. Bleiben wir kurz bei *Im Zeichen des Bösen*. Dort gibt es den Polizeikapitän Quinlan und den Fahnder Vargas, gespielt von Charlton Heston, der ehrlich, absolut integer und sauber ist und innerhalb des Gesetzes agiert. Der Fahnder ist Mexikaner. Im Gegensatz zu ihm ist Quinlan zwielichtig und unklar. Die Sympathie des Zuschauers gilt aber nicht dem, der keine Fehler macht, der sauber und schön ist und der eine blonde, ganz reine und duftende Frau hat. Nein, die Sympathie gilt dem Mann, der am Ende ist, dem Zwielichtigen, der Kanaille, die vielleicht keine demokratischen Methoden anwendet, dafür aber immer bei den Gangstern ins Schwarze trifft. Denn er weiß, was es bedeutet kriminell zu sein, wer die Gangster sind und was sie denken. Ich denke, dass nicht immer alles auf der Seite von Recht und Gesetz steht. Und da ich die Menschen nicht klar in Gut und Böse einteile, gilt das auch für Enzo Castagna. Er ist, um es mal so zu sagen, das Terrain, auf dem die Mafia sät und bestellt. Er steht für eine Welt, die im Verschwinden begriffen und die zum Teil schon verschwunden ist. Aber es ist auch die Geschichte eines Mannes, der voller Menschlichkeit mit all ihren noblen Seiten ist. Somit ist dieser Film eine Herausforderung gegenüber all dem, das wir für ausgemacht halten, gegenüber dem vorgefertigten Bild und der Vorstellung, die wir von der Mafia haben.

Palermo, 13. Januar 2012

Wie weit ist der neue Film?

Was die Aufnahmen betrifft, so ist er fast fertig, abgesehen von einigen Details. Uns fehlt noch ein sehr wichtiges Interview mit Francesco Di Carlo, einem Mafiaaussteiger und Kronzeugen, der mit der Justiz zusammenarbeitet. Di Carlo war besonders wichtig für die Verhaftung von Marcello Dell'Utri, für die ganze Geschichte um Calvi und den Mord in London. Zudem ist Di Carlo der einzig noch lebende Zeuge, der erklärt hat, die Verhandlungen der Mafiagrößen gesehen zu haben und die damaligen Bosse der Cosa Nostra Stefano Bontade, Teresi und Inzerillo getroffen zu haben. Wir treffen Di Carlo in einer Woche.

Wovon handelt der Film?

Der neue Film, der ja, wie du sicherlich gelesen hast, den Titel *Belluscone. Una storia siciliana* trägt, ist wieder eine Art Dokumentarfilm, der dem Schema des investigativen Journalismus folgt. In Wirklichkeit ist es aber eine Art Science-Fiction-Film, so wie es auch Don Siegels *Die Dämonischen* ist. An den englischen Titel erinnere ich mich nicht. Aber das ist der Film, in dem die Bazillen einfallen und am Ende alle zu Doppelgängern ihrer selbst werden. Die Außerirdischen bemächtigen sich der Körper aller Erdenbewohner. Im Film ist *Belluscone*, also Berlusconi, ein Körperfresser, wie auch wir Körperfresser sind.

Resistente Körperfresser?

Resistente Körperfresser – man muss Widerstand üben – und das sind alle Italiener, ja sogar die ganze Welt. In Italien haben wir dieses Unglück und ihr habt eures mit der Merkel, sozusagen der andere Körperfresser. Jeder bekommt die Körperfresser, die er verdient. Über die Bilder und den fiktiven Teil hinaus – die Schwarz-Weiß-Aufnahmen stammen von Luca Bigazzi – greift der Film bei seiner Erzählung auf verschiedene Materialien zurück (nämlich auf Ausschnitte aus Zeitungen, von privaten und lokalen Fernsehsendern, auf Werbung und Wahlwerbespots), auf Interviews, auf komische Dinge und charakteristische Figuren (Polizisten, Kronzeugen, normale Menschen, paramafiöse Sänger). Wir schaffen ein Universum, in dem jeder sein Fett abkriegt. In Form des investigativen Journalismus – keiner à la Santoro oder à la *Rai* – wird in Wahrheit Berlusconis Aufstieg erzählt. Auch wenn Berlusconi aus der Lombardei stammt, so hat doch alles, was er gemacht hat, seinen Ursprung in Sizilien. Seine Hochburg ist Sizilien und die Sizilianer. Wir versuchen also die verschiedenen Puzzleteile zusammenzufügen. So etwas wurde natürlich schon vor uns gemacht, von Santoro oder von der Gabanelli. Aber unsere Geschichte ist eine umfassende Erzählung, die auch die Hintermänner und Nebenfiguren mit in den Blick nimmt. Es ist unvorstellbar, dass Berlusconi dies alles allein erschaffen und die Menschen allein umgarnt haben soll. In Wirklichkeit haben wir es mit einer Welt zu tun, mit einem ganzen Universum, das sich angepasst hat, das bestimmte Dinge akzeptiert und sich damit identifiziert hat. Wir sprachen ja schon letztes Mal von einer anthropologischen Veränderung. Berlusconi kam nicht durch eine Militärdiktatur an die Macht, sondern es ist ihm dadurch gelungen, dass er den Italienern das gab, was diese erwarteten: Weiberärsche und Fußball. So ist das. Ein bisschen wie in *Tony Scott* und wie wir das früher mit Ciprì gemacht haben, kommt auch dieses Mal ebenjener Untergang, jenes Ende, jener Weltuntergang zum Vorschein. Es gibt kein Happy End. Es kristallisiert sich keine bessere Welt heraus, wie man uns glauben machen will, sondern vielleicht sogar eine viel schlimmere.

Warum haben Sie sich für dieses Thema entschieden?

Wir haben uns für Berlusconi entschieden, da er eine Figur ist, die unsere Arbeiten schon immer gekennzeichnet hat. In den über zwanzig Jahren meines Schaffens taucht er immer wieder darin auf. Zudem waren wir die Ersten, die die späteren Entwicklungen prophezeit und vorausgesehen haben. Meiner Meinung nach ist das so gut wie unbestreitbar. Auch wenn man oft hört: „Aber Moretti, *Der Italiener* …", so waren wir doch die Ersten, die dieses Thema aufgegriffen haben. Vor genau zweiundzwanzig Jahren. Aber auch danach haben wir Berlusconi immer im Auge behalten. Jedes Mal waren wir der Zeit voraus.

Warum wir uns jetzt damit beschäftigen? Was ist also passiert, nachdem Ciprì und ich uns getrennt haben, unser Team auseinandergebrochen ist, wie man so schön sagt? Das Leben ist wirklich komisch, viel komischer als man annimmt, wie ein Drehbuch. Das beste Drehbuch ist das Leben, oder etwa nicht?

Nur hat man es vorher nicht gelesen.

Das stimmt, man kennt den Inhalt nicht. Aber wenn man am Ende dann dasteht und zurückblickt, sagt man sich: Verdammt nochmal, da kommt kein Drehbuch ran! Nach der Trennung von Ciprì, kam *Tony Scott* raus, der uns nicht wenige Probleme bereitet hat. Nachdem unsere Firma wegen *Tony* Insolvenz anmelden musste, hat sich das Gericht des Films bemächtigt und verwaltet ihn nun. Meine Idee war, unmittelbar mit einem neuen Projekt loszulegen. Anfangs dachte ich daran, etwas zu Salvatore Giuliano zu machen, ein Thema, das in diesem Moment wieder aktuell war, dank der Historiker und der Exhumierung seines Leichnams. Dann aber schwenkte ich auf Berlusconi um. Erstmal haben wir alles auf Sparflamme gehalten und Zeit verloren, denn Berlusconi ist zwischenzeitlich zurückgetreten. Danach haben wir überlegt, wie es weitergehen soll: Berlusconi ist nicht mehr an der Macht, die Menschen wollen nichts mehr davon hören, was ist besser, was ist schlechter. Aber die Idee bestand dennoch fort. Figuren wie Tony Scott, Enzo Castagna und ähnliche dieser Art sind für mich einfach nur, nennen wir sie mal, Monster, die mir erlauben, die Situation auf den Kopf zu stellen, in dem Sinne, dass ein Monster alle anderen Monster nach sich zieht. Enzo, zum Beispiel, war ein Monster, ein kleiner Boss in seinem Stadtviertel. Aber in Wirklichkeit befinden sich die Monster stattdessen anderswo, paradoxerweise sind es diejenigen, die gegen die Mafia ermitteln und sie haben weitaus mehr Verantwortung. Tony an sich war kein Monster. Er ist es erst später geworden, als er verrückt geworden ist. Ansonsten waren alle Monster. Für mich stellt Berlusconi einen Vorwand dar, um mich wieder mit Sizilien zu beschäftigen, das ich gut kenne, das sich aber auch zusehends verschlimmert und ins Verderben gerät, sodass ich es nicht mehr wiedererkenne. Es ist also auch eine Methode, meinen Ängsten und meiner Unzulänglichkeit zu begegnen. Ich bewege mich in einer Stadt und inmitten von Menschen, die mir zunehmend fremd werden. Berlusconi gibt mir also die Möglichkeit – natürlich anhand des Paradoxons, der Groteske und der Komik (der Film ist ein Trojanisches Pferd) –, eine Welt zu erzählen und zu beschreiben, in der das Schlimmste die Linke ist. Und zwar aus dem einfachen, offensichtlichen und zigmal wiederholten Grund, dass die unfähige, schlampige, komplizenhafte, mitwisserische Linke zum großen Teil schweigend dieses Desaster in Kauf genommen hat. Sie ist dafür verantwortlich. Denn von Berlusconi wusste man ja, dass er mit den alten Christdemokraten gemeinsame Sache macht; im Grunde weiß man ja, wer die sind und wer er ist. Parallel dazu gibt es dann die Geschichte von Berlusconi. Sie beginnt in den siebziger Jahren, als er beginnt, bekannt zu werden und als es eine starke Mafia gab, die ja dann auch mit ihm abgedankt hat. Deswegen erzähle ich im Film, wie später zu sehen sein wird, ja auch kurze Episoden von kleinen Gaunern. Es ist sozusagen eine Art parallelen, ebenso melancholischen Abdriftens. Ich betrachte mich, wie ich dir vielleicht schon gesagt habe, als einen Trans- oder Posthumanisten. Hinter der Fassade der journalistischen Ermittlung verweist *Belluscone* nämlich erneut, wenn auch zwanghaft, auf eine Mutation, ein Ende, einen Übergang – wie es auch schon *Lo zio di Brooklyn* tat, der gar der erste italienische transhumanistische Film war.

Letztes Mal sprachen wir über den roten Faden in Ihrem Werk, nämlich über das Zusammenfallen von Politik und organisierter Kriminalität, welches sich auch (obsessiv) in I migliori nani *und* Ai confini della pietà *manifestiert. Welche Beziehung haben Sie zu dem, was man „Dummglotze" nennt?*

Das Kino, insbesondere das italienische Kino oder die zeitgenössische Kunst, können sich nicht vorstellen – ich bin romantisch, altmodisch –, dass das Leben und die Kunst voneinander entkoppelt werden könnten. Aber genau das passiert. Gerade deshalb mag ich Tony Scott. Tony Scott war ein Mann, der mit seinem Leben zu Grunde ging, mit seiner Musik, beide Dinge fielen zusammen. Ein Kritiker stellt im Film die gleiche Beobachtung an: Heute gibt es große Klarinettisten, aber keiner hat ein so interessantes Leben. Wenn man zum Beispiel Arthur Rubinstein oder irgendeinen anderen Musiker des letzten Jahrhunderts betrachtet, dann waren diejenigen wichtig, bei denen Leben und Werk zusammenfallen. Heute hingegen gibt es Profis, nicht nur im Showgeschäft, auf der Bühne, bei der Satire, dem Kabarett und der Kritik. Alles ist total losgelöst und somit ist alles aseptisch, alles schulisch, alles akademisch. Heutzutage, sprich als wir *I migliori nani* produziert haben, ist es so. Wenn jemand Ciprì und Maresco kennt, ein echter Biograf, und den roten Faden vom Beginn unseres Schaffens an verfolgt, dann sieht er in diesen beiden Arbeiten, vor allem aber in *Ai confini della pietà*, eine Art Tragödie in Liveübertragung, einen Selbstmord live. Ich sage das jetzt etwas scherzhaft, mit etwas schwarzem Humor, aber es ist schon viel Wahres daran. Dennoch, die Schwierigkeiten innerhalb unserer Arbeitsgruppe sind Fakt, das zeigen auch unsere Arbeiten; wir haben in all unsere Aktivitäten derart viel Energie investiert, dass wir alles verschlungen haben und nun alles gesagt ist. Wenn ich mir heute die Musiker Ciprì und Ferrara aus *I migliori nani* ansehe, dann stoße ich auf Erhabenes. Ich fühlte jedoch nicht nur, dass Ciprì und ich als Team eine Krise hatten, sondern auch dass das Fernsehen, anders als bei *Cinico Tv*, heute keinen Bezugspunkt bildet. Es bietet keine Angriffsfläche mehr. Deshalb habe ich für *I migliori nani* surrealere Dinge wie Ciprì und Ferrara vorgezogen. Erinnerst du dich, wie in *Ai confini della pietà* der Bildschirm viergeteilt ist und die ganze Sendung dreht sich nur darum. Dies ist ein bedeutender Moment unserer Fernsehproduktion. Nach 2007 endet unsere Beziehung zum Fernsehen, man kann diese Art von Fernsehen nicht mehr machen. Zu Hause habe ich nicht mal mehr einen Fernseher, weil er kaputt gegangen ist und ich keinen neuen besorgt habe und so sehe ich eben kein Fernsehen mehr. Aber als ich noch ferngesehen habe, da hat es mir Angst gemacht, sodass ich mich manchmal gefragt habe, was ich machen könnte: keine Ahnung. Das Einzige ist, ab und zu den Direktor von *Rai 3* anzurufen und ihn aufzufordern, Material oder einen Film zu kaufen. Aber was die Produktion einer neuen Sendung betrifft, da sehe ich eher schwarz.

Ich bezog mich eigentlich nicht auf die Produktion einer Sendung, aber indirekt haben Sie mir schon geantwortet. In erster Linie indem Sie sagen, dass alles, was zu sagen war, gesagt ist, vor allem in den Neunzigern, und zweitens, indem Sie auf die Veränderung des Fernsehens selbst eingehen, die sich ja seitdem vollzogen hat, und indem Sie den schlechten Geschmack betonen, der so allgegenwärtig und derart expansiv ist, dass es unmöglich ist, eine wirkliche Gegenhaltung einzunehmen.

Ja. Das betrifft alles: die Kamera, jedwede Art von Diskurs, zum Beispiel die explosionsartige Zunahme von Kommentaren, von Demokratisierung, die paradoxerweise zu einem Kurzschluss, zum Kollaps geführt hat. Es gibt also keine Aussage. Das ist ein bisschen wie, wenn man mit allen auf Facebook befreundet ist, aber dann viel verzweifelter ist als vorher, als man noch mit seinen Freunden ausging.

Aber all dies sind doch auch Dispositive, um uns zu regieren, sowohl Facebook als auch das Fernsehen, indem sie uns vorgaukeln, wir seien frei in unseren Entscheidungen, in der Kommunikation (die Posts, die virtuellen Freunde usw.), um uns letzten Endes weit mehr zu überwachen als vorher.

Wenn du darauf achtest, dann habe ich in der Tat keine großen Hoffnungen, da all das ja nicht rückgängig gemacht werden kann. Deshalb spreche ich ja von damals, davon, was wir fühlten, davon, was gerade passierte, und dass wir versuchten, dies alles flugs, aufgeregt und verzweifelt in unsere tägliche Arbeit einfließen zu lassen. Ich glaube, dass wir die Einsamkeit fühlten, weil wir an dem bereits erwähnten evolutionistischen Endpunkt angelangt sind – deshalb sprach ich von posthuman. Wir merken also, dass wir uns verändern. Das ist es, was uns Unbehagen bereitet, weil wir uns bewusst werden, dass unsere menschliche Natur, die jahrhundertelang Bestand hatte, uns verlässt: Wir sind dabei, zu etwas anderem zu werden. Daher ist dies hier der schlimmste Moment. Aber die Menschheit wird schon nicht aussterben, leider.

Wir werden also „etwas anderes" sein, im Sinne von menschenförmigen Robotern, denen ihre Entscheidungsgewalt abgesprochen wurde oder …?

Nein, das ist eine Sache, die für mich noch schlimmer ist …

Oder anstatt von einem „Blob" aufgesaugt zu werden, können wir frei entscheiden und leben eine Kondition, die durch verinnerlichte und unbewusst reproduzierte Machtmechanismen gekennzeichnet ist?

Genau das ist das Problem, da wir uns an einem Scheideweg befinden. Es ist nicht mehr so, wie uns die Transhumanisten glauben machen wollten, die Transhumanisten der Vierziger und Fünfziger, wie zum Beispiel Orwell, der Autor von *Die Zeitmaschine*, der Vater des Science-Fiction. Auch wenn er in Teilen Recht hatte, so ist Orwells Vorstellung einer Zukunft, die er als eine Zukunft von Entfremdeten imaginierte, heute für jedermann reduktiv. Auch wenn die Philosophen – vor allem diejenigen, die von der Kulturindustrie leben und dich das daher glauben lassen wollen – nicht mehr daran verdienen.

Wen meinen Sie denn?

Italienische oder ausländische Philosophen.

Wen denn?

Was weiß ich? Ich könnte die ganzen Redaktionen der italienischen Zeitungen, der Kulturseiten aufzählen. Umberto Eco zum Beispiel. Nehmen wir den berühmtesten italienischen, von den Franzosen und Deutschen heiß geliebten Intellektuellen, den Mediävisten. Eco ist ein Herr, der Ende der achtziger Jahre, genauer 1984 – ich erinnere mich ganz genau, denn ich habe es gelesen, es war ja das Jahr, in dem Orwells Buch gefeiert wurde – einen triumphalen Artikel im *L'Espresso* schrieb, in dem er alles in allem schrieb: Orwell, na gut, aber sein Pessimismus hat sich nicht bewahrheitet, es ist nichts passiert, natürlich ist die Welt letztlich weit weniger schlimm, als er angenommen hatte, aber Orwell ist widerlegt worden. Aber andererseits war Eco genau der Korrespondent, der ich weiß nicht mehr welchen Film von Hitchcock rezensiert hatte (vielleicht war es *North by Northwest*, ich kann mich täuschen, aber es war jedenfalls einer seiner großen Filme). Also, diese berühmten Herren, die sich immer schön das Ärschlein wärmen, sagen, dass die Welt auf eine bestimmte Art und Weise endet, dass die Dinge aber nicht so liegen, wie wir denken, weil alles in einer besseren Welt aufgehen wird, die Technologie darf nicht verteufelt werden usw. Es gibt eine ganze Reihe von Philosophen, zum Beispiel einen italienischen Psychologen, der gesagt hat, dass dies die bestmögliche Welt ist, die der Mensch je bewohnt hat. Und es ist von einem bestimmten Gesichtspunkt aus sogar wahr. Ich denke, dass es noch nie so wenig Gewalt gab. Diesem Herren jedoch müsste man entgegenhalten, dass natürlich nicht alles gemessen werden kann, wie zum Beispiel der Holocaust, sondern dass eine alltägliche Gewalt existiert, die Gewalt im Internet, die Gewalt der Anonymität, der Entpersonalisierung, der Sexualität im Internet, die aufgrund einer ganzen Reihe von Dingen erschreckend ist, eine Gewalt der Banalisierung.

Eine symbolische Gewalt.

Diese Gewalt tötet einen nicht, sie verhaftet einen nicht und sie deportiert einen nicht in ein Konzentrationslager, aber sie entfremdet einen. Bei diesem Psychologen, von dem ich gerade sprach, gibt es aber noch etwas anderes. Vor zweitausend Jahren war der Mensch nicht gewalttätiger als jetzt, damals waren das sogar die „demokratischsten" Philosophen und Dichter – wenn man Seneca oder einen aufgeklärten Griechen liest. Sie lebten in einem Kontext, in dem Menschen als Sklaven deportiert wurden. Es war normal, dass sich niemand entrüstete, diese Gewalt wurde akzeptiert. Was ist dann also das Problem? Wir sind Tiere geblieben. Im Vergleich zu dem, was der Mensch vor achthundert Jahren gemacht hat, denkt man, dass das, was bis heute gemacht worden ist, sehr wenig ist, da wir ja acht Jahrhunderte an Zivilisation, Wissenschaft und

Anderem mehr haben. Wenn wir uns also so verhalten, wie diese vor so vielen Jahrhunderten, dann unterscheidet uns nichts. Es hat sich also nichts oder nur sehr wenig verändert. Die Formen der Gewalt sind weniger offensichtlich. Das Erschreckende ist, dass während früher die Dinge so lagen – für die Untertanen war ich der König und machte, was ich wollte usw. –, ist heute alles noch perverser. Kommen wir nochmal auf die Technologie zurück, denn es gibt keine Rollen mehr – hier ist er wieder, der Bezug zu Berlusconi und der Linken. Deswegen spricht die Industrie von Umweltschutz, natürlich gilt ihr einziges Interesse dem Profit, sie sagen dir „Schau, was für ein sauberes Auto" und dann zeigen sie dir Kinder usw. Es ist alles vorgetäuscht. Es ist wie in einem Science-Fiction-Film, es ist ein Albtraum, denn es gibt keine Rollen mehr. Alles ist nur Schein und dahinter verstecken sich wirklich mehrere Big Brothers, die untereinander verknüpft sind und aufeinander folgen. Es ist wirklich grausig, das macht Angst. Und das hat natürlich auch etwas mit dem Internet zu tun. Wenn einem jemand sagt, dass das Internet der Triumph der Demokratie ist, dann glaube ich das nicht.

Eine andere Frage, um noch einmal auf I migliori nani *und* Ai confini della pietà *einzugehen. Dass der Diskurs immer weiter entbrennt und auf gewisse Weise auch immer ungehobelter wird, ist das am Ende auch Ausdruck Ihrer Reaktion auf die Veränderungen, von denen wir eben sprachen?*

Was *Cinico Tv* betrifft, denke ich, dass *I migliori nani* aus rein ästhetischen Gesichtspunkten in Wirklichkeit viel raffinierter ist.

Raffiniert jedoch nur, in Bezug auf die Art und Weise, wie die Sendung genau das hervorhebt, was wir im Fernsehen sehen.

Sicher, genau diese Abweichung ist der Punkt, wobei hierbei aber nicht vergessen werden darf, dass dies durch das Fernsehen geschieht. *Cinico Tv* unterschied sich von dem ganzen Rest wegen seiner absolut anderen ästhetischen Wirkung. Als dann viele Jahre später *I migliori nani* ins Fernsehen kommt, das sich zudem ...

... das sich verändert hat, also machen Sie das mittels des Diskurses, der auch die Sprache umfasst ...

Vorsicht. Es stimmt, dass der Fernsehsender *La 7* noch jung war. Wir gingen samstags um 20 Uhr auf Sendung, mit Wiederholungen. Es ist kein Zufall, dass wir nur geringe Einschaltquoten hatten, wir lagen bei einigen Tausend Zuschauern, wenn es gut lief. Das waren *I migliori nani*, die ja später auf Youtube gestellt und aus dem Zusammenhang gerissen worden sind. Es ist ein bisschen wie mit *Totò che visse due volte*. Als er rauskam, wurde er von der Werbung ungemein lanciert. Eine Frage, die ich mir immer gestellt habe und auf die ich mir nie eine klare und überzeugende Antwort geben konnte, ist: Wieso hat dieser Film ein solch enormes Aufsehen erregt – damals war das Internet noch nicht so verbreitet – und war trotzdem schlecht besucht? Weil es eben nicht reicht, Aufmerksamkeit zu erregen. Wenn wir einen Film gemacht hätten, dessen Skandal darin besteht, dass ein Alter ein junges Mädchen liebt, wenn es solche Szenen gegeben hätte, dann wären alle reingegangen. Das Problem aller unserer Werke ist, dass es etwas gibt, was uns ungenießbar macht, was viele abstößt. Und das ist gut so, denn es ist genau das, was Ciprì und Maresco ausmacht. Das ist etwas anderes als der Skandal. Jeder kann einen Skandal provozieren und sich anbiedern. Bei Cronenberg zum Beispiel, selbst in seinen krassesten Sachen, gibt es in einigen Filmen einen fast sinnlichen, erotischen Appeal. Nicht in unserem Fall, jene Welt ist absolut unverdaulich. Da kann man so viel Lärm schlagen, wie man will. Wobei wir ja gar nicht so viel gemacht haben, wie später die Herren von der Kirche, sodass *Totò* kaum Publikum hatte. Somit hatten auch *I migliori nani* keinen Erfolg. Ich weiß nicht, vielleicht hätten wir auf *Rai 3* dreihunderttausend Zuschauer mehr gehabt. Dies bedeutet, dass wir nicht allen gefallen und dass man dagegen auch nichts tun kann. So ist das. Unsere Art von Fernsehen, unsere Herangehensweise und der Umstand, dass wir nicht in die Talkshows gingen, um uns interviewen zu lassen – wie oft hat *La 7* uns aufgefordert: „Lasst euch von Ferrara interviewen, geht in die Sendungen" und wir haben es nicht gemacht –, dass wir da nicht hingegangen sind, hat es sicherlich nicht besser gemacht. Wir sind, wie soll ich sagen, Fremdkörper, von der Leine gelassene Hunde, vor denen man sich hüten sollte.

Das wirklich Raffinierte an I migliori nani *wäre also, dass sie unverdaulich sind.*

Ich denke, dass das wirklich Raffinierte daran zunächst einmal die Ästhetik ist. Die Bühnenbilder von Cesare Inzerillo und Nicola Sferruzza waren überwältigend. Im Gegensatz zu anderen Sendungen, hat unsere Arbeit nichts gekostet. Wenn die *Rai* oder eine anderer Institution jene Art des Fernsehens hätte machen müssen – ein altes, handwerkliches Fernsehen, nach den Regeln der Kunst –, hätte sie einen Batzen Geld ausgegeben. Ich fordere eine solche Art Fernsehen, willentlich anachronistisch, bewusst zeitlos, weil es genau das war, was wir wollten. Genau das war der Fausthieb in den Magen und eine Art landendes Raumschiff. Irgendwie haben wir das sogar vorausgesehen. Ich habe mir *I migliori nani* nochmal angeschaut. Ein Landsmann von dir, der Regisseur Werner Herzog, hat Ciprì und Ferrara auf einem von Ghezzis Festivals gesehen. Sie haben ihn beeindruckt. In Deutschland ist man scharfsinniger, geistreicher, dort hätte man Ciprì und Ferrara verstanden. Ich habe überhaupt kein Problem damit, die These zu vertreten, dass Ciprì und Ferrara viel komischer als Totò und Peppino di Filippo sind. Sie sind einzigartig, unendlich komisch. Die Musik ist am Ende. Innerhalb der Sendung symbolisierten Ciprì und Ferrara das Ende eines jedweden Diskurses, sogar die Musik ist am Ende. Es geht nicht mehr weiter.

In Ai confini della pietà *und* I migliori nani *wird ständig auf Bernardo Provenzano verwiesen. Warum? War das damals aktuell und in den Medien?*

Was das betrifft, so waren wir Propheten, denn wir haben seine Verhaftung um zehn, fünfzehn Tage vorweggenommen. Provenzano wurde zudem in fast genau der Umgebung gefunden, in der wir ihn dargestellt hatten. Wir waren nicht Provenzanos Komplizen, wir haben das einfach so gemacht. Das war einer unserer Versuche, uns immer mal wieder mit der Wirklichkeit auseinanderzusetzen. Aber es war auch eine paradoxe Art und Weise, die sizilianische Wirklichkeit und die Mafia zu lesen. Das was ich schon immer gemacht habe, ist die Wirklichkeit und die Welt in einem grotesken Licht darzustellen.

Mir scheint, dass Sie den Begriff Science-Fiction nutzen, um sich zu schützen, denn die Dinge direkt anzusprechen, als Wirklichkeit auszugeben, könnte bei den Italienern sonst auf zu große Ablehnung stoßen.

Meine Landsleute kümmern mich nicht. Ich beziehe mich auf Science-Fiction-Filme, weil es dort einen Aspekt gibt, der mich sehr beunruhigt wie bei den Exorzismen, vom Dämon, vom Teufel besessen zu werden, der Exorzist, der Teufel bemächtigt sich der armen Regan, dem Mädchen in *Der Exorzist*. Und mit den Außerirdischen ist es ungefähr das Gleiche; sie bemächtigen sich der Menschen, entmenschlichen und entfremden sie. So verstehe ich Science-Fiction. Ich muss sagen, dass wir das Rad nicht neu erfunden haben, schon eher, dass die Drehbuchschreiber der fünfziger Jahre schon die Entwicklung dieser sich fremd werdenden Gesellschaft ahnten. Mir ist diese Weltanschauung eigen, ich wurzele in ihr. Ich bin ihr Enkel oder Sohn.

Palermo, 17 aprile 2011

Quali le linee di continuità, quali svolte vede nella Sua opera negli ultimi venti, venticinque anni?

Abbiamo iniziato a lavorare venticinque anni fa. Se ci sono state delle svolte, dei cambiamenti, delle inversioni di marcia? Dal punto di vista estetico o tematico? Direi che sostanzialmente per gran parte del nostro lavoro, che è cominciato negli anni Ottanta e prosegue per tutti gli anni Novanta, non ci sono state delle svolte, non c'è un vero e proprio cambiamento. I temi sono sempre gli stessi, c'è qualche allargamento, c'è ovviamente un approfondimento. Vi è una qualche variazione sul tema, ma sostanzialmente i punti di partenza sono sempre gli stessi. All'inizio abbiamo impiegato un anno, un anno e mezzo, un paio di anni al massimo, per mettere a punto ciò che è stato *Cinico Tv* e poi ovviamente il lavoro che si è sviluppato attraverso i lungometraggi. Per tutti gli anni Novanta c'è una sorta di linea di evoluzione, ma a partire da alcuni temi che sono costanti: dalla visione del mondo e soprattutto dal nostro rapporto con la Sicilia, Palermo è sempre rimasta il nostro palcoscenico preferito, il nostro set ideale. In realtà, qualcosa poi cambia a partire dal ventunesimo secolo. Questo è, in parte, dovuto al processo per *Totò che visse due volte*, iniziato nel 1998 e proseguito fino al 2009, quando poi siamo stati assolti con formula piena, con tutti gli onori, dall'accusa di vilipendio della religione di stato e perfino dalla tentata truffa ai danni dello stato per „mezzo preventivo". In quei tre anni ci siamo ritrovati ad avere delle difficoltà perché molti, ovviamente, ci guardavano con sospetto, altri ne approfittavano perché avevano la scusa per non farci lavorare, già non volevano farci lavorare prima. Abbiamo fatto in quegli anni dei documentari musicali. Inoltre abbiamo realizzato uno spettacolo teatrale alla Biennale di Venezia; sebbene i temi fossero sempre più o meno gli stessi, ma già con elementi nuovi. *Il ritorno di Cagliostro* e *Come inguaiammo il cinema italiano* sono poi stati sicuramente due approcci diversi – come se negli anni Novanta avessimo già detto tutto in maniera più radicale, ma negli anni successivi avvengono poi altri fatti e altri eventi.

Se brevemente volesse descrivere il Suo cinema con tre aggettivi. Quali sarebbero?

Queste sono domande che fanno i tedeschi. Il cinema, dunque, io l'ho chiamato anni fa un cinema del commiato, cioè il cinema dell'addio, addio da un'idea di civiltà, da un'idea di arte, da un'idea di essere umano. Accomiatarsi, cioè salutarsi.

Accomiatarsi da quale tipo di arte?

Era un accomiatarsi da una forma di arte prodotta da un certo tipo di uomo, da una specie umana in via d'estinzione. Io penso che la storia degli esseri umani sia arrivata da tempo al capolinea.

Da tempo, da quando? Forse è sempre stato così?

No. Diciamo nel Novecento, dopo la grande catastrofe della Seconda guerra mondiale. Penso che lo sviluppo ipertecnologico e scientifico porterà l'uomo – come affermano questi simpaticoni che si chiamano post-umanisti, trans-umanisti – nel volgere di pochissimo tempo, anzi di pochissimi decenni ad essere alla fine dell'*uomo sapiens sapiens*; così come è stato l'uomo per migliaia e migliaia di anni, diciamo da quando si è insediato dalle vostre parti nel Neanderthal e anche dalle nostre. Penso che quell'umanità, quel tipo anche fisico, quell'arte prodotta *dall'uomo sapiens sapiens*, il suo rapporto con la morte, il suo rapporto con il corpo sia stato per secoli, per migliaia di anni un rapporto naturale. Ecco, appunto, quell'arte era un surrogato di eternità: l'uomo deve morire e l'arte è un modo, un sistema per essere in qualche modo „eterno". Adesso noi abbiamo l'uomo che si avvia verso un progresso, che naturalmente è iniziato due secoli fa con l'invenzione delle scienze biologiche e con la fisica e così via. L'uomo tende a diventare qualcos'altro, per metà artificiale, un essere ibrido, e per metà biologico-naturale. Lei sa benissimo che cosa è la singolarità, ne parlano i neurobiologi, gli scienziati, gli ingegneri che si occupano di robot, di intelligenza artificiale, quella fase in cui la macchina dell'intelligenza artificiale non avrà più bisogno dell'uomo. Sarà autosufficiente, quindi avrà raggiunto una propria coscienza. E noi saremo a posto. Ecco un mondo in cui cambia il rapporto con la morte. Teoricamente possiamo essere eterni. Le nanotecnologie riparano tutti gli organi e tutto il resto che possiamo immaginare. È chiaro che un certo tipo di uomo è finito. E con lui è finito anche un certo tipo di storia, un certo tipo di arte, di cinema, la pittura, la musica, così come l'abbiamo conosciuta per secoli. E in modo particolare, quel che ci ha rovinato è l'idea romantica di cultura.

Quando Lei parla di un cinema dell'„accomiato", considererebbe il Suo cinema forse anche un cinema che propone altre forme di vita o che mette in rilievo forme di vita che oggigiorno tendono a sparire, modelli alternativi? Spesso s'è anche parlato del volto umano.

Io non appartengo personalmente a quella categoria di artisti, se di artisti si può parlare, compreso il sottoscritto, che vedono, pensano, immaginano che si possa cambiare qualcosa. Non penso che ci sia un'alternativa, che c'è una soluzione. Questo non è possibile. Gli artisti hanno il compito di porre delle domande, di essere portatori, di seminare zizzania, dubbi e contrasti. Questo è il compito che ha un artista: non dare risposte né soluzioni. Personalmente, io sono figlio del Novecento. Sono nato a metà del Novecento, mi sono formato con gli autori del Novecento. Diciamo che i miei maestri, i grandi riferimenti sono dentro a quel secolo e in quello precedente. Per me è un tipo di storia, un tipo d'idea dell'arte è arrivata al capolinea, è finita, si è conclusa. Non dico che l'arte in generale finirà. Non lo so, è probabile. Ma un certo tipo di arte, un modo di intendere l'arte, un'idea di arte è sicuramente al tramonto. Noi con quel tipo di lavoro abbiamo creato una forma di cinema, portando anche in televisione immagini di struggimento e di nostalgia. È una reazione, questa nostalgia, non patetica, non di *pathos*, ma fatta di grottesco, di sarcasmo, di comicità. C'è appunto la consapevolezza di un mondo in via di estinzione, anche di un mondo fisico fatto di esseri umani che sono corpo, che sono caducità – l'uomo è caduto – l'uomo che muore, l'uomo che è imperfetto.

Lei si vede come un disseminatore del dissenso?

Beh, sicuramente non sono un conciliatore. D'altra parte, non so se Lei è religiosa. Mi piace la crudeltà pura. Ma perché uno deve essere crudele, se non è credente? Io amo un passo del Vangelo. Gesù è un dissidente e dice: „se pensate che io sia venuto a portare la pace, io sono venuto a portare la guerra, a mettere il padre contro il figlio…". Ora naturalmente va interpretato questo passo molto interessante del Vangelo. Io credo che gli artisti non osino – ed è quello che succede attualmente, succede nella vostra Europa, accidenti, in questa Europa fatta di ragazzi con le manichette così, con gli scambi dei gemellaggi universitari, dei progetti Erasmus, cioè questa Europa vetrina dove tutto è museo, dove tutto è contemplazione, teniamoci per mano, facciamo sesso davanti a Picasso, davanti al museo: a me questa cosa fa schifo. In realtà, invece, io penso che una volta la cultura era portatrice di conflitti. I conflitti sono necessari, sono utili. Dai conflitti vengono fuori le idee nuove, le passioni. Voi invece non fate niente. Avete trasformato l'Europa, i tedeschi, i francesi, in una di queste lunghe passeggiate dove si va con la fidanzata ad oziare, a fare i coglioni… E noi abbiamo chiuso con tutto questo. Io credo che gli artisti debbano portare inquietudine, debbano inquietare. Mi faccia la domanda: ma perché non è più possibile?

Ma perché non è più possibile?

Non è più possibile per una ragione semplice. Mentre una volta gli artisti erano pochi, il mondo era lì, la massa andava al cinema per vedere un'opera, alcuni la metabolizzavano, alcuni la ignoravano, altri ci pensavano per settimane. Un libro ti faceva compagnia per un intero inverno. Tutto era più lento. Si rifletteva. Ora invece non è più possibile. Non siamo più, come dire, in sviluppo. Siamo in una sorta di orizzontale. Tutti lì nello stesso momento lì, in contemporanea, in simultanea. Non c'è nulla. Tutti fanno tutto. Ci sono più scrittori che non lettori. Tutto si perde in questa rete „monnezzaia", questa rete-discarica che voi chiamate internet. E quindi nessuno non ascolta più nessuno. Una cosa interessante in mezzo a un miliardo di gente che con un ditino clicca. Invece una volta per fare una fotografia uno doveva conoscere la chimica, la fisica, perché era un'operazione complicatissima, la manualità, il cinema, dovevi conoscere le pellicole, l'emulsione, la sensibilità delle pellicole, e poi il sonoro. Era un casino. C'era la selezione naturale: arrivavano al traguardo soltanto quelli che si facevano un culo così. Adesso invece con la facilità con la quale si accede alla tecnologia, ha banalizzato tutto. E di conseguenza, tutti dicono tutto. Alla fine non c'è il senso, non c'è più un punto di riferimento. Ognuno è convinto di essere un dio: ma perché devo ascoltare quel coglione di Maresco, se me lo faccio io? Ma perché devo stare a sentire Orson Welles? Ma no, io lo faccio anche meglio. Alla fine non ci sono più scale gerarchiche – non è che sia anti-democrazia – ma sono fatti necessari perché uno debba avere un modello, un qualcosa a cui guardare.

Sta facendo una critica al postmoderno. Rispetto alle categorie modernità e postmoderno, che cosa pensa della collocazione della Sua opera in questi termini-contenitori da parte della critica?

Io non le ho mai prese in considerazione. Già da allora si parlava del postmoderno. La nostra fortuna è stata che siamo nati in una città che voi tedeschi definite bella ma, diciamolo pure, incivile e un po' primitiva. Quando noi abbiamo cominciato a lavorare, Palermo era una città dentro il sud che ancora non aveva colto l'omologazione che c'era già negli anni Ottanta nel resto dell'Europa, e che è dilagata poi con la caduta del muro di Berlino e tutte le cazzate sulla globalizzazione. Qui avevamo ancora, anche fisicamente, alcuni elementi architettonici della guerra. La mafia era molto più presente in maniera tradizionale, violenta, incluse le sue guerre. Era una città che sembrava posta in un non-luogo. Dove non c'era l'omologazione, che per esempio era arrivata a Milano, l'omologazione della moda. Qui ancora eravamo – e questo si vede anche adesso – eravamo figli di un altro mondo. E questo ci ha aiutato perché ci ha praticamente dato poi tutti gli elementi: grafici, attoriali, umani, narrativi, diciamo di atmosfera, di clima in generale che ovviamente si stavano perdendo nel resto d'Europa. Se Lei ci fa caso, che produce la Svezia, che produce l'Olanda? Nulla. Al massimo pornografia e ficone. Ma non producono niente dal punto di vista del teatro interessante. Invece producono dal punto di vista dell'organizzazione dello spettacolo, grandi orchestre, grandi teatri, grandi eventi. Ma le comunità di quegli Stati non riescono a esprimere il male di vivere. Sono paesi degli zombi, di morti, diciamoci la verità.

Sono perfettamente omologati, governamentalizzati.

Esatto. E quindi laddove ci sono tensioni, ci sono conflitti, è chiaro che hai ancora un residuo di arte. Tant'è vero che in Italia tutto quello che si è prodotto di interessante, di forte dal punto di vista artistico viene dal sud. Cioè da quei luoghi che hanno difficoltà. Saviano, non è che mi entusiasmi ma tutt'altro, lui approfitta del fatto che viene dal mondo della Camorra, viene dal sud. Allora quel teatro, quella musica viene tutta quanta da un sud, che grazie a quello che ha, riesce a essere interessante. Ma anche questa fiammella si sta spegnendo.

Per ritornare alla mia domanda sul moderno e sul postmoderno. Condivide le critiche?

Non mi pongo la domanda. La mia fortuna e di Ciprì è stata quella che noi non abbiamo visto, non abbiamo preso parte a questo dibattito. La nostra fortuna è stata quella di essere stati impermeabili a tutto questo, quando abbiamo iniziato a recepirlo, e avere un atteggiamento molto ironico rispetto a queste letture che sono divertenti e che ci fanno ridere. Noi tutte queste cose non le abbiamo prese in considerazione. Però, se vuole, le faccio una confidenza. Gliela faccio? *Cinico Tv* non parte da un'analisi teorica, se no Enrico Ghezzi sarebbe Michelangelo. Tutto quello che parte da un'analisi teorica chiaramente è destinato a naufragare. Il punto è un altro. Si parte sempre – in questo sono vicino al romanticismo tedesco, italiano, francese – dall'identificazione arte-vita, come succede in un certo tipo di jazz. Io credo che l'arte sia il risultato di quello che tu pensi, di quello che tu vivi. Per questo mi piacciono per esempio alcune letture di Freud sull'arte, sulla letteratura, mi piace quando Freud parla di Dostoevskij, del parricidio, trovo che sia tutt'altro che superato: forse è questo il Freud più interessante, trovo che c'è un'identificazione, una sovrapposizione che è fondamentale. Non dico che l'uomo non possa prescindere dall'artista e viceversa. Quindi la storia di *Cinico Tv* era ed è una sorta di protesi di una nevrosi, in senso clinico, in particolare mia ma anche di Ciprì, che poi ne è stato contagiato. Io come un taumaturgo, come un rabdomante, anzi ho fatto venire fuori tutto il male e lo faccio con gli spettatori. Faccio venire fuori le nevrosi, le frustrazioni, una sorta di esorcista in qualche modo. Perché quello era per noi il risultato di una malattia, diciamo le cose con il loro nome e cognome. Edgar Allan Poe scrisse racconti dell'orrore. Quando tu fai un film dell'orrore, tu, lì, proietti le tue paure, le tue angosce. Per il pubblico invece è catartico, è una forma di sublimazione delle proprie angosce. E questa è la funzione dell'arte: liberare. Nel nostro caso, *Cinico Tv* era – e questo lo dico raramente – un caso clinico di un uomo in particolare, il sottoscritto, e quindi una forma di nevrosi molto seria, molto grave, con tutto quel bagaglio di morte, di sesso, di perversioni, di angoscia, di inquietudini che sono dentro i nevrotici: Edipo. Io Le do un consiglio: Lei legga *Cinico Tv* e tutto il nostro lavoro secondo due parole: senso di colpa e complesso di Edipo. No, scherzo. Ma senso di colpa, sì. Sì, sì, la colpa.

Ma rispetto a che cosa però?

Eh, rispetto al peccato originale, per il fatto che ci siamo. Non Le sembra una bella colpa nascere?

Considererebbe il Suo cinema un cinema della devianza o un cinema trasgressivo? E in quale misura?

Bisognerebbe intanto definire tutti e due i termini. Devianza ha appunto più a che fare con il caso clinico.

Si potrebbe vederlo anche in una dimensione un po' più astratta.

Perciò si dovrebbe dare una definizione. Mi chiedo: è possibile trasgredire? Io direi che uno dei motivi di disperazione, non soltanto la mia ma soprattutto della Sua generazione, è quello di non aver più niente da trasgredire. E quindi questo è un grave problema. Me ne accorgo parlando con i ragazzi più giovani che vogliono fare dei video. A volte, quando li incontro, leggo proprio in loro questa depressione, leggo questo sconforto, essere nati in un momento in cui non c'è un atteggiamento provocatorio-trasgressivo e in cui non ci sono più possibilità di trasgressione. Non hanno più diritto di asilo, diritto di patria, non c'è più ragione di essere. Penso che questa sia la cosa più brutta per un giovane. Mi spiego meglio. Mi è capitato di pensare tempo fa, una cosa che è poi stata ripetuta pari pari da un grande grande intellettuale che ha novant'anni. Chi ha la mia età o in su – io ho già superato i cinquant'anni – per la prima volta non ha più una vera invidia nei confronti dei giovani. Cioè, c'è sempre stato il problema dell'invidia nei confronti dei giovani rispetto all'idea che i giovani rappresentino la vita, la continuità, il sesso, l'amore. Per la prima volta, c'è una generazione di anziani che non hanno tutta questa voglia di invidiare i giovani. Non la vediamo in termini di eternità, di mortalità, ma perché gli è stato sottratto quello che le generazioni precedenti hanno avuto. Quindi il contrasto, il conflitto, la trasgressione, tutto ciò che per secoli gli esseri umani hanno avuto, che si è espresso attraverso il conflitto generazionale, ha prodotto la grande letteratura, la grande politica. Questo manca. Questa impotenza dei giovani è una cosa terribile. Il vecchio che continua a mantenere il desiderio, ma che non può esprimerlo, non può scaricarlo perché la natura e la biologia non glielo consentono. Viceversa il giovane, che ha invece la stessa potenza-impotenza, non può perché non c'è più nulla contro cui orientare questa potenza. È una cosa terribile.

I Suoi film sono considerati divertenti, il che mi ha inizialmente stupito perché li avevo letti in una chiave più tragica. Lei ha iniziato a girare dei filmati con l'intenzione di fare „cose divertenti"? E poi divertente per chi?

In realtà non ridono solo dove comprendono la lingua, in Italia. Ho sempre considerato il comico come una sorta di catarsi. Ho sempre considerato proprio l'attore comico, l'autore, lo scrittore comico e il regista comico in particolare come il massimo. La comicità è nelle mie corde. Quando io da ragazzo ho cominciato con le prime cose da scrivere, uno pensa alle cose più immediate, più facili da realizzare. Le cose che scrivevo erano delle porcherie senza pari. Però mi rendevo conto che la tendenza era quella di andare verso il grottesco, verso il lato comico.

Perché deviava verso il comico?

Il comico è l'altra faccia forte, più interessante del tragico, è ovvio. Per cui nel comico vero, non nel cabarettista come inteso dalla commedia hollywoodiana del nostro tempo, c'è una sfida tragica all'esistenza, al mondo degli oggetti.

Il nostro ridere sarebbe la conferma implicita di un disagio, di una disperazione profonda esistenziale?

Noi abbiamo un'espressione palermitana: si ride per non piangere.

L'uccello in gabbia non canta per gioia ma per rabbia.

Esatto. Quindi in pratica, la risata è questa. La risata sono lacrime canalizzate in un altro modo. Però per noi fare ridere è un grande risultato, è un grande piacere.

Nelle banche dati, come per esempio nell'Internet Movie Database, molti dei Suoi film vengono indicati come documentari. Secondo Lei è una categorizzazione giustificata? Qual è la relazione tra i Suoi film di fiction e di non fiction? Sono una specie di „mockumentary"?

Daniele la condivide molto, fa una distinzione molto netta tra fiction e non fiction. Noi abbiamo fatto dei documentari per anni ovviamente alla nostra maniera. Erano quindi dei para-documentari, erano pseudo-documentari, erano parodie di documentari. Nel periodo del processo abbiamo fatto dei documentari sul jazz, spesso molto seri, per la questione economica. Per poter affrontare una situazione che era piuttosto difficile. Quei documentari sono canonici, diciamo, perfino didascalici, proprio per poter in qualche modo sbarcare il lunario, come si suol dire.

Secondo Lei la definizione del mockumentary, del para-documentario che prende in giro il documentario cancella la differenza tra fiction e non fiction?

Le definizioni mi mettono sempre in crisi perché presuppongono che ci siano delle regole, dei confini. Ho fatto *Il ritorno di Cagliostro* con Ciprì e poi nel nostro lavoro c'è sempre stata quest'ibridazione. Il nostro non è mai stato un lavoro rigido, tranne forse una o due cosine. Ma c'è sempre stata la componente comica, di immaginazione. Per esempio *Arruso* è praticamente una presa per il culo. A meno che non ti trovi di fronte a un documentario, se così vogliamo chiamarlo, che è rigorosamente dentro i confini della didattica e del pedagogico. Per il resto, tutto quello che abbiamo fatto alla fine degli anni Ottanta e per tutti gli anni Novanta è stato rigorosamente anarchico. Poi anche negli anni a venire, abbiamo giocato, abbiamo molto ironizzato su questa distinzione tra documentario e fiction.

Dove collocherebbe Tony Scott?

Non credo che *Tony Scott* sia un film facilmente classificabile. Non è per nulla classificabile. È un ufo, un oggetto anomalo. Se viene classificato, è dovuto al fatto che gli esseri umani, gli intellettuali sono pigri. È più facile a volte classificarli, metterli in qualche categoria. È il classico problema: uno guarda il giornale e vede commedia, tragedia ecc. Ovviamente ci sono elementi che non lo fanno stare né nell'uno, né nell'altro. Un oggetto strano, non identificato e non identificabile come *Tony* è ancora più difficile. È un caso unico perché riflette la natura del personaggio, un personaggio che parte in un modo e finisce in un altro modo. Un personaggio che era schizofrenico e contraddittorio. E in qualche modo il film si è adeguato, io mi sono adeguato, senza grande difficoltà, a quel tipo di natura.

Quando diciamo che le Sue opere sono difficilmente classificabili, ci riferiamo a un cinema schizofrenico?

Penso che non è classificabile perché è un cinema anarchico, e allora non sta dentro i confini che altri chissà in base a quali criteri hanno stabilito. Ci sono grandi film della storia o grandi opere letterarie. *Moby Dick*, che cos'è? Un trattato sulla baleneria? Un romanzo? Fiction? Un documentario? Ci sono film di John Ford, perfino, che hanno componenti di documentario. Qualunque cosa col senno di poi, con lo sguardo posto a posteriori, può diventare addirittura un documentario. Qui bisognerebbe fare tutte questioni e discussioni di natura accademica che lascio a voi accademici, filologi, critici ecc. Direi che il nostro compito non è quello di farlo. Quello che ha fottuto l'arte, o quello che noi pensavamo che fosse arte, è la riflessione che fanno gli stessi artisti, i registi su quel che fanno, una specie di metalettura. Invece la cosa bella, quando guardi Hitchcock o Buster Keaton, è che hanno fatto delle cose straordinarie in un secolo breve, come lo è stato il Novecento, senza essere degli intellettuali coscienti. La grandezza di quell'arte sta proprio lì.

Condivide la critica che etichetta il cinema di Ciprì e Maresco come un cinema manierista?

Se io condivido la critica di cinema manierista? Non mi è mai capitato di leggere che il nostro cinema fosse di manierismo, solo Bernardo Bertolucci l'ha detto. Sembra che questa cosa sia stata scroccata da una conversazione in treno rispetto ai grandi manieristi siciliani, palermitani. Quindi bisognerebbe partire dal concetto di manierista, di che cosa s'intende per manierista. Adesso mi fa fare la parte di quello che bisogna partire dalle definizioni.

Intendiamolo allora nel senso di un effetto di contorsione, di deformazione.

Manierista mi fa venire in mente una parte di artisti che ci sono stati in Italia, in Sicilia. Penso ai manieristi del Barocco. Questo mi fa venire in mente Goffredo Fofi. Egli vede nel nostro lavoro alcune radici che vede nel Barocco, in alcune vite di santi dipinte da artisti spagnoli visionari. Sulla maniera, io qualche dubbio ce l'avrei. A meno che per maniera, e quindi per manieristi, non s'intenda sicuramente un altro modo per parlare di parodia. La maniera, intesa come una forma parodistica di qualcos'altro, allora sì. Credo che probabilmente anche nella maniera classica ci fosse l'ironia, la componente parodistica. Ma nel nostro caso manierismo è detto altrimenti parodia, sì.

Una domanda sul linguaggio. Quello che colpisce molto è il vostro lavoro sull'immagine, inteso anche come lavoro sul linguaggio, come se voleste indurre a un'aporia dell'immagine. Il confronto radicale non soltanto con l'immagine ma anche con il linguaggio che sta dietro, da che cosa è motivato? Da un cinema sostanzialmente sulla morte che ha per oggetto il collasso del linguaggio perché ormai si è giunti a una fine? Come si relaziona al procedimento artistico del citare e distruggere? Il collasso della parola, del discorso e della comunicabilità perché il linguaggio è contaminato al punto che esprimersi in modo veritiero non è più possibile, perché non si può fare a meno di ricadere in tale linguaggio? Resistenza al potere tramite il collasso della lingua stessa? È possibile resistere?

Ha visto *Totò che visse due volte*? In realtà questa è una domanda che ci è sempre stata fatta. Edoardo Sanguineti, che è stato un nostro amico, diceva una cosa in cui mi riconosco e cioè che Ciprì e Maresco chiudono praticamente un discorso che è iniziato nel Novecento. *Totò che visse due volte* – pochi l'hanno capito, devo essere sincero – è un film disperato. È un film che coscientemente, come lo è *Lo zio*, ma *Totò* lo è ancora di più, è un „accomiato" dal Novecento e da un'idea di artista, nonché da una serie di problematiche che si sono poste relative al tramonto della civiltà. C'era questa disperazione in quel film, il ricapitolare tutto quello che già prima di noi, addirittura prima dell'ultimo conflitto delle due guerre e prima ancora della Prima guerra mondiale, alcuni filosofi o scrittori o avevano intuito o avevano previsto lucidamente: cioè la fine. Quando noi parliamo di transumanesimo, di ibridi, di intelligenza artificiale, parliamo di cose che erano una fatalità, un'ineluttabile fatalità, come diceva il filosofo Severino. Quel che noi sentivamo con quel film era il commiato da un modo di essere uomo, da un modo di essere *homo sapiens sapiens*, l'autore della morte. Lei mi diceva, sul tema dell'immagine, sulla bellezza, e quindi sul collasso del suono e dell'immagine. Mi piace molto il contrasto tra un'immagine in cui c'è la nostalgia dell'immagine e la nostalgia dell'assoluto. La nostalgia del mondo finito, del mondo perduto, quindi anche di un cinema che non è possibile fare. Però dentro questo cinema ci sono delle interferenze, ci sono dei collassi improvvisi. Una cosa molto importante nel nostro lavoro è stata la colonna sonora, che invece collassa. Nel nostro cinema, come Lei avrà notato pur non essendo di madrelingua, i discorsi non arrivano mai da nessuna parte. Quindi si parte e si abortisce. Si collassa, i diafasici, i balbuzienti ecc. perché – è abbastanza ovvio – non c'è più nessun discorso da fare.

Con Totò *avete raggiunto il massimo per l'acutezza in cui è stato formulato. Dopo avevate ancora qualcosa da dire, o era soltanto una variazione?*

Ritengo che quello sia stato un periodo della nostra vita molto pesante, nella mia vita ma anche in quella di Daniele. In quegli anni è stata molto dura. Devo dire che è più dura adesso. Ma in quegli anni era anche molto dura. C'era quella nevrosi di cui parlavo prima, molto spietata. C'era molta malattia mentale, anche presso i nostri – e in particolare i miei – parenti; c'erano imminenti suicidi, c'erano morti accidentali, c'erano molti „casini". C'era il sentire, l'inquietudine di chi sa che tutto è finito. Quel film è questo: l'inquietudine che tutto è finito e non ci sono margini davanti. Non ci sono illusioni, neanche illusioni culturali, artistiche. E questo è la rabbia, è quella ferocia che c'è in quel film, che è comunque intervallata anche di compassione, di *pietas*. In quel film c'è la consapevolezza di quel commiato. Sapevamo che in quel film mettevamo tutta la nostra vita, la nostra disperazione, tutta la nostra visione del mondo che ormai non ci dava più spazio, non c'erano più illusioni. E quando le illusioni muoiono, è finita. Quel film è questo. Il resto è stato una sorta di prolungata agonia, fino ad oggi.

Il rapporto ambiguo con Palermo, la Sicilia e l'Italia. Perché l'amore-odio per Palermo e l'Italia?

Pensavo che fosse solo odio. Oltre alle cose che Le ho detto io, l'opera vive autonomamente. Però è vero che c'è molta consapevolezza. Partiamo da Palermo che è la città che ho amato per certi versi. C'è un rapporto molto conflittuale. Palermo è la città dove non poteva che nascere *Cinico Tv*, dove non potevano che nascere certe cose, perché c'erano appunto, come dicevamo prima, la psicoanalisi, certe radici, certe identificazioni con alcuni luoghi ormai spariti radicalmente. Soprattutto per me, più che per Daniele. Però è una città che ha degli aspetti magnifici, degli aspetti di brutalità, di violenza, di cattiveria che non hanno precedenti in nessun altro luogo. Una città che ha una storia molto molto forte, una città che ha una cattiveria, una crudeltà, che poi hanno portato alla mafia e che portano alle cose che conosciamo. È chiaro che la mafia è anche il risultato di una condizione storica, che poi in questi 150 anni che tutti vogliono celebrare, c'è la „questione meridionale", c'è una terra che è stata abbandonata dal resto dell'Italia. È una città che ha un fortissimo individualismo, individualità e intelligenza strepitose. I siciliani diventano grandi quando nascono in Sicilia. Una cosa paradossale. Fanno le cose strepitose ma hanno capacità, di una acutezza che pochi popoli hanno, basti pensare a Pirandello, per esempio. Hanno una capacità straordinaria e un senso della morte, della vacuità delle cose che pochi popoli hanno.

Che cosa risponderebbe, se Le facessero la domanda: Italia quo vadis?

Penso che sarebbe un'espressione volgare: nella merda totale. Penso che il vostro poeta Goethe, Wolfgango, scrisse quella parte meravigliosa del suo viaggio in Sicilia, quando dice che la chiave per capire l'Italia sta qui, in questa terra. Da grande cervello, da grande intelligenza, capì effettivamente che la chiave sta qui per interpretare tutto il resto del paese, che tra l'altro si è sicilianizzato. Facciamo ben attenzione: oggi, Berlusconi è un uomo che praticamente domina con le sue proprietà, e il nord – ce lo dicono i giudici – è stato calabresizzato, sicilianizzato soprattutto: le mafie hanno attecchito. Il sistema Italia, non solo il governo ma anche la politica italiana, si basano su meccanismi ormai mafiosi. Ma non solo qui, anche in America e altrove; in Germania ci sono delle forti colonie. In Italia è successo proprio questo: Berlusconi ha costruito un impero grazie al potere delle famiglie mafiose negli anni 80, o con dell'Utri e altri. Su questa sicilianizzazione aveva ragione il poeta. Però c'è stato anche un contributo positivo che viene dalla Sicilia. L'abbiamo detto prima: la letteratura, un certo cinema, da molte altre cose, una lettura forte dell'Italia da parte dei siciliani. Però credo che l'Italia attualmente vada verso una deriva totale, ma che è una deriva totale di tutto l'Occidente, e, se mi permettete, del mondo intero. Non penso che la Germania, la Francia, l'Inghilterra rappresentino ancora dei modelli che sarebbero da seguire.

Il jazz tradizionale è la musica del sud. In maniera trasfigurata, questo potrebbe anche valere per il Sud Italia, in quanto il lamento e la sofferenza del sud combaciano con una voglia di resistere altrettanto grande e che nonostante tutto procede, come la musica. Oppure chiesto in maniera diversa: se il Suo è un cinema jazzistico, in quale misura vale quest'osservazione?

Sicuramente sì, io nella mia vita ho sempre diffidato di chi non ama il jazz. Ci sono persone delle quali diffido, per certi motivi. Tra questi c'è chi mi dice „Io non amo il jazz", io diffido di quelle persone. Perché amare il jazz significa, dal mio punto di vista, amare la vita, avere un rapporto immediato, diretto, forte con la vita. E il jazz a cui io faccio riferimento, e quando parlo di un cinema jazzato, intendo proprio un modo di fare arte. Perché il jazz è una forma d'arte, insieme al cinema, del Novecento. È nel jazz di Ellington, di Armstrong, di Coltrane che c'è proprio una sorta di lettura parallela di quella che è stata la dimensione del cinema. È tutto nei tre minuti di Ellington negli anni Trenta e Quaranta; lì trovo quello che per me è la concezione dell'artista, che trovi anche in Coltrane, dove trovi pure l'intelligenza della ricerca, la passione, la vita immediata ma anche la struttura pensata. Il jazz è pulsione, immediatezza, è amore.

… anche espressione di una certa sofferenza?

E l'espressione nasce anche come espressione di una certa sofferenza. Quando dicevo del Sud, non va dimenticato che il grande contributo che hanno dato i siciliani, gli italiani, ma di questi i siciliani in particolare, alla storia del jazz è pressoché mostruoso. Sicuramente l'interazione di due etnie, di quella nero-americana e quella siciliana, emarginati a New Orleans hanno dato un grande contributo. I neri portavano i ritmi, la loro poliritmia. Noi portavamo la musica delle bande. Molti siciliani insegnavano ai neri il solfeggio perché avevano la conoscenza della musica. Quindi portavano le melodie delle bande. Messi insieme sono venuti fuori dei Nico La Rocca, è venuto fuori Louis Prima, è venuto fuori tutto il jazz delle origini, arcaico, che in grandissima parte è fatto da gente che si chiama Santo Pecora o appunto La Rocca, Sciacca, Cacioppo. Tutti questi nomi strani, che poi a volte venivano americanizzati, era difficile pronunciarli o anche perché si era discriminati. Non era un'esagerazione la mia, quando dicevo che il jazz è stato influenzato dai siciliani. Per non parlare di Frank Sinatra, di tutti i cantanti poi della musica leggera americana così diffusa, come Dean Martin,

Frank Sinatra, Tony Benett, Frank Lane che era di Monreale. Pensa poi che paradosso: Frank Lane che cantava le epopee del western, veniva da Monreale, era il figlio del barbiere di Al Capone. Che meraviglia, che avventura. Questi sono i paradossi che mi piacciono del Sud, dei sud del mondo. Ecco.

Parliamo della censura. Che cosa è stato censurato e per quali motivi? Non soltanto relativo a Totò che visse due volte, *ma anche altri casi relativi a voi.*

Noi non abbiamo avuto dei precedenti casi così. Siamo stati oggetto di attenzione, ma mai in maniera così radicale, così violenta. Il caso di *Totò che visse due volte* è un caso esemplare, direi paradigmatico di una certa Italia. Non è un caso che questo avvenga in un momento particolare. Per riassumerlo, i capi di accusa sono due: il vilipendio alla religione di stato e addirittura, non essendo sufficiente uno, il tentativo di truffa ai danni dello stato per mezzo preventivo. È piuttosto lungo. Si erano inventati in pratica tutta una serie di cose. Lei mi dirà: chi se li è inventati e perché? Parliamo in questo caso di giudici, poi c'è un equivoco di un pubblico ministero, secondo noi pilotato dalla politica. Noi siamo stati strumentalizzati. In quel periodo c'era una lotta politica che cominciava ad essere piuttosto vile, piuttosto vigliacca, piuttosto poco conforme alle regole. C'è stato un attacco da parte della destra in quanto si identificava Ciprì e Maresco come registi della sinistra, della sinistra veltroniana. La cosa paradossale è che nel 2009 noi siamo stati assolti. E molti anni dopo, il pubblico ministero che ha presentato l'accusa per quel processo ha definito *Totò che visse due volte* un film d'arte, anche su *Repubblica* della città di Bologna. Si chiama Piro. Tu ti chiedi: ma perché, se è un'opera d'arte che mi hai fatto fare? Va detto che per esempio in questo paese è successo che abbiamo pagato quel che abbiamo pagato. Noi non abbiamo mai ottenuto quel finanziamento. Quindi quando si leggono queste cose, uno pensa „Ah è così che si impiega denaro pubblico". Da parte della destra bisognerebbe dare informazioni complete perché noi non abbiamo mai percepito un soldo, neanche una sola lira. Non abbiamo percepito perché nel frattempo erano scaduti i termini. Ma perché noi già all'indomani della notizia della semplice censura per vilipendio alla religione di stato pubblicamente rinunciammo al finanziamento pubblico. Quindi eravamo proprio schifati da questo paese. Quello è stato uno degli ultimi esempi così. Tutto il resto viene dopo. Oggi, anche in questo senso, si chiude un'epoca, quella di Pasolini, di Bertolucci, di un cinema e di un tipo di regista, se vuoi, di intellettuale, di artista che faceva paura. Ecco, noi anche in questo senso apparteniamo a quell'altro mondo. Del resto, oggi, siamo sempre lì. Sembra che siano passati cento anni e non quattordici.

La censura ha avuto effetti sulla produzione seguente? Vi siete autocensurati?

No, questo non è mai accaduto. Eravamo semmai consapevoli, come Lei diceva prima, che quello che c'era da dire è stato detto. Per noi è stata una stagione potente, forte, che ci aveva caratterizzato. Perché se uno guarda *Cinico Tv* come un programma televisivo, con delle strisce di cinque minuti, è un discorso. Io guardo *Cinico Tv* come a un'opera unica, come a un mondo, come a un film che dura tante ore. E quindi dobbiamo guardare a quello che abbiamo fatto dalla fine degli anni Ottanta fino al 1999, incluso *Enzo, domani a Palermo!*, e dobbiamo considerarlo come un unico film, come un unico viaggio in un mondo, in una visione del mondo e dell'uomo durato più di dieci anni. Quello che abbiamo fatto dopo sono state variazioni, più o meno riuscite, più o meno convinte. Ma eravamo già di fronte alla fine di quello di cui parlavo prima, eravamo già consapevoli, o io perlomeno, dell'inutilità dell'opera d'arte, dell'inefficacia dell'opera d'arte. Adesso c'è il business, adesso c'è una macchina che si chiama industria culturale. E lì che sta il paradosso, l'industria culturale dice che il mondo s'interroga su tutto; voi tedeschi, francesi, noi tutti quanti, però continuiamo a fare arte, delle immagini. Perché se prendessimo atto che è inutile qualunque forma di espressione artistica, solo perché tutto è stato fatto, la musica è stata fatta, il cinema ecc., dovremmo fermarci ma si bloccherebbe un'industria culturale. Allora ci vengono i sociologi e gli psicologi a dire che raccontare è necessario, e quindi dobbiamo raccontare. Nessuno ci potrebbe rinunciare. Allora perché raccontare? Perché abbiamo bisogno del racconto, abbiamo bisogno delle caverne…

… per sopravvivere.

… continuiamo a farlo. Ma non credo che potremo fare tutto questo a livelli artistici. Credo che alla fine ognuno si scriva il proprio racconto e lo metta su internet. Quindi ognuno basta a se stesso. Quel rapporto artista-pubblico, credo che tutto sia finito. Ecco quello che intendevo poco fa: quel tipo di artista, quel tipo di concezione è finito. Questa consapevolezza ci ha portati a una sorta di disinganno, di presa di distanza dalle cose, ulteriore.

La mafia, tra l'altro presa in giro, è un elemento ricorrente nella Sua opera, penso a Enzo Castagna, che è un piccolo sovrano, ma per esempio anche agli spot pubblicitari per le elezioni di Totò Cuffaro. Rappresenta una critica sociale pur non rispondendo alle tipiche critiche stereotipiche? Rappresenta una lotta contro un certo tipo di immaginario di cui la mafia si è comunque anche impossessata?

Abbiamo fatto molto sulla mafia. Però l'abbiamo fatto in un modo inedito, anche nei lungometraggi, nello *Zio di Brooklyn* e così via. Quindi in un modo che si dissocia, che è totalmente diverso da quello che siete abituati a vedere in Europa e nel mondo, cioè quella mafia o comunque una Sicilia raccontata da Tornatore, è una mafia dei film naturalmente classici che vanno da Rosi in poi. C'è però la Camorra di *Gomorra*, c'è Sorrentino. Quando vediamo Sorrentino, *Il Divo*, è chiaro che consapevolmente o inconsapevolmente è passato da noi. Noi siamo stati forse tra i primi, se non i primi, tra i primissimi a raccontare Palermo anche da questo punto di vista in una maniera inedita. Quanto l'hanno fatto gli americani, con Scorsese, con Coppola, hanno dato la dimensione della commedia, della metafisica; ma con la casa madre, cioè con la Sicilia, l'abbiamo fatto soltanto noi. E quindi abbiamo dato un'immagine assolutamente inedita perché abbiamo fatto una riflessione sulla mafia. Noi, in quegli anni, vent'anni fa, dichiaravamo in maniera molto audace che paradossalmente la mafia in un mondo di globalizzazione, in un mondo di cancellazione di differenze e di omologazione, restava garante di un'identità del popolo siciliano e comunque della Sicilia, criminale quanto vuoi, ma comunque garante. Quasi garante di tradizioni. Per quanto sembra paradossale è così. E il modo che noi abbiamo utilizzato non era di semplice denuncia, era pieno di altre cose, come nelle famose scatole cinesi. E quindi è una lettura piuttosto complicata. Chi la farà, se la vorrà fare, aiuterà forse chi non è siciliano o nemmeno italiano a comprendere il tipo di lavoro che abbiamo fatto, nonché l'elemento di differenziazione che c'è nel nostro cinema rispetto all'idea di Sicilia. Quando Moravia stroncò il film di Tornatore, *Nuovo cinema Paradiso*, su *L'Espresso* disse una cosa che io condividevo naturalmente. Perché ha vinto l'Oscar Tornatore? Perché Tornatore dà agli americani l'idea, l'immagine di una Sicilia che è quella che loro conoscono. Oleografica. Tutto che esce fuori dai canoni, è chiaro che naturalmente è fatica. Anche voi siete pigri. È difficile per voi riuscire a comprendere una Sicilia che trovate o nei testi di Verga o nei testi di Pirandello. Noi invece abbiamo fatto un lavoro che ha rischiato e che ci ha fatto molto rischiare sul piano commerciale perché il tipo di lavoro che abbiamo fatto non è immediatamente comprensibile.

Operate con un certo concetto, con una certa zona di indeterminatezza premeditata, cioè che si sottrae in realtà allo schema dicotomico.

Esatto. Ci sono però da aggiungere delle varianti: la figura di Enzo Castagna aldilà del quadro comico ed esilarante, aldilà di questi aspetti che sono quelli che vengono subito colti come una sorta di denuncia del potere mafioso; l'appropriarsi, come ha detto Lei prima, dell'immaginario, oltreché la connivenza tra cinema e piccola mafia locale. Possiamo aggiungerci il paradosso, per cui faccio un film anti-mafioso, ma lo faccio con maestranze e con strutture che invece si basano sulla mafia. Questo è un paradosso, va be'. Ma c'è di più, c'è la paralisi di un mondo, l'antropologia di una realtà che sparisce. L'analisi psicologica di uomo che più palermitano non potrebbe essere nei suoi aspetti più deteriori, cioè Enzo Castagna; ma anche di una passione che quest'uomo ha, per quanto malata e deviata rispetto al cinema, perfino più autentica di quella di tanti intellettuali. Al fatto che quest'uomo rappresenta una Palermo in via d'estinzione e che sta per scomparire, quindi in qualche modo vittima della propria ignoranza, io contrappongo un'antimafia. E qui torniamo ai professionisti dell'antimafia di Sciascia. Un'antimafia che invece è calcolatrice, è ambiziosa, è sciacalla, e che è pure strumentale. Quindi la vita è fatta di queste cose. Lo trovi in Orson Welles, in un film come *L'infernale Quinlan*. Enzo Castagna può essere letto anche in questo modo. Accostiamo *L'infernale Quinlan*, come ispettore Quinlan. Da una parte c'è l'ispettore messicano Vargas, Charlton Heston, onesto, integerrimo, pulito, all'interno della legge, e dall'altra c'è l'altro poliziotto, Quinlan, che invece è ambiguo e torbido. E lo spettatore per simpatia non va verso quello che non fa errori, quello che è pulito, che è bello, che ha la moglie bionda tutta pulita e profumata. Ma la simpatia va verso l'uomo finito, verso l'uomo losco, verso la canaglia che ha metodi forse non democratici ma che azzecca sempre rispetto ai criminali. Sa che cosa sono i criminali, sa chi sono i criminali, ne conosce l'anima. Io non penso che tutto stia sempre dalla parte della giustizia, della legge, voglio dire. Quindi siccome vedo gli uomini non nettamente divisi da una parte e dall'altra, Enzo Castagna è anche così, diciamo che è l'humus della mafia, è un mondo, che anche tende a sparire. È già scomparso in parte. Però è anche la storia di un uomo, di un'umanità persino con i suoi lati nobili. E quindi quel film è anche la sfida a tutta quell'immagine e a un'idea di mafia che diamo per scontate.

In dialogo con Franco Maresco

Palermo, 13 gennaio 2012

A che punto è il nuovo film?

Dal punto di vista delle riprese il film è quasi pronto, a parte qualche dettaglio. Manca ancora un'intervista molto importante a Francesco Di Carlo, un pentito e collaboratore di giustizia che è stato particolarmente importante per gli arresti di Marcello Dell'Utri, per tutta la storia di Calvi e l'omicidio a Londra. Di Carlo è, inoltre, l'unico testimone vivente che ha dichiarato di aver visto trattare i vertici negli anni Settanta, di aver incontrato Stefano Bontade, Teresi, Inzerillo che allora erano i capi di Cosa Nostra. Incontreremo Di Carlo tra una settimana.

Di che cosa tratta la pellicola?

Il nuovo film che si intitola, come tu avrai letto, *Belluscone. Una storia siciliana* è ancora una volta una sorta di documentario sotto apparente forma di inchiesta. In realtà, è una specie di film di fantascienza o, appunto come *L'invasione degli ultracorpi*. Il titolo in inglese non lo ricordo, ma è quel film laddove ci sono i bacilli e dove alla fine tutti diventano delle fotocopie di sé stessi. Gli alieni, gli extraterrestri si impossessano del corpo di tutti i terrestri.

... come è avvenuto nella vita vera.

... come è avvenuto nella vita vera, brava. E qui *Belluscone*, cioè Berlusconi, è sì un ultracorpo come anche noi siamo degli ultracorpi.

Ultracorpi che resistono?

Ultracorpi che resistono – bisogna resistere – e che siamo tutti noi italiani, anzi tutto il mondo. In Italia abbiamo questa disgrazia, e voi con la Merkel avete, diciamo, l'altro ultracorpo. Ognuno ha gli ultracorpi che si merita. Oltre che con delle immagini e una parte di fiction – la fotografia in bianco e nero è stata curata da Luca Bigazzi – il film racconta, con i contributi di materiali (cioè di giornali, di televisioni private e locali, di pubblicità, di spot elettorali), con interviste, con cose strane, sia gente caratteristica (poliziotti, pentiti, gente comune, cantanti paramafiosi). Creiamo quest'universo in cui nessuno si salva. Dietro questa formula dell'inchiesta – che non è un'inchiesta alla Santoro o alla *Rai* – si racconta realmente l'ascesa di Berlusconi. Perché Berlusconi è siciliano. Cioè, in realtà, Berlusconi è lombardo, ma tutto quello che egli ha fatto, l'origine e la sua roccaforte è la Sicilia e i siciliani. Quindi si cerca di mettere insieme dei tasselli. Evidentemente questo è stato fatto nel corso delle inchieste, l'hanno fatto sia Santoro sia la Gabanelli. Ma il nostro è un racconto unitario che parallelamente segue gli attori di contorno. Non puoi immaginare che Berlusconi da solo è stato l'artefice, il plagiatore. Abbiamo avuto in realtà un mondo, tutto un universo che si è conformato, che ha accettato, che si è identificato. Io in passato, molti anni fa parlavo proprio di azione antropologica. Berlusconi non ha dovuto imporsi attraverso una dittatura militare. Si è piuttosto imposto, offrendo agli italiani quello che essi aspettano: il culo e il calcio. Quindi è questa la storia. Un po' come in *Tony Scott* e come una volta facevamo con Ciprì, anche questa volta emerge questo tramonto, questa fine, questo mondo che finisce. Non è il lieto fine, non è il mondo migliore che si profila come si fa credere ma che invece è forse persino peggio.

Perché avete scelto questo argomento?

Abbiamo scelto Berlusconi perché intanto è stato un personaggio che da sempre ha caratterizzato il nostro lavoro. È una presenza ricorrente nei lavori che ho fatto in più di vent'anni. Tra l'altro, siamo stati i primi a profetizzare, a prevedere ciò che sarebbe accaduto. Secondo me questo è pressoché incontestabile. Anche se spesso si sente dire „Ma Moretti, *Il Caimano*… ", quelli che l'hanno fatto per primo, siamo stati noi. Esattamente ventidue anni fa. Ma poi lo abbiamo ricorrentemente inseguito. Ogni volta siamo stati in anticipo sui tempi. Adesso perché? Perché dopo la separazione della coppia, che appunto è scoppiata come si dice, cos'è successo? La vita è molto strana, molto più strana di quanto uno possa immaginare, come una sceneggiatura. La migliore sceneggiatura è la vita, o no?

Tranne che non ne conosci il copione.

È vero, non ne conosci il copione, però poi alla fine quando ti ritrovi e vedi, ti dici: ma cazzo, nessuna sceneggiatura avrebbe potuto fare meglio! Dopo la separazione con Ciprì era uscito *Tony Scott* che ci ha creato non pochi problemi. Avendo condotto al fallimento della nostra società, il tribunale se n'è impossessato e lo gestisce. La mia idea era dunque di fare un progetto immediato. Inizialmente avevo pensato di fare qualcosa su Salvatore Giuliano che in quel momento tornava a galla, grazie agli amici storici e alla riesumazione del cadavere. Poi però ho optato per Berlusconi. Abbiamo cominciato con una situazione produttiva molto minima e abbiamo perso tempo, Berlusconi nel frattempo è caduto. Dopo di che abbiamo riflettuto sul da farsi: Berlusconi non c'è più, la gente non ne vuole più sentire parlare, cosa è meglio, cosa è peggio ecc. Ma l'idea era comunque lì. Questi personaggi come Tony Scott, Enzo Castagna ed altri di questo genere sono per me semplicemente, chiamiamoli così, dei mostri che mi servono per ribaltare la situazione, nel senso che da un mostro si arriva a tutti gli altri mostri. Enzo, per esempio, era chiaramente un mostro, un piccolo boss di piazza. Ma in realtà i mostri stanno paradossalmente e più responsabilmente dentro l'antimafia che non altrove. Tony non è stato un mostro, lo è diventato dopo per la sua follia, ma c'erano tutti i mostri. Per me Berlusconi è il pretesto per tornare o piuttosto per restare su una terra, che è la Sicilia, che conosco bene, che vedo peggiorare e precipitare sempre di più, che non riconosco. Quindi è anche un modo per esorcizzare le angosce, la mia inadeguatezza. Mi muovo in una città e in mezzo ad essere umani che riconosco sempre meno. Quindi Berlusconi mi dà l'occasione, ovviamente toccando le corde del paradosso, del grottesco, del comico – è un cavallo di Troia – per poter poi raccontare, descrivere un mondo in cui ciò che è più mostruoso è la sinistra. Per la semplice, ovvia ragione, ripetuta mille volte che Berlusconi sta con i vecchi democristiani – in fondo tutto è lì, sai chi sono, sai chi è. Mentre, invece, la sinistra inetta, cialtrona, complice e connivente in gran parte, è stata responsabile muta di questo disastro. E poi parallelamente c'è la storia di Berlusconi. Si parte dagli anni Settanta, quando egli comincia ad affermarsi e quando c'è una grande mafia. Perché anch'essa precipita con Berlusconi. Fatto per cui io nel film, poi lo vedrete, racconto delle piccole storie di piccoli *cammisetti*. Diciamo che è una specie di deriva parallela, anche lì, comunque, malinconica. Mi definisco, come forse ti ho già detto, un trans o postumanista. Con il pretesto dell'inchiesta, *Belluscone* ancora una volta, anche se ossessivamente, sigla appunto una mutazione, una fine, un passaggio – come lo ha fatto anche *Lo zio di Brooklyn* che è perfino stato il primo film transumanista italiano.

L'altra volta abbiamo parlato di un filo rosso della vostra opera, cioè della collusione tra politica e criminalità organizzata che si manifesta anche (in maniera ossessiva) in I migliori nani *e* Ai confini della pietà. *Qual è la vostra relazione lavorativa con quello che viene definito la „televisione tritacervelli".*

Non si può mai immaginare nel cinema, e in particolare in quello italiano o nell'arte contemporanea, che si possa separare – io ho questa visione romantica, antica – la vita dall'arte. Ma questo è invece quello che succede. È proprio per questo che mi piaceva Tony Scott. Tony Scott è stato un signore che si è inabissato con la sua vita, con la sua musica, le due cose hanno coinciso. Un critico nel film fa la stessa osservazione: oggi ci sono i grandi clarinettisti, ma nessuno ha una vita così interessante. Se vedi per esempio Arthur Rubinstein o qualunque altro musicista del secolo scorso, erano le vite importanti che si intersecavano con quello che facevi. Oggi invece noi abbiamo i professionisti, non solo dello spettacolo, della satira, del cabaret, della critica. Il tutto è totalmente affrancato e quindi è tutto asettico, tutto scolastico, tutto accademico. Ora, quando noi abbiamo fatto *I migliori nani*, è così. Se uno conosce Ciprì e Maresco, un vero biografo di Ciprì e Maresco, seguendo il filo rosso sin dagli inizi del nostro lavoro, vede in quei due lavori, ma soprattutto nel secondo, *Ai confini della pietà*, una sorta di tragedia in diretta, di suicidio in diretta. Adesso lo dico un po' scherzando, un po' con humour nero, ma c'è molto di vero in tutto questo. Comunque, il problema della nostra difficoltà come gruppo di lavoro, così lo dimostrano i nostri lavori, è un fatto; abbiamo messo un'energia talmente forte in tutto quello che facevamo, che abbiamo divorato e che è stato detto tutto quello che c'era da dire. Quindi ne *I migliori nani*, rivedendoli oggi, tutta la parte dei musicisti Ciprì e Ferrara, trovo delle cose sublimi. Sentivo però non soltanto che c'era la crisi nel lavoro di coppia, ma sentivo anche che mentre *Cinico Tv* poteva ancora rapportarsi a una televisione che comunque fungeva da riferimento, ormai tutto questo va aldilà. La televisione non offriva più margini di intervento. Ecco perché per *I migliori nani* preferivo le cose più surreali, tipo Ciprì e Ferrara. In *Ai confini della pietà*, hai presente quando lo schermo è diviso in quattro e un'intera puntata è solo su quello. Quello è un momento significativo della nostra televisione. Penso che dopo il 2007 il rapporto con la televisione sia stato concluso, quel tipo di televisione non si può più fare. Non ho più neanche la televisione a casa perché si è sfasciata, non l'ho più sostituita e quindi non la vedo più. Però quando la guardavo mi metteva ansia, e mi chiedevo a volte: „Ma io che cosa potrei fare? Boh." L'unica cosa è di chiamare ogni tanto il direttore di *Rai 3* per chiedergli di comprare del materiale o questo film. Ma l'idea di fare un programma la vedo piuttosto difficile.

Non mi riferivo all'idea di fare un programma, ma indirettamente mi ha già risposto. In primo luogo affermando che ciò che c'era da dire è già stato detto, soprattutto negli anni Novanta; e in secondo luogo accennando al mutamento stesso della televisione che si è verificato da allora in poi, e mettendo in rilievo il cattivo gusto che è talmente ubiquitario, talmente invadente che è impossibile schierarsi da una parte che sarebbe appunto oltre.

Sì. Questo riguarda tutto: la fotografia, qualunque tipo di discorso, per esempio l'esplosione di commenti, di democratizzazione, che ha portato paradossalmente a un cortocircuito, al collasso. E quindi non si dice niente. È un po' come siamo tutti amici su Facebook, e invece sei più disperato di prima, quando scendevi con gli amici.

Ma questi sono comunque anche dispositivi per governarci, sia Facebook, sia la televisione, conferendoci o facendoci credere che si è liberi nelle proprie scelte, nella comunicazione (i post, gli amici virtuali ecc.) per tenerti alla fine più sorvegliato di prima.

Ma se tu ci fai caso, infatti, io non vedo grandi speranze perché comunque tutto questo non è reversibile. Appunto, parlo proprio perciò di quegli anni, di quello che noi sentivamo, di quello che stava accadendo e che abbiamo cercato di mettere velocissimamente, concitatamente, disperatamente nel lavoro che facevamo quotidianamente. Credo che – ecco perché parlavo di post-umano – sentiamo la solitudine perché siamo giunti al termine di un discorso evolutivo, evoluzionistico. Quindi percepiamo che diventeremo altro. È quello che ci mette a disagio perché avvertiamo che la nostra natura di umani, che è stata per secoli quella, ci sta abbandonando: stiamo transitando verso altro. Quindi questo è il momento peggiore. Ma non è che l'umanità si estinguerà, purtroppo.

Quindi saremmo „altro" nel senso di automi sotto forma di esseri umani privi della propria volontà decisionale oppure…?

No, ecco questa è la cosa che per me è più perversa…

Oppure, invece di essere assorbiti da un „blob" che ci risucchia, viviamo la propria volontà decisionale e una condizione caratterizzata da meccanismi di potere fatti propri e riprodotti incoscientemente?

Il problema è proprio questo perché qua siamo ad un bivio. Non è più come ci volevano far credere i transumanisti, i post-umanisti, gli anni Quaranta e Cinquanta, come per esempio Orwell, lo scrittore che scrisse *La macchina del tempo*, il papà della fantascienza. L'immagine orwelliana di un futuro immaginato come un futuro di alienati ecc., anche se aveva in parte ragione, oggi è riduttiva per chiunque. Anche per i filosofi, soprattutto per quelli che vivono di industria culturale e che quindi ti ci vogliono far credere, ma non guadagnano più.

E chi sono questi? Nomi, nomi!

I filosofi italiani o stranieri.

E chi?

Che ne so. Ci potrei mettere in questo l'intera redazione dei quotidiani italiani, delle pagine culturali. Umberto Eco, per esempio. Prendiamo l'italiano più celebrato nel mondo intellettuale, il più amato dei francesi, dei tedeschi, medievalista. Vedi, Eco è un signore che alla fine negli anni Ottanta, più precisamente nel 1984 – io me lo ricordo perfettamente perché lo leggevo – era l'anno in cui si celebrava il libro di Orwell e fece un articolo trionfalistico su *L'Espresso*, dicendo tutto sommato: „Orwell va be'. Questo pessimismo non si è avverato, non è successo nulla. Ovviamente, il mondo alla fine è molto meno peggio di quanto ipotizzasse. È stato smentito." Ma, d'altra parte, Eco era quello che faceva il corrispondente, recensendo non ricordo quale film di Hitchcock, (era forse *Intrigo internazionale* posso sbagliare) ma era comunque un suo grande film. Per dirti, questi signori celebrati col culo ben caldo, comunque dicono che il mondo sta finendo in un certo modo, ma che non è come pensiamo perché si risolverà in un mondo migliore, le tecnologie non vanno demonizzate ecc. C'è poi tutta una scia di filosofi, c'è per esempio uno psicologo italiano che ha detto che questo è il mondo migliore possibile che l'uomo abbia mai abitato. Ed è pur vero, da un certo punto di vista. Penso che sia stato il meno violento. Solo che a questo signore bisognerebbe rispondere che tutto non si misura ovviamente, come per esempio l'olocausto, ma che esiste una violenza quotidiana, una violenza che c'è su internet, la violenza dell'anonimato, della spersonalizzazione, della sessualità in internet che è agghiacciante, attraverso tutta una serie di cose, della banalizzazione.

È una violenza simbolica.

Non è una violenza che ti uccide, non ti prende, non ti porta in un campo di concentramento, ti aliena. E c'è anche un altro fatto in questo signore psicologo che dicevo prima. L'uomo duemila anni fa non era più violento, lo erano persino i filosofi, i poeti più „democratici" – se uno legge Seneca o un greco illuminato. Loro vivevano in contesti – attenzione! – in cui la gente veniva deportata come schiavi. Era normale, nessuno si indignava, c'era la violenza che si accettava. Allora, il problema qual è? Siamo rimasti bestie. Rispetto a quello che l'uomo ha fatto ottocento anni fa, uno pensa che quello che è stato fatto fino ad oggi sia molto poco perché rispetto ai signori del passato non abbiamo otto secoli di civiltà in più o di scienza o comunque di altro. Se ci comportiamo come si comportavano loro tanti secoli fa, in meno abbiamo il fatto che siamo otto secoli dopo. Quindi non è cambiato niente oppure molto poco. Forme di violenza sono meno ovvie. Ciò che è terrificante è che una volta le cose erano lì: io ero il re per il suddito, io facevo quello che volevo ecc. Oggi tutto è ancora più perverso. E torniamo alla tecnologia perché non ci sono più i ruoli – ecco il discorso di Berlusconi e della sinistra. Fatto per cui le industrie parlano di ecologia, ovviamente l'unico loro interesse è il profitto, ti dicono „guarda che macchina pulita", poi ti fanno vedere i bambini ecc. È tutto finto. È come in un film di fantascienza, è un incubo, perché non ci sono più i ruoli. Quindi tutto è apparenza, e dietro ci sono veramente i Grandi Fratelli che si intrecciano e si succedono a vicenda. È veramente agghiacciante, mette paura. Questo è ovviamente legato a internet. Quando qualcuno dice che internet è il trionfo della democrazia, io non credo che sia così.

Un'altra domanda per scolpire ancora I migliori nani *e* Ai confini della pietà. *Il fatto che il discorso diventa sempre più acceso e in qualche maniera anche più rozzo, è alla fine anche l'espressione della vostra reazione a quel mutamento di cui parlavamo prima?*

Rispetto a *Cinico Tv*, io ritengo che *I migliori nani* siano dal punto di vista puramente estetico in realtà di una grande raffinatezza.

Però soltanto raffinato nel modo in cui mette in rilievo ciò che vediamo alla televisione.

Certo, è proprio in questo scarto però che anche dal punto di vista televisivo non va dimenticato. *Cinico Tv* si distingueva da tutto il resto per l'impatto estetico assolutamente diverso. Quando arriva *I migliori nani*, tra l'altro, molti anni dopo in una televisione che …

…che è cambiata, lo state facendo attraverso il discorso, quindi linguistico…

Ma attenzione, bada bene. È vero che *La 7* era all'inizio della propria attività televisiva. Noi andavamo in onda il sabato alle ore 20.00, con replica. Non è un caso che ci fu una percentuale di pubblico molto bassa, andavamo all'ordine di alcuni centinaia di migliaia di spettatori, se andava bene. Questo sono *I migliori nani*, al di là del fatto che poi siano stati recuperati su Youtube, e anche lì decontestualizzati. È un po' come *Totò che visse due volte*. Quando uscì, ci fu un lancio pubblicitario enorme. La domanda, che mi sono sempre posto e alla quale non sono riuscito a dare risposte con chiarezza ed efficacia, è: come mai questo film fece un tale enorme scalpore – e lì siamo ancora in una fase di internet molto scarsa – ma non fece pubblico? Perché alla fine non basta fare casino. Se noi avessimo fatto un film in cui lo scandalo era l'amore di un vecchio per un'adolescente, se c'era qualche scena così, andavano tutti a vederlo. Il problema di quello che noi abbiamo sempre fatto (è questo l'importante che caratterizza Ciprì e Maresco) è il fatto che c'è qualcosa – ed è un bene per noi – che non ci rende commestibili, non ci rende appetibili. Questo è qualcosa che non è scandalo. Chiunque può fare scandalo e ti rende commestibile. Vedi Cronenberg, per esempio, nelle cose più rapaci: c'è un *appeal*, quasi sensuale, erotico in un certo tipo di cinema. Nel nostro caso no. Quel mondo è proprio indigesto. E tu puoi fare tutto il casino che vuoi. Tant'è vero che noi non abbiamo fatto quanto abbiano fatto poi i signori della chiesa, tanto che *Totò* non fece pubblico. Quindi, neanche *I migliori nani* non ha fatto pubblico. Non so, forse se fossimo stati su *Rai 3*, forse avremmo fatto trecentomila spettatori in più. Questo vuol dire che non piacciamo a tutti. E non c'è niente da fare. La storia è questa. Il tipo di televisione, il tipo di approccio, il fatto che non andassimo nei salotti a farci intervistare – quante volte *La 7* ci diceva „fatevi intervistare da Ferrara, andate nei programmi" e noi non ci andavamo. La nostra non frequentazione in televisione certamente non ha contribuito. Siamo, come dire, corpi estranei, e quindi cani sciolti da cui diffidare.

Quindi la grande raffinatezza de I migliori nani *sarebbe che sono indigesti.*

Io penso che la grande raffinatezza di quel lavoro sia intanto un fatto estetico. Le scenografie di Cesare Inzerillo e Mimì Ferruzza sono state strepitose. Il lavoro fatto non è costato niente, rispetto ad altri programmi. Se la *Rai* o qualche altra struttura avesse dovuto fare quel tipo di televisione, una televisione vecchia, artigianale, fatta con le mani, ammuffita, avrebbe speso un bordello di soldi. Quindi io rivendico quel tipo di televisione, volutamente anacronistica, volutamente fuori dal tempo, perché era quello che volevamo. Era appunto una specie di pugno nello stomaco. Ed era una sorta di astronave che atterrava. In qualche modo lo prevedevamo pure. Ho rivisto *I migliori nani*. Un tuo conterraneo, che si chiama Herzog, il regista, ha visto Ciprì e Ferrara in un festival di Ghezzi e lo ha colpito. La Germania è un paese più acuto, più arguto, dove Ciprì e Ferrara sarebbero stati capiti. Io non ho nessuna difficoltà a sostenere che Ciprì e Ferrara siano molto più comici di Totò e Peppino di Filippo. Unici, di una comicità infinita. La musica è sfinita. Dentro a quel programma, Ciprì e Ferrara rappresentavano simbolicamente la fine di qualunque discorso, perfino la musica è sfinita. Non è più possibile andare avanti.

In Ai confini della pietà *e* I migliori nani *c'è anche una riferimento frequente a Bernardo Provenzano. Perché? Avevate preso spunto dalle attualità, dai media?*

Lì siamo stati profetici perché abbiamo anticipato l'arresto di dieci, quindici giorni. Tra l'altro, Provenzano è stato trovato quasi nell'ambiente in cui l'avevamo rappresentato. Non eravamo complici di Provenzano, l'abbiamo fatto così. Era un tentativo da parte nostra di agganciarci comunque ogni tanto alla realtà. Ma era anche un modo paradossale di leggere la realtà siciliana e la mafia. Quello che io ho sempre fatto è leggere la realtà e il mondo in chiave grottesca.

Ho l'impressione che parli sempre di fantascienza come per trovare un modo per proteggerti perché spacciarlo direttamente come realtà susciterebbe troppo disgusto presso gli italiani.

Non mi preoccupo dei miei connazionali. Ma mi riferisco ai film di fantascienza perché lì abbiamo un elemento che mi turba molto come negli esorcismi, la possessione demoniaca, diabolica, l'esorcista, il diavolo si impossessa della povera Regan, la ragazzina de *L'Esorcista*. E invece gli alieni sono un po' la stessa cosa, che si impossessano degli esseri umani e li disumanizzano, li spersonalizzano. Io intendo la fantascienza in questa chiave. Devo dire che non abbiamo nulla di nuovo sotto il sole. Diciamo che gli sceneggiatori degli anni Cinquanta avevano già un po' sotto gli occhi l'avvento di questa società che diventava aliena, per dire. Diciamo che io appartengo e derivo da questa visione delle cose, sono un nipote o un figlio.

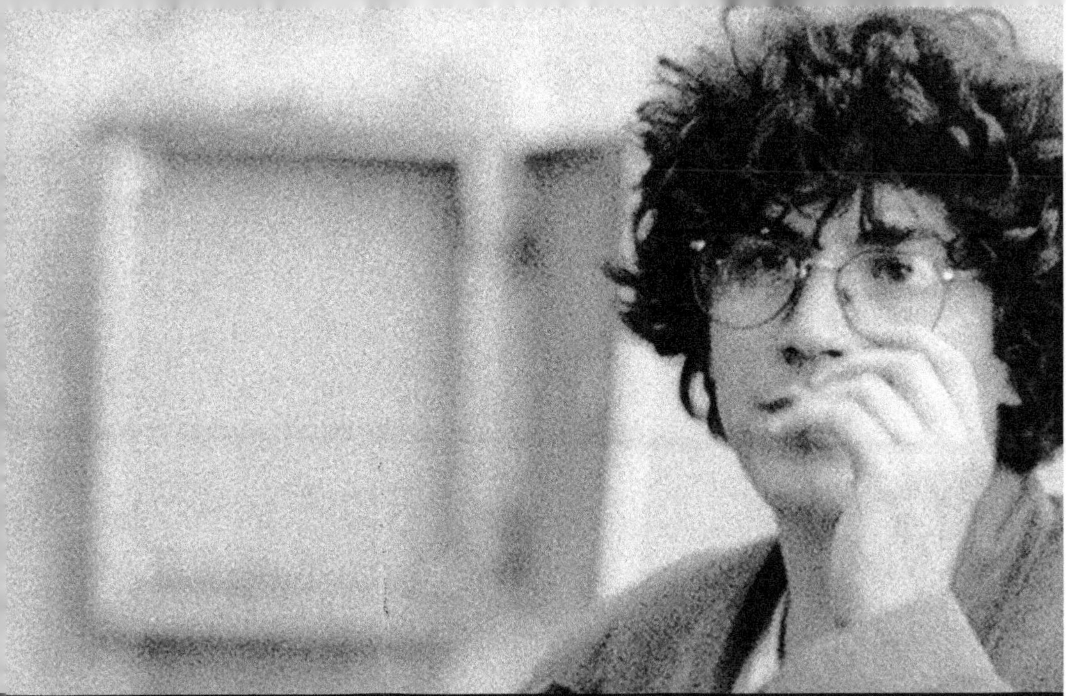

6.4 Im Gespräch mit Daniele Ciprì
In dialogo con Daniele Ciprì

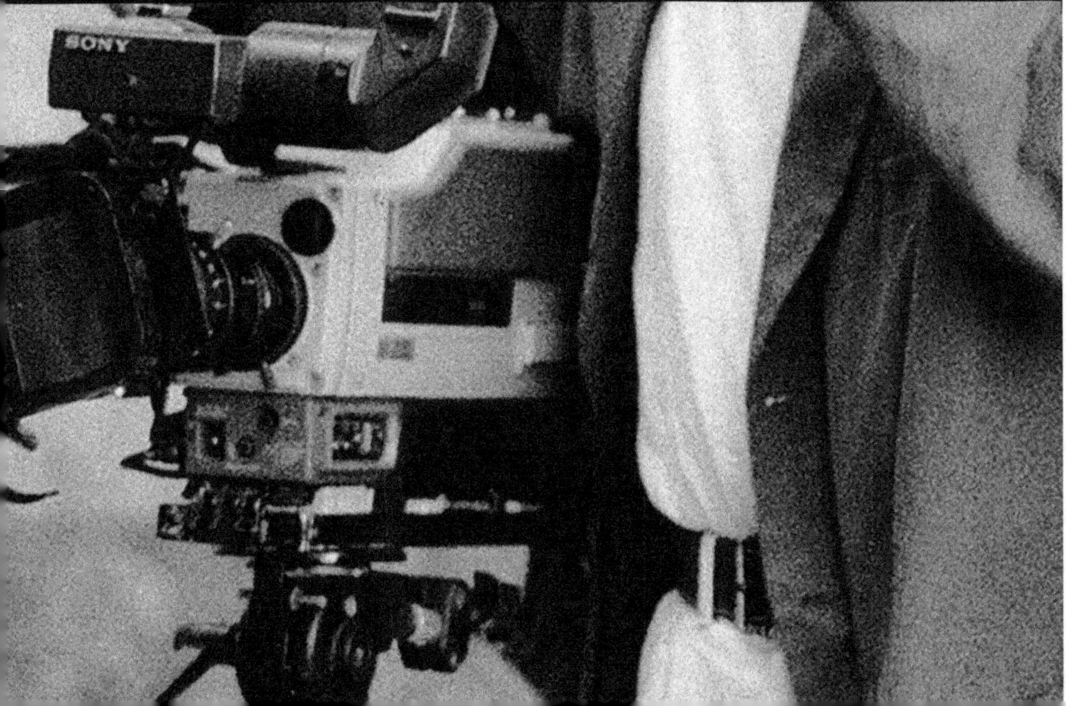

Im Gespräch mit Daniele Ciprì

Ostia, 2. Januar 2012

Welche Beziehung haben Sie heute zu Palermo, nach der Trennung von Franco und Ihrem Umzug nach Rom?

Mit Palermo verbindet mich nichts mehr, außer der Film, den ich gerade abgedreht habe und den alle mit Spannung erwarten. Mit *È stato il figlio* habe ich mich neu erfunden, ohne meine Vergangenheit zu verleugnen. Sie ist, so denke ich, in jedem Fotogramm des Films zu finden und Franco wird das merken. Da wir uns erst vor Kurzem getrennt haben, ist das Verhältnis momentan eher angespannt. Anstatt ausschließlich über die eigenen Werke zu reden und den eigenen Weg zu gehen, sollten wir die Erfolge des Anderen teilen. Wir sind ein bisschen wie Franco und Ciccio; aber Ciccio arbeitete mit Fellini und Franco drehte *L'ultimo tango a Zagarolo*, der ja ein Meisterwerk ist. Wenn man zusammenarbeitet, kann es zu unschönen Situationen kommen, deshalb wollte ich weg. Nicht weil ich Palermo nicht mag: Ich mag die Palermitaner nicht. Diese Hassliebe zu Palermo trifft man ja übrigens auch schon in den Arbeiten, die Franco und ich zusammen gemacht haben. Wir haben wie die Hunde gelitten, wir haben Palermo massakriert und uns mit *Più liberi con la mafia!* darüber lustig gemacht. *Totò che visse due volte* ist ein Film, über den die Palermitaner lachen, und ich frage mich jedes Mal warum. *Totò* ist eine psychoanalytische Studie, die uns viel gegeben hat; wir haben mit dieser meiner Stadt gearbeitet und sie dargestellt. Heute habe ich Palermo vergessen, einfach verdrängt – auch wenn in Palermo meine Eltern und mein Adoptivsohn wohnen. Manchmal komme ich zu Besuch. Das, was ich Franco zugestehe, ist, dass er viel kommunikativer war als ich. Mich interessierte das Kino eher als Traummaschine (ein bisschen wie Fellini, mit der nötigen Distanz und dem nötigen Respekt): Ich war eher für „Licht aus, Film ab".

Sprechen wir über die Anfänge. Wie haben Sie Franco kennengelernt?

Wir haben uns in seiner Videothek in der Via Sammartino kennengelernt. Diese Videothek hatte von allem etwas, ein Gemisch aus klassischem Kino, aber echt wenig, und Porno. Mein Cousin hatte mich mitgenommen und dort sind wir Freunde geworden. Dort ist auch unser Interesse für das erlesene, experimentierfreudige Kino von John Ford, von Billy Wilder bis hin zu Orson Welles und von Stanley Kubrick geboren, so dass unsere Kooperation mit Filmmontagen beginnt. Wir machten eine Art *Fuori orario* in Palermo. Wir machten Filme, indem wir Szenen von Regisseuren, die wir toll fanden, zusammenschnitten, zum Beispiel Ausschnitte von John Fords Indianern mit den Kreisen von Kubrick. Gemeinsam mit Umberto Cantone haben wir *Il lato estremo del visibile* gemacht. Am Anfang haben wir sogar bei mir zu Hause gearbeitet, vor allem nachdem ich Francos Verein *Rosebud* (wie *Rosabella*, der Film von Orson Welles) beigetreten war. Wir haben Fotoausstellungen und Filmvorführungen organisiert.

Wer oder was sind Ihre Vorbilder? Wovon lassen Sie sich inspirieren?

Ich inspiriere mich nicht an ihnen, ich habe sie verinnerlicht. Wenn ich einen Film mache, dann flachse ich nicht lange rum, sondern schreite zur Tat. Ich spiele mit dem Imaginären.

Das meinte ich nicht, sondern eher wer Sie beeinflusst und zu dem gemacht hat, was Sie heute sind.

Jerry Lewis. So wäre ich gern. Spaß beiseite. In Wirklichkeit haben mich wirklich viele Regisseure beeinflusst, ich habe ja keine Filmhochschule besucht. Insofern ist meine Beziehung zum Kino auch nie „akademischer Art" gewesen, im Gegenteil: Gott befreie uns davon.

Und wie sind Sie zum Kino gekommen?

Ich war ein auf Hochzeiten spezialisierter Fotograf. Franco habe ich erst viel später getroffen. Ich stamme aus einer Fotografenfamilie. Mein Vater reparierte Fotoapparate, aber er hatte auch eine Leidenschaft für das Kino und das Musical. So habe ich schon ab dem Kindesalter alle Film von Vincent Minnelli, Fred Astaire oder Kelly gesehen. Mein Vater hat mir die schrecklichsten Sachen gezeigt, Western, einfach alles. Was mich betrifft, so ist meine Liebe zum Bild aus dem Handwerk erwachsen. In meinen Arbeiten habe ich nie intellektuelle Bezüge hergestellt. Ich mochte Pasolini ebenso wie viele andere Regisseure. Godard oder die Nouvelle Vague haben mir noch nie gefallen, schon eher das amerikanische Kino, das Kino der fünfziger Jahre. Ich dachte damals, dass das meine Richtung sei. Abgesehen davon, kann ich auch gar nichts Anderes außer Filme machen.

Es war also das Bild selbst, das mich nach und nach dazu brachte zu experimentieren. Damals, ich war zwanzig, arbeitete ich mit Gian Falla und Giovanni

Nassa für den ehemals von Giuseppe Tornatore geleiteten Verein CLCT, der sich nach Tornatores Weggang in einer recht unglücklichen Situation befand. Wir drehten eine Unmenge von Dokumentarfilmen für die *Rai*, das Regionalfernsehen auf Sizilien, von Schafen bis hin zu Ziegen und so weiter. Ich war also ein Hochzeitsfotograf und später machte ich parallel dazu *Cinico Tv.*

Reden wir über Cinico Tv. *Wie kam es dazu?*

Das habe ich wirklich geliebt. Denn *Cinico Tv* entstand aus dem Spiel heraus, dahinter stand nie der Plan oder Versuch, Kino machen zu wollen. Nie, nie! Franco kann das bestätigen. Mit der Zeit hat sich das dann nach und nach erweitert und ist somit zum Beruf geworden, die schrecklichste Sache der Welt. Aber wir hatten eine Gewissheit, eine persönliche Garantie: Es machte uns Spaß. Das hieß, wir zogen samstags und sonntags mit der Videokamera, dem Aufnahmergerät und unseren Freunden los – das waren Tirone, Paviglianiti, Marcello und all diese Leute – und machten Aufnahmen. Diese sind später in den Kurzfilm *Pasta e patate* eingeflossen, den wir beim Festival von Bellaria eingereicht haben. Ans Fernsehen haben wir damals noch nicht gedacht. Wir wollten etwas machen, um das Kino zu feiern. D. h. wir wollten ein Requiem für das Kino, was uns gefiel, komponieren, eine Art Prozession, sodass wir dann *Lo zio di Brooklyn* drehten. Wir wollten niemanden zum Lachen bringen oder komisch sein. Ich bringe niemanden zum Lachen, ich bringe die Leute zum Lächeln. Das ist etwas anderes, denn es ist ein bitteres Lächeln: die Tragikomödie, das Tragische. Deswegen gefielen mir *Dick und Doof* oder Buster Keaton. Das sind meine Bezugspunkte.

Wie war Ihr Verhältnis zu den Darstellern? Wie haben Sie gedreht?

Am besten gefiel mir Carlo Giordano mit seinen Sprüchen „Grazie buonasera". Und dann Tirone, den fand ich echt toll, auch wenn Franco ihn besser kennt. Tirone fuhr bei Fahrradwettkämpfen mit; Franco kennt ihn seit seiner Kindheit. Ich lernte ihn kennen, als wir anfingen mit ihnen als Schauspielern herumzuexperimentieren. Nach und nach hat mich Tirone dann total begeistert, sodass ich ihn sogar in *È stato il figlio* zitiere – vielleicht kriegt man das ja gar nicht mit, wer weiß, aber zitiert habe ich ihn. Und dann gab es noch Paviglianiti. Sie alle waren Instrumente, sie bildeten ein Orchester. Tirone war ein Ton, Paviglianiti war ein anderer Ton und so weiter.

Controcorrente

Machten sie freiwillig mit?

Ja. Wir haben vieles zusammen unternommen, sind ausgegangen oder abends gemeinsam essen. Wir hatten praktisch den Samstag und den Sonntag zur Verfügung. Und ich schwöre dir, genauso enthusiastisch wie Jungs Fußball spielen, so haben wir, wenn auch schon etwas älter, in den Randbezirken von Palermo gedreht, in Brancati und so weiter. Fanden wir ein Loch: Ok, wir machen den Ratten-Mann. Fanden wir einen Graben: Ok, wir machen den Mensch als Exkrement. So sind diese Szenen entstanden. Als wir dann den Schornstein gefunden hatten, machten wir ein Ballett. Oder die Blätter, die Bäume, der Park La Favorita: Mafiaman. Diese Szenen entstanden einfach so, aus dem Spiel heraus. In der Tat habe ich all dies nie wirklich ernst genommen. Wenn ich mir das heute anschaue oder wenn mir andere davon erzählen, die *Cinico Tv* gesehen haben und die davon begeistert sind, weil sie damit aufgewachsen sind, dann bin ich echt baff. Für mich war *Cinico Tv* wie ein Zeichentrickfilm von den Warner Brothers. Die Trickfilme von den Warner Brothers haben mir schon immer besser gefallen als die von Disney, zum Beispiel *Sylveste*r von den *Looney Tunes* oder *Wile E. Coyote*, kurz gesagt die Unglücksraben – und das wird man auch in meinem Film sehen. Diese Pechvögel starben nie, aber ihnen gelang auch nie etwas. Als *Cinico Tv* entstand, war es ein Comic. Mafiaman war wie ein Comic-Held, er taucht mit dem Schild mit dem M auf und dann der Titel „Der Held der Cosa Nostra". In der ersten Version gab es sogar Sprechblasen wie „Du räudiger Hund, kein Erbarmen", die wir dann aber weggelassen haben, weil wir gemerkt hatten, dass es so schon Comic genug war. Wir brauchten keine Sprechblasen. Das war eine schöne Zeit, die „frühe Periode". Wenn wir rausgingen und drehten, dann war das für mich trotzdem Arbeit, auch weil ich ja schon als Fotograf arbeitete. Deshalb musste es Spaß machen. Unsere Darsteller waren Töne und der Dirigent dirigierte aus dem Off mit seiner Stimme das Geschehen. Wir fingen immer so an. Wir gingen raus und wählten ein Thema aus: Was machen wir heute? Wir reden über Berlusconi, um jetzt mal das einfachste Beispiel zu nehmen. Und Tirone fing an, über das Thema zu sprechen. Oder Paviglianiti komponierte eine „Hommage" für Berlusconi aus Fürzen, die übrigens auf eine bestimmte Art und Weise hergestellt wurden, mit einer Apparatur, die einen komplett anderen Ton erzeugte. Wir haben übrigens alle Spezialeffekte selbst gemacht, mit einer Technik à la Tati – den ich immer für seine Töne, ebenjene so befremdlichen Töne gemacht habe. *Cinico Tv* bedeutete vor allem: Kino, Spaß, gemeinsame Unternehmungen. Wie lange das schon her ist!

Im Gespräch mit Daniele Ciprì

Wie sind Sie zum Fernsehen gekommen?

Das Fernsehen interessierte uns nicht, in Wirklichkeit war das Zufall. Mit *Cinico Tv* haben wir Palermo im Fernsehen dargestellt, du erinnerst dich bestimmt. Wir kamen an mit dieser etwas ungewöhnlichen, noch nie gesehenen Art von Fernsehen, etwas ausgefallen, in schwarz-weiß, mit diesen etwas mumienhaften und überzeichneten Figuren. Wir arbeiteten viel am Bild, zeigten Palermo, so wie wir es sahen. Eine recht gelungene Sache, die uns „ein Nischenpublikum" beschert hat. Entdeckt hat uns Enrico Ghezzi in einer Sendung auf dem Kanal *Italia Uno*, die sich *Isole comprese* nannte und wo Mimmo Lombetti und Dino Gnocchi ganz ähnliche Sachen machten. Zu *Isole comprese* sind wir übrigens auch nur rein zufällig gekommen. Dino Gnocchi entdeckte uns auf einer seiner Reisen nach Sizilien. Er war im Hotel und während er durch das Fernsehprogramm zappte, hat er uns auf *Tvm* gesehen, einem palermitanischen Privatsender, der Anna Manzo, meiner Ex-Frau, gehört. Mimmo Lombetti und Dino Gnocchi haben uns einen Bezugspunkt gegeben, nämlich ein Publikum. Denn in Palermo gab es ja kein Publikum, mit dem man sich konfrontieren konnte, das Gefühle erzeugt oder einen stimuliert hätte. Das Fernsehen half uns, uns darzustellen und uns weiterzuentwickeln. Es ist schon lustig, aber in Palermo kannte uns wirklich niemand. Wenn ich einen Kaffee trinken ging, sagten sie zu mir: „Was wollen diese beiden eigentlich mit diesem Typen sagen, der da drei Stunden lang dumm in Unterhosen rumsteht?" Das war klasse. Das war unsere Filmhochschule, weil wir zuhörten und das dann weiter ausbauten. All das hatte dann sein Ende mit *Totò che visse due volte,* ein Film, der uns ganz schöne Schwierigkeiten eingebrockt hat, das Finanzamt, die Carabinieri, die Anklage wegen Verunglimpfung der Staatsreligion. Und die Journalisten haben das breitgetreten, bis zum Erbrechen.

Welche Beziehung haben Sie zum italienischen Fernsehen, früher und heute? Was denken Sie darüber?

Die Berichte über Maurizio Costanzo, über all das, was damals passiert ist, über die Verlogenheit der Italiener, über die korrupten Staatsdiener, über die Mafia, über all jene Bewegungen, die dann ja auch ihnen etwas genützt haben, auch der Antimafia – um ehrlich zu sein, ist es das Fernsehen, das mich am meisten angeekelt hat. Aber genau dieses Fernsehen hat uns auch geholfen, Palermo auf den Kopf zu stellen und ein bisschen zu erzählen, was Palermo war. Ich gebe dir ein Beispiel: Als Giuseppe Tornatore mit *Nuovo Cinema Paradiso* bekannt wurde, ist ein Sizilien nach Amerika herübergeschwappt, das ein wenig schick war, nichts Neues, sizilianischer Karren und Mandoline, die in diesem Fall Morricone spielte. Wir haben das Gegenteil gemacht: Beim Bombenattentat auf Falcone brachten wir die sprechende Bombe. Bei uns gibt es die Mafia, ok, dann warben wir eben für mehr Freiheit dank der Mafia. Wir waren ja ein bisschen wie die Trickfilme … Ich weiß nicht, wie ich das definieren soll. Wir karikierten ein Palermo, dessen Bürger von diesen Missständen profitierten. Wir machten uns also über uns selbst lustig. Das hat uns nicht nur die Möglichkeit gegeben, Palermo zu erzählen und darzustellen, sondern auch Filme zu machen. *Cinico Tv* ist für mich in der Tat ein Film. Ich habe Franco immer gesagt, dass wir, meiner Meinung nach, nach *Totò che visse due volte* besser aufgehört hätten Filme zu machen. Denn dieser Film hat in einem verzweifelten Moment unseres Lebens einen Schlussstein unter unsere Entwicklung gesetzt. Danach kam dann *Il ritorno di Cagliostro* und noch so einiges mehr. Es war, als ob man zeichnete und sich an Billy Wilder erinnerte, um stets respektvoll an die Größen des Kinos zu erinnern. Auf seine Art erlaubte uns *Il ritorno di Cagliostro* mithilfe des Kinos eine schwarze Komödie zu produzieren, die ein bisschen surreal und grotesk war: die Familie und die Gebrüder La Marca und somit die Filmproduktionsfirma *Trinacria Cinematografica*, die für all das stand, was in Sizilien unmöglich war und auch noch heute unmöglich ist, denn die Sizilianer haben ja das ganze Geld zum Fenster rausgeschmissen, sogar „die Nägel aus den Wänden", wie man in Palermo sagt.

In der Tat ist das Bild, was Sie ab Cinico Tv *von Sizilien und von Italien zeichnen, ja recht kritisch. Welche Rolle spielen die Politik und die Mafia in den Werken von Ciprì und Maresco? Ich denke da zum Beispiel an späte Arbeiten wie* I migliori nani della nostra vita *und* Ai confini della pietà, *an Provenzano, Miccichè und so weiter.*

Wir haben die Mafia anders dargestellt als die anderen, wie auch Roberta Torre mit *Tano da morire*. Das sind Dinge, die aus diesen Kindereien erwachsen.

Von Kindereien zu sprechen, ist vielleicht etwas zu banalisierend.

Nein, es ist nicht banalisierend. Denn was haben wir denn schon gemacht? Wir haben einen Aspekt einer grausamen Persönlichkeit genommen, die Italien hasste, und haben sie transformiert. Das konnte ja auch Satire sein. In der Tat waren wir mit *Ai confini della pietà* Satire und das hat mich genervt. Wir spielten mit Gemeinplätzen und nicht mit der Mafia. Nach *Der Pate* kann man nichts mehr über die Mafia machen, denn es ist der mythischste Film überhaupt. Er ist ein absolutes Meisterwerk, weil er die Ikonographie eines Charakters liefert, aber indem er ihn überzeichnet, nicht durch die Musik, durch den Klang, sondern durch das Kino. Und das ist mein Element, nicht die Satire. Als wir das Programm auf *La 7* gemacht haben, was dann ja auch das letzte gewesen ist, war ich nicht sehr zufrieden. Es gab Dinge, die gefielen mir und andere weniger. Micciché und Cuffaro stellen etwas dar, was es schon gibt, was schon existiert. In mancher Hinsicht auch Berlusconi. Wenn Tirone über Berlusconi spricht, sich in einen Sessel setzt und sagt, er wollte Sizilien erobern, dann ist das der höchste Effekt. Es fasziniert mich weit weniger, wenn Berlusconi in einem Dokumentarfilm oder einem Film dargestellt wird. Schon eher gefällt mir der Film über Berlusconi, der aus verschiedenen Materialien zusammengeschnitten ist und der in Schwarz-Weiß mit Ausschnitten eines Berlusconi-Kanals beginnt. Das ist sehr interessant, denn das zeigt die Entwicklungen einer Zeit und eines Mannes anhand der wahren Bilder, inklusive der Dummheit der darin vorkommenden Personen, ohne Weiteres hinzuzufügen, weder eine Stimme, noch irgendetwas Anderes.

Da wir in einer Welt von Schwachköpfen leben – denn das ist es ja, worüber wir sprechen –, hat das Fernsehen, obwohl es das schon lange gibt, immer noch eine unglaubliche Macht. Die Sendungen von Maria De Filippi sind wie der Film *Die Invasion der Körperfresser*, jener Film über die Bazillen, in dem die Körper alle gleich werden. Bei De Filippi sind hingegen alle Künstler. Was sollen wir denn bloß mit so vielen Künstlern? Davon haben wir doch schon genug, die Abgänger von der Filmhochschule *Centro sperimentale per la cinematografia*, die abgesehen von einigen Regieassistenzen keine Arbeit finden, obwohl sie Talent haben. Denk nur mal daran, wie viele Menschen Lust haben, zu erzählen und nicht einfach nur Dinge abzufilmen. Auf den Kurzfilmfestivals sieht man wunderbare Sachen. Und dann sagt man sich: „Verdammt noch mal, das ist klasse, viel besser, als das, was ich bislang gesehen habe, phantastische Ideen!" Aber diese Filme werden nie in der Öffentlichkeit gezeigt werden. Und es betrübt mich, wenn jemand denkt, dass Youtube oder Google Instrumente sein könnten, um einen Wandel herbeizuführen. Das stimmt einfach nicht. Die lassen einen glauben, dass man mit der Welt kommuniziert, aber es ist eine Kommunikation ohne Inhalte. Was zum Teufel sagen die sich schon?! „Hallo", „ja", „share", „gefällt mir", „gefällt mir nicht" und so weiter. Facebook ist absoluter Schwachsinn.

Das sind Dispositive, um die Menschen zu regieren.

Richtig. Früher gab es nur einen Kanal, *Rai 1*, und wenn es in Italien Probleme gab, da sagten sie: Wir sind alle fröhlich, Scheinwerfer an, wir sind alle glücklich. Ich erinnere mich, vormittags liefen Filme, manchmal auch *Dick und Doof*, und die *Rai* verbreitete genau dieses Gefühl von Regierung.

Wir werden von den Medien durch die Wahrnehmung regiert: Indem wir uns frei fühlen, schränken wir uns auch selbst ein. Das ist doch die Falle, in die wir tappen, nicht wahr?

Wenn man hingegen einen Film von Kubrick sieht, dann träumt man, um es mal so zu sagen.

Man muss aber auch über die Fähigkeit, über die nötige Aufmerksamkeit verfügen, um ihn schauen zu können. In dem Sinne, dass wir derart von all jenen Medien und Dispositiven belagert sind, die ja letzten Endes alle nach unserer Aufmerksamkeit heischen, sodass man gar nicht mehr in der Lage ist, aufmerksam zu sein, weil man nicht mehr daran gewöhnt ist, sich zu konzentrieren ...

... wir sind vergiftet, das stimmt.

Und somit kommen wir zur Frage: Sind die Filme von Ciprì und Maresco in genau diesem Sinne ein politisches Kino, das sich von einem rein anklagenden Kino unterscheidet?

Unser Kino ist kein politisches Kino, es ist ein Kino des Abschieds. Wir haben nie irgendetwas angeklagt. Wir sind der Apokalypse beigetreten, wir haben sogar dazu beigetragen. Es lag ja alles auf der Hand. In diesem Zusammenhang waren wir uns immer treu. Wir sagten nämlich: „Wir wollen keine Filme machen, die Geschichten erzählen, sondern wir wollen eine Welt zeigen." Und somit ist das kein politisches Kino. Das ist unsere Truman Show. Das ist eine einzigartige und unwiederbringliche Welt. Zudem können weder ich noch Maresco diesen Typ Welt allein hervorbringen. Auch weil es diese Art von emotionaler Kraft nicht mehr gibt, die diese Dinge, diese Welt von *Cinico Tv* verursacht hat. All das kann es nicht mehr geben, weder mit ihm noch mit mir. Wir können diese Welt höchstens heraufbeschwören. Das ist der einzige Weg. Mir ist, als ob die Seele jener Stadt, die Seele Palermos, verschwunden ist, und dennoch bleibt etwas von ihr, denn unsere Sachen sind überall. In der Tat fühle ich mich alt, wenn mir gesagt wird: „Ah, ich habe ... gesehen". Und ich erinnere mich dann nicht mal daran. Als ich neulich Abend in Rovereto die *Cinico Tv*-DVD vorgestellt habe, habe ich all diese Arbeiten, die ich jahrelang nicht gesehen habe, wiedergesehen und das hat mich bewegt, weil ich meine Jugend, die Arbeit mit Franco habe Revue passieren lassen. Aber das war nicht jene Form der Nostalgie, die der Vergangenheit hinterherweint – das Wort „Nostalgie" gefällt mir überhaupt nicht –, denn wir waren an einem Endpunkt angelangt. Diese Zeit ist vorbei. Wir haben eine unbekannte Welt aufgenommen, die von den Mayas abstammt. Wir haben viele Weltuntergänge gefilmt. Das betrifft auch das, was wir vorhin über Berlusconi sagten: Nicht dass wir Propheten gewesen wären. Es lag ja derart auf der Hand, dass diese Dinge passieren würden. Als wir damals diese Sache auf *Italia Uno* gezeigt haben, hat uns Berlusconi einfach abserviert. Wir waren zu hitzig, zu geistreich.

Könnten Sie kurz zusammenfassen, in welchem Verhältnis der Dokumentar- und Spielfilm in Ihren Arbeiten zueinanderstehen, da ja auch Ihre sogenannten Dokumentarfilme sich durch das Spiel mit bzw. durch die Hybridisierung der Genres auszeichnen?

Zum Dokumentar- und Spielfilm hatten wir ein wirklich komisches Verhältnis. Der Dokumentarfilm ist nicht meine große Leidenschaft, Francos vielleicht schon eher. Das ist eine sehr komplizierte Arbeit. Ich werde versuchen, selbst einen zu drehen, das Thema hierfür muss ich mir noch ausdenken. Der Spielfilm hingegen sagt mir mehr zu. Franco und ich machten ständig Dokumentarfilme; u. a. kleine Sachen zum Jazz, die dann im Fernsehen liefen.

Und was ist mit Enzo Castagna?

Enzo domani a Palermo! ist im Grunde genommen ein Spielfilm, eine Docufiction. Ciprì und Maresco stellen einen real existierenden Menschen dar. Es ist wie Zeichnen. Ich habe den Eindruck, dass in meine Sachen das einfließt, was mich betrifft. Was auch immer ich aufnehme, so nehme ich es doch auf meine Art und Weise auf. Wenn Enzo Castagna existiert und so ist, wie er ist, dann muss man das in eine Dimension transportieren. In *Enzo domani a Palermo!* gibt es realistische Dinge, wie den Korb, der vom Balkon heruntergelassen wird, aber sie werden wie in einer phantastischen Welt dargestellt, die bisweilen auch recht beschränkt und stumpfsinnig ist. Auch Saverio D'Amico, der Stuntman und all diese Personen fließen hier mit ein. Zudem gab es ja immer das Off, das ein bisschen auf die Cinephilie anspielt, auf die Idee der Wochenschau. Mit *Franco e Ciccio* haben wir uns dann sehr dem Dokumentarfilm genähert. Auch wenn wir dabei etwas Ungewöhnliches gemacht haben, weil wir sie als zwei Sizilianer, als zwei Palermitaner dargestellt haben, die vorher nie als solche gezeigt worden sind, sondern eher als zwei Kinoschauspieler, die aus dem Süden kamen. *Franco e Ciccio* beginnt hingegen mit zwei armen Straßenschauspielern, die dann zum Fernsehen und zum Kino gekommen sind.

Kann das Kino Ihrer Meinung nach eine Art des Widerstands sein? Eines ästhetischen Widerstands gegen ein einheitliches und vereinheitlichtes Imaginäres?

Heute ist das etwas schwierig, denn wir leben in einer Welt der Bilder. Als ich *Vincere* gedreht habe, habe ich mich dieser Herausforderung gestellt. Ich hatte das Angebot akzeptiert, um mich mit dem Bild von Mussolini auseinanderzusetzen. Wenn Mussolini erschien, dann war das sehr eindrucksvoll. Er legte sehr viel Wert auf die Erscheinung und verwendete dementsprechend viel Sorgfalt darauf. Ich habe alle Archivaufnahmen gesehen. Das war echt verrückt. Zu Marco sagte ich, dass *Vincere* der einzige Film ist, mit dem ich mich selbst herausfordere, weil ich mich mit etwas wirklich Schwierigem konfrontieren muss. Und das ist mir gelungen. Heute ist die Information des Bildes derart allgegenwärtig, dass es, wenn man einen Film macht, gar nicht gelingt darüber hinauszugehen. Was mich auf die Palme bringt, sind diejenigen, die ein realistisches Kino machen wollen, das lustig ist und das sie dann als Komödie bezeichnen. Was sollen denn das bitteschön für Komödien sein? Solche Komödien wie *Benvenuti al sud* oder Ähnliches sehe ich mir nicht an. Das sind doch keine Komödien! Also wirklich, mit dem nötigen Respekt, Komödien sind für mich Billy Wilder, Frank Capra, Monicelli! Diese aktuellen italienischen Komödien – die übrigens schon existierende Filme recyceln, wie *Benvenuti al sud* einen französischen Film – sind so unglaublich banal, so schlampig gemacht, dass das Bild keine Aussagekraft mehr hat. Ich glaube nicht, dass das Kino keine Macht mehr hat, aber heutzutage ist der Kassenerfolg die Macht des Kinos.

Syrakus, 27. September 2012

Sprechen wir über Ihren neuen Film.

Ich muss schon sagen, dass es mir Angst macht, über meinen neuen Film zu sprechen, denn ich bin ganz enthusiastisch. Anstatt darüber zu reden, würde ich ihn lieber zeigen. Kubrick war ein Meister darin, er ließ sich nicht einmal blicken. Er wollte, dass seine Filme sprechen. Es ist absurd, aber man wusste nicht einmal, wer der Regisseur war. Mehr noch: Früher wusste man überhaupt nichts über denjenigen hinter der Kamera. Vielleicht verliert das Kino heute ja genau deswegen seine Magie?

Vielleicht könnten Sie eine Ausnahme machen. Wie ist Ihnen die Idee für È stato il figlio *gekommen?*

È stato il figlio ist mein erster Film als Regisseur. Er behält den Titel des Romans bei. Der Autor Roberto Alajmo hat mir das Sujet selbst vorgeschlagen und ist beharrlich geblieben. Ich wollte den Film unbedingt machen, auch weil er schon anderen (unter anderem auch Emma Dante) vorgeschlagen worden war, die dann aber abgesagt haben, weil es ihnen nicht gelang, den Roman zu adaptieren. Sie hatten nicht den Mut dazu. Die Idee, wie ich das Buch umsetzen könnte, ist mir dann auf der Post gekommen. Mit *È stato il figlio* versuche ich etwas zu erzählen, das Franco und ich so noch nicht erzählt hatten, oder wenn, dann nur ganz minimal in *Enzo domani a Palermo!*. In *Enzo* gibt es ja diese Gestik, diese Art zu sein, dieses Verhalten des Menschen auf der Welt, heute, in einem Jahr, in zwei Jahren, in der Zukunft, wie Enzo Castagna, und da ist mir die Idee gekommen, wie man das erzählen kann. Vielleicht bin ich verrückt, aber ich habe dafür Toni Servillo genommen. Er ist es, der dem Film seine Seele verleiht. Außerdem sind da noch Alfredo Castro, ein außergewöhnlicher chilenischer Schauspieler, und Tony Mannero, die ich auch beide sehr schätze. Ich habe ganz unterschiedliche Schauspieler genommen, von Theaterschauspielern, palermitanischen Schauspielern und Kabarettisten wie Gino Carista bis hin zu Leuten wie Benedetto Ranelli und vielen anderen Charakterrollen. Leider heißen sie Charakterrollen, auch wenn es die Schauspieler sind, die den Charakter einer Figur kreieren. Ich habe übrigens die Synchronstimme von Bugs Bunny, dem Hasen aus dem Trickfilm, genommen. Der Schauspieler war in Italien, wir haben uns getroffen und geprobt, er hat mir gefallen und ich habe ihn angeheuert. Er ist schon ein alter Mann um die Siebzig, das hat mich beeindruckt. Mich hat so Einiges beeindruckt und ich fing an Ikonen zu produzieren. In der Tat ist jedes Gesicht ein Bild. Genau das ist die Art, die Dinge darzustellen. Genau das ist mein Beruf. Über die Bilder und die Orte hinaus habe ich in diesem Film auch die Gesichter geschaffen. Ich habe eine Familie zusammengebracht, die man so leicht nicht wieder vergessen wird. Sie ist ein Gemisch aus den Simpsons von heute und von etwas aus der Vergangenheit, von dem man nicht weiß, was es ist. Auch wenn das Buch in den Siebzigern spielt, gibt es, wenn man so möchte, nicht einmal eine Zeit. Ich habe diese Zeit weder abgebildet noch scheint sie durch die Bilder hindurch.

Inwiefern knüpft È stato il figlio *an das vorherige Werk von Ciprì und Maresco an?*

Ich hoffe ja immer noch, dass Franco und ich in Ruhe zwei verschiedene Wege gehen können. Einer kann eine Sache und der andere eine andere. Ich hatte nie Zweifel im Hinblick auf Francos Talent, aber sein menschliches Verhalten hat mich enttäuscht. Das Universum, das ich in *È stato il figlio* heraufbeschwöre, ist auch eine Erinnerung, eine Art finale Hommage an unsere Arbeit. Kann sein, dass Franco dies schätzt, kann sein, dass er es nicht schätzt, weil er mich fürchterlich hasst. Zurzeit ist unser Verhältnis eher angespannt, der Streit um unsere Firma verschlimmert dies zudem noch.

È stato il figlio war für mich ein Grund neu anzufangen, denn nach der Trennung von Franco war ich von diesem Beruf enttäuscht und hatte damit abgeschlossen. Ich befand mich in einem Tunnel. Meine Lebensgefährtin hat mich gerettet. Sie selbst macht Autorenkurzfilme, kommt aus der Kunstrichtung. Sie hat mir Mut zugesprochen: Den Film musst du machen, komme es, wie es wolle. Der Film hat mir die Möglichkeit gegeben, mich wieder ins Spiel zu bringen und dieses Mal ohne über Palermo oder über Sizilien zu sprechen. Es ist, als ob ich diese Geschichte neu geschrieben hätte, wobei ich aber das Thema, wie man dieses Geld ausgeben muss, beibehalten habe. Alajmo hatte mir Carte blanche gegeben und mir völlige Freiheit bei der Umsetzung des Romans eingeräumt.

Wo haben Sie gedreht? In Sizilien?

Ich habe in Apulien gedreht. Als mir Roberto Alajmo damals das Projekt vorstellte, schlug ich den Film in Sizilien vor, wo man mir aber nur Steine in den Weg gelegt hat. Obwohl sie kein Geld hatten, bestanden sie darauf, dass ich trotzdem und ausschließlich in Sizilien und insbesondere in Palermo drehen sollte. Nachdem ich, vielleicht sogar zu lange, abgewartet hatte, dass die Dinge ins Laufen geraten, habe ich dann nach Abstimmung mit der Produktion auf den sizilianischen Finanzierungsbeitrag verzichtet und begonnen zu drehen. Ich hätte sowieso in Apulien gedreht, ich hatte wunderbare Schauplätze gefunden. Denn ich erzähle Palermo ja nicht, indem ich es abfilme. Nie! Schau dir das komplette *Cinico Tv* an, Palermo siehst du nicht. Ich beschwöre es vielmehr herauf. Das war aber auch das Zeichen, dass Roberto und ich nicht darum kämpfen, denn das alles interessiert mich nicht mehr. Der Film ist ja im Kasten. Ich habe ihn in fünf Wochen gedreht, er ist fertig. Darüber freue ich mich und auch die Filmverleihe, zum Beispiel Fandango, der den Film vertreibt. O1 ist förmlich verrückt geworden. Ich glaube, dass ich eine gute Arbeit abgeliefert habe, trotz des schmalen Budgets.

Mit welchen Schwierigkeiten hatten Sie bei der filmischen Adaption des Textes zu kämpfen?

Ich muss zugeben, dass mich das Buch von Roberto Alajmo nicht gleich vom Hocker gehauen hat. Nicht zufällig habe ich zwei Jahre verstreichen lassen, bevor ich das Projekt angenommen habe. Ich hatte keine Bilder im Kopf, es war sehr literarisch: Da gab es ein Verhör, eine verdorbene, skrupellose Oma, sehr sizilianische Charaktere, aber keine Bilder. Roberto ist kein Mann des Bildes. Er taugt eher zum Drehbuchschreiber, aber weniger zum Regisseur. Deshalb habe ich das Buch auf den Kopf gestellt. Vor drei Tagen hat Roberto den Film gesehen und war ganz aus dem Häuschen!

Im Guten oder im Schlechten?

Im Guten. Denn ich habe an keinem der Orte gedreht, die er beschreibt, sondern habe sie mit nachgestellten Sets evoziert. Darauf bin ich sehr stolz. Das hat uns kaum etwas gekostet, weil ich die Bilder und eine klare Idee im Kopf hatte. Hätte ich keine klaren Vorstellungen gehabt, dann hätte ich gar nicht mit den Dreharbeiten angefangen. Ich wusste, was ich wollte. Ich wollte eine Erzählung, eine Familie und Palermo nur erwähnen. Als ich dann, um mich zu testen, einigen Palermitanern Ausschnitte gezeigt habe, haben sie mir gewisse Ähnlichkeiten bestätigt.

Für Sie ist also die Wahrnehmung selbst das Wichtigste.

Absolut! Die Montage ist der Film. Viele Regisseure haben nicht den blassesten Schimmer, wie ein Tag oder auch nur die Szene gedreht wird. Da kommen diese Neulinge und wissen nicht, wie es geht. Das ist schlimm, denn sie haben keine Vorstellung von den Bildern. Das bedeutet: Wenn man sich beim Schreiben nichts bildhaft vorstellt, dann ist es sinnlos, zu drehen. Mehr noch: Man sollte überhaupt keine Filme machen. In der letzten Zeit gibt es in Italien viele solcher Fälle: Baricco zum Beispiel, der schöne Bilder macht. Aber wozu dienen die? Wenn du nur eine schöne Aufnahme machst, die aber keine Seele hat, dann ist sie unbrauchbar. Ich werde wütend, wenn ich höre: „Tolle Bilder, aber ein schlechter Film." Da werde ich echt sauwütend, denn das ist meiner Meinung nach ein Versagen. Bild und Erzählung müssen zusammenpassen. Und das war bei uns, bei Franco und mir, der Fall. Bei uns gab es ja diese Welt, diese Malerei. Wir formten die Menschen, entblößten sie, ließen sie zu etwas Abstraktem werden, das seinerseits zu einem Bild wurde, auch wenn wir das von Palermo aus machten. Wir sind recht stolz darauf, solche Bezüge zu haben, aber unsere Filme erinnern nicht an Orson Welles oder John Ford. Maximal kann ich dir sagen, dass ich mir beim Drehen sage: „Das will ich à la Orson Welles machen." Das sind alles Dinge, die schon gemacht wurden.

Es gibt Bezüge zum Imaginarium der Palermitaner: in Mondello baden gehen, sehr schön sind ja auch die fliegenden Cannoli. Diese Trash-Ästhetik erinnert an Tano da morire *von Roberta Torre. Ist das ein Verweis auf die eigene kinematographische Vergangenheit als Kameramann bei* Tano?

Die verschiedenen stilistischen Elemente stellten unsere Vergangenheit dar und gehören auch zu Roberta Torre, zum Beispiel der Verweis aufs Musical mit dem Song von Rosa Balestreri. Diese Ideen kamen mir nach und nach, als ich mit Toni arbeitete. Auch dass ich ihn das Lied im Film nach der Arbeit singen lasse, ist ein Vorwand. Der ganze Film ist ein Vorwand. Arbeit, Geld, Tod, Mafia – alles Vorwände, um zur Schlussszene zu gelangen, denn die interessierte mich am meisten, weil hier der Kindheit die Flügel gestutzt werden. In meinem Film gibt es in Wirklichkeit zwei Schlüsse: einmal den Jungen ohne Ansehen, dem keiner Glauben schenkt, der sich als der Mann von der Post, als der Erzähler herausstellt – als der „cuntista", ein Verweis auf die *Opera dei Pupi*, das Sizilianische Marionettentheater von Mimmo Cuticchio.

In Bezug auf Mario Tancredi sprachen Sie von der Stumpfsinnigkeit Palermos und davon, dass er ein junger Mensch ohne Zukunft sei.

Weil Robertos Buch mit dem Gefängnis und mit der Freundschaft mit einem EU-Ausländer endet, kommt bei ihm eine Sache nicht so gut zum Ausdruck, die ich hingegen zu betonen versuche: den Aspekt des Vaters, der seinem Sohn versucht eine Zukunft zu verschaffen, eine Zukunft, die es nicht gibt. Etwa wenn der Vater im Hafen zu ihm sagt: „Du musst anfangen, zu laufen, d. h. dich zu bewegen, du musst meinen Platz in dieser Welt einnehmen." Aber was ist das denn für eine Welt? Er bezieht sich auf den Cousin Masino, einen Kleinkriminellen, der jünger als Tancredi ist. Tancredi hingegen bräuchte Unterstützung, aber dem Vater gelingt es mit seiner Beschränktheit und Arroganz nicht. Ich habe der Kindheit die Flügel gestutzt und genau das erzählt Roberto nicht. Das Gleiche habe ich auch mit dem Kind gemacht, das von Serenella beim Spielen ausgeschlossen wird, wenn ich von Busus Kopf zum Fenster schwenke und in die Vergangenheit eintauche, wo ein Kind in einer Blutlache liegt. Das, was mich am Film besonders gereizt hat, war der doppelte Schluss.

Warum das doppelte Register des Films, Groteske und Drama? Wäre nur eines von beiden nicht besser gewesen?

Dieses doppelte Register ist absolut gewollt. Auch Toni Servillo hatte Bedenken geäußert, als er mit mir zusammengearbeitet hat: „Wie willst du das bloß hinkriegen, die beiden Register rüberzubringen?" Mit der Groteske, dem „schwarzen" Märchen, natürlich. Allein die Adaptierung der Großmutter, die im Buch von Beginn an ihr wahres Gesicht zeigt. Bei mir hingegen ahnt man nichts, erst am Ende kommt das plötzlich zum Vorschein. Genau das ist ja das Spiel mit den Bildern. Anfangs, als mir das Sujet angeboten wurde, hatte ich keine Bilder. Sie haben sich erst eingestellt, als ich begann, die Dinge, die mich im Buch interessiert haben, weiterzuentwickeln, zum Beispiel Aspekte des Jungen und nicht so sehr den Aufenthalt im Gefängnis, der sich im Buch in realistischer Manier ausdehnt. Ich hingegen wollte die Geschichte mit einem Mann erzählen, der seine Vergangenheit heraufbeschwört und sich sogar nur schlecht an sie erinnert: wie an ein Bild, einen Traum oder einen Gedanken. Als Roberto den Film in der Vorpremiere gesehen hat, gestand er mir, Dinge gesehen zu haben, die nicht im Buch vorkommen. Die Herausforderung der filmischen Adaption des literarischen Stoffes war für mich, ihn so weit wie möglich meiner Art und Weise des Erzählens durch Bilder anzunähern. Daher ist das Register nicht das Gleiche wie im Buch. In der Tat werde ich dafür kritisiert, denn ich habe die Groteske überzogen, aber genau das wollte ich. In Wirklichkeit war dieses Jahr die Kritik ganz auf meiner Seite. Das hatte ich nicht erwartet, denn ich hatte ja ganz schön was aufs Spiel gesetzt, dadurch dass ich meine Heimat mit einem überzogenen Register erzähle, im Vergleich zu dem, was ich sonst mache, dem Register des „Wahren", als ich die Körper in einer apokalyptischen Atmosphäre ambientierte. Dieses Buch ist durch die Hände von zehn Regisseuren gegangen. Keinem war es gelungen, die Geschichte so aufzugreifen und zu beschreiben, dass dabei keine banalen Drehbücher herauskommen. Auch Emma Dante und Roberta Torre hatten sich daran versucht. Ich hingegen wollte den erzählerischen Kontext erweitern und über eine italienische Familie berichten. Beim mehrmaligen Lesen der Story kam mir die Idee des Heute, zum Beispiel des Rubbelloses, des „Sich-Zeigens", des „Im-Viertel-wichtig-Seins" – so wie das die Italiener in den fünfziger Jahren taten. Ich denke an Alberto Sordi, der sich im Spoiler spiegelte. Das gibt es heute auch. Auch Matteo Garrone hat einen Film über den Wunsch gemacht, sich öffentlich zu zeigen, nämlich mittels des Reality-TVs. Es ist die Geschichte eines Neapolitaners, der sogar seine Familie verkaufen würde, um ins Fernsehen zu kommen. Das ist genau das, was heute passiert. Man ist überzeugt, dass genau das einen gesellschaftlichen Aufstieg ermöglicht. In meinem Film kauft sich Ciraulo einen Mercedes.

Das sind die kleinen Träume: nach Mondello fahren, einen Cannolo essen.

Um den „Gott von Palermo" reisen zu lassen, kam mir die Idee, Palermo auf eine ganz neue Art wiederzugeben, d. h. mit Postkarten! So wie uns noch heute die Amerikaner sehen: mit Marionetten, Cannoli und Cassate. Ciraulo kann nur in einem imaginären, erdachten Palermo reisen. Daher die Wolken. Die Postkarten sind ein Vorwand, um eine Geschichte daraus zu machen. Ich wollte ein schwarzes Märchen erschaffen. Eigentlich erzählte die Figur anfangs drei Geschichten: Neben den Ciraulos gab es die Episode mit dem Blitz und die mit dem Mann, der von den Mäusen aufgefressen wurde und dessen Leiche man in einem Haus mit eingestürztem Dach gefunden hat. Diese Szene habe ich sogar gedreht, mit Regen und mit Mäusen in 3D. Man erahnt, dass sie ihn gerade fressen, es sind ja nur noch einige Reste da. Aber letzten Endes habe ich die Szene herausgenommen, ich fand sie zu düster für die Figur. Dann kam mir die Idee, dass ich das zusammenfassen muss; ich habe zwei Episoden herausgenommen, greife sie aber durch die Zeitungsartikel auf. Der filmische Erzähler befindet sich an einem echten Ort, d. h. an einem Ort, der zu unserer Wirklichkeit gehört, aber wenn er herausgeht, ist er im Universum der Ciraulos, in seinem Leben. Indem ich ein Hochhaus, Wolken und Hunde eingefügt habe, habe ich alles etwas durcheinandergebracht, sodass man diese Zukunft nicht versteht. Ein Mann ohne Ort, ohne Vergangenheit. Das erinnert ein bisschen an Tirone, die erste Figur, die mit *Cinico Tv* entstanden ist. Er lebte bei seiner Mutter, ohne je etwas mit einer Frau gehabt zu haben.

Im Gespräch mit Daniele Ciprì

Aber Tirone behauptete doch immer, in eine Frau verliebt zu sein.

Das mit dieser Frau war ein platonischer Traum. Also Busu, der Erzähler auf der Post, ist Tirone. Ich kann ja nicht Tirone reinnehmen, denn das ist ein Punkt, der zu meiner Vergangenheit gehört. Aber ich habe versucht, mich an Figuren zu orientieren, ein bisschen wie Frank Capra, der seine Welt aufgegriffen und in amerikanische Komödien verpackt hat. Auch die Figur von *Mr. Smith Goes to Washington* ist zu solch einem Verwandlungsprozess verdammt, sie ähnelt einem Sizilianer.

Welche Elemente, welche Impulse haben Sie aufgegriffen?

In *È stato il figlio* findet sich ein Teil meiner Kindheit wieder. Ich hole ein ganzes Universum hervor, das man, wenn man es schon nicht abstreifen kann, zum Einsatz bringen muss. Man kann es nicht für sich behalten. Als Toni damals bei mir vorsprach – ich dachte übrigens gar nicht an ihn –, versuchte ich ihm das Bild eines meiner Verwandten überzustülpen, eines Onkels, der so ein improvisiertes Unternehmen hatte, das nichts abwarf. Wenn Toni mit dem Sohn spricht: „Zu wem schaust du denn?! Mir musst du zuhören." Diese Arroganz und dieses unnütze Aufspielen – genau so war mein Verwandter. Auch mein Großvater kommt im Film vor. Er war taub, weil in seiner Nähe eine Bombe explodiert war. Er erzählte mir immer seine Geschichten vom Krieg in Afrika. Das konnte ich nicht mehr hören, das hielt ich nicht mehr aus, das war echt unglaublicher Schrott. Dieses Verhältnis zum Großvater habe ich aufgenommen, wenn Tancredi ihm antwortet: „Mensch Opa, wen willst du eigentlich verdammt nochmal zum Lachen bringen?" So ein Verhältnis zu den Großeltern haben wir ja alle ein bisschen. Die Sachen kommen also alle aus dem eigenen Leben. Als meine Eltern sich *È stato il figlio* angeschaut haben, haben sie bemerkt, dass ich mit Giufà die Geschichten aufgegriffen habe, die mir meine Mutter immer erzählte. Weil ich immer nur Schaden anrichtete, sagte mir meine Mutter: „Aber es gibt einen, der ist noch schlimmer als du." Und ich fragte: „Wer denn?" „Giufà!"

Wie hat Ihre Mutter reagiert?

Sie hat sich gefreut, denn sie hat den Bezug zu meiner Kindheit erkannt. Ich bin jetzt fünfzig Jahre alt und die hatten es ganz schön in sich. Beim Erzählen war es mir besonders wichtig, Wahrnehmungen und Wirklichkeit zu vermischen, zum Beispiel etwas, das Roberto nicht in seinem Roman erzählt, nämlich, dass der wahre Zeuge des Mords ein Kind war. Das Kind in der Schlussszene könnte also verschiedene Bedeutungen haben, die ich jedoch nicht auflöse. Noch bevor ich begann, das Drehbuch zu schreiben, ist in Sciacca eine Frau zu mir gekommen, die mir sagte, dass sie am Prozess der Familie Ciraulo – die wirkliche Familie heißt nicht Ciraulo – beteiligt gewesen ist. Sie erzählte mir davon und auch, dass dieser viel mehr ans Licht gebracht hat, als Alajmo geschrieben hat. Es wurde sogar eine Verwandte ermordet. Und dann habe ich den echten Zeugen entdeckt: ein Kind, das dabei war, als aus Versehen der Falsche erschossen wurde. Täuschen, nie die Wirklichkeit erzählen, Kontakte vermischen, die ich beim Drehen hatte, einen Mann finden, der seine eigene Geschichte auf der Post erzählt – kurz, Bruchstücke von Geschichten, von denen ich in meinem Alltag gehört hatte und die ich hier verwertet habe.

Wie läuft denn der Film gerade? Wie waren die ersten Reaktionen in Italien und Frankreich?

In Italien sind die Kinos das Problem. Dennoch läuft mein Film gut, in der ersten Woche hat er richtig abgehoben. Ich weiß, dass er in Mailand richtig gut gelaufen ist. In Toronto war man sehr interessiert, wir haben ihn nach Argentinien, Spanien und ich glaube sogar nach Amerika verkauft. Der Film ist noch nicht angelaufen, morgen beende ich die Postproduction. Er kommt im April heraus. Ich muss sagen, dass ich mit dem Ergebnis zufrieden bin, und das allein reicht schon. Das Kino ist ja eh schon seit einer ganzen Weile tot. In Frankreich haben wir Bilder und kleine Ausschnitte gezeigt. Der französische Verleiher Conversi, der auch der Koproduzent meines Films ist, hat mich angerufen. Wie es scheint, ist er an dem Film sehr interessiert. Ich will keine Siegeshymne anstimmen, aber ich muss sagen, es hat mir auch viel Spaß gemacht. Ich habe Toni Servillo genommen und ihn ganz klein gemacht, ich habe ihn von seiner Eleganz befreit. Er bedankt sich jeden Tag bei mir. Ich habe eine Familie inszeniert, die ich so nie wieder machen könnte, die Gestik, der Charakter der Palermitaner. Universell ist sie dennoch, da ich alles erzählt habe, was man über Italien und die italienische Familie erzählen kann.

Und wann kommt er nach Deutschland?

Er kommt bestimmt. Heutzutage hat es das italienische Kino schwer, wir messen uns mit der ganzen Welt. Früher hingegen setzten die Regisseure auf drei oder vier Länder. Um einen Film zu verkaufen, muss man ein Schweineglück haben! Verschiedene Fernsehsender waren sehr interessiert, das deutsche Fernsehen zum Beispiel. In Frankreich kommt der Film bald in die Kinos.

Und was kommt jetzt, nach È stato il figlio*?*

Mir wurden verschiedene Filmprojekte als Kameramann vorgeschlagen, in Frankreich, aber auch in Italien. Sogar Garrone hat mich gefragt. Matteo ist ja ein großer Zeichner, was ich nicht bin, und ich bereue, nicht zeichnen zu können. Früher war sein Kameramann Marco Onorato. Den Preis, den ich gewonnen habe, habe ich übrigens Marco Onorato gewidmet, denn er war es, der mich angesprochen und in seine Projekte miteinbezogen hat. Wir haben die Werbung für Bulgari gedreht. Sie läuft diesen Winter. Ein bisschen De Chirico, mit Tieren, im römischen EUR-Viertel gedreht. Abgesehen davon beginne ich gerade die Arbeit an meinem neuen Film. Du siehst, wie meine Arbeiten das Licht der Welt erblicken.

Was ist das nächste Projekt? Von welchem Schriftsteller lassen Sie sich inspirieren?

Der Schriftsteller heißt Marco Presta. Es ist eine sehr schöne Geschichte über einen alten Mann: *Un calcio in bocca fa miracoli*. Während ich das Buch las, fiel mir eine Gemeinsamkeit zwischen *Cinico Tv* und einem Film mit Walter Matthau auf. Da bin ich auf mich selbst sauer geworden: Verdammt nochmal, aber so eine Geschichte schwebt mir schon lange vor, zwei Alte, die miteinander befreundet sind und ein Hund. Jeder lebt für sich und dann treffen sie aufeinander. Ich schreibe gerade eine komplett fiktive Geschichte. Das erweiterte Sujet ist schon fertig. Dieses Mal arbeiten wir als Gruppe am Drehbuch: Massimo Gaudioso, meine Lebensgefährtin und Alessandra Acciai. Ich brauche den Austausch. Der neue Film ließe sich als große Komödie definieren, tragisch, ich stelle mir zwei Figuren wie Lemmon und Walter Matthau vor und beziehe mich auf diese beiden Charaktere: einen guten, der alles mit sich machen lässt, und einen Zyniker, eine Art Versicherungsanwalt des Typs „wenn schon nicht gegen Bezahlung, dann für Geld". Vielleicht frage ich nochmal Toni Servillo, ich will es ihm vorschlagen. Marco Presta hat sich gefreut, denn sein Buch war sehr bedrückend. Es erinnerte mich bisweilen an *Tod eines Handlungsreisenden* von Arthur Miller. Deshalb habe ich Prestas Buch frei adaptiert. Dieses Mal möchte ich Menschlichkeit in der Menschenmasse. Aktuell versuche ich mir diese Figuren mit visuellen Überraschungen vorzustellen. Bevor ich die Geschichte schreibe, versuche ich schon mal die Orte auszuwählen – das ist gerade noch nicht der Fall. Ich versuche mir die Situationen bildlich vorzustellen; das Meer, den Himmel, das Haus und dieses Theater verbinde ich dann mit der Geschichte, denn ich denke, dass heutzutage niemand mehr ein Autor ist: Das Kino ist tot. Punkt. Vielmehr werden wenige, existierende Geschichten immer wieder bearbeitet. Man erzählt immer die gleiche Geschichte: die Liebe, die Tragödie, den Tod.

In dialogo con Daniele Ciprì

Ostia, 2 gennaio 2012

Dopo la separazione del gruppo di lavoro con Franco e il tuo trasloco a Roma, che rapporto hai con Palermo?

Con Palermo ormai non ho più nessuna relazione, tranne il film che ho girato, che ho finito di girare e che tutti stanno aspettando con ansia. Con *È stato il figlio* sono ritornato in una nuova veste. Non ho tradito il mio passato, credo di averlo rappresentato in ogni fotogramma del film e Franco se ne renderà conto. Essendoci separati da poco, i rapporti sono per ora piuttosto difficili. Invece di raccontare ognuno per la propria strada il proprio lavoro, dovremmo condividere i successi dell'altro. Siamo un po' come Franco e Ciccio, però Ciccio lavorava con Fellini e Franco faceva *L'ultimo tango a Zagarolo*, che poi è un capolavoro. Sono delle situazioni brutte che si vengono a creare nella coppia, era per questo che io me ne sono voluto andare. Ma non perché non amo Palermo: non amo i palermitani. Quest'amore-odio per Palermo si riscontra d'altronde già nei lavori che abbiamo fatto con Franco. Abbiamo sofferto da fare schifo, Palermo l'abbiamo massacrata, ridicolizzandola con „Più liberi con la mafia!". *Totò che visse due volte* è un film che fa ridere i palermitani, me ne chiedevo sempre il perché. *Totò* è uno studio psicanalitico che ci ha dato tanto nel lavoro e nella rappresentazione della mia città. Quindi per questo l'ho dimenticata, spazzata via. È vero, a Palermo ho i miei genitori, il figlio adottivo. Ogni tanto li vado a trovare. Ciò che riconosco a Franco è che lui è stato molto più comunicativo di me. Mi interessava di più il cinema come una macchina del sogno (un po' con le dovute distanze e il rispetto un po' felliniano): mi interessava di più spegnere le luci e vedere un'immagine.

Parliamo invece degli albori. Come vi siete conosciuti con Franco?

Franco e io ci siamo conosciuti in una videoteca che lui aveva in Via Sammartino, una videoteca che aveva un po' di tutto, un misto tra il cinema classico, però pochissima roba, e il porno. Mio cugino mi portò lì e lì è nata la nostra amicizia. E da lì è scattata quella molla come l'interesse verso la ricerca di un cinema per John Ford, da Billy Wilder a Orson Welles, Stanley Kubrick... Tant'è vero che questo nostro lavoro inizia con dei montaggi cinematografici, facevamo una specie di *Fuori orario* a Palermo. Montavamo dei film con dei brani dei registi che adoravamo, per esempio con spezzoni dell'indiano di John Ford, parallelamente Kubrick con i cerchi. Abbiamo fatto *Il lato estremo del visibile* con Umberto Cantone. All'inizio lavoravamo addirittura a casa mia, soprattutto dopo che sono entrato a far parte della cooperativa di Franco, che si chiamava *Rosebud* (come *Rosabella*, il film di Orson Welles), e facevamo rassegne cinematografiche e mostre fotografiche.

Quali sono i tuoi modelli? A che cosa ti ispiri?

Non mi ispiro, ce li ho dentro. Quando io faccio un film, non mi pongo il problema del giorno o della notte. Gioco con l'immaginario.

Non intendevo questo, ma piuttosto chi ti ha influenzato nel divenire ciò che tu sei oggi.

Jerry Lewis. Vorrei essere più terra terra. Scherzo, in realtà sono tantissimi registi, anche perché non ho mai fatto una scuola di cinema. Quindi non ho mai avuto un rapporto con il cinema come scuola, anzi, per carità, Dio ce ne liberi.

Allora come sei arrivato al cinema?

Io ero un fotografo di matrimoni, ho incontrato Franco molto dopo. Provengo da una famiglia di fotografi. Mio padre riparava le macchine fotografiche ma era anche un appassionato di cinema e di musical. Così sin da bambino ho visto tutti i film di Vincent Minnelli, di Fred Astaire, di Kelly. Mio padre mi faceva vedere le cose più insopportabili, il cinema Western, di tutto e di più. Quindi per quanto mi riguarda, quest'amore dell'immagine è nato come un fatto artigianale. Nel mio lavoro non ho mai avuto e fatto un riferimento intellettuale. Amavo Pasolini, amavo tantissimi registi. Non ho mai amato Godard o la *Nouvelle Vague*. Amavo il cinema americano, il cinema degli anni Cinquanta. Ritenevo che quella era la mia direzione, poi non so fare altro. Quindi è l'immagine che piano piano mi ha portato a fare nuove esperienze. In quei tempi, avevo vent'anni, lavoravo con Gian Falla e Giovanni Nassa per la ex cooperativa di Giuseppe Tornatore, la CLCT, che quando se ne andò, lasciò questa società in una situazione poco felice. Facevamo anche tantissimi documentari per la *Rai* della Regione, dalle pecore alle capre e così via. Quindi mi cimentavo nel fare il fotografo di matrimoni e poi parallelamente *Cinico Tv*.

Parliamo di Cinico Tv. *Com'è nato?*

Infatti avevo un grande amore per questo. Perché *Cinico Tv* nasce per gioco, non nasce come un investimento o come un dichiarato tentativo di fare cinema.

Mai, mai! E questo Franco lo può confermare. Poi è diventato una cosa che piano piano si è allargata e quindi è diventata un mestiere, la cosa più terribile del mondo. Però noi avevamo una garanzia, una garanzia personale: che ci divertivamo. Cioè, uscivamo il sabato e la domenica con la mia telecamera, il videoregistratore, i nostri amici – che erano Tirone, Paviglianiti, Marcello e tutte queste persone – e facevamo delle inquadrature. Esse sono poi sfociate nel cortometraggio *Pasta e patate* che abbiamo presentato al festival di Bellaria. La televisione non c'era ancora nel nostro pensiero. Volevamo rappresentare qualcosa come celebrare il cinema. Cioè pensavamo di fare il requiem del cinema che abbiamo amato, che è una specie di processione, tanto è vero che poi abbiamo fatto *Lo zio di Brooklyn*. Non volevamo far ridere o fare del comico. Non faccio ridere, io faccio sorridere, il che è diverso, perché è un sorriso amaro: la tragicommedia, la tragicità. Infatti mi piacevano Stanlio e Ollio, Buster Keaton. Questi sono per me i riferimenti.

Quale rapporto avevate con i protagonisti? Come giravate?

Quello che amavo di più era Carlo Giordano con le sue battute „Grazie buonasera". Lo adoravo. Poi Tirone, lo amavo proprio, anche se lo conosce più Franco. Tirone andava a fare le gare ciclistiche, e Franco lo conosceva da ragazzino. Quando poi l'ho conosciuto, abbiamo iniziato a sperimentare con loro in quanto attori. Piano piano me ne sono innamorato, tant'è vero che l'ho citato in *È stato il figlio*. Non so se si coglierà ma c'è. Poi c'era Paviglianiti. Loro erano degli strumenti. Era un'orchestra, Tirone era un suono, Paviglianiti era un altro suono e così via.

Si prestavano volontariamente a quel lavoro?

Sì, uscivamo insieme, cenavamo insieme. Praticamente avevamo il sabato e la domenica. E ti giuro, come i ragazzini giocavano a pallone, noi, a una certa età ovviamente, andavamo a girare per le periferie di Palermo, a Brancati e così via. C'era un buco: facciamo l'uomo topo. C'era una fossa: facciamo l'uomo merda. Così nascevano quelle scene. Poi c'era quella ciminiera, facciamo un balletto. Oppure le foglie, gli alberi, la Favorita: Mafiaman. Nascevano proprio così, come gioco. Infatti, non ho mai preso molto sul serio tutto questo. Oggi, quando poi lo rivedi, quando lo riascolti attraverso delle altre persone che l'hanno visto, che lo adoravano perché ci sono cresciuti, ne resti sorpreso. *Cinico Tv* era per me come un fumetto della Warner Brothers. Io ho amato sempre, e nel mio film si vedrà quest'evocazione, i cartoni animati della Warner più che quelli della Disney, tipo *Sylvester, Coyote*, insomma i disgraziati. Non morivano mai, ma non riuscivano neanche a prendere qualcosa. Quando *Cinico Tv* è nato, era un fumetto. Mafiaman era come un fumetto, perché lui spunta con quel cartone della M, poi il titolo „L'eroe di Cosa Nostra". Nella prima versione mettevamo addirittura le nuvole „Cane, nessuna pietà" che poi abbiamo lasciato stare perché c'eravamo accorti che era talmente fumetto che non ce n'era bisogno. È stato un bel periodo, il „periodo giovane". Quando uscivamo e facevamo le riprese, che per me comunque era un lavoro, anche perché io già lavoravo come fotografo, doveva essere un divertimento. Erano i protagonisti che ci davano quel suono, erano suoni, con il direttore dietro che con la voce dirigeva l'azione. Iniziamo sempre così: uscivamo e poi sceglievamo un tema: cosa facciamo oggi? Un discorso su Berlusconi. Prendiamo l'esempio più ovvio. E Tirone si metteva lì a discutere il tema. Oppure Paviglianiti componeva un „omaggio" di peti a Berlusconi, i quali, tra l'altro, erano fatti in un certo modo, con un apparecchiatura che dava un suono completamente diverso. Infatti, noi facevamo tutti gli effetti speciali, con delle tecniche da Tati – che ho amato sempre per i suoni, quei suoni molto strani. Quindi *Cinico Tv* era questo: cinema, divertimento, le uscite insieme. Quanto tempo è passato!

Come siete arrivati alla televisione?

Della televisione non ce ne frega niente, in realtà è arrivata per caso. Abbiamo rappresentato Palermo attraverso la televisione con *Cinico Tv*, ti ricorderai. Arrivavamo con questa televisione un po' inedita, con una forma un po' particolare, in bianco e nero, con questi personaggi un po' mummificati, scolpiti. Lavoravamo molto sull'immagine, rappresentavamo Palermo da un nostro punto di vista. Una cosa abbastanza riuscita che ci ha fatto avere „un pubblico" di nicchia. Fu Enrico Ghezzi a scoprirci su un programma che si chiamava *Isole comprese* di *Italia Uno* dove c'erano Mimmo Lombetti e Dino Gnocchi che praticamente facevano questo tipo di cose. Anche a *Isole comprese* siamo arrivati per puro caso. Dino Gnocchi ci ha scoperto durante un suo viaggio in Sicilia. Era in albergo e mentre cambiava canale ci ha visto sulla *Tvm,* una televisione privata di Palermo che è di Anna Manzo, la mia ex moglie. Mimmo Lombetti e Dino Gnocchi ci hanno dato un punto di riferimento, cioè un pubblico. Perché a Palermo non potevi avere un pubblico con il quale ti dovevi confrontare ed avere delle emozioni, o degli stimoli. Quindi la televisione è servita per rappresentarci e studiarci. Tant'è vero che la cosa divertente è che a Palermo non ci conosceva nessuno. Quando io andavo al bar a prendermi un caffè, mi dicevano: „Ma questi due che vogliono dire con quello in mutande che sta tre ore fermo?" Era bellissimo. Era la nostra scuola di cinema, perché tu ascoltavi e amplificavi ancora di più. Tutto questo è svanito con *Totò che visse due volte*, film con il quale abbiamo passato di tutto e di più, la guardia di finanza, i carabinieri, l'accusa per vilipendio. E i giornalisti ci hanno marciato sopra da fare schifo.

Quale relazione hai con la televisione italiana, quella di oggi, quella di prima? Cosa ne pensi?

Il discorso su Maurizio Costanzo, su tutto quello che è arrivato in quegli anni, sull'ipocrisia siciliana, sui colletti bianchi, sulla mafia, su tutti i movimenti, che poi sono serviti un po' a loro, anche all'anti-mafia, diciamoci la verità, è la televisione che mi ha fatto più schifo in assoluto. Però è anche quella che ci ha aiutati a capovolgere e un po' a raccontare la Palermo che era. Ti faccio un esempio: quando è nato Giuseppe Tornatore con *Nuovo Cinema Paradiso*, è arrivato in America una Sicilia come un po' chic, già vista, il carretto siciliano, il mandolino, in questo caso c'era Morricone che suonava. Noi abbiamo fatto tutto il contrario: se c'era la bomba di Falcone, noi facevamo la bomba parlante. Se noi avevamo la mafia, allora noi eravamo più liberi con la mafia, perché eravamo un po' cartoni animati... non so come definirlo. Facevamo la caricatura di una Palermo rappresentata da gente che invece ci ha marciato e quindi sfottevamo noi stessi. Questo ci ha dato non solo la possibilità di raccontare e di rappresentare Palermo, ma di fare il cinema. Infatti, per me *Cinico Tv* è un film. Io ho sempre detto a Franco che, secondo me, noi ci dovevamo fermare a *Totò che visse due volte*. Quello è stato il film che ha concluso il nostro percorso, in un momento disperato della nostra vita. Dopo di che c'è stato *Il ritorno di Cagliostro* e poi ancora tanto altro. Era come disegnare e ricordare Billy Wilder, sempre con rispetto per ricordare quei grandi del cinema. Era un modo di fare una commedia nera, un po' surreale, grottesca con il cinema: la famiglia e i fratelli La Marca e quindi la Trinacria Cinematografica, che rappresentava tutto quello che era impossibile in Sicilia, come è impossibile pure oggi, perché si sono mangiati l'ira di Dio, „i chiodi dei muri", come si dice a Palermo.

Infatti, l'immagine della Sicilia e dell'Italia che avete designato da Cinico Tv *in poi è abbastanza critica. Qual è il ruolo della politica e della mafia nei lavori di Ciprì e*

Maresco? Penso per esempio anche agli ultimi lavori, I migliori nani della nostra vita *e* Ai confini della pietà*, a Provenzano, Micciché e così via, per intenderci.*

Abbiamo disegnato la mafia in modo diverso dagli altri, come ha fatto anche Roberta con *Tano da morire*. Sono cose che nascono da quei giochi da ragazzini.

Ma parlare di giochi da ragazzini forse è troppo banalizzante.

No, non è banalizzante. Perché alla fine che cosa si faceva? Prendevamo un elemento di un personaggio crudele che odiava l'Italia e lo trasformavamo, che poi poteva pure essere satira. Infatti nell'ultimo programma lo eravamo e questo mi dava fastidio. Giocavamo con i luoghi comuni e non con la mafia. Dopo *Il Padrino* non puoi più fare niente sulla mafia, perché è il film più mitico. Molti siciliani non amano *Il Padrino*. È un capolavoro assoluto perché ti fa l'iconografia di un carattere, ma esasperando, non con la musica, con la sonorità, ma col cinema. Ed è questo il mio elemento, non la satira. Quando abbiamo fatto il programma su *La 7*, che poi è stato l'ultimo programma, io non ero molto contento. C'erano delle cose che mi piacevano ed altre meno. Micciché, Cuffaro rappresentavano qualcosa che c'era già, che esisteva. Anche Berlusconi per certi versi. Quando Tirone parla di Berlusconi, si mette in una sedia e dice che si vuole conquistare la Sicilia, quello è l'effetto più alto. Trovo molto meno intrigante quando presentano Berlusconi con un documentario o con un film. Amo più quello del montaggio, che inizia con bianco e nero di una televisione di Berlusconi. È molto interessante perché è il percorso di un periodo di un uomo rappresentato dalle vere immagini, con l'imbecillità poi dei personaggi che appaiono, ma senza mettere nulla, né di voce, né altro.

Siccome viviamo in un mondo di imbecilli – perché è di questo che parliamo – la televisione ha, nonostante che sia già vecchia, ancora un potere pazzesco. I programmi della De Filippi sono come *L'invasione degli ultracorpi*, il film di quei bacilli dove i corpi diventano tutti uguali. Lì invece sono tutti artisti. Ma che dobbiamo fare con tutti questi artisti? Abbiamo già tanti artisti, ragazzi formati dal *Centro sperimentale per la cinematografia* che a parte qualche assistenza alla regia non fanno nulla, eppure hanno talento. Pensa quale quantità di persone che hanno voglia di raccontare, e non di rappresentare. Se vedi i festival dei cortometraggi, vedi cose bellissime. E ti dici: „Porca misera, ma è bellissimo, molto meglio di quello che ho visto in passato, idee fantastiche!" Ma questi film non usciranno mai. E mi dispiace quando si pensa che Youtube o Google possano essere strumenti per un cambiamento. Non è assolutamente vero. Ti fanno credere di comunicare con il mondo, ma è una comunicazione senza contenuti. Ma che cazzo si dicono?! „Ciao", „sì", „condividi questo", „mi piace", „non mi piace" e così via. Facebook è una cosa di un'imbecillità assoluta.

Questi sono dispositivi per governare la gente.

Brava. Prima c'era un solo canale, *Rai 1*, che quando c'erano i problemi in Italia, dicevano: siamo tutti allegri, mettiamo le luci, siamo tutti felici. Mi ricordo che mandavano in onda i film di mattina anche di Stanlio e Ollio, ogni tanto, e ti davano proprio quel senso di governo.

Veniamo governati dalla comunicazione tramite la percezione: sentendoci liberi, ci autocondizioniamo. La trappola sarebbe questa, no?

Invece quando vedi un film di Kubrick, per dirti, tu sogni.

Però devi anche avere la capacità, la conzentrazione per poterlo guardare. Nel senso che siamo talmente invasi da tutti questi mezzi, da tutti questi dispositivi che alla fine tutti vogliono la nostra attenzione, ma uno non ne è più capace, perché non si è più abituati a concentrarsi...

... si è intossicati, è vero.

E quindi arriviamo alla domanda: il cinema di Ciprì e Maresco proprio in quel senso è un cinema politico, inteso diversamente dal cinema di denuncia?

Il nostro non è un cinema politico, è un cinema dell'accomiatare. Non abbiamo mai fatto una denuncia. Abbiamo aderito all'apocalisse, ne abbiamo addirittura dato un contributo. Anzi, tutto questo era ovvio. In questo contesto, noi avevamo sempre quel tipo di direzione, quella di dire „Non vogliamo fare un cinema che racconti delle storie, ma vogliamo rappresentare un mondo". E quindi non è un cinema politico. È un nostro Truman-Show. È un mondo che non si può più ripetere. Tra l'altro, quel tipo di mondo né io e né Maresco da soli possiamo fare. Anche perché non c'è più quel tipo di impatto emotivo che ti ha dato quelle cose, quel mondo di *Cinico Tv* non può esistere più, né con me e né con lui. Possiamo al massimo evocarlo. Questo è l'unico modo. È come se fosse scomparsa l'anima di quella terra che è Palermo. Però rimane, perché le nostre cose sono dovunque. Infatti, mi sento vecchio, quando mi sento dire: „Ah, ho visto ...". E io manco lo ricordavo. Quando l'altra sera ho presentato il

Dvd di *Cinico Tv* a Rovereto, ho ripercorso tutti quei lavori che non avevo visto per anni e mi ha emozionato, perché ho ripercorso la mia giovinezza, il lavoro con Franco. Ma non c'era quella nostalgia che rimpiange il passato – guarda che la parola „nostalgia" non mi piace proprio – perché non potevamo più andare avanti. Quel periodo è finito. Noi abbiamo girato un mondo sconosciuto che proveniva dai Maya, abbiamo girato molte apocalissi. Anche quando prima parlavamo di Berlusconi: non è che eravamo profeti, ma era talmente ovvio che succedesse. E quello, quando noi eravamo con quella nostra cosa su *Italia Uno*, ci ha spazzati via. Eravamo troppo accesi, troppo spiritosi.

Potresti riassumere brevemente qual è secondo te il rapporto tra fiction e non fiction nei vostri lavori, dato che anche i cosiddetti documentari sono caratterizzati da un gioco con e dall'ibridazione dei generi?

Noi abbiamo avuto un rapporto stranissimo con il documentario e la finzione. Il documentario non mi appassiona molto, mentre a Franco forse di più. È un lavoro complicatissimo. Proverò a farne uno da solo su qualcosa che mi inventerò. La finzione invece mi piace di più. Noi il documentario lo facevamo continuamente. Tant'è vero che facevamo delle piccole cose sul jazz che poi mandavamo in onda.

E tipo Enzo Castagna?

Enzo domani a Palermo! è fondamentalmente un film, una docu-fiction. È un reale uomo raccontato da Ciprì e Maresco. È come disegnare. Ho la sensazione che do alle mie cose quello che mi riguarda. Qualsiasi cosa che riprendo, la riprendo in un mio modo. Se Enzo Castagna esiste, ed è quello che è, quello lo devi trasportare in una dimensione. In *Enzo domani a Palermo!* ci sono quelle cose realistiche come quel paniere che scende, ma rappresentate come un mondo fantastico che comprende anche nozioni di ottusità e di „cretinaggine". Anche Saverio D'Amico, lo stuntman e quei personaggi concludono in quella dimensione. Inoltre c'era sempre il fuoricampo che allude un po' alla cinefilia, all'idea del cinegiornale. Con *Franco e Ciccio* invece ci siamo avvicinati molto al documentario. Anche se abbiamo fatto una cosa inusuale, perché sono rappresentazioni di due siciliani, palermitani, che non sono mai stati raccontati come tali ma piuttosto come due attori del cinema che venivano dal Sud. *Franco e Ciccio* parte da due che facevano la „posteggia" che era uno spettacolo che una volta si faceva per strada nella povertà, e che poi sono arrivati alla televisione e al cinema.

Per te il cinema potrebbe essere o rappresentare un modo di resistenza? Un mezzo estetico di resistenza ad un immaginario uniforme e uniformato?

Oggi è un po' difficile, perché siamo in un mondo d'immagini. Quando ho fatto *Vincere*, io mi sono sfidato. Anzi accettai di lavorarci proprio per sfidare l'immagine di Mussolini. Quando Mussolini appariva, era una potenza. Curava l'apparizione. Io ho visto tutti i materiali di repertorio ed era una cosa pazzesca. A Marco ho detto che *Vincere* è l'unico film in cui posso sfidare me stesso, perché mi devo confrontare con qualcosa di altissimo. E ci sono riuscito.

Oggi l'informazione dell'immagine è talmente sfusa che tu per fare un film non riesci a superare quello che è. Infatti, mi fanno incavolare quelli che vogliono fare il cinema realistico, che fa ridere, e che chiamano commedie. Ma quali sono queste commedie? Io non vedo queste commedie tipo *Benvenuti al sud* o altre simili. Sono commedie? Per carità, con tutto il rispetto, per me la commedia sono Billy Wilder, Frank Capra, Monicelli! Queste commedie italiane – tra l'altro prendendo opere già fatte, come *Benvenuti al sud* era un'opera francese – sono di una banalità, di una sciatteria, allora lì la potenza va a farsi fottere. Non credo che il cinema possa mai più avere un potere. Il potere del cinema ormai è il botteghino.

Siracusa, 27 settembre 2012

Parliamo del tuo nuovo film.

Devo dire che parlare del mio nuovo film mi fa paura perché ne sono entusiasta. Invece di parlarne, lo vorrei piuttosto far vedere. Kubrick è stato il maestro di questa filosofia, non si faceva nemmeno vedere. Voleva che parlassero i suoi film. È una cosa assurda, non si sapeva neanche chi era e chi fosse il regista. Anzi, una volta non c'era questa conoscenza di chi è dietro la macchina. Forse oggi la magia del cinema finisce proprio per questo?

Forse potresti fare un'eccezione. Come ti è venuta l'idea di fare È stato il figlio*?*

È stato il figlio è il mio primo film. Manterrò lo stesso titolo del romanzo. È stato lo scrittore stesso, Roberto Alajmo, a propormi il soggetto e a insistere. Volevo assolutamente farcela, anche perché l'aveva già proposto a tanti altri che hanno rinunciato (tra l'altro anche a Emma Dante) perché non ce l'avevano fatta ad adattare il romanzo. Non hanno avuto il coraggio. L'idea di come realizzare questo film mi è poi venuta in fila alle Poste. Con *È stato il figlio* cerco di raccontare qualcosa che con Franco non avevamo raccontato, o perlomeno in maniera molto minimale con *Enzo domani a Palermo!* C'era questo discorso sulla gestualità, sul modo di essere, sul comportamento di un essere umano sulla terra, oggi, tra un anno, tra due anni, nel futuro, come Enzo Castagna, e lì mi è venuta l'idea di come raccontarlo. Forse sono stato pazzo, ma ho messo Toni Servillo. E lui ha dato anima propria al film. E poi ci sono Alfredo Castro, attore cileno straordinario, e Tony Manero, ai quali tengo pure molto. Ho preso attori diversissimi, da attori di teatro, attori palermitani o cabarettisti come Gino Calista fino a persone come Benedetto Ranelli e molti caratteristi. Purtroppo si chiamano così gli attori caratteristi, pertanto il carattere di un personaggio te lo crea l'attore. Infatti, ho preso il doppiatore di *Bugs Bunny*, il cartone animato del coniglio. Era in Italia, l'ho conosciuto, l'ho provato, mi è piaciuto e l'ho preso. È un vecchio di settant'anni, mi ha colpito. Mi colpivano le cose e costruivo le icone. Infatti, ogni faccia è un'immagine. Questo è il modo di rappresentare, è il mio mestiere. In questo film, oltre ad aver fatto le immagini e i luoghi, ho rappresentato le facce. Ho unito una famiglia che non se la scorderanno mai, tra i *Simpsons* di oggi e qualcosa del passato che tu non hai idea di che cosa sia. Anche se il libro è ambientato negli anni Settanta, volendo è senza tempo. Non l'ho rappresentato e neanche evocato.

In che misura È stato il figlio *si annoda alla precedente opera ciprimareschiana?*

Spero ancora che Franco e io possiamo tranquillamente fare due strade diverse. C'è chi sa fare delle cose, e chi sa farne altre. Non ho mai avuto dubbi sul talento di Franco, ma il suo comportamento mi ha deluso. Il mondo evocato in *È stato il figlio* è anche un ricordo, una specie di omaggio finale al nostro lavoro. Può essere che Franco l'apprezzi, può essere che non l'apprezzi perché mi odia a morte. Per ora il nostro rapporto è abbastanza teso, anche perché aggravato dai contrasti societari.

È stato il figlio ha rappresentato un motivo per ricominciare, perché dopo la separazione con Franco ero rimasto deluso di questo mestiere e avevo detto basta. Stavo entrando in un tunnel. La mia compagna mi ha salvato, lei stessa fa cortometraggi d'autore, ha un percorso d'arte. Mi ha detto: „Devi farlo, nel bene e nel male." Il film mi ha dato la possibilità di rimettermi in gioco, e questa volta senza parlare di Palermo, della Sicilia. È come se l'avessi riscritta la storia, però mantenendo sempre il tema di come spendere quel capitale, tant'è vero che Alajmo mi aveva dato *carte blanche*, concedendomi assoluta libertà nel trattamento del romanzo.

Dove l'hai girato, in Sicilia?

Io ho fatto il mio film in Puglia. Quando Roberto Alajmo mi presentò il soggetto, io proposi questo film in Sicilia, però mi hanno ostacolato in tutto. Nonostante i finanziamenti mancanti, pretendevano che io lo girassi lo stesso ed esclusivamente in Sicilia e in particolare a Palermo. Dopo aver aspettato, forse anche troppo, che le cose si smuovessero, d'accordo con la produzione ho rinunciato ai loro contributi e ho iniziato le riprese. Avrei girato in ogni caso in Puglia, avevo trovato dei posti meravigliosi, perché io non racconto Palermo attraverso le immagini, mai! Se tu vedi tutto *Cinico Tv*, Palermo non esiste. Palermo io la evoco, e quindi questa cosa mi ha addolorato tantissimo e li ho mandati a quel paese. Questa è stata la dimostrazione che con Roberto non faremo una battaglia, perché tanto non me ne frega nulla. Io ormai il film l'ho fatto. L'ho girato in cinque settimane, è pronto. Ne sono molto contento, anche i distributori, così la Fandango che distribuirà il film. La O1 è impazzita. Credo di aver fatto un bel lavoro con niente.

Quali difficoltà hai incontrato nella trasposizione filmica del testo?

Devo ammettere che il libro di Roberto Alajmo nell'immediato non ebbe un forte impatto su di me, tant'è vero che ho aspettato due anni. Non aveva immagini, era molto letterario: c'era un interrogatorio, una nonna imbastardita, personaggi molto siculi senza immagini. Roberto non è un uomo d'immagini. Potrebbe fare lo sceneggiatore, però non è un uomo d'immagini. Tanto è vero che io ho rivoluzionato il libro. Roberto ha visto il film tre giorni fa ed è impazzito!

In bene o in male?

In bene. Perché io non ho girato in nessun luogo che lui rappresenta, ma l'ho evocato con dei set falsi. Ne sono molto fiero. Noi giravamo con niente, perché io ho le immagini e l'idea chiara. Non sarei mai partito con il film, se non avevo le idee chiare. Sapevo quello che volevo. Sapevo che volevo la favola, la famiglia, una Palermo evocata. Quando l'ho fatto vedere in anticipo a dei palermitani per testarmi, mi hanno confermato certe similitudini.

Quindi per te un punto forte è il fatto della percezione stessa.

Assolutamente! Il montaggio è il fatto di girare un film. Guarda che molti registi non hanno idea di come girare una giornata di un film, nemmeno una scena. Ti arrivano le stecche e non sanno come farla. E questo è grave, perché non hanno la rappresentazione delle immagini. Cioè se tu, quando scrivi, non ti rappresenti nel tuo immaginario, è inutile che stai girando. Anzi, non devi assolutamente fare cinema. Ultimamente in Italia ce ne sono tanti casi, per esempio Baricco che ha delle belle immagini ma a che servono? Cioè se tu fai una bella immagine e non hai l'anima, non serve a niente. Infatti, mi arrabbio quando dicono „Bella la fotografia, brutto il film". M'incazzo da morire, perché per me è un fallimento. Quindi devi unire quella porta che rappresenta, e questo con Franco lo abbiamo fatto. Noi, infatti, avevamo questo mondo, questa pittura, scolpivamo gli uomini, li denudavamo, li facevamo diventare qualcosa di astratto e diventava un disegno, però parlavamo da Palermo. Noi siamo abbastanza fieri, avendo quei riferimenti. Non è che ricorda Orson Welles o John Ford. Tutt'al più, ti posso dire che quando giravo, e quando giro, mi dico „Questa la voglio fare alla Orson Welles": sono sempre un qualcosa che è già stato fatto.

Ci sono riferimenti all'immaginario palermitano popolare: il bagno a Mondello, bellissimi i cannoli che volano. Un'estetica trash che ricorda Tano da morire *di Roberta Torre. È un riferimento al proprio passato cinematografico come direttore della fotografia in* Tano?

I diversi linguaggi, che appartenevano anche a Roberta Torre, rievocano il nostro passato, evocano il musical con la canzone di Rosa Balistreri. Queste idee mi sono venute piano piano, mentre lavoravo con Toni. Allora io l'ho fatto cantare, a Toni, a fine lavoro, perché era tutto un pretesto. Il film è tutto un pretesto. C'è il lavoro, i soldi, la morte, la mafia – tutti pretesti per poi arrivare al finale, che era quello che m'interessava di più: lo spezzare le ali all'infanzia. È vero che nel mio film ci sono due finali: uno è il ragazzo privo di credito e considerazione, ma che poi si rivela l'uomo della posta – lui è il „cuntista", un riferimento all'opera dei pupi di Mimmo Cuticchio.

Riguardo a Mario Tancredi parlavi dell'ottusità di Palermo, dicevi che è un giovane che non ha futuro.

Ciò che non viene tanto fuori nel libro di Roberto, perché lo termina con la galera e con l'amicizia di un extracomunitario, ma che io ho cercato di rilevare nel film, è l'aspetto del padre che cerca di dare un futuro al figlio, un futuro che non esiste, quando al porto il padre gli dice: „Devi iniziare a 'catamiare', cioè a muoverti, devi prendere il mio posto in questo mondo." E qual è questo mondo? Si riferisce al cugino Masino che è un piccolo delinquente e più giovane di Tancredi. Tancredi invece avrebbe bisogno di essere sostenuto, ma il padre, con la sua ottusità e arroganza, non ci riesce. Ho spezzato le ali all'infanzia, ed è quello che Roberto non racconta. L'ho anche fatto con il ragazzino che viene escluso dai giochi da Serenella, dove alla fine esco dalla testa di Busu, arrivo dalla finestra e ripesco dal passato una bambina che rimane in una pozza di sangue. Era il doppio finale che m'interessava più di qualsiasi altra cosa del film.

Perché il doppio registro del film, il grottesco e il drammatico? Non era meglio uno solo?

Il doppio registro è assolutamente voluto. Quando Toni Servillo lavorava con me, mi diceva: „Ma come farai a dare questi due registri?" Perché c'è il grottesco, la favola „nera", ovviamente. Poi trascrivere e stravolgere una nonna, che nel libro esce sempre, invece io la tengo chiusa in una scatola e poi esplode. Quindi è il gioco dell'immagine. Inizialmente, quando mi avevano proposto il soggetto, non avevo immagini. Sono apparse, amplificando delle cose che m'interessavano del libro, cioè quegli aspetti sul ragazzo e non tanto raccontare la prigione che si prolunga in maniera realistica. Volevo invece raccontarla con un uomo che evoca il suo passato e lo ricorda pure male, come un'immagine, come sognare o pensare. Quando vide il film in anteprima, Roberto mi confermò di aver visto delle cose che non aveva scritto. La sfida dell'adattamento filmico del testo letterario era per me di avvicinarlo il più possibile al mio modo di scrivere per immagini. Poi posso non essere arrivato a questo tipo di registro. Infatti, mi criticano perché ho esasperato il grottesco, ma è proprio quello che volevo. In realtà, quest'anno ho avuto la critica tutta dalla mia parte. Non me l'aspettavo, perché ho rischiato raccontando la mia terra con un registro esasperato rispetto al „vero", a cui ero legato quando trattavo i corpi in un'atmosfera d'apocalisse. Questo libro è passato tra le mani di dieci registi, nessuno era riuscito a capire e a descriverlo se non con sceneggiature banali. Anche Emma Dante e Roberta Torre si erano cimentate. L'ho voluto amplificare in un contesto più narrativo, volevo raccontare una famiglia italiana. Quando leggevo e rileggevo la storia avevo l'idea dell'oggi, ad esempio del *Gratta e vinci*, dell'„apparire", del fatto di essere importanti nel quartiere – un po' come facevamo noi negli anni Cinquanta, ricordo Alberto Sordi che si vedeva con lo spoiler. Quindi questo meccanismo che c'è oggi. Anche Matteo Garrone ha fatto un film sull'apparire attraverso il reality, la storia di un personaggio napoletano che per apparire venderebbe la famiglia. Ed è quello che succede oggi: essere convinti che sia lo scopo del riscatto. Nel mio film invece è Ciraulo che compra la Mercedes.

Sono questi i piccoli sogni: andare a Mondello, mangiarsi il cannolo.

Per far viaggiare „il dio di Palermo" mi è venuta l'idea di prendere Palermo e di raccontarla come non l'avevo mai raccontata, cioè come nelle cartoline! Come ci vedono ancora gli americani: con i pupi, i cannoli, le cassate. La testa di Ciraulo non può viaggiare che in una Palermo immaginaria, costruita. Quindi le nuvole, le cartoline sono tutte un pretesto per fare una favola. Il mio scopo era di fare una favola nera. In realtà, all'inizio erano tre le storie che raccontava il personaggio: oltre a quella dei Ciraulo, c'era l'episodio del fulmine e poi quello dell'uomo mangiato dai topi, ritrovato dentro una casa il cui tetto era crollato. Fra l'altro, ho anche girato questa scena con l'acqua che cadeva, i topi realizzati in 3D dove s'intuisce che se lo stanno mangiando, c'erano soltanto i resti. Però alla fine l'ho tolta, mi sembrava troppo nera rispetto a quello che era poi il personaggio. Di lì ero poi arrivato all'idea di dover sintetizzare; volevo togliere due storie che però ricordo tramite la notizia sul giornale. Il narratore del film si trova in un luogo reale, cioè un nostro luogo che ci appartiene, ma, quando esce fuori, è nel percorso di Ciraulo, della sua vita. Inserendo un grattacielo, le nuvole, i cani, ho confuso questo futuro che non si capisce. È l'uomo senza un luogo, senza passato. Un po' questa cosa ricorda Tirone, il primo personaggio nato con *Cinico Tv*: viveva con sua madre, senza aver avuto mai una donna.

Ma Tirone diceva di essersi innamorato di una donna.

Era un suo sogno platonico con questa donna. Allora Busu, il narratore alle poste, è Tirone. Non potevo fare Tirone perché è un aspetto del mio passato, però ho cercato di rifarmi ai miei personaggi, un po' come Frank Capra che prendeva il suo mondo e se lo portava nelle commedie americane. Anche il personaggio di *Mr. Smith Goes to Washington* è condannato a un tale processo di trasformazione, somiglia a un siciliano.

Quali elementi, quali spunti hai trasformato?

In *È stato il figlio* si riscontra una parte della mia infanzia; tiro fuori tutto un mondo, che se non te lo puoi più togliere, lo devi mettere al servizio, non puoi tenerlo per te. Quando Toni venne a fare il provino da me, tra l'altro io non avevo pensato a lui, ho provato a incollargli l'immagine di un mio parente, di uno zio che aveva un'intraprendenza che non portava da nessuna parte. Quando Toni parla con il figlio: „Chi guardi?! Mi devi ascoltare." Quest'arroganza e padronanza inutile – quello era un mio parente. C'è pure mio nonno – era sordo, perché gli era esplosa una bomba vicino – che mi raccontava le sue storie delle guerre in Africa. Non ne potevo più, non lo sopportavo, erano delle cavolate immani. Da qui ho ripreso il rapporto tra il nonno e Tancredi che gli risponde: „Ma nonno chi cacchio vuoi fare ridere." Quel meccanismo che un po' tutti noi abbiamo con i nonni, quando le cose vengono dalla propria vita. Quando i miei genitori sono venuti a vedere *È stato il figlio*, hanno capito che, raccontando Giufà, rappresentavo le storie che raccontava mia madre. Siccome facevo sempre danni, mia madre mi diceva: „Eppure c'è uno peggiore di te." E io chiedevo: „E chi è?" „Giufà!"

Tua madre come l'ha presa?

Era molto contenta perché ha sentito il rapporto con la mia infanzia. Ho compiuto ora cinquant'anni e sono stati molto intensi. La cosa più sentita nel narrare è stato mischiare sensazioni e situazioni; per esempio una cosa che Roberto non raccontava nel suo romanzo, cioè che il vero testimone dell'omicidio era un bambino, quindi quella scena finale del bambino potrebbe avere più significati, che io però non racconto. Prima ancora di scrivere la sceneggiatura, a Sciacca mi si è avvicinata una signora e mi ha detto che aveva seguito il processo della famiglia Ciraulo – la vera famiglia non si chiamava Ciraulo – e mi raccontava gli atti del processo, i quali atti erano andati oltre ciò che aveva scritto Alajmo, c'era addirittura stato l'omicidio di una parente. E poi ho scoperto il vero testimone: era un bambino che aveva assistito alla pallottola vagante. Questi sono stati i meccanismi che hanno portato al mio racconto. Illudere, non raccontare mai il realismo, mischiare rapporti che ho avuto durante la lavorazione, trovare un uomo che raccontava la sua storia presso l'ufficio postale – insomma racconti frammentari che ascoltavo nel mio quotidiano e che poi ho messo al servizio del mio lavoro.

Come sta andando il tuo film ora? Quali sono le prime reazioni in Italia e in Francia?

Il problema in Italia sono le sale. Nonostante tutto il mio film sta andando bene, la prima settimana è decollato. So che a Milano è andato molto bene. A

Toronto c'è stato molto interesse, lo abbiamo venduto in Argentina, in Spagna, credo anche in America.

Devo dire che sono contento del risultato e già questo basta. Tanto ormai il cinema è morto da un sacco di tempo. In Francia hanno proiettato delle icone, dei piccoli frammenti. Mi ha chiamato Conversi, un distributore francese, il coproduttore del mio film. A quanto pare sono molto interessati al film. Non voglio cantare vittoria, ma devo dire che mi sono pure divertito. Ho preso Toni Servillo e l'ho fatto diventare una merda, l'ho spogliato della sua eleganza. Lui mi ringrazia ogni giorno che passa. Ho portato una famiglia che era l'ultima rappresentazione che io potessi fare, la gestualità, il carattere dei palermitani. Era un mondo universale, perché io ho raccontato tutto quello che si poteva raccontare dell'Italia, della famiglia italiana.

In Germania quando arriva?

Arriverà, perché il cinema italiano ormai barcolla, perché ci confrontiamo con tutto il mondo, mentre prima i registi si confrontavano con tre o quattro paesi. Per vendere un film devi essere strafortunato! Le televisioni sono molto interessate, quella tedesca per esempio. In Francia uscirà tra un po'.

E ora, cosa viene dopo È *stato il figlio?*

Mi hanno proposto vari film in Francia come direttore di fotografia, ma anche in Italia. Mi ha chiamato pure Garrone. Matteo è un grande disegnatore, quello che non sono io e me ne pento di non saper disegnare. Ha lavorato con Marco Onorato come direttore della fotografia; infatti io ho dedicato il premio a Marco Onorato, perché mi ha chiamato per coinvolgermi nei suoi progetti e abbiamo girato la pubblicità di Bulgari, la vedrai in inverno, un po' De Chirico, con gli animali, girato all'EUR. A parte ciò inizio adesso la lavorazione del mio nuovo film. Vedi nascere le mie cose.

E il prossimo progetto? A quale scrittore ti sei ispirato?

Questo scrittore si chiama Marco Presta. È una storia molto bella su un vecchio: *Un calcio in bocca fa miracoli*. Mentre lo leggevo, notavo un aspetto tra *Cinico Tv* e un film con Walter Matthau, mi sono arrabbiato con me stesso: mannaggia, ma una storia del genere l'ho in mente da tanto tempo, di un'amicizia di due vecchi e un cane, ognuno vive per i fatti propri e poi s'incontrano. Sto scrivendo tutta una storia inventata. Il soggetto allargato è già pronto. Questa volta siamo un gruppo che lavora alla sceneggiatura: Massimo Gaudioso, la mia compagna e Alessandra Acciai. Ho bisogno di relazionarmi. Il nuovo film si potrebbe definire una grossa commedia, tragica, immaginando due personaggi come Jack Lemmon e Walter Matthau, basandomi su questi due caratteri: uno buono che si concede e uno cinico, una specie di avvocato dell'assicurazione di „non per soldi… ma per denaro". Forse chiamerò di nuovo Toni Servillo, glielo voglio proporre. Marco Presta era molto contento, ma il suo libro era troppo cupo, mi ricordava aspetti di *Morte di un commesso viaggiatore* di Arthur Miller. Fatto per cui tratto il libro di Presta liberamente. Questa volta voglio l'umanità nella folla. Quello che sto cercando di fare è d'immaginarmi questi personaggi, con delle sorprese visive. Prima ancora di scrivere una storia, cerco di avere i luoghi, che ancora non ho di fatto, cerco di avere delle situazioni visive, il mare, il cielo, la casa e poi in questo teatro unisco la storia, perché io credo che ormai nessuno è più autore: il cinema è morto, punto. Quindi è un'elaborazione continua di poche storie che ormai esistono. Si racconta sempre la stessa storia: c'è l'amore, la tragedia, la morte.

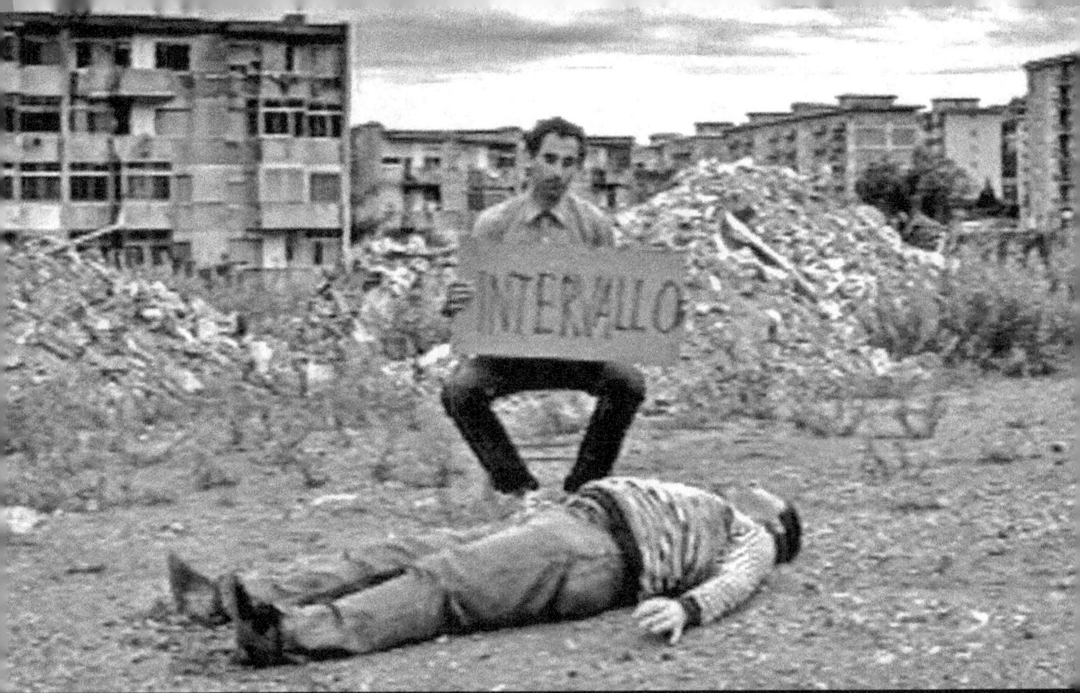

7 Literatur- und Abbildungsverzeichnis

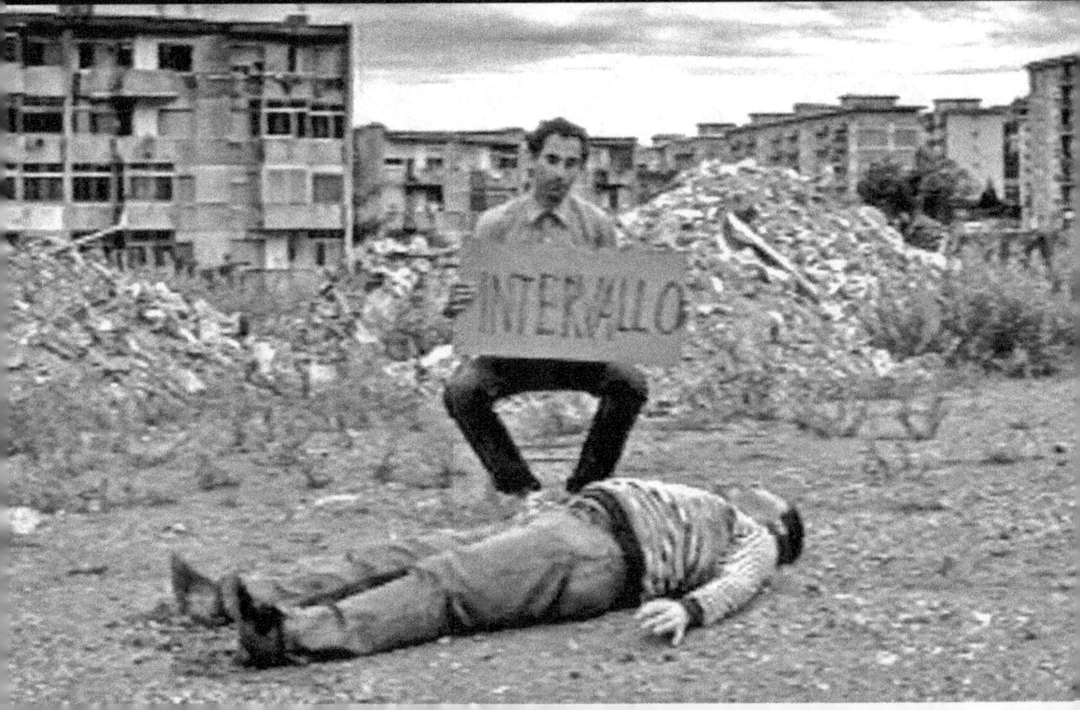

Literaturverzeichnis

AGAMBEN, Giorgio (2002a): *Homo sacer. Die souveräne Macht und das nackte Leben.* Frankfurt a. M.: Suhrkamp.

AGAMBEN, Giorgio (2002b): *L'aperto. L'uomo e l'animale.* Turin: Bollati Boringhieri.

AGAMBEN, Giorgio (2003): *Das Offene. Der Mensch und das Tier.* Frankfurt a. M.: Suhrkamp.

AGAMBEN, Giorgio (2005a): *Profanazioni.* Rom: Nottetempo.

AGAMBEN, Giorgio (2005b): *Profanierungen.* Frankfurt a. M.: Suhrkamp.

AGAMBEN, Giorgio (2005c): *Homo sacer. Il potere sovrano e la nuda vita.* Turin: Einaudi.

AIME, Marco (2012): *Verdi tribù del Nord: la Lega vista da un antropologo.* Bari: Laterza.

ALMERIGHI, Mario (2002): *I Banchieri di Dio.* Rom: Riuniti.

ANDERSON, Benedict (2005): *Die Erfindung der Nation. Zur Karriere eines erfolgreichen Konzepts.* Frankfurt a. M.: Campus, 2., erweiterte Aufl.

APRILE, Pino (2010): *Terroni. Tutto quello che è stato fatto perché gli italiani del Sud diventassero „meridionali".* Mailand: Piemme.

ARCAGNI, Simone (2008): „Il paessaggio (politico) nel cinema italiano". In: *Close up. Storie della visione* 23, S. 67–73.

ARTAUD, Antonin (1964): „Le Théâtre et son double". In: ders.: *Œuvres complètes.* Bd. 4, Paris: Gallimard, S. 9–171.

ARTAUD, Antonin (1969): *Das Theater und sein Double.* Frankfurt a. M.: Fischer.

ASPESI, Natalia (2011): „Foemina berlusconensis". In: *MicroMega* 1, S. 47–54.

ASQUER, Enrica (2011): „Popolare, popolaresco, populista". In: GINSBORG, Paul/ ASQUER, Enrica (Hg.): *Berlusconismo. Analisi di un sistema di potere.* Rom, Bari: Laterza, S. 102–119.

ATZERT, Thomas/KARAKAYALI, Serhat/PIEPER, Marianne/TSIANOS, Vassilis (Hg.) (2007a): *Empire und die biopolitische Wende. Die internationale Diskussion im Anschluss an Hardt und Negri.* Frankfurt a. M., New York: Campus (zit. als Atzert et al. 2007a).

ATZERT, Thomas/KARAKAYALI, Serhat/PIEPER, Marianne/TSIANOS, Vassilis (2007b): „Einleitung". In: dies. (Hg.): *Empire und die biopolitische Wende. Die internationale Diskussion im Anschluss an Hardt und Negri.* Frankurt a. M., New York: Campus, S. 7–16 (zit. als Atzert et al. 2007b).

Austin, Thomas/De Jong, Wilma (Hg.) (2008): *Rethinking Documentary. New Perspectives, New Pratices*. Glasgow: Open University Press.

Autelitano, Aurelia (2008): „Una risata vi seppellirà: comici contro il potere". In: *Close up. Storie della visione* 23, S. 56–66.

Babini, Luana (2005): „The Mafia: New Cinematic Perspectives". In: Hope, William (Hg.): *Italian Cinema. New Directions*. Brüssel, Bern et al.: Lang, S. 229–250.

Bachstein, Andrea: „P3 – Eine Geheimloge greift nach der Macht", unter: http://www.sueddeutsche.de/politik/italien-wie-eine-geheimloge-nach-der-machtgriff-1.976619 [01.06.2011].

Bachtin, Michael (1990): *Literatur und Karneval. Zur Romantheorie und Lachkultur*. München: Hanser.

Bachtin, Michail (1995): *Rabelais und seine Welt. Volkskultur als Gegenkultur*. Frankfurt a. M.: Suhrkamp.

Baglivi, Fulvio (2011a): „Conversazione con Daniele Ciprì". In: Ciprì, Daniele/Maresco, Franco: *Cinico Tv. Volume primo 1989–1992*, Booklet. Bologna: Cineteca di Bologna, S. 17–21.

Baglivi, Fulvio (2011b): „Conversazione con Franco Maresco". In: Ciprì, Daniele/Maresco, Franco: *Cinico Tv. Volume primo 1989–1992*, Booklet, Bologna: Cineteca di Bologna, S. 22–27.

Bartezzaghi, Stefano (2011): „Il nuovo, il solare, il vero nella semiotica di Berlusconi". In: *MicroMega* 2, S. 209–226.

Barthes, Roland (2002): „Cher Antonioni…". In: ders.: *Œuvres complètes. Bd. 5: 1974–1980*. Paris: Seuil, S. 900–905.

Bataille, Georges (1968): *Documents*. Paris: Mercure de France.

Bataille, Georges (2006): *Les larmes d'Éros*. Paris: Pauvert.

Baudrillard, Jean (1978): *Agonie des Realen*. Berlin: Merve.

Baudrillard, Jean (1995): *Le crime parfait*. Paris: Galilée.

Bazin, André (2004): *Was ist Film?* Berlin: Alexander.

Bazzicalupo, Laura (2008): „Soggettivazioni assoggettate: dall'eteronomia al disaccordo (dribblando il naturalismo)". In: Amendola, Adalgiso/Bazzicalupo, Laura/Chicchi, Federico/Tucci, Antonio (Hg.): *Biopolitica, bioeconomia e processi di soggettivazione*. Macerata: Quodlibet, S. 225–239.

Bazzicalupo, Laura (2010): *Biopolitica. Una mappa concettuale*. Rom: Carocci.

Beccaria, Antonella (2009): *Il programma di Licio Gelli. Una profezia avverata?* Granarolo dell'Emilia: Socialmente.

BECCASTRINI, Stefano (2005): *Idea di un'isola: viaggio cinematografico nell'ambiente naturale e culturale della Sicilia.* Florenz: Aksa.

BECKER, Howard Saul (1973): *Außenseiter: Zur Soziologie abweichenden Verhaltens.* Frankfurt a. M.: Fischer.

BELPOLITI, Marco (2011): *Il corpo del capo.* Parma: Guanda, 2., erweiterte Aufl.

BELPOLITI, Marco (2012): *La canottiera di Bossi.* Parma: Guanda.

BENJAMIN, Walter (1991): „Das Kunstwerk im Zeitalter seiner technischen Reproduzierbarkeit". In: ders.: *Gesammelte Schriften.* Frankfurt a. M.: Suhrkamp, Bd. 1, S. 471–508.

BERLUSCONI, Silvio (2001): *Una storia italiana.* Mailand, unter: http://www.madvero.it/pernondimenticare/unastoriaitaliana.asp [01.07.2009].

BEVILACQUA, Piero (1993): *Breve storia dell'Italia meridionale dall'Ottocento a oggi.* Rom: Donzelli.

BIEBERSTEIN, Rada (2009): *Lost Diva – Found Woman. Female Representations in New Italian Cinema and National Television from 1995 to 2005.* Marburg: Schüren.

BIORCIO, Roberto (2010): *La rivincita del Nord. La Lega dalla contestazione al governo.* Rom: Laterza.

BIRNBACHER, Dieter (2006): *Bioethik zwischen Natur und Interesse.* Frankfurt a. M.: Suhrkamp.

BOBBIO, Norberto (2008): *Contri i nuovi despotismi. Scritti sul berlusconismo.* Bari: Dedalo.

BOHRER, Karl Heinz (2000): „Nietzsches Aufklärung als Theorie der Ironie". In: ders. (Hg.): *Sprachen der Ironie, Sprachen des Ernstes.* Frankfurt a. M.: Suhrkamp, S. 283–304.

BORROMEO, Beatrice (2010): „Marcello Dell'Utri: Io senatore, per non finire in galera". In: *Il Fatto Quotidiano*, 10.02.2010, unter: http://www.ilfattoquotidiano.it/2010/02/10/io-senatore-per-non-finire-in/13087/ [05.06.2011].

BORSÒ , Vittoria (1997): „'Rêve d'une pensée hétérologique'. Georges Bataille am Ursprung ohne Ursprung". In: WEISMÜLLER, Christoph/BOHN, Ralf (Hg.): *Kontiguitäten: Texte-Festival für Rudolf Heinz.* Wien: Passagen, S. 49–64.

BORSÒ, Vittoria (2008): „Das mediale Intervall: Inter-Medialität und Visualität am Beispiel des spanischen Kinos". In: PAECH, Joachim (Hg.): *Intermedialität – analog/digital. Theorien, Methoden, Analysen.* München: Fink, S. 362–379.

BORSÒ, Vittoria (2010a): „'Bio-Poetik'. Das 'Wissen für das Leben' in der Literatur und den Künsten". In: ASHOLT, Wolfgang/ETTE, Ottmar (Hg.): *Literaturwis-*

senschaft als Lebenswissenschaft. Programm – Projekte – Perspektiven. Tübingen: Narr/Franke, S. 223–246.

Borsò, Vittoria (2010b): „Benjamin-Agamben – Biopolitik und Gesten des Lebens". In: Borsò, Vittoria/Liska, Vivian/Morgenroth, Claas/Witte, Bernd (Hg.): *Benjamin-Agamben. Politics, Messianism and Kabbalah*. Würzburg: Königshausen & Neumann, S. 35–48.

Borsò, Vittoria (2010c): „Zu den Zukunftsperspektiven der Schriften von Giorgio Agamben". In: Borsò, Vittoria/Liska, Vivian/Morgenroth, Claas/Witte, Bernd (Hg.): *Benjamin-Agamben. Politik, Messianismus und Kabbala*. Würzburg: Königshausen & Neumann, S. 15–19.

Borsò, Vittoria (2013): „Biopolitik, Bioökonomie, Bio-Poetik im Zeichen der Krisis". In: Borsò, Vittoria/Cometa, Michele (Hg.): *Die Kunst, das Leben zu „bewirtschaften". Bíos zwischen Politik, Ökonomie und Ästhetik*. Bielefeld: Transcript, S. 13–35.

Borsò, Vittoria (2014): „Jenseits von Vitalismus und Dasein: Roberto Espositos epistemlogischer Ort in der Philosophie des Lebens". In: dies. (Hg.): *Wissen und Leben – Wissen für das Leben. Herausforderungen einer affirmativen Biopolitik*. Bielefeld: Transcript, S. 141–169.

Bozzi, Silio (2011): „Il silenzio di Cagliostro (ovvero l'uno è una merda)". In: Ciprì, Daniele/Maresco, Franco: *Cinico Tv. Volume primo 1989–1992*, Booklet. Bologna: Cineteca di Bologna, S. 35–36.

Brancati, Elena/Calì Cocuzza, Simona (2009): *Sicilia. Guida ai luoghi del cinema*. Mailand: Giunti.

Bröckling, Ulrich/Krasmann, Susanne/Lemke, Thomas (2000): „Gouvernementalität, Neoliberalismus und Selbsttechnologien. Eine Einleitung". In: Bröckling, Ulrich/Krasmann, Susanne/Lemke, Thomas: *Gouvernementalität der Gegenwart. Studien zur Ökonomisierung des Sozialen*. Frankfurt a. M.: Suhrkamp, S. 7–40 (zit. als Bröckling et al. 2000).

Brunetta, Gian Piero (2004): *Cent'anni di cinema italiano*. 2 Bde., Rom, Bari: Laterza, 4. Aufl.

Bundeszentrale für politische Bildung (2011): *Dossier Bioethik*, unter: http://www.bpb.de/themen/220LWB,0,0,Bioethik.html [16.04.2011].

Butler, Judith (2005): *Gefährdetes Leben. Politische Essays*. Frankfurt a. M.: Suhrkamp.

Butler, Judith (2009): „Was ist Kritik? Ein Essay über Foucaults Tugend". In: Jaeggi, Rahel/Wesche, Tilo (Hg.): *Was ist Kritik?* Frankfurt a. M.: Suhrkamp, S. 221–246.

BUTLER, Rex (2006): *Slavoj Žižek zur Einführung*. Hamburg: Junius.
CACACE, Rossana (2007): „La coppia più cinica della tv", 12.04.2007, unter: http://www.film.it/news/televisione/dettaglio/art/la-coppia-piu-cinica-della-tv-12121/ [30.06.2014].
CALABRESE, Omar (1998): *Come nella boxe. Lo spettacolo della politica in Tv*. Rom, Bari: Laterza.
CANOVA, Gianni (1999): „Lo sguardo cinico. Ciprì e Maresco". In: ders.: *L'occhio che ride: commedia e anti-commedia nel cinema italiano contemporaneo*. Mailand: Modo, S. 37–59.
CANOVA, Gianni (2001): „La poetica della rovina urbana nel cinema di Ciprì e Maresco". In: BERTOZZI, Marco (Hg.): *Il cinema, l'architettura, la città*. Rom: Dedalo, S. 99–103.
CANOVA, Gianni (2004): *L'alieno e il pipistrello: la crisi della forma nel cinema contemporaneo*. Mailand: Bompiani, 3. Aufl.
CANOVA, Gianni (2010a): „Il cinema italiano nell'era del Cavaliere". In: *MicroMega* 6, S. 3–8.
CANOVA, Gianni (2010b): „Il ritorno di Cagliostro". In: ders. (Hg.): *Cinemania. 10 anni 100 film: il cinema italiano del nuovo millennio*. Venedig: Marsilio, S. 134–136.
CAPPABIANCA, Alessandro (1998): „Passione/Apocalisse". In: *Filmcritica* 485, S. 227–229.
CAVALIERI, Silvia (2011): „'Così fan tutte'. Berlusconismo ed emancipazioni fallite". In: CHIURCO, Carlo (Hg.): *Filosofia di Berlusconi. L'essere e il nulla nell'Italia del Cavaliere*. Verona: Ombre corte, S. 52–71.
CAVARERO, Adriana (2007): *Orrorismo ovvero della violenza sull'inerme*. Mailand: Feltrinelli.
CHAMBERS, Iain (2006): „Il sud, il subalterno e la sfida critica". In: ders. (Hg.): *Esercizi di potere. Gramsci, Said e il postcoloniale*. Rom: Meltemi, S. 7–15.
CHIACCHIARI, Federico (1995): „*Lo zio di Brooklyn* di Daniele Ciprì e Franco Maresco". In: *Cineforum* 349, S. 58–61.
Chytraeus-Auerbach, Irene/Maag, Georg (Hg.) (2006): *Die italienische Mediendemokratie. Zur Geschichte politischer Inszenierungen und inszenierter Politik im Medienzeitalter*. Münster: Lit.
CILLI, Cristina (1992): „Conversazione con Daniele Ciprì e Franco Maresco". In: *Filmcritica* 424, S. 192–195.
CIPRÌ, Daniele/MARESCO, Franco (1995): *Lo zio di Brooklyn*. Mailand: Bompiani.

Ciprì, Daniele/Maresco, Franco (2011a): *Cinico Tv. Volume primo 1989–1992*. DVD mit Booklet, Bologna: Cineteca di Bologna. Erschienen in der Reihe *Cinema Ritrovato*, Booklet zur gleichnamigen DVD kuratiert von Paola Cristalli und Maurizio Bassi.

Ciprì, Daniele/Maresco, Franco (2011b): „Cinico mafia. Un intervento di Antonio Ingroia". In: dies.: *Cinico Tv. Volume primo 1989–1992*, DVD. Bologna: Cineteca di Bologna.

Ciprì, Daniele/Maresco, Franco (2013): *Cinico Tv. Volume secondo 1993–1996*. Dvd mit Booklet, Bologna: Cineteca di Bologna. Erschienen in der Reihe *Cinema Ritrovato*, Booklet zur gleichnamigen Dvd kuratiert von Paola Cristalli und Alessandro Cavazza.

Cometa, Michele (2011): „La letteratura necessaria. Sul confine tra letteratura ed evoluzione". In: *Between* 1/1, unter: http://ojs.unica.it/index.php/between/article/view/166/144 [30.06.2014].

Cometa, Michele (2013): „Die notwendige Literatur. Skizze einer Biopoetik". In: Borsò, Vittoria/Cometa, Michele (Hg.): *Die Kunst, das Leben zu „bewirtschaften". Bíos zwischen Politik, Ökonomie und Ästhetik*. Bielefeld: Transcript, S. 171–194.

Crouch, Colin (2008): *Postdemokratie*. Frankfurt a. M.: Suhrkamp.

Curti, Lidia (2006): „Percorsi di subalternità: Gramsci, Said, Spivak". In: Chambers, Iain (Hg.): *Esercizi di potere. Gramsci, Said e il postcoloniale*. Rom: Meltemi, S. 17–26.

Curti, Stefano/Ghezzi, Enrico (Hg.) (2005): *Daniele Ciprì e Franco Maresco. Kind of cinico. Enzo, domani a Palermo!, Arruso, A memoria, Grazie Lia. Breve inchiesta su Santa Rosalia*. Booklet zur gleichnamigen Dvd, Rom: Minerva Pictures, Reihe *Raro Video*.

Dal Lago, Alessandro (2005): *Non-persone. L'esclusione dei migranti in una società globale*. Mailand: Feltrinelli.

Dal Lago, Alessandro (2010): *Eroi di carta. Il caso Gomorra e altre epopee*. Rom: Manifestolibri, aktualisierte Aufl.

De Bernardinis, Flavio (1998): „Totò che visse due volte". In: *Segnocinema* 90, S. 56–57.

De Gaetano, Roberto (2006): „Deleuze e il cinema come arte biopolitica". In: *Alias* 41, S. 9.

Debord, Guy (1992a): *La Société du Spectacle*. Paris: Gallimard.

Debord, Guy (1992b): *Commentaires sur la société du spectacle*. Paris: Gallimard.

DELEUZE, Gilles (1985): *L'image-temps. Cinéma 2*. Paris: Minuit.
DELEUZE, Gilles (1990a): „Contrôle et devenir". In: ders.: *Pourparlers*. Paris: Minuit, S. 229–239.
DELEUZE, Gilles (1990b): „Post-scriptum sur les sociétés de contrôle". In: ders: *Pourparlers*. Paris: Minuit, S. 240–247.
DELEUZE, Gilles (1993): *Critique et Clinique*. Paris: Minuit.
DELEUZE, Gilles (1994): *Bartleby oder die Formel*. Berlin: Merve.
DELEUZE, Gilles (1997a): *Das Bewegungs-Bild. Kino 1*. Frankfurt a. M.: Suhrkamp.
DELEUZE, Gilles (1997b): *Das Zeit-Bild. Kino 2*. Frankfurt a. M.: Suhrkamp.
DELEUZE, GILLES (2004): *Foucault*. Paris: Minuit.
DELEUZE, Gilles/GUATTARI, Félix (1975): *Kafka. Pour une littérature mineure*. Paris: Minuit.
DELEUZE, Gilles/GUATTARI, Félix (1976): *Kafka. Für eine kleine Literatur*. Frankfurt a. M.: Suhrkamp.
DELEUZE, Gilles/GUATTARI, Félix (1980): *Mille plateaux. Capitalisme et schizophrénie*. Paris: Minuit.
DELEUZE, Gilles/GUATTARI, Félix (1992): *Tausend Plateaus. Kapitalismus und Schizophrenie II*. Berlin: Merve.
DEMATTEO, Lynda (2012): *L'idiota in politica: antropologia della Lega Nord*, Mailand: Feltrinelli.
DIAMANTI, Ilvo (1995): *La Lega. Geografia, storia e sociologia di un nuovo soggetto politico*. Rom: Donzelli, 2., erweiterte Aufl.
DIAMANTI, Ilvo (1996): *Il male del Nord. Lega, localismo, secessione*. Rom: Donzelli.
DIAMOND, Larry/PLATTNER, Marc (Hg.) (2001): *The Global Divergence of Democracies*. Baltimore: Johns Hopkins University Press.
DICKIE, John (2011): *Cosa Nostra. Die Geschichte der Mafia*. Frankfurt a. M.: Fischer.
DIDI-HUBERMAN, Georges (1995): *La ressemblance informe ou le gai savoir visuel selon Georges Bataille*. Paris: Macula.
DIDI-HUBERMAN, Georges (2002): *L'image survivante. Histoire de l'art et temps des fantômes selon Aby Warburg*. Paris: Minuit.
DIDI-HUBERMAN, Georges (2007): *Bilder trotz allem*. München: Fink.
DIDI-HUBERMAN, Georges (2010): *Formlose Ähnlichkeit oder die Fröhliche Wissenschaft des Visuellen nach Georges Bataille*. München: Fink.
DIETZ, Gudrun (2008): *Mythos der Mafia im Spiegel intermedialer Präsenz*. Göttingen: V&R Unipress.

Dino, Alessandra (2008): *La mafia devota: Chiesa, religione, Cosa nostra*. Rom: Laterza.
Dino, Alessandra (2009a): „Mafia e libertà d'informazione". In: dies. (Hg.): *Criminalità dei potenti e metodo mafioso*. Udine: Mimesis, S. 179–208.
Dino, Alessandra (2009b): „ Un racconto allo specchio. La costruzione del mito mafioso attraverso le sue immagini". In: *Studi sulla questione criminale* IV/3, S. 57–83.
Dino, Alessandra (2012): „Resistere alle mafie nella crisi della democrazia". In: *Studi sulla questione criminale* VII/1, S. 21–42.
Di Piazza, Salvatore (2010): *Mafia, linguaggio, identità*. Palermo: Centro di studi e iniziative culturali Pio la Torre.
Dottorini, Daniele (1995): „L'acinéma di Jean François Lyotard". In: *Filmcritica* 451/452, S. 3–11.
Dreyfus, Hubert L./Rabinow, Paul (1987): *Michel Foucault. Jenseits von Strukturalismus und Hermeneutik*. Frankfurt a. M.: Athenäum.
Düwell, Marcus/Steigleder, Klaus (Hg.) (2003): *Bioethik. Eine Einführung*. Frankfurt a. M.: Suhrkamp.
Eco, Umberto (1983): „Fenomenologia di Mike Buongiorno". In: ders.: *Diario minimo*. Mailand: Mondadori, S. 30–35.
Eco, Umberto (2004): *Storia della bruttezza*. Mailand: Bompiani.
Esposito, Roberto (2007): *Terza Persona. Politica della vita e filosofia dell'impersonale*. Turin: Einaudi.
Esposito, Roberto (2010): *Person und menschliches Leben*. Wien: Diaphanes.
Farassino, Alberto (2011): „Cast e credits per Ciprì e Maresco". In: Ciprì, Daniele/Maresco, Franco: *Cinico Tv. Volume primo 1989–1992*, Booklet. Bologna: Cineteca di Bologna, S. 10–15.
Felten, Uta (2011): *Träumer und Nomaden. Eine Einführung in die Geschichte des modernen Kinos in Frankreich und Italien*. Tübingen: Stauffenburg.
Ferrara, Alessandro (2009): „La democrazia deliberativa e la sfida della governance". In: Palumbo, Antonino/Vaccaro, Salvo (Hg.): *Governance e democrazia. Tecniche del potere e legittimità dei processi di globalizzazione*. Mailand, Udine: Mimesis, S. 91–108.
Ferrari, Riccardo (1998): „La rivolta del macellaio. Artaud e il cinema". In: *Cineforum* 372, S. 26–30.
Feustel, Dirk (2007): *One Man Show. Silvio Berlusconi und die Medien*. Marburg: Tectum.

FINTER, Helga (2000): „Kunst des Lachens, Kunst des Lesens. Zum Theater in einer Gesellschaft des Spektakels". In: BORSÒ, Vittoria/GOLDAMMER, Björn (Hg.): *Moderne(n) der Jahrhundertwende. Spuren der Moderne(n) in Kunst, Literatur und Philosophie auf dem Weg ins 21. Jahrhundert.* Baden-Baden: Nomos, S. 439–451.

FLORES D'ARCAIS, Paolo (2011): „Fascismo e berlusconismo". In: *MicroMega* 1, S. 5–28.

FOFI, Goffredo (2008): *I grandi registi della storia del cinema: dai Lumière a Cronenberg, da Chaplin a Ciprì e Maresco.* Rom: Donzelli.

FORNARA, Bruno (1998): „Uomini e zii tra terra e cielo". In: *Cineforum* 372, S. 3–5.

FORTI, Simona (2007): „Il Grande Corpo della totalità. Immagini e concetti per pensare il totalitarismo". In: RECALCATI, Massimo (Hg.): *Forme contemporanee del totalitarismo.* Turin: Bollati Boringhieri, S. 23–43.

FOUCAULT, Michel (1966): *Les mots et les choses.* Paris: Gallimard.

FOUCAULT, Michel (1974): „Zum Begriff der Übertretung". In: ders.: *Schriften zur Literatur.* München: Nymphenburger Verlagshandlung, S. 69–89.

FOUCAULT, Michel (1976): *La volonté de savoir. Histoire de la sexualité I.* Paris: Gallimard.

FOUCAULT, Michel (1977): *Der Wille zum Wissen. Sexualität und Wahrheit I.* Frankfurt a. M.: Suhrkamp.

FOUCAULT, MICHEL (1990): „Qu'est-ce que la critique?: séance du 27 Mai 1978". In: *Bulletin de la Société Française de Philosophie* 84 (2), S. 35–63.

FOUCAULT, Michel (1994a): „Préface à la transgression". In: ders.: *Dits et Écrits. Bd. I: 1954–1969.* Paris: Gallimard, S. 233–250.

FOUCAULT, Michel (1994b): „La 'gouvernementalité'". In: ders.: *Dits et écrits. Bd. 3: 1976–1979.* Paris: Gallimard, S. 635–657.

FOUCAULT, Michel (1994c): „Le sujet et le pouvoir". In: ders.: *Dits et écrits. Bd. 4: 1980–1988.* Paris: Gallimard, S. 222–243.

FOUCAULT, Michel (1994d): „Michel Foucault, une interview: sexe, pouvoir et la politique de l'identité". In: ders.: *Dits et écrits, Bd. 4: 1980–1988,* Paris: Gallimard, S. 735–746.

FOUCAULT, Michel (1999a): *In Verteidigung der Gesellschaft. Vorlesungen am Collège de France 1975–1976.* Frankfurt a. M.: Suhrkamp.

FOUCAULT, Michel (1999b): *Les anormaux. Cours au Collège de France (1974–75).* Paris: Gallimard/Seuil.

FOUCAULT, Michel (2001): „Vorrede zur Überschreitung". In: ders.: *Schriften in vier Bänden. Bd. I: 1954–1969.* Frankfurt a. M.: Suhrkamp, S. 320–342.

Foucault, Michel (2003): *Die Sorge um sich. Sexualität und Wahrheit III*. Frankfurt a. M.: Suhrkamp.

Foucault, Michel (2004a): *Die Geburt der Biopolitik. Geschichte der Gouvernementalität II*. Frankfurt a. M.: Suhrkamp.

Foucault, Michel (2004b): *Naissance de la biopolitique. Cours au Collège de France (1978–1979)*. Paris: Gallimard/Seuil.

Foucault, Michel (2005a): „Omnes et singulatim': zu einer Kritik der politischen Vernunft". In: ders.: *Analytik der Macht*. Frankfurt a. M.: Suhrkamp, S. 188–219.

Foucault, Michel (2005b): „Die Gouvernementalität". In: Bröckling, Ulrich/Krasmann, Susanne/Lemke, Thomas (Hg.): *Gouvernementalität der Gegenwart. Studien zur Ökonomisierung des Sozialen*. Frankfurt a. M.: Suhrkamp, S. 41–67.

Foucault, Michel (2005c): „Michel Foucault, ein Interview: Sex, Macht und die Politik der Identität". In: ders.: *Analytik der Macht*. Frankfurt a. M.: Suhrkamp, S. 301–315.

Foucault, Michel (2005d): „Subjekt und Macht". In: ders.: *Analytik der Macht*. Frankfurt a. M.: Suhrkamp, S. 240–263.

Foucault, Michel (2005e): *Die Macht der Psychiatrie. Vorlesung am Collège de France 1973–1974*. Frankfurt a. M.: Suhrkamp.

Foucault, Michel (2007): *Die Anormalen. Vorlesungen am Collège de France 1974–1975*. Frankfurt a. M.: Suhrkamp.

Foucault, Michel (2010): *Der Mut zur Wahrheit. Die Regierung des Selbst und der anderen II. Vorlesungen am Collège de France 1983–1984*. Frankfurt a. M.: Suhrkamp.

Freud, Sigmund (1961): *Gesammelte Werke, Bd. 6: Der Witz und seine Beziehung zum Unbewussten*. Frankfurt a. M.: Fischer.

Freud, Sigmund (2010): *Das Unbehagen in der Kultur*. Stuttgart: Reclam.

Fumagalli, Andrea (2007): *Bioeconomia e capitalismo cognitivo: verso un nuovo paradigma di accumulazione*. Rom: Carocci.

Galimberti, Massimo (2007): „Totò che visse due volte di Daniele Ciprì e Franco Maresco". In: Sallustro, Enzo (Hg.): *Storie del cinema italiano. Censure. Film mai nati, proibiti, perduti, ritrovati*. Mailand: Silvana, S. 106–109.

Gelhard, Andreas (2012): „Zwischen Skeptizismus und Kynismus. Prüfung und Bewährung bei Hegel und Foucault". In: Gehring, Petra/Gelhard, Andreas (Hg.): *Parrhesia. Foucault und der Mut zur Wahrheit*. Zürich: Diaphanes, S. 161–185.

GEHRING, Petra/GELHARD, Andreas (2012) (Hg.): *Parrhesia. Foucault und der Mut zur Wahrheit*. Zürich: Diaphanes.
GESÙ, Sebastiano (1999): *La Sicilia della memoria. Cent'anni di cinema documentario nell'isola*. Catania: Maimone.
GESÙ, Sebastiano (Hg.) (2008): *La Sicilia tra schermo e storia*. Catania: Maimone.
GHEZZI, Enrico (2011): „Filmalgìa". In: CIPRÌ, Daniele/MARESCO, Franco: *Cinico Tv. Volume primo 1989–1992*, Booklet. Bologna: Cineteca di Bologna, S. 6–9.
GIACOVELLI, Enrico (1995): *La Commedia all'italiana*. Rom: Cremese.
GIAMBRONE, Roberto (2008a): „Poesia di quartiere". In: SCALDATI, Franco: *Teatro all'albergheria. La notte di Agostino il topo/Sonno e sogni*. Mailand: Ubulibri, S. 7–8.
GIAMBRONE, Roberto (2008b): „Per un teatro dei luoghi, dichiarazioni di Franco Scaldati raccolte da Roberto Giambrone". In: SCALDATI, Franco: *Teatro all'albergheria. La notte di Agostino il topo/Sonno e sogni*. Mailand: Ubulibri, S. 14–17.
GIBELLI, Antonio (2011): „Il berlusconismo della Chiesa cattolica". In: GINSBORG, Paul/ASQUER, Enrica (Hg.): *Berlusconismo. Analisi di un sistema di potere*. Rom, Bari: Laterza, S. 68–82.
GINSBORG, Paul (2003): *Berlusconi. Ambizioni patrimoniali in una democrazia mediatica*. Turin: Einaudi.
GINSBORG, Paul (2010): *Salviamo l'Italia*. Turin: Einaudi.
GINSBORG, Paul/ASQUER, Enrica (2011): „Cos'è il berlusconismo". In: GINSBORG, Paul/ASQUER, Enrica (Hg.): *Berlusconismo. Analisi di un sistema di potere*. Rom, Bari: Laterza, S. V–XXIX.
GOETHE, Johann Wolfgang (1989): *Italienische Reise*. Bd. 1. Frankfurt a. M.: Insel.
GOFFMAN, Erving (1975): *Stigma: Über Techniken der Bewältigung beschädigter Identität*. Frankfurt a. M.: Suhrkamp.
GOMEZ, Peter/TRAVAGLIO, Marco (2009): *Il partito dell'amore*. Sonderheft von *Micro Mega*, Rom.
GORSEN, Peter (1972): *Sexualästhetik. Zur bürgerlichen Rezeption von Obszönität und Pornographie*. Reinbek bei Hamburg: Rowohlt.
GRAMSCI, Antonio (1970): *La questione meridionale*. Rom: Riuniti.
GRANDE, Maurizio (1986): „Le istituzioni del comico e la forma-commedia". In: NAPOLITANO, Riccardo (Hg.): *La Commedia all'italiana. Angolazioni, controcampi*. Rom: Gangemi, S. 37–54.
GRASSO, Aldo (2011): „Da Palermo la Tv del cinismo". In: CIPRÌ, Daniele/MARESCO, Franco: *Cinico Tv. Volume primo 1989–1992*, Booklet. Bologna: Cineteca di Bologna, S. 49–50.

Greblo, Edoardo (2011): *Filosofia di Beppe Grillo. Il Movimento 5 Stelle.* Mailand, Udine: Mimesis.

Greene, Naomi (1994): „Salò: The Refusal to Consume". In: Rumble, Patrick/ Testa, Bart (Hg.): *Pier Paolo Pasolini: contemporary perspectives.* Toronto: University of Toronto Press, S. 232–242.

Grillo, Beppe (2009): „La pubblicità al potere", 28.06.2009, unter: www.beppegrillo.it [30.06.2009].

Guarino, Mario (2001): *Fratello P2 1816. L'epopea piduista di Silvio Berlusconi.* Mailand: Kaos.

Guglielmino, Salvatore (1992): „Introduzione". In: Pirandello, Luigi: *L'umorismo.* Mailand: Mondadori, S. V–XXV.

Hampson, Ernest (2000): „Mocking the Mafia: Ciprì and Maresco's Sicilian Apocalypse". In: Everett, Wendy (Hg.): *The Seeing Century: Film, Vision, and Identity.* Amsterdam, Atlanta: Rodopi, S. 88–97.

Hampson, Ernst (2005): „Daniele Ciprì and Franco Maresco. Uncompromising Visions – Aesthetics of the Apocalyse". In: Hope, William (Hg.): *Italian Cinema. New Directions.* Brüssel, Bern et al.: Lang, S. 131–150.

Hardt, Michael/Negri, Antonio (2001): *Empire.* Cambridge/Massachusetts, London/England: Harvard University Press.

Hardt, Michael/Negri, Antonio (2002): *Empire. Die neue Weltordnung.* Frankfurt a. M.: Campus.

Hardt, Michael/Negri, Antonio (2004): *Multitude. Krieg und Demokratie im Empire.* Frankfurt a. M.: Campus.

Hissnauer, Christian (2010): „Möglichkeitsspielräume. Fiktion als dokumentarische Methode. Anmerkungen zur Semio-Pragmatik fiktiver Dokumentationen". In: *Medienwissenschaften* 1, S. 17–28.

Hissnauer, Christian (2011): „Zwischen ‚Doku' und ‚Fiktion'. Die hybride Vielfalt der *docufiction*". In: Segeberg, Harro (Hg.): *Film im Zeitalter Neuer Medien I. Fernsehen und Video.* München: Fink, S. 199–224.

Holert, Tom/Terkessidis, Mark (2006): *Fliehkraft. Gesellschaft in Bewegung – von Migranten und Touristen.* Köln: Kiepenheuer&Witsch.

Holert, Tom (2008): *Regieren im Bildraum.* Berlin: B_books.

Hope, William (Hg.) (2005): *Italian cinema. New directions.* Brüssel, Bern et al.: Lang.

Inzerillo, Andrea (2010): „Dal video al cinema. Il disaccordo televisivo di Cinico Tv". In: *Fata Morgana* 9, S. 95–105.

JAY, Martin (2007): „Parresia visuale? Foucault e la verità dello sguardo". In: COMETA, Michele/VACCARO, Salvo (Hg.): *Lo sguardo di Foucault*. Rom: Meltemi, S. 19–38.
KÖCHY, Kristian (2008): *Biophilosophie zur Einführung*. Hamburg: Junius.
KOEBNER, Thomas (Hg.) (2002): *Reclams Sachlexikon des Films*. Stuttgart: Reclam.
KRACAUER, Siegfried (1973): *Theorie des Films. Die Errettung der äußeren Wirklichkeit*. Frankfurt a. M.: Suhrkamp.
KREMPL, Stefan (1996): *Das Phänomen Berlusconi. Die Verstrickung von Politik, Medien, Wirtschaft und Werbung*. Frankfurt a. M. et al.: Lang.
KRISTEVA, Julia (1982): *Powers of Horror. An Essay on Abjection*. New York: Columbia University Press.
LAGIOIA, Nicola (2009): „Il cinema e la televisione di Ciprì e Maresco". In: MORREALE, Emiliano (Hg.): *Idea di un'isola. Viaggio nel cinema della e sulla Sicilia*. Barcelona: CSCI, S. 73–81.
LANGER, Annette (2010): „Berlusconi-Buddy zu sieben Jahren Haft verurteilt". In: *Der Spiegel*, 29.06.2010, unter: http://www.spiegel.de/panorama/justiz/0,1518,703616,00.html [05.06.2011].
LEMKE, Thomas (2004): „Die politische Ökonomie des Lebens. Biopolitik und Rassismus bei Michel Foucault und Giorgio Agamben". In: BRÖCKLING, Ulrich/BÜHLER, Benjamin/HAHN, Marcus/SCHÖNING, Matthias/WEINBERG, Manfred (Hg.): *Disziplinen des Lebens. Zwischen Anthropologie, Literatur und Politik*. Tübingen: Narr, S. 257–274.
LEMKE, Thomas (2005): „Geschichte und Erfahrung. Michel Foucault und die Spuren der Macht". In: FOUCAULT, Michel: *Analytik der Macht*. Frankfurt a. M.: Suhrkamp, S. 317–347.
LEMKE, Thomas (2007a): „Oltre la biopolitica. Sulla ricezione di un concetto foucaultiano". In: COMETA, Michele/VACCARO, Salvo (Hg.): *Lo sguardo di Foucault*. Rom: Meltemi, S. 85–107.
LEMKE, Thomas (2007b): *Biopolitik zur Einführung*. Hamburg: Junius.
LÉVINAS, Emmanuel (1987): *Totalität und Unendlichkeit. Versuch über die Exteriorität*. Freiburg, München: Alber.
LINK, Jürgen (1999): *Versuch über den Normalismus. Wie Normalität produziert wird*. Opladen et al.: Westdeutscher Verlag, 2., aktualisierte und erweiterte Aufl.
LIVOLSI, Marino (2006): *La società degli individui. Globalizzazione e mass-media in Italia*. Rom: Carocci.

Lo Bianco, Giuseppe (2011): „Alieni in Tv, l'occhio surreale sulla mafia che fa schifo". In: Ciprì, Daniele/Maresco, Franco: *Cinico Tv. Volume primo 1989–1992*, Booklet. Bologna: Cineteca di Bologna, S. 30–32.

Lodato, Saverio/Travaglio, Marco (2005): *Intoccabili. Perché la mafia è al potere. Dai processi Andreotti, Dell'Utri & C. alla normalizzazione. Le verità occultate sui complici di Cosa Nostra nella politica e nello Stato*. Mailand: BUR.

Longo, Abele (2004): „Palermo in the Films of Ciprì and Maresco". In: Foot, John/Lumley, Robert (Hg.): *Italian Cityscapes. Culture and Urban Changes in Contemporary Italy*. Exeter: University of Exeter Press, S. 185–195.

Longo, Abele (2007): „Palermo e il commiato funebre del cinema di Ciprì e Maresco". In: Gola, Sabina/Rorato, Laura (Hg.): *La forma del passato. Questioni di identità in opere letterarie e cinematografiche italiane a partire degli anni Ottanta*. Brüssel, Bern et al.: Lang, S. 237–247.

Longo, Abele (2010): „The Cinema of Ciprì and Maresco: Kynicism as a Form of Resistance". In: Hope, William (Hg.): *Italian Film Directors in the New Millenium*. Newcastle upon Tyne: Cambridge Scholars Publishing, S. 103–116.

Lucarelli, Carlo (2002): *Misteri d'Italia. I casi di Blu notte*. Turin: Einaudi.

Luhmann, Niklas (2008): *Einführung in die Systemtheorie*. Heidelberg: Carl-Auer-Verlag.

Lupo, Salvatore (2004): *Storia della mafia. Dalle origini ai nostri giorni*. Rom: Donzelli.

Lyotard, Jean-François (1973): „L'acinéma". In: *Revue d'esthétique* 2/4, S. 357–369.

Maltese, Curzio (2011): „Cento giorni tv a Palermo". In: Ciprì, Daniele/Maresco, Franco: *Cinico Tv. Volume primo 1989–1992*, Booklet. Bologna: Cineteca di Bologna, S. 52–53.

Marazzi, Christian (1999): *Il posto dei calzini. La svolta linguistica dell'economia e i suoi effetti sulla politica*. Turin: Bollati Boringhieri.

Marazzi, Christian (2008): „Il corpo del valore: bioeconomie e finanziarizzazione della vita". In: Amendolea, Adalgisio/Bazzicalupo, Laura/Chicci, Federico/Tucci, Antonio (Hg.): *Biopolitica, bioeconomia e processi di soggettivazione*. Macerata: Quodlibet, S. 135–142.

Marazzi, Christian (2013): „Bioökonomie und Biokapitalismus". In: Borsò, Vittoria/Cometa, Michele (Hg): *Die Kunst, das Leben zu „bewirtschaften": Bíos zwischen Politik, Ökonomie und Ästhetik*. Bielefeld: Transcript, S. 39–53.

Marchese, Livio (2008): „Ciprì e Maresco: cinici sudnormali alla fine del mondo". In: Gesù, Sebastiano (Hg.): *La Sicilia tra schermo e storia*. Catania: Maimone, S. 313–324.

Marcuse, Herbert (1974): *Der eindimensionale Mensch: Studien zur Ideologie der fortgeschrittenen Industriegesellschaft.* Neuwied et al.: Luchterhand.

Maresco, Franco (2000): „Tony Scott. Un siciliano alla corte di Re-bop". In: Maresco, Franco/Lanfranca, Dario (Hg.): *Boogie movie. Cinema & Musica da Armstrong ai Beatles.* Palermo: Mazzone, S. 16–20.

Maresco, Franco/Lanfranca, Dario (Hg.) (2000): *Boogie movie. Cinema & Musica da Armstrong ai Beatles.* Palermo: Mazzone.

Maresco, Franco/Michelone, Guido (Hg.) (2000): *Tutti for Louis. Omaggio a Louis Armstrong 1900–2000.* Palermo: Il Genio.

Maresco, Franco/Michelone, Giudo/Zenni, Stefano (Hg.) (2001): *Miles Glorious. Tributo a Miles Davis 1926–1991.* Palermo: Il Genio.

Maresco, Franco (2008): „Illuminati dalla rabbia". In: Furxhi, Lia (Hg.): *Corti e autori. La storia dei corti italiani 1980–2006.* Alessandria: Falsopiano, S. 81–83.

Maresco, Franco (2013): „'Io e Franco' ricordando Scaldati su Raitre". In: *L'Unità*, 14.07.2013, S. 21.

Marrone, Gaetana (2010): „A Cinematic Grand Tour of Sicily: Irony, Memory, and Metamorphic Desire from Goethe to Tornatore". In: *California Italian Studies Journal* 1/1, unter: escholarship.org/uc/item/12s7f1h1;jsessionid=E2FE719359029CB1F972473009CA5B3F#page-1 [20.06.2011].

Martini, Emanuela (2009): „Down the Rio Grande: la Sicilia nei film della New Hollywood". In: Morreale, Emiliano (Hg.): *Idea di un'isola. Viaggio nel cinema della e sulla Sicilia.* Barcelona: CSCI, S. 60–64.

Martini, Giulio (1997): „Perché 'Patchwork Due'?". In: Martini, Giulio/Morelli, Guglielmina (Hg.): *Patchwork due. Geografia del nuovo cinema italiano.* Mailand: Il Castoro, S. 9–24.

Mattioli, Aram (2010): *„Viva Mussolini!" Die Aufwertung des Faschismus im Italien Berlusconis.* Paderborn: Schöningh.

Mazzoleni, Gianpietro (2012): „Die italienischen Medien". In: Rörig, Karoline/Glassmann, Ulrich/Köppl, Stefan (Hg.): *Länderbericht Italien.* Bonn: Bundeszentrale für politische Bildung, S. 420–436.

Menarini, Roy (2008): „Il cinema politico in Italia dalla fine della prima repubblica al voto post-ideologico". In: *Close up. Storie della visione* 23, S. 9–17.

Menarini, Roy (2009): „Le fiction sulla mafia". In: Morreale, Emiliano (Hg.): *Idea di un'isola. Viaggio nel cinema della e sulla Sicilia.* Barcelona: CSCI, S. 55–59.

Menarini, Roy (2010): *Il cinema dopo il cinema. Dieci idee sul cinema italiano 2001–2010.* Genua: Le Mani.

MERSCH, Dieter (2002a): *Was sich zeigt. Materialität, Präsenz, Ereignis*. München: Fink.
MERSCH, Dieter (2002b): *Ereignis und Aura. Untersuchungen zu einer Ästhetik des Performativen*. Frankfurt a. M.: Suhrkamp.
MERSCH, Dieter (2006): *Medientheorien zur Einführung*. Hamburg: Junius.
MICCICHÉ, Lino (1995): *Cinema italiano: gli anni 60 e oltre*. Venedig: Marsilio.
MICCICHÉ, Lino (1997): *Il cinema del riflusso. Film e cineasti degli anni '70*. Venedig: Marsilio.
MOE, Nelson (2009): „Il padrino, la mafia e l'America". In: GRIBAUDI, Gabriella (Hg.): *Traffici criminali. Camorra, mafia e reti internazionali dell'illegalità*. Turin: Bollati Boringheri, S. 325–351.
MÖLLER, Olaf (2004): „The generally offensive and defiantly post-humanist œuvres of Sicily's renegade film making double act". In: *Film comment* 40 (3), S. 12–13.
MONTANI, Pietro (1999): „La vendetta di Lazzaro". In: MORREALE, Emiliano/VALENTINI, Valentina (Hg.): *El sentimiento cinico del la vida. Il cinema, i video, la televisione di Ciprì e Maresco da* Cinico TV *a* Totò che visse due volte. Palermo: Il Genio, S. 77–80.
MONTANI, Pietro (2007): *Bioestetica. Senso comune, tecnica e arte nell'età della globalizzazione*. Rom: Carocci.
MONTINI, Franco (1998): *I novissimi: gli esordienti nel cinema italiano degli anni 80*. Turin: Lindau.
MORONI, Mariafrancesca (2012): *L'etica della crudeltà. Antonin Artaud alle radici del contemporaneo*. Verona: Ombre corte.
MORREALE, Emiliano (1996): *Lampi sull'isola. Nuovo cinema siciliano (1988–1996)*. Palermo: Battaglia.
MORREALE, Emiliano (1998): „Fuori dal tempo, dentro al cinema". In: *Cineforum* 372, S. 6–8.
MORREALE, Emiliano (1999): „Enzo, domani a Palermo!" In: *Cineforum* 388, S. 42.
MORREALE, Emiliano (2003): *Ciprì e Maresco*. Alessandria: Falsopiano.
MORREALE, Emiliano (2008a): „Daniele Ciprì e Franco Maresco". In: BERTOZZI, Marco (Hg.): *Il miraggio del reale: per una mappa del cinema documentario italiano*. Barcelona: CSCI.
MORREALE, Emiliano (2008b): „Il documentario fuori di sé. Tracce e prospettive di un metodo cinematografico". In: BERTOZZI, Marco (Hg.): *Il miraggio del reale: per una mappa del cinema documentario italiano*. Barcelona: CSCI, S. 23–31.

MORREALE, Emiliano (Hg.) (2009a): *Idea di un'isola. Viaggio nel cinema della e sulla Sicilia*. Barcelona: CSCI.
MORREALE, Emiliano (2009b): „Mafia-movie all'italiana. Analisi di un genere". In: ders. (Hg.): *Idea di un'isola. Viaggio nel cinema della e sulla Sicilia*. Barcelona: CSCI, S. 46–54.
MORREALE, Emiliano (2009c): *L'invenzione della nostalgia. Il vintage nel cinema italiano e dintorni*. Rom: Donzelli.
MORREALE, Emiliano/VALENTINI, Valentina (Hg.) (1999): *El sentimiento cinico de la vida. Il cinema, i video, la televisione di Ciprì e Maresco da* Cinico TV *a* Totò che visse due volte. Palermo: Il Genio.
MÜNCH, Richard (2002): *Soziologische Theorie. Bd. 2: Handlungstheorie*. Frankfurt a. M.: Campus.
MUSSO, Pierre (2010): „Sarkoberlusconismus. Wie ein tele-realer Präsident einen Unternehmensstaat inszeniert". In: *Lettre International* 90, S. 42–45.
NEGRI, Antonio (2007): „Zur gesellschaftlichen Ontologie. Materielle Arbeit, immaterielle Arbeit und Biopolitik". In: ATZERT, Thomas/KARAKAYALI, Serhat/PIEPER, Marianne/TSIANOS, Vassilis (Hg.): *Empire und die biopolitische Wende. Die internationale Diskussion im Anschluss an Hardt und Negri*. Frankfurt a. M., New York: Campus, S. 17–31.
NICHOLS, Bill (1991): *Representing Reality: Issues and Concepts in Documentary*. Bloomington: Indiana University Press.
NIETZSCHE, Friedrich (1988): „Die fröhliche Wissenschaft". In: ders.: *Kritische Studienausgabe* (KSA), Bd. III, Berlin: de Gruyter, S. 343–651.
OCHSNER, Beate (2010): *DeMonstration. Zur Repräsentation des Monsters und des Monströsen in der Literatur, Fotografie und Film*. Heidelberg: Synchron.
OMAR, Sainab Sandra (2013): „Momente des Selbstgenügens oder die Flucht hinein ins Leben". In: SCHAFROTH, Elmar/NICKLAUS, Martina/SCHWARZER, Christine/CONTE, Domenico (Hg.): *Italien, Deutschland, Europa: Kulturelle Identitäten und Interdependenzen/Italia, Germania, Europa: fisionomie e interdipendenze*. Oberhausen: Athena, S. 192–206.
PALA, Mauro (2011): „Per un'archeologia della biopoetica. Response a Michele Cometa". In: *Between* 1/1, unter: http://ojs.unica.it/index.php/between/article/view/184/167 [30.06.2014].
PASOLINI, Pier Paolo (1999a): „Abiura alla trilogia della vita". In: ders.: *Saggi sulla politica e sulla società*. Mailand: Mondadori, S. 599–603.

Pasolini, Pier Paolo (1999b): „Contro la televisione". In: ders.: *Saggi sulla politica e sulla società*. Mailand: Mondadori, S. 128–143.

Pasolini, Pier Paolo (1999c): „Analisi linguistica di uno slogan". In: ders.: *Saggi sulla politica e sulla società*. Mailand: Mondadori, S. 278–283.

Peters, Helge (2009): *Devianz und soziale Kontrolle: eine Einführung in die Soziologie abweichenden Verhaltens*. Weinheim: Juventa, 3., vollst. überarb. Aufl.

Petersen, Jens (1995): *Quo vadis, Italia? Ein Staat in der Krise*. München: Beck.

Piccini, Alberto (2011): „Cinico intervista la bomba". In: Ciprì, Daniele/Maresco, Franco: *Cinico Tv. Volume primo 1989–1992*, Booklet. Bologna: Cineteca di Bologna, S. 50–51.

Pinotti, Ferruccio (2005): *Poteri Forti*. Mailand: BUR.

Pinotti, Ferruccio (2007): *Fratelli d'Italia*. Mailand: BUR.

Pioppo, Mariachiara (1996): „L'orrore sta altrove. Intervista a Ciprì e Maresco". In: *Cineforum* 356, S. 11–13.

Pipitone, Giuseppe (2014): „Fede: ‚La storia di Berlusconi? Mafia, mafia, mafia. Sosteneva famiglia Mangano'". In: *Il Fatto Quotidiano*, 22.07.2014, unter: http://www.ilfattoquotidiano.it/2014/07/22/fede-la-storia-di-berlusconi-mafia-mafia-mafia-sosteneva-famiglia-mangano/1068423/ [23.07.2014].

Rancière, Jacques (1995): *La Mésentente. Politique et Philosophie*. Paris: Galilée.

Rancière, Jacques (2000): *Le partage du sensible. Esthétique et politique*. Paris: La Fabrique.

Rancière, Jacques (2002): *Das Unvernehmen. Politik und Philosophie*. Frankfurt a. M.: Suhrkamp.

Rancière, Jacques (2004): *La Malaise dans l'esthétique*. Paris: Galilée.

Rancière, Jacques (2008a): *Das Unbehagen in der Ästhetik*. Wien: Passagen.

Rancière, Jacques (2008b): *Die Aufteilung des Sinnlichen. Ästhetik und Politik. Die Politik der Kunst und ihre Paradoxien*. Berlin: B_books, 2., durchgesehene Aufl.

Rangieri, Norma (2011): „Le mani sull'informazione". In: Ginsborg, Paul/Asquer, Enrica (Hg.): *Berlusconismo. Analisi di un sistema di potere*. Rom, Bari: Laterza, S. 120–131.

Recalcati, Massimo (2007): „Introduzione. Totalitarismo postideologico". In: ders. (Hg.): *Forme contemporanee del totalitarismo*. Turin: Bollati Boringhieri, S. 7–18.

Redazione Il Fatto Quotidiano (2014): „Dell'Utri: ‚Socialmente pericoloso, decisivo per accordo mafia-Berlusconi'". In: *Il Fatto Quotidiano*, 01.07.2014, unter: http://www.ilfattoquotidiano.it/2014/07/01/dellutri-la-cassazione-socialmente-pericoloso-concorso-con-mafia-per-lungo-tempo/1045837/ [23.07.2014].

Reese-Schäfer, Walter (1995): *Lyotard zur Einführung*. Hamburg: Junius.
Reinfandt, Christoph (2004): „Luhmann, Niklas". In: Nünning, Ansgar (Hg.): *Metzler Lexikon Literatur- und Kulturtheorie. Ansätze – Personen – Grundbegriffe*. Weimar, Stuttgart: Metzler, S. 408–410.
Renaud-Alain, Alain (1996): „Deleuze ou le cinéma comme puissance". In: *Positif* 430, S. 68–71.
Reski, Petra (2008): *Von Paten, Pizzerien und falschen Priestern*. München: Droemer.
Reski, Petra (2010): *Von Kamen nach Corleone. Die Mafia in Deutschland*. Hamburg: Hoffmann und Campe.
Révèl, Judith (2009): *Le vocabulaire de Foucault*. Paris: Ellipses.
Rhodes, Gray D. (Hg.) (2006): *Docu-fictions. Essays of the documentary and fictional filmmaking*. Jefferson NC: McFarland.
Ries, Wiebrecht (2009): *Friedrich Nietzsche zur Einführung*. Hamburg: Junius.
Roberti, Bruno (1994a): „Ciprì e Maresco". In: Valentini, Valentina (Hg.): *Video d'autore. Luoghi, forme, tendenze dell'immagine elettronica*. Rom: Gangemi, S. 60–62.
Roberti, Bruno (1994b): „Genius loci. Gli autori d'area siciliana e il versante sud dell'immagine". In: Valentini, Valentina (Hg.): *Video d'autore. Luoghi, forme, tendenze dell'immagine elettronica*. Rom: Gangemi, S. 46–55.
Roberti, Bruno (2009): „Il corporeo dell'incorporeo. Ciprì e Maresco tra mistero, realtà e politica dei corpi". In: Guerrini, Riccardo/Tagliani, Giacomo/Zucconi, Francesco (Hg.): *Lo spazio del reale nel cinema italiano contemporaneo*. Genua: Le Mani, S. 104–117.
Roloff, Volker (2000): „Intermediale Figuren in der spanischen (und lateinamerikanischen) Avantgarde und Post-Avantgarde". In: Borsò, Vittoria/Goldammer, Björn (Hg.): *Moderne(n) der Jahrhundertwende. Spuren der Moderne(n) in Kunst, Literatur und Philosophie auf dem Weg ins 21. Jahrhundert*. Baden-Baden: Nomos, S. 385–401.
Ronchi, Rocco (2007): „Parlare in neolingua. Come si fabbrica una lingua totalitaria". In: Recalcati, Massimo (Hg.): *Forme contemporanee del totalitarismo*. Turin: Bollati Boringhieri, S. 44–60.
Roscoe, Jane/Hight, Craig (2001): *Faking it. Mock-documentary and the subversion of factuality*. Manchester, New York: Manchester University Press.
Rose, Niklas (2000): „Tod des Sozialen? Eine Neubestimmung der Grenzen des Regierens". In: Bröckling, Ulrich/Krasmann, Susanne/Lemke, Thomas (Hg.):

Gouvernementalität der Gegenwart. Studien zur Ökonomisierung des Sozialen. Frankfurt a. M.: Suhrkamp, S. 72–109.

Rose, Niklas (2009): „Was ist Leben? Versuch einer Wiederbelebung". In: Weiss, Martin G. (Hg.): *Bios und Zoë. Die menschliche Natur im Zeitalter ihrer technischen Reproduzierbarkeit.* Frankfurt a. M.: Suhrkamp, S. 152–178.

Rosenkranz, Karl (1973): *Ästhetik des Hässlichen.* Darmstadt: Wissenschaftliche Buchgesellschaft.

Rumiz, Paolo (2001): *La secessione leggera. Dove nasce la rabbia del profondo Nord.* Mailand: Feltrinelli.

Santoro, Marco (2007): *La voce del padrino. Mafia, cultura, politica.* Verona: Ombre corte.

Sarasin, Philipp (2001): *Reizbare Maschinen. Eine Geschichte des Körpers 1765–1914.* Frankfurt a. M.: Suhrkamp.

Sarasin, Philipp (2005): *Foucault zur Einführung.* Hamburg: Junius.

Scaldati, Franco (2008): „Per un teatro dei luoghi". In: Scaldati, Franco (Hg.): *Teatro all'Albergheria. La notte di Agostino il topo/Sonno e sogni.* Mailand: Ubulibri, S. 14–17.

Scarpinato, Roberto (2009): „Crimini dei colletti bianchi e attacco alla democrazia". In: Dino, Alessandra (Hg.): *Criminalità dei potenti e metodo mafioso.* Udine: Mimesis, S. 81–96.

Scarpinato, Roberto/Lodato, Marco (2008): *Il ritorno del principe.* Mailand: Chiarelettere.

Scarscelli, Daniele/Vidoni Guidoni, Odillo (2009): *La devianza. Teorie e politiche di controllo.* Rom: Carocci.

Schiffer, Sabine (2011): „Informationsmedien in der Postdemokratie. Zur Bedeutung von Medienkompetenz für eine lebendige Demokratie". In: *Aus Politik und Zeitgeschichte* 1–2, S. 27–32.

Sciascia, Leonardo (1979): *La Sicilia come metafora.* Mailand: Mondadori.

Sciascia, Leonardo (1991): „La Sicilia nel cinema". In: ders.: *Opere. Bd. 1: 1956–1971.* Mailand: Bompiani, S. 1201–1222.

Sciuto, Italo (2011): „Miseria del cattolicesimo". In: Chiurco, Carlo (Hg.): *Filosofia di Berlusconi. L'essere e il nulla nell'Italia del Cavaliere.* Verona: Ombre corte, S. 162–192.

Sennelart, Michel (2004): „Situierung der Vorlesungen". In: Foucault, Michel: *Die Geburt der Biopolitik. Geschichte der Gouvernementalität II.* Frankfurt a. M.: Suhrkamp, S. 445–489.

SERAPHICUS (2011): „Real(ity) Politik". In: CHIURCO, Carlo (Hg.): *Filosofia di Berlusconi. L'essere e il nulla nell'Italia del Cavaliere*. Verona: Ombre corte, S. 193–206.

SESTI, Mario (1996): *La 'scuola' italiana. Storia, strutture e immaginario di un altro cinema (1988–1996)*. Venedig: Marsilio.

SEXTRO, Maren (2009): *Mockumentaries und die Dekonstruktion des klassischen Dokumentarfilms*. Berlin: Universitätsverlag der Technischen Universität Berlin.

SIGNORELLI, Amalia (2011): „Le ambigue pari opportunità e il nuovo maschilismo". In: GINSBORG, Paul/ASQUER, Enrica (Hg.): *Berlusconismo. Analisi di un sistema di potere*. Rom, Bari: Laterza, S. 207–222.

SIMONI, Gianni/TURONE, Giuliano (2009): *Il caffè di Sindona. Un finanziere d'avventura tra politica, Vaticano e mafia*. Mailand: Garzanti.

SKRANDIES, Timo (2014): „Mediale Gouvernementalität". In: BORSÒ, Vittoria (Hg): *Wissen und Leben – Wissen für das Leben. Herausforderungen einer affirmativen Biopolitik*. Bielefeld: Transcript, S. 281–304.

SOLLA, Gianluca (2011): „L'Osceno. La Società immaginaria e la fine dell'esperienza". In: CHIURCO, Carlo (Hg.): *Filosofia di Berlusconi. L'essere e il nulla nell'Italia del Cavaliere*. Verona: Ombre corte, S. 129–161.

SONTAG, Susan (2010): *Das Leiden anderer betrachten*. Frankfurt: Fischer.

SRUBAR, Ilja (2007): „Von der Macht des Kapitals zur Macht der Semiosis. Politische Semantiken als gesellschaftliche Immunisierungsmechanismen". In: WINTER, Rainer/ZIMA, Peter V. (Hg.): *Kritische Theorie heute*. Bielefeld: Transcript, S. 283–301.

STELLA, Gian Antonio/RIZZO, Sergio (2007): *La casta. Così i politici italiani sono diventati intoccabili*. Mailand: Rizzoli.

STILLE, Alexander (2006): *Citizen Berlusconi*. München: Beck.

TARIZZO, Davide (2007): „Applauso. L'impero dell'assenso". In: RECALCATI, Massimo (Hg.): *Forme contemporanee del totalitarismo*. Turin: Bollati Boringhieri, S. 83–105.

TOMASI DI LAMPEDUSA, Giuseppe (1961): *Il Gattopardo*. Mailand: Feltrinelli.

TOSCHES, Nick (1987): *Geschäfte mit dem Vatikan. Die Affäre Sindona*. München: Droemer Knaur.

TRAVAGLIO, Marco (2008): *La scomparsa dei fatti. Si prega di abolire le notizie per non disturbare le opinioni*. Mailand: Il Saggiatore.

TRAVAGLIO, Marco (2010): *Ad personam*. Mailand: Chiarelettere.

TRAVAGLIO, Marco (2011a): „Delle leggi vergogna, il catalogo è questo". In: *MicroMega* 1, S. 55–86.

TRAVAGLIO, Marco (2011b): „Un regime 'à la carte'". In: GINSBORG, Paul/ASQUER, Enrica (Hg.): *Berlusconismo. Analisi di un sistema di potere.* Rom, Bari: Laterza, S. 149–160.

TRAVAGLIO, Marco (2014): *È Stato la mafia.* Mailand: Chiarelettere.

TRAVAGLIO, Marco/GOMEZ, Peter (2008): *Se li conosci li eviti.* Mailand: Chiarelettere.

UZZO, Claudia (2011): „Intervista con Goffredo Fofi". In: CIPRÌ, Daniele/MARESCO, Franco: *Cinico Tv. Volume primo 1989–1992*, Booklet. Bologna: Cineteca di Bologna, S. 44–48.

VACCARO, Salvo (2006): „Le double paradigme du pouvoir". In: *Réfractions* 17, S. 37–48.

VACCARO, Salvo (2007): „Lo sguardo prensivo. Per una zoopolitica dei sensi in Foucault". In: COMETA, Michele/VACCARO, Salvo (Hg.): *Lo sguardo di Foucault.* Rom: Meltemi, S. 135–146.

VACCARO, Salvo (2008): „Protesi di invisibilità. Una visione del potere nell'epoca biopolitica". In: CARBONE, Andrea Libero (Hg.): *Iconografia e storia dei concetti.* Palermo: Duepunti, S. 19–32.

VALENTINI, Valentina (1999): „Teatro tragico e galleria comica. Uno zapping fra interviste e conversazioni con Ciprì e Maresco". In: MORREALE, Emiliano/VALENTINI, Valentina (Hg.): *El sentimiento cinico del la vida. Il cinema, i video, la televisione di Ciprì e Maresco da* Cinico TV *a* Totò che visse due volte. Palermo: Il Genio, S. 8–34.

VALENTINI, Valentina (2003a): „Introduzione. Totò e Vicè: coincidentia oppositorum". In: DI SALVO, Antonella/VALENTINI, Valentina (Hg.): *Franco Scaldati. Totò e Vicè.* Catanzaro: Rubbettino, S. 7–13.

VALENTINI, Valentina (2003b): „L'ombra chiara dell'uomo. Conversazione con Franco Scaldati". In: DI SALVO, Antonella/VALENTINI, Valentina (Hg.): *Franco Scaldati. Totò e Vicè.* Catanzaro: Rubbettino, S. 205–211.

VATTIMO, Gianni (2009): „Vom ‚naturalistischen Fehlschluss' zur Ethik der Endlichkeit". In: WEISS, Martin G. (Hg.): *Bios und Zoë. Die menschliche Natur im Zeitalter ihrer technischen Reproduzierbarkeit.* Frankfurt a. M.: Suhrkamp, S. 179–190.

VATTIMO, Gianni/ROVATTI, Pier Aldo (Hg.) (1983): *Il pensiero debole.* Turin: Feltrinelli.

VESPA, Bruno (2009): *Donne di cuori. Duemila anni di amore e potere. Da Cleopatra a Carla Bruni, da Giulio Cesare a Berlusconi.* Mailand: Mondadori.

Vespa, Bruno (2010): *Nel segno del cavaliere. Silvio Berlusconi, una storia italiana.* Mailand: Mondadori.

Vespa, Bruno (2011): *Il cuore e la spada.* Mailand: Mondadori.

Vorauer, Markus (1996): *Die Imaginationen der Mafia im italienischen und US-amerikanischen Spielfilm.* Münster: Nodus.

Waldenfels, Bernhard (1999): *Sinnesschwellen. Studien zur Phänomenologie des Fremden 3.* Frankfurt a. M.: Suhrkamp.

Waldenfels, Bernhard (2006): *Grundmotive einer Phänomenologie des Fremden.* Frankfurt a. M.: Suhrkamp.

Waldenfels, Bernhard (2008): *Grenzen der Normalisierung. Studien zur Phänomenologie des Fremden 2.* Frankfurt a. M.: Suhrkamp, 2., erweiterte Aufl.

Wallisch, Stefan (1997): *Aufstieg und Fall der Telekratie. Silvio Berlusconi, Romano Prodi und die Politik im Fernsehzeitalter.* Wien et al.: Böhlau.

Warburg, Aby (1939): „A lecture on Serpent Ritual". In: *Journal of the Warburg Institute* 2/4, S. 277–292.

Wiechens, Peter (1995): *Bataille zur Einführung.* Hamburg: Junius.

Zaccariello, Giulia/Turrini, Davide (2012): „Belluscone, una storia siciliana. Il film su re Silvio con Dell'Utri protagonista (trailer)". In: *Il Fatto Quotidiano.* 12.01.2012, unter: http://www.ilfattoquotidiano.it/2012/01/12/belluscone-storia-siciliana/182957/ [07.08.2013].

Zagarrio, Vito (2000): *Cinema della transizione. Scenari italiani degli anni novanta.* Venedig: Marsilio.

Zagarrio, Vito (2005): *Cine ma TV: film, televisione, video nel nuovo millennio. Atti del convegno tenuto a Roma, Cinema Pasquino, 9–12 dicembre 2002.* Turin: Lindau.

Zagarrio, Vito (2006a): *La meglio gioventù. Il nuovo cinema italiano 2000–2006.* Venedig: Marsilio.

Zagarrio, Vito (2006b): „Certi bambini … I nuovi cineasti italiani". In: ders. (Hg.): *La meglio gioventù. Nuovo Cinema Italiano 2000–2006.* Venedig: Marsilio, S. 11–20.

Zagrebelsky, Gustavo (2011): „La neolingua dell'età berlusconiana". In: Ginsborg, Paul/Asquer, Enrica (Hg.): *Berlusconismo. Analisi di un sistema di potere.* Rom, Bari: Laterza, S. 223–234.

Žižek, Slavoj (2004): *Willkommen in der Wüste des Realen.* Wien: Passagen.

Abbildungsverzeichnis

Abbildungen auf dem Cover, Fotos vom Set, Stefano Fogato.

S. 7, Screenshots aus *Il ritorno di Cagliostro.*
S. 25, Screenshots aus *Lo zio di Brooklyn.*
S. 36 f., Screenshot aus *A memoria.*
S. 42, Foto vom Set, Stefano Fogato.
S. 43, Foto vom Set, Stefano Fogato.
S. 53, Screenshots aus *Cinico Tv.*
S. 83, Screenshots aus *Cinico Tv.*
S. 89, Screenshots aus *Totò che visse due volte.*
S. 100, Screenshots aus *Cinico Tv.*
S. 120, Screenshots aus *Cinico Tv.*
S. 136 f., Foto vom Set, Stefano Fogato.
S. 141, Screenshots aus *Cinico Tv.*
S. 171, Screenshots aus *Cinico Tv.*
S. 175, Screenshots aus *Totò che visse due volte.*
S. 184 f., Foto vom Set, Stefano Fogato.
S. 202, Screenshots aus *Grazie Lia. Breve inchiesta su Santa Rosalia.*
S. 207, Screenshots aus *Grazie Lia. Breve inchiesta su Santa Rosalia.*
S. 212 f., Foto vom Set, Stefano Fogato.
S. 218, Foto vom Set, Stefano Fogato.
S. 223, Screenshots aus *Il ritorno di Cagliostro.*
S. 227, Screenshots aus *Totò che visse due volte.*
S. 235, Vervielfachung und Montage eines Screenshot aus *Cinico Tv.*
S. 237, Fotos vom Set, Stefano Fogato.
S. 247, Fotos vom Set, Stefano Fogato.
S. 249, Foto vom Set, Stefano Fogato.
S. 251, Foto vom Set, Stefano Fogato.
S. 253, Foto vom Set, Stefano Fogato.
S. 255, Screenshot aus *Grazie Lia. Breve inchiesta su Santa Rosalia.*
S. 257, Foto vom Set, Stefano Fogato.
S. 259, Screenshot aus *Enzo domani a Palermo.*
S. 261, Screenshot aus *Il ritorno di Cagliostro.*
S. 263, Screenshot aus *Come inguaiammo il cinema italiano.*
S. 265, Screenshot aus *I migliori nani della nostra vita.*

S. 267, Foto vom Set, Stefano Fogato.
S. 269, Screenshot aus *Tony Scott*.
S. 285, Fotos vom Set, Stefano Fogato.
S. 343, Fotos vom Set, Stefano Fogato.
S. 383, Screenshots aus *Cinico Tv*.
S. 411, Screenshots aus *Come inguaiammo il cinema italiano*.

Alle Abbildungen der Fotografien vom Set sowie der Screenshots mit freundlicher Genehmigung von Daniele Ciprì, Stefano Fogato und Franco Maresco.

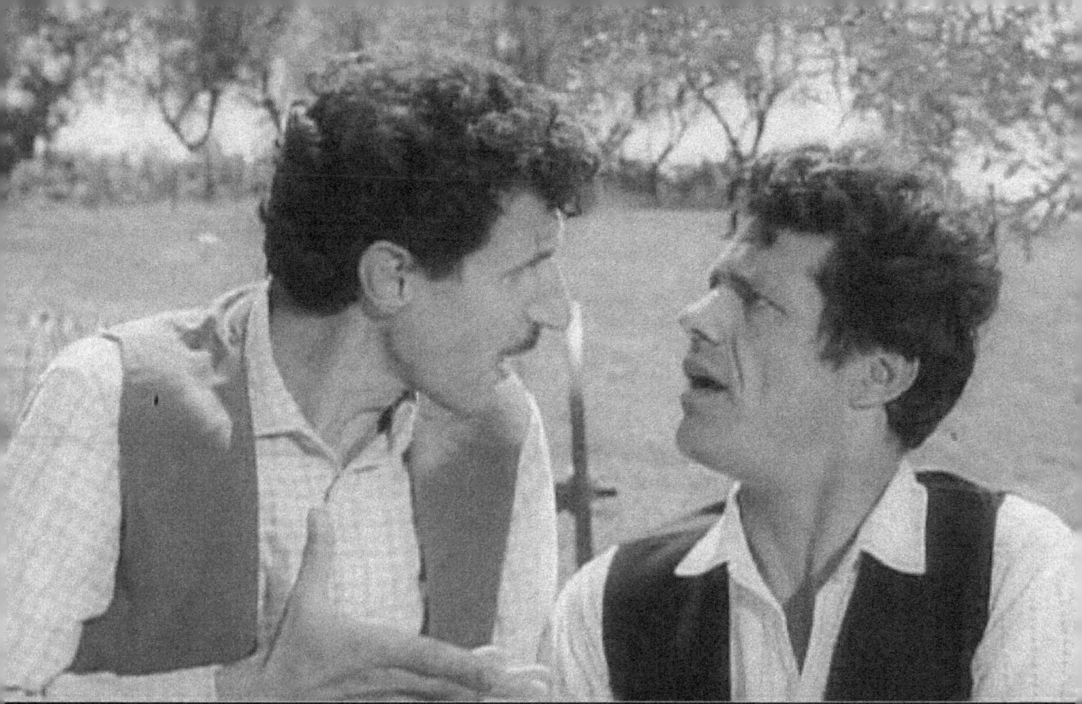

8 Danksagung

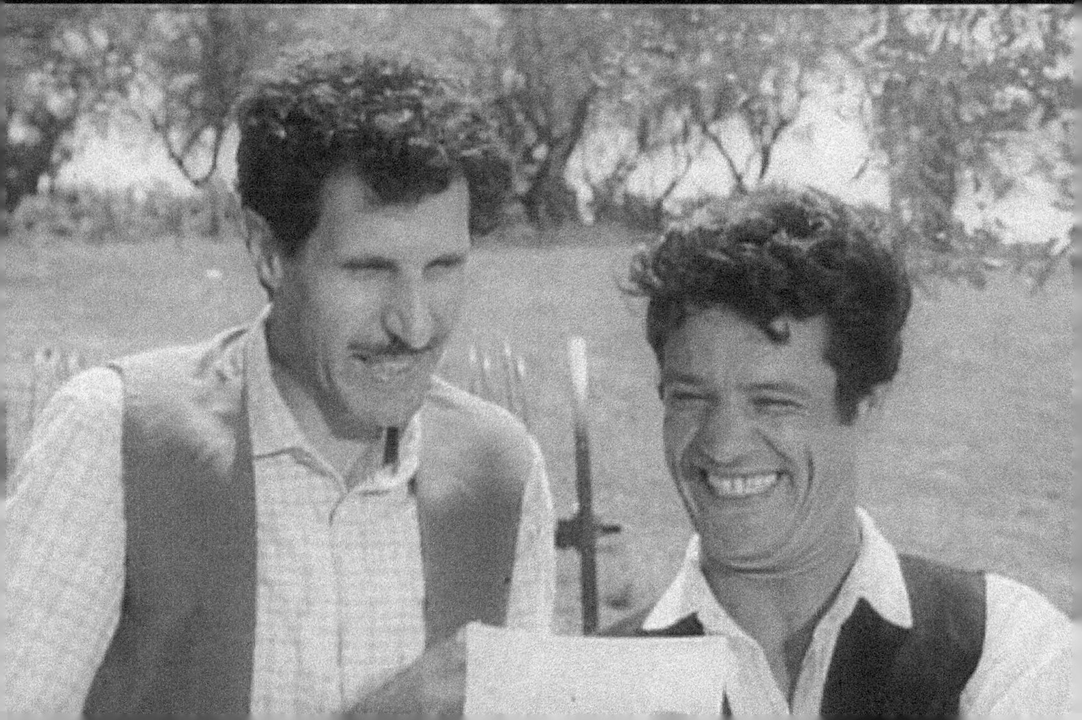

Danksagung

Besonderer Dank gilt meiner Betreuerin Vittoria Borsò für ihre Unterstützung und ihr Vertrauen. Dank eines einjährigen Promotionsstipendiums des Deutschen Akademischen Austauschdiensts konnte ich vor Ort nicht nur ausgiebige Recherchen durchführen und mit beiden Regisseuren sprechen, sondern ebenso einen Teil der italienischen und sizilianischen Kultur entdecken, die für ihr Schaffen grundlegend ist.

Großer Dank gilt natürlich Franco Maresco und Daniele Ciprì, Stefano Fogato, Ezio Ferreri und Rean Mazzone, aber auch Gabriele Mocera, Maurizio Bassi und Giuliano La Franca. Ohne sie hätte diese Arbeit in dieser Form nicht entstehen können.

Darüber hinaus möchte ich herzlich meinen Betreuern der Università Palermo, Michele Cometa und Simone Arcagni, aber auch anderen dortigen Dozenten, Studienkollegen und Freunden wie Salvatore Davì, Roberto Giambrone, Giulia Scalia, Mirco Lino oder Anna Kasten, nicht nur für ihre wertvollen fachlichen Hinweise danken, sondern auch für eine ausgezeichnete Zeit in Sizilien.

Zugleich gilt mein Dank aber auch meinen Dozenten, Kollegen, Weggefährten und Freunden aus Leipzig und Düsseldorf, die mich geformt und unterstützt haben.

Da kein Vortrag zum Kino ohne Projektionen auskommt, bedanke ich mich für die technische Unterstützung bei Alexis Michaltsis und Michael Wallies.

Für ihre unermüdliche Unterstützung bei Korrektorat und Formatierung sei Valentina Baldassar, Hans Bouchard, Francesca Cavaliere, Matthias Edeler, Daniel Fliege und Mara Nogai gedankt.

„Grazie di esserci stati sempre", sage ich zu Babett Tauber, Giuseppe Capoano und vor allem meiner Familie.

www.ingramcontent.com/pod-product-compliance
Lightning Source LLC
Chambersburg PA
CBHW050152230526
45470CB00001B/57